厦门大学哲学社会科学
繁荣计划资助项目

叁

「人群·国家·社会」研究书系

杨际平中国社会经济史论集

出土文书研究卷

杨际平 著

第三卷

厦门大学出版社
XIAMEN UNIVERSITY PRESS
国家一级出版社
全国百佳图书出版单位

图书在版编目(CIP)数据

杨际平中国社会经济史论集.出土文书研究卷/杨际平著. —厦门:厦门大学出版社,
2016.8
("人群·国家·社会"研究书系)
ISBN 978-7-5615-5672-6

Ⅰ.①杨…　Ⅱ.①杨…　Ⅲ.①中国经济史-古代-文集　Ⅳ.①F129-53
中国版本图书馆 CIP 数据核字(2015)第 179409 号

出 版 人	蒋东明
责任编辑	韩轲轲
装帧设计	李夏凌
责任印制	朱　楷

出版发行 厦门大学出版社

社　　址	厦门市软件园二期望海路 39 号
邮政编码	361008
总 编 办	0592-2182177　0592-2181406(传真)
营销中心	0592-2184458　0592-2181365
网　　址	http://www.xmupress.com
邮　　箱	xmupress@126.com
印　　刷	厦门集大印刷厂

开本	787mm×1092mm　1/16
印张	50
字数	900 千字
版次	2016 年 8 月第 1 版
印次	2016 年 8 月第 1 次印刷
定价	189.00 元

厦门大学出版社
微信二维码

厦门大学出版社
微博二维码

本书如有印装质量问题请直接寄承印厂调换

作者简介

杨际平，1961 年毕业于北京大学历史学系。先后在湖南省哲学社会科学研究所、零陵三中、零陵一中工作。现为厦门大学历史系教授、博士生导师，享受国务院特殊津贴。主要从事汉唐经济史研究、敦煌学研究。曾任厦门大学历史研究所副所长，厦门大学出版社副主编。曾兼任中国经济史学会理事、中国魏晋南北朝史学会理事、中国敦煌吐鲁番学会理事。

出版专著《均田制新探》（获福建省第二届人文社会科学优秀成果二等奖）与《秦汉财政史》。参加编写《敦煌吐鲁番出土经济文书研究》（韩国磐先生主编），获首届全国普通高校人文社会科学优秀成果二等奖；《中国赋役制度史》（郑学檬主编），获第二届全国普通高校人文社会科学优秀成果二等奖。主持编著《中国经济通史》第四卷（隋唐五代卷），获福建省第五届人文社会科学优秀成果一等奖；《五一十世纪敦煌的家庭与家族关系》，获福建省第四届人文社会科学优秀成果二等奖。

发表学术论文 120 多篇。其中，《凤凰山十号汉墓据"算"派役文书研究》，获福建省第九届人文社会科学优秀成果二等奖，第六届全国普通高等学校科学研究优秀成果奖三等奖。《唐代户等与田产》、《唐代前期的杂徭与色役》、《从东海郡集簿看汉代亩制、亩产与汉魏田租额》、《秦汉农业：精耕细作还是较粗放耕作》、《析长沙走马楼三国吴简所见的"调"——兼谈户调制的起源》，则分别获福建省第一、三、四、五、七届人文社会科学优秀成果三等奖。

目　录

谈敦煌吐鲁番文书价值

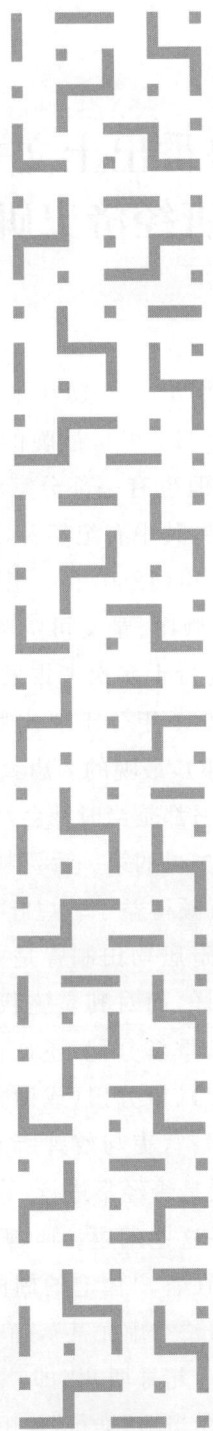

敦煌吐鲁番出土文书
与魏晋隋唐经济史研究

　　20世纪初,敦煌莫高窟藏经洞出土了数万件文书。其中有确切纪年者,最早的为西凉建初十二年(416年),最晚的是宋咸平五年(1002年)。这批文书绝大部分为写经,但也有一部分官私文书。大体与此同时,吐鲁番地区也出土了一些文书,其中有纪年者,最早的是西晋元康六年(296年),最晚的是元至元十七年(1280年)。由于历史原因,这批文书大都流落国外,但有显微胶卷、版图、录文可资利用。1959年至1975年,我国考古队曾在吐鲁番地区进行十多次考古发掘,共出土文书1800多件,经整理后已于1981年至1991年分十册出版发行。其中有纪年者,最早为前凉升平十一年(367年),最晚的为唐大历四年(769年)。

　　敦煌吐鲁番出土社会经济文书都是当时社会经济生活的原始记录,是研究当时社会经济情况的不可多得的第一手资料。近年来,魏晋隋唐经济史学界所取得的一些成就,就颇得益于敦煌吐鲁番出土文书。

　　如土地制度史的研究。北朝隋唐均田制曾是史学界研究的热门话题。传世文献对各朝田令记载较详,而对其实施状况,如均田制下的初授田是将各户原有土地收归国有,重新分配,还是将各户原有田土按田令的规定划分为永业田(或谓桑田)、口分田(或谓露田);均田制下各户是否存在永业、口分田之外的私田;官吏与奴婢所有者是否都按田令规定实授土地;均田制下的土地还授是否经常进行;等等,都很少言及。而敦煌、吐鲁番出土文书就适可回答这些问题。西魏大统十三年(547年)敦煌籍,各户的"正田"、"麻田"都在各户住宅的周围,且多连成一片,说明北魏或西魏之初,敦煌土广民稀,"空虚尤甚",确有过分配官荒地给民户之举。而唐贞观十四年(640年)九月西州(即吐鲁番地区)手实则显示,唐征占高昌国的第二个月,就在当地"推行"均田制,其做法就是将各户原有土地（包括果园、菜园）"具注"为"已受田"。因各户原有土地或多或少或有或无，故各户"已受田"或有六亩半，或有一亩半，或者合应受田八十亩而未授。敦煌吐鲁番户籍中的田籍的田亩四至关系还显示，均田制下还存在着永业、口分田之外的私田。从吐鲁番出土文书还可得见，唐代西州至少存在着两种户籍（或手实）、两种授田制：一种是按均田制标准计算应、已受田；一种是按一丁合得常田四亩、部田二亩（或三易部田六亩）标准计算。两种授田制的授田对象、授田手续、"已受田"的田土分布情况，也截然不同。按"四·六"制标准授田的那种授田制，曾进行过土地还受；按均田制计算应、已受田的那种授田制，则未见土地还受迹象。西魏大统十三年籍与唐代敦煌户籍，也绝未见土地还受迹象。历来的学者都认为：均田制下，奴婢所有者与官吏都可以按均田令规定的标准实际授田。但敦煌出土文书又显示，尽管官吏与奴婢所有者的应授田标准很高，但实际上却未按此标准实际授田。敦煌吐鲁番出土文书所显示的上述情况无疑十分重要，它有助于我们将均田制的研究引向深入。

敦煌吐鲁番出土文书对赋役制度的研究也很有帮助。传世文献对各朝赋役令制或有记载，而对其实际执行情况却往往失载。敦煌吐鲁番出土文书也可弥补传世文献之不足。如吐鲁番出土文书中就有与麴氏高昌赋役制度有关的文书。由出土文书得见，麴氏高昌受中原影响，也实行租调制。田租一般交实物，粮田的租粟、租麦较轻，每亩仅数升；葡萄园、菜园的田租重。正租之外，还有一些附加。调绢绵有征实物的，但也可折成银钱。役有两种，一种是计田承役，一种是计丁承役。计丁承役可以银钱代输，名为丁正钱。此外还有形形色色的杂调杂赋敛。总体上看，调的负担重于租，丁役的负担又重于租、调，杂调、杂赋敛的负担明显重于正租、正调。由于高昌国"其风俗政令，与华夏略同"[①]，所以，研究麴氏高昌的赋役制度，对于了解魏晋南北朝赋役制度的实际状况，很有参考价值。如曹魏的田租，有"亩四升"与"亩四斗"的两种意见。西晋的田租，也有"民丁课田，夫五十亩，收租四斛"与"民丁课田，亩收租四斗"的两种意见。麴氏高昌的税制文书虽然不能直接回答这个问题，但以之为参考，还是很有价值的。

---

① 《北史》卷97《西域列传》。

再如北魏太和十年(486年)立三长后的三长免赋役问题,传世文献记载,李冲建议邻、里、党三长都可复征戍,也只能复征戍。蠲复面高达总户数的30%,为历代所罕见。《魏书·元孝友传》又记载,东魏初实行的"令制",邻、里、党三长租调役全免,蠲复面亦达26%。此后,三长免赋役的规定有何变化,史籍皆未载。西魏大统十三年(547年)计帐户籍文书则显示,其时邻、里长的赋役已皆不免。党长可否免赋役,不详,即使可免,蠲复面亦仅1%左右。复除制度的这一变化,不可谓不大。西魏大统十三年计帐户籍文书中还出现一种"六丁兵"(该文书所见37人"课丁男",除5人为"杂任役"、2人为"乘"外,其余都为"六丁兵")。所谓"六丁兵",就每年6番,每番2月,既包含兵役,亦包含一般力役。正役的役期高达2个月,亦为史籍所未载。①

再如租佃制下地税的征纳问题。《唐六典》卷3记载:唐代地税,"宽乡据见营田,狭乡据籍征"。在租佃场合,地税由谁交纳,传世文献却未见明确记载。以理揆之,既然是据见营田或据籍征,就应该是征田主,而不是征佃人。但唐代西州的青苗簿又显示,当地租佃制下的地税,都由佃人交纳,而且并不是田主私自将赋税负担转嫁给佃人。唐代西州的一份辞状即称:"县司事:阿麹上件(地),去春为无手力营种,租与宁大乡人张感通佃种。昨征地子麦,还征阿麹,不征感通。……望请附感佃名,除阿麹名。"可见其时地税征佃人的做法,实际上是官方规定,至少是经官方认可。唐前期的地税,一般都认为是一年一征。在一年两熟场合,究竟是一征,还是两征,传世文献记载不明确。唐代西州一年两熟,青苗簿也是一年两造(种麦豆时一次,种粟床时一次),由此似可认定,在一年两熟场合,地税一年两征。

再如均田制下纳租调与授田的关系问题。《隋书·食货志》记隋朝赋役之制时,承"其丁男、中男,永业、露田,皆遵后齐之制。……单丁及仆隶各半之"之后,有一句"未受地者皆不课"。论者常据此认为:授田是课租调的前提,未曾受田者就不课租调。但敦煌吐鲁番出土文书却都一再显示,均田制下,不论曾否"授田",只要是课丁,就要按照统一的标准

---

① 《周书》卷5《武帝纪》载:"保定元年(561年)三月丙寅,改八丁兵为十二丁兵,率岁一月役。"史籍有关"丁兵"的记载,仅此一见。

纳租调。即使是全无田产者，也一样纳租调。①

再如寺观的免赋免役特权问题，历朝赋役令对此皆未见明确记载。论者常据世俗官僚士大夫的一些反佛限佛言论（如谓僧人"寸绢不输官库，升米不进公仓"、"家休大小之调，门停强弱之丁"、"冒为僧道士，苟避徭役"等等）而论定，自魏晋以至唐末，寺观僧尼道士都享有免税免役特权。但敦煌吐鲁番文书却又显示：麹氏高昌时期的寺院与僧尼，租调与计田承役皆不免，只是可能稍轻而已。唐前期的寺院僧众未见纳租调的记载，但地税还是要纳的。中唐时期，吐鲁番寺院有"官科税诸杂"（或曰"田税"、"税子"、"官税子"、"春秋税子"）与渠河口作负担。唐末五代，敦煌寺院也有"地子"、"差税"与渠河口作负担。"渠河口作"或与分享渠水灌溉有关，可不算赋役。而"春秋税子"等等，则明显属于赋税范畴。由此可见，寺观僧道的免赋与免役，因时因地而异，情况复杂，不能一概而论。

再谈契约租佃制与地租形态问题。汉唐史籍对租佃制偶有记载，而对契约租佃则只字未及。② 因而敦煌吐鲁番出土文书大量刊布以前，人们还以为契约租佃制到了宋朝才开始发展。汉唐史籍虽然很早就提到租佃制，但都只是三言两语，如"或耕豪民之田，见税什五"③、"豪民侵凌，分田劫假，厥名三十税一，实什税伍"④、"官收百一之税，而人输豪强太半之赋"⑤等等。土地所有者与佃农之间存在什么关系；除地租外，佃户还承担什么义务；这种租佃制在当时占有多大比重；前后有何变化；等等，都未论及。因而有学者认为魏晋隋唐为庄园农奴制，宋元以后封建

---

① 补注：因而《隋书·食货志》的那句话，不能断章取义地解释为未曾授田者不课租调，而应联系其上下文解释为非应授田口皆不课。

② 《汉书》卷29《沟洫志》有"今内史稻田租挈重，不与郡同，其议减"句。颜师古注曰："租挈，收田租之约令也。"论者即据颜注认定：此为我国租佃契约的最早记录。其实，颜氏此注有误。按检《说文解字》与宋本《玉篇》："挈，苦结切。提挈也。"挈乃持提之意。挈不同于契。所谓"内史租挈重"，就是说内史稻田的租额订得太高，不同于一般州县，故又有"其议减"之说。若将"租挈"释为"租契"，上下文就读不通。

③ 《汉书·食货志》引董仲舒语。

④ 《汉书·王莽传》引王莽语。

⑤ 荀悦：《汉记》卷8。

租佃制才占主导地位;有的学者甚至认为,直至宋元,分成租都占统治地位,到了明清之际,定额租才占主导地位。

但敦煌吐鲁番文书却又令人大开眼界。敦煌出土的汉文文书中,共见租佃契 10 件。① 其中 9 件为唐末五代契,1 件为宋初契。按性质区分,1 件为租佃油樑、水硙契稿(硙课定额);1 件为典地契(2.5 亩地典麦 15 硕);1 件为托兄代管土地,代应官差契(不收租);其余 7 件为租地契。而此 7 件中,5 件为定额实物租,1 件(年代为宋初)为分成租,另 1 件因件残不详。《吐鲁番出土文书》1~10 册共收租佃契 90 多件。其中,北凉时期 2 件(出自 436 年的"缘禾五年"墓);高昌国时期 31 件;唐代约 60 件。从地租形态看,货币地租计 25 件,约占总数 28%;分成租计 4 件(北凉 2 件,唐代 2 件)不到总数 5%,其余都为实物定额租。封建租佃制之发达,货币租与定额实物租比例之高,简直令人难以置信。唐代出土文书,数量较多者,目前仅见于敦煌与吐鲁番。而此两地所见的封建租佃关系皆如此,这不能不引起人们高度重视。

再如采用四柱结算法的会计帐。传世文献最早明确言及四柱结算法的,始于马端临《文献通考》卷 23 引宋人陈傅良语。有的学者即据此认为"四柱结算法"的广泛采用始于宋,而盛于明。其实,唐五代敦煌官厅会计文书与寺院会计文书就已广泛运用四柱结算法,而且十分熟练。② 吐鲁番文书还显示,高昌国时期的官厅会计文书已采用四柱结算法,其特点是以虚数为中心进行运算:

前期悬欠+现期应收-现期已收(或放免)=累计悬欠

与通常所见的"元管、新收、已支、见在"四柱适才相反。③

---

① 吐鲁番租佃契都是作为纸棺、纸冠、纸鞋的材料,出自墓葬,其得以保存下来纯属偶然。敦煌租佃契出自寺院洞窟,之所以得以保存下来,多数是因为其另面用于抄写经文、祭文、文书等。或即因此,敦煌民庶的租佃契得以保存下来的,为数不多。

② 详论见杨际平:《现存我国四柱结算法的最早实例——吐蕃时期沙州仓曹状上勾覆所牒研究》,韩国磐主编:《敦煌吐鲁番出土经济文书研究》,厦门大学出版社 1986 年版等。

③ 参见杨际平:《麴氏高昌时期应用四柱结算法的实例》,《祝贺杨志玖教授八十寿辰中国史论集》,天津古籍出版社 1994 年版。

总而言之,出土文书中可补史书之缺者甚多,可以配合传世文献者更多。如敦煌吐鲁番出土的辞牒、借贷契、雇工契、分家契、放良契、各种帐目、各种籍帐、社司转贴乃至文学作品、书信等等,都是研究社会经济史的绝好资料。汉唐间有关社会经济的传世文献甚为不足,充分利用考古资料与出土文书,应是开拓研究领域,将研究引向深入的有效途径。近十多年来,魏晋隋唐经济史学界在这方面已经做了许多工作,且取得可喜成绩。今后希望更进一步加强这一方面的研究,取得更大的成果。

（原载《中国经济史研究》1996 年第 2 期）

敦煌出土文书与社会经济史研究

20 世纪初,敦煌莫高窟藏经洞出土了数万件文书,虽然大部分是写经,但也有许多官私文书,其中一部分为社会经济文书。这些社会经济文书都是当时社会经济生活的原始记录,是研究当时社会经济状况不可多得的第一手资料。20 世纪魏晋南北朝隋唐经济史研究的许多成就都与敦煌文书密切相关。

一、有关社会经济制度的研究

敦煌文书中,户籍、手实、计帐类文书占有一定的比重。居延汉简中有几件记录户主名年、乡里、爵级、家口数、资产情况的籍书,很可能就是户籍(或其抄件)。惜件数不多,还不能充分反映地方社会的实况。敦煌出土的户籍、手实、差科簿等,件数较多,且相当完整,史料价值很高。如西凉建初十二年(414 年)敦煌西宕乡高昌里兵吏籍,它是我国现存最早的纸质籍书,也是目前所见我国古代唯一的兵吏合籍。它的特点是各户家口不标明与户主的关系,而是标明与前行所载家口的关系,显然带有简牍户籍的遗迹。从该兵吏籍得见西凉李暠执政时实行善政,兵役较轻,使民有节。

敦煌出土的西魏大统十三年(547 年)瓜州效谷郡某闾里的计帐户籍文书是西魏苏绰所创"计帐户籍之法"的实物遗存,也是目前所见唯一的户籍与计帐合一的文书。从中我们可以得见,当时的"均田制"下的初授田大体上已实行,各户的已受田相当规整,符合北魏地令"诸一人之分,正从正,倍从倍,不得隔越他畔"的规定。推测当时当地初授田时曾进行过土地的调整,从而使各户的已受田都在本户宅舍的周围。然而,

"均田制"下的土地还授却未见实行。奴婢的所谓"受田",也只是帐面上的户内调整,有名无实。透过这件户籍计帐文书,我们还可以比较全面、比较具体地了解当时的赋役制度。时田租按户等,上等户丁男女每人租1.95石,中等户丁男女每人租1.75石,下等户丁男女每人租1石。其中都有一部分折成草(1石租折草2围)。丁奴婢每人租0.45石,丁牛每头租0.6石,都不折成草。除正租外,还有税租,交纳者为"台资"与部分不课口。税租亦按户等交纳,也有一部分折成草。调布则按丁,丁男女每人2丈,另加麻1斤。奴婢则减半,丁牛则调布8尺。丁男正役2个月,称为六丁兵。闾长、邻长皆不免租、调、役。凡此等等皆为正史所不载。

唐前期敦煌户籍现存较多,是研究唐前期土地、赋役制度的绝好资料。从中我们可以看到,其时各户都严格按照田令规定登记其应受田、已受田、未受田、永业田、口分田等,但各户的已受田无论是按户计,或是按丁计,都极不均衡,除永业田常足,口分田常不足,无永业田者皆无口分田外,别无规律可循。课户已受田少于不课户,府兵已受田少于非府兵,较早取得受田资格者的已受田少于较晚取得受田资格者,比比皆是。买田入籍充当已受田,没番卫士与逃丁虚挂在籍,兄弟分家平分已受田,亦所在多见。应受田、已受田、未受田、永业田、口分田统计方面的错误,亦屡见不鲜。由此可见,时永业田、口分田与买田已无区别,都不在还受之列。所谓的土地还受都只是户内田土的帐面调整而已,有其名而无其实。凡此等等亦皆为正史所不载。如果没有敦煌文书,就不可能对唐代"均田制"的实施状况有如此真切的了解。从西魏与唐代敦煌户籍的田亩四至,我们还可以真切地看到,"均田制"下存在永业田、口分田之外的私有地,亦即私田,且为数不少。

唐前期敦煌户籍还显示,丁男的租、调、役负担,与是否受田,受田多寡,全然无关。敦煌出土的唐高宗时期的一份判集与唐睿宗唐隆元年七月十九日敕节文也明确无误地证实当时确有"身役不轻"的白丁卫士而又全无地者;与此同时,"其无田宅"的丁男也得承担租、调、役。即使"其无田宅"的丁男逃亡,在三年之内,还得承担租、调、役。这也证明,均田制决非租庸调制的前提,或者说基础。租庸调制的基础是封建土地私有制与农民土地私有制。

吐蕃时期的沙州诸户口数地亩计簿显示:曾在敦煌实行计口授田,

每人1突,亦即10亩。这种计口授田制度,既不同于建中(780—783年)以前敦煌以"均田制"形式存在的土地私有制,也不同于大中(847—859年)以后的土地私有制,显然是来源于吐蕃的土地制度。同时期的其他敦煌文献(包括藏文文献)显示:计口授田的田土,或为各户新开的荒地,或为各户"祖辈永业与轮休地",计口授田之时,各户原有的祖业或开荒地,原则上即授予各户继续耕种,无地或少地者则可从官府方面领受田土;计口授田之后,土地即转为私有,可以买卖,可以继承,而不再根据各户家口的增减而还受;随着计口授田制的推行,吐蕃又在敦煌一带实行"突税差科"制的税制改革,科税的名目很多,也很苛重。吐蕃的计口授田制,虽只实行于吐蕃治域,不具普遍性,但对于帮助理解北魏前期的计口授田和北朝隋唐均田制下土地还受的不果行,还是很有参考价值的。

唐末五代宋初的户籍、手实、官布籍与有关请射土地的牒状,显示其时的土地所有制是国有土地与私有土地并存。私有土地包括地主土地私有制、寺院土地私有制、农民土地私有制,其中以农民土地占多数。国有土地主要是绝户地与官荒地。时值长期战乱之后,绝户地与官荒地都很多。地方政府常将绝户田与官荒地授给有劳力而又无地或少地者。从农民这个角度讲,也就是向政府请田。每块"请田"大都是50～70亩,每户1块,非常集中,绝不分散。"请田"、"授田",均为唐代敦煌"均田制"时期所未见,却可追溯到秦汉时期的"请田"与"赋民公田",这对于帮助理解秦汉以来有关官荒地的"请田"与"授田",也很有参考价值。

关于差科簿,传世文献偶有提及,皆语焉不详。敦煌唐天宝年间(742—755年)与大历年间(766—779年)差科簿相当完整,借此既可以了解差科簿的性质、特点与主要内容,又可以了解唐天宝年间差役的情况。配合同期的户籍资料,我们又可以了解府兵兵役的实际情况。如"侍丁"、"孝假",唐令敕明确规定免差科,但实际上正在服兵役或杂役者常不得放免。关于府兵之役,唐令敕常有"二十入募,六十出军"、"役莫重于军府,一为卫士,六十乃免"之说,仿佛唐代兵役都是及丁入军,老免出军,但唐前期的敦煌户籍却显示,绝大多数的卫士都有妻儿,拥有子女的情况与一般白丁差别不大。这表明,其时的府兵绝大多数都只是预备兵,离开本土的时间短,留在本土的时间长,因而对婚姻家庭生活的影响还不太大。

敦煌还出土了一批官府和寺院的会计文书。透过这些文书可以了解会计制度、经济制度与寺院经济情况。如和籴制度，唐天宝年间敦煌郡仓、军仓会计文书显示：其时的和籴有一套严格的制度，按官颁和籴估收籴的粮食称"和籴"，不按官颁和籴估收籴的粮食称"交籴"。和籴与交籴都是建立在自愿原则基础之上的，和籴估与交籴价都高于时价。当时百姓、行客和籴、交籴都很踊跃。敦煌郡仓、军仓每年约籴粮 5 万石左右，远超过沙州地方政府田租、地税的岁入，足可满足当地驻军的需要。这有助于正确评价和籴制度。

传世文献明确提到四柱结算法始于北宋，而实际运用却远早于北宋。唐代敦煌的会计制度，既有用三柱结算法的，也有用四柱结算法的。四柱结算的会计文书，居延汉简与吐鲁番出土文书也曾见，但都是单项结算，比较简单。敦煌巳年（801 年）沙州仓曹状上勾覆所牒，结算项目多达 27 项。如此复杂的账目能用四柱结算，说明当时会计水平已经很高，四柱结算法的运用已经十分熟练。唐末、五代、宋初的寺院会计文书，大体上也都是采用四柱结算法。这也说明当时四柱结算法已很通用。关于寺院经济，传世文献也有不少记载，但多数不够具体，难窥全豹。敦煌寺院经济的情况则很具体。从敦煌寺院会计文书与其他有关文书可以得见，沙州寺院经济主要是经营田土、碾硙、油梁与发放高利贷等，有的还有群牧。寺院僧众颇多，且有许多依附人口（寺户和常住百姓）。寺院与世俗社会的关系十分密切。

敦煌还有一批为数不少的契约文书和契约样书，借此可以了解唐末、五代、宋初的租佃关系、雇佣关系、借贷关系的实际情况，了解僧俗民吏分家析产的情况，了解佃农、典身和雇佣劳动者的实际地位，了解唐宋时期良贱制度的变化。实际上，近几十年来研究唐五代租佃关系、雇佣关系、借贷关系者，也都利用了敦煌出土的租佃契、雇工契、借贷契。

二、有关生产生活状况的研究

生产工具，尤其是农具，对于农业经济的发展具有重要的作用。隋唐、五代最常用的农具是什么？这是一个看似简单，但又不易回答的问题,因为除陆龟蒙的《耒耜经》对犁具有专门介绍外,其他史书皆未对隋、唐、五代农具做专门介绍。敦煌出土的儿童启蒙读物《开蒙要训》和常用字书《俗务要名林》列举了许多常用农具的名称,敦煌壁画中又有70多幅农耕图,借此,我们可以对其时常用农具的犁耕、播种、收割、打场、扬场、灌溉、提水工具、粮食加工工具等及其使用情况,都能有比较全面、比较准确的了解。

水利对于农耕社会也是至关重要的。传世文献对于唐、五代内地的水利建设情况多有记载,但对于西北地区的却很少提及。偶尔提及者,也都是黄河上游的大灌区,如河套地区、后套地区等。其他地区则罕见记述。关于唐、五代的水利立法,传世文献也很少记载。唐代曾制定《水部式》,是关于水利设施的使用维修管理、水道运输和桥梁津渡的管理维修等的具体规定。这部《水部式》也久已失传,幸赖敦煌藏经洞保存下来了。这部《水部式》谈到泾、渭、白渠及诸大渠的水利灌溉问题,谈到龙首、泾堰、五门、六门、昇原等堰的管理体制,还专门谈道:"河西诸州用水溉田,其州县府镇官人公廨田及职田计营顷亩,共百姓均出人工,同修渠堰。若田多水少,亦准百姓量减少营",谈到敦煌"沙州用水浇田,令县官检校。仍置前官四人,三月以后九月以前行水时,前官各借官马一匹"。足见唐政府对水利灌溉管理制度的重视,也足见包括敦煌在内的河西地区水利灌溉的发展水平。敦煌出土的户籍、手实显示:敦煌的耕地都是在干渠或支渠的侧旁,都引用渠水溉田。此类干、支渠共有90多条,加上约20处的泉湖沼泽,便形成一个灌溉网。在那里,没有渠堰,没有渠堰的水,就没有农业。因此,当地政府还制定了颇为详密的行水、用水细则,并经常组织人力维修水利设施。唐、五代,此类行水、用水细则,许多地方都应该有,但都没有流传下来。今日得见者,也就是敦煌这一份。敦煌这一事例,甚有助于我们了解马克思说的"亚细亚生产方式",关于古代东方农业基础论述的含意及其适用范围。

长期以来,农业是我国国民经济的基础,古代尤其如此。唐、五代至宋初,敦煌农业采用什么样的耕作制度,发展到什么样的水平,通常情况下是一年一熟呢,还是一年两熟,或者两年三熟,通常亩产是多少?这些都是治中国古代经济史者所关心的问题。这些问题的解决,对于探明同期北方旱地的耕作制度、发展水平、亩产情况,都很有参考价值。

敦煌出土文书显示:敦煌虽地处干旱地带,年降水量很少,绝大多数地方为荒漠植被地带,自然环境较差,但可利用祁连山雪水灌溉,且有比较密集的灌溉系统,绿洲地带地势平坦,大体可以自流灌溉,日照也很充足,因而农业发展水平较高(应属于中上水平,甚至于更高),亩产1石上下(折市制为每市亩100斤出头),加之以人均耕地较多,因而粮食自给有余(天宝年间,敦煌郡仓、军仓每年约和籴粮食5万石,人均1.5石上下)。耕作制度上,也是强调犁、耱、耙,强调中耕、施肥,多数为一年一熟。

敦煌的渔业近于零。天然林资源也是零,但人工培育林却在一定程度上弥补了无天然林的缺陷,使木材不至于太匮乏。果木较多。畜牧业发达,马、牛、羊、驼甚多,畜产品(毛与皮)丰富。以农、牧产品为原料的手工业,也较发达。商业(特别是过境贸易)较发达,商品较丰富。这一切对于研究西北地区的经济史,也很有参考价值。敦煌官府与寺院的收支账目留下了大批物品的品名、价格(或比价),这些物品,有的产于本地,如粮食、油料、牲畜、毛皮、麻织品、毛织品、木器等,有的来自外地,如砂糖、铁器、金银器、铜器、漆器、多数丝织品、多数药材等。此类资料对于研究当时的商品交换关系、市场的发育水平也很有参考价值。

敦煌出土文书中反映僧俗民吏生活的资料甚多,也很具体,如粮食构成,主食品种及其食法、供食标准,衣着构成,居住条件,交通工具,等等,这对于研究当时的社会消费情况极有参考价值,也为研究社会生活史者所重视。

三、进一步发掘敦煌文书的史料价值

敦煌文书对社会经济史的研究已有巨大的贡献,而且必将贡献更大。例如,唐宋时期我国是否存在封建庄园制度,这是治社会经济史者所关心的问题。史学界虽然经过长期讨论,但仍仁者见仁,智者见智,莫衷一是。造成分歧很大程度上是唐宋传世文献中既有许多"庄"、"庄田"、"田庄"、"庄园"等字眼,但这些资料多数又很不具体,很难判定其确切含义,也很难从中概括出共同的特点,并加以确证。实际上,敦煌出土的诗赋、变文、辞牒、分家书、遗嘱、立社规文书、寺院会计帐目等都常提及"庄"、"庄田"、"田庄"、"庄园",其中有许多还很具体,如新集杂别纸、阴处士碑、灌进渠百姓李进评等牒、长安三年括逃使牒、张月光兄弟分书、僧龙藏为遗产纠纷诉牒,与《父母恩重经讲经文》、《太子成道经》、《汉将王陵变》、《捉季布变文》、《伍子胥变文》、《董永变文》,等等。透过这些文书,不难概括出当时所谓"庄"、"庄田"、"田庄"、"庄园"等的共同特点,也不难了解时人所说的"庄"、"庄田"、"田庄"、"庄园"等的确切含意。

再如,唐宋间哪一种土地所有制在总量上占优势,这也是治经济史者所关心的问题。多数学者认为:中唐以后,随着均田制的瓦解,地主土地所有制占优势。但也有学者指出:地主土地所有制占优势的论断,从未得到证明。中唐以后的敦煌手实、官布籍,应能比较确切地反映当时、当地的土地占有情况。单凭敦煌文书,虽然未必能够说明全国情况,但至少可以代表一种类型地区的情况。仅此,也是很有价值的。

总而言之,敦煌出土文书缊藏着极为丰富的信息,具有极高的史料价值,只要我们深入细致地研究,总可以不断发掘出新的资料,获得新的信息,发现新的问题,不断提高其史料价值。

(原载《2000 年敦煌学国际学术讨论会文集》,甘肃民族出版社2003 年)

对敦煌学研究的回顾与展望

　　我接触敦煌吐鲁番出土文书始于 1980 年,时正以不惑之年,师从韩国磐先生学习魏晋南北朝隋唐史。一次偶然机会我在图书馆阅览室看到了《敦煌资料》第 1 辑,便深深地被它所吸引,直觉告诉我,这是研究北朝隋唐经济史、研究北朝隋唐均田制实施状况的绝好资料,从此我便一头扎进去,利用敦煌吐鲁番文书研究汉唐经济史便成为我的主要研究方向之一。当时学校图书馆阅览室所能见到的敦煌资料也只有《敦煌资料》第一辑这一种,除此之外,线装书库还有《敦煌掇琐》、《沙州文录》、《沙州文录补》、《敦煌石室碎金》、《敦煌石室真迹录》、《敦煌秘籍留真新编》、《敦煌变文集》等,为数也非常有限,可谓屈指可数。后来听说日本出版池田温的《中国古代籍帐研究》,我便急忙从北京熊德基先生处复印了一份,视为至宝。我于 1981 年完成的研究均田制实施状况的硕士论文①基本上就是靠这些资料写成的。当时可参考的论文,主要是日本学者的论文、论著,国内学者写的,为数不多。当时我们曾多次建议校图书馆买《敦煌宝藏》或敦煌文献的缩微胶卷,可惜都未能如愿。

　　80 年代以后,各种敦煌学的书籍开始大量出版。利用敦煌吐鲁番资料研究北朝隋唐均田制的研究成果也越来越多。1981—1991 年,《吐鲁番出土文书》1～10 册与《敦煌社会经济文献真迹释录》1～5 辑先后出版。我也就利用这些资料,在自己硕士论文基础上,于 1991 年出版了《均田制新探》(2003 年修订再版时改名为《北朝隋唐均田制新探》)。这期间我还利用敦煌吐鲁番资料研究了北朝隋唐赋役制度、租佃制度、会计制度、家庭家族关系等等。利用敦煌吐鲁番出土文书研究社会经济史成为我的主要研究方向,可以说,我受敦煌学之惠夥矣。

---

① 补注:题为《略论均田制的几个问题》。

　　我在利用敦煌吐鲁番文书研究社会经济史的实践中，深切体会到研究社会经济史必须是传世文献与出土文书相结合，两条腿走路。出土文献与传世文献有很强的互补性，可以相得益彰：传世文献中有关政治史的资料相对较多，有关社会史、经济史的资料则很少，而且不大具体；出土文书则相反，有关政治史的资料相对较少，而有关社会史、经济史的资料就很多，并且很具体。传世文献有关州郡以上层级和社会上层的资料多，反映乡里基层与社会下层的资料少，出土文书则相反，基本上都是反映乡里基层与社会下层的资料，反映州郡以上层级（特别是中央政权）和社会上层的资料绝少；传世文献，特别是正史，关于典章制度的记载较多，关于这些制度的实施状况的资料很少。出土文书还有一个特点，这就是它是原始的、实证资料。传世文献都是要给别人看的，经过作者的加工。因为经过作者的加工，所以既可能更有参考价值（廿四史、政书等等即如此），但也可能因此失真或部分失真；出土文献除墓志、碑刻等外，并不准备留给后人看，而是无意中留传下来的，这类出土文献都是当时社会经济生活的原始记录，是研究当时社会经济状况不可多得的第一手资料。但出土文书往往残缺不全，背景不明，如果对传世文献（特别是其中的典章制度）不熟悉，就很难宏观把握，准确应用，充分发挥其史料价值。所以，研究敦煌学，利用敦煌吐鲁番出土文书，又须臾离不开传世文献。

　　研究敦煌学，利用敦煌吐鲁番资料还要注意其普遍性与特殊性的关系。普遍性与特殊性都是相对的，普遍性寓于特殊性之中，敦煌吐鲁番文书所反映的情况也是如此。

　　如唐代"均田制"下，敦煌、吐鲁番"均田户"的户籍、手实，都按《唐令·田令》的规定登记各户的应受田、已受田、未受田，应受田对象、各种应受田对象的应受田额也都符合《唐令·田令》的规定；民户"初授田"时，如唐贞观十四年九月李石柱户、安苦（左口右知）延户手实所示，将各户原有田土登记为各户的已受田；土地还授之际，各户的田土进行记帐面调整，凡此也都符合《唐令·田令》关于"先有永业者通充口分之数"与"其退田户内有合进受者，虽不课役，先听自取"的规定，由此又导致各户的"已受田"，无论是按户计，或是按丁计，都极不平均；永业田常足，口分田常不足，无永业田者悉无口分田；兄弟分家时，平分"已受田"，各人所得份额大体相当,而不管他们应受田之多少,永业田、口分田、勋田也是通同计算;各户的田土相当零碎等等。凡此都表明唐代敦煌、吐鲁番"均田户"户籍、手实所反映的唐代均田制的实施状况无疑带有普遍性。虽然如此,它们又都有其特殊性:敦煌地区各户"已受田"基本上都不足,但在户籍登记上却按宽乡标准计算应受田,吐鲁番地区为特狭乡,户均占有田土不足 10 亩。这些又都是其特殊性。唐代西州土地制度还有一个显著的特点,这就是它同时存在着两种授田制:一种是我们习称的所谓的"均田制",一种是"官田给百姓"制度。前者的令制依据是《唐令·田令》,后者的令制依据是贞观十六《巡抚高昌诏》。前者的应受田对象是丁男,十八以上中男,老男,笃疾、废疾,寡妻妾,以及黄、小、中男女及老男、笃疾、废疾、寡妻妾当户者;后者的应受田对象基本上都是丁男,偶及中男,绝未见老男、笃疾、废疾、寡妻妾,以及黄、小、中男女及老男、笃疾、废疾、寡妻妾当户者;前者的应受田标准是一丁 60 亩(20 亩永业,40 亩口分),黄、小、中男女及老男、笃疾、废疾、寡妻妾当户者 35 亩(20 亩永业,15 亩口分),后者是一丁合受田 10 亩,其中 4 亩常田、6 亩部田;前者的田土都在本乡里,未见隔越在别乡、别县者;后者的田土常在他乡、他县,此乡之田土常授给它乡之人,而此乡之人又常受田于他乡、他县,各乡人氏的田土犬牙交错。两种授田制并存,反映了唐代西州土地制度的特殊性。但此种特殊性也是相对的。唐前期的兵制,既有府兵制,又有募兵制;选官制度既有科举制,又有门荫制等等;在赋税制度方面,既有租庸调制,又有户税、地税。唐前期的兵制、选官制度、赋税制度等既然都可以是几种制度并存,那么,唐代西州在田制方面同时并存两种授田制,就不难理解。现在我们虽然没有证据证明,除唐代西州外,其他地方也有两种授田制并存现象,但也无法排除这种可能性。《唐会要》卷 85《逃户》记:开元十八年,宣州刺史裴耀卿提出营公田的建议:"窃料天下诸州,不可一例处置。且望从宽乡有剩田州作法。窃计有剩田者,[不]减三四十州。取其剩田,通融支给。其剩地者,三分请取一分已下。其浮户,请任其亲戚乡里相就,每十户已上,共作一坊。每户给五亩充宅,并为造一两口屋宇,开巷陌,立闾伍,种桑枣,筑园蔬,使缓急相助,亲邻不失。丁别量给五十亩已上为私田,任其自营种,率其户于近坊,更供给一顷,以为公田,共令营种。"裴耀卿的建议如果被采纳,也就是均田制之外的另一种授田制。唐前期西州,丁男计租六斗,这也是唐代西州的特殊性,但就唐代边远地区而言,赋役制度不同于内地,则又带有普遍性。

我在接触敦煌学过程还有一个体会,就是感觉出土文书入门很难。出土文书多数残缺不全,接触出土文书还不多,对出土文书的行文格式、习用语等还不熟悉时,贸然利用,就很容易出错。记得我在初接触敦煌吐鲁番文书时,就曾将"合当乡"当作乡名;在排比唐代西州常部田分布情况,把不是高昌县的田土也当作高昌县的常部田;在研究吐蕃时期敦煌计口授田情况时,把"部落"置于"将"之下。或即因此,很多人明知出土文书有很高的参考价值,却徘徊于出土文书的门外,而不敢入其门。其实,研究出土文书,难就难在入门,一旦对相关的出土文书比较熟悉,对有关的典章制度也比较熟悉,利用起来就很方便,常可收到事半功倍之效。

根据自己接触敦煌学的经历与体会,我想对今后敦煌学的发展提几点希望。20 世纪 80 年代以来,我国敦煌学研究的形势有了很大的发展。首先,各种敦煌学的书籍(包括资料汇编与研究成果)大量出版。大中型的图书馆,有关敦煌学的书籍可谓琳琅满目。现在要查找敦煌吐鲁番资料,比过去方便多了。为了敦煌学的继续发展,我希望从事敦煌学研究的学人与出版社今后能协同出版更多的敦煌吐鲁番文献分类录文。现在虽已出版大量影印的敦煌资料,如《英藏敦煌文献》、《法国国家图书馆藏敦煌西域文献》、《俄罗斯科学院东方研究所圣彼得堡分所藏敦煌文献》、《俄藏墨水城文献》、《中国藏西夏文献》、《北京大学图书馆藏敦煌文献》、《上海图书馆藏敦煌吐鲁番文献》、《天津市艺术博物馆藏敦煌文献》、《浙藏敦煌文献》、《甘肃藏敦煌文献》、《敦煌吐鲁番文献集成》等等,但这些多是卷帙浩大的、以佛经内容居多的图版本,价格不菲,即使是较大型的图书馆,也很少都能买齐。较大型的图书馆如此,私人就更不必说了。这些卷帙浩大的、以佛经内容居多的图版本,对于敦煌学专业工作者来说自然非常必要,但对于不以敦煌学为主要研究方向的人文社会科学工作者来说,利用率恐怕不很高。事实上,我们也很难要求研究北朝隋唐五代经济史、社会史、文化史的学者遍览这些卷帙浩大的、以佛经内容居多的图版本敦煌文献。对于不以敦煌学为主要研究方向,而只是利用敦煌吐鲁番文献研究北朝隋唐五代经济史、社会史、文化史等的学者来说,更切合需要的还是分类辑校的录文本,如现已出版的《敦煌社会经济文献真迹释录》、《敦煌契约文书辑校》、《敦煌社邑文书辑校》、《敦煌表状笺启书仪辑校》《敦煌变文讲经文姻缘辑校》、《敦煌变文集》等等。这些分类辑校的敦煌吐鲁番文献录文本,比较便宜,便于私人购买、收藏;卷帙一般不很大,也便于通读、利用。这些年来,越来越多的学者接触敦煌吐鲁番文献,认识敦煌学的价值,在利用敦煌吐鲁番出土文书研究北朝隋唐五代经济史、社会史、文化史等方面取得显著成就,与这些分类辑校的敦煌吐鲁番文献的出版,有着密切的关系。这些分类辑校的敦煌吐鲁番文献可谓功不可没。也正因为如此,我希望今后能够继续加强这方面的出版工作,能出版更多的分类辑校的敦煌吐鲁番文献;已经出版的希望能不断予以充实、提高,以嘉惠更多的学人,进一步实现敦煌学的价值。

这些年,研究敦煌学的队伍日益壮大,敦煌学研究的专门机构与研究人员都比 80 年代初大有增加。现在从事敦煌学研究的中青年多数有硕士、博士学位,经过专门训练,大有作为。敦煌学研究不仅后继有人,而且会青出于蓝而更胜于蓝。再次,虽非以敦煌学为主要研究方向,而又利用敦煌吐鲁番资料或吸收敦煌学研究成果,从事自己的研究工作的学者也越来越多。这表明敦煌吐鲁番文献的资料价值越来越为广大学者所认识。这是十分可喜的现象。我希望敦煌学的这种发展势头能长期持续下去。我希望有敦煌学背景的学子能更多地接触传世文献资料,熟悉并掌握传世文献,为敦煌学的研究工作打下宽广坚实的专业基础,进一步提升敦煌学的研究水平;没有敦煌学背景的学子,能更多地接触敦煌吐鲁番文献,熟悉并利用敦煌吐鲁番文献,进一步提升相关学科的研究水平。

(原载《社会科学战线》2009 年第 9 期)

吐鲁番文书与"均田制"研究

北朝隋唐"均田制",是中国古代土地制度史上重要的一环。在此之前,为所谓的中古田制,国家政权对土地制度或有立法,或极力进行行政干预;在此之后,则基本上是"田制不立"、"不抑兼并"。^① 北朝隋唐以前的各种田制,因年代久远,传世文献资料很少,出土文书不多,抑或制度本身不系统,多数已难究其详。与此前的各种田制相比,介绍"均田制"的传世文献资料不算太少,但仅靠史书记载的文献资料仍无法回答"均田制"研究中提出的诸多关键问题:如北朝隋唐田令规定的应授田标准是政府预定授给民户的授田标准,还是允许官民占田的最高限额?"均田制"下的初授田是将官民原有的田土收归国有、重新分配,还是基本上不触动各户原有田土,只是在帐面上按田令规定的名目将各户原有的田土进行区划?"均田制"是否是当时单一的授田制?"均田制"下是否存在永业田(或谓桑田)、口分田(或谓露田)之外的私田?"均田制"下的土地还授是否经常进行?如此等等。幸有 20 世纪相继出土的敦煌、吐鲁番文书,为解开"均田制"之谜,提供了第一手的实证资料,使"均田制"(特别是唐代"均田制")的实施状况,比较清晰地呈现在我们面前。

利用敦煌、吐鲁番资料研究唐代"均田制",大体上经历了三个阶段。

第一阶段(20 世纪 20 年代至 20 世纪 50 年代中期)主要是利用敦煌户籍资料(此时已被发现并刊布的吐鲁番出土文书还极少)。以铃木俊为代表的一批日本学者,对藏在英国、法国的唐代敦煌户籍资料进行了

---

① 补注:笔者后续的研究表明这一提法有误,应预更正。参见拙作《宋代"田制不立"、"不抑兼并"说驳议》(原载《中国社会经济史研究》2006 年第 2 期)、《宋代"田制不立"、"不抑兼并"说再商榷——兼答薛政超同志》(原载《中国农史》2010 年第 2 期)等文。

精细的研究,其基本结论是:一丁百亩只是允许民户占田的最高限额;唐代敦煌户籍上登记的土地,不过是将农民的土地比照均田令的条文,分别登记为永业田和口分田;只有在民户土地超过了规定应受的永业田额时,才将超过应受永业田额的田土登记为口分田;永业田与口分田的区分,只不过是户籍登记上的一种形式。铃木俊的上述观点,被概括为土地还授否定说,为当时日本多数东洋史学者所接受。但也有学者持相反意见。仁井田陞即曾根据唐代敦煌户籍田亩四至中的“退田”字样,与吐鲁番文书残片上的“还公”、“收授”、“剩退”、“死退”字样,提出土地还授肯定说。

50 年代中期,我国唐史学界也曾围绕唐代“均田制”的实施与否、“均田制”和租庸调的关系等问题进行过讨论。邓广铭认为唐代均田制是纸上空文,均田制与租庸调法并无连带关系。韩国磐、岑仲勉、胡如雷等则认为唐代均田制曾经实行,租庸调法以均田制为基础。

第二阶段(20 世纪 50 年代末至 80 年代初)主要是利用大谷探险队带回日本的吐鲁番出土文书(简称大谷文书)。1902—1914 年,日本大谷光瑞组织的西域探险队三次到我国西北地区,曾在高昌国古城址、阿斯塔那、哈拉和卓等地进行考古发掘,带回出土文书数千断片。这批文书带回日本后,湮没无闻殆半个世纪,其中一部分于大谷光瑞去世后移交龙谷大学图书馆。50 年代,龙谷大学西域文化研究会得日本文部省资助,对大谷文书(特别是其中的欠田文书、退田文书、给田文书等)进行分门别类的研究,其成果于 1958—1962 年陆续出版。西嶋定生、西村元佑等学者参加了这项研究工作。他们认定唐代西州存在一丁 10 亩的受田基准额,并按此标准切实进行了土地还授;被还授的田土不仅有口分田,而且包括永业田。进而推论,不仅在吐鲁番,包括敦煌乃至整个内地都认真地进行过土地还授。这一研究成果,在史学界很有影响,当时几乎被视为定论。许多原先对唐代均田制下土地还授持怀疑态度的学者,因此都改变了看法。

但由于大谷文书中的欠田文书的格式是:某某,几丁,欠常田几亩、部田几亩;退田文书的格式为:户主某某,因何退田,退田段数、亩数、坐落、四至;给田文书的格式也是先转抄退田文书的主要内容,而后于行间大字草书:给某乡(乡名仅写一字,如“西”代表安西乡)某人,最后是县司押署,文书本身并无直接证据显示与均田制有关,所以有学者认为此类文书的给田不是基于均田法的给田,而是基于屯田法的给田;也有人推测此类文书的给田,乃废屯之类官田的给授。

第三阶段(20世纪80年代中期以来)既利用新出土的吐鲁番文书(亦即《吐鲁番出土文书》1~10册),也利用敦煌文书(特别是新刊布的敦煌文书)。由于出土文书提供的实证资料越来越充实,对"均田制"的研究也就更加全面深入。

下面择要介绍与"均田制"研究有关的几种吐鲁番出土文书。

一、按田令规定计算应、已受田的户籍、手实

吐鲁番出土的此类户籍不少,有高昌县的,也有柳中县、蒲昌县、交河县的;有贞观十九年前后的,也有武周时期与开元年间的。此类户籍登记的内容与敦煌户籍类似,只是各户的已受田极不平均,各户的田土相对集中却很细碎。它与敦煌户籍所载不同的,一是各户应受田数,按田令"狭乡所受者,减宽乡口分之半"的规定计算;二是各户的田土多为永业田,罕见口分田(唐代西州人多地少,户均垦田仅近10亩,故各户已受田几乎都是永业田不足,口分田全无);三是各户的田土常有"常田"、"部田"(或"部田一易"、"部田二易"、"部田三易")的注记。据研究,常田的土质一般优于部田,而"部田"这一名称可能源于前代的屯田部。也有学者认为,"部田"即"薄田"或"倍田"。总而言之,此类户籍登录的各项都符合田令规定,它所反映的"均田制"实施状况,也同于敦煌户籍。两地户籍适可互相印证,相得益彰。

手实,是民户按政府规定的格式申报本户家口、田土情况的牒状。唐前期的手实,过去未曾发现。吐鲁番出土的按田令规定计算应、已受田的手实多为贞观时物,其中最早者为贞观十四年(640年)九月,亦即唐政权征服高昌的第二个月。手实的内容可分为两部分,第一部分是登录家口、田土情况,其格式与户籍所载大体相同;第二部分是保证申报内容绝无欺隐的例行文字,通常是:"牒被责当户手实,具注如前,更无加减。若后虚妄,求受重罪,谨牒。某年某月日户主某某牒。"从贞观十四

年手实可知,唐征服高昌后,立即在该地区推行"均田制",令民户将各户原有的田土(包括葡萄园、菜园)"具注"为已受田。因各户原有田土或多或少或有或无,故各户手实或"合授田八十亩,六亩半已受",或"合受田八十亩,一亩半已受",或"合受田八十亩未受"。传世文献与敦煌文书中,反映唐代"均田制"下初授田情况的资料极少,吐鲁番出土的唐贞观十四年手实正好补此之缺,其价值不言而喻。

二、与欠田、退田、给田有关的各种文书

《吐鲁番出土文书》收录的欠田、退田、给田文书,件数虽不比大谷探险队带回的同类文书多,但因其较完整,因而更具史料价值。凭借这批文书,即可探究一丁10亩授田制的源流及其与"均田制"的同异。西村元佑、西嶋定生曾据开元二十九年(741年)前后的大谷欠田、给田文书,推断唐代西州存在一丁10亩的受田基准额。阿斯塔那5号墓、103号墓出土的文书,证实了上述推断。阿斯塔那5号墓出土的一件麟德二年(682年)前后的残户籍文书,明确记有"应受田一十亩一百步"。如果把这100步视为居住园宅地,那么该户很可能就是一丁应受田10亩。阿斯塔那103号墓出土的侯菜园子等户佃田簿,其中有"壹丁合得常田肆亩、部田贰亩"这一过去从未见过的授田标准。同墓出土的另一件合应请地丁中簿,又有"老寡人得常田贰亩、部田壹亩"的授田标准。同墓出土文书有纪年者为贞观十八年,此两件文书的年代应当在此前后。阿斯塔那152号墓出土一件残籍帐,仅存"应授田伍亩"5字,同出文件有纪年者为贞观十九年。此数件文书所记的应授田标准应可统一,因为当地的1亩"部田"可折算为3亩"部田叁易",所以"壹丁合得常田肆亩、部田贰亩"亦即一丁应授田10亩(常田4亩,三易部田6亩),老寡合得常田贰亩、部田壹亩,也就是老寡应授田5亩(常田2亩,三易部田3亩)。为简便起见,我们暂且将此种授田制统称为"四·六"制。

过去由于不知道有老寡应授常田2亩、三易部田3亩这一标准,对一丁合得常田4亩、三易部田6亩也不太明确,加之因西州人多地少,丁均垦田不到10亩,所以不易发现"均田户"(亦即按田令规定计算应已受

田的民户)已受田突破"四·六"制的情况。现在有了"四·六"、"二·三"这几项具体标准,就不难发现均田户的已受田颇多不合"四·六"制。

吐鲁番出土文书表明的"四·六"制下的授田对象、授田文书的编制手续、已受田的地域分布等,均不合唐田令规定,与唐代西州均田户户籍、手实所反映的情况迥然不同。由此可见,它是与均田制并存的另一种授田制。

吐鲁番出土文书还揭示了贞观年间或稍后这种给田制所给授田土的来源:一是来源于移户。唐征服高昌后,曾将当地一部分官民迁入内地。阿斯塔那42号墓出土的龙朔三年(663年)前后的给田文书,其格式为"某某某 移户 常部田若干亩,坐落、四至,右给某某某充分"。二是来源于国家佃农原佃的官田。如侯菜园子等户佃田簿所示:侯菜园子,户一丁,"合佃"常田18亩半90步、部田11亩,按"壹丁合得常田肆亩、部田贰亩"标准授田后,所剩常部田分别按上、中、下价"合征"大麦12硕4斗7升半、小麦5硕5斗余,每亩平均征麦7.5斗。其中上价常田亩征麦9斗,与高昌国时期官田地租额亩3斛相近(唐量9斗相当于高昌斛2.7斛)。又户主令狐僧海,户二丁,"合佃"常田7亩100步,按此标准授田后,尚"欠常田半亩贰拾步、部田肆亩",故不征大小麦。秃发庆武户也是家二丁,"合佃"常田10多亩,按此规定授田后,常田有剩,部田全欠,结果也是所剩常田仍旧征麦,而不考虑部田的欠否。显而易见,侯菜园子等原来就是佃种官田的国家佃农。大谷欠田文书只记各户丁中数与欠田亩数,不易探究此种授田制的实施状况。阿斯塔那376号墓出土的开耀二年(682年)前后的欠田簿,则独具欠田丁中的年龄、身份,借此又可推论此种授田制下的土地还授也并未切实实行。因为从文书中,我们屡见30~50岁的卫士、勋官、府史欠田甚多或全未授,而一些新近取得资格者却欠田较少。可以设想,倘若土地还授经常进行,此类情况不会发生。

三、带有户别田亩数的其他籍帐

提起户籍、手实,人们很自然便想起按户令规定登记户主家口名年、丁中、课否,按田令规定登记应、已受田的户籍、手实。就敦煌而言,因前所见的唐前期的户籍、手实,确实只见一种格式。但在西州各县,户籍、手实的格式很多。除上面所讲的格式外,至少还有以下几种:

其一为武周载初元年(690 年)西州高昌县宁和才等户手实,特点是具户主及家口名、年,不具丁中课否;田籍部分不作总计,无应受、已受、未受等项,只有"合受常部田"的段亩、坐落、四至;各户的常、部田,都在"四,六"制范围之内。

其二为神龙三年(707 年)高昌县崇化乡点籍样,特点是详于户主与丁口,其他家口不具名年;田土方面只记"已受田"总数,无段亩、坐落、四至,也不注常田、部田、永业、口分。就田亩总数而言,崇化乡仅一户突破"四·六"制标准,其他各户皆在"四·六"标准之内。

其三为贞观年间高昌县范延伯等户家口田亩籍,特点是只记户主家口名年,不记丁中课否;田籍部分不记应受、已受、未受,径记各段田亩亩数、坐落、四至。因各户丁口、田籍多残缺不全,难以判断其是否符合"四·六"制。

其四为记有"合附籍田"总数的户籍、手实。如阿斯塔那 5 号墓出土的一件麟德二年(655 年)前后的户籍,有 1 户"合附籍田"79 亩多。这既不合"四·六"制,也不合田令规定的应受田标准,其究属何种性质,尚有待进一步研究。

除上述几类文书外,反映唐代西州土地赋役制度特点、租庸调制与均田制若即若离的关系、"均田制"下存在着私田等问题的文书还不少,这里就不一一介绍了。

总而言之,吐鲁番出土文书中有关唐前期土地制度的文书很多。尽管目前史学界对这些文书性质的认识还不尽一致,对某些问题(如唐代西州是否并存着两种授田制度等)的看法分歧还很大,但这些文书的出土无疑大大地丰富了"均田制"研究的内容,并为"均田制"研究的进一步深入,创造了极为有利的条件。

(原载《文史知识》1992 年第 8 期)

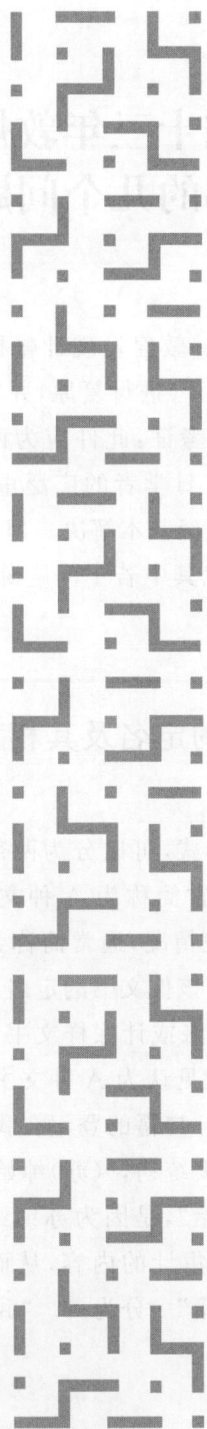

籍帐研究

关于西魏大统十三年敦煌计帐
户籍文书的几个问题

　　1954 年日本学者山本达郎以《敦煌发现计帐样文书残简》为题,对
S.0613 号敦煌汉文文书(计 17 断片)进行复原,并对当时的田制和赋役
制度进行深入的研究。山本达郎考证:此件应为西魏大统十三年(547
年)计帐,山本达郎的文章引起中、日学者的广泛重视,并相继发表专文
参加讨论。经过讨论,许多问题已经基本解决。但也有一些问题未曾提
出,或未取得一致意见。笔者拟就其中若干问题陈述己见,以期使讨论
更加深入。

一、两部分文书的定名及其相互关系

　　S.0613 号文书按其内容与形式,可以分为两部分:第一部分,登记
各户的家口、受田与赋役情况,通常简称为 A 种文书;第二部分则集计
一个户口集团的户口、受田及赋役情况,通常简称为 B 种文书。前者是
后者的基础,两者密切相关。关于该件文书的定名,现在有三种意见:一
种是把 A、B 两部分文书都看成计帐或计帐样文书;一种是把 A、B 两部
分文书都看成是户籍;还有一种意见认为 A 种文书是户籍,B 种文书是
计帐。笔者基本赞成后一种意见。户籍的登记在我国源远流长,不自西
魏始。而计帐则为过去所未见。大统初,"(苏)绰始制文案程式,朱出墨
入,及计帐户籍之法",[①]其所谓"始",是因为苏绰继承了过去户籍的形
式,在此基础上加以发展,增添了集计的内容,从而创立了前所未有的
"计帐户籍之法"。唐代,"计帐户籍"一分为二。"武德六年三月,令每岁

---

① 　《周书》卷 23《苏绰传》。

一造帐,三年一造籍".① "籍"与"帐"虽有密切联系,但分别编造。每三年中有两年只造"帐"而不造"籍"。而在西魏大统年间,户籍与计帐,同时编造,合为一件。其具体形式即如 S.0613 号文书。在当时既无单独的户籍,亦无单独的计帐。因而,将 S.0613 号文书单独称为"户籍",或单独称为"计帐"都不合适。而应按《周书·苏绰传》所表述的那样,称之为"计帐"户籍文书。

前已述及,在计帐户籍文书中,户籍是计帐的基础,计帐据户籍进行统计而成。但具体到 S.0613 号文书,仍存在 A、B 两部分文书是否属于同一户口集团(亦即同一间里)的问题。多数学者认为 A、B 两部分文书属于同一户口集团,并对其中若干不一致之处做了种种解释。我以为A、B 两部分文书虽有可能属于同一户口集团,但无法排除其不属同一户口集团的可能性。为便于讨论,先将西魏大统十三年(547 年)计帐户籍文书中的计帐部分转录于下:

　　　　(前　　　　　　　　欠)

1.　　　　　　　　　口卅一 女　年一已上

2.　　　　　　　　　口一老寡妻年六十六

3.　　　　　　　　　口五寡妻年六十四　已下

4.　　　　　　　口 二 贱 小婢　　年九

5.　　　　　　　　　　　　　┌ 口五十三　　旧

6.　　　　口仟拾捌课见输 ┤

7.　　　　　　　　　　　　　└ 口五　　　　新

8.　　　　　　　　　　　┌ 口卅一　旧

9.　　　口卅二男 ┤

10.　　　　　　　　　　└ 口一　　新

11.　　　　　　口 六 上

12.　　　　　　口十六 中

13.　　　　　　口 十 下

① 《唐会要》卷 85《籍帐》。

14.　　　　　　　　　　　　　　　┌　口 廿 二　旧
15.　　　　　口两拾仟妻妾　┤
16.　　　　　　　　　　　　　　　└　口 三　　新
17.　　　　　　　　　　口 三　上
18.　　　　　　　──────────────

（口 十 三 中）

19.　　　　　　　　　口 九　　下
20.　　　　　　　口 一　贱婢 新
21.　　　　牛　　陆　　头
22.　　　　　四 头 受 田 课
23.　　　　二 头 未 受 田 不 课
24.　都 合 调 布 叁 拾 叁 匹 叁 丈 捌 尺
25.　　　　　　　　　┌　五 匹 台 资
26.　　　　　　　　　│　四 匹 二 丈 上
27.　卅 三 匹 二 丈 良┤
28.　　　　　　　　　│　十 四 匹 二 丈 中
29.　　　　　　　　　└　九 匹 二 丈 下

30.　　　一　　丈　　贱
31.　　　八　　尺　　牛
32.　都 合 麻 陆 拾 柒 斤 捌 两
33.　　　　　　　　┌──────────（十斤台资）
34.　　　　　　　　│　九 斤 上
35.　六 十 七 斤 良┤
36.　　　　　　　　│　廿九斤中
37.　　　　　　　　└　十九斤下
38.　　　八　两 贱
39.　都 合 租 捌 拾 捌 斛 叁 䬺
40.　　仟 拾 斛 叁 䬺 输 租
41.　　　　　　　　　　　┌　十 石 七 斗 五 升 上
42.　卅 九 石 二 斗 五 升 良┤　廿 九 石 中
43.　　　　　　　　　　　└　九 石 五 斗 下
44.　　　四 斗 五 升 贱
45.　　　六　斗　牛
46.　叁 拾 捌 石 折 输 草 柒 拾 陆 围

47. 六石七斗五升折输草十三围斗上

48. 廿一石七斗五升折输草卅三围半中

49. 九石五斗折输草十九围　　下

50. 都合税租两拾肆斛

51. 拾陆石伍斗输租

52. 四石五斗不课户上税

53. 九石五斗上

54. 五石台资口计丁床税

55. 六石中

56. 一石不课户下税租

57. 柒斛伍斗折输草拾伍围

58. 三石折输草六围上

59. 四石五斗折输草九围中

60. 都合课丁男叁拾柒人

61. 五人杂任役

62. 一人猎师

63. 一人□□

64. 一人防阁

65. 二人虞候

66. 叁拾两人定见

67. 六丁兵卅人

68. 乘二人

69. 都合应受田户叁拾叁

70. 户六足

71. 口六男隆(癃)老中小

72. 牛一头

73. 卅亩麻

74. 右件应受田壹顷壹拾陆亩足　八十亩正

75. 六亩园

76. 户六　　三分未足

77. 口十一丁男

78. 口廿良

79. 口九丁女

80. 　　牛　　　三　　　头

81. 　　　　　　　　　　　　　　　　　　　　　　　　一顷卅五亩麻

82. 　　　　　　　　　　　　　三顷八十五亩已受　　二顷五十亩正

83. 右件应受田伍顷叁拾壹亩　　　　　　　　　　　　六　亩　园

84. 　　　　　　　　　　　　　一顷卅六亩未受

85. 户 十 三　　　二 分 未 足

86. 　　　　　　　　　　　　　　　　　口 十 八 丁

87. 　　　　　　　　口 十 九 男

88. 口 卅 五 (四) 良　　　　　　　　　口 一 隆 (癃) 老

89. 　　　　　　　　口 十 五 丁 女

90. 　　口 一　　　贱　　婢

91. 　　牛　　　二　　　头

92. 　　　　　　　　　　　　　　　　　　　　　　　　二顷五十亩麻

93. 　　　　　　　　　　　　　四顷卅三亩已受　　一顷七十亩正

94. 右件应受田捌顷肆拾捌亩　　　　　　　　　　　　十三亩园

95. 　　　　　　　　　　　　　四顷一十五亩未受

96. 户 七　　　一 分 未 足

97. 　　　　　　　　　　　　　　　　　口 八 丁 男

98. 　　　　　　口 十 四 良

99. 　　　　　　　　　　　　　　　　　口 六 丁 女

100. 　　　　　　　　　　　　　　　　　　　　　　(　亩麻)

101. 　　　　　　　　　　　(一顷十二亩已受)　　(　亩正)

102. 右件应受田叁顷叁拾柒亩　　　　　　　　　　　　七亩园

103. 　　　　　　　　　　　　　二顷廿五亩未受

104. 户 一　　　无　　　田

105. 　　　　口 一　　老　　女

106. 右件应受田十五亩无 (原) 无

　　　　(以 下 空 白)

　　此件第2行为"口一老寡妻年六十六",而A部分文书白丑奴户"母高阿女壬寅生年捌拾陆　老妻",显然不一致,按干支推算,高阿女年八十六并不误。山本达郎曾指出当时丁年从十八岁开始,到六十四岁为止,六十五以上则为老。若山本达郎氏所论不误,则此件第2行之"口一老寡妻年六十六"应指该件第104～105行之"户一无田""口一　老女"者,而非白丑奴之老母。

　　据计帐部分第8～10行,该户口集团课丁男中有"口卅一　旧"、"口

一 新",而户籍部分某户主不详户有"息男众僧乙卯生年拾叁 实年十八",白丑奴户又有"息男显受庚戌生年拾捌白丁进丁"。可见户籍部分某户口集团至少有两人为新进为丁者。此与 B 部分文书又显然不合。白显受明确注明"进丁",某姓名众僧者虽未注明"进丁",但注明"实年十八",且该户"凡口六""口四课见输","口三良 二丁男 一丁妻","口一贱 丁婢";"计受田口四","口三良 二丁男 一丁妻","口一贱丁婢",众僧明确计算为新课口与新受田口。由此可见,户籍部分此项记事并不误。计帐部分"口卅一旧、口一新"亦正合"口 卅二男"之数,按户等计,"口六上;口十六中";"口十下"亦合"口卅二男"。以此看来,计帐部分此项记事亦未必误。A、B 两部分皆不误,说明 A、B 两部分所记不属同一间里。

由计帐部分第 11 行、第 17 行可知,该户口集团上等课见输之户中计有 6 个丁男,3 个丁妻(妾),而据 A 部分文书,明确记为上等课见输,且家口数比较完整者计有四户。此四户即有 6 丁男 4 丁妻,比 B 部分文书(即计帐部分)就多一丁妻。A 部分文书中尚有一断片"计受田口二,一丁男一丁妻",按其租额,亦属上户。此断片或为其天婆罗门户籍一部分,但也可能是另一上等课户。若为另一上等课户,则 A 部分文书上等课户中就至少有 7 丁男 5 丁妻。A 部分文书中,叩延天富户为"课户中"。此户之前又有一户,只剩 3 行,家口及计租调部分皆缺,该户户主乃某姓名永业者之兄。此户之户等不详,若为课户上,则至少又有二丁男。现存 S.0613 号文书 A 部分之排列自刘文成户("课户上")始。该户之前,可能还有缺页。若有缺页,则此户口集团之"课户上"之丁男、丁妻之数就更多。此三种情况皆在疑似之间,姑且不论。即以刘文成、侯老生、其天婆罗门、某户主不详户(男众僧之父)等四户计,即与计帐文书记事不合。

还应指出的是,B 部分(计帐)文书比较完整,统计了一个户口集团共卅三户之户口、赋役、田土情况,而 A 部分(户籍)文书中家口情况完整与比较完整者仅有七户,两者相差悬殊。在此情况下,A、B 两部分文书即使不属同一户口集团,A 部分文书的各项数字亦不易超出 B 部分文书的数值范围。尽管如此,A 部分文书已有如上数项与 B 部分文书相背,故疑此两部分文书不是同一户口集团。①

二、税租的承担者似为"台资"与部分不课口

S.0613 文书 B 部分第 50～59 行记该户口集团"都合税租两拾肆斛",其中"五石台资口计丁床税",其余 19 石(包括折输草的柒斛伍斗)分别由"不课户上"、"(不课户)中"、"不课户下"承担。S.0613 文书 B 部分的上述记载十分明确,似无置疑的余地,但若仔细推算,疑问便顿然而生。

S.0613 文书 B 部分所属户口集团,应受田者共三十三户。其中"户六足"、"户六 三分未足"(受田不足,但达到或超过应受田额四分之三)、"户十三二分未足"(受田不足,但达到或超过应受田额之四分之二)、"户七 一分未足"、"户一 无田"。

北魏地令规定:"诸男夫年十五以上,受露田四十亩,妇人二十亩;奴婢依良。丁牛一头,受田三十亩,限四牛";"诸初受田者,男夫一人给田二十亩,课莳余种桑五十树,枣五株,榆三根";"诸麻布之土,男夫及课,别给麻田十亩,妇人五亩。奴婢依良,皆从还受之法。"同时又规定:"诸有举户老小癃残无授田者,年十一以上及癃者,各授以半夫田;年逾七十者,不还所受。寡妇守志者虽免课,亦授妇田。"②北周隋唐田令的规定虽有不同,但在丁男之外老小寡妻妾当户者亦可授田这一点上,却是一致的。换言之,北朝隋唐"均田制"下,所有的在籍农户,都在应授田之列,由此又可推论:S.0613 号文书 B 部分文书所登记的户口集团,也只有上述卅三户。

由 S.0613 文书 B 部分文书可以统计,该户口集团共有丁男 37 人(其中"户六 三分未足"部分 11 人,"户十三 二分未足"部分 18 人,"户七 一分未足"部分 8 人);丁女 30 人(见原件第 79、89、99 各行)。又据该件文书第 5～19 行及第 60～61 行,知该户口集团共有"口伴(伍)

---

① 补注:即属于同一党(族)的不同闾里。
② 《魏书》卷 110《食货志》。

拾捌课见输",其中"口卅二男"、"口两拾伜妻妾"。另有"五人杂任役",故"都合课丁男叁拾柒人"。由此可知,该户口集团之 37 名丁男,全属课丁男(其中五人杂任役为课现不输)。而"课见输"之 25 人妻妾,加上五人杂任役之妻室,又正合丁女 30 人之数。由此又可知,该户口集团之 30 名丁女亦全系课丁女(其中五人杂任役之妻妾为课现不输)。换言之,该户口集团中之丁男与丁妻全属课口,无一例外。该户口集团中之"户六足;口六男隆(癃)老中小"、"户一无田;口一老女",此七户因无丁男、丁妻,故可视之不课户。倘若该户口集团除台资之外的 19 斛税租全由此七户不课户承担,则平均每户须承担 2.7 石税租,超出上等户一丁所负担的租额。既无课口,又要负担比上等课户丁男租额更重的税租,似不大可能。但是,除此举户老小癃寡之七户与上引课户外,该户口集团再别无课户。由此,又产生一个疑问:S.0613 文书 B 部分文书所说的"不课户上税租"、"不课户下税租"云云,实际上非指不课户,而是指课户中之不课口,或者是课户中之某些不课口。上述推测,与文书记载显然不合,但据推算,又未必无据。是耶,非耶? 俟方家再考。

三、三长待遇的变化

关于三长制,《魏书》卷 110《食货志》载:

> 魏初不立三长,故民多荫附。荫附者皆无官役,豪强徵敛,倍于公赋。十年,给事中李冲上言:"宜准古,五家立一邻长,五邻立一里长,五里立一党长,长取乡人强谨者。邻长复一夫,里长二,党长三。所复复征戍,余若民。……"书奏,诸官通议,称善者众。高祖从之,于是遣使者行其事。

据李冲建议,一里当有 25 户,复 7 人;一党 125 户,复 38 人,仅复征戍,不复租调力役。但《魏书》卷 18《临淮王元孝友传》又云:

> 孝友明于政理,尝奏表曰:"令制:百家为党族,二十家为闾,五家为比邻。百家之内,有帅二十五,征发皆免,苦乐不均。羊少狼多,复有蚕食。此之为弊久矣。京邑诸坊,或七八百家,唯一里正、二史,庶事无

阙,而况外州乎?请依旧置,三正之名不改,而百家为四闾,闾二比。计族省十二丁,得十二匹赀绢。略计见管之户,应二万余族,一岁出赀绢二十四万匹。十五丁出一番兵,计得一万六千兵。此富国安人之道也。……"诏付有司,议奏不同。

可见,太和十年(486 年)李冲的建议只是原则上被采纳,在具体实施时,党族邻里的编制改为百家为党,二十家为闾,五家为邻。党、闾、邻三长皆复一夫,不仅复征戍,而且复徭役、调绢。《北史》卷 16《广阳王建附子嘉传》载:景明初,司州牧元嘉建请"发三正复丁",以充京城四面筑坊之役。此亦证明当时三长确有免力役特权。元孝友建议的出发点是扩大闾里、比邻的规模,从而减少复除人数。就三长复征戍、徭役、赀绢而言,元孝友并无异议。元孝友所讲的"令制"与李冲建议不同,许多学者早已论及。元孝友的建议是否被采纳,史籍无征。元孝友建议之后,迄至隋唐,三长在赋役制度方面有何变化,很少有人论及。从西魏大统十三年计帐户籍文书看,从北魏末或西魏初起,三长在免赋免役方面发生了巨大变化。

西魏大统十三年计帐户籍文书虽未记及邻、里、闾长,但该文书计帐部分既然是作为一个户口集团,就必定要包括闾、邻之长。从该户口集团全部丁男的负担赋役情况,即可推论当时三长的赋役负担情况。

前已论及,S.0613 文书 B 部分文书共含 33 户。依李冲建议,此 33 户应可编为6~7 个"邻"、一个"里"。与此相应,当置邻长、里长 7~8 人,应免征戍者8~9 人。若按元孝友所述的"令制",此 33 户也将分为6~7 个"比邻"、一个"闾"(计帐部分不可能将两个"闾"作为一个户口单位进行统计,除非一"党"之中仅此二闾)。李冲设三长的建议,仅言三长"取乡人强谨者"充,在年龄方面未做具体规定。因而,S.0613 号文书所载之瓜州某闾,任闾、邻长者即有两种可能:或为癃、老、中男;或为丁男。前者可能性甚小,至少说不可能由癃、老、中男包干该闾的全部闾、邻长。且癃、老、中男本来就没有兵役、徭役、租、调负担,因而也就不存在因当三长而免役、免租调问题。该闾之闾、邻长若由丁男担任,则该闾 37 名丁男中,32 人为"课见输"(其中 30 人为"六丁兵",2 人为"乘",5 人为猎师、防阁、虞候之类之"杂任役")。其中无一人得以免役,就租调而言,除

5人杂任役外,所有丁男亦无一人得免,"五人杂任役"的课见不输,①显然是由于他们常年服役于官府,因而在服役期间暂免其租调负担。换言之,该闾37名丁男中无一因担任三长而免租、赋、役者。由此推论,当时的闾、邻长已无免正役、免调特权,党(族)长可否免调与正役,因文献无征,S.0613文书又不能确定包括一个党族(或此闾有人担任党族长),故难以确知。

闾、邻长免调与免正役特权的取消,不知始于何时?元孝友奏书言及"略计见管之户,应二万余族",应是东魏北齐时事。则北魏末年三长仍可免调、免正役。闾、邻长免调、免正役特权的取消,可能始于西魏太和年间。《隋书》卷24《食货志》记北齐河清三年令只说"乃命人居十家为比邻,五十家为闾里,百家为族党",未及三长免调、役事。很可能北齐此后亦取消邻、里长免调、役特权。杨坚代周后,田制仍遵北齐之制,三长制方面则有某些改变,《隋书·食货志》载:

> 及颁新令,制人五家为保,保有长,保五为闾,闾四为族,皆有正。畿外置里正,比闾正,党长比族正,以相检察焉。

亦未及闾(里)正、保长是否免调、役问题。唐代的乡里制度又稍有改变。《通典》卷3《食货·乡党》记:

> 大唐令:诸户以百户为里,五里为乡,四家为邻,五家为保(按:《旧唐书》卷43《职官志》为"五邻为保",是)。每里置正一人,原注:若山谷阻险,地远人稀之处,听随便量置。掌按比户口,课植农桑,检察非违,催驱赋役。在邑居者为坊,别置正一人,掌坊门管钥,督察奸非,并免其课役。在田野者为村,别置村正一人。其村满百家,增置一人,掌同坊正。……诸里正,县司选勋官六品以下白丁清平强干者充。其次为坊正。若当里无人,听于比邻里简用。其村正取白丁充,无人处,里正等并通取十八以上中男、残疾等充。

---

① 此件文书中虽未见"课见不输"之名,但据推算,该闾应有"课见不输"之丁男5人、丁女5人。该文书中之"课",应指徂、调、正役之总体。见输与见不输,则专指租、调而言。

这里明确提到百户为里,五里为乡。邻、间、里长中,仅里长"免其课役"。[1] 村野另设村正,"掌同坊正"。坊正可免课役,村正可否免役,未见记载。很可能不免。唐初乡一级曾设乡老父(或名乡耆老、乡长)。贞观十五年省,但保留乡的行政区划,具体事务由众里正共同或轮流负责。乡父老位在里正之上,论理亦可免役。但乡父老既云"父老",多半应为老男,本来就不存在免课役问题。就里正而言,按当时规定,既可取勋官六品以下或十八岁以上中男、残疾等充任,亦可取白丁充任。村正则主要以白丁充任,亦可取残疾等充任。但天宝十载敦煌差科簿[2]所反映的情况又稍异于此。该差科簿残卷共有里正 10 人,村正 13 人。情况如下:

P. 3018 号文书、P. 3559(一)号文书,寿昌乡:

平履瑶　载册　　　　　　上柱国子里正

(王)庭秀　载册　　　　　白丁里正

(索)承宗　载卅一　　　　白丁里正

(范)履新　载卅三　　　　白丁里正

P. 3559(三)号文书,慈惠乡:

(李)忠臣　载廿九　　　　上柱国子里正

(张)仙舟　载廿　　　　　中男村正

(公孙)悉郎　载一十七　　中男村正

(令孤)回回　载廿二　　　中男村正

张光鹳　载卅二　　　　　上柱国子里正

(荆)思言　载十八　　　　中男村正

安仕德　载廿　　　　　　中男村正

张神庆　载十九　　　　　中男村正

阴光儿　载廿　　　　　　中男村正

从化乡:

康令钦载册　　　　　　　柱国子里正

---

[1] 唐代差科簿中,未见注为邻长、间长者,其因即在于此。

[2] 补注:该差科簿现收入唐耕耦、陆宏基编:《敦煌社会经济文献真迹释录》第 1 辑,书目文献出版社 1986 年版,第 208~262 页。

（罗）奉鸾	载卅一	白丁_{里正}
（安）突昏	载廿二	中男_{村正}
曹游庭	载廿六	白丁_{里正}
（何）抱金	载廿	中男_{村正}
（罗）双利	载廿	中男_{村正}
罗特勲	载卅五	白丁_{里正}

P.2657 号文书（乡别不详）：

氾履游	载卌	五品子_{里正}
（李）璆光	载十八	中男_{村正}

P.2803 号文书（龙勒乡？）：

贾楚楚	载卌六	白丁残疾_{村正}

以上 13 名村正中，白丁仅占 2 人（其中一人为"白丁残疾"），其余 11 人全是中男。[①] 10 名里正中，白丁占 5 名，上柱国子占 3 名，柱国子及品子各占 1 名。上柱国子、柱国子都是"课见不输"，本来就无须通过担任里正而免课役。

从以上分析中，我们可以看到，自北魏太和年间立三长起，三长在免役免赋特权方面起了显著变化。最初是三长都有免役特权（甚至还有免调特权），每百户中因此而得免役者可达 25～30 人。但至西魏初年，闾、邻长免调、役特权即已取消，党长可否免役，不得而知。如果党长仍可免役，那么，每百户中亦仅有一人。唐代虽然规定里正"并免其课役"，但由于唐代由上柱国子、柱国子担任里正的情况相当普遍，所以，通过担任里正而得以免役的人数就更少，平均每百户不到一人。就三长的赋役负担而言，总的趋势是纳赋役面不断扩大，免役面逐渐缩小。

四、关于台资

S.0163 号文书户籍部分有一户记有"台资"，移录于下：

---

① 此或表明《通典》卷 3《食货·乡党》所记"唐令"不准确。

户主刘文成己丑生年叁拾究　荡寇将军　课户上
　　妻任舍女甲午生年叁拾肆　台资妻
　　息男子可乙卯生年拾叁　中男
　　息男子义丁巳生年拾壹　中男
　　息女黄口水亥生年廿　小女
　　息男子侯辛酉生年柒　小男
　　息男黄口甲子生年肆　小男

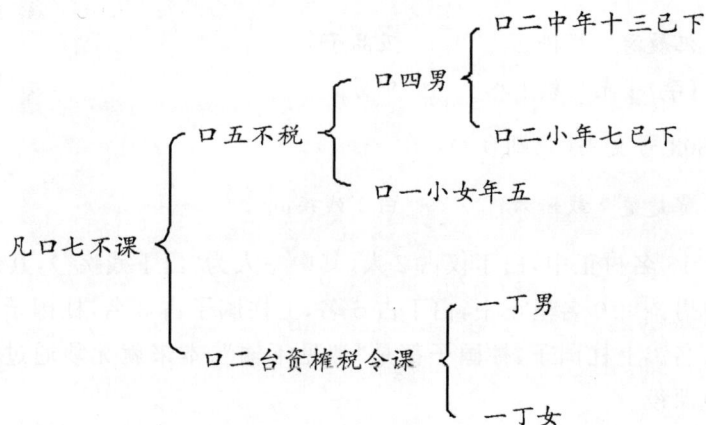

凡口七不课
　口五不税
　　口四男
　　　口二中年十三已下
　　　口二小年七已下
　　口一小女年五
　口二台资榷税令课
　　一丁男
　　一丁女

计布一匹
计麻二斤
计租四石
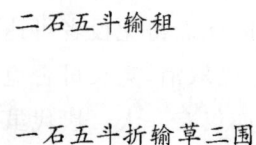
　二石五斗输租
　一石五斗折输草三围

计受田口二
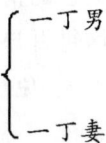
　一丁男
　一丁妻

应受田六十六亩
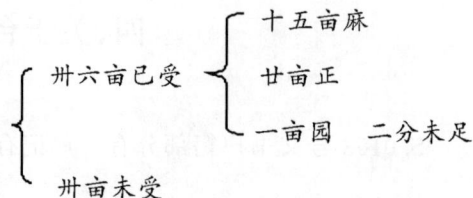
　卅六亩已受
　　十五亩麻
　　廿亩正
　　一亩园　二分未足
　卅亩未受

一段十亩麻　舍西二步　东至舍　西北至渠　南至白丑奴

一段廿亩正　舍东二步　东至侯老生　西至舍　南北至渠

右件二段户主文成分　麻正足

（一段五亩麻　　座落　　　四至）

右件一段妻舍女分　麻足　正未受

一段一亩居住园宅

据《魏书》卷113《官氏志》记魏世宗定制,荡寇将军为七品上阶,略低于中县令、相,而高于下县令、相。北魏以后,荡寇将军的地位呈下降趋势。西魏恭帝三年(556年)卢辩遵宇文泰之命依周礼建六官,荡寇、荡难将军为三命官,其品位低于"户五百以上县令",而同于正六命州(户不满五千者)治中、六命郡(户五千以上者)丞、户不满五百以下县令、戌主、正六命州呼药。① 隋初制度,荡寇、荡难二将军的品位又略低于下县令,而同于上县丞、上郡尉。② 由此推论,西魏大统十三年荡寇将军的品位大体上与下县令相当。

上引文书,荡寇将军刘文成妻任舍女记为"台资妻",刘文成本身自应为"台资"。这里的"台资",表示一种特殊的身份。唐代户籍,职事官、卫官、勋官都记为"职资"(其妻妾为"职资妻"、"职资妾")。这里的所谓"资",即有官资之意。《唐六典》卷5《兵部郎中》记:"凡酬功者,见任、前资常选为上资,文武散官、卫官、勋官五品已上为次资,五品子孙,上柱国、柱国子,勋官六品已下,诸色有番考人为下资,白丁、卫士、杂色人为无资。"西魏大统年间的荡寇将军亦应有官资,不同于一般白丁、兵士、杂色人,但据刘文成户籍,刘文成之荡寇将军,又似乎不是实职,而是加衔。《魏书》卷11《废出三帝纪》记永熙二年(533年)五月乙巳诏:

大夫之职,位秩贵显;员外之官,亦为匪贱。而下及胥吏,带领非一,高卑浑杂,有损彝章。自今已后,京官乐为称事小职者,直加散号将军,愿罢卑官者听为大夫及员外之职,不宜仍前散实参领。其中旨特加者,不在此例。

由此可见,永熙以前,卑官胥吏或可带领大夫、员外散职,永熙以后,

① 《周书》卷24《卢辩传》。
② 《隋书》卷28《百官志》。

"京官乐为称事小职者"不得带领大夫、员外等散职,但可加散号将军。荡寇将军亦在散号将军之列。但从刘文成户籍看,加散号将军者亦不一定都是"京官乐为称事小职者"。据上引永熙诏书,卑官胥吏带领大夫、员外,属于"散实参领",而加散号将军,则不算"散实参领"。由此看来,散号将军时已逐渐带有勋阶的性质。唐代散官、勋官、卫官都要量其远弥以定其番第,番满者可听预简选,不上番者须纳资,否则,就要失去简选的资格。S.0613 文书计帐部分在"都合调布叁拾叁匹叁丈捌尺"条下记有"五匹台资";在"都合麻陆拾柒斤捌两"条下应有"十斤台资"(文书残缺,山本达郎据推算拟补);"都合税租两拾肆斛"条下记有"五石台资口计丁床税"。这里的"台资",布、麻、税租,也都应有纳资之意。

这里还要解释一下"台资"一词中"台"字的含义。南北朝时期,尚书省简称为台或台省。如北齐河清三年令:"垦祖送台,义租纳郡,以备水旱。……租入台者五百里输粟,五百里外输米。入州镇者,输粟。"[1]这里"送台"与"入州镇"、"纳郡"对称,故知所谓"台"者乃即指尚书省所辖的中央财计机构。《南齐书》卷 26《王敬则传》亦记:永明中,王敬则为会稽太守,"会土边带湖海,民丁无士庶皆保塘役,敬则以功力有余,悉评敛为钱,送台库以为便宜"。竟陵王萧子良表示反对,说:"塘丁所上,本不入官。……今郡通课此直,悉以还台,租赋之外,更生一调。"可见,南北朝时期,凡租赋入中央者,都可称为"送台"。S.0613 号计帐户籍文书中之所谓"台资"亦应包含纳"资"于"台"的意思。要言之,S.0613 号计帐户籍文书中的所谓"台资"一是表示他们的身份——具有官资;二是表示他们应纳资于台。而这两个方面又是密切相关联的。

据 S.0613 号文书计帐部分,应纳"台资"者,都在"课见输"之列,应按一般丁男、丁妻的标准交纳布、麻,此外,还要交纳"台资"布、麻、税租。[2] 但据刘文成户籍,他实际上只交一般丁男的租、调,而不交"台资"

---

① 《隋书》卷 24《食货志》。

② 据 S.0613 文书计帐部分,"台资"口应在"课见输"范围,而据刘文成户籍,"台资"口又似为"不课口",两者存在矛盾。这里且按计帐部分推算。据计帐,"台资"口应交"台资"布、麻、税租,据刘文成户籍,该"台资"口并未纳此项"台资"。此亦表明 S.0613 文书 A、B 两部分可能不属同一户口集团。

布、麻、税租。此或因为刘文成实际上已经放弃了借纳资以进身的权利，从而变成既有散官身份，但又不履行纳资义务，亦不享受散官特权的特殊人物。是故，户籍中关于刘文成的记事特别混乱：既言"凡口七不课"，又说是"课户上"，且按"课户上"处理；其应受田比一般丁男多20亩，但实际上又未受此项田亩。既然是未受，而又说"文成分麻正足"，又完全按一般丁男处理。

S.0613号文书计帐部分"台资"应纳布、麻、税租，恰好都是5的整数倍，因而常被比定为该文书中的"五人杂任役"。西村元佑说得更具体，他认为："从B文书看，台资不征发一般的徭役，但应承担杂任役。但是，杂任役每年或有定员，或由于其他原因，台资亦有不就杂任役者，刘文成户就属于这种情况。台资就杂任役时，要交纳税租；一旦脱离杂任役，则要交一般课户的租。……但同庶民相比，他们免掉了役，所以比庶民优遇。就刘文成户的情况而言，当他作为台资就杂任役时，一丁床应纳一石税租，不任杂任役时则应交四石租。其差额三石应视为不任杂任役的代价。"[①]笔者认为此论颇难成立。S.0613号文书计帐部分有"五人杂任役"，其中一人为猎师，二人为虞候，还有一人（或二人）为防阁。而荡寇将军之类的"台资"身份与猎师、防阁、虞候之类的"杂任役"殊不相称。虞候的地位与内直相近。《北史》卷16《广阳王建附孙深传》记正元五年(524年)五月北道大都督元深上书曰：

> 昔皇始以移防为重，盛简亲贤，拥麾作镇，配以高门子弟，以死防遏。不但不废仕宦，至乃偏得复除，当时人物，忻慕为之。及太和在历，仆射李冲当官任事，凉州土人，悉免厮役；丰沛旧门，仍防边戍。自非得罪当世，莫肯与之为伍。征镇驱使为虞候、白直，一生推迁，不过军主。然其往世房分，留居京者，得上品通官；在镇者，便为清途所隔。

可见，虞候、白直都是官府驱使的役人，社会地位很低，拓跋族人任虞候、白直，一生推迁，亦不过低级军官。汉人任虞候、白直者，更是仕进无门。猎师的身份也是供人驱使。这类杂任役的承担者不可能具有"台

① 山本达郎：《敦煌发现计帐样文书残简》，《东洋学报》7卷2号；西村元佑：《中国经济史研究》，同朋舍1968年版，第218～222、266～268页。

资"身份。他们既无官资,亦无须乎纳资。荡寇将军之类的"台资"即使充当胥吏或完全不带职事,也还有一定的社会地位,不应与猎师、防阁、虞候同列。更难想象荡寇将军之类的"台资"全部充任杂任役,而担任杂任役者又恰好都具有荡寇将军之类的"台资"身份。再从"台资"五匹布、十斤麻、五石税租的数额来看,它们固然都可以被5整除,但也未尝不可能是1人、2人或4人之额,若依西村元佑氏所论,台资服杂任役者与台资不服杂任役者的负担(皆以一床计)可概括于下:

台资服杂任役者:麻二斤、布一匹、税租一石、常年杂任役。

一般丁男、丁妻:麻二斤、布一匹、租二石(课户下)至四石(课户上)、六丁兵(每年2月役)。

台资不服杂任役者:麻二斤、布一匹、租二石至四石。

倘若如此,台资服杂任役者的负担就远比一般丁男、丁妻重;台资不服杂任役者的负担又远比一般丁男、丁妻轻。而台资不服杂任役时所多纳的1～3石租又显然不足以抵偿常年杂任役。可以想象,封建政府绝不会让不服杂任役者占到那么大的便宜。唐代防阁、白直之类的色役亦可"纳课"代役,[1]但代价很高。《唐六典》卷3户部郎中员外郎条记:

> 凡京司文武职事官皆有防阁,一品九十六人,二品七十二人……六品给庶仆十二人,七品八人……凡州县官僚皆有白直,二品四十人,三品三十二人……凡州县官及在外监官皆有执衣以为驱使,二品十八人,三品十五人……执衣并以中男充。凡诸亲王府属并给士力,其品数如白直。其防阁、庶仆、白直、士力纳课者,每年不过二千五百,执衣不过一千文。凡州、县有公廨白直及杂职两番上下;执衣,三番上下。

若以斗粟20～30文计,防阁、白直等纳课接近8～10石,比一般白丁的租、庸、调负担要重(执衣因取中男充,且三番上下,故纳课较少)。而唐开元以前勋官、散官、卫官"纳资"一般在一千文或一千文以下,则比一般白丁的租、庸、调负担轻。西魏大统年间,杂任役如可输庸代役,亦当远比1～3石粟为重。事实上,大统年间输庸代杂任役尚未制度化。

---

[1] 如《中国史研究》1983年第3期李春润同志《唐开元以前的纳资纳课初探》一文所论,唐开元以前有资人纳钱代役才称为"纳资",课口而无官资的人纳钱代役称之为"纳课"。二者性质不同。

《周书》卷35《裴侠传》记:

> (大统年间,裴侠)除河北郡守。侠躬履俭素,爱民如子,所食唯菽
> 麦盐菜而已。吏民莫不怀之。此郡旧制,有渔猎夫三十人以供郡守。
> 侠曰:"以口腹役人,吾所不为也。"乃悉罢之。又有丁三十人,供郡守役
> 使。侠亦不以入私,并收庸直,为官市马。岁月既积,马遂成群。去职
> 之日,一无所取。民歌之曰:"肥鲜不食,丁庸不取,裴公贞惠,为世规
> 矩。"侠尝与诸牧守俱谒太祖。太祖命侠别立,谓诸牧守曰:"裴侠清慎
> 奉公,为天下之最,今众中有如侠者,可与之俱立。"众皆默然,无敢应
> 者。太祖乃厚赐侠。朝野叹服,号为独立君。

由此得知,大统年间供郡守役使的渔猎夫与其他役人多数还是实
役,以庸代役尚不普遍。即使是以庸代役,亦是入郡守之私,而且也不称
为"纳课"或"纳资"。像裴侠那样"肥鲜不食,丁庸不取"者乃是凤毛麟
角。即使是丁庸不取的裴侠,亦非将庸直输台,而是留郡为官市马。如
此等等,都与S.0613号文书中的"台资"迥异。综上所述,我们不难看出
一床"租"与"税租"的差额不可能是应服而免服杂任役者的代价,将S.
0613号计帐户籍文书中的"台资"比定为"五人杂任役"实难成立。

五、该文书所依据的令制

S.0613号文书的年代,经山本达郎先生考证,确定为西魏大统十三
年(547年)。史学界对此,意见基本一致。而关于该文书有关"均田"、
赋役制度的令制依据,史学界的意见就有分歧。山本达郎先生认为该文
书上的各项规定与北魏、北齐、北周的规定做比较,都有明显的不一致之
处,因而认为该文书所反映的各件制度是宇文泰实行的新制。也有人提
出相反意见,认为该文书的有关事项完全不符合北周的规定,但符合北
魏太和九年的规定。笔者以为,该文书所反映的各种制度尽管不合北魏
太和九年令,但也未必不是取据于太和九年以后经过修订的北魏令制。
这里,我们不妨先将西魏计帐户籍文书与北周规定做一比较。北周
规定"有室者,田百四十亩,丁者田百亩"。西魏计帐户籍文书为丁男麻、
正田30亩,丁女麻、正田15亩。两者相距甚远。关于园宅地,北周规

定："凡人口十已上,宅五亩;口九已上('上'为'下'之误)宅四亩;口五已下,宅三亩。"西魏计帐户籍文书是无论人口多少,每户一亩。关于租调之法,北周规定"其非桑土,有室者,布一匹,麻十斤;丁者又半之",麻乡租额缺载,应同桑乡,即"有室者……粟五斛;丁者半之"。西魏计帐户籍文书赋法仅有"丁"者租、调为"有室者"之半,这一项与此相同,其他各项皆有不同。关于役法,西周规定"凡人自十八以至五十有九,皆任于役。……其人有年八十者,一子不从役,百年者,家不从役"。西魏计帐户籍文书丁年下限同此,上限不同。白丑奴母八十六岁,该户仍无免役者。显而易见,西魏计帐户籍文书基本情况与北周规定同者甚少,异者甚多。西魏虽然仍奉北魏正朔,以北魏正统自居,但实权掌握在宇文泰手中。在此情况下,宇文泰当然可能抛开北魏有关"均田"、租调制度的令制,另搞一套新制。但我们还应考虑到北周诸帝与宇文泰的继承关系。如果说西魏大统十三年以前,宇文泰已立"均田"、租调新制,按理说,他本身或其后裔不会旋即推倒重来。从西魏计帐户籍文书与北周令制的迥异,我们应可推测,西魏大统十三年以前,宇文泰未对"均田"、租调制度做大的变革,大体上仍沿用北魏办法。

西魏大统十三年计帐户籍文书所反映的"均田"、租调制度与北魏太和九年规定,诚有诸多不同之处,如授田年龄,前者18进丁授田起课,后者15授田起课;正田应受额,前者为丁男20亩,丁女10亩,牛30亩;后者为男夫受露田四十亩,妇人二十亩,丁牛20亩;在民调方面,前者丁男女每人麻一斤、布二丈,租按户等,上等每人2石,中等1.75石,下等1石。后者一夫一妇粟二石,布一匹,"民年十五以上未娶者,四人出一夫一妇之调;奴任耕、婢任绩者,八口当未娶者四;耕牛二十头当奴婢八"。[1] 前者普遍高于后者。但西魏大统十三年的"均田"制度也有不少地方同于北魏太和九年令。如麻田的给授标准(男夫十亩,妇人五亩);妇人(丁女?)受正田为男夫之半,奴婢依良;举户老小癃残者受半夫田;

---

[1] 《魏书》卷110《食货志》记云:"其民调,一夫一妇帛一匹,粟二石。民年十五以上未娶者四人出一夫一妇之调……。其麻布之乡,一夫一妇布一匹,下至牛,以此为降。"所谓"下至牛,以此为降",即指未娶者及奴婢、牛的课调办法同桑乡办法递减。

单人独户之老女应授田标准同于应授田之妇人等等。由此不难发现,西魏大统十三年所实行的田制,与北魏太和九年令以及与北周制度相比,应更接近于北魏太和九年令。

关于租调,《隋书》卷24《食货志》记:

> 及文宣受禅,多所创革。……旧制,未娶者输半床租调,阳翟一郡,户至数万,籍多无妻。有司劾之,帝以为生事。由是奸欺尤甚。户口租调,十亡六七。

这里提及北齐文宣受禅以前的"旧制"。再看西魏大统十三年刘文成、侯老生、白丑奴等户户籍:刘文成是"课户上",一丁男、一丁妻,正好一"床",该户"计布一匹,计麻二斤,计租四石"。侯老生户也是"课户上","口三 课见输"(户主侯老生、户主妻叩延腊腊,未婚息男侯阿显),乃一"床"外加一未娶息男,该户"计布一匹二丈,计麻三斤,计租六石"。显而易见,侯阿显其人乃计布二丈,计麻一斤、计租二石,正好是课户上一床所纳租、布、麻之半。又如白丑奴户,该户为"课户中"、"口五 课见输"(白丑奴夫妇、白武兴夫妇、户主未婚息男白显受),"计布二匹二丈,计麻五斤,计租八石七斗五升",白显受所纳租、布、麻也正好是"课户中"一床之半。由此可见,西魏太统十三年籍所反映的租调之法也是"未娶者输半床租调"。在这一点上,也是同于北齐文宣受禅以前的"旧制"。史籍未记东魏时期于"均田"、租调之法有何重大改革,而"未娶者输半床租调",又显然不同于北魏太和十年令,这又使我们有理由推测北魏太和九年之后,东西分裂之前曾对"均田"、租赋之制做过较大规模的修改,而此变革后来又分别为东、西魏所继承。

再看进丁受田的年龄,北齐河清三年(564年)令规定"男子十八已上,六十五已下为丁","率以十八受田,输租调……六十六退田,免租调"。[①] 西魏大统十三年计帐户籍文书所反映的情况也是如此。还有一点,亦值得深思。北齐河清三年令在"租"这一项,有"垦租"、"义租"之别。西魏大统十三年计帐户籍文书,于正租之外,又有"税租"。"义租"与"税租"在数额及征收对象上虽不相同,但租外有租这一点又颇为相

---

① 《隋书》卷24《食货志》。

似。西魏、北周与东魏、北齐互为敌国,东魏、北齐的制度不可能因袭西魏、北周规定。换言之,西魏、北齐的上述规定应出于同源。亦即,北魏太和九年以后,曾将应受田男女的年龄从 15 岁提高到 18 岁。与此同时,还对租调制度做了某些修改。事实上,北魏太和九年颁布地令后,亦曾对地令进行过某些修改。《魏书》卷 19 中《任城王传》载:熙平(516—517 年)、神龟(518—519 年)年间,元澄任尚书令,"澄当官而行,无所回避。又奏垦田授受之制八条,甚有纲贯,大便于时"。元澄所奏的"垦田授受之制八条"的具体内容,史籍失载。然既有八条之多,应当比较全面、系统,北朝隋唐的"均田令"通常都与丁中制、租调制结合在一起,因而推想元澄的"垦田授受之制八条"当亦包括丁中制与租调制方面的内容。

总括上述,我们认为,西魏大统十三年计帐户籍文书有关"均田"、租调方面的基本内容既不合北魏太和九年令,亦不合北周令制。它应本于北魏末年的令制,①但也不排除宇文泰等人结合当时当地的实际情况曾对北魏令制做出某些调整,特别是在租调税额方面。然而大规模的改弦更张,则应在此后。以上所论,多属推测,并无确凿证据,聊备一说而已。

(原载中国魏晋南北朝史学会主编:《魏晋南北朝史研究》,四川省社会科学院出版社 1986 年版)

---

① 武建国《西魏大统十三年残卷与北朝均田制的有关问题》(《思想战线》1984 年第 2 期)亦认为该残卷所反映的应是元澄等人于熙平中修订过的北魏后期的均田令。论证角度与本文或有不同,但殊途同归。

《新获吐鲁番出土文献》
所见的唐西州课田簿

　　《新获吐鲁番出土文献》有如下一件特殊的田亩簿，①转录于下（因为具有共同特点的文书较多，需要联系起来一并讨论，以下简称此件为第1件）。

（前　　　　　　　缺）

赵度洛年卅三　　　二亩

赵来德年十一　　　一亩

田辰海年廿八　　　二亩

张回军年十一　　　一亩

　　　　　　　　　　　　　　　东张隆柱　西渠

康伏叔年六十二　　一亩　　已上得贾海仁田十一亩半八十步

　　　　　　　　　　　　　　　南渠　　北冯多武

张恩海年十八　　　二亩

王善绪年六十三　　一亩

大女张甘女年六十三　一亩

　　　　　　　　　　　　　　　东张建珎　西渠

赵守护年卅三　　　二亩　　合得贾海仁田六［亩］

　　　　　　　　　　　　　　　南渠　　北冯多武

赵相护年卅二　　　二亩

（后　　　　　　　缺）

　　上引田亩簿出自2004年发掘的阿斯塔那三九八号墓。该墓所出主

---

①　文书编号为2004TAM398:13b、a，见荣新江等主编：《新获吐鲁番出土文献》上，中华书局2008年版，第19页。

要为武周时期的文书,整理组判定,"本件文书未用武周新字,或在载初行用武周新字之前不久"。此件之田辰海又见于阿斯塔那三九五号墓所出的《唐垂拱二年(688 年)西州高昌县征钱名籍》所列的"一十九户金山道行"的名单中,下中户。该文书前后皆缺,原文书题名不存,整理组拟名为《唐西州高昌县赵度洛等授田簿》。说它是"授田簿",可能是据康伏叔户下的注记"已上得贾海仁田十一亩半八十步　东张隆柱　西渠　南渠　北冯多武",与赵守护户下的注记"合得贾海仁田六[亩]①东张建珎　西渠　南渠　北冯多武"。

　　类似的注记,阿斯塔那三五号墓亦曾发现,转录于下,②以下简称为第 2 件。

　　　　白天愿二　康默仁二　马尸鼠二　弟
　　　　张富海二　大女白欢晖一　王居地二
　　　　和黄尾二　弟尾奴二　郭君
　　　　石刀子二　弟万庆欢二
　　　　姬胡胡二
　　　　右得张众护田廿九亩　东枣树渠　西公主田
　　　　　　　　　　　　　　南渠　　　北吴祀宗

　　此件的张众护与第 1 件的贾海仁应分别是上述田亩的"旧主"。不知什么原因,也不知道通过什么途径,遵循什么原则,贾海仁与张众护的上述田亩转到"现主"赵度洛、白天愿等人名下。③

　　上引两件文书有一共同特点,就是"旧主"的田土,数额较大,而且连成一片。张众护的田土仅此一段就多达 29 亩,贾海仁的田土,也是一段约 18 亩,如此大段的田土在唐代西州实属罕见。即使就其占田数额而

①　"亩"字原脱,据文意补。"六"字,整理组录作"十八",视图版,似为"六"。张恩海二亩、王善绪一亩、大女张甘女一亩、赵守护二亩,以上四户相加适为六亩。

②　64TAM35:31(b)号文书,见国家文物局古文献研究室等编:《吐鲁番出土文书》录文本,文物出版社 1986 年版,第 7 册,第 443 页。其中的武周新字径改为通行字。此件整理者拟名为《武周张众护田亩帐》。

③　赵度洛、白天愿等人对这些土地不知是否拥有所有权,这里姑称之为"现主"。

言,在唐代西州也是比较少见的。① "现主"的田土,数额就很少,不分常田、部田,永业、口分,都是一亩或二亩,没有以半亩或多少步计的,十分整齐划一。上引第 2 件文书,不具现主年龄,而第 1 件文书则具现主年龄。由该件文书可知,18 岁至 43 岁的男子,都是 2 亩。11 岁的小男当户,与 63 岁的老男当户,都是 1 亩。大女当户的,也是 1 亩。

吐鲁番出土文书中,同样具有十八以上中男、丁男二亩,老、小或女子当户者一亩这一特点,或虽不具民人的年龄,但田土都是整齐划一的一亩、二亩的文书还有多件,现一并转录于下:

第 3 件　原题《唐诸户丁口配田簿》②

(前缺)

　　户主康阿回年六十八　　　一亩

　　　　男秃子年廿七　　　　二亩

　　户主白明惪年⊕⊙　　　　一亩

　　户主樊阿惪年五十七　　　二亩

　　户主康海惪年廿七　　　　二亩

　　户主康塠奴年五十九　　　二亩

(后略)

阿斯塔那 5 号墓无墓志及随葬衣物疏,所出文书有纪年者,起唐麟德二年(665 年),止总章元年(668 年)。此件大体亦在龙朔前后。该文书原题《唐诸户丁口配田簿(甲件)》。该墓还出土《唐诸户丁口配田簿(乙件)》与《唐诸户丁口配田簿(丙件)》。甲、乙、丙三件登记的内容相同,顺序亦基本相同,但文书残损情况不同,所存户数不同,三件共存约 180 多户次,其中有不少人重复出现。现综合三件,去其重复,制成下表。各件年龄的记述常有差异,若未跨出丁中年龄段者,本表取其一,不出注。年龄与亩数残缺者不列。

---

① 唐代西州是特狭乡,户均垦田仅约 10 亩,按丁计,则只有 6.5 亩左右。关于唐代西州垦田情况可参见拙作《北朝隋唐均田制新探》附表 7、13、15,岳麓书社 2003 年版。

② 国家文物局古文献研究室等编:《吐鲁番出土文书》录文本,文物出版社 1985 年版,第 6 册,第 362 页。

序号	身　份	姓　名	年龄	亩数
1	户　主	康阿回	68	1
2	户主康阿回男	秃子	27	2
3	户　主	白明憙	55	2
4	户　主	樊阿憙	57	2
5	户　主	康海憙	27	2
6	户　主	康塸奴	59	2①
7	户　主	白嘿子	35	2
8	户　主	邓甘相	57	2
9	户　主	畦亥生	69	1
10	户　主	王海相	34	2
11			37	2
12			29	2
13			21	1
14			31	2
15	户　主	贾阿先	64	2
16	户主贾阿先男	庆海	30	2
17	户　主	张黑相	57	2
18	户　主	白相海	62	1
19	白海相男	丑丑	27	2
20	户　主	宋武仁	58	2
21	户主宋武仁男	憙洛	19	2
22	户主	翟欢住	27	2
23	户主	曹不之揽	47	2
24	户主	张康师	26	2
25	户主	白祐欢	64	1
26	户主	李居仁	37	2
27	户主	郭欢悦	27? 47?	2

---

①　乙件作"□□□塸奴年廿四　二亩"。

续表

序号	身　份	姓　名	年龄	亩数
28	户　主	苻姚妃	88	1
29	户　主	曹靡仁	69	1
30		郎仁	67	1
31		摩罗	11	1
32		定相	29	2
33	(户主某人之)□	□赤鼠	12	1
34	户　主	赵善相	39	2
35	户　主	安畔陁	37	2
36	户　主	孟海伯	39	2
37	户　主	王保祐	68	1
38	户主王保祐男	阿鼠	43	2
39	户主王保祐男	绪仁	26	2
40	户　主	王欢仁	38	2
41	户主弟王欢仁弟	欢德	32	2
42	户　主	张伏奴	33	2
43	□□	严慈仁	31	2
44	户主某人弟	赤鼠	20	1①
45	户　主	秦延海	33	2
46	户　主	秦海琛	26	2
47	户　主	令狐延海	50	2
48	户　主	杜相延	64	1
49	户主杜相延男	降柱	26	2
50	户　主	索永悦	54	2
51	户主索永悦男	定信	26	2
52	户　主	冯资弥	51	2
53	户主冯资弥男	祐憙	38	2

---

① 原件"一亩"前加小字"弟敬"。

续表

序号	身　份	姓　名	年龄	亩数
54	不　详	相	28	2
55	□　□	尉明□	88	1
56	户　主	冯阿禅	67	1
57	户　主	白尾仁	64	1
58	户主大女	赵怀香	75	1
59	户　主	□□陁肆	65	1
60	户　主	白僧定	13	1
61	户　主	康知□	25	1
62	户　主	串愿祐	？	2
63			30多	2
64	户　主	郑海仁	38	2
65	户主郑海仁弟	欢柱	23	2
66	户　主	郑愿海	26	2
67	户主郑愿海弟	愿柱	25	2
68	户　主	王海相	71	1
69	户主王海相男	欢伯	28	2
70	户主王海相男	悫伯	22	2
71	户　主	赵欢柱	13	1
72			69	1
73		都林	46	2
74		守住	27	2
75	□　□	尊伯德	69	1
76	□　□	翟僮海	27	2
77	□□翟僮海兄	允先	36	2
78	□□	李海伯	56	2
79	□□李海伯男	庆憙	22	2
80	□□李海伯男	怀庆	19	2

续表

序号	身　　份	姓　　名	年龄	亩数
81	户　　主	高隆欢	27	2
82	户　　主	杜海隆	22	2
83	户　　主	孙阿父师子	21	2
84	户　　主	郭相熹	44	2
85	户主郭相熹男	隆护	26	2
86		鼠	14	1
87		德	16	1
88		养	69	1
89		熹	32	2
90		柱	38	2
91			6	1
92		熹	64	1
93		胡	20	2
94			59	2
95			72	1
96			51	2
97		段富	47	2
98	□　　□	曹消梨	51	2
99			56	2
100		知	37	2
101		海仁	48	2
102		明	36	2
103		丑□	20	2
104		延相	57	2
105		居	19	2
106		宣	29	2
107		阿祐	56	2

续表

序号	身　份	姓　名	年龄	亩数
108			41	2
109			75	1
110			67	1
111		郑海石	16	1

第4件　原题:唐龙朔元年(661年)左慈隆等种**床**亩数账:①

左慈隆四亩②　高住仁二亩　王

　　　　　　　　纳了

□□仁二亩　魏显奴一亩　麴阿海二亩

左愿系一亩　梁○相一亩　刘

　纳了

冯住相一亩　○○○一亩　○○

阴延伯一亩　田海憧一亩

　纳了　　　纳了

杨项德

龙朔元年秋床五

第5件　原题:唐龙朔二年逋纳名籍:③

　　　(一)

龙朔二年逋

杨赤鼠一亩　范明洛一亩　田海憧一亩

---

① 60TAM332:9/2(a)号文书,国家文物局古文献研究室等编:《吐鲁番出土文书》录文本,文物出版社1985年版,第6册,第277页。

② 左慈隆又见于阿斯塔那三九五号墓所出的唐某年二月西州高昌县更簿,为□昌乡里正。荣新江等主编:《新获吐鲁番出土文献》,中华书局2008年版,第9、13页。

③ 60TAM332:9/3—1号文书、60TAM332:9/3—2号文书,国家文物局古文献研究室等编:《吐鲁番出土文书》录文本,文物出版社1985年版,第6册,第278～279页。

赵盲鼠一亩　田思洛一亩　阴延

　　　　　　纳了

□□达一亩　张佑□

（后缺）

　　　（二）

（前缺）

赵占年一亩

□愿缘一亩

　纳了

左相住三亩半

（后缺）

第6件　原题:唐尊台明等户残帐:①

（前缺）

男那列二

男乌破□□

大女尊台明一

翟海相二

男慈隆□

左惪愿一

（后缺）

以上六件都有一个共同点,即各人名下的田土,都是整齐划一的一亩、二亩。例外的有2例,即上引第4件左慈隆名下为四亩与第5件的"左相住三亩半"。左慈隆的四亩,联系上引第3件与第6件,应可理解为左慈隆户家有兼丁,一丁二亩,两丁刚好为四亩。"左相住的三亩半",不知何故,可视为特例。

上引六件,有的记年龄,有的不记年龄。不记年龄者只是一种省略

①　64TAM9:1号文书,国家文物局古文献研究室等编:《吐鲁番出土文书》录文本,文物出版社1990年版,第9册,第210页。

年龄的写法而已。这从上引第 3 件之丙件即可得到证明。该件的第一至第八断片，各人皆具年龄。第九断片上半部亦皆具年龄，与其他各断片一样。唯第九断片下部几户都不具年龄：

> □□相二亩
>
> 康知奴二亩
>
> 串愿祐二亩
>
> 段富　二亩
>
> 氾郎仁一亩
>
> 曹消　一亩
>
> 张□□一亩
>
> □□隆二亩
>
> □善怀一亩
>
> （后缺）

这第九断片的串愿祐与段富两户又见于该件之第五断片："□□串愿祐年五十四　二亩　　段富　年卅八　二亩"。但两人写好后都又抹掉。然后就出现第九断片下部的情形。显而易见，第九断片下部一栏是后来补上的。第九断片下部的这种写法，显然是一种省略的写法。同样，上引第 4、5、6 件文书，不具年龄，而径于人名之后写"一亩"、"二亩"，也是一种省略的写法。文书的性质应与上引第 1、2、3 件一样。也正因此，我们把上引六件文书放在一起，以期起互补作用。

上引第 3 件与第 1 件一样，18 岁、19 岁的中男与 20 岁以上至 59 岁的丁男，都是每人二亩。60 以上老男当户者（包括 70 多岁的老男），17 以下中男、小男当户者（包括 10 岁、11 岁、12 岁的小男），与女子当户者（包括 88 岁的大女），都是一亩。异于此的只有 3 例，即第 3 件文书附表之第 13 户（人），"年廿一　一亩"；第 44 户户主某人"弟赤鼠年廿　一亩"；第 15 户"□□贾阿先年六十四　二亩"。这可能是因为误书或误录所致。如第 44 户的"弟赤鼠年廿　一亩"，见于甲件第二断片第 19 行，位于"户主郭欢悦年廿七、户主大女苻姚妃年八十八、□主曹摩仁年六十九"之后，"弟赤鼠年廿　一亩"之前或中缺一行。而丙件第二断片第 29

行有"□赤鼠年十二　一亩",适位于"悦年廿七①　二亩、妃年八十□
一亩、摩仁年六十九　一亩、定相年廿九　二亩"之后。两者位置相当,
颇疑为同一人。若此,甲件第二断片第19行的"弟赤鼠年廿　一亩",便
是丙件第二断片第29行"□赤鼠年十二　一亩"之误。又如上表第15
户的"□□贾阿先年六十四　二亩",视《吐鲁番出土文书》图版本第3册
第195页图版,"贾阿先年"下一字很模糊,很可能是"五"字。若为"□□
贾阿先年五十四　二亩",仍适符合丁男二亩之通例。

　　上引六件文书,第1、2、3、6件文书,首尾皆缺,因而难以判断其原有
题名。第4件下缺,而首尾不缺。末行为"龙朔元年秋麻五",且第1行
"王"之左侧,第3行"左愿系　一亩"之左侧,第5行"阴延伯　一亩"与
"田海憧　一亩"之左侧,皆有"纳了"的黑笔旁注,因知其为课种秋麻并
予以课赋之簿籍。第5件文书下缺、后缺,但首行不缺,存"龙朔二年逋"五
字。该件第一断片第2行"田思洛　一亩"与第二断片第2行"□愿缘　一
亩"之左侧亦皆有"纳了"之黑笔旁注"纳了"二字,因知其与前件有紧密关
联,乃课种秋麻后追讨逋赋之簿籍,田思洛与□愿缘为先逋后纳者。上引
第4、5两件文书存有原题名的文书既然都可确定为课田簿,那么与其有共
同特点的,不存原题名的第1、2、3、6件文书,应该也是为课田而作的簿籍,
而不是为"授田"而作的簿籍。如果是授田簿,至少应该写明各人的应受
田额、田亩的性质(是永业,还是口分? 是常田,还是部田?)、受田者每段地
的田亩四至,而不会仅具"旧主"的田亩四至,而不具"现主"的田亩四至。

　　上引第1、2件文书,本身虽然都不是为"授田"而作的簿籍,但因其注
有旧主的姓名与田亩四至,从中仍透露出其时可能存在着某种特殊的授
田关系。

　　前此出土的吐鲁番文书显示,唐贞观十四年(640年)八月征服高昌的
第二个月即开始按唐《田令》的规定,将各户原有田土登记为各户的应受
田。应授田对象是十八以上的中男、丁男,老男、寡妻妾与十八以下中男、
小男与大小女子当户者。应受田额亦严格遵照唐《田令》关于狭乡的规
定:十八以上的中男、丁男60亩(永业田20亩,口分田40亩。园宅地暂不

---

① 　原录文作"悦年卌七",视中国文物研究所等编:《吐鲁番出土文书》图版本,文
　　物出版社1996年版,第3册,第196页图版,当为"悦年廿七"。

计,下同),老男应受口分田 20 亩,寡妻妾应受口分田 15 亩,老男、寡妻妾、十八以下中男、小男与女子当户者应受田 35 亩(永业田 20 亩,口分田 15 亩)。①

贞观十六年(642 年)正月,唐太宗颁布《巡抚高昌诏》,指示"彼州所有官田,并分给旧官人首望及百姓等"。遵照《巡抚高昌诏》,当地确也把一部分废屯与内迁户的田土,按"一丁常田四亩、三易部田六亩"的限额,授给原佃官田的佃农与当地部分百姓。应受田对象仅限于十八以上中男、丁男,不包括老男、寡妻妾等。这种授田制,笔者曾权称之为"官田给百姓"制度。②

如前所述,上引第 1、2 件文书的田土"旧主"贾海仁、张众护,不仅占田面积大,而且联成大片,推测贾海仁、张众护等也可能是内迁户。而"现主"所得之田,不仅数额特少,仅有一亩、二亩,而且既不分永业、口分,亦不分常田、部田。显然既不同于唐《田令》规定的均田制,亦不同于以"一丁常田四亩、三易部田六亩"为特点的"官田给百姓"制度,表明唐代西州并存着两种以上的"授田制"。

十八岁以上丁中,不论当户不当户,每人授田、课田二亩。老、寡、女子与十八以下中男当户者,每户授田、课田一亩这种既按户、又按丁的授田、课田办法,实为内地所罕见。与西州邻近的敦煌地区亦未见。即使在西州,亦仅见于高宗、武后时期,武后以后则未见。可以说这在当时当地都是一种很特殊的做法。目前还不清楚,这种授、课田一亩、二亩的做法在高宗、武后时期的西州涵盖的范围有多广,是及于所有民户呢,还是只牵涉到一部分民户? 除了这一亩、二亩的小额土地外,赵度洛、赵来德、田辰海等户还有哪些土地来源? 高宗龙朔元年(661)前后为什么要对左慈隆、高住仁、魏显奴、左愿系、阴延伯、田海憧等户限土地面积,限作物品种,分别课种一亩、二亩之**床**。因资料不足,凡此等等,都还不得其解。

(载武建国等主编:《永久的思念——李埏教授逝世周年纪念文集》,云南大学出版社 2011 年版)

---

① 参见杨际平:《北朝隋唐均田制新探》,岳麓书社 2003 年版,第 214～220 页。
② 参见杨际平:《北朝隋唐均田制新探》,岳麓书社 2003 年版,第 301～381 页。

关于唐天宝敦煌差科簿的几个问题

关于唐代色役和差科簿问题,中外学者进行过大量的研究,取得可喜的成果。王永兴先生的大作《唐天宝敦煌差科簿研究——兼论唐代色役制和其它问题》[①],对于唐代色役差科的考索尤为详备。其用力之勤,功力之深,令人钦服。但唐代色役差科问题相当复杂,文献资料又甚感不足。故其中若干具体问题尚有进一步探究之必要。兹不揣浅陋,陈述己见于下,以就教于方家。

一、寿昌城主寿昌平水

敦煌天宝十载差科簿 P.3559(一)号文书与 P.3018 号文书[②]互相连接,但都未注明乡别。P.3559(一)号文书第 31 行记:

阎知新弟知古　　载卅五　　上柱国子飞骑尉_{寿昌城主}

P.3018 号文书第 6 行及第 47 行分别为:

平怀逸　　载五十九　　上骑都尉_{寿昌平水}

王弘策　　载五十六　　飞骑尉_{寿昌平水}

日本学者西村元佑认为所谓寿昌城,也就是寿昌乡。"寿昌城主"就

---

① 王永兴:《唐天宝敦煌差科簿研究——兼论唐代色役制和其他问题》,北京大学中国中古史研究中心编著:《敦煌吐鲁番文献研究论集》,中华书局 1982 年版。

② 补注:件见唐耕耦、陆宏基编:《敦煌社会经济文献真迹释录》第 1 辑,书目文献出版社 1986 年版,第 208～262 页。

是寿昌乡的父老,即乡长。据此,西村元佑氏将 P.3559(一)号文书定名为寿昌乡差科簿。① 王永兴先生认为此说不够妥当。他认为"寿昌城主应是寿昌县官吏,未必籍贯寿昌乡。寿昌平水,可能是寿昌县水官,也可能是寿昌乡水官,但未必是寿昌乡人"。据此,王永兴先生以为 P.3559(一)号和 P.3018 号文书的乡别还不能确定。随后,沙知先生又专门撰文讨论这一问题。他认为:城主这一名称,唐以前早已有之。其含义因时因地而异。它可以指镇将,也可以指乡官,并可用以称谓邻国负责城守的将官或治理一城的地方官,但就 P.3559(一)号文书中的寿昌城主而言,似难视为镇将戍主,而应为寿昌乡的城父老,即乡长。② 笔者以为,唐天宝年间的"寿昌城主","寿昌平水"确系寿昌乡人氏,但它既非寿昌县的官员,又非寿昌乡的乡长、父老。

关于沙州属县的沿革,《新唐书》卷 40《地理志》载:

> 沙州敦煌郡,下都督府。本瓜州,武德五年日西沙州,贞观七年日沙州。土贡:碁子,黄矾,石膏。户四千二百六十五,口万六千二百五十。县二:(原注:有府三,日龙勒、劝谷、悬泉。有豆卢军,神龙元年置。)敦煌(原注:下。东四十七里有盐池。有三危山);寿昌(原注:下。武德二年析敦煌置,永徽元年省,乾封二年复置,开元二十六年又省,后复置;治汉龙勒城。西有阳关,西北有玉门关。有云雨山)。

据此可知,唐代沙州(敦煌郡)或只一县(敦煌县),或为两县(敦煌、寿昌)。其为两县时,乃是析敦煌县增置寿昌县。其为一县时,则是将寿昌县重新并入敦煌县。开元二十六年,寿昌县并入敦煌县。此后又曾复置寿昌县。寿昌县哪一年复置,史籍缺载。但从沙州属县乡数的变化可以推知天宝九载尚未复置寿昌县。敦煌县博物馆藏天宝年间地志残卷③记:

① 西村元佑:《中国经济史研究》,同朋舍 1968 年版,第 563~564、588 页。
② 沙知:《唐敦煌县寿昌城主小议——兼说城主》,《中国古代史论丛》1982 年第 3 辑。
③ 补注:件见唐耕耦、陆宏基编:《敦煌社会经济文献真迹释录》第 1 辑,书目文献出版社 1986 年版,第 56 页。其中的"上""下"表示州县的级别。县名下一般有两行,第一行表示乡数,第二行为公廨本钱数。

敦	京二千七百六十，都五千	上	十二	下	一
下 沙	六九十，贡蓉子，	敦煌		寿昌	
煌	本八百八十		七百七十		二百五十

《元和郡县图志》卷 40 记："沙州，敦煌。中府。开元户六千四百六十六。乡十三。……管县二：敦煌、寿昌。"

由此可以断定：上引天宝年间地志年代与元和年间，寿昌县已经复置。此时沙州共有十三乡。其中敦煌县就占了十二乡，寿昌县仅有一乡。

再看敦煌文书《（唐）天宝九载敦煌县纳种子粟牒》。[①] 该牒文依次开列敦煌县十三乡之名：洪池乡、玉关乡、效谷乡、洪闰乡、悬泉乡、慈惠乡、从化乡、敦煌乡、莫高乡、龙勒乡、神沙乡、平康乡、寿昌乡。此牒文署日期为八月廿七日；可见天宝九载八月底，寿昌县尚未复置，原寿昌县的建制仍降格为乡，归并入敦煌县，从而使敦煌县由十二乡增为十三乡。天宝十载年初的情况，当亦如此。

天宝十载既无寿昌县建制，"寿昌城主"、"寿昌平水"就不可能是寿昌县的官吏。《通典》卷 33《职官》记：

> 大唐凡百户为一里，里置正一人。五里为一乡，乡置耆老一人，以耆年平谨者，县补之，亦曰父老。贞观九年，每乡置长一人、佐二人，至十五年省。

乡"耆老"虽由县补署，但既称为"耆老"、"父老"，自然应为当乡人士。但贞观十五年以后，虽保留乡一级建制，却不再设置乡长。因此，敦煌天宝十载差科簿中的"寿昌城主"也就不可能是乡长一级的乡官。再从阎知古年仅三十五来看，也远不到"耆老"的年龄。

那么，所谓"寿昌城主"又是一种什么样的职务呢？我以为所谓"寿昌城主"实际上只是掌管寿昌城门钥匙者。《唐律·卫禁律》规定：

> 诸越州、镇、戍城及武库垣，徒一年；县城，杖九十（原注：皆谓有门禁者）；越官府廨垣及坊市垣篱者，杖七十，侵坏者，亦如之（原注略）；即州、镇、关、戍城及武库等门应闭忘误不下键，若应开毁管键而开者，各

---

① 池田温：《中国古代籍帐研究》，东京大学东洋文化研究所 1979 年版，第 473页。

杖八十;错下键及不由钥而开者,杖六十。余门,各减一等。若擅开闭者,各加越罪二等;即城主无故开闭者与越罪同;未得开闭者,各减已开闭一等(原注:余条未得开闭准此)。

《唐律疏议》于此律文之下曰:

　　……"城主无故开闭者",谓州、县、镇、戍等长官主执钥者,不依法式开闭,与越罪同。其坊正、市令非时开闭坊市门者,亦同城主之法。……既云"城主无故开闭",即是有故许开。若有警急驿使及制敕事速非时至州、县者,城主验实,亦得依法为开。

由此可见,州、县、关、镇、戍之主门禁钥匙者,皆可谓之"城主"。现存唐代敦煌吐鲁番出土文书,言及"城主"者,大都属于此类型。如新疆维吾尔自治区博物馆藏天授二年天山县残牒:①

　　(前缺)
　　行旅之徒,亦应具悉,当城渠长,必
　　是细谙,知地勋官,灼然可委,问合
　　城老人,城主、渠长、知田人等,主簿
　　去年实种几亩麦? 建进所注虚
　　实? 连署状通者。谨审,但合城老人
　　等,去年主簿高祯元不于安昌种
　　田,建进所注并是虚妄。如后不依,
　　(后缺)

该牒文列"城主"于"合城老人"之后,而又与渠长、知田人等共同包括在"合城老人等"之中。可见,此"城主"必非一城(或一乡)之"主"。据

---

①　补注:件见国家文物局古文献研究室等编:《吐鲁番出土文书》录文本,文物出版社 1987 年版,第 8 册,第 157 页。武周新字悉改为通行字,下同。

报道,吐鲁番出土文书中,一城的城主有同时多至四人者,①则此"城主"更非主城门钥匙者莫属。因为,作为军镇守将的"城主",不可能同时多至四人。一乡的乡官,也不可能同时有四个。而一城主管城门钥匙者却正可以有四人。安昌原是高昌国时期的一个县。入唐后属于西州天山县。因其地本有城郭,故仍有"城主"之设。寿昌的情况与此相似。寿昌原来是一个县,其地理位置又很重要,故必定建有城郭,且必有主管城门钥匙者。寿昌降格为乡后,依然保留城郭、城门,故仍有"城主"之设。这类"城主"地位不高,甚至可能只是一种差役。"寿昌城主"既然是乡城主管钥匙者,按理应由当乡人士担任。

同件差科簿中所见的"寿昌平水",其地位应高于"渠长"、"斗门",但所辖仍不过寿昌一乡。以理揆之,乡一级的"平水",也应由本乡人士担任。我们从慈惠、从化等乡差科簿看到各乡有到本郡、本县担任郡史、县史、郡典狱、县典狱、郡录事、县录事等职者,而绝未见到同县他乡担任乡官者。我们很难设想平怀逸、王弘策、阎知古所在乡同时有两人离开本乡到寿昌乡担任水官,除此之外,又恰好又有一人到寿昌乡担任城主。因而,比较合理的推论应当是:阎知古等三人,本身就是寿昌乡人氏而又在当乡担任职役。

再从姓氏方面来看,P.3559(一)号文书与 P.3018 号文书共存 144 户,其中"平"姓者计 17 户,约占总数八分之一。九世纪后期沙州诸寺尼籍,②乡贯姓氏可考者计 253 人,分属 12 乡:莫高乡 19 人,玉关乡 23 人,慈惠乡 22 人,平康乡 26 人,龙勒乡 10 人,敦煌乡 37 人,洪池乡 25 人,神州乡 35 人,洪闰乡 21 人,效谷乡 12 人,赤心乡 21 人,(瓜州)青水乡 2

---

① 沙知:《唐敦煌县寿昌城主小议——兼说城主》,《中国古代史论丛》1982 年第 3 辑。补注:件见国家文物局古文献研究室等编:《吐鲁番出土文书》第 9 册(文物出版社 1990 年版)第 140 页《唐某人与十郎书牍》。书牌称:"……昨县家令竹真楷□□终日共麹五郎啾唧。当城置城主四,城房两人,坊正、里正、横催等在城有卅余人,十羊九牧……"因知当时西州天山县有城主 4 人。

② 中国科学院历史研究资料室编:《敦煌资料》第 1 辑,中华书局 1961 年版,第 242～260 页,又见池田温:《中国古代籍帐研究》,东京大学东洋文化研究所 1979 年版,第 573～579 页。

人。天宝年间敦煌县无赤心乡。此尼籍有赤心乡而无悬泉、从化两乡。由此或可推测唐后期敦煌县仅有十一乡,赤心乡即系悬泉、从化两乡合并而成。此尼籍未见寿昌乡,这是因为寿昌已恢复县的建置。因寿昌与敦煌县境相距较远,故未见寿昌县(乡)人氏,到沙州诸寺出家者。值得注意的是,上述尼籍未见寿昌人氏,亦未见"平"姓人氏。查唐代敦煌龙勒、效谷、悬泉等乡户籍、手实,以及各种契约文书,亦未见"平"姓者。这种情况似可表明原敦煌县各乡,除寿昌乡外,没有(或者很少)姓"平"者。若此说不谬,又可从另一角度证明 P.3559(一)号文书确系寿昌乡差科簿。

这里再顺便谈谈 P.2803 号文书(即王永兴先生所录的丙乡差科簿)的乡别问题。P.2803 号文书第 22 行有:"张寿节载五十五,上柱国。"

S.543 号文书(大历年间差科簿)第六行、第五十三行分别为:

张奉节年七十七,老男。

张楚庆年五十四白丁。

P.2803 号文书与 S.543 号文书同名同姓者甚多,无疑是同乡异时差科簿。天宝六载敦煌郡敦煌县龙勒乡都乡里户籍某户田亩四至为:

一段叁亩二亩永业一亩口分城西七里高渠东思楚西渠南渠北张奉节

徐庭芝户第三段地为:

一段陆亩永业城西十里高渠东孙感德西渠南张奉节此氾玄俊

又某户田亩四至为:

一段壹亩口分城西二里阴安渠东坑西渠南渠北张庆

此"张庆"或即"张楚庆"的简略写法(敦煌户籍田亩四至常有将姓名加以简略现象)。P.2802 与 S.543 号文书中之"张奉节",与天宝六载龙勒乡都乡里户籍田亩四至中两次出现的"张奉节",姓名相同,年代亦复相近,颇疑同为一人。若此推论不误,则 P.2802 号文书与 S.543 号文书都可确定为敦煌县龙勒乡差科簿。

二、勋官、卫官的荫子问题

敦煌天宝十载差科簿中，五品以上勋官的成丁之子，分别注以"上柱国子"、"柱国子"、"品子"。十八岁至二十二岁之未成丁之子，则只注为"中男"。王永兴先生据此推论，上柱国、柱国、上护军、护军、上轻车都尉、轻车都尉、上骑都尉、骑都尉、翊卫等勋官、卫官可荫其成丁之子，而不能荫其未成丁之子。我以为此论或有未允。且看以下诸例：

慈惠乡差科簿：

     53. 翟仵郎男思谏载卅一   翊卫_{终服}

             男思祚载卅五   上柱国子

   154.   张游礼载卅五   笃疾

           弟游祚   上柱国子_{侍丁}

寿昌乡差科簿：

   54.王孝璋载卅五   上柱国_{军典}

   55. 弟孝祥载廿五   上柱国子_{豆卢军健儿}

龙勒乡差科簿：

   19.高大庆载六十七   老男

       弟英秀载廿九   上柱国子_{上镇}

根据兄弟关系推论，我们可以确知翟思谏、张游礼、王孝璋、高大庆等都是上柱国子。但上述这些人在差科簿上都不记为上柱国子，而分别记为翊卫、笃疾、上柱国、老男。这绝不是因为他们不能受荫，而是因为他们本身的身份（上柱国、翊卫）、年龄（老男）、健康状况（笃疾）已可获得免除赋役的待遇，因而无须再注明上柱国子。再看下表：

龙勒乡天宝十载差科簿			龙勒乡大历八年(?)差科簿		
姓名	年龄	身份、色役	姓名	年龄	身份、色役
张奉节	55	上柱国	张奉节	77	老男
左思亮	49	上柱国子纳资	左思亮	71	老男
高英秀	29	上柱国子土镇	高英秀	51	上柱国子
马含章	49	上柱国子纳资	马含章	67	老男
赵仙璋	26	上柱国子土镇	赵仙璋	49	废疾

　　天宝十年、张奉节是上柱国,左思亮等四人是上柱国子。至大历八年,如无特殊情况,张奉节仍应是上柱国,左思亮等仍应是上柱国子。但于当年差科簿,除高英秀仍记为上柱国子外,张奉节、左思亮、马含章等三人都只记为老男或废疾。这当然不是因为左思亮、马含章、赵仙璋由丁男变为老男或废疾以后,便由可以受荫变为不能受荫。而是因为于差科簿注为上柱国、上柱国子或其他勋官、品子的目的,在于减免赋役负担。按照唐朝的规定,老男、废疾都是不课口,不负担赋役。故差科簿中注为老男、废疾者,就自然而然免掉赋役负担,而无须借助上柱国、上柱国子等身份。左思亮、马含章、赵仙璋之所以不再记为上柱国子,张奉节之所以不再记为上柱国,就是这个缘故。上表中之高英秀,无论于天宝十载,或于大历八年,都必须注明上柱国子的身份。否则,他就得不到上柱国子"课口见不输"的待遇。

　　由下引例子我们还可以看出,翊卫的废疾之子,可注为废疾,也可以注为品子。写法虽然不同,结果还是一样。

　　慈惠乡差科簿:

　　　13.　　张元莹载五十九　　翊卫
　　　　　　男庭秀载卅五　　品子废疾

　　龙勒乡差科簿:

　　　25.　　宋崇晖载五十三　　翊卫
　　　　　　男承晃载廿六　　废疾

　　从敦煌差科簿,我们还可以看到许多品子任卫士而不注明其为品子者。

如从化乡差科簿：

268.　贺吐屯男嗣珪载五十一　卫士

　　　男嗣障载卅九　上柱国_{纳赀}

　　　男嗣宝载卅　品子_{捉钱}

P.2657 某乡差科簿：

47.　氾琼恝载卅四　卫士

49.　弟大庆载卅九　品子　_{府录事}

50.　弟楚钦载卅二　骑都尉　_{侍丁}

51.　弟大忠载卅　骑都尉　_{郡上}

64.　令狐崇玠载卅七　卫士废疾

65.　弟崇辟载廿四　品子　_{土镇}

77.　氾犊子载五十　卫士

78.　弟苟相载卅三　品子_{土镇}

寿昌乡差科簿：

68.　平思敬载卅五　卫士

　　　弟思恝载卅八　品子_{土镇}

　　　弟思忠载卅七　品子_{土镇}

这是否表明自骑都尉至上护军之勋官，以及翊卫、队副等卫官只能荫其不担任卫士之丁男，而不能荫其担任卫士之丁男？显然不是这样。贺嗣珪、氾琼恝、令狐崇玠、氾犊子、平思敬等担任卫士之时，实际上并未失去其品子的身份。因为于差科簿上注明品子的目的在于免杂徭，而担任卫士者则不仅可免杂徭，而且还可免租庸调。所以任卫士之品子无须注其品子身份。

现存敦煌天宝十载差科簿残卷中，出身于白丁家庭的中男担任执衣者凡 10 例，出身于五品以上勋官与翊卫、队副家庭的中男则无任执衣色役者。而他们所担任的,一般只是郡史、村正、渠头之类,都不属色役差科之列。① 由此可见,五品以上勋官及翊卫、队副中男之子,实际上不负担色役差科。五品以上勋官及翊卫、队副家的中男,不记为上柱国子、柱国子或品子,而仅记为中男,这不是因为他们不能受荫,而是因为他们无须注明受荫。后面我们还要谈到,上柱国子、柱国子可补为翊卫,他们补为翊卫的年龄,也不以成丁为限。《唐六典》卷5载:

> 凡三卫,皆限年二十一已上。每岁十一月已后,本州申兵部团甲进甲,尽正月毕。量远迩以定其番第。

则上柱国、柱国家二十一岁以上中男(天宝年间,二十一、二十二岁仍为中男)亦可补为翊卫。

在犯法减赎方面,五品以上勋官之子的受荫亦不以丁男为限。《唐律·名例律》即载:

> 诸七品以上之官,及官爵得请者之祖父母、父母、兄弟姊妹、妻、子孙,犯流罪以下,各从减一等之例。

> 诸应议、请、减,及九品以上之官,若官品得减者之祖父母、父母、妻、子孙、犯流罪以下听赎。

《唐律疏议·名例》于此条之下曰:

> 此名减章。"七品以上",谓六品、七品文武职事、散官、卫官、勋官等身。"官爵得请者",谓五品以上官爵,荫及祖父母、父母、兄弟、姊妹、妻、子孙:犯流罪以下,各得减一等。若上章请人得减,此章亦得减;请人不得减,此章亦不得减。故云"各从减一等之例"。

《唐律疏议·名例》于《唐律》请章之下曰:

> ……官爵五品以上者,谓文武职事四品以下,散官三品以下,勋官及爵二品以下,五品以上……

可见五品以上勋官之子,不论是老男、丁男、中男,在犯法减、赎方面,都同样受荫。

---

① 补注:关于"色役"性质,笔者另有后论,见《唐前期的杂徭与色役》,《历史研究》1994年第2期。

关于酬功与武举,《新唐书》卷 46《百官志》载:

> 凡酬功之等:见任、前资、常选曰上资;文武散官、卫官、勋官五品以上,曰次资;五品以上子孙,上柱国、柱国子,勋官六品以下,曰下资;白丁、卫士,曰无资。

《新唐书》卷 45《兵志》:

> 武选,凡纳课品子,岁取文武六品以下,勋官三品以下五品以上子,年十八以上,每州为解上兵部,纳课十三岁而试……

若此,勋官之子在酬功、武选方面的各种待遇,亦不以成丁之子为限。

要言之,五品以上勋官之子以及翊卫、队副之子,在免役、犯法减赎、酬功、武选诸方面的受荫,皆无丁中之别。

关于勋官荫子的待遇问题,王永兴先生与西村元佑先生已有详尽的讨论,这里仅就兵役负担方面的问题做一点补充。据天宝十载敦煌差科簿,上柱国子与柱国子当土镇兵者甚多。上柱国子中也有充傔与充豆卢军健儿者。这是否表明上柱国、上柱国子仍有服兵役的义务?我以为并非如此。我们知道,健儿属于募兵范围,不是义务兵。傔人也多自愿投募,其地位大抵与军典相似。如武周长安四年(704 年)二月敦煌县里正等牒:[①]

> 洪闰乡敦煌乡
> 合当折卫、果毅、别奏、典、傔及兵士已上,
> 牒,被责当乡有前件等色娶妻妾
> 者,并仰通送者。谨依检括,当乡元
> 无此色人娶妻妾可显(?),谨牒。
> 长安四年二月廿日里正王定牒
> 敦煌乡里正董靖

这里的"别奏、典、傔"即列于折卫、果毅之后,兵士之前。《唐六典》

---

① 池田温:《中国古代籍帐研究》,东京大学东洋文化研究所 1979 年版,第 345 页。

卷 5 载：

> 凡诸军镇……所补傔奏，皆令自召以充（原注：若府镇戍正员官及飞骑、三卫、卫士、边州白丁皆不在取限）。

由此看来，当时飞骑、三卫亦有愿充傔人者。《新唐书》卷 135《封常清传》记封常清投牒高仙芝请预一傔时说："常清慕公高义，愿事鞭辔，所以无媒而前，何见拒之深乎？公若方圆取人，则士大夫所望；若以貌取人，恐失之子羽矣。"可见，傔人之职并不易求，有时尚需媒介而进。封常清以士大夫自居，而又自愿充傔，这表明傔人犹如近代军队中的副官、随从之类，其地位与京司文武职事官、州县官、诸亲王府属等之防阁、庶仆、白直、执衣等应有明显区别。要言之，傔人不在义务兵役之列。

再说土镇兵。天宝十载差科簿中，上柱国子、品子也有担任土镇兵的义务。但土镇兵只是一种乡兵，而非正规兵役。这与服正规兵役的卫士颇有不同。天宝十载敦煌差科簿中，品子或白丁充当卫士者，其身份即记为卫士，而不再注明是品子或是白丁。敦煌户籍亦然。如开元十年悬泉乡户籍：[1]

> 户主杨义本年伍拾贰岁　上骑都尉_{万岁通天元年八月四日授，甲 课户见
头索□。　　下中户。空。　　不　输}
>
> 妻孙　年肆拾肆岁　职资妻_{空。}
>
> 男守忠　年贰拾伍岁　卫士_{开元九年帐后奉其年九月九日格点入。空。}
>
> （后略）

"土镇"的情况与此不同。天宝十载敦煌差科簿"土镇"兵约占丁中总数四分之一（五分之四以上"白丁"都是"土镇"）。但在同期敦煌户籍、手实中，却绝未见"土镇"者。由此可知，敦煌户籍、手实中，白丁任"土镇"者仍记为白丁，勋官、品子任"土镇"者，也依然记为勋官、品子。就是在差科簿，品子或白丁充当"土镇"者，其身份也还是记为白丁或品子，只是在色役差科栏注上"土镇"二字。上述情况表明：土镇兵只是一种地方

---

[1]　池田温:《中国古代籍帐研究》，东京大学东洋文化研究所 1979 年版，第 182 页；唐耕耦、陆宏基编：《敦煌社会经济文献真迹释录》第 1 辑，书目文献出版社 1986 年版，第 148 页。

乡兵,并非正规兵役。"土镇"一般不出乡,[①]除暂时不再派遣其他色役差科外,并无其他特殊待遇(身为上柱国、柱国、上柱国子、柱国子、品子者,则保留其原有待遇)。换言之,白丁为卫士者,"课口见不输";白丁为土镇者,"课口见输"。天宝年间,上柱国、柱国的"不课",上柱国子、柱国子的"课口见不输",都包括免除正规的义务兵役,但不包括免除担任乡兵性质的"土镇"。

三、翊卫的出身

天宝十载敦煌差科簿中,具翊卫身份者计28人,约占丁中总数之百分之五。此28名翊卫中,有两名写明"上柱国翊卫":

(从化乡)安沙匥　载卅九　上柱国翊卫

　弟守德　载卅六　上柱国翊卫

其他翊卫皆未注明出身。《唐六典》卷5《兵部郎中》载:

凡左右卫亲卫、勋卫、翊卫,及左右率府亲、勋、翊卫,及诸卫之翊卫,通谓之三卫。择其资荫高者为亲卫(原注:取三品已上子、二品已上孙为之);其次者,为勋卫及率府之亲卫(原注:四品子、三品孙、二品已上之曾孙为之);又次者,为翊卫及率府之勋卫(原注:四品孙、职事五品子、孙、三品曾孙,若勋官三品有封者,及国公子为之);又次者,为诸卫及率府之翊卫(原注:五品已上并柱国,若有封爵、兼带职事官为之)。

据此,西村先佑先生认为除上述两人特别记为上柱国翊卫外,其他的翊卫都是柱国。[②] 王永兴先生则认为:据唐官制,充当翊卫的必须是品子、品孙或柱国级的勋官。但这十八名(引者按:十八乃廿八之误)翊

---

① 天宝年间敦煌差科簿中,有不少"单身土镇兵"与"单身卫士"、"没落"、"废疾"、"逃走"一起,置于"破除"之列,这并不意味着"单身土镇"需外出服兵役,因而应予"破除",而是表明该户除"单身土镇"外,不再有堪充差科者。"单身卫士"与"废疾"、"没落"、"逃走"者的破除,也是因其事实上不再可能另派差科,故从差科簿中列出。

② 西村元佑:《中国经济史研究》,同朋舍1968年版,第588页。

卫里,只有二人标明是上柱国,其余都未标明品子、品孙或柱国勋级。这一点和唐官制不符合。① 我以为二者所论都不妥当。

据开元、天宝时期的敦煌户籍,当时得上柱国勋者甚伙,但未见得柱国勋者。天宝十载敦煌差科簿中,柱国与上柱国之比为 0:54,上柱国子与柱国子之比为 7:69。由此足见,开元天宝年间,敦煌地区得柱国勋者远远少于上柱国。若依西村元佑先生所论,则当时的柱国翊卫又远远多于上柱国翊卫,这显然与当时的实际情况不合。

我以为敦煌天宝十载差科簿中的"翊卫"除"上柱国翊卫"外,都是上柱国子或柱国子补为"翊卫",试看如下各例:

慈惠乡

李忠楚　　　载卅九　　　　翊卫

　弟忠臣　　载廿九　　　　　上柱国子_{里正}

瞿仵郎男思谏　载卌一　　翊卫_{终服}

　男思祚　　载卅五　　上柱国子

从化乡

曹忠子　　　载五十　　　　翊卫_{终服}

　弟忠儿　　载卌六　　　　　上柱国子_{终服}

康阿揽派　　载六十六　　　老男上柱国

　男火拔　　载卅七　　　　翊卫

寿昌乡

阎无超　　载五十二　　翊卫

　弟朝隐　载廿五　　　上柱国子_{土镇}

乡别不详

张大俊　　载五十七　　　翊卫

　弟仙芝　载卅五　　　柱国子_{土镇}

氾崇俊　　载五十六　　　翊卫

　弟崇仙　载五十一　　　翊卫_{侍丁}

---

①　王永兴:《敦煌唐代差科簿考释》,《历史研究》1957 年第 12 期。

弟崇让　载廿九　上柱国子_{纳资}

敦煌天宝十载差科簿中之翊卫,可由其父、兄弟判明其出身者仅此八例。此八名翊卫全都是上柱国子或柱国子。

天宝六载敦煌龙勒乡都乡里户籍记有三名老男翊卫。其中两名也可由其弟推知其出身:

户主程什住　载柒拾捌岁　老男　翊卫_{景云二载二月三日授,甲头张玄均曾智,祖安,父□(下略)}

弟大信　　载叁拾肆岁　　　上柱国子_{取父行宽荫(下略)}

户主程仁贞载柒拾柒岁老男翊卫_{景云二载二月三日授,甲头张玄均,曾智,祖安,父宽(下 略)}

程什住、程仁贞兄弟二人亦系由上柱国子而补为翊卫。

不带封爵、也不兼带职事官之上柱国及柱国之子,可补为翊卫,此与前引《唐六典》所记诚然不合。这说明《唐六典》上述记载有严重缺漏,应据《新唐书》卷49上《百官志》补正。《新唐书·百官志》记云:

> 武德、贞观,世重资荫,二品、三品子,补亲卫;二品曾孙、三品孙、四品子、职事官五品子若孙、勋官三品以上有封及国公子,补勋卫及率府亲卫;四品孙、五品及上柱国子,补翊卫及率府勋卫;勋官二品及县男以上,散官五品以上子若孙,补诸卫及率府翊卫。……其后入官路艰,三卫非权势子弟辄退番,柱国子有白首不得进者;流外虽鄙,不数年给禄禀。故三卫益贱,人罕趋之。

则上柱国子、柱国子,即使其父不带封爵或职事亦可补为翊卫。武德、贞观以后,上柱国、柱国子虽难借此进身,但仍可补为翊卫以便成为不课口。天宝十载敦煌差科簿中,多翊卫而未见亲卫、勋卫,此与当时敦煌地区多上柱国,极少五品以上职事官的情况正相符合。

那么,为什么上柱国子补为翊卫者,只记翊卫而不记上柱国子呢?我想,这是因为翊卫的待遇优于上柱国子(翊卫之子为品子,上柱国子之子则为白丁;翊卫为不课口,上柱国子为课口见不输),因而不必另行注明"上柱国子"。安沙匜、安守德二人则必须注明"上柱国翊卫",因为上柱国的待遇在某些方面又优于翊卫,因而有必要记上勋官与卫官双重身份。

关于翊卫的番上问题,西村元佑氏认为:"敦煌差科簿所登记的翊卫,在担任医学、知城等场合,它便是单纯的身份,其职事、职掌则是他们的现职;而在不兼职事的场合,翊卫自当从事它本身的勤务——番上。"我以为此说也不符合敦煌地区的实际情况。《旧唐书》卷 43《职官志》载:

> 凡诸卫及率府三卫,贯京兆、河南、蒲、同、华、岐、陕、怀、汝、郑等州,皆令番上,余州皆纳资。

《唐六典》卷 5 所记与此略同。由此可见,敦煌差科簿上的翊卫都是单纯的身份,除担任医学博士、知城等外,一律纳资而不番上。

四、终服、遮收

天宝十载敦煌县差科簿中许多丁中名下注明"终服"。如:

从化乡　曹大庆　载卅九　上柱国
　　　　男安国　载廿八　上柱国子
　　　　弟引吐迦宁　载卅七　卫士
　　　　宁男海元　载廿一　中男
　　　　弟米毡　载卅四　上柱国_{终服}
　　　　弟太明　载卅　上柱国_{终服}

关于"终服"的含义,王永兴先生曾经认为:"终服"就是服"三年之丧","在服丧的三年里,人们不服兵役和徭役"。王先生并引《唐会要》卷37《服纪》上:"其出嫁之母,宜终服三年",与《唐大诏令集》卷 80《永徽元年五月听卫士终制三年敕》以证其说。[1] 但在《唐天宝敦煌差科簿研究》一文里,王先生又认为某丁名下注明"终服",就表明某人"服孝已经终了",可以科派与其身份相应的差役。

我以为,从字面上讲,把"终服"解释为服孝终了,或许比解释为正在服三年之丧更为合理。但天宝十载敦煌差科簿中之"终服",却只能是正在服丧,而非服丧终了。我们可以这样设想,如果所谓"终服",即服丧终

---

① 　王永兴:《敦煌唐代差科簿考释》,《历史研究》1957 年第 12 期。

了(即释服之意),那么,必然还要有一个概念(如"孝服"、"孝假"之类)用来表示正在服丧。但天宝十载敦煌差科簿中,除"终服"之外,未见这种词汇。唐天宝十载敦煌差科簿残卷共存 232 户(差科簿中注明"破除"者不计,叔侄合户者分别统计,兄弟合户者仍计为一户),其中注明"终服"者计 38 户,约占总户数之六分之一。如果"终服"即系释服之意,那就意味着天宝六载年底前后数月中,该县约有六分之一的家庭父丧或母亡,按概率概算,此后三年(天宝七载至九载)父丧或母亡之户当三倍于此。换言之,天宝十载正在服丧之户当占总户数一半左右,如果不是特殊的天灾人祸,这样高的死亡率,也着实令人难以置信。这样多的丁中正在"服孝",差科簿中竟然不予注明,更加令人难以置信。

即以常理而论,差科簿可以没有用以表示释服的概念(品子或白丁,释服后亦即为品子或白丁,因而无须注明释服),而绝对不可没有用以表示正在服丧的概念。据此,我们应可断定,所谓"终服",即是正在服三年之丧的意思。依此推算,天宝七载至天宝九载(更确切地说应该是从编造天宝十载差科簿之时起,往前逆推三年),232 户中 38 户有父、母之丧事。从死亡率的角度来看,这样推算也比较可信。

再看唐下引永徽年间西州户口帐。① 65TAM42:103(b)记:

(前缺)
口四卫士入职资
口一终制入职资
口 七 十 五 见 在
═══════╗十课
(后略)

69TKM39:9/2(b),9/3(b)记:

(前略)
口 二 放 贱 从 良 给 复
口 一 十 一 终 制

────────

① 国家文物局古文献研究室等编:《吐鲁番出土文书》录文本,文物出版社 1985 年版,第 6 册,第 233、115 页。

口　一元年七口内父亡

口　一元年九口内父亡

口　一老年四口内母亡

口　一元年口口内母亡

口　一▭

（后缺）

　　显然,这里所谓的"终制"都是正在服丧之意。吐鲁番出土文书中时或也用"孝假"一词,但在此种场合,又都不见"终制"或"终服"。可见,所谓"终制"、"终服"也就是"孝假"。

　　关于服孝期间是否服役问题,王永兴先生认为"在服丧的三年里,人们不服兵役或徭役"。王先生此说不无根据,《唐大诏令集》卷80《听卫士终制三年敕》即云:

　　　　通丧下达,圣哲贻训,纬俗经邦,咸率兹道。……爰自周衰,七雄交争,逮乎汉末,三方竞峙。金革函动,钲鼓日闻。先王典章,扫地将尽。遂令三边武猛,墨经而扈戎麾,七萃骁雄,素冠而事巡警。……乃眷于斯,载深惊叹……宜有解张,励兹风俗。卫士、掌闲、幕士等遭丧,合蕃年上者,宜听终制三年。

　　天宝元年正月一日敕文亦规定:"其侍丁孝假、免差科。"①但实际情况或有不然。《唐大诏令集》卷4《改元天宝敕》即云:

　　　　侍丁者,令其养老;孝假者,矜其在丧。此王政优容,俾申情礼。而官吏不依令式,多杂役使,自今后,不得更然。

　　可见"侍丁"、"孝假"依令式虽可免役,但实际上却"多杂役使"。尽管唐玄宗于此敕文中重申"自今后不得更然",实际上仍无多大改变。请看天宝十载差科簿以下二例:

　　某乡差科簿:

　　董慈顺　载卅五白　丁_{终服}

　　弟慈恭　载十八　中男_{主簿执衣}

---

①　《旧唐书》卷48《食货志上》。

寿昌乡差科簿：

　　张义深　载五十一　卫士

　　男奉璋　载卅一　白丁_{土镇}

　　男处彦　载卅四　白丁_{土镇}

　　弟义节　载五十云　骑尉_{终服}

　　据上引情况，董慈恭、张义深也应在服丧之中，但前者仍记为"主簿执衣"，后者仍服兵役。前引从化乡曹大庆户差科簿，曹大庆弟引吐迦宁也是应记"终服"而仍记为"卫士"。如果这三例不是记载错漏，那么，正在服丧的卫士似乎仍然不能放免。只有尚未番上者，或可免役。

　　下面再谈"遮收"问题。天宝敦煌差科簿残卷中有五人注为"遮收"：

　　慈惠乡　索昭允　载卅九　上柱国子_{遮收}

　　　　　　郑令仙　载五十　上柱国子_{遮收}

　　从化乡　康令宾　载五十　上柱国子_{遮收}

　　寿昌乡　阎知新　男楚宾　载五十　上柱国_{遮收}

　　　　　　范元瑀　男承祖　载卅三　上柱国_{遮收}

　　"遮收"的含义颇难解释。王永兴先生认为，"遮收"与"阑遗"有关，"遮收"于军中，是一种役称，"其职责为路有遗物，则遮而收之"。司门郎中员外郎之下应有在门关遮止收取遗失之物的小吏，"遮收就是他们服役的役称"。经此考释，"遮收"的含义已较明确。但前引差科簿中的"遮收"究竟是军队中的一种役称，抑或地方系统的役称，王先生未做明确说明。我以为上引差科簿中的"遮收"，不属军队系统，而属地方系统。理由如次：（1）差科簿中，当兵者或记"卫士"，或记"健儿"，都未明确记载其于军中所属兵种以及队正、队副、火长之类低级职务；（2）据敦煌户籍，上柱国为"不课（口）"、上柱国子为"课，见不输"。此"不课"与"课，见不输"都应包括兵役在内。索昭允、邓令仙、康令宾、阎楚宾、范承祖等五人都是"上柱国子"或"上柱国"，都是免服正规兵役对象，因明其任"遮收"并非正规兵役。

　　后唐明宗曾颁《禁村店要津置阑头敕》[1]云：

―――――――――

[1]　《全唐文》卷111。

比置关防津浦,为要禁察奸凶。如或纵舍贼徒,透漏商税,既亏职分,难逭刑章。若敢阻滞行人,侥求润己,但有发觉,并以枉法赃论。宜令诸道,常切指挥,无使违犯。

敦煌差科簿中的"遮收"或即设于村店要津的"阑头",其职责或为"禁察奸凶",巡检行人。敦煌地当中西交通要冲,与吐蕃、吐谷浑等少数民族聚居地区比较邻近,也确有设置"阑头"的必要。敦煌天宝年间差科簿中,"遮收"悉由勋官柱国、上柱国或柱国子、上柱国子担任,而不由白丁担任。这种情况绝非偶然。因为柱国、上柱国、柱国子、上柱国子已有免除正役的特权,将他们派充轻役,就能避免进一步扩大免役面,从而影响政府的收入。唐代里正、郡史、县史、渠头、斗门之类职役常由勋官或柱国子、上柱国子担任(渠头、斗门等也常由中男担任),其目的也在于此。

五、兵役负担与女大嫁问题

天宝六载敦煌户籍有两个显著的特点:一是女口远多于男口(女口124人,男口43人);二是未嫁的"中女"特多。上述这种现象引起国内外学者的注目。仁井田陞、日野开三郎等以为,造成这种情况的原因是许多男子为逃避公课而假报为女口;①古贺登认为天宝时代的敦煌是东西贸易的商业基地,当地近郊农村,女口过剩的情况确实存在,男子多数逃籍,群趋城市,从事商队贸易之类的商业活动,从而出现"一男十女"情况;②池田温认为,天宝六载籍中的女口,有相当一部分是已故已出嫁而仍然登籍者,男口则有为免除公课而逃籍的倾向。"本籍中所出现的女口过多的异常现象,一方面是由于官吏们为追求考绩而作伪;同时也是

---

① 仁井田陞:《唐宋法律文书の研究》,东京大学出版会1983年版,第751~752页;日野开三郎:《玄宗时代を中心として见たふ唐代北支禾田地域の八·九两等户に就いて》,《社會經濟史學》二一一五·六,第35~37页。

② 古贺登:《敦煌戶籍の一男十女について》,《古代學》一二一二·三,文未见,此据池田温前揭书介绍。

对此现象未加制止而让其放任自流的唐玄宗以降统治权力松弛的结果。"①王永兴先生则认为"天宝六载敦煌县都乡里户籍所表现的两个特点和天宝敦煌差科簿所反映的边境兵役沉重的情况是紧密关连的",具体地说,也就是"由于服土镇兵役者很多,服役时间又长,这就造成乡里户籍中青壮男子很少和青壮女子很多的现象。很多青壮男子长时间戍边不还,相应地就有很多三十岁、四十岁甚至终老不嫁之女(中女)"。

笔者以为,男口为逃避赋役而诈伪、脱籍的现象无疑是存在的。唐代前期实行"均田制"与租庸调法,按规定,丁男要授给永业、口分田,同时也要负担租庸调,两者密切结合。但在具体实施时,两者又常脱节。"均田制"下的授田多半是各户原有土地在帐面上的调整,往往有其名而无其实。而租庸调与兵役的负担,却是实实在在的。职是之故,许多丁男便力图"出缩老少"、"妄注死失",以求得逃避赋役负担。但这不是一时一地的现象,北朝以来就是如此。唐开元天宝年间,户口不实的情况诚然比唐初更为严重,"人户浸溢,隁防不禁。丁口转死,非旧名矣;……户部徒以空文总其故书,盖得非当时之实"②。但户口即使严重失实,总还不至于大多数男口逃籍或诈为女口。值得注意的是,安史乱后,沙州局势更加动荡,更不可能大力整顿户籍。然而,从大历四年敦煌悬泉乡宜禾里手实,我们一方面看到户口逃亡的现象更加严重(22 户中竟有 23人"永泰二年帐后勘责逃走限满除"),同时又看到男口多于女口的情况(男口 25,女口 17)。由此可见,男口脱籍、诈伪的现象虽然或是天宝敦煌户籍女多男少的一个原因,但不可能成为这种现象的主要原因。

敦煌地处中西交通要冲,可能会有一部分人(主要是男丁)逃籍经商。但我们应该看到,沙州本身的商品经济并不发达,一直是以农业为主,牧业为副。从事商业活动者,在总人口中的比例很少。而其中得以脱籍者更是微乎其微。若干男口的脱籍经商显然不可能成为天宝敦煌户籍女多男少的主要原因。

再谈兵役负担问题。唐代西北边地,兵役负担十分沉重。据不完全统计,天宝敦煌寿昌乡差科簿残卷 201 名丁中(包括没落、逃走、废疾

---

① 池田温:《中国古代籍帐研究》,东京大学东洋文化研究所 1979 年版,第 566页。

② 《旧唐书》卷 118《杨炎传》。

等),卫士就占了41名,占丁中总数五分之一。但唐代兵、民合籍,服兵役者再多,也不影响各乡户口的性别构成。众多青壮男子服兵役,对于男女青年适时婚嫁,当然会有影响。但这种影响也不能估计得太过分。唐睿宗《简补羽林飞骑诰》提及:

> 往者皇运伊始,戎政肇修。两(而?)置军旅,初分府卫。计户充兵,才足周事。遂使二十一年入募,六十出军。既惮劬劳,咸规避匿,不有整革,将何置理。其天下卫士取年二十五以上者充,十五年即放出。频经征镇者,十年放出。自今已后,羽林飞骑并于卫士中简补。①

唐玄宗开元八年敕书也提到:"役莫重于军府,一为卫士,六十乃免。"②这就给人造成一种印象,好像唐代兵役都是及丁入军,老免出军。其实,绝大多数场合,府兵还是轮流上番或戍边的。唐玄宗《量减镇兵年限诏》就提到:

> 但碛西诸镇,道阻且长。数有替易,难于烦扰。其镇兵宜以四年为限,散之州县。务取富户丁多,差遣后量免户纳杂科税。其诸军镇兵近日递加年限者,各依旧以三年、二年为限。仍不得延留,其情愿留镇者,即稍加赐物。得代愿往,听令复行。③

上述规定是否切实施行,还很难说。但从天宝以前的敦煌户籍,我们可以看到,当时绝大多数卫士都有妻儿。情况有如下表:

姓名	登籍年龄	生育子女时的年龄(按见在子女年龄推算)
索曼才	50	不详
杨法子	39	28、37
杜客生	48	23、27
郭思宗	22	
杨守忠	25	
赵玄表	58	40

---

① 《全唐文》卷19。
② 《资治通鉴》卷212。
③ 《全唐文》卷27。

续表

姓名	登籍年龄	生育子女时的年龄（按见在子女年龄推算）
曹仁备	48	19、30、44
王万寿	51	30
程思楚	47	31、45、46
程思忠	39	37、38
程智意	49	27、18、32、34、35、42、46、47、47、48
杜崇真	37	25、26、30
卑思亮	58	28、30、32、36、36、37、40、41、49、52

上表十三名卫士中，郭思宗、杨守忠两人似未婚，但其年龄都不大。二十二岁、二十五岁的男女未婚应属正常现象。索碧才户仅存母子两个，可能未婚，也可能是妻儿亡故。其余十名卫士都有妻儿。这种情况表明，众多男丁的服兵役，并非当地众多大女未嫁的主要原因。至于土镇兵，如前所述，乃是一种乡兵，一般不出乡，也不脱籍。众多男丁担任土镇兵于男女婚嫁以及当地户口的性别构成，更无直接影响。

我以为天宝年间敦煌户籍女多男少，众多大女适龄不嫁的奥秘，主要在于僧尼的是否在籍。建中以前，敦煌的佛教势力已经盛极一时，但从户籍上却看不到注为僧、尼者。建中以后的户籍、手实，为僧为尼，率多注记，一目了然。如吐蕃时期沙州左二将手实残卷（S. 3287 号文书），[1]该文书现存四户：氾履倩户手实残缺。索宪忠户十四口（包括新妇与已嫁之女），其中"男性奴出度"、"女意娘出度"、"男再佛出度"；氾住住户二十口（不包括奴婢，下同），其中二人"出度"（小妇宠宠、妹性娘）；梁定国户七口，其中一人"出度"（妃娘）。

大中以后的敦煌户籍、手实，为僧为尼者亦加注明。如大中四年十

---

① 补注：池田温：《中国古代籍帐研究》，东京大学东洋文化研究所 1979 年版，第 519～522 页。又见唐耕耦、陆宏基编：《敦煌社会经济文献真迹释录》第 2 辑，全国图书馆文献缩微复制中心 1990 年版，第 377～380 页。

月沙州令狐进达手实。[①] 该户"应管口妻男女兄弟姊妹新妇僧尼奴婢等共叁拾肆人",其中僧尼占七人(弟僧恒璨、弟僧福集、弟僧福成、妹尼胜福、妹尼照惠、妹尼胜□、妹尼□□)。再看 S. 4710 文书(阴屯屯等户户口簿)。[②] 此件存五户 75 人,其中僧 6、尼 10。僧尼占人口总数之五分之一强。以上手实,为僧为尼者皆未注年龄。但另有几件手实,全家各口(包括僧尼)皆注年龄。如 P. 4989 号文书安善进等四户手实,[③]其中女大不嫁者,恰好都是尼姑,(安善进)"妹尼印子年卅";傅兴子"妹尼福胜年卅三"。再看九世纪后半期沙州诸寺尼籍(S. 2669 文书),[④]该籍年龄可考者计 266 人,其中 20 岁以下者 49 人,21~29 岁 74 人,30~39 岁 64 人,40~49 岁 37 人,50~59 岁 32 人,60 岁以上 10 人。建中以前敦煌户籍中 21 岁以上未嫁之女计 68 人。其中 21~29 岁 27 人,30~39 岁 21 人;40~49 岁 17 人;50~59 岁 2 人,60 岁以上 1 人。两者的年龄分布,亦颇相似。

再看天宝六载敦煌户籍一些未嫁中女的名字:曹思礼户,娘娘、妙音、妙法;曹怀瑀户,尚尚、妙真、仙仙;程什住户,法娘、无尚、守河、尚真;程仁贞户,胜先、放纯、妙果、法力、妙果(该户有二妙果);杜怀奉户,法仙、法戒、戒戒、神戒;卑二郎户,妙尚、无寻、姜姜、妃子、罗察,其他各户未嫁中女之名率多类此,不烦详列。前引九世纪后半期沙州诸寺尼籍中的诸尼法名,颇多与此酷似,而其俗名,则多异趣。由此,我们推想,开元天宝时期,也必有众多男女为僧为尼。建中以前,唐朝实行租庸调法,以

---

① 池田温:《中国古代籍帐研究》,东京大学东洋文化研究所 1979 年版,第 566 页。又见唐耕耦、陆宏基编:《敦煌社会经济文献真迹释录》第 2 辑,全国图书馆文献缩微复制中心 1990 年版,第 462 页。

② 中国科学院历史研究资料室编:《敦煌资料》第 1 辑,中华书局 1961 年版,第 120 页。又见池田温:《中国古代籍帐研究》,东京大学东洋文化研究所 1979 年版,第 587 页。

③ 池田温:《中国古代籍帐研究》,东京大学东洋文化研究所 1979 年版,第 588 页。

④ 中国科学院历史研究资料室编:《敦煌资料》第 1 辑,中华书局 1961 年版,第 242 页。又见池田温:《中国古代籍帐研究》,东京大学东洋文化研究所 1979 年版,第 573~579 页。

丁身为本,不以资产为宗。故为僧者率多脱离原户籍,以规免租调役。①
女口不负担租调役,即使在籍,于本户也并无损害。按规定,僧尼都另有
籍,归祠部掌管。因此,有度牒的僧尼从本乡贯却籍是合法的。如果一
乡的僧、尼都从本乡贯除籍,那么它就不影响本乡贯户口的性别构成。
然而,实际情况却往往变成男口为僧必定从本户户籍剔除,女口为尼,则
双重挂籍。再从州县长官这一角度看,出家或出嫁的女口虚挂在籍,虽
不合法,但在考课时却有利可图。职是之故,便可能形成在籍户口的女
多于男,众多大女终身"不嫁"现象。[是否形成这种情况,又因时因地因
人(州县官司)而异。开元时期与大历年间的敦煌户籍就未出现那种现
象。建中以前户籍中适龄不嫁的中女,也不必全是尼姑。其中也难免有
因其他原因而婚嫁失时者。]吐蕃时期,敦煌实行"突田差科",一般是按
户而非按丁征税,故为僧为尼者皆可在籍。大中以后,敦煌复归唐朝,税
制又改为两税法,所以为僧为尼者又多在籍。所以,建中以后敦煌户籍、
手实中男女口之比例大体平衡,罕见女大不嫁现象(为尼者另当别论)。

　　前面我们从唐代佛教势力的兴盛和税制的变化考察了天宝六载籍
女多男少、女大不嫁现象的成因。这里应该说明,除了这一主要原因外,
男口的妄注死失或诈为女口,也是造成当时当地户籍女多男少的一个原
因。从天宝六载敦煌户籍中女口多于男口,和众多大女不嫁现象可以看
出,当时佛教势力的发展,给当时社会生产和社会生活带来多么严重的
影响。

　　(原载韩国磐主编:《敦煌吐鲁番出土经济文书研究》,厦门大学出版
社1986年版)

---

① 《旧唐书》卷118《杨炎传》言及:至德后"凡富人多丁者,率为官为僧,以色役
　　免;贫人无所入则丁存"。其实,这种情况也适用开天以前。李峤、姚崇等也
　　曾指出这种现象。而且,为僧者也不一定全限于富户。

列宁格勒所藏天宝年间敦煌田簿研究

1983 年苏联科学出版社出版的列·伊·楚古耶夫斯基的力作《敦煌出土的中国文献》①一书,内容相当丰富,特别是其中首次刊布的 ф—366 号文书,更引人注目。此件现存 5 断片 322 行,楚古耶夫斯基取名为《敦煌县寿昌乡农户田土清册》。② 楚古耶夫斯基与日本学者池田温先生都对该件文书的年代、乡别、性质、作用,做了相当深入的研究,提出许多值得重视的见解。但苏、日两位学者都认为此件的性质是退田簿,这又很难令人苟同。笔者不揣冒昧,谨陈己见,以求教于通人方家。

一、ф — 366 号文书概况

此文书现存 5 断片,纸背被用于抄写《大乘起信论略述》卷下,并存有"宝应二年十一月三日同法乳人翟写"题跋。根据《大乘起信论略述》经文顺序,楚古耶夫斯基得以将此 5 断片联成一件。第 1 断片前缺,存 97 行,第 2 断片存 81 行,第 3 断片存 115 行,第 4 断片存 12 行,第 5 断片存 17 行。各断片似乎都不相连接,楚古耶夫斯基估计第 1、2 断片之间约缺 15～16 行,第 2、3 断片之间约缺 30～31 行,第 3、4 断片之间约

---

① Л·N·Чугуевский:〈Китайские Документы из дуньхуана〉.вып Ⅰ.
② 楚古列夫斯基声明:此标题尚未能精确地反映文书的内容,因为此文书的末尾登录了敦煌县其他乡逃亡户的田地。见列·伊·楚古耶夫斯基:《敦煌出土的中国文献》,苏联科学出版社 1983 年版,第 88 页注。

缺 14～15 行,第 4、5 断片之间缺数行。^① 文书后缺,署名与纪年亦皆不存。

现将第 3 断片末尾及第 4、第 5 断片转录于下:

（前略）

87. 罗播廷一段拾伍亩　城北廿里王使渠　东张胜　西张阿智　南
　　氾达　北王青

88. 一段拾陆亩　城北廿里王使渠　东渠　西路　南曹石住　北渠

89. 魏无胜一段参拾亩　寿昌城西一里　东荒　西赵连成　南王怀
　　安　北荒

90. 一段壹亩　城南七里宋渠　东渠　西宋树　南翟向　北树生

91. 　=====亩　城南五里武都渠　东张福　西师奴　南渠　北石

92. 一段伍亩　城南七里武都渠　东渠　西路　南自田　北渠

93. 一段柒亩　寿昌城西卅里　东段丑　西渠　南自田　北平洪

94. 一段壹亩宅

95. 王景娘壹亩　寿昌城南三里　东涧　西伏感　南吕忠　北涧

96. 一段叁亩　寿昌城北二里　东路　西平策　南渠　北尉杏子

97. 一段捌亩　寿昌城东五里　东陈英土　西袁善　南渠　北洪盛

98. 平仁爽一段贰亩　城北卅里长酉渠　东袁积　西泽　南泽　北
　　翟怀宝

99. 一段拾壹亩　寿昌城西五里　东袁山富　西渠　南阎信　北
　　自田

100. 一段伍亩　寿昌城北三里　东阎喜　西阎福　南渠　北范珣

101. 一段伍亩　寿昌城西五里　东泽　西渠　南自田　北

102. 一段陆亩　寿昌城南五里　东荒　西平操　南吕禄　北索有一

103. 一段贰亩　寿昌城东一里　东贳　西涧　南涧　北平力

104. 　户　壹　拾　玖　逃　走

105. 　户　参　无　田　业

---

① 此为楚古耶夫斯基根据纸背《大乘起信论略述》文字所做的估计。倘若敦煌田簿作为废弃文书被用于抄写佛经时被抽掉若干页,那么,其间隔行数就未必如此。

106.敦煌乡郭冲光　神沙乡东进芝　洪闰乡张玖庚？

107.　　户壹拾陆有田业

108.敦煌乡张思忠一段玫亩　城东五里忧渠　东渠　西路　南渠　北彭客郎

109.一段玖亩　城东五里忧渠　东张阿奴　西索须　南渠　北渠

110.一段玖亩　城东卅里利承渠　东张须保　西索羊仁　南泽　北路

111.一段贰亩　城东五里忧渠　东渠　西史政　南路　北令狐伏

112.一段捌亩　城东七里阳开渠　东渠　西渠　南渠　北索怀寿

113.一段贰亩宅

114.张楚珪一段贰亩　城东五里神农渠　东张惠斡　西路　南□　北索思

115.一段叁亩　城东一百步菜田渠　东路　西路　南张惠　北路

第4断片：

1.▭▭▭里西支渠　东渠　西姜永安　南孙洪弼　□□□

2.一段陆亩　城西七里西支渠　东菜？西孙达子　南张怀　北阎园

3.一段拾肆亩　城西七里西支渠　东渠　西张怀仁　南姜安　北邓师

4.一段壹亩　城西七里西支渠　东洪弼　西渠　南渠　北舍

5.一段壹亩　城西七里西支渠　东洪弼　西孙达子　南洪弼　北渠

6.一段捌亩　城西七里西支渠　东孙达子　西渠　南沙　北渠

7.一段陆亩　城西七里西支渠　东孙洪弼　西令狐思义　南北荆端

8.一段伍亩　城西七里西支渠　东渠　西孙达　南自田　北自田

9.一段壹亩宅

10.平康乡张大遇一段壹亩　城北七里八尺渠　东梁崇　▭▭

11.一段壹亩　城北七里泉水渠　东渠▭▭

12.一段壹亩　城西七里西支渠　东▭▭

第5断片：

1.一段贰亩　城北贰里▭▭

2. 玉关乡张客子一段玖亩　城北廿里无穷渠　东德通　西渠
　　▭▭

3. 一段贰亩　城北廿里无穷渠　东孔贞　西渠 ▭▭▭▭

4. 一段伍亩　城北廿里无穷渠　东荒　西渠　南袁嗣　北成师

5. 效谷乡张嗣龙一段陆亩城北廿里无穷渠　东宋行　西渠　南张
　　节

6. 一段陆亩　城北廿里无穷渠　东张玄　西张远客　南夏遗
　　北▭▭▭

7. 一段壹亩　城北廿里无穷渠　东路　西自田　南▭▭　北▭▭

8. 一段壹拾叁亩城北廿里无穷渠　东路　西王迪　南路　北

9. 一段叁亩　城北廿里多农渠东赵明　西荒　北王英仙

10. 一段壹亩宅

11. 李思臻一段贰拾叁亩　城北廿里无穷渠　东自田　西路　南渠
　　北赵僧伽

12. 一段拾壹亩　城北廿里无穷渠　东渠　西▭▭?　南渠　北渠

13. 一段伍亩　　城北廿里无穷渠　东自田　西自田　南渠　北荒

14. 一段玖亩　　城东卅里两支渠　东寺田　西坑　南坑　北渠

15. 一段玖亩　　城东卅里梨子渠　东氾施　西渠　南渠　北自田

16. 一段陆亩　　城北廿里无穷渠　东张刚　西宋文　南路　北孙
　　寿信

17. 一段拾肆亩　城东卅里胡渠　东舍　西渠　南渠

（后缺）

表1　φ－366号文书各户占有田土情况表

编号	户主姓名	寿昌乡田土（亩/段）	敦煌田土（亩/段）	宅地（亩）	合计(亩/段)	备注
1	不详	37/10	≥20/5	0	≥57/15	文书前缺
2	王守志	49/10	70/12	2	121/23	
3	张守节	17/3	36/6	1	54/10	
4	王木藏	33/10	36/8	0	69/18	
5	杨玄愻	39/6	21/1	0	60/7	

续表

编号	户主姓名	寿昌乡田土（亩/段）	敦煌田土（亩/段）	宅地（亩）	合计（亩/段）	备注
6	唐连珠	24/3	15/4	1	40/8	
7	张太娘	20/6	32/5	2	54/12	
8	权归贯	不详	≥21/4	不详	≥21/4	文书后缺
9	不详	27/4	≥14/4	1	≥42/8	文书前缺
10	辛女英	20/4	20/3	1	41/8	
11	张好勇	20/3	31/2	1	52/6	
12	杜舍王	10/2	11/4	0	21/6	
13	杜英妃	24/5	35/2	1	60/8	
14	苏思齐	21/8	21/5	0	42/13	
15	平桃树	13/3	16/5	0	29/8	
16	田尚尚	≥21/8	0	0	≥21/8	其中一段缺亩积
17	田玄素	≥26/7	43/8	不详	≥69/15	文书后缺
18	不详	不详	不详	不详	不详	文书仅存1行
19	索复业	15/4	6/1	0	21/5	
20	张持法	20/3	35/6	1	56/10	
21	侯丑娘	17/4	20/4	1	38/9	
22	张相郎	7/2	21/5	0	28/7	
23	赵元钦	50/11	57/9	0	107/20	
24	阎普济	17/5	14/3	1	32/9	
25	刘尚尚	0	30/4	1	31/5	
26	史罗吉	36/5	13/3	0	49/8	
27	王师女	0	15/3	0	15/3	
28	李宜寿	21/4	19/4	1	41/9	
29	罗播延	0	31/2	0	31/2	
30	魏无胜	37/2	≥6/3	1	≥44/6	其中一段缺亩积
31	王景娘	12/3	0	0	12/3	
32	平仁爽	29/5	2/1	0	31/6	

续表

编号	户主姓名	寿昌乡田土（亩/段）	敦煌田土（亩/段）	宅地（亩）	合计（亩/段）	备注
合　计		＞662/140	＞711/126	16	＞1389/280	
平均每户		＞22（30户平均）	＞22.94（31户平均）	0.52	＞44.8（31户平均）	

表 2　各乡逃走户占有田土情况表

编号	户主姓名	乡别	敦煌田土（亩/段）	宅地（亩）	合计（亩/段）	备注
1	郭冲光	敦煌乡	0	0	0	
2	车进芝	神沙乡	0	0	0	
3	张玖庚	洪闰乡	0	0	0	
4	张思忠	敦煌乡	37/5	2	39/6	
5	张楚珪	敦煌乡	≥5/2	不详	≥5/2	文书后缺
6	不详	不详	≥41/8	1	≥42/8	文书前缺
7	张大遇	平康乡	≥3/3	不详	≥3/3	文书后缺
8	不详	不详	≥2/1	不详	≥2/1	文书前缺
9	张客子	玉关乡	16/3	0	16/3	
10	张嗣龙	效谷乡	29/5	1	30/6	
11	李思臻	效谷乡	≥77/7	不详	≥77/7	文书后缺
合计（11户）			≥210/33	≥4	≥214/37	
平均每户＞19.5亩						

二、文书的性质

楚古耶夫斯基认为,φ—366 号文书"无疑是由敦煌县负责登记份地的地方官员编制的官方文书,原件内容看来是要划拨某些土地占有者的地段,并确定各地段的亩积及其四至"。其主要根据是,"户籍册的行距一般不超过 1.5～2 厘米,而此件文书的行距则有 2.5～3 厘米,甚至更宽","由吐鲁番出土文书可知,这么宽的行距是用于编制退田文书,是用来在每行之间登记与重新分配土地有关的资料,登记新得到田土的土地占有者的姓名"。[①]

笔者以为,楚古耶夫斯基所论有一定道理,但也不尽然。唐代西州官田授田制下的退田文书,行距一般较宽,土地还授之际,就在行间填入给田对象。目前所见的唐天宝年间敦煌差科簿,行距宽达 4 厘米,因差科簿的各种注记一般都注在丁中姓名、年龄、身份的下方,这较宽的行距就空无所用(与此相反,有些差科簿,如 69TKM39:9 号文书,行距就很窄,容不得再写一行)。唐代西州户籍文书中,也有行距较宽者,如 68TAM103:18/8 号文书,73TAM192:24 号文书,64TAM5:98、99 号文书等,行间虽未及 3 厘米,但若插入 1 行也绰绰有余。他如唐贞观年间侯菜园子佃官田契(68TAM103:35)、唐神龙三年高昌县崇化乡点籍样(64TAM35:47～58 诸号文书)、唐仓曹地子麦粟帐[64TAM1:32(b)32、36(b)号文书]、高昌县为申麹嘉琰请过所状(TAM509 号出土)、开元十年伊吾军牒(72TAM226:54 号文书)等,其行距亦足够容纳插入 1 行。由此可见,φ—366 号文书行距之宽,远不足作为"退田簿"说之证据。

池田温先生认为 φ—366 号文书所列举的就是绝户与逃户的田宅,因而称之为"敦煌县退田簿"。具体地说,也就是认为 φ—366 号文书第 3 断片第 104 行以下是"逃走户",此前则是寿昌乡"因死亡造成的绝户",其主要根据是,天宝十载前后的寿昌乡差科簿残卷第 1～2 行有张

---

① 列·伊·楚古耶夫斯基:《敦煌出土的中国文献》,苏联科学出版社 1983 年版,第 113～117 页。

守节、苏思齐二人,该残卷第 3 行以后依次为"逃走"、"没落"、"废疾"、"单身土镇"、"单身卫士"、"见在",依天宝载间敦煌差科簿行式,张守节、苏思齐二人应属"身死"之类。ф－366 号文书第 1 断卷第 39 行、第 2 断卷第 38 行也有张守节、苏思齐,故认为"本田簿登录的寿昌乡 32 户皆属同类"。①

楚古耶夫斯基虽未断言张守节等三十多户是绝户退田。但若从"退田簿"这一角度进行逻辑推论,也只能得出此结论。因为张守节等三十多户中有十四户记有"宅地",退田而又涉及"宅地",那就只能是绝户退田。我们知道,寡妻妾死退应为 30 亩;丁之入老应退 40 亩口分亩,老男后其妻而死,应退 40 亩;老男先其妻而死,应退 10 亩(其余 30 亩口分田应留充"寡妾"份额),而张守节等户的在籍田土多数超过"剩退"标准,因而如果确是退田簿,那也只能是绝退。②

笔者以为,池田温等所论似欠稳妥。池田温所论的前提是 ф－366 号文书与天宝十载前后寿昌乡差科簿同时或稍后。倘若 ф－366 号文书的年代稍早于该差科簿,那么,整个推论就适才相反。

《沙州志》残卷与《寿昌县地境》③皆记寿昌县"户三百五十九。乡一"。不同时期的户数应有一些变动,但寿昌只是小县,天宝年间估计也

---

① 池田温:《唐代敦煌均田制の一考察—天宝后期教煌县田簿をめぐいて》,《东洋学报》第 66 卷(1985 年)。《敦煌学辑刊》1986 年第 2 期有汉译文。
② 补注:宋家钰《唐朝户籍法与均田制研究》(中州古籍出版社 1988 年版,第 231～234 页)也认为"这是迄今所见敦煌文书中,明确记载退田的惟一的、也是最详细的一份文书,是研究唐代均田制和土地关系的珍贵资料"。不过,宋家钰同志认为"它是敦煌县官府编制的全县的退田簿"。退田簿上的张守节可能是莫高乡人。该田簿"大多数民户的土地都有一部分在寿昌城,说明敦煌城附近各乡土地不足,寿昌地多是宽乡,故多在那里遥授土地"。
③ 分别见唐耕耦、陆宏基编:《敦煌社会经济文献真迹释录》第 1 辑,书目文献出版社 1986 年版,第 42、52 页。

只有三四百户。三四百户之乡,一年之中竟有 30 户以上绝户,①实在令人难以置信,与天宝年间全国户口日增的趋势也显得太不协调。池田温先生也认为:"一般说来,户内即使残留一人也不算是绝户,因此,一年之内若出现三十几户绝户,那就必须考虑是否有死亡率很高的疾病的流行,或者其他什么特殊的背景。不过,考虑到当时敦煌吏治的废弛,也可能偶尔将几年积存的绝户于这一年一并处置。"我认为,池田温先生的这一推测有一定道理,但似乎不符合 φ—366 号文书的实际情况。

与 φ—366 号文书年代接近的唐天宝年间敦煌县从化乡差科簿[P.3559(3)号文书]记:

---

① 此件文书前缺不知几户,该件自第三断片第 103 行以前,现存 32 户,若计及前缺部分和中间缺页,其户数就不是 30 多户,而可能是数十户、数百户。据《沙州都督府图经残卷》,寿昌宜耕牧地区主要有:二所大泽:其一为"大泽","东西十里,南北十五里","在县南七里,水草滋茂,百姓牧放,并在其中";其二为"曲泽","东西十三里,南北十五里","在县西北一百九十里"。二所泉:其一为龙勒泉,在县南一百八十里;其二为龙堆泉,周回五十步,在县南五里。一个"海"——寿昌海。"出寿昌县东南十里,去州一百廿里,方圆可一里,深浅不测,地多芦蒲。其水分流二道,一道入寿昌南溉田,一道向寿昌东溉田。旧名渥洼水。"二所渠:其一为大渠,"长一十五里,阔八尺,深五尺"。"在县南十里,从渥洼海畔穿渠,用溉县东田苗。其水派流支散,因以为名"。其二为长支渠,"在县南十里。从海畔穿渠,用溉县东田苗,县界渠中最大,因以为号"。二所涧:其一为石门涧,"源出县东南三里,于县城南五步,向西出,入石门谷,众水合流,可行卅里,百姓堰水以溉田,因山为号";其二为无卤涧,"阔五十里","水阔八尺,深三尺",源出"阳关城西南,至县西南十里,北流至石门烽西□西入寿昌古城界□廿里,百姓用溉田苗,其水无卤,故以为号"。以上水源,多集中于寿昌城南十里,然后折向城东或城西。而上引文书残卷所列的寿昌田土,92%以上都集中在寿昌城周围五里之内。五里之外只有 6 户 15 段 52 亩(其中,县南十里辛女英一段 6 亩乃其最远者)。由此可以判定:上表所列的 32 户无论是现在户或是死绝户,它都只是该长卷的一小部分。据《寿昌县地境》,远离寿昌城的石城、屯城、新城、葡萄城、萨毗镇、播仙镇等,都应有一些居民。如果寿昌城五里之内因某种原因一年之内就死绝 32 户,那么,葡萄城等地恐怕也不会一无所失。可见,我们在判断此件文书的性质时,绝不可将眼光局限于此 32 户,而应考虑:就寿昌而言,可能有数十百户,就敦煌全县而言,可能有数百、数千户。

貳佰伍拾柒从化乡

　壹佰壹拾柒人破除

　　貳拾叁人身死

　　（中略 23 人姓名）

　　叁拾伍人逃走

　　（中略 35 人姓名）

　　貳拾柒人没落

　　（中略 27 人姓名）

　　叁人虚挂

　　罗磨娑　石伏愿　康者羯

　　叁人废疾

　　安能迦　米炎帝　郭小紧

　　貳拾叁人单身土镇兵

　　（中略 23 人姓名）

　　叁人单身卫士

　　米忠信　何小胡　曹南达

　壹佰肆拾人见在

（下略）

寿昌乡差科簿［P.3559(3)、P.3018 号文书］亦记：

（前缺）

毕令爱　平思愻　李训宾　魏元通　张守节　苏思齐

玖人逃走

（姓名略）

壹拾貳人没落

（姓名略）

壹拾壹人废疾

（姓名略）

叁拾陆人单身土镇兵

（姓名略）

貳拾陆人单身卫士

（姓名略）

壹佰伍拾伍人见在

（下略）

据上引差科簿统计，从化乡身死、逃走、没落、虚挂等应破除的丁中约占丁中总数的34%。寿昌乡差科簿因前缺，不知其"身死"丁中总数，帐面上已确知的已有6人，则其身死、逃走、没落的丁中亦将超过丁中总数一成。似此情况应可推测，各该差科簿所记的"身死"、"逃走"、"虚挂"、"没落"的丁中数，不一定都是当年或前一年之数，而应是前此几年累积之数。φ—366号文书的情况则与此不同。该件第5断片第104行明确记载：敦煌县"户壹拾玖逃走"。此项记事极为重要，可供比较研究。相对于从化乡差科簿的"叁拾伍人逃走"与寿昌乡差科簿的"玖人逃走"，敦煌县13乡的19户"逃走"，不仅不算多，而且显得很少。由此判断：φ—366号文书绝不是将敦煌县此前数年的逃户做一次处理，而是仅仅登记当年（或此前一年）的逃户。

我们知道，身死者可以当年或次年注销（绝户者尤其如此）。而逃户，却不可能立即除籍（为了招诱逃户归业，政府往往会较长时间保留逃户的户籍和田业）。由此推论：φ—366号文书既然是只登录当年（或前一年）的逃户，其对于绝户，就更应如此。

这里，我们还可对φ—366号文书编造之年寿昌乡的逃户数做一定量分析。据φ—366号文书第105以下各行，当年敦煌县的19户逃户中，已可判明乡别的有9户（敦煌乡3户、神沙乡1户、洪闰乡1户、平康乡1户、玉关乡1户、效谷乡2户）。φ—366号文书第5断片第2~4行记"玉关乡张客子"的田产，第5~10行记"效谷乡张嗣龙"的田产。由此可知，当年敦煌县玉关乡的逃户仅张客子1户。φ—366号文书第3断片第114~115行记敦煌乡张楚珪的田产，下缺1页，可能是登录敦煌乡的逃户，也可能是登录平康、玉关、效谷之外的其他乡的逃户。第4、第5断片之间缺数行（楚古耶夫斯基估计仅缺2~3行），充其量只能插入1户。如果此二残缺处之一恰好插入寿昌乡逃户，那么，充其量也只是1~2户。φ—366号文书下残，未知缺几页。根据以上情况，我们可以判断，除郭冲光、李思臻等9户外，其余10户逃户，可能属于敦煌、平康、效谷、洪池、洪闰、悬泉、慈惠、从化、莫高、龙勒、神沙、寿昌等乡。由于寿昌户数不及敦煌总户数的1/10，故可断定，当年寿昌乡如果有逃户的话，也只是1~2户而已。如果这一定量分析无大误,那就可利用这一结果对φ-366号文书第3断片第104行以前部分的性质做定性分析。我们可以设想:当死亡率很高的疾病在一个地方蔓延时,当地居民一定会纷纷逃亡,而不是抱成一团,坐而待毙。从敦煌一县仅有19户逃亡(寿昌乡没有,或者仅有1~2户逃亡)这一事实,可以断定,当年寿昌乡并未出现什么突然灾变,致使寿昌乡一年之内十分之一以上户死绝。

比较合理的解释应该是:φ-366号文书第3断片第104行以前,都是"见在"户与"见在"户田土。此件文书略早于目前所见天宝年间寿昌乡差科簿。

从目前所见敦煌吐鲁番各种簿籍的书式看,也不乏先"见在",后"破除"之例。如乡别差科簿与乡别户口帐,其中固然有先"破除"、"见在"之例(如天宝年间敦煌各乡差科簿即是),但也有先"见在",后"破除"者。如开元年代交河县名山乡差科簿,[1]"户汜职职年五十死,男良贱年十三小"等行显然在"户一百八十八见在"之后。又如永徽初西州某乡户口帐第10断片[65TAM42:103(b)],也是先"口七十五见在",后"口四破除"。如果φ-366号文书也是先"见在",后"破除",许多疑团,也就迎刃而解。

从φ-366号文书第3断片第104~107行登录的内容看,文书的编制者关心的只是敦煌县各乡各户的田土占有情况,而不是专门编制退田簿。如若不然,逃户而又"无田业"者,又有何登录之必要!

三、寿昌乡民的田土分布问题

φ-366号文书残存的32户寿昌乡民中,有26户兼有寿昌与敦煌两地的田土。以32户计,寿昌界内的田土约占其全部田土的48.65%(宅地亦计入寿昌界内田土);敦煌界内的田土却占51.4%。寿昌乡民的田土分布到敦煌县城的东、西、南、北。为什么会出现这种异乎寻常的

---

① 见池田温:《中国古代籍帐研究》,东京大学东洋文化研究所1979年版,第286~290页。

情况？池田温先生推测，相对于敦煌其他各乡，寿昌是狭乡，"敦煌城管下寿昌乡民的地段，可能是作为远隔地的给田，由州、县班给寿昌乡民"。换言之，敦煌境内的许多田土，是由州、县当局按均田制原则授给寿昌乡民的。

笔者以为上述推测缺乏根据。唐令规定："诸给口分田，务从便近，不得隔越。若因州县改易隶地入他境，及犬牙相接者，听依旧受。其城居之人，本县无田者，听隔县受。"①寿昌城位于敦煌城西南一百二十里，孤悬在外，与敦煌其他各乡并无犬牙相接情况。寿昌曾降格为乡，整体并入敦煌县，此与因州县改易隶地入他境的情况又显然不同。我们也很难设想张守节等30以上户都是"城居之人"。基于以上考虑，我以为寿昌绝无隔越授田于敦煌12乡之可能。

退一步说，倘若是隔越授田，依田令规定精神，也应尽可能做到"务从便近"，譬如说，授田于与寿昌较近之处。但从本文表3，我们却看到相反的情况。与寿昌较近的敦煌城西、城南，寿昌乡民的田土较少，仅分别占其全部隔越田土的25.8%与7.5%，与寿昌较远的城东，却占了23.9%；与寿昌距离最远的敦煌城北，却占42.7%。特别是与寿昌距离最远的城北20～30里、城东20～30里，竟占其全部隔越田土的44%，简直是与"务从便近"原则背道而驰。

再按户统计，如果是因为寿昌地少而不得已隔越授田，那么，各户隔越授田的比例应大体相近，以体现某种"均平"原则。然而，实际情况又与此相反。有些户，两地的田土大体相等；有些户，隔越他乡的田土远多于本乡田土；有些户本乡的田土又远多于隔越他乡的田土。更有一些户（如田尚尚户、平景娘户）只"授田"于本乡，而另有一些户（如罗播延、王师女、刘尚尚等户）却又只"授田"于敦煌境内。特别是罗播延户，仅有两段地，全都隔越在"（敦煌）城北廿里王使渠"。而侯丑娘、张相郎两户的隔越地，也全是在敦煌城北20～30里。再看杜英妃户，杜英妃隔越在敦煌的两段地全在"城东卅里三支渠"，而在本乡却又有一段四亩在"寿昌

---

① 《通典》卷2《田制》。补注：近年新发现的宋《天圣令·田令》随附的《唐令·田令》原文是："诸给口分田，务从便近，不得隔越。若因州县改隶，地入他境及犬牙相接者，听依旧受。其城居之人，本县无田者，听隔县受。"

城西卅里",两地相距几达 200 里。如此奇异的田土分布情况,与"均田制"下的所谓隔越授田,岂有共同之处?

其实,敦煌十二乡实际上也不是什么宽乡,目前虽无有关敦煌十二乡与寿昌县(乡)垦田数的确切数据,但有些间接资料尚可供进行推算。如敦煌出土的武周圣历前后敦煌各乡营麦豆亩数计会:[①]

(前缺)

四百八十六顷八亩

皇六十五顷卅一亩_{六十顷麦} 高五十五顷卅八亩

勒卅顷卅五亩 神一十六顷 平六十一顷亩六十亩_{六十顷九十亩麦}

池一十五顷五十四亩 玉廿二顷卅三亩

效五十三顷六亩_{五十二顷二亩麦} 闰五十五顷二亩

泉五十三顷廿亩_{五十二顷麦} 惠五十八顷七十九亩_{五十七顷五十六亩麦}

四百七十七顷廿一亩麦

八顷八十七亩豆

豆、皇五顷卅一亩 平十亩豆 效一顷三亩豆

泉一顷廿亩 惠一顷廿三亩豆

(以下空白)

这里统计了敦煌县敦煌、莫高、龙勒、神沙、平康、洪池、玉关、效谷、洪闰、悬泉、慈惠十一乡的夏收作物(麦豆)的面积。敦煌当时一般仍是一年一熟,而秋收作物的面积应倍多于夏收作物,由此估计,敦煌全县垦田应在 1500~1600 顷之间。

再看天宝九载敦煌郡仓纳谷牒:[②]

(前或缺)

敦煌县状上

合今载应纳种子粟壹万贰阡贰百捌拾伍硕玖斗参胜。

---

① 见池田温:《中国古代籍帐研究》,东京大学东洋文化研究所 1979 年版,第 339 页。

② 见池田温:《中国古代籍帐研究》,东京大学东洋文化研究所 1979 年版,第 472 页。

洪池乡　柒佰壹拾陆硕壹斗壹胜陆合玖勺。

玉关乡　壹阡肆拾壹硕肆斗贰胜玖合捌勺。

效谷乡　玖佰玖硕肆斗贰胜捌合捌勺。

洪闰乡　壹阡叁佰肆拾贰硕玖斗伍胜柒合。

悬泉乡　壹阡伍佰壹硕陆斗玖胜陆合。

慈惠乡　壹阡柒硕陆斗柒胜。

从化乡　叁佰陆拾伍硕贰斗壹胜。

敦煌乡　玖佰贰硕捌斗贰合肆勺。

莫高乡　捌佰柒硕伍斗叁胜玖合。

龙勒乡　陆佰贰拾柒硕玖斗柒胜。

神沙乡　玖佰贰拾壹硕玖胜伍合壹勺。

平康乡　壹阡壹佰肆拾柒硕叁斗肆胜伍合。

寿昌乡　玖佰玖拾肆硕陆斗柒胜。

牒　件　状　如　前。谨　牒。

天宝九载八月廿七日史杨元晖牒

录事薛［有朋］

宣德郎行尉程［盐械］

廿　七　日　谦

据此牒件，除寿昌乡外，敦煌十二乡共应纳种子粟 11290 硕。敦煌出土的 P.T.1115 号藏文文书[①]记：

蛇年春，宁宗木部落百姓宋弟弟在康木琼新垦地一突半，本人无力耕种。一半交与王华子和土尔协对分耕种，种子由华子负责去借，共借种子二汉硕……

1 突半就是 15 亩。15 亩的一半，即 7.5 亩。7.5 亩地应无须 2 汉硕麦种。估计应是 15 亩新垦地需种子 2 汉硕，每亩需种子 1.3 汉斗。新垦地需较多种子，一般熟地估计每亩 1 汉斗种子即可。若按此估计，敦

---

① 转引自王尧、陈践译注：《敦煌吐蕃文献选》，四川民族出版社 1983 年版，第 55 页。

煌十二乡秋粮的种植面积也是 1129 顷左右,若加上夏粮的种植面积,垦田数也是 1600 顷左右,与前项估计相近。

《元和郡县志》卷 40 记:"沙州　敦煌　中府　开元户六千四百六十六。乡十三。"《通典》卷 174 记:"敦煌郡……户六千三百九十五,口三万二千二百三十四。"《旧唐书》卷 40 记:"沙州敦煌郡……户四千二百六十五,口万六千二百五十。"《新唐书》卷 40 记:"沙州……旧领县二,户四千二百六十五,口一万六千二百五十。"据此,贞观初沙州包括寿昌县在内,应领户 4265 户,至开元中则增至六千三四百户。减去寿昌县(乡)的三百多户,敦煌十二乡约为 6000 户,平均每户约垦田 26 亩,或者说 30 亩上下。无论从哪种意义上讲,敦煌十二乡都算不上是什么宽乡。

再看寿昌县(乡)情况。寿昌田土虽少,但也有大泽、曲泽、龙勒泉、寿昌海、大渠、石门涧、无卤涧等渠泽,因而也必有一些耕地,故汉代就曾在此屯田(虽然规模很小,只有象征性意义),汉龙勒县的治所可能也在寿昌境。由于寿昌县(乡)户数很少,故人均垦田数不一定比敦煌十二乡低。前引天宝九载敦煌郡仓纳谷牒记载,当年寿昌乡应纳种子粟994.67硕,估计可种 9946 亩。加上夏粮面积约合 14000～15000 亩。考虑到寿昌乡人的田土有隔越在敦煌的情况,姑且假设寿昌乡人所贷部分种子播种于敦煌十二乡而将此数减半,则寿昌乡人于本土的平均每户垦田数也有 19.5 亩。与通过上述途径统计的敦煌十二乡垦田数相去不远。倘若寿昌乡民所领的种子粟都是种于本乡,则其户均垦田数又将多于敦煌十二乡。由此可见,因寿昌县(乡)田土不足,由州(县)当局隔越他县(乡)授田的说法,缺乏根据。

那么,又如何解释寿昌县(乡)民隔越占田的现象呢? 我推测,这或与寿昌县(乡)建制的变动有关。我们知道,寿昌县境开发很早,地理位置也很重要,石城、屯城、玉门关皆在境内,至唐代,仍有"镇一,龙勒。堡五,西寿昌,西关。戍三,大水、西子亭、紫金。烽卅四。栅二"。[①] 但自然条件较差,沙碛面积大,绿洲小而且分散,人口不多。所以,时而升格为县,时而又降格为乡。可以想象,当其建制发生变动之时,势必影响到

---

① 见唐耕耦、陆宏基编:《敦煌社会经济文献真迹释录》第 1 辑,书目文献出版社 1986 年版,第 42 页。

人口的流动。当寿昌升格为县时,一部分敦煌县民就可能出于政治、军事方面的原因迁至寿昌;当寿昌划归敦煌县时,就可能有一部分寿昌人迁至敦煌。这么一来,就难免出现两地都占有田土的情况。如本文表3所示,寿昌乡民在敦煌占有田土多在城南、城西十里与城东、城北三十里之内。与目前所见敦煌效谷、平康、慈惠、悬泉、龙勒、莫高、敦煌、神沙、玉关等乡民占田的地域分布情况相似。这表明,有些寿昌乡民确曾散居于敦煌十二乡。要言之,当敦煌各乡民户移往寿昌时,他们仍可能保留他们在敦煌各乡的原有土地,同时又得以在寿昌添置部分田土,反之亦然,从而产生两地皆有田土的情况。此论如果成立,φ—366号文书中一些人只有寿昌田土,另一些人又只有敦煌田土;两地皆有田产者,各地田土的比例以及田土分布的远近等又各参差不齐,诸如此类现象,也都不难解释。

四、余论

从φ—366号文书,我们可以看到,开元天宝之际,"均田制"下的土地还授并未正常进行。φ—366号文书第3断片所列的并"无田业"的3户"逃走户",就足以说明这种情况。"均田制"下的土地还授如果正常进行,就不会产生应受田而并未受情况。

楚古耶夫斯基与池田温先生虽然都认定φ—366号文书是"退田簿",但也都明确指出,当时实际上并未重新分配田土。[①] 换言之,φ—366号文书不论是否拟为退田簿,都证明了开天之际"均田制"下土地还受的不果行。

顺便一提,过去因为所见唐代籍帐不多,所以,一提到"籍"就联想到具载各户家口以及永业田、口分田、应受田、未受田等等情况的户籍、手实。现在,随着敦煌、吐鲁番文书的陆续刊布,"籍"的"花色品种"就越来越多了,就唐代西州而言,就有与一般"均田"农民不同的户籍,还发现以

---

① 补注:这也表明,将φ—366号文书看作"退田簿"者,实际上都只是猜测,并无任何实据。

丁中为主兼及"已受田"的"点籍样"(土肥义和与楚古耶夫斯基介绍的洪闰等乡梁思节、张女女等户的所谓"受田"簿就与此很相近)。现在,楚古耶夫斯基又介绍了这件敦煌县各乡以各户田土为主而不及丁中情况与永业田、口分田情况的另一种籍。除此以外,还有户别青苗簿一类的"籍"。

这就产生一个问题:唐朝地方政府为什么要造这么多的"籍"? 我认为,这些新刊布的"籍",大都应与赋役有关。楚古耶夫斯基在研究 φ—366 号文书时就指出:"该文书的时代恰值玄宗统治最后几年,时均田制实际上已经破坏……可以设想,为了保证政府经常的财政收入和驱使居民履行劳役,政府以新的形式,做了大量的统计居民和统计田土的工作。"楚古耶夫斯基的意见,我很赞成,目前我们虽不了解 φ—366 号文书与赋役制度相关联的具体情况,但它与赋役制度有关,应无疑问。

表3　Φ—366 文书所见寿昌乡民敦煌田土分布表

	一里	二里	三里	五里	六里	七里	九里	十里	廿里	卅里	合计
城北				西支一渠5亩/1段	西支一渠6亩/1段	西支渠10亩/2段		西支渠7亩/2段	抱辟渠20亩/5段	北府渠11亩/1段	
						东支渠4亩/1段		宜秋西支渠8亩/11段	无穷渠67亩/11段	无穷渠9亩/1段	
								东渠2亩/1段	长西渠31亩/2段	长西渠28亩/7段	306亩/46段
								五使渠21亩/1段	五使渠50亩/6段	五使渠35亩/2段	

续表

	一里	二里	三里	五里	六里	七里	九里	十里	廿里	卅里	合计
城东	菜田渠1亩/1段	忧渠1亩/1段	忧渠8亩/3段	多农二渠12亩/2段		忧渠4亩/1段		多农渠8亩/2段	第一渠29亩/5段	三支渠35亩/2段	171亩/30段
			大壤渠2亩/1段			神农渠22亩/2段					
						两罔渠49亩/9段					
城南			忧渠2亩/1段			武都渠5亩/1段					54亩/14段
			孟授渠16亩/5段			宋渠1亩/1段					
						灌津渠6亩/1段					
						阳开渠24亩/4段					

续表

	一里	二里	三里	五里	六里	七里	九里	十里	廿里	卅里	合计
城西	西支一渠2亩/1段		东支一渠6亩/1段	西支一渠5亩/1段	西支渠27亩/5段						
					宜秋西支渠1亩/1段	西支渠1亩/1段					185亩/36段
					东支渠4亩/1段			西支渠5亩/1段			
					灌津渠1亩/2段						
					员佛图渠123亩/22段						

（原载《敦煌学辑刊》1989 年第 1 期）

吐蕃子年左二将户状
与所谓"擘三部落"

　　敦煌发现的 S.3287 号文书反面保存吐蕃时期沙州某部落左二将户状计五份，其中两件残缺，三件完整。各件文书所署的年月分别为"子年五月"与"子年六月"。王尧、陈践同志拟名为《子年擘三部落户口手实》，以为"这一子年，应是七九○年的午年分部落以后不久，定为七九六年丙子，可能较为合适"。[①] 池田温《中国古代籍帐研究》则拟名为《吐蕃子年五月沙州左二将百姓氾履倩等户口状上》，以为其年代应在"九世纪前半"。笔者以为王尧，陈践两同志推测的年代恐不确，池田温氏推断的年代则嫌幅度太宽。而且，当时是否有"擘三部落"之名，也还值得考虑。为讨论方便，先移录子年左二将氾住住与索宪忠户状于下：[②]

　　左二将

　　午年擘三部落依牌子口　户氾国珍死　妻张念念在　男住住在

　　男不采在　小妇宠宠出度　奴紧子论悉勺将去　奴金刚口

　　婢落娘已上并论悉勺息将去　婢善娘　婢口口

　　女美娘嫁与同将人索定德，百年新　男不美娶左十将索十口?　女大娘

　　男住住娶下部落王海女十二　男君子年十　女小娘年十二八成　女团娘年

　　六　女美保年一　男不采娶同将宋进晖女七娘　女严子五

　　休子年三　女判子年二妹团团出嫁与左三画平平　妹性娘出度

---

①　王尧、陈践：《敦煌藏文写卷 P.T.1083、1085 号研究》，《历史研究》1984 年第 6 期。

②　池田温：《中国古代籍帐研究》，东京大学东洋文化研究所 1979 年版，第 521～522 页。

右通午年擘三部落口及已后新生口如前,并

皆依实,亦无隐漏不通。如后有人纠告,称

有隐漏,请求依法科断。子年六月一日,百姓

氾住住状。

（以下余白）

左二将状上

户索宪忠　妻阴　男远远　男顺顺　女犯娘_{出度}

姓娘金娘_{出嫁与同部落吴通下邓道}　婢目目

午年擘三部落已后新生口　男性奴_{出度}　檐娘_{嫁与丝绵部落张□}

_{下张清清}　女意娘_{出度}　远远妻_{娶同部落吴通下鄯石奴妹女輸□}

_{女扁娘}男迁迁妻_{娶本将程弟奴女}

右通前件新旧口并皆依实,如后有人

纠告,括检不同,求受偷人条教,请处分。

□件如前,谨状。

子年五月日百姓索宪忠

（以下余白）

　　上述户状的特点是将各户家口分为两部分:一部分是午年划分部落时的家口,即所谓"旧口";一部分是午年分部落后的"新生口",又称为"新口"。索宪忠户,索宪忠及其妻阴氏,男远远、顺顺,女金娘、犯娘,婢目目等都是"旧口"。索宪忠之男性奴、再和、迁迁,女檐娘、意娘等为午年以后的新生口。远远妻扁娘、迁迁妻程氏都是午年以后新娶的媳妇,故皆列为"新口"。氾住住户,午年分部落时氾国珍为户主。子年上户状时,氾国珍已故,由氾住住承户。因户主前后变动,故该件称谓十分混乱。"午年擘三部落依牌子口"部分之妻某、男某、女某,乃氾国珍之妻、之男、之女。"小妇"疑为妾,前户主亡故后"出度"。"女美娘"名下加注"酉年新"三字,因知"美娘"以下各口都是"新生口"。其中,"女美娘"、"男不羡"乃前户主氾国珍之男、之女。"妹团团"、"妹性娘"、"男君子"、"女小娘"等,乃现户主氾住住之妹、之男、之女。而"女严子"、"（女）休子"、"女判子",又是氾住住弟不采之女。

　　我们已经确知吐蕃时期沙州划分三部落始于790年（午年）。根据

左二将户状各户家口的异动情况,可以比较准确地判断子年左二将户状的年代。吐蕃占领沙州后共历五个子年:①丙子(796年)、戊子(808年)、庚子(820年)、壬子(832年)、甲子(844年)。据户状,氾住住之女小娘、男君子都是午年划分部落之后之"新生口",且其已分别年届12岁与10岁。由此可知,此"子年"绝非丙子(796年)年。戊子(808年)年上距庚午(790年)年仅18年。氾住住户之不羡、美娘、团团,索宪忠户之檐娘、迁迁,梁定国户之金刚,氾履倩户之履勖、心娘、太娘,都是庚午年划分三部落以后之"新生口",且皆已婚嫁。因为当时婚嫁的年龄多在20~30岁,上述众多男女不可能都刚好生于庚午年划分部落后之当年,且又都在18岁以前婚嫁。故知子年左二将户状也绝不可能成于戊子年(808年)。

壬子(832年)年、甲子(844年)年上距划分部落之庚午年分别为42年与54年。据索宪忠户状,索远远似为索宪忠长子,远远身后尚有顺顺、犯娘、金娘(以上三人皆生于公元790年以前)、迁迁(生于公元790年以后)。远远与金娘,至少相差5岁。庚午年,远远尚未婚娶。由此推算,庚午划分部落时,索远远当在5~30岁之间(索顺顺当在3~28岁之间),索宪忠夫妻当在25~50岁之间。那么,到庚子年(820年),索远远、索顺顺当在33~60岁之间,索宪忠夫妻当在55~80岁之间;至壬子年(832年),索远远、索顺顺、当在45~72岁之间,索宪忠夫妻当在67~92岁之间;至甲子年(844年)索远远、索顺顺当在57~84岁之间,索宪忠夫妻当在79~104岁之间。但索宪忠子年上户状之时,索宪忠夫妻都还健在,索远远虽已娶妻而尚无子女,索顺顺尚未婚娶。由此推想,索宪忠上户状之"子"印,并非"壬子"、"甲子",而是前此之庚子,即公元820年。如果说,一家一户的婚嫁生育可能会出现各种特殊情况,那么,我们还可以以氾住住户、梁定国户的"新、旧口"情况继续进行推算。氾住住、

---

① 这里采用贞元三年(787年)陷蕃说。若取建中二年(781年)陷蕃说,因兴元元年(784年、甲子)尚未划分部落,左二将户将也必不成于784年。

氾不采、梁定国都是"旧口"，①至"子"年上户状时，他们都是有子女而无孙。姑假定庚午划分部落时，他们都只有 5～10 岁。那么，至庚子年，他们都当有 35～40 岁。此时，他们诚有可能有子女而无孙。若至壬子年，他们都当有 47～52 岁（至甲子年，则当有 59～64 岁），按其年龄，应可能有孙辈，然而事实上，氾住住、氾不采、梁定国等三人至"子"年上户状时皆无孙儿辈。梁定国户仅长男金刚已婚娶，其他子女尚未婚嫁。由此亦可推论，索宪忠等户上户状之"子"年，应为 820 年之"庚子"年，而非"壬子"、"甲子"年。

这里再谈谈所谓的'攀三部落'问题。前已述之，沙州子年左二将户状，将各户家口分为"午年攀三部落依牌子口"与"午年攀三部落已后新生口"两部分。所谓"攀三部落"云云，中外学者多以为此乃部落之名。②王尧、陈践同志更认为"S.3287 号卷子中所谓的"攀三部落"，正是吐蕃五茹六十东岱制中的王茹（即中央部队）Phyugs-mtsams 部落的对音"。王、陈二位还进而推论："当时吐蕃军队的行动与部落的行动是密切关联的，开赴瓜、沙、甘、凉的吐蕃军人是全部落行动，军队打到那里，整个部落也随之而来；以这些吐蕃部落为核心，再把若干汉户收编在部落之中，便于管理约束。后来，形势有了变化，社会日趋安定，才逐渐重新编组为以行业（丝绵）或居住地（上、下）等等为主的纯汉户部落。后来就是按照部落编制来分配田亩、征收赋税了。"③

笔者也曾以为"攀三部落"乃部落之名，后经学友谢重光同志提示，始疑其误。诚如王尧、陈践两位同志所论，吐蕃五茹六十东岱中有 Phyugs-mtsams 这一部落。但这一部落是否到过沙州，且自庚午年（790 年）至庚子年（820 年）是否一直驻扎在沙州，还有很大疑问。从左二将

---

① 补注：视梁定国手实图版，梁定国也是"午年攀三部落已后新生口"。庚午（790 年）划分三部落已后，至子年梁定国完成出生，娶妻，生子（男金刚等），娶儿媳（金刚"娶同部落曹荣下索进昌女"）过程。由此亦确证，索宪忠、梁定国、氾住住等自陈手实的"子年"，不可能是公元 808 年的戊子年，而应是公元 820 年之"庚子"年。

② 见藤枝晃：《吐蕃支配期の敦煌》，《東方學報》京都版第 31 册（1961 年）。

③ 王尧、陈践：《敦煌藏文写卷 P.T.1083、1085 号研究》，《历史研究》1984 年第 6 期。

索宪忠等户的姓名与婚姻情况看,索宪忠、氾履倩、氾住住、梁定国等都非吐蕃人氏。午年分部落后,此四户共有十人婚嫁,其所嫁娶者,似乎皆非吐蕃人。现存《左三将纳丑年突田历》(P. 2162 号文书)残卷共有 28户,其中亦未见吐蕃人氏。吐蕃时期敦煌各种契券为数不少,也罕见吐蕃人氏。由此可见,吐蕃占领沙州后,并未将吐蕃部落迁至沙州。索宪忠等人所在部落,也不是以吐蕃人为核心。更值得注意的是,吐蕃时期敦煌汉文契约文书中,屡见悉董萨、纥骨萨、行人部落、丝绵部落、僧尼部落之名,而绝未见"擘三部落"者。由此不免引起怀疑:吐蕃时期,沙州有无"擘三"这一部落? 索宪忠等户是否属于"擘三部落"?

就笔者所知,汉文"擘三部落"这四个字仅见于上述索宪忠等户户状。其行文为:"午年擘三部落依牌子口"、"右通午年擘三部落口及已后新生口如前"、"午年擘三部落已后新生口"。在这里,"擘三部落"四字总是与"午年"两字连用,并用以表示时间概念。由此,我们可以这样设想:如果"擘三"两字乃部落名称,那么,我们可否将"擘三"部落暂改为其他部落名称(如悉董萨部落),再看它是否言从字顺。实际上,这么一改,就会出现"午年悉董萨部落依牌子口"、"右通午年悉董萨部落口及已后新生口如前"、"午年悉董萨部落已后新生口"这类含义不清而又别扭的说法。

我们知道,吐蕃占领敦煌后,曾将当地居民划分为三个部落。敦煌名门阴嘉珍就曾任"大蕃瓜州节度行军并沙州三部落仓曹及支计等使"。[1] 而子年左二将索宪忠等户户状之所谓"午年擘三部落依牌子口",也正是午年分三部落时户口之意;所谓"午年擘三部落已后新生口"云云,又正是午年划分三部落以后新生口之意。这恐怕不是偶然的巧合。

这里还应考察,"擘"字是否具有划分的含义。查《说文解字》卷 12上《手部》,曰:"擘:撝也。从手,辟声,博厄切"。"撝:裂也。从手,为声。一曰手指也。许归切"。又见《宋本玉篇》卷 6《手部》:"擘:补革切。擘,裂也。"可见,"擘"字本有分、裂之意。《册府元龟》卷 494《邦计部·山泽》记后唐长兴四年五月七日诸道盐铁转运使奏云:"切(窃)以两池禁棘

---

① 《沙州文录·大蕃故敦煌郡莫高窟阴处士功德记》。

峻阻,不通人行,四面各置场门弓射,分擘盐池地方居住,并在棘围内,更不别有差遣,祇令巡护盐池。"又记周广顺二年(952 年)九月十八日敕云:"州县城镇郭下人户,系屋税合请盐者,若是州府,并于城内请给……若县镇郭下人户,城外别有庄田,亦仰本县预前分擘开坐,勿令一处分给供使。"①《续资治通鉴长编》卷 377 记元祐元年(1086 年)诏亦有"天下州县,遂打量街道,分擘沟渠。虽是已出租之地,但系侵占丈尺,并令别纳租钱"等语。这里所谓的"分擘",也都是区划之意。《旧五代史》卷 146《食货志》注引《五代会要》亦记为"亦仰本县预先分擘开坐"。但光绪十一年上海书局本、武英殿聚珍本《五代会要》卷 27,皆为"亦仰本县预前分劈"。笔者以为《册府元龟》、《旧五代史》注引《五代会要》为是。"擘"改为"劈",字虽易而意同。

再看"擘"字读音的演变。东汉,"擘"字辟声,博厄切。宋代,"擘"字,补革切②。现代,"擘"字读为 bāo、bò。中唐时期"擘"字的读音应近于宋。若此推测不误,则吐蕃占领敦煌时期,"擘"字与 Phyugs-mtsams 也并非对音。子年左二将索宪忠等户状中之"午年擘三部落"云云,就更不可能指吐蕃五茹六十东岱制中部落,而是指午年分三部落之时。前已推论,左二将索宪忠等户上户状的"子"年是 820 年。此前之"午"年,可以是庚午(790 年),也可以是"壬午"(802 年)、"甲午"(814 年)。为了确指 790 年之"庚午",故于"午年"之后,又加上"擘三部落"这一事件。

---

① 《旧五代史》卷 146《食货志》注引《五代会要》亦记为"……亦仰本县预先分擘开坐。"但光绪十一年上海书局本、武英殿聚珍本《五代会要》卷 27,皆为"亦仰本县预前分劈"。笔者以为《册府元龟》、《旧五代史》注引《五代会要》为是。"擘"改为"劈",字虽易而意同。

② 《宋本玉篇》卷 26《革部》:"革:居核切"。

这么一来,时间概念就更加明确了。①

这里顺便谈谈子年左二将氾住住户状中二奴一婢被"论悉歹夕将去"的问题。王尧、陈践同志《敦煌藏文写卷 P. T. 1083、1085 号研究》一文介绍了亥年陇州军帐会议颁布的一份告牒。该牒称:

------

① 补注:从语法角度讲,上引子年百姓氾住住、索宪忠等户户状中屡见的"午年擘三部落口"与"午年擘三部落已后新生口"二语,其"午年"、"擘三部落"、"午年擘三部落"、"午年擘三部落已后"等等,都只能是表示时间的词汇或短语,都不可能是专有名词。此件中之"擘三部落"既然不可能是专有名词,自然也就不存在是否与驻扎在爪、沙、甘、凉一带的"Phyugs-mtsams 千户"对音的问题。换言之,至少就此件文书而言,所谓"擘三部落",指的是划分三部落这个时间点,不是部落名。陆离先生《吐蕃统治敦煌时期的"行人"、"行人部落"》一文认为:"吐蕃统治时期在敦煌设置了主要由落蕃唐人组成的行人部落和丝绵部落……二者由驻扎于河西地区的吐蕃中翼擘三(Phyug tsams)千户管辖,也被统称为擘三部落。行人即军士,行人部落系军事部落,主要负责军事行动,规模较大,有上、下二部落。丝绵部落则主要负责农桑生产。"(载《民族研究》2009 年第 4 期。)若此,据左二将索宪忠等户手实,氾住住"娶下部落王海女",索宪忠女担娘"嫁于丝绵部落张□",由此可知,索宪忠、氾国珍等户,于自陈手实的"子年"属于上部落。则午年划分三部落时,索宪忠、氾国珍等户也就是属于行人部落。如果子年索宪忠、氾国珍等户手实要标明自己所属的部落名,那也一定得写作为基层组织的具体的部落名(即写为"午年行人部落依牌子口""午年行人部落口"与"午年行人部落已后新生口"),而不应写大而无当的,包括爪、沙、甘、凉等地的"Phyug tsams"的汉译名。事实也是如此,一家一户的民户手实,若写上地跨整个河西地区的统名称实际上也就等于没写。试想,在整个河西地区都是"Phyug tsams"部落情况下,民户手实自称自己或其家人是"Phyug tsams"部落口或"Phyug tsams"部落已后新生口,又有什么意思? 要是如此,上引手实为何不写氾住住"娶本部落王海女",索宪忠女担娘"嫁于本部落张□"? 而要写氾住住"娶下部落王海女",索宪忠女担娘"嫁于丝绵部落张□"呢?

还有一点亦应指出:子年索宪忠等户手实的如下表述:"午年擘三部落依牌子口"、"午年擘三部落已后新生口",表明午年划分三部落时(亦即"擘三部落"时),敦煌地区曾经大规模地编造户籍,并给当地民众发放身份证明(即牌子)。此后至庚子年(820 年),未曾大规模地再次编造户籍并发牌过。故庚子年(820 年)索宪忠等户自陈手实时,所登记的事项就主要是"午年擘三部落已来"各该户的户口异动情况。

兹据唐人二部落使禀称:"此前,沙州汉户女子每为吐蕃、孙波及个别尚论以婚配为名,抄掠而去,(实则)多沦为奴婢。凡已属赞普之子民均已向上峰呈报,不得随意抄掠。应如通频之子女,不予别部婚配,而允其自行择偶"云云等情。据此,(迄后)不准无耻之辈持印牌前来择配,而允其自行择偶。

王、陈二位以为氾住住户之"奴紧子"、"奴金刚"、"婢落娘"被吐蕃官员"论悉㱿夕将去乃午年分部落前事。笔者以为此说或误。据氾住住户状,奴紧子等三人都是"午年擘三部落依牌子口"(时乃氾住住之父氾国珍当户),其被论悉㱿夕将去,当在午年擘三部落之后。换言之,吐蕃官员掠夺汉户女子(实际上不限于女子,至少也包括奴、婢),午年擘三部落后仍时有发生。亥年陇州军帐会议后是否完全制止,尚不得而知。

前已述及,吐蕃占领敦煌后曾于午年划分三个部落,敦煌名门阴嘉珍担任"沙州三部落仓曹及支计等使"。据阴处士修功德记,阴嘉珍之兄阴嘉政于"赞普启关之后,左衽迁阶,及宰辅给印之初,垂祛补职蕃朝,改受得前沙州道门亲表部落大使"。我以为,"道门亲表部落"应即当时沙州三部落之一,"僧尼部落"或即"道门亲表部落"之异称。此外之两部落,或即"悉东萨部落"与"纥骨萨部落"。吐蕃时期敦煌汉文契约文书中,此两部落之名也最为常见。P. T. 1083 卷亥年藏文文书与 P. T. 1085 卷辰年藏文文书皆仅提及"沙州二唐人部落",这是因为此两件藏文文书主要涉及沙州民户事旁,不包括僧尼部落。至于"行人部落"与"丝绵部落"或为庚午擘三部落以后续建,以特种职业为特征的专业部落,不包括在沙州三部落数内。汉文契约文书中偶见的"上部落"、"下部落"、"中元部落"等等,可能是庚午年以后续建的部落,也可能是"悉东萨部落"、"纥骨萨部落"的异称。若此说无大误,则子年左二将索宪忠等户不属悉东萨部落,即属纥骨萨部落,两者应居其一。以上所论,纯属猜测,俟熟黯吐蕃时期藏汉文书学者订正。[1]

(原载《敦煌学辑刊》1986 年第 2 期)

---

[1] 补注:陆离前揭文又认为:"公元 820 年在敦煌成立了阿骨萨(Rgod sar)和悉董萨(Stong sar)两个独立军事部落,取代了行人、丝绵部落。之后又成立了另一个独立军事部落悉宁宗(Snying tshom)部落,这三个部落也总称为行人三部落。"按笔者此文考证:索宪忠等户自陈手实的"子"年,正是公元 820 年的庚子年。至少说在此年的五六月间,敦煌还存在上部落、下部落与丝绵部落。也就是说,至庚子年(820 年)五、六月间,上部落、下部落与丝绵部落等还没被阿骨萨、悉董萨、悉宁宗等部落所取代。

敦煌籍帐研究:平均寿命
与家庭结构、家族规模

一、家庭结构

社会学家通常将家庭结构分为四种,即核心家庭、联合家庭、主干家庭(或曰直系家庭)、其他家庭。为了更准确了解五至十世纪敦煌家庭结构的实际情况,这里拟将家庭结构分为五种,并分别定义于下:

(1)核心家庭。典型的核心家庭是一对夫妇及其未婚子女组成的家庭。如果含有子女的核心家庭中,夫妇有一方亡故,则属破损的核心家庭。如果核心家庭成员外,还有其他非直系的未婚或失偶的成员,如兄(或嫂)弟(或弟媳)、叔、伯、婶、姑、姨、侄等,则为扩大的核心家庭,或破损的扩大的核心家庭。

(2)主干家庭,亦即直系家庭。典型的主干家庭是父母和一个已婚子女组成的家庭。主干家庭的两对配偶中有一人或各有一人亡故,则属破损的主干家庭。如果主干家庭成员外还有其他未婚或失偶的成员,则属于扩大的主干家庭或破损的扩大的主干家庭。

(3)联合家庭:两个或两个以上已婚兄弟共同生活的家庭,或一对夫妇(或夫妇一方已失偶)及其子女与其叔伯及其子女一起生活的家庭。亦即非直系的两个或两个以上核心家庭(不论其破损、扩大与否)的联合。

(4)主干—联合家庭:联合家庭成员外,还有直系上辈,或其一方有已婚下辈的家庭。

(5)其他家庭:含单身家庭、未婚姊妹兄弟家庭等。

表 1　5—10 世纪敦煌家庭结构类型表

序号	户主（年龄）	母（年龄）	妻妾（年龄）	男（年龄）	儿媳（年龄）	女儿（年龄）	兄弟姐妹（年龄）	姪男姪女（年龄）	其他	口数	家庭结构类型	文书出处与年代
1	裴晟(65)			丑(29) 裴(26)	晟妻马(29)					4	⑧破损的扩大的主干家庭	《敦煌社会经济文献真迹释录》(以下简称《释录》)第 1 辑，第 109～111 页。416 年
2	阴怀(15)	高(63)								2	②破损的核心家庭	
3	裴保(63)		袁(63)	金(39) 隆(31)	金妻张(36) 隆妻苏(23)				孙 1 (2)	7	⑩主干—联合家庭	
4	吕洽(56)		赵(43)	2(17,7)		1(2)				5	①典型的核心家庭	
5	吕德(45)		唐(41)	3(17,10,2)		1(6)				6	①典型的核心家庭	
6	随高(50)		曹(50)	寿(24)	寿妻赵(25)		姐皇(74)附籍			5	⑦扩大的主干家庭	
7	随扬(26)	张(54)								2	②破损的核心家庭	
8	唐黄(24)		吕(26)			1(6)				3	①典型的核心家庭	

续表

序号	户主（年龄）	母（年龄）	妻妾（年龄）	男（年龄）	儿媳（年龄）	女儿（年龄）	兄弟姐妹（年龄）	侄男侄女（年龄）	其他	口数	家庭结构类型	文书出处与年代
9	刘文成(39)		任舍女(34)	女4(13,11,7,4)		1(5)				7	①典型的核心家庭	
10	侯老生(55)		呼延腊腊(50)	3(21,17,4)		1(10)				6	①典型的核心家庭	
11	其天婆罗门(60)		白丑(47)	女2(15,9)			1(10)			5	①典型的核心家庭	
12	呼延天富(36)		刘吐归(31)	2(4,2)						4	①典型的核心家庭	《释录》1,第112～127页,547年
13	王皮乱(59)		那雷处姬(37)	1(11)		1(9)				4	①典型的核心家庭	
14	白丑奴(41)	乔阿女(86)	张丑(32)	女3(18,12,11)		4(10,6,10,8)	弟武(36)	兴任女3(4,4,2)	弟媳房英(29)	15	⑩主干—联合家庭	
15	□□		□□□	3(18,4,2)					(婢1人)	5	①典型的核心家庭	

117

续表

序号	户主（年龄）	母（年龄）	妻妾（年龄）	男（年龄）	儿媳（年龄）	女儿（年龄）	兄弟姐妹（年龄）	侄男侄女（年龄）	其他	口数	家庭结构类型	文书出处与年代
16	邯寿寿(56)					1(13)			亡弟妻孙(36)	3	④破损的扩大核心家庭	《释录》1,第130页,701年
17	索□才(50)	白(56)								2	②破损的核心家庭	
18	张玄均(34)	薛(62)					弟思寂(24)			3	②破损的核心家庭	
19	杨法子(39)	王(73)								2	②破损的核心家庭	
20	□□□								姑(20)	2	⑫其他家庭	
21	董思勖(22)	张(56)								2	②破损的核心家庭	
22	杨法子(39)		阴(39)	1(8)		1(12)				4	①典型的核心家庭	《释录》1,第139～144页,716年
23	余善意(81)								孙伏保(21),孙媳杨王(18)	3	⑥破损的主干家庭	
24	大女:马(57)					1(22)				2	②破损的核心家庭	

续表

序号	户主(年龄)	母(年龄)	妻妾(年龄)	男(年龄)	儿媳(年龄)	女儿(年龄)	兄弟姐妹(年龄)	侄男侄女(年龄)	其他	口数	家庭结构类型	文书出处与年代
25	郜玄昉(56)		李(50)	2(22,17)		4(19,9,14,9)				8	①典型的核心家庭	
26	杨义本(52)		孙(44)	4(25,20,12,6)						≥6	①典型的核心家庭	
27	赵玄义(69)		王(63)	1(3)		3(35,31,3)				6	①典型的核心家庭	《释录》1,第145～153页,722年
28	莫:氾尚元(58)									1	⑪单身家庭	第153页,722年
29	赵玄表(58)		宋(41)			1(19)				3	①典型的核心家庭	
30	曹仁备(48)		张(48)	崇(30)崇襄(5)	崇妻索(24)	1(19)				6	⑦扩大的主干家庭	
31	王尚品(21)									1	⑪单身家庭	《释录》1,第154～155页,722年
32	白树合(24)	张(65)					姐1(25)			3	②破损的核心家庭	第155页,722年
33	张奴奴(63)	宋(83)				1(39)				4	⑥破损的主干家庭	《释录》1,第159页,744年
34	□仁明(41)	辛(66)	解(60)	1(9)		3(3,3,2)	姐妹3(47,44,35)			9	⑧破损的扩大的主干家庭	《释录》1,第160页。

续表

序号	户主(年龄)	母(年龄)	妻妾(年龄)	男(年龄)	儿媳(年龄)	女儿(年龄)	兄弟姐妹(年龄)	侄男侄女(年龄)	其他	口数	家庭结构类型	文书出处与年代
35	郑恩养(43)	程(67)	氾(39)	1(18)		5(11、11、10、6、2)	妹 3(48、38、31)			12	⑧破损的扩大的主干家庭	
36	曹思礼(56)	张(58)				5(31、21、17、15、13)	妹 1(43)	亡兄男 2(23、17)	亡弟妻 王(25)	11	③扩大的核心家庭	
37	曹怀瑀(66)			1(3)		6(30、24、22、20、15、11)				≥8	②破损的核心家庭	
38	刘智新(29)	索(49)	王(21)				弟 1(17)、妹 2(29、7)		祖母 王(69)	7	⑧破损的扩大的主干家庭	
39	阴承光(29)	齐(46)	侯(24)				弟 1(25)、妹 1(20)		婆 袁(73)	6	⑧破损的扩大的主干家庭	《释录》1,第161~188页,747年
40	徐庭芝(17)	马(48)					姐 1(27)		姑 2(47、47)、婆 刘(85)	6	④破损的扩大的核心家庭	
41	程思楚(47)		马(36)、常(32)、郑(41)	1(2)		2(17、3)	弟 思(39)、弟 思大(35)	思忠 男1(27)、思忠男(3)、思忠女1(2)	思忠妻 郑(27)、思李(19)、郑(27)、白(28)	17	⑨联合家庭	
42	程什住(78)		茹(62)、王(47)、茹(57)			4(53、39、33、31)	妹 2(40、31)、弟 大信(34)	大信男1(10)、大信女2(9、2)	大信妻 张(37)	13	⑨联合家庭	

续表

序号	户主(年龄)	母(年龄)	妻妾(年龄)	男(年龄)	儿媳(年龄)	女儿(年龄)	兄弟姐妹(年龄)	侄男侄女(年龄)	其他	口数	家庭结构类型	文书出处与年代
43	程仁贞(77)		宋(69)、安(61)			5（45、43、41、33、31）				8	①典型的核心家庭	
44	程大忠(51)		张(53)、宋(22)	2(16,2)		5（20、16、13、12、8）	妹 2（17、16）			12	③扩大的核心家庭	
45	程大庆(47)		画单（45）单(36)	2(3,2)		1(11)	妹 2（30、22）			8	③扩大的核心家庭	
46	程智意(49)		郑（45）、薛(36)	1(15)		10（23、22、18、16、16、8、4、3、3、2）	妹 2（50、43）			16	③扩大的核心家庭	
47	令狐仙尚(33)						妹 1(28)			2	⑫其他家庭	《释录》1,第161～188页,747年
48	杜怀季(45)			1(15)			姐妹 2(46、44)	亡兄男崇真(37)、兄男崇真2(13、12)、亡兄女法仙(28)	崇真嫂氾(46)、亡张(36)、崇真真女2(13、12)、姑1(42)	12	⑨联合家庭	
49	单二郎(29)	程(52)					弟 1(11)、姐妹 8(31、27、23、23、16、22、10、7)	侄？楚宾		11	②破损的核心家庭	
50	单德意(59)		白(53)	2(4,3)		2(32、321)		侄？(16)		7	③扩大的核心家庭	

续表

序号	户主(年龄)	母(年龄)	妻妾(年龄)	男(年龄)	儿媳(年龄)	女儿(年龄)	兄弟姐妹(年龄)	姪男姪女(年龄)	其他	口数	家庭结构类型	文书出处与年代
51	唐定兴(43)		张(19)							2	①典型的核心家庭	
52	安庭晖(41)		同(41)	4(14,11,6,5)		1(2)				7	①典型的核心家庭	
53	索文端(46)		康(41)			2(21,6)				4	①典型的核心家庭	
54	李元俊(39)		刘(31)	5(16,12,10,7,5)		2(11,2)				9	①典型的核心家庭	
55	骆元俊(41)		张(36)							2	①典型的核心家庭	《释录》1,第479～484页。此件性质为河西支度营田使给谷簿,年代或为八世纪中叶
56	陈崇之(56)		张(41)			3(9,6,2)			(奴婢4人)	5	①典型的核心家庭	
57	马九娘(38)			2(14,12)		2(6,3)				5	①典型的核心家庭	
58	曹进玉(36)		贺(31)			3(4,1,1)	弟进成(31)		进成妻孟(31)	7	⑨联合家庭	
59	王子进(15)	徐(36)	画(15)				妹2(9,5),弟1(1)			6	⑧破损的扩大的主干家庭	
60	张元兴(78)		吴(46)	钦余(49)	钦余妻孟(36),某子媳徐(56)				钦余子1(9),徐氏子3(14,2,2)	9	⑩主干—联合家庭	

续表

序号	户主(年龄)	母(年龄)	妻妾(年龄)	男(年龄)	儿媳(年龄)	女儿(年龄)	兄弟姐妹(年龄)	侄男侄女(年龄)	其他	口数	家庭结构类型	文书出处与年代
61	康敬仙(36)		石(33)	2(6,1)		4(15,11,9,4)	姐1(56)			9	③扩大的核心家庭	
62	冯毛奴(43)		赵(36)	4(8,5,2,1)		1(11)				7	①典型的核心家庭	
63	曹典昌(62)		毛(41)							2	①典型的核心家庭	
64	姜忠勖(31)	李(61)	荆(21)			1(1)				4	⑥破损的主干家庭	《释录》1，第479～484页。此件性质为河西支度营田使给谷簿，年代或为八世纪中叶
65	徐游谷(46)		王(36)	1(2)			弟游晨(33)		游晨妻李(21)	5	⑨联合家庭	
66	高加福(46)		贺(36)	1(4)		1(1)				4	①典型的核心家庭	
67	张钦呪(45)		翟(34)	1(5)		2(9,1)				5	①典型的核心家庭	
68	梁昇云(36)		齐(21)							2	①典型的核心家庭	
69	宋光羋(44)		程(34)	4(15,11,7,5)	曹(18)	1(18)				8	⑤典型的主干家庭	

续表

序号	户主（年龄）	母（年龄）	妻妾（年龄）	男（年龄）	儿媳（年龄）	女儿（年龄）	兄弟姐妹（年龄）	姪男姪女（年龄）	其他	口数	家庭结构类型	文书出处与年代
70	吴庭光(49)	索(76)	冯(36)	琼消(36)，又子3(11,5,8)	琼消妻李(21)	4(10,8,4,3)	弟庭俊(36)	姪1(2)	庭俊妻李(26)，孙男(2)	16	⑩主干-联合家庭	《释录》1,第479~484页,此件性质为河西支度营田使给谷簿,年代或为八世纪中叶
71	曹奉进(31)		氾(36)							2	①典型的核心家庭	
72	张奉章(41)		唐(39)	1(4)		1(9)				4	①典型的核心家庭	
73	石秀林(31)		曹(34)			2(11,9)	弟秀玉(31)		秀玉妻曹(16)	6	⑨联合家庭	
74	女户主孔(31)	索(61)		2(4,2)						4	⑥破损的主干家庭	
75	郭怀德(34)		安(35)	2(6,1)		1(4)				5	①典型的核心家庭	
76	安庭玉(36)		韩(31)	1(1)		1(11)				4	①典型的核心家庭	
77	张令晈(43)		王(33)	1(4)		1(4)				4	①典型的核心家庭	
78	石秀金(31)		史(31)			1(3)				4	①典型的核心家庭	
79	令狐思忠(42)		郭(41)				弟思温(31)		父智忠(82)，弟伯李媳?	≥5	⑩主干-联合家庭	

续表

序号	户主（年龄）	母（年龄）	妻妾（年龄）	男（年龄）	儿媳（年龄）	女儿（年龄）	兄弟姐妹（年龄）	姪男姪女（年龄）	其他	口数	家庭结构类型	文书出处与年代
80	赵大本（71）		孟（69）	4（36、27、26、24）		1（20）				7	①典型的核心家庭	
81	窦·谈（76）									1	⑫其他家庭	
82	张可曽（24）	令狐（55）								2	②破损的核心家庭	
83	张妃妃（39）									1	⑫其他家庭	
84	宋二娘（72）									1	⑫其他家庭	
85	索思礼（65）		汜（59）	游鸾（37）	张（38）				孙男 1（12），（另有奴婢 1 人）	5	⑤典型的主干家庭	《释录》1，第189～207页，769年
86	安游瓓（53）		张（47）			1（16）				3	①典型的核心家庭	
87	安大忠（25）									1	①单身家庭	
88	令狐朝俊（20）	任（81）								2	②破损的核心家庭	

125

续表

序号	户主(年龄)	母(年龄)	妻妾(年龄)	男(年龄)	儿媳(年龄)	女儿(年龄)	兄弟姐妹(年龄)	侄男侄女(年龄)	其他	口数	家庭结构类型	文书出处与写年代
89	寡:孔(93)				苏(63)					2	⑥破损的主干家庭	
90	令狐进尧(58)								亡叔男海滨(40)	2	⑫其他家庭	
91	大女:令狐尧娘子(25)	张(44)								2	②破损的核心家庭	
92	索仁亮(38)							侄2(29,28)	亡兄妻宋(70)	4	①典型的核心家庭	《释录》1,第189~207页,769年
93	索如玉(44)		孔(49)							1	①典型的核心家庭	
94	杨日晟(30)									1	①单身家庭	
95	寡:李大娘(44)									1	①单身家庭	
96	樊黑头(44)							亡兄男游五(27)	亡兄妻宋(70)	3	⑫其他家庭	
97	唐元钦(57)								亡兄妻白(36)	2	⑫其他家庭	
98	唐大昭(47)									2	⑫其他家庭	

续表

序号	户主(年龄)	母(年龄)	妻妾(年龄)	男(年龄)	儿媳(年龄)	女儿(年龄)	兄弟姐妹(年龄)	侄男侄女(年龄)	其他	口数	家庭结构类型	文书出处与年代
99	翟明明(45?)			安和(27)、再成(8)	马(20)					4	⑧破损的扩大的主干家庭	《释录》2,第474~476页,891年
100	范保德(15)	张(45)					弟进达(10)			3	②破损的核心家庭	《释录》2,第477页,952年
101	杜常住(41)			张(33)		1(11)				3	①典型的核心家庭	《释录》2,第479页,982年
102	索庆奴		令孤	4人(?)						≥6	①典型的核心家庭	
103	邓永兴		□				第3(1为僧)			5	③扩大的核心家庭	
104	邓守仁		陈	1(?)					(奴婢6人以上)	≥3	①典型的核心家庭	《释录》2,第481页,990年
105	陈长晟		□						(奴婢6人以上)	≥2	①典型的核心家庭	
106	索子全		陈	愿崇					(奴婢2人)	3	①典型的核心家庭	《释录》2,第486页,十世纪(?)

注：《释录》第2辑还有几件吐蕃时期或归义军时期的手实、户状，因吐蕃时期的左二将户状以30年前的户籍为基础，其后的归义军时期又曾实行合户政策，故其时各户实际上都常是若干户常常是若干户合为一户，不能反映实际的家庭状况，故未列入此表。

表 2   5—10 世纪敦煌家庭结构类型统计表

年代	核心家庭		主干家庭		联合家庭		主干—联合家庭		其他家庭	
	户数	百分比(%)	户数	百分比(%)	户数	百分比(%)	户数	百分比(%)	户数	百分比(%)
461 年西凉籍所见,计 8 户	5	62.5	2	25			1	12.5		
547 年西魏籍所见,计 7 户	6	85.7					1	14.3		
701—747 年,唐安史乱前户籍所见,计 35 户	21	60	7	20	3	8.6			4	11.4
8 世纪中期(?)河西支度营田使文书所见,计 29 户	19	65.5	4	13.8	3	10.3	3	10.3		
769 年大历四年籍所见,计 19 户	7	36.8	2	10.5					10	52.6
891 年以后唐末五代宋初手实所见,计 8 户	7	87.5	1	12.5						
合计:106 户	65	61.3	16	15.1	6	5.7	5	4.7	14	13.2

　　唐耕耦、陆宏基编《敦煌社会经济文献真迹释录》第 1、2 辑,收录多件从西凉建初十二年(16 年)至宋端拱三年(990 年)的户籍、手实,其中家口情况完整或基本完整,因而能判明其家庭结构类型者,计 87 户。此外,敦煌所出的八世纪中后期或九世纪初期的河西支度营田使给谷簿残卷,家口情况完整或基本完整的也有 19 户。两项相加,共有 106 户,其家口情况与家庭结构类型如表 1。

　　西凉时期,李暠实行"保境宁民"、"修德养民"政策,①社会比较安定。北魏实行均田制,河西地广人稀,实施效果当较佳。东、西魏对峙时期,西魏在东线用兵,敦煌地处大后方,受战争影响较少。② 唐安史乱

① 《资治通鉴》卷 119,"永建元年"条。
② 西魏大统十三年计帐户籍文书中未见丁男被征调入军迹象。

前,敦煌也基本上安定。从表 2 可知,在相对安定的环境里,核心家庭通常占家庭总数 60％以上。主干家庭与主干—联合家庭通常不超过总数 30％,联合家庭则更少,通常不超过 10％。

大历四年(769 年),敦煌已陷入吐蕃围困之中。在此之前,敦煌民众为平定安史之乱与抵抗吐蕃蚕食河西已做出巨大牺牲。许多家庭因此而破碎,甚至绝户。因而,这一时期的敦煌家庭结构中,核心家庭的比例锐减(主干家庭的比例也减少,联合家庭与主干—联合家庭更进而消失)。单人或双人(非夫妻关系)家庭剧增。由此得见,战乱时期,家庭更加趋于破碎,主干家庭、联合家庭、主干—联合家庭所占比例更少。①

二、平均寿命

中国的传统封建礼教提倡孝悌,提倡三世同堂、四世同堂。封建礼教的这一中心思想到了唐代还被部分地融进唐律。《唐律》卷 12《户婚律》即明确规定:

> 诸祖父母、父母在,而子孙别籍、异财者,徒三年。(原注:别籍、异财不相须,下条准此。)若祖父母、父母令别籍……徒二年,子孙不坐。诸居父母丧,生子及兄弟别籍、异财者,徒一年。

按此规定,父母在,子孙不能别籍;居丧期间,子孙也不能别籍。只有在父母双亡,且终丧三年之后,子孙才能别籍,②亦即彻底分家。《唐

---

① 吐蕃占领敦煌后,曾于午年(790 年)划分三部落,并勘定户籍,过了 30 年,又于子年(820 年)再次勘定户籍,在原户籍基础上登记"午年擘三部落口及以后新生口"。所以,目前所见的吐蕃时期敦煌的手实,每户的家口都很多。张议潮收复敦煌后,曾登记过户口,并推行"合户"政策。大约过了 30 年,张淮深才"再制户状"。因而,这一时期每户的家口也都很多。从表面上看,似乎吐蕃时期与归义军初期,核心家庭比例小,主干家庭、联合家庭、主干—联合家庭所占比例很大。实际上,此时之"户"已与"家庭"完全脱节。此时之户籍与手实已不能反映当时家庭结构的实际情况。职是之故,表 1、表 2 皆未将其列入。

② 唐以前律令有无类似规定,不详。

律》的这一规定,实际上是以法律的手段强制维护主干家庭与主干—联合家庭。既有封建礼教的道德规范,又有法律的强制手段,主干家庭与主干—联合家庭似乎理应占多数才是。然而,如上节表1、表2所示,在通常情况下,主干家庭与主干—联合家庭所占比例不高,核心家庭却占绝对多数。造成这种状况的原因很多,但最重要的,我认为还是由于的物质生活水平与医疗保健水平还很低,因而死率高,平均寿命短。为了说明这一问题,我想利用敦煌户籍数据对其时的平均寿命,做一大致的测算。方法是,检出敦煌籍帐注记中的死亡口,推算其死时年龄,然后再加以平均。西凉籍不注死亡口,吐蕃时期手实注明死亡口而不注其年龄,归义军时期户籍手实不注死亡口,皆无法统计。唐代造户籍,"起正月,毕三月"。[1] 造计帐的时间估计也是上半年。户籍上所记的"某年籍后死"或"某年帐后死",既可能死于当年造籍帐之后,也可能死于翌年新造籍帐之前,这里就都姑且推算为死于造籍帐当年。

表3我们共检出死亡口63人,平均寿命为27.5岁。其中,唐天宝六载(749年)以前25人,平均寿命约31.9岁;乾元三年(760年)至大历三年(768年)38人,平均寿命仅约24.6岁。由此,我们或可判定,在相对安定时期,敦煌人的平均寿命在32岁上下;战乱时期,平均寿命更要短得多。

与此相关,在籍口的年龄分布也就必然是如表4所示:1～20岁这一年龄组的在籍口最多(约占总数40%上下);[2]21～40岁这一年龄组的在籍口次之(约占总数30%上下);45岁以上则很少(约占总数20%上下)。形成主干家庭或主干—联合家庭的必要前提是:父母健在,儿子已经结婚。北朝隋唐时期,敦煌民户的婚龄有早有迟。早的在15岁左右,但比较少见。比较常见的是男子25～30岁,女子20岁上下。这就意味着家庭尊长一般要活到45～50岁,才有可能将其核心家庭发展为主干家庭或主干—联合家庭。而这在当时却很难做到。由于平均寿命只有32岁左右,所以大多数人(约占人口总数的70%～80%),没能活到45岁,未及见到儿子结婚,便已去世。因此,多数核心家庭实际上没有机会

---

① 《唐六典》卷3《尚书户部郎中员外郎》。

② 大历四年"手实"不记"乾元三年籍后"新生口,因而10岁以下口皆缺载。

发展为主干家庭或主干—联合家庭。当然也有一些人幸运地活到五六十岁,其核心家庭也曾发展成为主干家庭或主干—联合家庭。但它能维持这种家庭的时间也很短。通常是形成主干家庭或主干—联合家庭后不久,便随着自己的寿终而瓦解。表2所统计的21例主干家庭与主干—联合家庭中,有14例(亦即2/3)是破损的,随时都有瓦解的可能。只有7例是完整的,或可维持稍长一点时间。

下面再以籍帐中的具体事例来说明这个问题。如西魏大统十三年籍的呼延天富户,造籍之前一年,其父已亡多年,其母尚在,64岁。此时呼延天富户仍属破损的主干家庭。大统十二年籍后,其母身亡,破损的主干家庭随之瓦解。此时,呼延天富36岁,其妻31岁,有子两人,分别为4岁、2岁。由其子女年龄推算,呼延天富之父母形成主干家庭的时间可能仅5~6年。又如大足元年(701年)籍张楚琛户,①圣历三年(700年)初,张楚琛父母仍在,分别为67岁与60岁,张楚琛41岁,其妻先亡,有子,5岁,很可能是主干家庭。圣历三年帐后,张楚琛父母双亡,主干家庭也随着瓦解。其形成主干家庭的时间也不长。以上事例表明,主干家庭与主干—联合家庭的存在,通常都是短暂的。就一乡一里而言,每年都会有一些核心家庭发展成为主干家庭或主干—联合家庭;与此同时,每年也总会有一些主干家庭或主干—联合家庭瓦解为核心家庭。因而,从总体上看,主干家庭或主干—联合家庭的比例,大体上就保持不变。由于时人的平均寿命远低于45岁,所以核心家庭所占的比例总是远远多于主干家庭或主干—联合家庭。②

---

① 该户因家口不全,故表1未列入。

② 除了平均寿命短这一主要原因外,主干家庭与主干—联合家庭内部极易产生的婆媳之间、妯娌之间、兄弟之间生产生活上的各种矛盾,也会导致主干家庭或主干—联合家庭瓦解。表1杨法子户,杨法子一人两贯,很可能就属于这种情况。这表明,唐律虽然不允许父母在,子孙别籍,但这种情况事实上还是存在的。有的则可能是名义上合籍,实际上分家(亦即"异财"而不"别籍")。这种主干(或主干—联合)家庭也只是徒有其名而已。

表3　敦煌籍帐所见死亡口的寿命

序号	户主姓名	死者姓名	籍帐上登记的年龄	籍帐注记	籍帐年代	推算死时年龄
10	侯老生	侯显亲	13	"乙卯生年拾叁，死"	西魏大统十三年籍	13
11	其天婆罗门	□□□	13	"乙卯生年拾叁，死"	西魏大统十三年籍	13
12	呼延天富	白乙升	65	"辛亥生年陆拾伍"	西魏大统十三年籍	65
未编号	邯屯屯	邯屯屯	51	"圣历二年帐后军中简出，三年帐后死"	大足元年籍	50
未编号	邯屯屯	邯长命	12	"圣历三年帐后死"	大足元年籍	11
未编号	张楚琛	张师	68	"圣历三年帐后死"	大足元年籍	67
	张楚琛	汜	61	"圣历三年帐后死"	大足元年籍	60
20	□□□	王	36	"开元二年帐后死"	开元四年籍	34
20	□□□	□思言	16	"开元三年帐后死"	开元四年籍	15
21	董思勖	董回通	75	"开元二年帐后死"	开元四年籍	73
未编号	杨思祚	杨思祚	37	"开元九年帐后死"	开元十四年籍	36
未编号	杨思祚	杨僧寿	65	"开元八年帐后死"	开元十四年籍	63
36	曹思礼	孙	60	"天宝五载帐后死"	天宝六载籍	59
36	曹思礼	曹令休	20	"天宝五载帐后死"	天宝六载籍	19
36	曹思礼	曹令璋	18	"天宝四载帐后死"	天宝六载籍	16
41	程思楚	白	73	"天宝四载帐后死"	天宝六载籍	71
42	程什信	程奉仙	20	"天宝四载帐后死"	天宝六载籍	18
44	和什住	程鹤子	15	"天宝四载帐后死"	天宝六载籍	13
43	程仁贞	程大楚	10	"天宝三载籍后死"	天宝六载籍	7
44	程大忠	程思谏	5	"天宝三载籍后死"	天宝六载籍	2
45	程大庆	程兴盛	12	"天宝五载帐后死"	天宝六载籍	11
48	杜怀奉	杜钦论	8	"天宝三载籍后死"	天宝六载籍	5
48	杜怀奉	杜令璋	7	"天宝三载籍后死"	天宝六载籍	4

续表

序号	户主姓名	死者姓名	籍帐上登记的年龄	籍帐注记	籍帐年代	推算死时年龄
48	杜怀奉	杜崇敬	20	"天宝三载籍后死"	天宝六载籍	17
49	卑二郎	卑思亮	58	"天宝三载籍后死"	天宝六载籍	55
未编号	李如真	李如真	42	"乾元三年籍后死"	大历四年籍	33
81	李仙仙	李仙仙	41	"乾元三年籍后死"	大历四年籍	32
82	张可曾	张妹妹	15	"乾元三年籍后死"	大历四年籍	6
82	张可曾	张履华	14	"乾元三年籍后死"	大历四年籍	5
83	张妃妃	张介介	64	"乾元三年籍后死"	大历四年籍	55
84	宋二娘	索嗣艺	61	"乾元三年籍后死"	大历四年籍	52
84	宋二娘	索秀章	27	"大历三年帐后死"	大历四年籍	26
85	索思礼	氾氏	89	"上元二年帐后死"	大历四年籍	81
未编号	索游仙	索游仙	9	"乾元三年籍后死"	大历四年籍	1
86	安游璟	安承嗣	77	"乾元三年籍后死"	大历四年籍	68
86	安游璟	安怀节	34	"上元二年帐后死"	大历四年籍	26
87	安大忠	安金苟	16	"上元二年帐后死"	大历四年籍	8
87	安大忠	安桃花	23	"上元二年帐后死"	大历四年籍	15
88	令狐朝俊	令狐嗣宗	59	"乾元三年籍后死"	大历四年籍	50
88	令狐朝俊	令狐仙仙	26	"乾元三年籍后死"	大历四年籍	17
88	令狐朝俊	令狐妙妃	20	"乾元三年籍后死"	大历四年籍	11
88	令狐朝俊	令狐罗罗	16	"乾元三年籍后死"	大历四年籍	7
88	令狐朝俊	令狐妃妃	14	"乾元三年籍后死"	大历四年籍	5
89	令狐海宾	令狐海宾	24	"乾元三年籍后死"	大历四年籍	15

续表

序号	户主姓名	死者姓名	籍帐上登记的年龄	籍帐注记	籍帐年代	推算死时年龄
90	令狐进尧	令狐思宾	30	"上元二年帐后死"	大历四年籍	22
92	索仁亮	索思楚	69	"宝应二年帐后死"	大历四年籍	63
92	索仁亮	索元亮	25	"乾元三年籍后死"	大历四年籍	16
92	索仁亮	索来来	24	"乾元三年籍后死"	大历四年籍	15
92	索仁亮	索娘子	14	"乾元三年籍后死"	大历四年籍	5
93	索如玉	薛 氏	55	"乾元三年籍后死"	大历四年籍	46
93	索如玉	索秀章	20	"大历二年帐后死"	大历四年籍	18
94	杨日晟	杨日迁	22	"宝应元年帐后死"	大历四年籍	15
94	杨日晟	杨庭颜	16	"乾元三年籍后死"	大历四年籍	7
94	杨日晟	杨庭瑝	17	"乾元三年籍后死"	大历四年籍	8
未编号	王山子	王山子	87	"乾元三年籍后死"	大历四年籍	78
未编号	王山子	张 氏	40	"乾元三年籍后死"	大历四年籍	31
未编号	王山子	王憨子	23	"宝应元年帐后死"	大历四年籍	16
未编号	王山子	王老生	21	"乾元三年籍后死"	大历四年籍	12
未编号	王山子	王元芝	11	"乾元三年籍后死"	大历四年籍	2
未编号	王山子	王仙尚	9	"乾元三年籍后死"	大历四年籍	1
未编号	王山子	王妙妙	16	"乾元三年籍后死"	大历四年籍	7
未编号	王山子	王买娘	39	"乾元三年籍后死"	大历四年籍	30
98	唐大昭	唐思贞	40	"宝应元年帐后死"	大历四年籍	31

表 4　年龄可考的在籍口年龄分布情况

年龄分布 / 年代	1~10 岁 人数	1~10 岁 百分比（%）	11~20 岁 人数	11~20 岁 百分比（%）	21~30 岁 人数	21~30 岁 百分比（%）	31~40 岁 人数	31~40 岁 百分比（%）	41~45 岁 人数	41~45 岁 百分比（%）	46~50 岁 人数	46~50 岁 百分比（%）	51~60 岁 人数	51~60 岁 百分比（%）	61~70 岁 人数	61~70 岁 百分比（%）	70 岁以上 人数	70 岁以上 百分比（%）	合计人数
416 年	7	20.6	3	8.8	9	26.5	3	8.8	3	8.8	2	5.9	2	5.9	4	11.8	2	2.9	34
547 年	19	43.3	9	20.5	2	4.5	7	15.9	1	2.3	1	2.3	4	9.1	0		1	2.3	44
8 世纪上半叶	36	16	44	19.6	41	18.2	33	14.7	16	7.1	18	8	18	8	12	5.3	7	3.1	225
8 世纪中叶	59	38.3	22	14.3	7	4.5	37	24	14	9.1	6	3.9	2	1.3	3	1.9	3	1.9	154
769 年	0		4	11.8	10	29.4	7	20.6	4	11.8	4	11.8	4	11.8	5	14.7	5	14.7	43
9 世纪后半叶	8	22.1	6	17.1	7	20	8	22.9	3	8.6	2	5.7	0		1	2.9	0		35
小计（含大历四年籍）	129	24.1	88	16.4	76	14.2	95	17.8	41	7.7	33	6.2	30	5.6	25	4.7	17	3.2	535
小计（不含大历四年籍）	129	26.2	84	17.1	66	13.4	88	17.9	37	7.5	29	5.9	26	5.3	20	4.1	12	2.4	492

三、家族规模与小宗宗法

再谈家庭向家族发展的问题。汉唐间的家族多数实行小宗的宗法。"小宗之道,五代则迁",[①]从竖的世系计,即从己身上溯至父、祖父、曾祖、高祖,共五代。从横的关系计,从己身外延至兄弟(同父)、从兄弟(同祖父)、再从兄弟(同曾祖)、三从兄弟(同高祖),共五层,此范围之内皆为同小宗。按服制的说法,也就是正服缌麻以上亲为同小宗。

小宗的规模可以有多大? 如果按每代每人生 2 男计,至第五代就共有 31 人(亦即可形成 31 个核心家庭)、其中第五代为 16 人(可形成 16 个核心家庭)。如果按每代人均 3 男计,至第五代即共计有 121 人,其中第五代为 81 人。

从敦煌文书我们确实看到,有些世家大族的规模确实很大。如《敦煌名族志》残卷所记的阴稠一族,[②]其世系为:

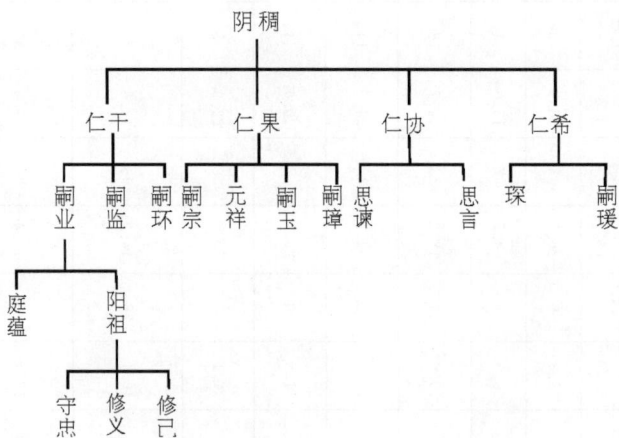

```
                              阴稠
        ┌──────────────┬──────────────┬──────────────┐
       仁干            仁果           仁协            仁希
   ┌────┼────┐   ┌───┬───┬───┐   ┌────┐        ┌───┐
  嗣业 嗣监 嗣环 嗣宗 元祥 嗣玉 嗣璋 思谦  思言     琛   嗣瑗
   └──┬──┘
   ┌──┴──┐
  庭蕴   阳祖
      ┌───┼───┐
     守忠 修义 修己
```

---

① 《通典》卷 73《礼》引贺循语。

② 唐耕耦、陆宏基编:《敦煌社会经济文献真迹释录》第 1 辑,书目文献出版社 1986 年版,第 100～102 页。

阴稠一族第二代,即有 4 家,第三代,有 11 家。① 第四、五代,嗣业这一支,人丁仍旺盛。嗣瑗一支,据阴处士碑稿,与阴处士修功德记,②嗣瑗传庭诚,庭诚传伯论,伯伦传家政、嘉义、嘉珍、离缠(僧),人丁也颇旺盛。

再如李穆后裔李操,据《李君莫高窟修佛龛碑》(简称《圣历碑》)、《大唐陇西李府君修功德碑记》(简称《大历碑》)、《唐宗子陇西李氏再修功德记》(简称《乾宁碑》)、《李明振墓志铭》等资料③与马德的《敦煌李氏世系订误》,④整理其世系如下:

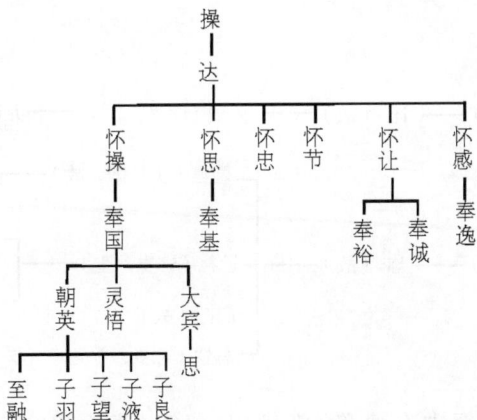

```
                         操
                         达
    ┌────────┬──────┬──────┬──────┬──────┐
   怀操      怀思    怀忠    怀节    怀让    怀感
    │        │                  ┌───┴───┐    │
   奉国      奉基               奉裕   奉诚   奉逸
    ┌────┬──────┐
   朝英  灵悟   大宾
    │           思
 ┌──┬──┬──┬──┐
至融 子羽 子望 子液 子良
```

因《大历碑》依小宗五世原则,侧重于奉国这一支,故李达第三代以后记载不详。即使如此,仍可看出家族规模甚大。据《乾宁碑》等,李大宾这一支,大宾传思,思传明振、明诠、明德、明达,明振传弘益、弘谏、弘定、弘愿,家族规模也较大。

以上二例皆系上层官宦之家,情况应比较特殊。且上述两家各个人生卒情况皆不详,因而难以确知在某一时期同时在世的有几人。因为现实生活中的家族规模首先还是取决于同时在世者有几家、几人,为了探

---

① 以上皆为仕宦者,未仕宦的可能还有一些。
② 唐耕耦、陆宏基编:《敦煌社会经济文献真迹释录》第 5 辑,全国图书馆文献缩微复制中心 1990 年版,第 70、221~227 页。
③ 唐耕耦、陆宏基编:《敦煌社会经济文献真迹释录》第 5 辑,全国图书馆文献缩微复制中心 1990 年版,第 79~85、208~213 页。
④ 马德:《敦煌李氏世系订误》,《敦煌研究》1992 年第 4 期。

明敦煌现实生活中的一般家族规模,我们还只能依靠目前所见的户籍资料做一些推测。

敦煌户籍中,只有唐天宝六载(747年)效谷乡某里籍、龙勒乡都乡里籍与大历四年悬泉乡宜禾里手实3件于各种职官名下注明父祖名字。我们的研究就从这几件文书入手。

天宝六载龙勒乡都乡里籍残卷,有职名者仅曹(队副曹思礼、翊卫曹怀瑀)、程(武骑尉程思楚、翊卫程什住、翊卫程仁贞、上柱国程大忠、武骑尉程大庆、飞骑尉程智意)、杜(上柱国杜怀奉)3姓。其世系关系可列表于下:

1. 曹氏:

```
                  ┌─忠(故)──诧(故)──怀瑀(66岁,在)──元超(3岁,在)
                  │                                      ┌─琼璋(23岁,在)
                  │                    德建(上柱国,故)──┤
曹高              │                                      └─琼玉(17岁,在)
(故)─────────────┤
                  │                                      ┌─令休(20岁,故)
                  │                    思礼(56岁,在)──┤
                  └─廓(故)──珎(故)──□□(故)          └─令璋(18岁,故)
                                       思钦(42岁,开元十五年"没落")
```

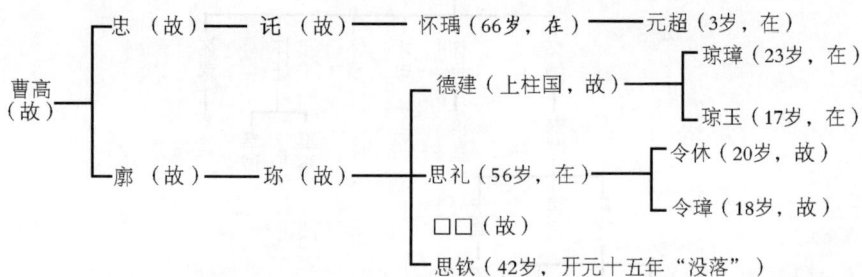

同籍田亩四至中有曹善、曹武相、曹智(曹武智?)三人,[1]此三人不知存亡,亦不知是否为曹高的后裔,但就曹珎与曹怀瑀而言,人丁并不旺。曾怀瑀单传,其后嗣很可能还是收养的。[2] 曹珎有四子四孙,至天宝六载亦仅存一子两孙。孙辈尚未成家。

2. 杜氏:

```
                           ┌─杜□□(故)──┬─崇真(37岁,在)──钦论(8岁,故)
                           │              └─崇宾(37岁,在)
杜开    苟    奴            │ 杜怀奉        ┌─浪生(15岁,在)
(故)──(故)──(故)─────────┤ (45岁,在)──┤
                           │              └─令璋(7岁,在)
                           └─崇敬(20岁,故)
```

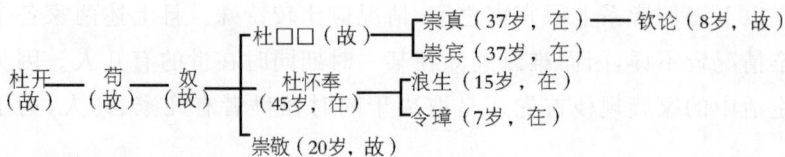

① 田亩四至中还有曹瑀(应即曹怀瑀)、曹诧(应即曹怀瑀的亡父)。

② 据籍帐,曹元超,"载叁岁,黄男,天宝四载帐后附"。天宝六载籍,曹怀瑀无妻。可见曹怀瑀妻至迟死于天宝三载籍后,由此推测,曹元超很可能来自收养,而非己出。

都乡里籍残卷,杜姓仅存杜怀奉一户。同籍田亩四至中还有杜桃栓与杜怀忠(或简称"杜忠"、"怀")两人。此两人存亡不详。杜怀忠虽与杜怀奉同辈,但不必为亲兄弟或从兄弟。[①] 由此推测,都乡里杜氏,杜奴以下,至天宝六载仅存男口四人。

3. 程氏:

```
                       ┌ 什住(78岁,在)───┬ 奉仙(20岁,故)
                       │                  └ 鹤子(15岁,故)
程智 ── 安 ── 行宽 ──┤ 仁贞(77岁,在)─── 大壁(30岁,故)
(故)   (故)  (故)  │
                       └ 大信(34岁,在)─── 老生(10岁,在)

                       ┌ 思楚(47岁,在)─── 进子(2岁,在)
程信 ── 端 ── 德 ──┤ 思忠(39岁,在)─── 元奉(3岁,在)
(故)   (故)  (故) │
                       └ 思太(35岁,在)


                               ┌ 大忠(51岁,在)───┬ 思璟(16岁,在)
                               │                  ├ 思谏(5岁,故)
                         ┌ 义 ┤                  └ 思让(2岁,在)
                         │(故)│                  ┌ 兴盛(12岁,故)
程通 ── 子 ──┤        └ 大庆(47岁,在)───┤ 兴俊(3岁,在)
(故)   (故) │                            └ 奉进(2岁,在)
                         └ 住(故)── 智意(49岁,在)── 庭环(15岁,在)
```

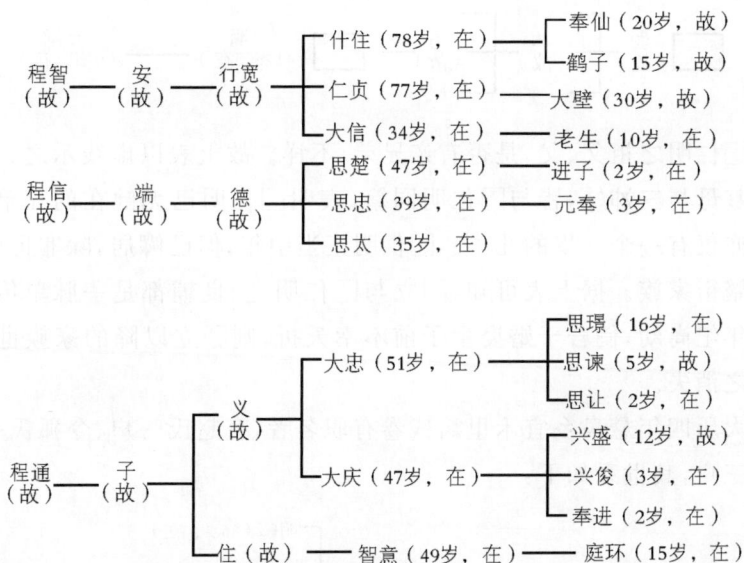

都乡里籍残卷,程氏共存 6 户,该籍田亩四至中还有程大节、程洪福、程洪寿、程伏生、程树生、程宾、程怀素、程蕃蕃、程智积等人。其存亡及族属关系皆不详。但可肯定不是程行宽、程□德、程□义的后裔。[②] 程什住三兄弟的曾祖父程□智,程思楚的曾祖父程□信,按起名习惯推论,很可能是兄弟关系,这里就姑且视之为同一家族。程大忠、程大庆都是"曾通、祖子,父义",程智意也是"曾延、祖子、父住"。三家很可能是同祖。若此推

---

① 杜怀奉的亡兄妻,亡兄男女、亡弟,以及姊、妹、姑皆与杜怀奉同籍,说明杜怀奉可能已别无健在的亲兄弟或从兄弟。

② 程什住兄弟分家时,程什住、程仁贞、程大信三人分割其父所遗田产。程大忠、程大庆分家时,也是两人均分田产。他们在世的同胞兄弟,似乎仅止于此。程思楚有两弟、两妹与之合户,似乎也不大可能另有在世的兄弟。程智意有一姊、一妹与之同籍,另有健在兄弟的可能性也不大。

测不误,那么,程大忠的"曾(祖)通"与程智意的"曾(祖)延"应系同一人(很可能即名为程延通)这里也姑且视之为同家族。这两家族传至程什住、程大忠这一代,人丁还很兴旺,但再往后一代又显得不大景气。至天宝六载虽然还有8个男口,但都是未成年口,其中5人还是3岁以下。

天宝六载效谷乡某里籍仅存一户,其世系于下:

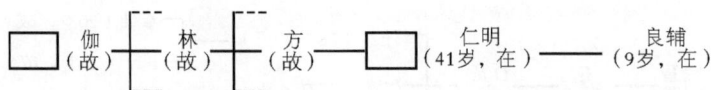

□仁明之祖父、父,是否有亲兄弟,不详。故上表以虚线示之。□仁明之寡母与三姊妹,皆与□仁明同籍,表明□仁明已无健在的兄弟。□仁明亦仅有一个9岁的儿子。□仁明正当中年,但已鳏居,除非再娶,已难再繁衍家族。据上表可知,□立与□仁明、□良辅都是一脉单传。□良辅年纪尚幼,倘若于婚娶生子前不幸夭折,则□立以降的家族世系亦将随之消失。

大历四年悬泉乡宜禾里籍残卷有职名者,有赵氏一户、令狐氏一户、索氏三户,其世系如下:

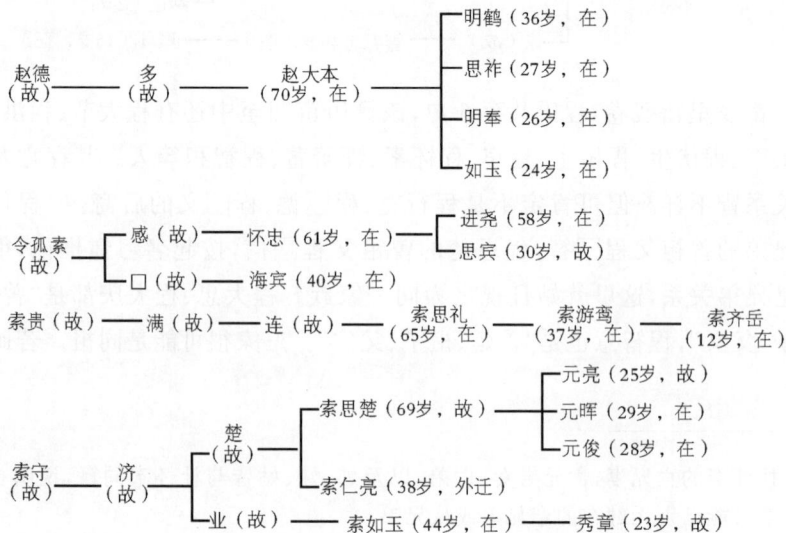

同籍残卷及其田亩四至,赵氏尚有赵义、赵仵等人;令狐氏尚有令狐朝俊、令狐惠、令狐珠等人;索氏尚有索晖、索谦、索阿、索游仙、索宾、索

政、索信、索都、索才、索齐、索本等人。其存亡及族属亦不详。据上表可知赵大本这一家人丁兴旺,但赵德以降这一家族似乎并不兴旺(故田亩四至所见赵氏甚少)。令狐素以降的这一家族也不兴旺,传了三四代,至大历四年,健在男口二三人。索思礼以下三代,男口仅存三人。索楚以下三代,男口亦仅存三人。索如玉户更面临绝嗣威胁。

河西支度营田使给谷簿中有一户(户主吴庭光),四世同堂,男女家口 16,为该簿家口最多者。其世系如下:

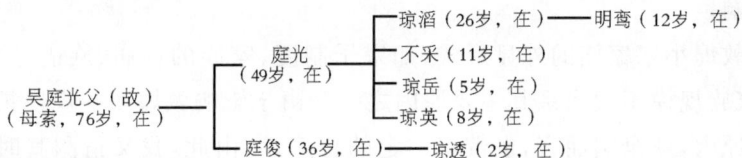

```
                                    ┌── 琼滔(26岁,在)── 明鸾(12岁,在)
                           庭光      ├── 不采(11岁,在)
                         (49岁,在)───┼── 琼岳(5岁,在)
吴庭光父(故)                         └── 琼英(8岁,在)
(母素,76岁,在)────┤
                           庭俊 ────── 琼透(2岁,在)
                         (36岁,在)
```

据上表可知,吴氏这一支,见在的男口虽然不少,但成年成家的却不多。

大中四年(850 年)手实有一件令狐进达手实,在籍 31 人(奴婢 3 人在外),为吐蕃与归义军初期所见人口最多的一户,其家族关系如下:[①]

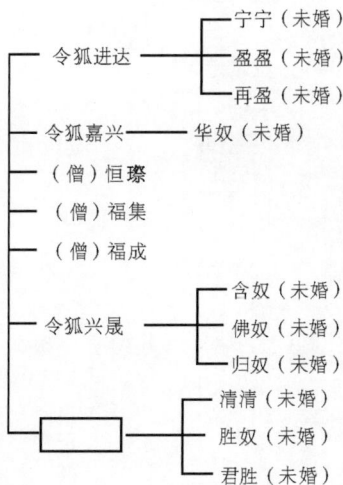

```
        ┌── 令狐进达 ──┬── 宁宁(未婚)
        │              ├── 盈盈(未婚)
        │              └── 再盈(未婚)
        │
        ├── 令狐嘉兴 ─── 华奴(未婚)
        │
        ├──(僧)恒璪
        │
        ├──(僧)福集
        │
        ├──(僧)福成
        │
        │              ┌── 含奴(未婚)
        ├── 令狐兴晟 ──┼── 佛奴(未婚)
        │              └── 归奴(未婚)
        │
        │              ┌── 清清(未婚)
        └──┌────┐ ────┼── 胜奴(未婚)
           └────┘      └── 君胜(未婚)
```

---

① 该手实格式即如其家族关系图所示,一户之内实际上已分为 7 家,每家分别填写一、两行(余白,断行)。各家家内口的称谓,仍相对于各家的户主而言,而非相对于令狐进达而言。

令狐进达这一辈及其下辈,人丁都很兴旺,但令狐进达这一辈有 3 人出家,他们都不可能再繁衍后代,令狐进达下一辈,男口虽多,但都未成家,其家族繁衍情况尚为未知之数。

综观以上十余例,给人总的印象是,绝大多数的敦煌家族规模都不大。影响家庭规模扩大的主要原因还是死亡率高、平均寿命短。从生育这一角度讲,生育率倒是很高,但由于死亡率也高,平均寿命又相当短,所以家族规模不易扩大,有的家族基本上还是一脉单传,有的家族还濒于绝嗣。

敦煌小宗家族的外显形式(如宗子制度、家族的祠庙、族谱等)不显著,家族规模不大当系其主要原因之一。由于影响敦煌家族规模扩大的主要原因,就全国而言,也带有一定的普遍性,由此,我又猜测其时即使在内地,就多数乡里而言,家族的外显形式大体上也不显著。

(原载敦煌研究院编:《段文杰敦煌研究五十年纪念文集》,世界图书出版公司 1996 年版)

土地制度研究

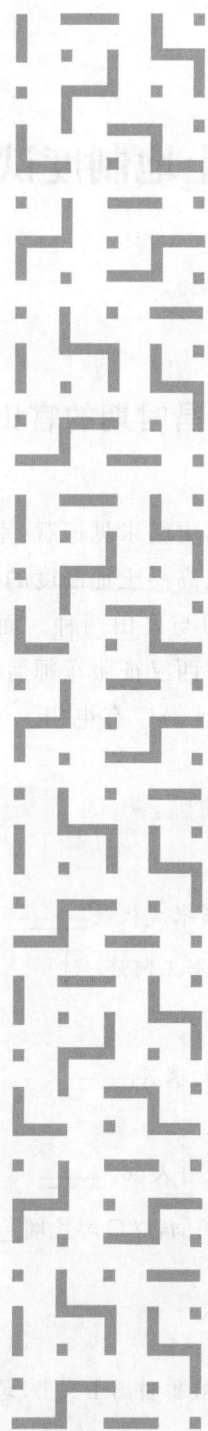

麹氏高昌土地制度试探

一、麹氏高昌时期的官田

关于高昌国时期的土地制度,史籍未见记载,幸吐鲁番出土文书中,有不少这方面的资料,借此可窥见高昌土地制度的大概。

高昌国的田土,可大别为官田与民田两种。而官田中,屯田又占相当比重。高昌的屯田,源远流长。西汉征服车师后,就在那里"置戊己校尉屯田"。[①] 直到十六国时期,高昌仍广有屯田。事见北凉兵曹的两份符牒:

北凉玄始十二年(423 年)兵曹牒:[②]

(前缺)

———— 范晟□佃,请以外军张成代晟————

———— 隗休 身 死,请以外军王阿连 代

(中略)

· 称:李蒙子迩近白芳 还 ,求具————

· 纪,请如解注簿。

· 被符省县桑佃差看可者廿人知,————

———— 以 阓相平等殷可任佃,以〇游民阓————

---

① 《汉书》卷 96 下《西域·车师传》。
② 国家文物局古文献研究室等编:《吐鲁番出土文书》录文本,文物出版社 1981年版,第 1 册,第 64～66 页。

□□佃，求纪识。请如解纪识。

大坞隤左得等四人诉辞称：为曹所差，知守坞两道，

今经一月，不得休下，求为更检。信如所诉，请如事

敕：当上幢日，差四骑付张欑，守道□□。

兵曹掾张龙、史张□白。牒事在右，事诺注簿。

（后略）

北凉兵曹下八幢符为屯兵值夜守水事：[①]

（前缺）

——右八幢知中部屯。次屯之日，幢共校将一人选兵十五人夜往

守水。残校将一人，将残兵、值苟（狗）还守。

兵曹掾张预、史左法彊白。明当引水溉两部。

（中缺）

司马　蔺　　　功曹史　璋

　　　　　典军主簿　嘉

录事参军　悦　　五官　泠

（后缺）

前一件文书虽未明言屯田，但可断定与屯田有关。"任佃"、"守坞"者由兵曹差发，且应轮番"上幢"，故知其为兵屯。后一件文书则明言某八幢（幢为当时军队组织的单位）负责"中部屯"，由将校领兵丁值水。唐代屯田的单位为"屯"，[②]汉代的屯田单位为"部"。[③] 上引北凉兵曹文书提及"明当引水溉两部"。由此可知，北凉时期屯田单位仍两汉之旧。

除军屯外，北凉还有其他官田。见北凉时期都乡嗇夫被符征发役作

---

① 国家文物局古文献研究室等编：《吐鲁番出土文书》录文本，文物出版社 1981 年版，第 1 册，第 138 页。

② 《新唐书》卷 52《食货志》记，"唐开军府以捍要冲，因隙地置营田，天下屯总九百九十二"。又记元和中韩重华于振武"募人为十五屯，每屯百三十人"。

③ 如《后汉书》卷 87《西羌传》载：汉和帝永元十四年，"拜（曹）凤为金城西部都尉，将徙士屯龙耆。后金城长史上官鸿上开置归义、建威屯田二十七部，侯霸复上东西邯屯田五部，增留、逢二部，帝皆从之。列屯夹河，合三十四部"。汉顺帝阳嘉元年，"以湟中地广，更增置屯田五部，并为十部"。

文书。

75TKM96:47(a)：①

(前缺)

——右五家户作次 逮 ——

都 乡啬夫 ——

被 符通 当 ——

竟奉 符 ——

(后缺)

75TKM96:25：②

(前缺)

——令狐玩 ——

右五家户作，次逮知为官种芜荒 ——

· 应 □罪 ——

(后缺)

这里所说的"为官种芜荒"，虽然属于官田范围，但它又是征发民夫耕作（"户作"），想必不属军屯。

麹氏高昌时期，仍广开屯田，且设置屯田机构。见下引延昌酉岁屯田条列得横截等城葡萄园顷亩数奏行文书(64TAM24:35，32)：③

——□截俗四半　交河俗二半六十步

——安乐俗八亩　洿林俗四亩　始昌俗一半　高宁僧二半

都合桃(萄)壹顷究拾参亩半

① 国家文物局古文献研究室等编：《吐鲁番出土文书》录文本，文物出版社 1981
年版，第 1 册，第 89 页。
② 国家文物局古文献研究室等编：《吐鲁番出土文书》录文本，文物出版社 1981
年版，第 1 册，第 90 页。
③ 国家文物局古文献研究室等编：《吐鲁番出土文书》录文本，文物出版社 1983
年版，第 5 册，第 2 页。

谨 案条列得桃（萄）顷亩列别如右，记识奏诺奉　　□

门	下	校	郎	麴	琼
通	事	令	史	麴	□
通	事	令	史	史	□□

　　　　　　　　　　□　　□
　　　　　　　　　　□　　□
　　　　　　　　　　和　　隆
　　　　　　　　　　阴　　□

═══酉岁九月十五日═══

　　□□□军肤叠□吐诺他跋□鍮屯发高昌令尹麴伯雅

　　右卫将军绾曹郎中麴绍徽

　　虎威将军兼屯田事焦□□

　　屯田参□　　　　□□□

　　屯田参□　　　　□□□

　　屯田吏　　　　索 善 护

　　屯田吏　　　　阴保 相

（后残）

麴氏高昌时期屯田顷亩不详，但从下引文书可知其范围颇广，规模不小。

73TAM519：19/2－1号文书：[①]

1. 令敕交河郡、南平郡、永安县、安乐县、泞林县、龙泉县、安昌县、
　　□□□□　　□□□

2. 　昌县，郡县司马主者：彼郡县　郡县，今遣麴
　　郎文玉、高═══

3. 　青苗去，符到奉　　　　□□

4. 　　　威远将军门下校郎麴　　□□

① 国家文物局古文献研究室等编：《吐鲁番出土文书》录文本，文物出版社1983年版，第4册，第124页。

5.延寿十七年庚子岁四月九日起

6.　　　　虎贲将军屯田□□高　　　　□□

7.　　　　屯　田　司　马司空　　　　□□

8.　　虎贲将军中兵校郎张　　　世隆

　　麴氏高昌时期屯田机构管辖的范围不仅仅限于屯田。如上引64TAM24:35,32号文书屯田机构条列的那些葡萄顷亩,都分别记为"僧"或者"俗",可见这些葡萄园可能不是官田,屯田机构条列这些葡萄顷亩的目的,或与税收有关。又据高昌义和三年(616年)屯田条列得水滴麦斛斗奏行文书(67TAM364:14),诸如水渠的管理,水滴麦(包括私田灌溉)的征收,都属于高昌屯田机构职司范围。由此益见,屯田在高昌农业经济中占有相当重要的地位。

　　麴氏高昌的官田中,也有实行授田制的,如下引691TAM140：18/3号文书:[1]

（前残）

　　　━━━━，张抾子、赵阿力

　　　━━━捌人,人得部麦田伍亩。

　　　━━━部麦田肆拾亩。

　　重━━━月日,将桑遮咘、张元相

　　　━━━人条列□丁头数,无□□违。虚违

　　　━━━者占依官限　　　　　　　占

　　　　　　　　兵━━━━━　　　□

宁远将军吏部郎中━━━

东宫司马史　　　　　　□

（后缺）

　　据此文书,张抾子等八人,不是一家八口,每口授田五亩。而是不同户别的八丁,每丁"依官限占""得部麦田伍亩"。这种用于授田的"部麦田"显然属于官田。这种授田制的授田对象究竟是民户,还是兵、吏、屯

---

① 国家文物局古文献研究室等编:《吐鲁番出土文书》录文本,文物出版社1983年版,第5册,第51页。

丁,已难确知。上引 69TAM140:18/3 号文书由兵部、吏部官员联署,似以兵、吏、屯丁为授田对象的可能性更大。这种官田既授之后,如何经营,如何还授,受田丁应负有何种义务,都难以确知。但无论如何,此种授田制应有别于北朝隋唐均田制下的授田。

唐贞观十四年(640 年)八月征服高昌后,大部分官田仍保留土地国有的性质。唐代西州的官田以屯田与废屯为最大宗。屯田包括天山屯五十顷、柳中屯三十顷,此外还有当州诸镇戍营田拾余顷。这种屯田应是麹氏高昌时期屯田的继续。此外,唐代西州还有为数不少的"废屯"与"寨外剩田"。这类"废屯"究竟是"废"于入唐以后呢,还是"废"于入唐以前,目前也难以确知。但从"废屯"单独征收"税子"来看,这些"废屯"应不同于一般民田。它仍然保留国有土地的性质,并未按均田制的原则授给均田农民。

但唐代西州的一部分官田(其中也可能包括部分"废屯")确曾按有别于均田制的另一种原则授给原佃耕官田的农民。其标准最初是"壹丁合得常田肆亩,部田贰亩"。[1] 这种官田授田制应是上述麹氏高昌时期官田给授制的继续和发展。

唐代西州的官田,还包括公廨田与职田。这类田土名目未见于高昌时期的官私文书,应系入唐以后按照唐代田令所设置。

二、麹氏高昌时期的寺田

麹氏高昌时期,寺院经济相当发达。目前虽未发现整个高昌的寺院田亩帐,但从寺院交纳赋税的簿帐,尚可大体了解当时寺院占有土地的情况。现将有关寺院占田承役的各种文书分别转录若干断片于下:

---

[1] 国家文物局古文献研究室等编:《吐鲁番出土文书》录文本,文物出版社 1983 年版,第 4 册,第 239~240 页。补注:对此问题的阐释,可参见拙著:《北朝隋唐均田制新探》,岳麓书社 2003 年版,第 307~311 页。

1.67TAM92:48（a）号文书（高昌诸寺田亩帐残卷）：[1]

（前缺）

━━寺□憙田十七半，桃二半六十步，天宫养祐桃半亩六│十│步

田寺太觉田二亩廿四步，冯寺│明│昙田半亩"足"[2]

"半"

牛寺僧揽田九半，桃一半，

━━九半"中半亩册入牛寺田四亩"━━

（后缺）

上引文书，第二行"足"字、第三行"半"字、第五行"中半亩册入牛寺田四亩"句皆为朱书（本文转录时加引号，以示区别）。这里所谓的"足"与"半"或与赋役负担有关。现将此类文书所反映的寺田占有情况列表于下：

表1　高昌诸寺田亩帐残卷所见诸寺田亩数

编号	寺名	寺主	亩数	桃(蓇)
1	不详	━憙	22 田	4 亩 60 步
2	不详	明瑜	13 亩 60 步	不详
3	不详	不详	不详	半亩
4	张寺	充住	5 亩(？)	不详
5	不详	智峻	5 亩	不详
6	不详	法朗	15.5 亩	4 亩
7	赵孟季寺	赵孟季		(树)13 亩
8	□隆寺	/	8 亩	
9	不详	昙━	1.5 亩	
10	不详	延□	1 亩	
11	不详	藏	2.5 亩	1 亩

---

[1]　国家文物局古文献研究室等编：《吐鲁番出土文书》录文本，文物出版社 1983 年版，第 5 册，第 170 页。

[2]　本文" "中的文字为朱笔，下同。

续表

编号	寺名	寺主	亩数	桃（萄）
12	不详	□□主	44.5亩	桃2亩,树1亩
13	不详	□矛	24亩180步	不详
14	不详	□意	17.5亩	2亩180步
15	天宫	养祐		180步
16	田寺	太觉	2亩24步	
17	冯寺	明昙	0.5亩	
18	牛寺	僧揽	9.5亩	1.5亩
19	不详	不详	1亩180步	1.5亩
20	阴寺	相欢	不详	不详
21	不详	不详	4亩60步	
22	善和寺		5亩60步	2亩
23	史寺	僧隆	2亩?	不详
24	不详	宝娥	不详	不详
25	刘寺	梵□	不详	桃1亩,树1亩
26	不详	不详	1亩?	不详
27	□寺	不详	5.5亩	不详

2.67TAM92:48 72(a)号文书(高昌诸寺纳官绢官绵残卷):[①]

(前缺)

▭寺自田六亩 橘寺田七亩 裴寺四亩 张玄隆寺▭

"绢半绵半"

"上此"

• 桃二亩半六十步王寺元收田

• 神谦寺三亩张阿忠寺

▭亩六十步"绢一绵一"

① 国家文物局古文献研究室等编:《吐鲁番出土文书》录文本,文物出版社1983年版,第5册,第177页。

"上此"

　━━━━　□□□□寺田十三亩

（后缺）

上件文书的特点是若干寺合成一组，每组合纳绢若干（匹？）、绵若干斤。每组寺田中，为首者写明"自田"若干亩，其他各寺则否，此应是一种简略写法，入此帐各寺之田，应该都是"自田"。这是所谓"自田"，或与赐田相对而言。寺院"自田"应纳赋役，赐田或有免赋免役特权，故须标明是否属于"自田"。

3. 高昌某岁官绢捎本［67TAM:92：46(a)、45(a)，50/2(a)，50/1(a)，44(a)，49(a)］号文书：[1]

1. ━━━　岁　官绢捎本

2. ━━━　绢　一绵一　焦郎中寺绢一半绵一半　━━━

3. ━━━　半　树支寺绢一绵一　田寺延伯绢　━━━

4. ━━━　绵　二都郎中寺　绢一绵一　王寺道愍　绢　━━━

5. ━━━　绵　二永安公主寺绢一绵一赵寺　━━━　青女绢一绵

6. ━━━寺绢一绵一　孟常书寺绢一绵一　阴━━━寺　明朗绢半绵半

7. ━━━二半绵二半　张寺法雅绢半绵半　阚寺善保绢半绵半武卫寺绢一绵

8. ━━━寺绢一　绵　一　隗寺伯远绢一绵一　北刘都寺绢二绵二氾都寺绵二绢

（后略）

此件中缺、后缺，现存二十二行，至少有六十五个寺。此件性质与前件相同，所不同者就是没有写明各寺的田亩数。

麴氏高昌时期的寺院有一显著特点，这就是数量极多。多数寺院以

---

[1]　国家文物局古文献研究室等编：《吐鲁番出土文书》录文本，文物出版社1983年版，第5册，第181页。

姓氏为名,如牛寺、王寺、孔寺、田寺、许寺等等。因一姓之中或有数寺,故常于寺名之后加上寺主姓名,甚或径直名为某某人寺,如前引各种文书所出现的张寺智峻、张寺宄住、张寺法雅、张寺道端、张阿忠寺、张玄隆寺、张辰师寺、张法开寺等等。也有一些寺院以官称为名,如焦郎中寺、都郎中寺、索郎中寺,以及永安公主寺、太后寺等等。这类寺实际上都是一户一寺,属于私人性质。阿斯塔那 302 号墓出土的 59TAM302:32/2号文书[1]也可证明这种情况。该件残存三行如下:

(前缺)

· 师 法安有寺一,＿＿＿

· 有寺一,城外宅一,赵师＿＿

· 师明信有寺一,赵师＿＿

(后缺)

此类寺因系私人性质,故其占地的规模一般也不大,或三五亩,或十余亩,或三四十亩。高昌地少人多,一家一户的小寺若占田一二十亩,也就相当可观了。这类寺院的田土应来源于寺主。寺主拨出少量土地给私家寺院以后,土地所有权应该仍属寺主,寺僧只有使用权、收益权(就这些权限而言,可能还不完整)。寺僧对这些土地的经营可能采取多种方式,其中也包括出租土地。

除一家一户(或一个家族)的小寺外,麴氏高昌也有若干大寺,如弘宝寺等。此类寺占田数额就相当多。前已提及的阿斯塔那 377 号墓出土的高昌乙酉、丙戌岁某寺条列日用斛斗帐历。该寺丙戌岁二月用作麦种就有 24 斛之多。据残卷推算,丙戌岁一、四、五、九四个月共破用麦粟 250 斛以上。二、七、八三个月破用麦 100 斛以上(破用粟数残缺),其他各月破用斛斗数残缺,因而无法统计其总数。这些粮食绝大多数应来自寺田(该寺多用粮换银钱购他物,故知该寺破用的粮食并非购之于市场)。该寺寺田是否也有采用出租方式经营,不得而知。该寺用麦种二十四斛,又经常雇用"外作人"种麦、刈麦、掘沟等等,可知该寺至

---

① 国家文物局古文献研究室等编:《吐鲁番出土文书》录文本,文物出版社 1983年版,第 5 册,第 49 页。

少有相当数额的土地由寺僧雇工耕营。

从上引有关寺院田土赋役情况的文书中,我们看到了寺院土地的转移。如(张寺)智峻田十二亩,中七亩入赵寺明瑜,次五亩入张寺宪住,某寺"(半亩卌步)入牛寺","员寺相欢田口半入阴寺"等等。这些情况表明,除政府创办的寺院以外,多数寺院的土地都带有私有的性质。

表2　高昌某岁诸寺官绢帐所见诸寺田亩数

编号	寺名	寺主	亩数	桃(萄)
1	大司马	大司马	39亩60步	不详
2	樊寺	真智	半亩?步	
3	冯寺	明旻	15步	
4	不详	不详	48亩半60步	9亩,树一支
5	南刘都寺	不详	3亩	
6	大韩寺	不详	9亩?	
7	赵里贤寺	赵里贤	10亩半	
8	王阿勒寺	王阿勒?	10亩?	
9	不详	不详	7亩60步	
10	张阿忠寺	张阿忠		树一株
11	不详	不详	不详	4亩
12	氾寺	法朗	2亩半	
13	不详	不详	不详	2亩半60步
14	赵光义寺	赵光义	半亩?	不详
15	不详	不详	6亩	
16	□寺	不详	7亩	
17	裴寺	不详	4亩	
18	张玄隆寺	张玄隆	不详	不详
19	不详	不详	不详	2亩半60步
20	王寺	元收	不详	不详
21	神谦寺	不详	3亩	
22	不详	不详	13亩	
23	道□寺	田师智	不详	不详
24	赵元夏寺	赵元夏		树13株
25	张法开寺	张法开	不详	树4株

三、麴氏高昌时期的民田

关于麴氏高昌时期吏、民占田情况,目前虽未见类似西魏大统十三年登录各户家口田土情况的计帐户籍文书,但从一些计田承赋役文书尚可窥见其大概。如68TAM99:2号文书:[①]

（前缺）

1. □鋻质田四,史阿种田四亩半六十步,和梅愿田六十步,高延歅

2. □□,朱海忠田二,氾元海田三亩四十步,冯方武田五亩六十步,

3. □怀儒田二半,张元悦田三半,李善守田三半,黄奴奴

4. 田二半伯步,樊庆延田二半,贾善来田二半六十步。康

5. 延僮田七,系保悦田二半,延寿八年辛卯岁六月七日,出银

6. 钱二文。

7. 广昌寺田四,孟□□田五,左武相田三,白□牯田二,秃发伯

8. □田四,曹□□□四,员延伯田二亩六十步,赵众养田四半,

9. ○○○○○周庆□田六,夏永顺田三半,贾辑女

10. 田四,樊庆隆田二半,良朋悔田三半,

11. 延寿八年辛卯岁六月七日,出银钱二文。

此件的特点是集若干户的田亩,大约五十亩一组,合计出银钱二文。上件所列各户田亩数都比较少,少者只有几十步,多者也只有六七亩。很可能只包括各户一部分土地。葡萄园等另有租酒,可能另行开列。下引同墓出土的68TAM99:4号文书[②]就只包括各户葡萄园田亩数:

1. 高长史下蒲桃:高长史陆拾步,畦海幢壹亩半究拾步,曹延海贰亩陆拾步,

---

① 国家文物局古文献研究室等编:《吐鲁番出土文书》录文本,文物出版社1983年版,第4册"补遗",第50页。

② 国家文物局古文献研究室等编:《吐鲁番出土文书》录文本,文物出版社1983年版,第4册"补遗",第63页。

2. 氾善祐贰亩半陆拾步,车相祐贰亩陆拾步,鞠悦子妻贰亩陆拾步,合蒲桃

3. 拾壹亩^{究十六步}_{○○○}。高相伯下蒲桃:高相伯贰亩、田明怀壹亩陆拾步,令狐显仕

4. 壹亩半陆拾步,索□□□亩究拾步,合蒲桃柒亩究拾步。将马养保下

5. 蒲桃:马养保壹亩陆拾步,孟贞海壹亩半叁拾陆步,合蒲桃贰亩半究拾陆

6. 步。常侍平仲下蒲桃:常侍平仲贰亩究拾捌步。刘明达肆拾肆步,张悳儿贰亩

(后缺)

此件的特点也是集若干户的葡萄园为一组,但各组的田亩数相差甚远,此或按地域组合,各组的赋役负担也未必相等。此件所谓的"某某人下蒲桃"若干,此某某人或类似于敦煌文书所见的"布头"、"刺头"。此件文书未直接提到葡萄园的赋役负担。但阿斯塔那 320 号墓出土的几件文书则明确提到租酒。如 60TAM320:01/8 号文书:[①]

(前缺)

━━━━■亩,无租。张武顺桃贰亩陆□

━━━━|亩|租了。法贞师桃叁亩陆拾步,储酒伍斛

━━━━|贰|斛。康寺僧幼桃半亩,租了。康安得桃陆拾步

━━━━桃|半|亩,无租。索祐相桃陆拾步,租了。康崇相桃贰

━━━━储酒伍斛,得酒壹姓有拾斛。康众惠桃壹|亩|□□

·|酒||贰||斛|━━━━━━━━

(后缺)

━━━━━━━━

① 国家文物局古文献研究室等编:《吐鲁番出土文书》录文本,文物出版社 1981 年版,第 3 册,第 50 页。

又如 60TAM320：01/5 号文书：①

（前略）

══宁冯保愿二，郭阿鸰一□□□一亩六十步，□一亩六══

══酒廿六斛二斗半。

══阿狯二亩，袁保祐一亩六十步，郑口口半亩，══

· 酒 十 斛

（后缺）

阿斯塔那 320 号墓出上的这类文书共存六十多户。各户所拥有的葡萄亩数绝大多数只有一二亩；三四亩者已属少见；五亩以上者极少（60TAM320：01/5 号文书有一行为"══廿九亩半九十步，得酒一══"此廿九亩半九十步不知是一户之数呢，还是集数户之数）。但这仍有可能只是各户土地的一部分。各户实际占有的土地可能略多于此。

上引几件文书都提到"蒲桃"、"桃"或"酒"，可以确认为葡萄园。除此之外，还有许多有关计亩承赋税的文书，虽未直接提到"蒲桃"与"酒"，但可确认为葡萄园承酒租。阿斯塔那 88 墓出土的延昌七年（567 年）以前的按亩入供帐文书记：

67TAM 88：1 号文书：②

（前缺）

1. 高乾秀一〇══

2. 高文邕一亩六十步 十二月十三日一斛八斗，供杂用；十四日一斛 ══

成献入，合三斛七斗半。

3. 和仲仁一 十二月六日二斛七斗半，供杂用；次二斗，付主簿胜安，次五升。合 ══

4. 史通事六十步 六月三日，七斗半，入藏。合实入六十九斛七斗半，次帐下除卅四斛五斗。

① 国家文物局古文献研究室等编：《吐鲁番出土文书》录文本，文物出版社 1981 年版，第 3 册，第 56～57 页。

② 国家文物局古文献研究室等编：《吐鲁番出土文书》录文本，文物出版社 1981 年版，第 2 册，第 183 页。

5. 将罗子下自二 <small>正月廿六日三斛,供杂用,自入;次闰月廿五□□□
二人供杂用,蚖入。</small>

6. 肯崇信一半九月二日四斛五斗,田阿之居入。<small>合六 合四斛
斛 □ □</small>

(后缺)

67 TAM88:25 号文书:①

(前缺)

1. 玄领寺一半 <small>九月七日,二□□□□□供作希瑾信;十二月十五日,一斛付阿□□□□把
胡天;次廿日,二斗付成献,供相(厢)上;次三斗,贳弘志师□四斗,付仲祜供北听(厅),
次二斗,付永忠,供鹿门;次廿四日,四斗,付忠和,供供相上,至廿五日。合四斛五斗。</small>

2. 张文德二半 <small>十二月十一日,文孝入五斗,付谦仁,供田地公;次五月十五日,酽一斛,
供作都施;次十五日,八斗,付周得,供从今尹役人;次一斛四斗半。合三斛
七斗半,文孝入,其一亩六十步,卷(项)中除。</small>

上件文书中各户名下乃其田亩数,"一"代表一亩,"一半"代表一亩半。依此文书推算,每亩地须入供三斛。哈拉和卓五号墓出上的延昌三十二年一份文书(计十一断片)②所记事项虽略于此,然其性质却与此大体相同。该件现存 46 行(大体上每行一户),现将其田亩数及所纳斛斗比较齐全者表列于下:

表3　延昌三十二年和婆居罗等户供酒租簿所见葡萄园田亩数

编号	姓　名	田　亩	所纳斛斗	文书代号
1	和婆罗居	1亩	叁斛━━	64TKM5:22
2	和法□	1亩	叁斛━━	64TKM5:22
3	簀口儿	1亩半	肆斛━━	64TKM5:22
4	毛师奴	1亩60步	叁斛━━	64TKM5:23
5	□孝叙	1亩半	肆斛伍斗	64TKM5:23
6	张僧受	1亩	叁斛	64TKM5:23
7	车众僧	1亩半60步	伍斛━━	64TKM5:23
8	左仕祐	1亩半60步	伍斛━━	64TKM5:23
9	龙贤受	1亩	叁斛━━	64TKM5:23

---

① 国家文物局古文献研究室等编:《吐鲁番出土文书》录文本,文物出版社1981年版,第2册,第184页。

② 国家文物局古文献研究室等编:《吐鲁番出土文书》录文本,文物出版社1981年版,第2册,第316页。

续表

编号	姓　名	田　亩	所纳斛斗	文书代号
10	王文孝	1 前	叁斛＝＝	64TKM5:27
11	桃阿集儿	1 亩	叁斛＝＝	64TKM5:27
12	车文法	1 亩 60 步	叁斛＝	64TKM5:27
13	□□□	□亩 60 步	陆斛	64TKM5:29
14	□□□	1 亩半	肆斛伍斗	64TKM5:29
15	□□□	2 亩	陆斛	64TKM5:26
16	□□□	2 亩	陆斛	64TKM5:26
17	范众僧	1 亩	壹斛叁斗	64TKM5::30
18	□□□	2 亩 60 步	陆斛玖斗贰升半	64TKM5:30

　　据表 3 第 5、6、14、15 户推算,每亩亦应纳三斛。第 1、2、9、10、11 各户,于"叁斛"之后疑无缺文。若此推测不误,每亩也是交纳三斛。第 13 户"□亩六十步,正月十三日,陆斛",每亩必非三斛,亦非一斛三斗。第 17、18 两户,每亩纳一斛三斗。第 13 户记载或有误。第 17、18 两户或与其他各断片不同件,或因其他特殊情况,所纳数特低。总的来说,基本上还是每亩三斛。

　　上引两件文书户数颇多,又都未具收纳者姓名,交纳斛斗的日期也不固定,有正月、二月者,也有七月、八月至十一月、十二月者,文书又不按交纳斛斗先后缮写,因疑这些文书不是私人的收租簿,而是官方的税簿。

　　从数额上看,每亩三斛也不可能是基于田土的交纳粮食的国税。麹氏高昌时期的地税,多数按地亩征收,其具体数额已难确知,但不至于高达每亩三斛。阿斯塔那 155 号墓出土的 72 TAM155:44 号文书[1]记有张熹儿俗租粟额:

　　1.□昌辛巳(622 年)岁俗租粟,张熹儿＝＝＝

　　2.□悦,参军郭都、翟怀愿、氾延明。壬午 岁 □□

---

[1]　国家文物局古文献研究室等编:《吐鲁番出土文书》录文本,文物出版社 1981 年版,第 3 册,第 271 页。

3. 廿六日入。高昌庚辰岁（622年）租粟，张憙儿捌兜（斗），壬午□□

4. 粟捌兜，儒林参军孟斌、参军和住儿、员延□、□

5. 相怀，壬午岁十一月——

又见同墓所出 72TAM155:56 号文书：[①]

1. 高昌甲申岁（624年）俗租粟，张憙儿捌兜，儒林参军

2. 孟玉斌、参军和住——十二月廿五日入。

张憙儿户土地数额不详，但同墓出有延寿八年（631年）张憙儿雇人耕作券：[②]

1. □□八年辛卯正月十九日，张憙儿□□□

2. ——亩作壹次，与钱六文，与□□□

3. 斛叁兜（斗），与钁一□。若作——悉不知，仰□□

4. 了，二主和同立卷（券），□□□□□□得反悔，悔者壹□□

（后略）

张憙儿既需雇人耕营土地，其田土当不至只有一二亩，而其俗租粟每年只有八斗。阿斯塔那 377 号墓出土高昌乙酉、丙戌岁某寺条列月用斛斗帐历[③]记及该寺丙戌岁（626年）二月用麦"贰拾肆斛作田种。粟肆斛贰兜（斗）供雇外□□□人用种麦"，三月"粟捌斛肆兜，雇外作人贰拾人，用西涧重桃（萄）中掘构（沟）种——"，五月，"雇外作人拾人，用刘麦"，六月"雇陆人种秋"。由此应可推算该寺田土至少也有一顷以上。但该文书又记该寺乙酉岁（625年）十二月"粟拾陆斛伍兜，用输租"。折算起来，当时的地税（当时或称为田租）应在每亩一斗左右，远低于每亩

---

①　国家文物局古文献研究室等编：《吐鲁番出土文书》录文本，文物出版社 1981年版，第 3 册，第 274 页。

②　国家文物局古文献研究室等编：《吐鲁番出土文书》录文本，文物出版社 1981年版，第 3 册，第 281 页。

③　国家文物局古文献研究室等编：《吐鲁番出土文书》录文本，文物出版社 1981年版，第 3 册，第 225～234 页。

三斛。

再看麴氏高昌时期的租佃契约。67TAM365:7/1号文书《延昌二十八年(588)王幼谦夏镇家麦田券》：①

> 1.延昌廿八年戊申岁十二月廿二日,王幼谦从主薄孟儁边
>
> 2.夏镇家细中部麦田贰拾仟(伍)亩,々与夏价麦贰斛柒
>
> 3.兜,租在夏价中,＿＿＿
>
> 4.贼破水旱,随大＿＿＿
>
> 5.主先和后卷(券),々成之后,各不得＿＿＿
>
> 6.民有私要,々行二主,各自署名为信。
>
> 7.时见张忠苟　倩书张顺和

此件契书规定的"夏价"是每亩二斛五斗(高昌斛),而此"夏价"又明确包括应向政府交纳的田租(实即地税)。可见,该项部麦田应向政府交纳的地税必不至于每亩三斛。

由此可以确定,每亩入供三斛,说的不是粮食,而是葡萄酒税。上引几件文书,各户的田亩数都很少,绝大多数都是一二亩,与一般的葡萄园的规模正合。麴氏高昌时期的出土文书,与葡萄园、葡萄酒有关者甚多,也正反映了当地盛产葡萄的农业生产特点。②

从上引麴氏高昌时期有关民田的各种文书看,麴氏高昌时期大土地所有制似乎并不发达,田土比较分散。

485年以后,北朝隋唐政权相继实行均田制。麴氏高昌虽建号称王,自据一方,但仍向中原政权称臣纳贡,接受中原政权的爵号。其各种制度也常受中央政权影响。那么,当时中原政权所实行的均田制度是否也推广到高昌国呢？我以为目前还没有直接的证据证明高昌国也实行均田制。但唐贞观十四年(640年)九月西州手实中有两户(李石住户、安苦咃延户)"合受田八十亩",且以十岁(或十一岁)为中男的下限,论者

---

① 国家文物局古文献研究室等编:《吐鲁番出土文书》录文本,文物出版社1981年版,第2册,第359页。

② 补注:本文每亩入供三斛(高昌斛,高昌斛三斛等于一唐斛)部分,原以为说的是粮食,是官田出租所收的封建地租。2007年收入《敦煌吐鲁番文书研究文选》(新文丰出版公司2007年版)时做了如上修改。

或以为此不合唐制,而与魏、齐、周、隋的制度基本相符,由此又进而推论麴氏高昌时间可能已实行均田制。

笔者以为,贞观十四年九月西州手实所见的丁中制度在大节问题上与唐制并不矛盾。唐初丁中制度中,有两个年龄界限最为重要:一是二十一岁以上至五十九为丁,丁男受田课租庸调;二是十八以上中男虽不课租庸调,但与丁男一样受田。就此两项年龄界限而言,贞观十四年九月西州手实仍符合唐制,而不同于高昌旧制。大谷1464、2401文书记:"年不满拾伍,不输价","年满十伍即输价","年不满拾伍,亦不城作","年满拾伍即堕城作"。① 由此或可推测,麴氏高昌即以十五岁成丁。② 若此论无大误,则麴氏高昌丁中制度虽或远同于北魏太和九年制,但不同于西魏、北周、隋制度。也有别于贞观十四年九月西州手实所见的丁中制度。至于安苦呵延户、李石住户的"合受田八十亩"问题,笔者以为仍合唐制,而有别于北魏、西魏、周、隋各朝制度。

《魏书》卷110《食货志》记太和九年地令云:

> 诸男夫十五以上,受露田四十亩,妇人二十亩,奴婢依良。丁牛一头受田三十亩,限四牛。……诸初受田者,男夫一人给田二十亩,课莳余,种桑五十树,枣五株,榆三根。

据北魏地令,一夫一妇应受田八十亩。安苦呵延户家口不详,或为一夫一妇,别无十五岁以上男女家口。但李石住户却至少有十五岁以上"男夫"两人,丁妻一人,此外还有一位女口,年龄不详。按北魏地令"授田"标准计算,该户应受田至少一百二十亩,而不是"合受田八十亩"。从敦煌出土的西魏大统十三年计帐户籍文书得知,北魏末年至西魏大统年间,均田制下的应受田标准已经有所变化:丁男应受正田二十亩、麻田十亩;丁女应受正田十亩、麻田五亩。此外,丁牛仍可受田。依此标准,李石住户不管有几个成年男女,都不可能"合受田八十亩"。

《隋书》卷24《食货志》记北齐、北周、隋朝受田之制云:

---

① 池田温:《中国古代籍帐研究》,东京大学东洋文化研究所1979年版,第313页。

② 卢开万:《试论麴氏高昌时期的赋役制度》,《敦煌吐鲁番文书初探》,武汉大学出版社1983年版,第90页。

（北齐）"一夫受露田八十亩,妇四十亩。……土不宜桑者,给麻田,如桑田法。"

（北周）"有室者田百四十亩,丁者田百亩"。

（隋开皇年间）"其丁男、中男,永业、露田,皆遵后齐之制。"

《隋书·食货志》皆不记齐、周、隋有宽、狭乡之别。据齐、周、隋田令规定,一夫一妇应受田皆为一百四十亩,而不是八十亩。倘若齐、周、隋有狭乡露田减半的规定而史文缺载,那么,一夫一妇适可"合受田八十亩"。但我们又应注意到隋炀帝执位后曾除妇人、部曲、奴婢之课。按"未受地者皆不课"（此即非应受田口即不课）的原则,妇人、部曲、奴婢既然不课,也就势必不再成为应受田口。若此,一丁之户,应受田则为百亩。若狭乡露田减半,则一丁之户应受田六十亩（不计园宅地）。隋炀帝在位时,麴伯雅曾入朝,恭敬之甚。倘若麴氏高昌曾采用中原王朝所行"均田"之制,则延和十一年（612年）麴伯雅入朝归国以后必然会施行隋炀帝新制,而不是远袭北魏旧制。要言之,贞观十四年九月李石住、安苦呬延等户的"合受田八十亩",不可能从北魏、齐、周、隋等朝田令得到解释。

现在,再看唐朝田令的有关规定。《新唐书》卷51《食货志》记:

> 授田之制,丁及男年十八以上者,人一顷,其八十亩为口分,二十亩为永业;老及笃疾、废疾者,人四十亩,寡妻妾三十亩,当户者增二十亩,皆以二十为永业,其余为口分。……狭乡授田,减宽乡之半。

关于狭乡受田,《通典·食货二》记为"若狭乡所受者,减宽乡口分之半"。[①] 按此规定,一丁男加上不当户的一老男或笃疾、废疾者,合应受田就恰好为八十亩。

$$80 亩/2（口分）+20 亩（永业）+40 亩/2（口分）=80 亩$$

可见,李石住、安苦呬延等户"合受田八十亩"与唐制并不矛盾。换

---

① 补注:近年新发现的宋《天圣令·田令》随附的《唐令·田令》原文是:"诸丁男给永业田二十亩,口分田八十亩。其中男年十八以上,亦依丁男给。老男、笃疾、废疾各给口分田四十亩,寡妻妾各给口分田三十亩。先有永业者通充口分之数。……诸给田,宽乡并依前条,若狭乡新授者,减宽乡口分之半。"

言之,李石住等户手实不能证明麴氏高昌时期实行过均田制。

贞观十四年九月西州手实中有两户记明应、已受田数:

> 李石住户,合受田八十亩未受。
>
> 安苦呬延户,合受田八十亩 ^{六亩半已受}
七十三亩半未受

阿斯塔那 103 号墓所出《唐贞观年间西州某乡残手实》也有一户,户主不详:

> 合受田八十亩 ^{田一亩半已受}
七十八亩半未受

据其已受田情况,我们还可以这样说:假如麴氏高昌实行过均田制,那么,它也是有名无实。

最后,我们想谈谈麴氏高昌时期土地所有权的性质问题。

恩格斯曾经说过:

> 不存在土地私有制,的确是了解整个东方的一把钥匙。这是东方全部政治史和宗教史的基础。但是东方各民族为什么没有达到土地私有制,甚至没有达到封建的土地所有制呢？我认为,这主要是由于气候和土壤的性质,特别是由于大沙漠地带,这个地带从撒哈拉经过阿拉伯、波斯、印度和鞑靼直到亚洲高原的最高地区。在这里,农业的第一个条件是人工灌溉,而这是村社、省或中央政府的事。在东方,政府总共只有三个部门:财政(掠夺本国人)、军事(掠夺本国和外国)和公共工程(管理再生产)。①

我国黄河流域、长江流域以及长江以南的广大地域,自然条件迥异于阿拉伯、波斯等地,很早就出现了土地私有制。但就吐鲁番地区而言,气候与土壤条件与阿拉伯、波斯等地相近,甚至更为干旱。在这里,没有人工灌溉,也就没有农业,一旦水利失修,就势必变成荒漠。那么麴氏高昌时期,这里是否存在着土地私有制呢？我认为,回答应是肯定的。

从吐鲁番出土文书,我们看到一般民田可以继承或馈赠。如

---

① 《马克思恩格斯全集》第 28 卷,人民出版社 1973 年版,第 260～261 页。

64TAM10:38 号文书(延寿四年参军氾显祐遗言文书)①决定"石宕渠蒲(葡)桃(萄)壹园与夷(姨)母","生死尽自得用"。一般民田也可以转让、买卖。见 66TAM48:23 号文书(高昌章和十一年某人从左佛得边买田券)、②60TAM361:08/1(a)号文书(高昌某年某人买田券)、③64TAM15:29/2 号文书(高昌延寿十四年康保谦买田券)、④67TAM90:32 号文书(高昌某年某人买葡萄园券)、⑤69TAM40:18/4 号文书(高昌张元相买葡萄园券)。⑥ 此外,散落在日本的大谷文书中也有买田券多件。从阿斯塔那 99 号墓出土的高昌计田承役异动文书[68TAM99:6(a)]⑦还可以看出当时民田产权的转移相当频繁:

(前缺)

1. 田二亩半役,永为址。侍郎焦朗 传 : 张 武 儁 寺主尼显法田地
   隗略渠桃一百半役

2. 听断除;次传张羊皮田地刘居渠断除桃一园,承一亩半六十步
   役,给与张武儁

3. 寺主显法永为址,次听阴崇子洤林小水渠薄田二亩,承厚田一亩
   役,给

4. 与父阴阿集永为址。通事张益传:索寺主德嵩师交何(河)王渠

---

① 国家文物局古文献研究室等编:《吐鲁番出土文书》录文本,文物出版社 1983 年版,第 4 册,第 70 页。

② 国家文物局古文献研究室等编:《吐鲁番出土文书》录文本,文物出版社 1981 年版,第 3 册,第 71 页。

③ 国家文物局古文献研究室等编:《吐鲁番出土文书》录文本,文物出版社 1981 年版,第 3 册,第 364 页。

④ 国家文物局古文献研究室等编:《吐鲁番出土文书》录文本,文物出版社 1981 年版,第 3 册,第 37 页。

⑤ 国家文物局古文献研究室等编:《吐鲁番出土文书》录文本,文物出版社 1981 年版,第 3 册,第 197 页。

⑥ 国家文物局古文献研究室等编:《吐鲁番出土文书》录文本,文物出版社 1983 年版,第 5 册,第 53 页。

⑦ 国家文物局古文献研究室等编:《吐鲁番出土文书》录文本,文物出版社 1983 年版,第 4 册"补遗",第 64～65 页。

常田一亩半,次

5. 高渠薄田六亩半,承厚田二亩半,次小□渠常田三亩半,合厚田七亩半役,

6. 听出俗役,入道役,永为垆;次依卷(券)听张容子买张永守永安佛图渠

7. 常田一分,听四亩役,次买东高渠桃一园承一亩半卅步役永为垆。侍郎明

8. 莘传:氾寺主法兴左官渠俗役常田二亩,听入道役,永为垆。通事张益

9. 传:高宁宋渠底参军文受田南胁空亭泽五亩,给与麹僧伽用

10. 作常田,承五亩役,永为垆;次 □ 依 □ 卷 □ 听 ——

（后缺）

阿斯塔那 99 号墓所出文书皆为麹氏高昌时期,有纪年者即前引延寿八年(631 年)计亩出银钱帐。上引计田承役异动文书的年代应大致与之相近,亦即在麹氏高昌的后期。上件文书比较完整地提及十段地,其中就有五段地发生过地权转移。麹氏高昌时期的土地买卖须事先经过官厅批准。如高昌延昌六年(566 年)吕阿子求买桑葡萄园辞(72TAM152:22 号文书):①

1. 延昌六年丙 戌 □□□八日,吕 阿 □

2. 辞:子以人微(微)产□勘少,见康□

3. 有桑蒲桃一园,□求买取,伏愿

4. 殿下照兹所请,谨辞。

5. 　　　　　　中兵参军张智寿传

6. 令　听买取

又如高昌延昌十七年(577 年)史天济求买田辞(72TAM52:23 号文书):②

---

① 国家文物局古文献研究室等编:《吐鲁番出土文书》录文本,文物出版社 1983 年版,第 4 册,第 247 页。

② 国家文物局古文献研究室等编:《吐鲁番出土文书》录文本,文物出版社 1983 年版,第 4 册,第 248 页。

1. □□□[七]年丁酉岁正月十七日,史天济辞:济——

2. □□薄,匮乏非一,今见任苟蹄有常田少亩于外,——

3. □□惟

4. □颜,矜济贫穷,[听] □□取,以为永业,谨[辞]。

5.   □下校郎高庆[传]

6. [令] 听□□

此两件似乎都是买地之前先向官府申请,而下引高昌延昌三十四年(594年)吕浮图乞贸取葡萄园辞(72TAM152:24)[①]则又不同:

1. [延]昌卅四年甲寅岁六月三日,吕浮图辞:图家□

2. □乏,[楠]用不周,放樊渠有蒲桃一园,经理不

3. □见(现)买得蒲桃利□□,惟

4. □悌乞贸取,以存□□听许,谨辞。

5. [通]□[令]史麴儒传

6. [令]听贸□

吕浮图辞既云"见买得……",可见乃先买后申报。

马克思曾经论及:

    土地所有权的前提是,一些人垄断一定量的土地,把它作为排斥其他一切人的、只服从自己个人意志的领域。[②]

麴氏高昌时期,民田的买卖须经官府批准,这表明高昌民户对土地的私有权没有达到"排斥其他一切人的、只服从自己个人意志"的程度。但由此是否可以得出结论:麴氏高昌时期的土地所有权属于国家,一般民户只有对土地的占有权和使用权呢? 回答应该是否定的。我们知道,马克思在上面谈到的只是"现代的土地所有权形式",意在说明"这种垄

---

① 国家文物局古文献研究室等编:《吐鲁番出土文书》录文本,文物出版社1983年版,第4册,第249页。

② 《资本论》第3卷,人民出版社1975年版,第695页。

断在资本主义生产基础上的经济价值,即这种垄断在资本主义生产基础上的实现"。[①] 封建社会的土地私有权没有达到资本主义社会的、自由的土地私有权的程度,这是理所当然的事。但不能因此否认麹氏高昌时期土地私有权的存在。麹氏王朝对其辖区内的民田诚然具有一定的支配权,它可以用行政手段干预民田的买卖,但它也不能将这些民田"作为排斥其他一切人的、只服从自己个人意志的领域"。麹氏政权没有、也不可能自行决定某人的田土卖不卖、卖多少,卖哪一段地、卖给谁。从上引史天济等户求买田辞可以得见,高昌政府对于民田买卖一概照准(唯其如此,吕浮图才敢公然"先斩后奏")。任苟蹄等户民田买卖的具体细节都由买卖双方自行商定,官府未曾措手其间。买地契券亦无须官方签署。官府所关心的只是随地赋役的过割。显而易见,麹氏高昌政权对民田买卖的干预,只是体现了麹氏王朝对其辖区内田土的主权,而不是体现了对一般民田拥有土地所有权。

关于这个问题,我们还可以将它与奴婢的买卖做一比较。两汉以来,历代封建政权对于奴婢的买卖常有严格的限制。汉高祖五年(公元前203年),汉高祖曾下令"民以饥饿自卖为人奴婢者,皆免为庶人"。[②]东汉刘秀曾先后七次诏令解放奴婢。从敦煌吐鲁番出土文书我们还可以看到,奴婢的买卖也应向政府申报,并由政府发给市券。由此可见,封建政权对奴婢买卖的行政干预更加强烈。奴婢卖主对奴婢也不能"作为排斥其他一切人的、只服从自己个人意志的领域"。既然如此,是否可以说奴婢卖主对于奴婢只有占有权和使用权,没有所有权,而国家则对于奴婢拥有最高所有权,或者说所谓的私奴婢亦即国有奴婢呢?我认为,回答应该是否定的。

下面,我们再从租税的角度来考察高昌民田的土地所有权问题。马克思曾经指出:

> 不论地租有什么独特的形式,它的一切类型有一个共同点:地租的占有是土地所有权借以实现的经济形式,而地租又是以土地所有权,以某些个人对某些地块的所有权为前提。

---

① 《资本论》第3卷,人民出版社1975年版,第695页。
② 《汉书》卷1《高帝纪》。

马克思又说：

> 如果不是私有土地的所有者，而像在亚洲那样，国家既作为土地所
> 有者，同时又作为主权者而同直接生产者相对立，那末，地租和赋税就
> 会合为一体，或者不如说，不会再有什么同这个地租形式不同的赋税。
> ……在这里，国家就是最高的地主。在这里，主权就是在全国范围内集
> 中的土地所有权。但因此那时也就没有土地的所有权，虽然存在着对
> 土地的私人的和共同的占有权和使用权。[①]

从麹氏高昌的实际情况看，一般民田的土地所有权形式，显然有别
于屯田与官田。一般民田的出租，租价通常包括作为国税的田租（即"赀
租百役，仰田主了"、"租在夏价中"），政府所得的只是"夏价"中的一部
分，亦即作为国税的"田租"，其性质属于封建地租的再分割。田主则得
到大部分的"夏价"，亦即封建地租（或谓私租）。国税与私租各有所属，
并不合一。这就证明了一般民田的私有性质。要言之，麹氏高昌时期民
田买卖须经官府批准，只是体现了麹氏王朝的主权，而不是体现了它对
一般民田具有土地所有权。退一步说，如果一定要说麹氏王朝对于一般
民田具有最高的土地所有权的话，那也只能说这种最高土地所有权只是
形式上的，名义上国有，实际上私有。

高昌地处大沙漠地带，气候与土壤条件与撒哈拉、阿拉伯、波斯、印
度等地相似。农业对于人工灌溉的依赖程度，比上述几个地区更是有过
之而无不及。既然如此，麹氏高昌时期为什么就已经存在土地私有制
呢？我以为这与高昌地区的政治历史有很大关系。从西汉征和四年（公
元前 89 年）车师降汉，地节二年（公元前 68 年）屯田渠犁，车师复降以
后，吐鲁番地区长期处于内地中央政权管辖之下，其土地制度就不能不
受到内地的强烈影响。魏晋南北朝时期，吐鲁番地区虽然建立了自己的
政权，但与内地王朝仍有密切关系，各种制度多仿内地，土地制度也当如
此。不独吐鲁番如此，气候与土壤条件与吐鲁番地区大致相同的甘肃河
西走廊一带，也都是如此。由此，我们可以得到这样一种认识，大沙漠地
区的土地所有权形式，不仅取决于当地的气候、土壤条件，而且也取决于

---

① 《资本论》第 3 卷，人民出版社 1975 年版，第 714、891 页。

政治的历史的条件。并不是每一块沙漠地区都只能是土地国有制。

最后谈谈麴氏高昌时期一般民田入唐后的若干变化。从吐鲁番出土文书可以看出,多数民田入唐后纳入"均田制"体系。当然,这并不是将各户土地一律收公、重新分配,而是将各户原有土地按均田制狭乡标准具注为应、已受田。与此同时,唐政权又在吐鲁番地区实行授田标准、对象、方式、田土分布原则都有别于田令规定的另一种授田制度。入唐以后,唐政权将一部分地方首望迁往内地,同时又从内地迁徙一部分囚犯、流人(可能还包括其家属)充实西州。这种具有政治目的的迁徙也必然引起土地占有状况的若干变化。关于这些问题,笔者已另文讨论,[①]不再赘述。

[后记:此文原载《新疆社会科学》1987 年第 3 期、第 4 期,2007 年收入《敦煌吐鲁番文书研究文选》(新文丰出版公司 2007 年版)时,曾稍做修改。]

---

① 见拙作:《唐代西州欠田、退田、给田诸文书非均田说补证——兼论唐代西州的两种授田制度》,该文收入韩国磐教授主编:《敦煌吐鲁番出土经济文书研究》,厦门大学出版社 1986 年版。

试考唐代吐鲁番地区
"部田"的历史渊源

  麴氏高昌时期和唐代,吐鲁番地区的耕地有"部田"与"常田"之分。"部田"何以得名?它与"常田"的区别何在?这是一个值得探讨的问题。

  西村元佑先生认为,"常田是良质的土地","部田是劣等的土地","常田与部田的田种区别概括地说不妨理解为上田同下田的区别"。[①]

  马雍先生认为:"'倍'、'部'二字古音相通,可以假借",因而"'常田'就是常年耕种,不需轮休之田;而与'常田'相对的'部田'就是需要轮休之田"。[②]

  赵吕甫先生认为:"'部田'是乡一级官吏所经营而又分布于各'里'的农田,'常田'则为各'里'里正所掌管的当'里'的农田。"[③]

  卢向前先生认为:"部田是麴氏高昌从中原引进的新名词,它是指那些'少高印'、不易浇溉之土地。"[④]

  我以为这几种说法根据都不够充足。

---

① 西村元佑:《中国经济史研究》,同朋舍 1968 年版,第 375~377 页。

② 马雍:《麴斌造寺碑所反映的高昌土地问题》,《文物》1976 年第 12 期。

③ 赵吕甫:《唐代吐鲁番文书"部田""常田"名义释疑》,《中国史研究》1984 年第 4 期。

④ 卢向前:《部田及其授受额之我见——唐代西州田制研究之四》,《敦煌吐鲁番研究》第 1 卷,北京大学出版社 1996 年版。

一、"部田"并非源于均田制下的"倍田"

"部"、"倍"通假,可以从吐鲁番出土的契约文书找到根据。北凉承平六年(450 年)翟绍远买婢券即规定:"贾(价)则毕,人即付,若后有何(呵)盗切(认)名,仰本主了。不了,部还本贾。"①高昌义和三年(616 年),张相憙夏床田契的罚则亦规定"罚部兜(斗)酜(斛)"。② 这里的两个"部"字,皆假借为"倍",但这种用法在当时当地并不普遍。多数场合,"倍"字仍写为"倍"。如西凉建初四年(408 年)秀才对策文即有"故《老□》□:'□圣弃□,□利百倍'"句。③ 西凉某年的官文书亦有"下迉麦一斛,倍为二斛"一语。④ 麹氏高昌时期的契约文书,罚则中亦见"倍罚"、⑤"悔罚二倍"、⑥"罚□贰倍入不悔者"⑦的规定,因为"部"字假借为"倍",在当时当地并不普遍,故难根据个别特例断定"部田"即是"倍田"。

如果"部田"同于"倍田",那么,它也就是"易田"之意。但吐鲁番文书中"部田"与"易田"亦常同时出现。如大谷文书 2854 号赵大观死退项下就有"一段贰亩永业部田城西拾里芳其渠东至渠南易田北麹廷

---

① 国家文物局古文献研究室等编:《吐鲁番出土文书》录文本,文物出版社 1981 年版,第 1 册,第 187 页。

② 国家文物局古文献研究室等编:《吐鲁番出土文书》录文本,文物出版社 1983 年版,第 4 册,第 175 页。

③ 国家文物局古文献研究室等编:《吐鲁番出土文书》录文本,文物出版社 1981 年版,第 1 册,第 117 页。

④ 国家文物局古文献研究室等编:《吐鲁番出土文书》录文本,文物出版社 1981 年版,第 1 册,第 19 页。

⑤ 国家文物局古文献研究室等编:《吐鲁番出土文书》录文本,文物出版社 1981 年版,第 3 册,第 364 页。

⑥ 国家文物局古文献研究室等编:《吐鲁番出土文书》录文本,文物出版社 1981 年版,第 3 册,第 361 页。

⑦ 国家文物局古文献研究室等编:《吐鲁番出土文书》录文本,文物出版社 1981 年版,第 3 册,第 108 页。

亮"。大谷文书 2379 号也有一段地"▬▬▬ 道西至渠南至荒北易田"。① 可见,"部田"又不同于"易田"。

马雍先生认为"'部田'可分为三种,有三易的,有二易的,还有不加注的;据理类推,其不加注的就是一易的'部田'"。此说不确。据吐鲁番文书,"部田"有四种,有三易的,有二易的,有一易的,还有不加注的。如大谷文书 2860 号、2857 号、1244 号,②都出现呈一易部田,亦出现不加注的"部田"。一易、二易、三易"部田"之外,既然还有为数众多的不加注的"部田",这就证明不加注的"部田"不是"一易部田"。

现存吐鲁番各种文书中,"部田"与"常田"之比大体上是二比一。也就是说"部田"约占全部垦田面积三分之二。如果"部田"就是劣等地或需要轮休之地,那就等于说吐鲁番地区大部分耕地都是贫瘠之地。这显然与史书记载的吐鲁番耕地情况不符。《隋书·西域列传》即载:"高昌国……谷麦再熟。"《太平寰宇记》卷 180 亦载:"(高昌)气候温暖与益州相似,谷麦再熟,宜蚕多五果。"可见,吐鲁番地区耕地的质量一般都比较好。绝大多数的耕地不是"易田"或"薄田"。

而且,在麹氏高昌时期和唐代,吐鲁番地区都是人多地狭,耕地极缺。据《通典》卷 174"西州"条下注,唐太宗贞观十四年平高昌时,高昌仅有"垦田九百顷"。据《唐会要》卷 95《高昌》载,唐太宗平高昌时"下其郡三、县五、城二十二。户八千四十六,口三万七千七百三十八"。若此,每户平均仅有垦田十亩(每人平均不到 2.4 亩)。据现存唐代西州户籍数据,平均每户的"已受田"也不到十亩。如果这每户平均不到十亩的耕地大部分都是坏田或需要轮休之田,那么,当地农民就无论如何也无法维持最低水平的生活,更勿论交租纳课等等。情况若果真如此,入唐以前的高昌根本上就无法立国。就是入唐以后,它作为唐帝国的一个州也很难维持。

主张"部田"即是"倍田"者,尝引北魏"均田令"关于"倍田"的规定作为证明。但迄今为止,尚无明确的证据证明高昌国曾依魏制实行过"均

---

① 池田温:《中国古代籍帐研究》,东京大学东洋文化研究所 1979 年版,第 399、401 页。

② 池田温:《中国古代籍帐研究》,东京大学东洋文化研究所 1979 年版,第 434、407、410 页。

田制"。北魏"地令"规定："诸地狭之处,有进丁受田而不乐迁者,则以其家桑田为正田分;又不足,不给倍田;又不足,家内人别减分。"[①]麴氏高昌时期,吐鲁番地狭人稠,无疑为特狭乡。当时即使依魏令实行"均田制",亦断无"倍田"之授。

我们还可以这样假设:如果"部田"即是"倍田",那么,在计算"均田"户的应受田时,就应加倍计算,或在计算"已受田"时加以折扣。然而,实际情况并非如此,如开元四年西州柳中县高宁乡王孝顺户籍,[②]据户籍记载,该户受田口为一小男当户、一老寡,按唐代田令规定:小男当户应授田为五十一亩,老寡应授田为三十亩。一小男当户、一老寡合应授田八十一亩。然而,王孝顺户籍所载的应受田数仅为五十一亩,不仅没有"倍田",而且还将应受口分亩数打了对折,此正合唐田令关于狭乡授田标准的规定。再看该户的"已受田"。该户"肆亩肆拾步已受,肆拾陆亩贰百步未受","已受田"中包括:

壹段壹亩永业常田　　城南叁里(四至略,下同)

壹段壹亩永业常田　　城西肆里

壹段贰亩永业部田二易　　城西叁里

壹段肆拾步居住园宅

上述四段地合计正好是四亩四十步。可见,该户之一段二永业部田二易仍是一亩算一亩,而非将二亩折算为一亩或一百六十步或一百二十步。其他各户,亦皆如此。这就表明麴氏高昌或唐代西州的"部田",并非北朝"均田制"下所规定的倍田。

二、"部田"不必同于"薄田"

主张"部田"即是"薄田"者认为"部"字可通假为"薄"。"薄"、"部"是

---

① 《魏书》卷 110《食货志》。

② 池田温:《中国古代籍帐研究》,东京大学东洋文化研究所 1979 年版,第 244 页。

否可以通假,学界意见不一,笔者不谙音韵,不敢妄参末议。但从当时当地的实际情况看,"薄"字确未曾假借为"部"。理由如下:

(1)同一件吐鲁番文书,常同时出现"部田"与"薄田"。① 这就说明,"部田"与"薄田"不是一回事。

(2)吐鲁番文书中的"部田",有注为一易、二易、三易者,也有不注几易者。从现已刊布的唐代吐鲁番户籍与退田、给田文书看,加注几易的"部田"约占"部田"总数 40%。从上述几类文书,笔者又见到注为"薄田"的田土八段:唐西州柳中县承礼乡籍某户:壹段 ▭▭薄田 城北肆里(四至略、下同);大谷 2854 文书(赵善忠死退文书):壹段壹亩,永业薄田 城东贰拾里柳中县界;大谷 2864 文书(曹天智剩退文书):一段壹亩薄田 城东卅里柳中县;旅顺博物馆旧藏(张保叶剩退文书):一段壹亩薄田 城东□里柳中县;大谷 1229 号文书(给田文书):一段壹亩薄田 城东廿里柳中县界一;大谷 1238 号文书(给田文书):一段叁亩薄田 城东六十里横截城阿魏渠;大谷 1228 号文书(给田文书):一段壹亩薄田 城北廿里新兴;大谷 2926 号文书(给田文书):一段贰亩薄田 城东六十里谷中渠。② 如果"部田"即"薄田"的异称,那么,上述八例中亦应有数例注为一易或二易、三易者。然而,上述八例"薄田"中竟无一例注明几易。更值得注意的是,以上八件文书,只有一件(大谷 2862)未同时出现"部田"。除此件及大谷 1228 号文书外,其余六件皆同时出现"部田叁易"或"部田贰易"。这更表明,"部田"与"薄田"并非同一名称。

(3)阿斯塔那 99 号墓出土一件高昌时期计田承役文书。③ 内容于下:

(前略)

3. 次听阴崇子洿林小水渠薄田二亩,承厚田一亩役,给

---

① 池田温:《中国古代籍帐研究》,东京大学东洋文化研究所 1979 年版,第 249、403、421、426 页。

② 以上八件文书见池田温:《中国古代籍帐研究》,东京大学东洋文化研究所 1979 年版,第 249、401～426 页。

③ 国家文物局古文献研究室等编:《吐鲁番出土文书》录文本,文物出版社 1983 年版,第 4 册"补遗",第 64～65 页。

4. 与父阴阿集永为业。通事张益传：索寺主德嵩师交何(河)王渠
   常田一亩半，次

5. 高渠薄田六亩半，承厚田二亩半，次小泽渠常田三亩半，合厚田
   七亩半役。

（中略）

9. 传：高宁宋渠底参军文受田南胁空亭泽五亩，给与麴僧伽用

10. 作常田，承五亩役；永为业；□次□依□券□听

（后缺）

　　这里同时出现"厚田"、"常田"、"薄田"三种名称。但作为计役的标准，却是"厚田"。"薄田"应折成"厚田"承役。虽然一亩"常田"通常也是承一亩"厚田"之役，但"常田"不做为计量标准。这就表明，"薄田"的对称是"厚田"，而非"常田"。"厚田"、"常田"两种名称于同件文书中交错出现，又表明"常田"与"厚田"亦非同一名称异写。上引文书第9、10行有"用作常田"一语，如果将"常田"的含义看作是"优质土地"，那么，"用作常田"这句话也就不好理解了。

　　(4)敦煌吐鲁番文书中确实常见同音假借现象。但此情况多见于私人文书，此或因私人文书的书写者文化水平有限所致。官吏的文化水平通常比一般居民高，且官方公文在用字方面亦须规范、严谨。故官方公文除当地极为通行的假借字外，一般不使用假借字。"部田"这一名称既见于高昌国时期的官私文书，又大量地出现于唐代西州的官方公文。似此情况就很难看做是"薄田"的同音假借。

　　实际上，从现已刊布的吐鲁番出土文书中，除"部田"被疑为"薄田"之通假外，尚未发现"部"、"薄"假借的实例。相反，"薄"字仍写为"薄"，却所在多见。如：北凉真兴某年道人德受辞：[1]"然受素自贫薄，岂可自活"；西凉建初四年(406年)秀才对策文：[2]"神农种谷，轩辕造

————————

①　国家文物局古文献研究室等编：《吐鲁番出土文书》录文本，文物出版社1981年版，第1册，第71页。

②　国家文物局古文献研究室等编：《吐鲁番出土文书》录文本，文物出版社1981年版，第1册，第113页。

制,示民德礼,遂生华薄";高昌建昌三年(557年)令狐孝忠随葬衣物疏:①"今薄明(命)枣(早)终";高昌古写本《孝经》:②"诗云:战战兢兢如临深渊,如履薄冰。"高昌书仪:③"某言:便及号佳夏,惟增怀薄暑,不审姑尊礼(体)何如?"高昌延昌十七年(577年)史天济求买田辞:④"史天济辞:济▭薄,匮乏非一。"唐贞观二十年(646年),赵义深自洛州致西州阿婆家书:⑤"居子等巢寄他土,晓夜思乡,粗得偷存,实无理赖,虽然此处经纪微薄,亦得衣食。"古写本薛道衡《典言》残卷:⑥"臣谨案,尸子曰:孝己事亲,一夜而五起,视衣之厚薄,枕之高低。"唐写本孔子与子羽对语杂抄:⑦"子羽对曰:屋生竹是屋□,户前生笪是薄廉(簾)。"唐永泰元年—大历元年(763—766年)河西巡抚使判集:⑧"宜舍深刑,终须薄责,罚军粮一百石";"官私戮力,薄得沾儒(濡)";武周张怀寂墓志铭:⑨"如秋风之扫枯叶,类春景之铄薄冰。"以上各例,"薄"字皆写为"薄",无一写为"部"。这表明,"薄"、"部"即使可以通假,于吐鲁番地区也不通行。既然如此,唐代官方公文中大量出现的"部田",又怎么可能是"薄田"的通假呢?

至于说"常田"是优质土地,"部田"是劣质土地,这也不完全符合实

---

① 国家文物局古文献研究室等编:《吐鲁番出土文书》录文本,文物出版社 1981年版,第2册,第37页。

② 国家文物局古文献研究室等编:《吐鲁番出土文书》录文本,文物出版社 1981年版,第2册,第269页。

③ 国家文物局古文献研究室等编:《吐鲁番出土文书》录文本,文物出版社 1981年版,第2册,第276页。

④ 国家文物局古文献研究室等编:《吐鲁番出土文书》录文本,文物出版社 1983年版,第4册,第248页。

⑤ 国家文物局古文献研究室等编:《吐鲁番出土文书》录文本,文物出版社 1983年版,第5册,第9页。

⑥ 国家文物局古文献研究室等编:《吐鲁番出土文书》录文本,文物出版社 1983年版,第5册,第95页。

⑦ 国家文物局古文献研究室等编:《吐鲁番出土文书》录文本,文物出版社 1983年版,第5册,第99页。

⑧ 池田温:《中国古代籍帐研究》,东京大学东洋研究所1979年版,第493~497页。

⑨ 黄文弼:《吐鲁番考古记》,中国社会科学院1954年版,第553~554页。

际情况。从现有吐鲁番出土文书看,"常田"的质量多数确属上乘。如前引高昌计田承役文书,一亩"常田"就抵一亩"厚田"。大约成于唐贞观年间的侯菜园子等户佃官田簿中,"常田"亦属"上价"或"中价",而未见属于"下价"者。但"常田"也有质量不佳之例,如唐景龙三年(709 年)十二月西州高昌县处分田亩案卷就谈到麴孝逸于西州柳中县有两段三亩常田,"其地 ▭▭ 恶□带沙卤,不生苗子","渠堰高仰,薄恶有实"。[①] "部田"有许多属"下价",但也不全属"下价"。如侯菜园子等户佃官田簿[②]即载:

1. 户主侯菜园子年五十

2. 合佃常田拾捌亩半玖拾 步 ,部田拾壹亩。壹丁合得常田肆

3. 亩,部田贰亩。准折还主外, 乘 (剩)常田捌亩半陆舍步,上价:陆

4. 亩叁拾步,中价;部田肆亩 ▭▭ 一亩,下价。合征大麦拾贰硕肆

5. 斗柒胜半,小麦伍硕伍斗 ▭▭

按侯菜园子原佃官田数推算,该户除五亩"部田"属于"下价"外,仍有肆亩"部田"(约占该户"部田"总数的 45%)与该户 6 亩 30 步"常田"(约占该户"常田"总数的之 42%)同属"中价"。唐代西州出土文书中,提及常、部田上价、中价、下价者很少,因而上述比例可能不具代表性,但它至少表明"部田"的质量并非都不及"常田"。

三、"常田"不一定为当里之田

唐制:"百户为里"。实际上,各里的户数可能参差不齐,各里的地域,亦广狭不一。唐代西州,人多地狭(平均每户拥有的田土不及十亩),

---

① 国家文物局古文献研究室等编:《吐鲁番出土文书》录文本,文物出版社 1984 年版,第 7 册,第 506~507 页。

② 国家文物局古文献研究室等编:《吐鲁番出土文书》录文本,文物出版社 1983 年版,第 4 册,第 329 页。

每"里"的地域,当不至过宽。但从现存唐代吐鲁番出土文书,我们可以看到,同乡同里甚至同一农户的"常田",甚至可相距一二十里。试举数例于下:

开元四年(716 年)柳中县高宁乡某户户籍:[①]

> 壹段壹亩永业_{常田}　城东贰拾里
>
> 壹段叁亩永业_{常田买附}　城西贰里
>
> 壹段半亩永业_{常田}　城北壹里
>
> 壹段贰亩半永业_{常田买附}　城南壹里

此户之"常田",即分散于城之东、南、西、北,显然不全在当"里"之内。

年次未详西州某户田簿:[②]

> 一段二亩永业_{常田}　城西二里
>
> 一段一亩永业_{常田}　城南二里
>
> 一段半亩永业_{常田}　城北廿里
>
> 一段二亩永业_{常田}　城东廿里

此户之"常田"亦分散于城之东、南、西、北。若"常田"皆为当"里"之田,则该里至少方圆四百多平方公里,且包括整个城区在内。而此,实际上并不可能。

大谷 2854 号文书(开元年间高昌县退田文书):[③]

> 户张阿苏剩退壹段壹亩永业_{常田}　城西拾里武城渠
>
> 壹段叁亩永业常田　城东肆拾里柳中县屯续渠

苏张阿的两段常田相距达五十里。武城渠属高昌县,屯续渠属柳中

---

① 池田温:《中国古代籍帐研究》,东京大学东洋文化研究所 1979 年版,第 245～146 页。

② 池田温:《中国古代籍帐研究》,东京大学东洋文化研究所 1979 年版,第 383 页。

③ 池田温:《中国古代籍帐研究》,东京大学东洋文化研究所 1979 年版,第 399 页。

县。由此足证,隔越在他县的田亩亦可称为"常田"。

以上仅从唐代西州户籍、田簿、退田文书各举一例。类似情况,唐代西州文书俯拾即是。我们虽然难以确知当时各"里"的具体地域范围,但以上各例所示各"里"各户"常田"的坐落情况,无疑必多超出当"里",甚至超出当乡范围者。

还有一种情况,更值得注意,即同一渠道上的几段地,可以成为不同乡别人户的"常田"。如城东二里七顷渠:

大谷 2914 号文书:尚贤乡

和静敬一段二亩_{常田}　城东二里七顷渠

大谷 2915 号文书:①归德乡

麴嘉敬一段二亩_{常田}　城东二里七顷渠

又如石宕渠:

大谷 2913 号文书:②(太平乡)

车寿持出嫁▭亩半_{常田}　城东四里石宕渠

64TAM10:39 号文书:③

　▢朔元年十一月廿六日,武城乡人孙沙弥子

　于顺义乡人李虎佑边夏龙朔叁年

　中石宕渠口分常田贰亩……

64TAM10:40 号文书:④

　▬宁昌乡人董尾柱边夏石宕渠▢

　分常田贰亩……

---

① 池田温:《中国古代籍帐研究》,东京大学东洋文化研究所 1979 年版,第 413。

② 池田温:《中国古代籍帐研究》,东京大学东洋文化研究所 1979 年版,第 421 页。

③ 国家文物局古文献研究室等编:《吐鲁番出土文书》录文本,文物出版社 1983 年版,第 5 册,第 87 页。

④ 国家文物局古文献研究室等编:《吐鲁番出土文书》录文本,文物出版社 1981 年版,第 1 册,第 85 页。

据现已发表的唐代吐鲁番出土文书,石宕渠坐落于"城北三里"、"城东二里"、"城东三里"、"城东五里",其地域不至太宽。如果说,常田乃当里范围之内的农田,那么,同一"城东二里七顷渠"的农田为什么得以成为尚贤乡、归德乡两乡人氏的"常田"?而同一条石宕渠上的农田,为什么得以分别成为太平乡、顺义乡、宁昌乡人氏的"常田"?结论也只能是,"常田"不一定是当里范围内的农田,甚至不一定是当乡、当县范围内的农田。

四、"部田"亦不一定为当乡之田

唐制:"百户为里,五里为乡",实际情况未必那么整齐。一乡或有多于五"里"者,亦或有少于五"里"者。唐太宗贞观十四年平高昌后,以麴氏高昌故土设高昌、柳中、交河、蒲昌、天山五县。高昌县东与柳中县接壤。《元和郡县图志》卷 40 载:"柳中县,中下,西至州三十里。"此殆柳中县治所至州治所的距离。据吐鲁番出土的土地文书,高昌县城东二十里、四十里即抵柳中县界。高昌县西接交河县。《元和郡县图志》卷 40 载:"交河县,中下,东南至州八十里。"实际上,据吐鲁番出土的土地文书,高昌城西五十或六十里即有与交河县接壤者。据此推算,高昌县境东西约长百里。高昌县城北三十里即至赤石山(今名红山)。赤石山延袤三百余里,山石为沙砾岩,不宜耕垦。从吐鲁番出土文书看,高昌县城北的农田最远处至"城北廿里新兴屯亭"、"城北贰拾里新兴尉将潢"、"城北廿里新兴满水潢"、"城北廿五里宁戎"。高昌县城南的农田都在五里、六里之内,估计再往南亦不宜耕垦了。据此推算高昌县的耕地区域,南北不过三十里。高昌县成片的可耕地总面积不过三千平方里。从现有资料可知,开元天宝年间,高昌县共有十乡:宁大乡、宁昌乡、宁戎乡、尚贤乡、太平乡、安西乡、顺义乡、归德乡、崇化乡、武城乡。平均每乡地域不过三百平方里(沙碛荒漠地带不计)。从各乡的方位看,目前仅知宁戎乡在"城北廿五里宁戎低苦具"、"城北廿里宁戎苦具谷"一带。武城乡在城西十里武城渠一带。其他各乡的具体方位虽然不详,但按常理,除高昌县治所在乡外,其他各乡都应在县治之某一方向(如城东、城西、城南、城北)或某两个相邻方向(如城东、城北;城东、城南;城西、城北;城西、城南)。而当时西州各乡"常"、"部"田的分布,却并不如此。请看以下各例:

(1)载初元年(690 年)宁和才户籍:[1]

一段二亩_{常田}　城北廿里新兴

一段一亩_{部田
三易}　城西七里沙堰渠

一段一亩_{部田
三易}　城南五里马堆渠

宁和才不知是何乡人氏。因"城北廿里新兴"是宁戎乡的地域,宁和才又有"常田"在此,依赵先生所论,姑假定宁和才为宁戎乡人。宁和才户的两段"部田"分别在高昌县之城西七里与城南五里。此两段"部田"势必超出宁戎乡的地域。

(2)大谷 2852、2853 号文书:

户赵买子死退壹段肆拾步永业常田　城西拾里武城渠

壹段肆亩永业_{部田
三易}　城北贰拾里新兴尉将潢

壹段贰亩永业_{部田
三易}　城西拾里南鲁坞

壹段贰亩永业 _{部田
三易}　城西柒里树石渠

赵买子有"常田"于"城西拾里武城渠",姑假定赵买子为武城乡人。赵买子于"城西拾里南鲁坞"、"城西柒里树石渠"各有"部田"。此"部田"与"城西十里武城渠"相距不远,或可视为赵买子当乡之田。但赵买子于"城北贰拾里新兴尉将潢"又有"部田"一段。此段部田就势必超出乡范围。

(3)开元年间高昌县某乡赵善忠户退田文书:[2]

壹段贰亩永业_{部田
三易}　城东贰拾里高宁城

---

[1]　国家文物局古文献研究室等编:《吐鲁番出土文书》录文本,文物出版社 1986 年版,第 7 册,第 415 页。

[2]　池田温:《中国古代籍帐研究》,东京大学东洋文化研究所 1979 年版,第 400～401 页。

壹段壹亩永业_{部田三易}　城西伍里枣树渠

壹段壹亩永业_{常田}　城南壹里索渠

壹段贰亩永业_{常田}　城东肆拾里柳中县

　　姑假定赵善忠为城南某乡某里人,其"城东肆拾里柳中县"的一段二亩"部田",就不仅不是他的当乡之田,而且也不是其当县之田。

　　(4)大谷 1225、2388 号文书:

郭智果死退一段贰亩常田　城西五十里交河县界

一段壹亩_{部田三易}　城东七里左部渠

一段壹亩_{部田三易}　城南六里满水渠

◼◼◼部田　城东卅里柳中县界对渠

　　(5)开元年间某乡给田文书中所含之某户退田文书:①

一段半亩_{常田}　城西六十里交河县界

◼亩_{常田}　城西六十里交河县界

一段壹亩_{薄田}　城北廿里新兴

一段贰亩_{部田}　城东卅里柳中县界对渠

一段半亩_枣　城东卅里柳中县

　　上述两例都是一户之"常田"、"部田",地跨高昌全县,自高昌县东部县界直至高昌县西部县界,甚至还越出高昌县的范围。似此情况,还能说"常田"是当"里"之田、"部田"为当"乡"之田么? 显然不可以。

　　上引数例都属于高昌县。现在再看柳中县的情况。开元四年(716年)柳中县高宁乡江义宣籍:②

壹段贰亩永业_{常田}　城南壹里

壹段伍亩永业_{部田}　城东陆拾里于谌城

---

① 池田温:《中国古代籍帐研究》,东京大学东洋文化研究所 1979 年版,第 418～421 页。

② 池田温:《中国古代籍帐研究》,东京大学东洋文化研究所 1979 年版,第 243 页。

壹段壹亩永业_{部田三易}　城西叁里

壹段半亩永业_{部田}　城东贰拾里

高宁乡的地域也不可能自"城西叁里"直至"城东陆拾里于谌城"。

前面谈到,同一地域,同一渠道的田土可以是不同乡别人户的"常田"。对于"部田"来说,也有类似现象。如城西七里枣树渠:

大谷3401号文书:

尚贤乡

户主何秃子年五十四 ▅▅▅

▅▅ 亩_{部田}　城西七里枣树渠

大谷1200号文书:

顺义乡

户主焦龙贞年六十六　男才爽年卅七 ▅▅▅

壹段壹亩永业_{部田}　城西七里枣树渠

大谷1245号文书(给田文书):①

▅▅_{部田三易}　城西七里枣树渠

已上高阿七充_{戍泰}

以上三例表明,"城西七里枣树渠"的田土既有尚贤乡何秃子、顺义乡焦龙贞的"部田",又有宁戎乡高阿七新授的"部田"。此更证明,所谓"部田"亦一定必是"乡一级官吏所经营而又分布于各'里'的农田"。

五、"部田"未必是"少高卯"之地

卢向前先生认为,"'部田'是麴氏高昌从中原引进的新名词,它是指

---

① 池田温:《中国古代籍帐研究》,东京大学东洋文化研究所1979年版,第385、389、421页。

那些'少高卬'、不易浇溉之土地"。论据之一为东汉应劭《风俗通义》卷10《山泽之部》"培"条：

> 部者,阜之类也,今齐鲁之间田中少高卬,名之为部矣。

按：这里说的是"田中少高卬"之处为"部",而非"少高卬"之田为"部"。

卢先生论据之二为《齐民要术》卷前《杂说》：

> 自地冗后,但所耕地,随饷盖之,待一段总转了,即横盖一遍。计正月二月两个月,又转一遍,然后,看地宜纳粟,先种黑地,微带下地,即种糙种；然后种高壤白地。

按：卢先生以为："文中'高壤'与'白地'相连,'白地'或许相似于'少高卬'之部田。……或许'部田'就是'白田'的一音之转","既然白地为高壤,高昌西州之部田为不易浇溉之高地便不言自明"。我以为,此处,"高壤"与"白地"之间应加顿号,示并列关系。"高壤"与"微带下地"相对,"白地"与"黑地"相对。①

西州"部田"是否都稍高于"常田",目前还难以断定。现存吐鲁番出土文书言及常部田与地势关系者仅见一件(《唐景龙三年十二月至景龙四年正月西州高昌县处分田亩案卷》),所言又恰好是一段二亩常田"渠堰高仰,薄恶有实"。仅此一件,虽然不能得出相反的结论,但至少说也不能证明部田必"少高卬"之说。

六、"部田"的历史渊源或为屯田

探讨麴氏高昌和唐代西州"部田"的历史渊源,我以为还是从"部"字本身的含义与吐鲁番地区的历史情况着手为好。一般地讲,"部田"的本意就是所部之田,亦即属某州、某县或某一机构之田土。

在吐鲁番地区,"部"字曾有类似于"国"的含义。《太平寰宇记》卷180

---

① 《晋书》卷47《傅玄传》载："近魏初课田,不务多其顷亩,但务修其功力,故白田收至十余斛,水田收数十斛。"此处"白田"与"水田"对举,又似指旱土。

载车师的前王国即称为"前部"，后王国称为"后部"。前、后王国王、侯，也叫作"前（后）部王"、"前（后）部侯"。后王国的国人也叫作"后部人"。① 到了唐代，高昌仍被称为"高昌部"，高昌人仍被称为"高昌部人"。如《新唐书》卷1《太宗本纪》载贞观十四年九月癸卯，"赦高昌部及士卒父子犯死、期犯流、大功犯徙、小功缌麻犯杖，皆原之"。贞观十八年二月丁巳，"给复突厥、高昌部人隶诸州者二年"。可见，吐鲁番地区长期用"部"字来表示其国。若此，从字面上讲，所谓"部田"，也就可以解释为当地的王田，或曰国有土地。

特殊地讲，"部田"之"部"，又可能指屯田部。唐代屯田的单位或为"屯"，或为"所"，而在汉代，屯田的单位却是"部"。如东汉永元十四年，"拜（曹）凤为金城西部都尉，将徙士屯龙耆。后金城长史上官鸿上开置归义、建威屯田二十七部，侯霸复上置东西邯屯田五部，增留、逢二部，帝皆从之。列屯夹河，合三十四部"。"至阳嘉元年，以湟中地广，更增置屯田五部，并为十部。二年夏，复置陇西南部都尉如旧制。"②是年十二月，"复置玄菟郡屯田六部"。③ 东汉时期，吐鲁番也广开屯田。上述这种屯田建制，对吐鲁番地区应亦适用。至十六国时期，北凉西凉皆仍分为若干"部"，并设督邮、平水等官员。见于吐鲁番出土文书的，即有"东部督□"、"中部督邮"、"西部平水"、"二部督□"、"前部▭"等名称。当时屯田的单位亦仍为"部"。见75TKM91∶33(a)、34(p)号文书：④

（前缺）

1. ——右八幢知中部屯。次屯之日，幢共校将一人撰（选）兵十五人夜往

2. 守水。残校将一人，将残兵、值苟（狗）还守。

3. 兵曹椽张预、史左法强白。明当引水溉两部。

（中缺）

---

① 类似记载还见于《汉书·西域传》等。

② 《后汉书》卷87《西羌传》。

③ 《后汉书》卷6《孝顺帝纪》。

④ 国家文物局古文献研究室等编：《吐鲁番出土文书》录文本，文物出版社1981年版，第1册，第138页。

4. 司马　蔺　功曹史　　璋

5. 　　　　典军主簿　嘉

6. 录事参军悦五官　　洴

　　（后缺）

　　此件无疑为有关屯田的文书。其中就提到"中部屯"，又提到"引水溉两部"。这里虽未出现"部田"之名，但当时屯田的单位既为"部"，且有"中部督邮"、"西部平水"等机构之设，那么，屯田机构所辖的屯田称之为"部田"，应该不成问题。实际上，稍后的麴氏高昌时期的吐鲁番出土文书中，也就有"部麦田"、"部**床**田"、"镇家南部麦田"、"南奇部麦田"等等之名。[1] 当时，虽有一部分"部麦田"、"部**床**田"转化为民田，但仍有一部分"部麦田"仍属屯、营田性质。下引69TAM140：18/3号文书[2]足资为证：

　　（前残）

　　　　　　　　　　　　　　　　　　　张抵子，赵阿力

　　　　　　捌人，得部麦田伍亩。

　　　　部　麦田肆拾亩。

重光　　　月　日将桑遮晞、张元相

　　　　人条列□丁头数，无□□违，虚违

　　　　者占依官限　　　　　　占□

兵　　　　　　　　　　　　　□

宁远将军吏部郎中

东　官　司　马　史　　　　□

　　此件虽残，但从残文仍可看出，此件乃计丁授田文书，主持授田的机构属于军事系统，受田者应为兵丁，所授之田乃"部麦田"。此为兵屯，抑或民屯，不得其详。"部麦田"既授之后，仍属官田，抑或转化为民田，亦不复可知。但这些"部麦田"未授之前，属于屯田机构所有，应无问题。

---

① 国家文物局古文献研究室等编：《吐鲁番出土文书》录文本，文物出版社 1983 年版，第 5 册，第 55、240 页；文物出版社 1983 年版，第 4 册，第 175 页；文物出版社 1981 年版，第 3 册，第 191 页；等等。

② 国家文物局古文献研究室等编：《吐鲁番出土文书》录文本，文物出版社 1983 年版，第 5 册，第 51 页。

唐代西州高昌县常部田分布情况表

方位	常 田				部 田			
	田亩所在地	资料出处	段数	亩 数	田亩所在地	资料出处	段数	亩 数
	壹里匡□□	大谷2862	1	2	二里俗尾潢	大谷2383	1	?（三易）
	一里土门谷	大谷2383	1	0.5		大谷2860	1	?（三易）
	□里土门谷渠	文书107/6	1	3亩150步	二里潢渠	文书105/6	1	?
	二里南渠	文书119/6	1	?		文书121/6	1	?
	二里北渠	文书120/6	1	?	三里	文书119/6	1	?
		文书121/6	1	?	三里俗中潢	大谷2382	1	1
	四里北渠	文书121/6	1	?	三里谷中潢	大谷2869	1	1
	二里潢渠	文书121/6	1	2	四里屯亭渠	文书120/6	1	?
	二里七顷渠	大谷2855	1	2	五里胡道渠	大谷1376	1	1
		大谷2914	1	2		文书418/7	2	5
		大谷2915	1	2		文书318/8	2	3（三易）
城	壹里匡□	大谷2862	1	2	五里屯头渠	大谷1235	1	1
	二里匡渠	文书428/7	1	1	五里左部渠?	大谷2969	1	1
	三里	大谷2385	1	1	五里左部渠	大谷2874	1	1
	三里新渠	大谷2861	1	1		大谷2604	1	1
	五里垒底渠	大谷2383	1	?		大谷2863	2	5（三易）
		大谷2860	1	2		大谷1224	1	?
东	二里石宕渠	大谷2865	1	1		文书246/6－259/6	6	?
	三里石宕渠	BLOR8212	1	?		文书418/7	1	1
	四里石宕渠	大谷2855	1	?		文书514/7	2	3
		大谷2913	1	1	七里左部渠?	大谷2926	1	2（三易）
	五里石宕渠	大谷1376	1	2	七里左部渠	大谷2867	1	1
	廿里高宁	大谷2604	1	?		大谷1225	1	1（三易）
	廿里柳中县	大谷2870	1	?		大谷2385	1	3（三易）
		大谷2871	1	2.5		大谷2861	1	0.5
		文书240/8	2	2		文书428/7	1	1（三易）
	廿里柳中县界	大谷2384	1	2	十里屯亭	大谷2860	1	?（一易）
		大谷2973	1	2		大谷2976	1	?
		大谷2376	1	1		大谷2383	1	1
		大谷2863	1	?		大谷2860	1	?

续表

方位	常 田				部 田			
	田亩所在地	资料出处	段数	亩 数	田亩所在地	资料出处	段数	亩 数
城 东		大谷2860	1	4	廿里高宁城	大谷2389	1	2(三易)
	廿里高宁宋渠	文书245/6	1	2		大谷2865	1	2(三易)
	卅里高宁宋渠	文书258/6	1		廿里柳中县界	S.6090	1	2
	廿里酒泉辛渠	文书250/ 6－252/6	6	4	廿五里柳中县	文书419/7	2	3
	廿里酒泉璨渠	文书248/6	2	1	卅里柳中县	文书419/7	1	1
		文书257/6	1	1	卅里酒泉莎城部	文书259/6	1	6
	卅里高宁渠	文书244/6	1	3	卅里高宁北部渠	文书259/6	1	2
	卅里酒泉	文书244/6	1	2		文书260/6	1	1
		文书246/6	1	3	四十里柳中县	大谷2854	1	3(三易)
	廿五里柳中县	文书419/7	2	?		大谷2865	1	2
	卅里柳中县	大谷2871	2	2		大谷2856	1	1(三易)
		大谷2867	1	1		大谷2927	1	?
		文书419/7	1			大谷2867	1	3
	卅里柳中县对渠	大谷2388	1	?		大谷2384	1	2
		大谷1228	1	3		大谷2868	1	1
	卅里柳中县屯 续渠	大谷1231	1	3		DA ch 2405	1	?（三易）
		大谷2854	1					
城 西	壹里杜渠	大谷2863	1	2	一里马□□	大谷2604	1	1
	壹里左官渠	大谷2863	1	1亩 180步	五里申石渠	大谷2598	1	2
		大谷2867	1	1	五里申石渠	大谷2598	1	2
	贰里孔进渠	大谷2852	1	2	五里神石渠	文书243/ 6－260/6	3	4
		大谷1230	1	?	五里白渠	文书255/6	1	?
		文书315/8	2	4	七里白渠	大谷2604	1	2
	十里武□□	大谷5143	1	?	八里白渠	大谷2854	1	1
	拾里武城渠	大谷2854	1	1	七里白地渠	大谷2392	1	1
		大谷2852	3	□亩 160步	五里屯头	大谷2863	1	1
		大谷2861	1	?	五里屯头渠	大谷4382	1	?
		大谷1231	1	1		大谷2381	1	2
		S.4682	1	1		大谷2392	1	1
		文书423/7	1	2		大谷1235	1	1

续表

方位	常田				部田			
	田亩所在地	资料出处	段数	亩数	田亩所在地	资料出处	段数	亩数
	卅里交河县	文书417/7	1	1.5		旅顺博物馆旧藏	1	2
	五十里交河县界	大谷1225	1	2	七里屯头渠	文书428/7	1	1(三易)
	六十里交河县界	大谷2598	1	1		文书318/8	1	2(三易)
		大谷1228	1	?	柒里屯□渠	大谷 DATⅡT 1137ch1815	1	?
		大谷2390	1	0.5	五里胡麻井渠	大谷2866	1	2(三易)
						大谷2604	1	3
						大谷2392	1	1
						文书255/6	1	1(三易)
						文书415/7	1	2(三易)
城					□里胡麻井渠	文书432/7	1	2
						大谷2867、2875缀合	1	?
					五里榆树渠	大谷1243	2	4
					七里榆树渠	大谷2867	1	3
						大谷2867	1	1
					七里沙堰渠	文书318/8	1	1(三易)
						文书415/7	1	2(三易)
						文书432/7	1	3(三易)
						大谷2856	1	1
西					柒里坚石渠	大谷4382	1	1
					柒里树石渠	大谷2852	1	2(三易)
					一里北部渠	大谷2853	1	?
					七里北部渠	文书265/6	1	1
						大谷1376	1	?
					十里北部渠	旅顺博物馆旧藏	1	2
					五里枣树渠	大谷1200	1	1(三易)
						大谷2865	1	1(三易)
						大谷2389	1	1
						大谷3394	1	2
					七里枣树渠	大谷3400	1	1

续表

方位	常 田				部 田			
	田亩所在地	资料出处	段数	亩 数	田亩所在地	资料出处	段数	亩 数
						大谷 1200	1	?
						大谷 1204	3	5
						大谷 1199	5	9
						大谷 2358	2	3
						大谷 2360	2	3
						大谷 2361	1	?（三易）
						大谷 2384	1	1
						大谷 3396	1	?
						大谷 3397	1	2
						大谷 3398	1	?
						大谷 3401	1	?
城						大谷 3404	1	1
						大谷 3407	1	?
						大谷 3405	5	6
						大谷 3394	2	4(三易)
					八里枣树渠	文书 421/7	1	4
					□□枣树渠	大谷 2376	1	3(三易)
西					七里枣□□	大谷 2856	1	4(三易)
						大谷 2385	1	2(三易)
					七里康□□	大谷 2858	1	1
					拾 里	大谷 2604	1	1(三易)
					拾里芳其渠	大谷 2854	1	2
					拾里南鲁坞	大谷 2852	1	1(三易)
						大谷 2854	2	3(三易)
						大谷 2853	1	2(三易)
						大谷 1230	1	2(三易)
						大谷 1229	1	1
						文书 418/7	1	2(三易)
						文书 315/8	2	2(三易)

续表

方位	常　田				部　田			
	田亩所在地	资料出处	段数	亩数	田亩所在地	资料出处	段数	亩数
城 南	壹里索渠	大谷2389	1	1	四里白渠	大谷1243	1	2
		文书430/7	1	0.5	五里土营部	大谷2916	1	1
	贰里索渠	大谷8069	1	?		大谷2383	1	4
	一里杜渠	大谷1234	1	0.5	五里蒿渠	大谷2863	1	?
		大谷2867	1	1		文书428/7	1	1(三易)
		文书417/7	1	0.5	五里白地渠	文书243/6－260/6	5	?
	贰里杜渠	文书246/6	1	2	五里马□□	大谷2385	1	2(三易)
		文书417/7	1	2	五里马渠	文书415/7－421/7	2	3(三易)
		旅顺博物馆旧藏	1	?		文书432/7	1	2(三易)
		DAch3810	2	?		文书171/8	1	1(三易)
	二里王渠	文书417/8	1	2		大谷2916	1	2(三易)
	捌里满水渠	文书318/8	1	1	六里满水渠	大谷2388	1	1(三易)
	廿里酒泉璨渠	文书257/6	1	2	廿里酒泉璨渠	文书257/6	1	2
城 北	半里大地渠	大谷2382	1	2	一里满□□	大谷2857	1	1
	一里满水渠	大谷2996	1	1	二里北部渠	文书256/6	1	2
	二里张渠	大谷2916	1	0.5	三里潢渠	文书107/6	1	6
	二里石宕渠	文书263/6	1	?	五里	BL OR8212	1	?
		文书421/7	1	2	七里榆树渠	大谷3068	1	2
	三里石宕渠	文书432/7	1	2	廿里新兴	文书193/8	1	1
	廿里新兴	大谷1243	1	0.5	廿里新兴屯亭	大谷2914	1	3
		大谷2913	1	2		大谷2855	1	3
		文书415/7	1	2	贰拾里新兴尉将潢	大谷2853	1	4(三易)
	廿里新兴叠底渠	文书417/7	1	2				
	廿里新兴满水潢	大谷3377	1	2				

从唐代西州常、部田的地域分布情况亦可得见：(1)虽然西州高昌县的城东、城西、城南、城北都是既有"常田"，又有"部田"，但就具体渠道而言，则两者必居其一，这说明"部田"与"常田"各自连成一片，互不交错。(2)与历史上屯田或驻扎军队有关的一些渠道，加城东屯头渠、城东左部

渠、城北屯亭、城西屯头渠、城西北部渠、城西南鲁坞、城南土营部、城北新兴屯亭、城北新兴尉将潢等,都只有"部田"。①

这里应该重申,这里说的仍只是就"部田"的历史渊源而书,并非论证唐代西州的"部田"仍是屯田。

论者或疑,因屯田而得名的"部田"为什么在它转化为私田之后,仍保留"部田"的名称? 究其实,屯田废弃后仍保留屯田名称的事例历史上并不罕见,爰及明清时期仍有这种情况。请看乾隆《莆田县志》卷9《学校·校田》的几段记载:

> 乾隆六年,监生刘安邦妻黄氏捐置民屯租六十五石一斗六斛,送入府学充科举卷资,立石记。
>
> ……
>
> 乾隆二十一年监生林守仁遵父耆宾林聘翰遗命捐屯田二十四亩三分零,载租三十石一斗零(原注:坐仙邑西津涧,佃户李伯芳、李伯信、刘仙、林德成等)送充府学为起送之资。

林守仁等捐给府学的"屯田"源于明初的卫所屯田。这种屯田到明朝末年已是名存实亡。但直至朝代更迭以后一百多年,前朝屯田故名犹存。林守仁捐予府学的八段三十一亩八分田土,实际上都是私田,但因其历史渊源不同,故仍有"屯田"与"民田"之分。而刘安邦妻黄氏所捐赠的田土不仅仍名"民屯",而且还勒石为记。由此足见,屯田转化为民田之后,相当长的一段时间之内仍可能沿用屯田之名。

七、唐代西州"常田"、"部田"的区分或与水利灌溉有关

卢向前先生在论证"部田"为"少高印"之田的同时,又谈到"部田"与

---

① 大谷文书 2311 与大谷文书 2854 各有 1 段地:"一段参亩常田城东册里柳中县屯续渠东范西至渠南至渠北王素",这 2 段地亩数、坐落、四至全同,应为同一块地。查之图版,"屯"字相当模糊,很可能是误书、误录。即使录文无误,"屯续渠"上的田亩仅此一见,与"屯"字有关的渠道上有"常田"亦仅此一见,应当视为特例。

水利有关。卢向前先生认为:"唐代西州高昌县,至少在《授田簿》成文的年代,即七世纪中叶之前,灌溉农田的水量是不够充分的,也就是说新兴谷水渠之水不足以浇溉高昌县城方圆二十里包括常田、部田等在内的所有土地。官府为了解决土地的灌溉问题,就要努力进行提高水位的工作并控制水源。""然而,即便抬高水位,新兴谷水还不足以浇溉全部的土地,于是,便把利于灌溉的土地称作常田,即'常稳之田';而把不易浇溉的土地称作部田,即'少高卬'之田,并在水源上加以控制,采取分别对待的方法。……在保证常田用水的基础上,又把部田分为三易部田、二易部田、一易部田,采取按年按片轮番通水灌溉的措施。一般地,若子年通东,则丑年通南(或西),寅年通西(或南)"。

唐代西州高昌县的"部田"是否按年按片轮番通水,笔者以为未必,至少说目前尚未见此类记载。我们知道,唐代西州的常田与部田虽分别成片,但高昌县城东、城西、城北、城南又都有常田与部田的分布。倘若某年,城之某方向停止供水,那么,就不仅部田得不到灌溉,常田也同样得不到灌溉。

尽管如此,卢向前先生将常、部田与水利灌溉联系起来的想法仍极富启发性。受卢向前先生所论的启发,我倒产生一种想法:"常田"与"部田"的区别,是否还和浇水时间、浇水遍数有关。我们知道,唐代西州高昌县的农业,很大程度上取决于新兴谷水,而新兴谷水又取决于天山的雪水,而天山积雪的溶化又受气候气温的影响。由于天山各个季节、各个月份的气温不同,势必导致新兴谷水渠水量的季节性变化,有些月份,新兴谷水可能满足或基本满足全部农田(包括常田与部田)的灌溉用水,有的月份则只能满足一部分农田的灌溉用水。在新兴谷水不能充分满足全部农田用水的场合,就更需要通过渠堰来控制各渠堰农田用水的时间、水量与浇水次数。当然,这也只是一种推测,尚缺乏当地的确切资料作佐证。① 倘若此说可以成立,那么,常田与部田分别坐落于具体渠道

---

① 敦煌出土的沙州敦煌县用水细则(件见唐耕耦、陆宏基编:《敦煌社会经济文献真迹释录》第1辑,书目文献出版社1986年版,第394~399页),对敦煌各干、支渠的行水次第,对各种农作物的浇水时间、浇水遍数都有极其详尽规定。以理揆之,西州亦当如此。惜不得其详。

而互不交错的现象就可以得到进一步的解释；常田多一年两熟，部田多一年一熟现象，常田多上价、中价，部田多中价、下价现象也都比较容易解释。① 由此益证："部田"既非"薄田"之通假，亦非"倍田"之通假。

（后记：关于麴氏高昌与唐代西州部田的历史渊源，笔者先后写有两文：一篇《试考唐代吐鲁番地区"部田"的历史渊源》，载《中国社会经济史研究》1982 年第 1 期。另一篇为《再谈麴氏高昌与唐代西州"部田"的历史渊源》，载《中国史研究》1988 年第 1 期。现综合两文，并据后来的讨论做了增补修订。）

---

① 孔祥星《吐鲁番文书中的"常田"与"部田"》（载《中国历史博物馆馆刊》1986 年总 9 期）率先论证西州"常田"一年两熟，"部田"一年一熟。

唐代西州欠田、退田、给田
诸文书非均田说
——兼与日本学者西村元佑、西嶋定生先生商榷

吐鲁番出土的唐代文书中,有一批记载欠田、给田、退田等事项的文书。日本学者称之为欠田文书、给田文书、退田文书、田籍文书。这批文书的年代多在开元二十五年至二十九年,其时,所谓的"均田制"形式尚存。西村元佑先生、西嶋定生先生认为上述这批文书就是当时均田制下土地还授的公文。他们依据这批文书研究唐代均田制的实施状况,得出开元末年,均田制下的土地还授工作仍被切实实行,唐代西州以及其他狭乡永业田亦在还授之列的结论。[①]

我们认为西村元佑、西嶋定生二位先生在吐鲁番欠田、给田、退田文书的整理、研究方面用力甚勤,也取得显著成绩。但他们由此得出的基本结论却欠稳妥。西村元佑、西嶋定生所论在国内外史学界很有影响,[②]因而,很有商榷之必要。

---

① 　西村元佑:《唐代吐魯番推行均田制的意義——大穀探險隊將來欠田文書為中心》,原載《敦煌吐魯番社會經濟資料(上)》,《西域文化研究》2,1959 年;1968 年又收入西村元佑:《中國經濟史研究》,同朋舍 1968 年版。西嶋定生:《從吐魯番出土文書看均田制施行狀態——以給田、退田文書為中心》,原載《敦煌吐魯番社會經濟資料(上)》,《西域文化研究》2,1959;1966 年又收入西嶋定生:《中國經濟史研究》,東京大學出版会 1966 年版。
② 　崛敏一先生的《均田制の研究》,池田温先生的《中國古代の租佃契》等即基本上采用了西村元佑、西嶋定生二氏的说法。

一、欠田文书与西州户籍在授田对象方面的比较

西村元佑、西嶋定生认定上述文书即是均田制下土地还授的公文，但没有对此进行论证。在他们看来，这也许不成问题。但我认为，正是这个问题，应该深入探究。为了讨论的方便，这里先分别介绍欠田文书、退田文书、给田文书与田籍文书的基本内容，并对有关情况进行简单的统计：

欠田文书（大谷 2912、大谷 2886、大谷 2891 缀合）：[①]

1. 宁昌乡
2. 合当乡第九第八户欠田丁中总一百人
3. 八　十　七　人　　第九户
4. 　康大智 二丁欠常田二亩/部田四亩　　刘威感 二丁欠常田二亩/部田三亩　　申屠嗣嘉 丁欠常田二亩/部田四亩
5. 　□□□ 欠常田一亩　　杨孝忠 丁欠常田一亩　　康神奴 二丁欠常田一亩/部田一亩
6. 　□□□ ■半　　赵素才 丁欠常田二亩/部田一亩　　王定远 丁欠常田一亩/部田二亩
7. 　□宝子 丁欠常田一亩半/部田四亩　　张思礼 二丁欠部田十亩　　□□□ 一丁一中欠常田一亩
8. 　张宝顺 二丁欠常田四亩/部田二亩　　白小师 老二丁欠常田二亩半部田二亩
9. 　张仁□ 丁欠部田二亩　　康慈敏 丁欠部田四亩　　李休之 丁欠部田三亩
10. 　张日光 一丁一中欠常田五亩/部田六亩　　郭思行 丁欠常田二亩　　王知之 丁欠部田二亩
11. 　令狐忠节 丁欠部田二亩　　鞫虚？己 丁欠常田一亩　　康鼠子 丁欠常田一亩
12. 　贾忠礼 丁欠部田二亩　　康翻牒 二丁欠常田三亩/部田四亩　　张胶子 二丁欠常田二亩/部田四亩
13. 　曹六六 丁欠常田一亩/部田一亩　　画僧奴 丁欠常田四亩　　曹实都 丁欠常田一亩/部田一亩
14. 　侯善义 丁欠常田一亩半部田二亩　　董仙福 丁欠部田三亩　　□□□ ▬▬
15. 　白思握？ 二丁欠常田一亩半/部田二亩　　常思孝 丁欠常田四亩　　白税祝 二丁 ▬▬

---

① 见池田温：《中国古代籍帐研究》，东京大学东洋文化研究所 1979 年版，第
395 页。

16.　令狐思慎_{丁欠部田二亩}　康敬忠^{丁欠常田一亩}_{部田三亩}　赵乞？善？^{丁欠常田二亩}_{部田一(亩)}

17.　张希祐_{丁欠部田四亩}　曹怀子^{老一丁欠常}_{田一亩半} 樊▢▢

(后欠)

表1　唐开元二十九年前后西州欠田文书中欠田口与欠田亩数统计表

统计户数	欠田口				欠田额			平均每户欠田	平均每丁欠田(老寡不计)
	中	丁	老	寡	常田	部田	合计		
172	7	238	6	14	275亩230步	532亩40步	808亩20步	4.7亩	3.3亩

注:欠田口与欠田数不详者不计。

退田文书(大谷2854、大谷2852、大谷2853缀合):[1]

(前欠)

▢▢贰亩永业 ▢▢城西拾里武城渠

壹段壹亩永业_{部田}　城西捌里白渠

(四至略,下同)

壹段壹亩永业_{部田叁易}　城西拾里

壹段壹亩永业_{部田叁易}　城西拾里南鲁坞

户张师训剩退壹段叁亩永业_{部田叁易}　城东肆拾里柳中县

户张阿苏剩退壹段壹亩永业_{常田}　城西拾里武城渠

壹亩叁亩永业_{常田}　城东肆拾里柳中县屯(?)续渠

户大女赵大观死退壹段贰亩永业_{常田}　城西贰里孔进渠

壹段贰亩永业_{部田}　城西拾里芳其渠

壹段壹亩永业_{部田}　城西柒里坚石渠

户赵买子死退壹段肆拾步永业_{常田}　城西拾里武城渠

---

① 见池田温:《中国古代籍帐研究》,东京大学东洋文化研究所1979年版,第399～400页。

壹段贰拾步永业^{常田}　城西拾里武城渠

壹段陆拾步永业^{常田}　城西拾里武城▭▭

壹段贰拾步永业^桃　城西拾里武城渠

壹段肆亩永业^{部田}_{叁易}　城北贰拾里新兴尉将潢

壹段贰亩永业^{部田}_{叁易}　城西拾里南鲁坞

壹段壹亩永业^{部田}_{叁易}　城西拾里南鲁坞

▭▭ 贰亩 永业^{部田}_{叁易}　城西柒里树石渠

（后欠）

表2　唐代西州退田文书中退田原因、退田亩数统计表

统计户数	退 田 原 因					大女退田	平均每户退田
	剩退	死退	出嫁	没落	不详		
52	12	25	1	2	12	16户（另有5户是否大女不详）	4.1亩

给田文书（大谷文书1238、大谷文书2604缀合）：[1]

（前欠）

曹定德死退▭▭

　　　　给▭▭

一段壹亩^{部田}_{叁易}　▭▭

　　　给康▭▭

一段贰亩^{部田}_{叁易}　城西五里胡麻井渠▭▭西逼永寺　南▭▭

昌　给翟思□讫_泰

一段叁亩^{薄田}　城东六十里横截城阿魏渠　东至渠　西至道　南至渠▭▭

壹亩给安忠秀_大　天贰亩给戎义仙讫_泰

---

[1]　见池田温：《中国古代籍帐研究》，东京大学东洋文化研究所1979年版，第420页录文图版。录文中"充"字当系"讫"字。

康虵子死退一段贰亩_{常田} 城东廿里高宁_{东申德、西李秋、南安僧伽 北竹乌□}

昌 给史_大尚宾充_天

一段壹亩_{部田}城东五里左部渠_{东至荒 西宁守相 南至渠 北至渠}

昌 给史_大尚宾充_天

一段贰亩_{部田}城西七里白渠_{东鞠明璀 西贾海仁 南至渠 北□}

昌给康忠_{□□□}泰

□□□思讷死退一段壹亩_{部田} 城西一里马□□□

一段壹亩_{部田} 城西七里康□□□

（后欠）

田籍文书（大谷文书1201）：[①]

（前欠）

户主□□□

一段四亩_{部田} 城□□□

一段四亩_{部田} 城西□□□

户主索麻字年六十六男小圈？□□□

　独孤苟子一段一亩_{部田} 城□□□

户主张慈敏年卅七？■■■■ 嘉会？男□□□

　一段二亩_{部田} ■■■■ 枣树渠东渠 西渠 南鞠仁 北鞠□□□

户主马孤易年廿八岁 父崇敏_死

一段二亩_{部田} 城西七里□□□

大谷文书2361：[②]

　□□□壹亩_永□□□

户主翟思宾年十□□□

---

① 见池田温：《中国古代籍帐研究》，东京大学东洋文化研究所1979年版，第386页录文。

② 池田温：《中国古代籍帐研究》，东京大学东洋文化研究所1979年版，第390页。

　　壹段贰亩永 业 ☐☐☐☐

　　壹段壹亩永业 部田城西柒里 枣 树渠 东☐ 西 ☐☐☐

户主高仁节年六十一,男思惠年十五

　　壹段贰亩永业 部田城西柒里枣树渠 　东道 西 ☐☐☐

户主穆石师年六十六 　男☐☐年卅三

　　壹段壹亩 ☐☐☐

　　(后欠)

　　关于上述诸种文书的性质和作用,西村元佑认为:欠田文书是土地还授的准备,它具载各户欠田额及欠田丁中数,由乡官里正向县厅担出,申请给田;退田文书具载应退田者户主姓名及应退田地段,为当年的给田做准备。在土地还授之际,由县厅将退田文书中的各退田地段另抄别纸,然后由县令裁决,填上给田者的姓名,这就成了给田文书。田籍文书则是当年乡里给田的副本,它记载当年被授田者的户主姓名、户内丁中姓名及年龄、给田地段所在地、给田面积等。留作下一年班田收授时做参考。

　　这里存在着一种土地还授制度,是没有疑问的。但土地还授并非所谓"均田制"特有的制度。其他的公有地也可以有还授。

　　我们认为,要判断上述文书所说的"欠田"、"给田"、"退田"是否属于所谓"均田制"范围内的土地还授,只能有一个标准:这就是看它是否符合唐代田令的有关规定;它所反映的基本情况与唐代敦煌、吐鲁番户籍(或手实)资料中的情况是否相符。

　　先说授田对象。唐代"均田制"的授田对象除了丁男和年满18岁的中男外,还包括老男、寡妻妾以及未婚女子、18岁以下中男、小男当户者。大历以前唐代敦煌户籍(或手实)中,受田口情况比较清楚者共有72户。其中,除丁中之外无其他受田口者计23户,占总户数之33.3％;受田口中包括老、寡之户计45户,占总户数之62％;其中受田口中全无丁中之户,计20户,占总户数之27.7％。同期西州户籍、手实,受田口情况比较清楚者计14户。其中,除丁中外无其他受田口者计4户,占总数28.6％;受田口中包括老、寡之户计9户,占总数64.3％,其中,受田口中全无丁中之户计6户,占总户数42.9％。综合上述敦煌、吐鲁番户籍、手实的统计资料,当时的所谓"均田户"中,受田口中无丁中之户,与受田口中只包含丁中之户,大体相当,各约占总户数之三分之一;而受田口中包括或者只有老男、寡妻妾之户约占总数之三分之二。而唐代西州的欠田文书中,含丁男之户占总数 99.4％;欠田口(从受田的角度看亦即受田口)中不包含丁、中者只有曹履祎一户。据本文表1统计,欠田户中兼载老男、寡妻妾口数者亦仅占总户数之 11.6％。而这为数不多的老男、寡妻妾,基本上又只集中于大谷文书 2888、2889、2904、2376 等几份欠田文书(如大谷文书 2888 号计存 26 户,其中有八户含有老、寡)。其他欠田文书则很少包括老男、寡妻妾。前引宁昌乡欠田文书亦标明它所登录的对象只是"欠田丁中"。这些情况充分表明老男、特别是寡妻妾不是唐代西州欠田文书所属的那种土地制度的授田对象。它只是在登录欠田丁中时偶尔被附上一笔而已。这种情况应可证明:唐代西州欠田文书的授田对象与唐代田令的规定不同,因而,它不可能属于所谓"均田制"范围。

再谈"均田制"下土地还授过程中的给田对象问题。乍一看,"均田制"下的授田对象与"均田制"下土地还授过程中的给田对象似乎并无两样,实际上,两者的区别还是相当显著的。"均田制"下的授田对象(包括田令颁布后"初授田"对象)以丁男为主,兼及老男、寡妻妾、18 岁以上中男等。因而,敦煌、吐鲁番"均田户"的户籍、手实中,丁男占全部受田口的一半以上;中男所占比例甚小,不超过全部受田口之 5％。而"均田制"下土地还授过程中的给田对象则应以年及 18 岁的中男为主。因为,从每一个具体时间点(例如开元二十五年)来说,丁男、老男、寡妻妾等的"受田"应视为既成事实。此时被考虑的,只是当年新取得受田资格的 18 岁中男。假如当时"均田制"下的土地还授工作被切实实行,又假定前此几年退田少而新取得受田资格者多,因而使某些人年及 18 时受田不足,而有待此后数年陆续补足。只有在这种情况下,丁男才会成为"均田制"土地还授过程中,某个时间点的授田对象。但在这种情况下,18 岁以上中男即使不是当年唯一的应授田者或主要的应授田者,但至少也应在当年应授田者中占较高比例。但唐代西州欠田文书中所反映的情况又绝非如此。我们所统计的 172 户中,丁男占压倒多数(占欠田丁中总数的 97.1％);中男很少,不超过欠田丁中总数的 3％(在 245 名欠田丁中中,中男仅有 7 名);没有一户欠田户只有中男,而无其他受田口者。

这种情况与"均田制"下的土地还授也不合拍。

二、欠田文书与"均田"体制下
户籍资料中欠田面积的比较

下面再将唐代西州"均田"体制下的户籍手实中的应受田、已受田、未受田的情况,与西州欠田、给田、退田诸文书中的欠田、给田、退田数额做一比较。现存西州"均田"体制下的户籍手实中的各户受田情况见表3。

表3　现存西州户籍、手实中的各户受田情况表

编号	年代	县乡里	户主姓名	应受田人数	家口	应受田（亩）	已受田（亩）			未受田（亩）	备注
							永业田	园宅地	合计		
1	贞观十四年(640年)		安苦咄延	估计一丁一老男		80	?	?	6亩120步	73亩120步	手实,《文物》1972年第1期
2	七世纪后期	高昌县	不详男赵师	估计一丁一中男	?	121	10	40步	10亩40步	《籍帐研究》①第235页
3	七世纪后期		不详（小女15岁）	不详		1亩		40步	40步	200步	《籍帐研究》第236页
4	载初元年(690年)	高昌县	宁和才	小男当户一寡	3	*51②	5	40步	5亩40步	45亩200步	《文物》1973年第10期

① 池田温:《中国古代籍帐研究》,东京大学东洋文化研究所1979年版。

② "*"号者代表推算数。下同。

续表

编号	年代	县乡里	户主姓名	应受田人数	家口	应受田(亩)	已受田(亩)			未受田(亩)	备注
							永业田	园宅地	合计		
5	天授三年(692年)		史女辇	丁寡当户	2	*36	5	40步	5亩40步	30亩200步	《籍帐研究》第238页
6	八世纪初		不详	估计一丁	?	61	*10	*40步	10亩40步	50亩200步	《籍帐研究》第240页
7	开元四年(716年)	柳中县高宁乡	江义宜	一丁二寡	5	91	13亩80步	70步	13亩80步	77亩160步	《籍帐研究》第243页
8	开元四年(716年)	柳中县高宁乡	王孝顺	小男当户1寡	3	51	4	40步	4亩40步	46亩200步	《籍帐研究》第244页
9	开元四年(716年)	柳中县高宁乡	索住洛	老男当户	3	36	8	40步	8亩40步	27亩200步	《籍帐研究》第245页
10	开元四年(716年)	柳中县高宁乡	不详(奴典仓)	估计4丁	?	241	29亩150步	40步	29亩190步	211亩50步	《籍帐研究》第245页。其中买附12亩15步

续表

编号	年代	县乡里	户主姓名	应受田人数	家口	应受田（亩）	已受田（亩）			未受田（亩）	备注
							永业田	园宅地	合计		
11	开元四年（716年）	柳中县高宁乡	白小尚	中女当户			籍载"右件壹户放良，其口分田先被官收讫"				《籍帐研究》第247页
12	开元四年（716年）	柳中县高宁乡	阴婆记	丁寡当户	1	36	4	40步	4 亩40步	31亩200步	《籍帐研究》第247页
13	8世纪初	不详	不详	估计一丁一寡		76	5	* 40步	* 5 亩40步	* 70亩200步	《籍帐研究》第248页
14	天宝年代	交河郡蒲昌县	不详（弟游仙）	估计一丁三寡		106	6	40步	6 亩40步	99亩200步	
15	天宝年代	交河郡蒲昌县	不详（婢来花）	估计二丁		121	*8	70步	8 亩70步	112亩170步	
小计				*相当于19丁		1107			116亩100步	990亩140步	

续表

编号	年代	县乡里	户主姓名	应受田人数	家口	应受田(亩)	已受田(亩)			未受田(亩)	备注
							永业田	园宅地	合计		
平均每户						85亩35步			8亩221.5	76亩38.9	
平均每丁									6亩35步		

从表3可以看出唐代吐鲁番地区是特狭乡。按唐田令规定:"若狭乡所受者,减宽乡口分之半。"①唐代西州即以狭乡标准计算各户的应受田。但即使是这个低标准,也没有一户能够达到或比较接近。表3统计的13户中,每户平均应受田85亩36步,已受田约9亩。已受田仅占应受田之10.5%。平均每户欠田76亩,平均每丁欠田约54亩。第10户,已受田最多,但也只有29亩190步(其中买田占12亩15步)。该户欠田额高达211亩50步,也是各户之冠。索洛住户应受田额最低(36亩);已、应受田率最高(达22.2%);欠田最少,但也欠田7亩200步。以上就是唐代西州"均田户"的概况。

现在再看唐代西州欠田文书中各户的欠田情况。据欠田文书,各户欠田额一般都在10亩之内。平均每户欠田4.7亩,平均每丁欠田3.3亩。欠田少,就意味着已受田多。如果上述欠田文书中的欠田户即所谓均田户,那么,由他们欠田情况逆推,应可得出他们平均每丁受田50多亩的结论。而当时的情况又显然不是如此。

不仅如此,据欠田文书,当时当有不少户受田足额。如宁昌乡欠田簿载该乡第八、九等欠田丁中总一百人。据现存残卷,该乡欠田户与欠田丁中之比为37:52,所以,我们可以把这100名欠田丁中折算为大约

---

① 《通典》卷2《田制》。

75户。该件欠田簿不载八等以上户,此或因为该乡无八等以上户,或者是八等以上欠田户附在第九、第八等欠田户之后而未能保存下来。但据当时通例,八等以上户实际上很少。所以,宁昌乡即使有八等以上欠田户,该乡欠田户总数也不会超过80户。该乡总户数不详。同期西州交河县名山乡"户一百八十八见在","户一百八十一应堪差科"。[1] 宁昌乡也有一份差科簿残卷,年代不详,大体上也当在开元天宝前后。

       宁昌乡

         合当乡据籍杂色▭▭

     九   十   九▭▭

      六   十   ▭▭

          侯进感弟□素卅八▭▭

   氾逸之廿二五品子□我?▭▭[2]

   (后欠)

    据此,我们估计宁昌乡不少于200户。[3] 如果我们估计不误,那就意味着该乡至少有半数农户受田足。这与西州户籍、手实所记载的所谓"均田户"受田情况更是大相径庭。据此,我们亦可断定上述欠田文书所记载的各户欠田数绝非按照唐田令的有关规定计算的。

    再看唐代西州的给田文书与退田文书。唐代西州给田文书,每户给田的数额都很少。我们统计的给田文书共59户(给田数不详者除外),平均每户给田1.74亩。这与西州欠田文书所反映的情况是一致的。因为欠田少,所以需要重新给田之数也必然少,这很好理解。难以理解的是退田文书中平均每户退的数额也很少。我们统计退田文书共38户(退田额不详者未计在内),平均每户退田4.1亩。照理说,欠田少就意味着已受田多,因而在老死或绝户时所应退之田也就必然多(欠田户丁男死退时应退田数=应受田数-欠田数-20亩永业田)。因为欠田户平均每丁欠田3.3亩,因而这些欠田户的丁男入老时,平均应剩退16.7

---

① 见《敦煌资料》第1辑,中华书局1961年版,第210页。

② 池田温:《中国古代籍帐研究》,东京大学东洋文化研究所1979年版,第381页录文。

③ 开元天宝前后,西州总户数9016,共24乡,平均每乡370多户。

亩,死退时应退田 36.7 亩。^① 至于那些不欠田之户,在入老或身死时应退田数就更多。西州退田文书中平均每户退田数与此数额相差极为悬殊。

再则,据唐代西州户籍或手实,那些"均田户"因"受田"极少,所以,非到绝户之时,皆无田可退。但据唐代西州退田文书,除了绝户退田之外,还有为数颇多的"剩退"。^② 凡此等等,都说明了唐代西州退田文书所记各户的应退田额亦非按照唐田令的有关规定计算的。

我们认为,男夫年及 18 开始授田与减丁时按田令规定的数额退田,这是均田制下土地还授制度的两项基本内容。而唐代西州欠田、给田、退田诸文书又恰好在这两个基本方面与唐田令的规定,与唐代西州所谓"均田户"户籍资料所反映的情况全然不同。据此,我们可以断定:上述欠田、退田、给田诸文书所反映的土地还授制度是独立于所谓"均田制"之外的另一种土地还授,不可与所谓"均田制"下的土地还授混为一谈。

三、驳所谓受田基准额说

西村元佑对唐代西州欠田、给田、退田诸文书中的欠田额、给田额、退田额无不偏低问题亦有所觉察,因而提出了一个受田基准额的问题。他认为:"西州按照唐田令的狭乡规定,应受田额虽然定为一丁 60 亩,然而,实际上又存在着一个远比应受田额为低的受田基准额。当时即根

---

① 若依西村元佑、西嶋定生意见——永业田亦在还授之列,那么,那些退田户剩退、死退数额还应分别增加 20 亩。

② 有人认为唐代西州退田文书中的"死退"、"剩退"、"出嫁退"分别是死绝户退、出嫁绝户退、死无籍剩退的简略写法[见唐耕耦:《关于吐鲁番文件中的唐代永业田退田问题》,《山东大学学报(哲学社会科学版)》1964 年第 4 期]。我以为确实有上述情况,但并不全是如此。据大谷文书 3487 号,和静敏的死退就不是绝户退田。又据大谷文书 3377,我们又得知阴久托、鄯索师的退田并非绝户退田。以上大谷文书见池田温:《中国古代籍帐研究》,东京大学东洋文化研究所 1979 年版,第 416 页、412 页录文。

据此受田基准额进行每年的班田收授。"①西村元佑将唐代西州的受田基准额确定为每丁 10 亩。我以为西村元佑此论纯系推测,并无事实根据。

首先,隋唐历次颁布的田令都未见在应受田额之外另有受田基准额的规定。亦未见按所谓受田基准额实行"均田制"下土地还受的实例。西村元佑列举了下列两条历史资料以证明狭乡另有适合该地域情况的土地均给基准,以期在各个地域的给田能力的限度以内做到公平的受田:

《隋书》卷 24《食货志》:

> 时天下户口岁增,京辅及三河,地少而人众,衣食不给。议者咸欲徙就宽乡。其年冬,帝命诸州考使议之。又令尚书,以其事策问四方贡士,竟无长算。帝乃发使四出,均天下之田。其狭乡,每丁才至二十亩,老小又少焉。

《册府元龟》卷 113《帝王部·巡幸》载贞观十八年二月,唐太宗"幸灵口,村落逼侧。问其受田,丁三十亩。遂夜分而寝,忧其不给,诏雍州录尤少田者,并给复,移之于宽乡"

> 西村元佑认为这里的"每丁才至二十亩"与"丁三十亩"即当时当地的受田基准额。其实,这是误解。这里所说的丁三十亩,丁二十亩,乃是多数丁男只有三十亩或二十亩之意。并非说当地每丁都是三十亩或二十亩。如果每丁都是三十亩、二十亩,那又怎么会有"尤少田者"呢?

西村元佑认为:户籍中的应受田额,是作为公示天下的大原则的令制的基准。而受田基准额则是作为实施细则的"式",它在令制的大原则的范围之内,适应各地实际情况,因地而异,并与令制的大原则不相违背。我以为,若依西村元佑所言,狭乡按低于应受田额的受田基准额进行班田收授,那就必定与令制的大原则发生矛盾。我们不妨假定某乡的受田基准额为一丁 10 亩,该乡某户三丁,有田 27 亩。若按狭乡应受田额计算,该户每丁欠田 51 亩;若按该乡"受田基准额"计算,该户每丁欠田 1 亩。无论按哪一种标准计算,该户都是欠田户。应授田标准定高或

---

① 西村元佑:《中國經濟史研究》,同朋舍 1968 年版,第 461 页,西嶋定生亦采用此说。

是定低,都不影响该户的土地占有情况。在此场合下,"受田基准额"的存在虽与令制规定的大原则不相矛盾,但似乎也没有什么实际意义。但是,倘若我们再假定该户由三丁减为二丁,那么,问题就来了。若按狭乡应受田额计算,该户每丁的已受田额由 9 亩变为 13.5 亩(这里暂不考虑永业田"身终不还"问题),每丁的欠田额由 51 亩降为 46.5 亩。该户仍然是欠田户,仍应补充授田。但若按一丁 10 亩的"受田基准额"计算,那么,该户由于减丁,便由欠田户一变而成为应退田户(应剩退 7 亩)。两个受田标准的矛盾不是显而易见吗?因其有如此明显的矛盾,两者不仅不能相辅相成,而且不容并存。

从历史上看,据大统十三年敦煌户籍,当时敦煌地区"均田制"下的应受田标准为丁男麻田十亩,正田二十亩,丁女减半。这个标准不同于北魏田令的规定,[①]也不同北周田令的规定。此或因为西魏时对"均田制"授田标准另有规定,而为史书所缺载;或者是当时当地的权宜之计。如果是后者,那么,这种权宜的规定亦并非与田令规定并存,而是取而代之。因为西魏大统十三年敦煌户籍已经不再用北魏田令规定的标准来计算各户的应、已受田与未受田,而只是丁男麻田十亩,正田二十亩,丁女减半的标准来计算各户的应受田、已受田、未受田。从唐代敦煌、吐鲁番户籍资料来看,尽管各乡的平均每户的"已受田"远低于田令的规定数,但这两个地区仍然是严格地按照唐田令规定的应受田额计算各户的应受田、已受田、未受田(即欠田),而未见另立标准。

其次,从开元天宝前后,各地的"已受田"情况来看,也未见有"受田基准额"的迹象。如开元十年敦煌县悬泉乡籍,据户籍,郭玄昉户每丁"受田"约 10 亩,赵玄表、曹仁备两户,每丁约"受田"30 亩,相差甚远。再如天宝六载敦煌县龙勒乡都乡里籍。该籍程智意、程大忠等户每丁"受田"80~90 亩,郑恩养、刘智新等户,每户平均"受田"20 多亩;阴承光户每丁平均"受田"10 多亩。这里哪有什么"受田基准额"之可言?

不仅如此,开元天宝以前甚至还有不少白丁卫士而全无田者。敦煌出土的唐永徽年间的一份判词就有这样的设问:

> 奉判,雍州申称地狭,少地者三万三千户,全无地者五千五百人。
> ····

---

① 补注:据《魏书》卷 41《源贺附源怀传》,北魏有关田制之令称"地令"。

每经申请,无地可给。即欲迁就宽乡,百姓情又不愿。其人并是白丁、卫士,身役不轻,若为分给,使得安稳?①

这里说的"三万三千户","五千五百人",当然都不是实数。但当时有不少人全无田,应无疑问。

唐隆元年(710年)七月十九日敕文也反映了这种情况:

> 敕:逃人田宅,不得辄容买卖,其地任依乡原价租充课役,有剩官收。若逃人三年内归者,还其剩物。其无田宅,逃经三年以上不还者,不得更令邻保代出租课。②

需纳租课者,当然是丁男。这个敕令的颁布说明了当时全国各地"无田宅"的逃户相当普遍。既然有大批丁男"无田宅",那么,当地当时的"受田基准额"又是几何呢?岂不等于零——即不存在所谓的"受田基准额"。

再其次,西村元佑在推算唐代西州受田基准额为一丁10亩时,所使用的统计方法亦明显有误。西村元佑氏认定唐代西州受田基准额为一丁10亩,主要有两条根据:

(1)据欠田文书,一丁男的最高欠田额为十亩。假定此系原无田的逃还户,那么,开元时代高昌县每一丁男即应给田10亩。因此,最高的申请给田额亦是一丁男10亩。

(2)西村元佑考察了以下七户唐代西州户籍:

---

① 池田温:《中国古代籍帐研究》,东京大学东洋文化研究所1979年版,第318页录文(P3813背)。该判集前欠,未留下具体年代。池田温疑为七世纪后半。该判集出现"永徽二年"年号,说明写于永徽二年之后。判集又记"前亲王府亲事王文达","早事陈府。王乃去兹蕃(藩)印(印),作贰储宫"。据《旧唐书》卷86,李忠于贞观二十年封陈王,永徽三年立为皇太子,显庆元年废为梁王。由此可知该判集应成于显庆元年以前,永徽三年以后,即653—656年之间。

② 敦煌S.1344号文书,转引自唐长孺:《敦煌所出唐代法律文书两种跋》,《中华文史论丛》第5辑。《唐大诏令集》卷110亦节录该敕文,但缺漏甚多("其无田宅"等关键字句皆缺漏),文意难明。

年代	户主名	户内丁中	应受田(亩)	已受田	给田率(%)
开元四年	不明	？	241	29亩半70步	12.3
开元四年	江义宣	一丁二寡	91	13亩80步	14.6
开元四年	王孝顺	小男一寡	51	4亩40步	8.1
开元四年	索住洛	一老	36	8亩40步	22.7
武后载初天授	不明	一丁？	121	10亩40步	8.4
武后	史妇辈	一寡	36	5亩40步	14.3
开元四年	阴婆记	一寡	36	4亩40步	11.6

注：原表尚有文书所藏处所、户等、课否、永业、住园面积等项，此处皆从略。

认为上述七户中含有一丁男者，已受田都在 10 亩以上；户内不含有丁男者，已受田都在 10 亩以下，此绝非偶然。

此外，西村元佑还有一条旁证材料，即根据《通典》卷 174 载西州垦田数与《旧唐书》所记西州户数推论唐代西州"可以确保一丁男受田 10 亩"。[①] 现在就让我们来看西村元佑所提出的这些论据是否站得住脚。

现存的欠田文书中，大谷文书 2888 载："卜小感丁欠常田三亩部田七亩"，此为单丁之户欠田额最高者。一丁欠田 10 亩者，目前仅此一见。西村元佑据此推论当时的受田标准为一丁 10 亩，根据虽嫌不足，但似乎亦无不可。问题是：欠田文书还不能被证明与"均田制"下的土地还授有关，因此，我们只能说唐代西州欠田文书所属的那一种土地制度中，一丁的受田标准可能是 10 亩。《新唐书》卷 53《食货志》载：

> 唐开军府以捍要冲，因隙地置营田，天下屯总九百九十二。……开元二十五年，诏屯官叙功以岁丰凶为上下。镇戍地可耕者，人给十亩以供粮。[②]

唐代史籍中授田标准定为 10 亩者，亦仅此一见。此与西州欠田文书中一丁最多欠田 10 亩正合。据此，我们与其说一丁 10 亩是唐代西州"均田制"的授田标准，毋宁说它更像是上述那种屯营田的授田标准。

---

① 西村元佑：《中國經濟史研究》同朋舍 1968 年版，第 449 页。

② 此处的"人给十亩"，我意就是丁给十亩，因为屯田的授田对象一般只能是按丁，而不是按口。

再说西村元佑对西州户籍的考察。西村元佑从含丁男之户已受田都在 10 亩以上,不含丁男之户,已受田都在 10 亩以下,推论当时的受田基准额为一丁 10 亩。这未免失之于粗疏。因为这里没有考虑丁男之户的丁男数,也没有将老男、寡妻妾等的应受田额进行折算。如西村元佑考察的第一户,西村元佑认为该户丁中数不详。其实,从该户的应受田额(241 亩)可以推算为含有四丁。若此,该户已受田额仅 29 亩半 70 步,若除去买田 12 亩 15 步,则该户每丁已受田仅 4 亩 104 步。上表第 5户,西村元佑估计为一丁,其实,从其应受田额(121 亩)看,应可视为二丁。不计园宅地,该二丁仅"受田"10 亩,则平均每丁受田仅 5 亩。本文表 3 第 1 户、第 13 户,都含有一丁。前者为一丁一老男,后者为一丁一寡。前名已受田 6 亩 120 步,后者已受田 5 亩 40 步,这两户平均每丁"已受田"额亦不足 10 亩(即使按户计,也远不及 10 亩)。江义宣户一丁二寡,王孝顺户小男当户一寡,索住洛户老男当户,史女辈户与阴婆记户都是寡妻当户。若依西村元佑所论,当时一丁的受田基准额,为 10 亩,那么一寡的受田基准额当为 2.5 亩(狭乡寡妻妾的应受田额为丁男的 1/4),老男的受田基准额当为 3.3 亩(狭乡老男应受田额为丁男之 1/3),老男当户的受田基准额当为 6.7 亩(狭乡老男当户的应受田额为丁男之 2/3),寡妻妾当户与小男当户的受田基准额应为 5.8 亩(狭乡寡妻妾或小男当户的应受田额为丁男的 7/12。以此"受田基准额"对照各户"已受田"情况,也都不合。索住洛户"已受田"数超过"基准额",其他各户的"已受田"额都低于"基准额"。有些户的"已受田"额甚至于还不到"基准额"的半数。上述这些情况充分说明:西村元佑氏所推算的"受田基准额"未曾成为当时"均田制"下"授田"的基准。

关于开元天宝时期西州垦田数与户口数,《通典》卷 174《州郡典》"西州"条注:

(西州)本高昌国界,东西八百里,南北五百里,垦田九百顷。

《新唐书》卷 40《地理志》载:

西州交河郡,中都督府。贞观十四年平高昌,以其地置。开元中日金山都督府。天宝元年为郡。……户万九千一十六,口四万九千四百七十六。

《旧唐书》卷 40《地理志》载：

> 西州中都督府,本高昌国。……天宝元年,改为交河郡。乾元元
> 年,复为西州。旧领县五,户六千四百六十六。天宝领县五,户九千一
> 十六,口四万九千四百七十六。

西村元佑根据《新唐书·地理志》所载,认定天宝年间每户"平均一丁"。但是,如果按照《新唐书·地理志》所载的户数与当时西州的垦田数相除,则每户平均垦田数只有 4.7 亩。西村元佑怀疑《旧唐书·地理志》所载的天宝年间西州户数衍一"万"字,实际上当为九千零一十六户,这样就与《旧唐书·地理志》所载的西州户数相符。将《旧唐书·地理志》所载的西州户数与当时西州的垦田数相除,则每户平均垦田约 10亩。西村元佑仍以每户平均一丁来计算,从而便得出当时西州每丁平均垦田 10 亩的结论。经过如此推算,仿佛证明了西村元佑所提出的当时西州存在一丁 10 亩的受田基准额的假设,还比较符合当时西州的实际情况。但若深入推敲,便可发现西村元佑的推算存在着明显的技术性的错误。西村元佑认定当时西州每户平均一丁,其唯一根据是《新唐书·地理志》所载的当时西州的户数与口数之比:19016：49476≈1：2.6。每户平均 2.6 口,当然可以估计为每户平均一丁。西村元佑既然认为上述的户数不可靠,而应该根据《旧唐书·地理志》校正为 9016 户,那么,在口数不变的情况下(新、旧《唐书·地理志》所记的天宝年间西州的口数完全一致),户数与口数的比例就发生了很大的变化。9016：49476≈1：5.4。既然不是每户平均 2.6 口,而是每户平均 5.4 口,那么,就不能继续认为每户平均一丁,而应该估计为每户平均 1.5～2 丁(包括老男、寡妻妾等应授田口折算为丁)。若此,当时西州虽然是每户平均垦田 10亩,但若按丁计,每丁平均垦田数则只有 5 亩～6.7 亩。[①] 此数仅及西村元佑所推测的所谓一丁 10 亩的"受田基准额"的半数或 2/3。也就是说,倘若唐代西州"均田制"下土地还授正常实行,又假定狭乡均田制土地还授时有一个低于应受田额的"受田基准额",那么,这个基准额就不应是

---

① 如本文表 3 所示,西州户籍、手实中各"均田户"的"已受田"额,每户平均约 9
亩,每丁平均约 6.15 亩。此与当时整个西州的户口数与垦田数之比,相当接
近。

一丁 10 亩,而应该是一丁 5～7 亩。但唐代西州的欠田文书中却颇有些欠田丁中的欠田额超过此数者。同样,退田文书中也有退田额超过此数者。这种情况既证明了唐代西州均旧制下根本不存在一丁 10 亩的所谓受田基准额;又证明了唐代西州欠田、给田、退田诸文书所反映的土地还授情况不是"均田制"下的土地还授。

四、驳均田制下永业田还授说

唐代西州的退田文书中,有几件注明所退地段为"永业"田。这种现象引起国内外史学界的重视。永业田成为土地还授的对象,显然不合唐田令的规定。但在封建社会,律令的规定与具体实施脱节的现象是很常见的。因此,我们既要研究唐田令关于永业、口分田的具体规定;更要研究上述规定的实施状况。如果实际情况确实是"均田制"下的永业田同于口分田,都在还授之列,那么,唐代西州欠田、退田诸文书就或有可能属于"均田制"的范畴之内;反之,如果实际情况是均田制下的口分田同于永业田,都不在还授之列,那么,我们就应该确认上述诸文书与"均田制"下的土地还授不是一回事,唐代西州退田文书中"永业"田的还授,也就应该另做解释。

西村元佑、西嶋定生都认为唐代西州,乃至一切狭乡,都是永业田等同于口分田,都在还授之列。他们的主要论据是:

(1)《唐律疏议》卷 13《户婚》规定:

> 依田令,户内永业田,课植桑五十根以上,榆枣各十根以上。土地不宜者,任依乡法。

而据西州退田文书与田籍文书,当地永业田植树者仅见两例,多数永业田与"白田"相同,都种粮食。换句话说,在田土耕种内容方面,永业田与口分田已无区别。

(2)户籍与退田文书中记为"永业"田的地段,官方常写作口分田,或当作口分田处理,如:张阿苏户的剩退,原记为"永业",而在给田文书中,就不再注明"永业",白小尚户籍中有:"右件壹户放良,其口分田先被官收讫"一语,康大智户申请给田时声称:"先欠口分不充";西州户籍上实际上都是只有永业田,但田亩四至中不时出现"口分";西州都督府官厅文书(大谷文书 3475)记:"户曹符:为括检高昌县百姓口分讫申事",更把当地百姓的土地全都称为口分田。

(3)《魏书·食货志》载北魏田令规定:

> 诸地狭之处,有进丁受田而不乐迁者,则以其家桑田为正田分,又不足不给倍田,又不足家内人别减分。无桑之乡准此为法。

如果狭乡可分地越来越少,全部土地都变成永业田时,也就有依靠公权的干涉对永业田实行班田收授的可能性。

(4)《宋刑统》卷 12 引唐户令应分条注:

> 其父祖永业田及赐田亦均分。口分田即准丁中老小法。若田少者,亦依此法为分。

即规定在田少场合,永业田和口分田一样,也按老小丁中法分配。

我认为西村元佑和西嶋定生提出的这些论据都不足证明唐代狭乡永业田同于口分田,都在还授之列;也不能证明唐代西州欠田、退田、给田诸文书就是有关"均田制"土地还授的文书。我们的理由如下:

(1)永业田种粮食不违背田令基本精神。北魏田令只禁止口分田种桑榆;并不反对桑田种粮食。所谓"男夫一人给田二十亩,课莳余种桑五十树、枣五株、榆三根",就是规定在男夫一人二十亩桑田内种莳粮食或其他作物外,再间种桑五十树、枣五株、榆三根。北齐、北周、隋唐田令关于桑田的规定也都是如此。

唐代西州户籍所载的各户"已受田"中,有些地段注明为"桃"、"陶",就表明这些地段专门种葡萄树。而未注明"桃"、"陶"者,虽然可以被认为主要种粮食,但不能说其中就没有种桑。

还有一点应该注意:永业田之被规定不必还受,表面上看,似乎是因为桑树是多年生植物,不便还受;实际上,更主要的是考虑到土地私有的既成事实。北齐以降,麻田也变为永业田,规定不必还受,即可为证。还有,如西村元佑所论"北齐以降,开荒地作为永业田被承认私有"。① 这些被承认为私田的新开荒地,就不必都是桑田。唐代勋官、散官、职事官

---

① 西村元佑:《中國經濟史研究》,同朋舍 1968 年版,第 297 页。

按规定应授60亩至100顷的永业田。我们假定这条规定曾付诸实行，那么，这样大面积的永业田也不可能只种桑麻，不种粮食。但田令却仍明文规定："诸永业田，皆传子孙，不在收授之限。即子孙犯除名者，所承之地亦不追。"①由此可见，永业田绝对不会因其被用于种粮食而被收授。

（2）"永业"、"口分"田的词意不是一成不变的。从田令的角度来说，永业田系"皆为世业，身终不还"之意；与之对举的"口分田"，其原始含义为计丁口授田，有还有授。但随着年代的推移，口分田的含义就发生了变化，变成某人的分内地，不复有还授之意。开元天宝年间唐代官私文书所说的"口分"，就是如此。② 直到建中以后，"口分"、"永业"两词还一直被沿用。如吐蕃申年（804年）沙州百姓令狐子余牒就提到"右件地……先被唐将换与石英顺。昨寻问令狐子，本口分地，分付讫"；③唐咸通年间（?）沙州僧张智灯状稿也提到："将鲍壁渠地回入玉关乡赵黑子绝户地，永为口分"；④后唐天复四年（904年）贾员子租地契、天复二年樊曹子租地契、⑤后晋开运二年（945年）河西归义军左马步都押衙勘寻寡妇阿龙等人牒状、⑥后周广顺三年（953年）罗思朝典地契、宋太平兴国九年（984年）马保定卖宅舍契⑦等都提到"口分地"、"口地"、"父祖口分地"

---

① 《通典》卷2《田制》。

② 白小尚户之田为何被官收，未得其解。该户户籍为："户主大女白小尚 年拾玖岁 中女 代母贯，下下户，不课户/母季小娘，年肆拾捌岁，丁寡，开元叁年帐后死。/壹段肆拾步 居住园宅/右件户放良，其口分先被官收讫。"白小尚母虽死，但白小尚本人犹在，因而不算绝户，如果白小尚由奴婢而放良，则她亦应受田，断无退田之理。因此可以断定，白小尚户"口分"被官收，绝对不是"均田制"下的减丁退田。

③ 池田温：《中国古代籍帐研究》，东京大学东洋文化研究所1979年版，第517页录文。

④ 池田温：《中国古代籍帐研究》，东京大学东洋文化研究所1979年版，第572页录文。

⑤ 《敦煌资料》第1辑，中华书局1961年版，第319~322页。

⑥ 池田温：《中国古代籍帐研究》，东京大学东洋文化研究所1979年版，第652~654页录文。

⑦ 《敦煌资料》第1辑，中华书局1961年版，第317~322页。

等。上述这些"口分地"当然都是与田令中所说的"口分田"毫无相同之处。由此可见,"永业"、"口分"的含义是不断变化的。变化的结果是口分地同于永业田,又同于私有地。这是"均田制"下口分田发展的必然趋势。

论者或曰,这些都是"均田制"彻底破坏之后的情况,开元天宝时期还是永业田同于口分田,都在还受之列。那么,我们就再举几条开元天宝时期的例子吧!

唐玄宗天宝十一载《禁官夺百姓口分永业田诏》:①

> 如闻王公百官,及富豪之家,比置庄田,恣行吞并,莫惧章程。……爰及口分永业,违法卖买,或改藉书,或云典贴,致令百姓,无处安置。……其口分永业地先合买卖,若有主来理者,其地虽经除附,不限载月近远,宜并却还。……其有契验可凭,特宜官为出钱,还其买人。其地若无主论理,不须收夺,庶使人皆揓实,地悉无遗,百姓知复于田畴,荫家不失其价值。此而或隐,罪必无容。

在此诏书中,永业、口分田亦视同一体,都成为豪强兼并之对象。永业、口分田之被兼并,说明这些土地实际上已私有化。如若不然,富豪们就得承担侵吞公田之罪名。永业口分田的买卖曾经"除附",说明这种买卖曾经官府认可,办过合法手续。天宝十一载唐玄宗重申禁夺百姓口分永业田之令,但对既成事实仍是予以认可,并特别考虑买方的利益。对于已买口分永业田规定了三种处理办法:①"限敕到百日内,容其转卖";②若有主来理"不限载月近远,宜并却还";③若无主论理,"不须收夺"。总而言之,都是规定"先用钱买得,不可官收"。这三种处理办法都排除了土地还受的可能性。

其实,口分田的永业化、私有化,不必自开元天宝时期始。早在武周,甚至高宗麟德、乾封年间,西州的债契就常以"口分常田"、"口分田桃"、"口分田园"作担保。债务人若违约,债权人即可牵掣债务人的家资杂物、口分田园"用充钱直",②这亦可证明此时的口分田已经私有化。

---

① 《全唐文》卷33《禁官夺百姓口分永业田诏》。
② 见《文物》1973年第10期收录的郑海石、张海欢、曹保保借契。

比此更早,唐初颁布的《唐律》中就有保护"公私田宅"的诸多规定。这里所说的"私田",既包括永业、口分田之外的私田,也包括老百姓籍内的永业、口分田。《旧唐书》卷98《李元纮传》载:开元十四年,宰相李元纮反对在关辅置屯,说"百姓所有私田,皆力自耕垦,不可取也。若置屯田,即须公私相换"。关辅地区与西州一样,也是狭乡。李元纮所说的"百姓所有私田",也应包括永业、口分田在内。永业、口分田既被视为私田,当然也就谈不上收授。西村元佑也认为开元天宝年间是均田制崩坏时期,既然如此,又怎么可能实行彻底的土地国有制呢? 如果开元天宝年间,土地国有制仍然彻底到连永业田都要还授的地步,那么,为什么时过不久,所谓"均田制"又突然烟消云散,彻底崩溃呢?

(3)从北魏田令关于狭乡进丁授田的规定里,我们看到的恰好不是永业田的被还授,而是口分田之转化为永业田。

北魏田令所说的狭乡进丁授田而不乐迁者,"以其家桑田为正田分",是把该户原有的桑田作为新丁的"已受田"。这仿佛是使该户的永田转化为口分田,成为土地还授的对象。其实不然,因为这仅仅是帐面调整,所以,它虽有还受之名,却无还授之实。北魏田令的同一条,规定:在家内桑田与倍田都不足时,"家内人别减分",就明白规定,将各户"已受"的口分田(露田)拿来充进丁应授之数。我们不妨假定某户一丁,有桑田20亩,露田40,此外并无其他田亩。又假定某年该户增加一丁,按"家内人别减分"规定,该户的土地就会变为二丁桑田40亩,露田20亩。换句话说,经此户内帐面调整,就有20亩露田转化为桑田,退出土地还授领域。照此发展下去,随着人丁的增加。露田势必越来越多地变为永业田。西魏和唐代敦煌户籍中,有些户丁多反而口分田(露田)少,有些户丁少反而口分田多;有的取得"受田"资格在先,反而无口分田,有的取得"受田"资格在后,却有较多的口分田。总而言之,各户的口分田数无论按户计,或按丁计都不平均。而永业田却又大体上符合各户现有人丁状况,无永业田或永业田不足者,悉无口分田。上述这些情况都是土地还授时,实行户内帐面调整(即"家内人别减分")的结果。但敦煌还没有彻底狭乡化,每户平均"已受田"尚有四五十亩(除了永业田外,每户平均尚有口分田二十多亩)。而像西州那样,平均每户只有十亩左右的土地,那么,所有的土地都会变为永业田。西州户籍中所见到的情况就是如此。

西村元佑、西嶋定生认为,越是在狭乡,国家越可能通过行政干预对土地实行还授。我以为此论不合情理。我以为越是人多地少之处,经济发展水平越高,因之,土地的利用率与私有化程度也越高,越不可能实行班田收授。东汉荀悦在讨论兴复井田之制时说:"井田之制,不宜于人众之时。田广人寡苟为可也",①是有几分道理的。

(4)唐户令应分条注恰好证明永业田不必还受。西嶋定生认为"其父祖永业田及赐田亦均分"只适用于宽乡。而在地狭之处,永业田及赐田则须按丁中老小法处理。西嶋定生的论据是:这里所说的"若田少者,亦依此法为分"如果不包含永业田与赐田,就与前面"口分田即准丁中老小法"重复。其实,这是误解。没有领会唐户令应分条注的话意。这里有口分田足额与不足额的问题。亦即,户内各受田口的口分田足额时,按丁中老小法分配口分田(即各人带走各人应受份额);当口分田不足时,也按丁中老小法办理,各人按丁中老小比例带走各人的份额。譬如,甲乙两兄弟合户时,共已受田 350 亩(80 亩永业,270 亩口分)。分户时,甲户二丁,乙户一丁一寡。则甲得永业田 50 亩(除二丁份内 40 亩永业田外,又分得其父永业田 10 亩),口分田 160 亩(即二丁口分田应授额);乙得永业田 30 亩,口分田 110 亩(一丁一寡口分田应授额)。但在田少场合,譬如上述甲乙两兄弟合户时仅有永业田 80 亩,口分田 54 亩。那么,父祖永业田仍然按原规定兄弟均分,口分田亦仍依丁中老少法分妃,即甲得口分田 32 亩(45 亩×160/270);乙得 20 亩(54 亩×110/270)。②事实上后一种情况更普遍,所以唐户令应分条注有必要特别加以说明。

退一步说,即使按西嶋定生的说法:若少田时,永业田改而按丁中老小法分配,那么,这也只是讲父祖永业田如何继承问题,并不涉及永业田及赐田的还授与否。实际上,从父祖口分田可按丁中老小法继承这件

---

① 《通典》卷 1《田制》。

② 上述应分条注亦可句读为:"其父祖永业及赐田亦均分,口分田即准丁中老小法。若田少者,亦依此法为分。"即田地不多时,亦依以上办法——其父祖永业及赐田亦均分,口分田即准丁中老小——为分。无论采用哪一种句读,"丁中老小法"都不适用于"父祖永业田及赐田"。

事,倒从另一个侧面证明连口分田亦不还受。如若不然,又何必详细规定其继承办法呢?

(5)唐代敦煌户籍中亦有兄弟分家分地的实例。天宝六载敦煌龙勒乡都乡里籍,程什柱与其小弟程大信合户。该户应受田 155 亩,已受田 64 亩(其中 40 亩永业,15 亩口分,9 亩勋田),程仁贞户应受田 53 亩,已受田 31 亩(其中永业田 17 亩,勋田 14 亩)。程什柱、程仁贞、程大信系三兄弟。程什柱与程仁贞分家后,两户的应已受田比率相差悬殊。前者除永业田足额外,还有若干口分田;后者则永业田不足,口分田全无。但从两户的"已受田"数额看,前者约为后者之二倍。显然是三兄弟平分已受田。同籍程大忠、程大庆兄弟分家,也是如此。(这几家许多地段互相连接,有些地段很明显是分家时一分为二)。更值得注意的是:程什柱与程仁贞分家分地时,永业田、口分田、勋田已不加区别,通同计算。程什柱、程大信少分勋田,所以多分永业田、口分田。程仁贞则相反,多分勋田,少分永业田,不分口分田。这更证明当时口分田已经等同于永业田、勋田,都不在还授之列。

西嶋定生和西村元佑在讨论永业田还授与否的问题时,很强调均田制的理想和国家权力的干涉。其实,"均田制"的理想也罢,国家权力的干涉也罢,最终都要面对现实,都要考虑我国土地私有的传统。这里我们不妨将唐田令、唐户令应分条注与敦煌户籍所反映的兄弟分家析产情况做一简单比较:唐田令规定"世业之田,身死则承户者便授之;口分,则收入官,更以给人"。[①] 这里就多少已经考虑到土地私有的传统,因而规定了永业田身终不还。但它仍具有浓厚的理想色彩,因而规定了口分田的还授。而作为田令实施细则之一的唐户令应分条注就更现实一步:它在保留永业田不必还授这一原则外,又做了一些变通,规定口分田也可以继承。但是,它还是保留了一些"均田制"的痕迹,强调口分田按丁

---

① 《旧唐书》卷 88《食货志》。关于中国古代土地私有问题,我们的意见与西村元佑是颇为接近的。西村元佑在其《中國經濟史研究》第 789～790 页中说:"均田制度从最初起即立足于土地私有制基础之上,而加之以国家的干涉。因此,均田制不是全面地将各户原有土地收为官有,而后再进行土地的再分配。"此论甚有见地。但西村元佑在碰到唐代西川欠田、退田诸文书的问题时又转而强调"均田制"下土地还授的彻底实行,这不能不说是自相矛盾。

中老小法为分。但在具体实施时,实际上又超越细则的规定,变成永业、口分田通同计算,一起均分。这与均田制实行以前或者以后的兄弟分家析产,几乎没有什么区别。所不同的是,此时分家分地以后,各户所得土地仍然冠以永业、口分之名。仅此而已。"均田制"的理想终究向我国土地私有的传统让了步。

(6)开元四年西州柳中县高宁乡户籍中的买田入籍也证明当时西州"均田制"下的永业田不在还授之列。该籍某户户主不详户(即本文表3之第10户。该户与大女白小尚户并载同一纸上)"应受田贰顷肆拾壹亩,贰拾玖亩半柒拾步已受,贰拾(玖)亩半叁拾步永业,肆拾步居住园宅。贰顷壹拾壹亩伍拾步未受"。该户的已受田中就包括了 7 段 12 亩 15 步买田。这 7 段买田也计算为该户永业田,并与该户其他各段永业田穿插登记。买田登记为永业田,表明当时各户的永业田(在西州,亦即全部"已受田")不是来自受田(或有个别例外),而是将各户原有的土地或买田登记为永业田。这些永业田既然混同于一般买田,当然也就不必还授了。(前引天宝十一载诏也明文规定被兼并的永业、口分田"先用钱买得,不可官收"。)

(7)如果事情果然如西嶋定生、西村元佑所说,唐代西州永业田等同于口分田,都要还授,那么,为什么在登籍时不径直登记为口分田,而是把它仍旧写为永业田呢?西嶋定生的解释是:唐代西州各户的已受田额总是低于各户应受永业田额,所以在登籍时只能登记为永业田,而不登记做口分田。对此,我们又可以提出一个反问:为什么在户籍里非要先写永业田不可?我们知道,从北魏到隋唐的田令都没有规定在登籍计帐时一定要先写永业田(桑田),后写口分田(露田)。我们可以这样设想:如果唐代西州的全部"已受田"都在还授之列,那么,在登籍时就完全可以先写口分田(实际上也就是全部都写为口分田)。这样一来,就会使这些地亩的性质名实相符,也避免了与田令令文——"诸永业田,皆传子孙,不在收授之限"——冲突。然而,事实上,从北魏到唐代的现存户籍都是先写永业田,后写口分田("已受田"在各户帐面上的"分配"也是先尽永业。若有余,始及口分田)。我以为这种情况绝非偶然。它表明了北魏至隋唐当局对土地私有传统的尊重。(或者说是执政者的"均田"理想对土地私有现实状况的让步。)北魏至隋唐田令无不明确规定永业田(或桑田)不必还授,其原因亦在于此。既然如此,唐朝政府又怎么可能一反常态,在西州等地实行起永业田的土地还授呢?

通过以上讨论,我们完全可以确信:唐代无论在西州,或在其他地方,"均田制"下的永业田都不在还授之列。甚至连口分田,亦未见有还受之迹象。

那么,唐代西州退田文书中,永业田被死退、剩退,又是怎么一回事呢?我想,问题的答案还得到"均田制"之外去寻找。

五、唐代西州的土地构成与屯营田的土地还授

这里我想探讨一下唐代西州的土地构成。前已提及,开元天宝年间,西州垦田数约 900 顷。而这 900 顷的土地,并不都在所谓的"均田制"范畴之内,它包括为数甚多的屯营田、官田(公廨田、职分田)和寺院土地。

唐代西州屯营田面积,史书缺载。但吐鲁番的大谷文书 3786 号一(2)记录了当时的某些屯田数:

1. ☐☐八十顷,收率得乾净麦粟床总
2. ☐☐ 千三百八十一石五斗八升 五合
3. ☐☐ 千 三百一十五石六斗青稞
4. ☐☐ 千 二百廿一石小麦
5. ☐☐千七百二十三石六斗六升四合粟
6. ☐☐一百廿一石三斗二升一合床
7. ☐☐ 七十一 石六斗天山屯营田五十顷收
8. ☐☐ 三百一 十五石六斗青稞
9. ☐☐二十一石小麦
10. ☐☐卅六石粟
11. ☐☐ 八石九斗八 升五合柳中屯营田卅顷收
12. ☐☐ 一百廿一 石三斗二升一合床

13. ☐ 八十 七石六升四合粟①

（后欠）

由此可知当时西州至少有天山、柳中两屯，共营田80顷。除此两屯外，当时西州还有许多镇戍营田。新疆出土的西州都督府营田牒②记：

1. 西州都督府
2. 合当州诸镇戍营田总壹拾☐顷陆拾☐
3. 赤亭镇兵肆拾贰人营☐☐顷　维磨戍☐
4. 柳谷镇兵肆拾☐☐☐☐贰顷酸枣戍☐
5. 白水镇兵叁拾☐☐营田陆顷曷畔戍兵☐
6. 银山戍兵☐☐☐☐人屯田柒拾伍☐

（后略）

由此可知，当时西州各镇戍尚有营田十余顷。加上天山、柳中两屯，当时西州屯田近百顷。此外，当时西州还有一些废屯。大谷文书3473号记开元十九年（731）正月至三月西州天山县到来符帖目：③

（前略）

100.（前略）户曹☐

101. ☐戍等，今年废屯税子粟麦四千石事。

（后略）

当时废屯的"税子"每亩多少，不得而知。按一般通例，当低于私人出租土地的地租。即以每亩四斗计，这里的废屯应有100顷。而这还只是天山县若干镇戍的废屯，还不包括西州其他各县。因此，假若我们估计开元天宝年间西州屯田（包括天山、柳中二屯及诸镇戍营田）及废屯有田二百多顷，当不至于太过分。上引开元十九年天山县接收符帖目还记

---

① 见池田温：《中国古代籍帐研究》，东京大学东洋文化研究所1979年版，第351页。该文书先登总数，后登天山屯、柳中屯收成情况。

② 新疆维吾尔自治区博物馆编：《新疆出土文物》，文物出版社1975年版，第60页。

③ 见池田温：《中国古代籍帐研究》，东京大学东洋文化研究所1979年版，第361页。

有以下各款：

> 户曹符,为翟同闰告敬责窠外种田▭▭
>
> ▭▭牒,为张石若等窠外地子▭▭
>
> ▭▭ 百姓窠外剩田地子粟三百石事▭▭。

　　此窠外剩田系何种田亩,详情亦不得而知。但据其名为"窠外剩田",又单独收"地子"一事,即可断定这些"窠外剩田"不在"均田制"的"已受田"之列。亦以每亩四斗计,这三百石"地子",亦有七至八顷。而这也还只是天山县一县之数。若加以高昌、柳中等县,大概不会少于30～40顷。以上各项相加,即可超过西州总垦田数的三分之一。

　　除屯营田外,唐代西州还有许多公廨田与职分田。西村元佑根据《新唐书》卷49《百官志》"州县"条、《新唐书》卷40《地理志》"西州"条、《唐六典》卷3"户部郎中员外郎"条推算,西州公廨田、职分田总面积为233顷。若加上折冲、果毅都尉等的官田,不超过300顷,[①]不过,我以为唐代西州地狭人多,能否按规定数额设置公廨田与职分田,还是个问题。因此,我想再从另一个角度进行推算,而取得比此为低的数值。池田温《中国古代籍帐研究》第322～334页收集了武周年间青苗簿共36件(残片)。我对这36件断片中的田亩数进行统计,其结果如下:官田(仅包括职分田、公廨田)占22.8％,寺田占10.5％,百姓田占66.6％。如果开元天宝年间官田、寺田、百姓田的比例大体与此相当。那么,(当时)百姓田＝(2÷3)×(900顷－300顷左右屯田、废屯－10顷左右窠外剩田)＝393顷左右。

　　但这390顷左右的民田(百姓田)也还不完全在"均田制"的范围之内。据敦煌户籍田亩四至与其他文献资料,我们得知,唐代"均田制"下仍有永业口分田之外的私田存在,而且为数还不少。从唐代西州户籍的田亩四至关系中,我们也可以看到这种情况。在敦煌,籍外私田与永业口分田之比大体上可以估计为1：2。[②] 如果西州情况也大体如此,那么,唐代西州"均田制"范围内的永业田、口分田也就只有250顷左右。

---

① 西村元佑:《中國經濟史研究》,同朋舍1968年版,第466页。

② 关于"均田制"下"私田"问题拟另文论述,这里从略。

当然,以上的推算推论不一定很准确,但亦非全无参考价值。因此,我们应可认为:唐代开元天宝年间,西州各种屯营田(包括废屯)的面积与"均田制"下的土地面积大体相当,各占总垦田数的三分之一上下。确认这一事实,对于我们判断唐代西州欠田、给田、退田诸文书的性质很有帮助。

西村元佑在他的论著中提出:唐代西州"人民的生产活动不仅仅限于受田。除了受田以外,还依存于公廨田、职田这类官田的佃作,特别是依存于屯营田的佃作"。[1] 我以为,"均田户"除了耕种"已受田"外,诚然可以通过租种公廨田、职分田、寺田等以弥补其耕地之不足。但很难再进而兼有屯营田。如前所述,唐开元天宝时期,西州垦田数仅有九百顷左右,有户九千多。平均每户垦田约 10 亩,每丁垦田约 4.75 亩。但西州的九百顷垦田中,属于"均田制"范围之内的土地,只是其中的三分之一左右,即约三百顷。如果这九千多户居民中的多数人如西村元佑所说的那样,既受永业、口分地,又兼种屯营田,那么,从整个西州来看,平均每户"均田制"范围内的"已受田"当远低于我们原先所推算的每户 10 亩(每丁平均约 4.75 亩),而只是每户平均 3.3 亩(300 顷÷9016 户≈3.3亩),每丁平均不到 2 亩。此与唐代西州户籍所反映的情况又显然不合。比较合理的推想应该是,当时西州只有一部分居民(譬如说三分之一左右)纳入"均田制"范围之内,除"授田"外兼营职田、公廨田等;另一部分居民主要耕种废屯、窠外剩田等;除此之外,还有一些非农业人口。西村元佑认为西州地当天山北路要冲,是中转贸易极盛之地,因而从事商业的人口在西州总户口数中占多数。我以为此说缺乏根据,唐代西州,商业虽然发达。但不可能大部分人都弃农经商。

前面,我们详细论证了唐代欠田、给田、退田诸文书不是有关"均田制"下土地还授的文书,又大致推算了唐代西州各类土地所占的比例。因为唐代西州除了"均田制"外,还有耕地面积大体与之相当的屯营田(包括废屯,下同),因此,我们很容易推想上述诸文书乃是有关屯营田土地还授的文书。我们做这样的判断,除"减法推理"外,还可提出以下几点根据:

---

[1] 西村元佑:《中國經濟史研究》,同朋舍 1968 年版,第 459 页。

(1)从授田对象看,唐代西州欠田文书的欠田对象(即申请给田对象)为丁,而不包括老男、寡妻妾等,此与唐代田令的规定不同。唐代与唐代以前,民屯如何授田,史书或缺载,或语焉不详。但按常理,我以为亦应以丁为对象。唐代西州的欠田文书只计"欠田丁中",恐非偶然。民屯的授田对象为丁,假如授田之后丁亡而寡妻妾存,按理此寡妻妾应可继续耕种该户所分配的土地(或减少其数额,而保留其中一部分)。如果该户绝户(包括女子出嫁绝户),那么,这些寡妻妾或老、小之户就应退田。唐代西州欠田、给田文书中未见以"大女"为对象者,而在退田文书中,"大女"退田竟占三分之一。这种情况如果不从屯营田这一角度来考虑,就很难解释。

(2)从给田、欠田等的数额来看。如前所述,唐玄宗开元二十五年曾诏令"镇戍地可耕者,人给十亩以供粮"。我以为,在此之前当已有镇戍地丁给十亩的情况,至此又明令推广。而此丁给十亩的定额与西州欠田文书中每丁欠田之最高额为十亩正合。按常理,镇戍地的授田标准亦应易为民屯等所采用。

(3)唐代西州亦确有将官田租给农民耕种而称之为授田者。现存武周时期的一份勘官田簿[①]就谈到授田。该件计八断片。现转录数行于下:

      ＿＿＿(旧主)曹太仁东西直寺 西＿＿＿至,北＿＿＿

(田籍)＿＿＿同,赵秃子＿＿＿

＿＿＿有籍无田,氾大□＿＿＿

＿＿＿忠,侯道达二　入梁＿＿＿

    ＿＿＿有田无籍合□,麹＿＿＿

＿＿＿(有)籍无田,冯□仁二入令狐文胜

＿＿＿二亩并乘(剩)入令狐隆抱、令狐＿＿＿

池田温认为此件所反映的是租佃官田的给田制,而非废止官田而将它分给百姓。此论甚当。这种给田当时亦称为授田。据此,该件所谓的

――――――――――

① 池田温:《中国古代籍帐研究》,东京大学东洋文化研究所 1979 年版,第 334～335 页。

"▬▬并乘入▭▭"也就是剩退与给田了。

吐鲁番还曾出土一件《(唐)建中三年(782 年)授百姓部田春苗历》。① 建中三年,"均田制"已经荡然不存,因而此授百姓部田历必定是"均田制"之外的田土给授。唐代西州田籍文书所登记的田亩恰好也都是"部田",且又集中于城西枣树渠。所谓"部田",就其历史渊源来说乃是屯田,它可以追溯到汉代。但屯田时兴时废,因此,屯田可以转化为民田,民田亦可能变为屯田。至唐代,"部田"已不必都是屯营田,但仍可能有一部分"部田"继续保持官田的性质。② 唐代西州田籍文书所载的田亩应即属于这一类型。田籍文书中之索麻子、马孤易、高仁节等人又见于欠田文书,而欠田文书中的张虔质又见于给田文书与退田文书。由此推论,唐代西州的欠田、给田、退田诸文书也都可能与屯营田有关。

(4)前引唐开元十九年正月—三月西州天山县接收符帖目记有:

(前略)

　　▬▬事。户曹符、为银山戍

　　▬▬ 县 授田,仰具亩数佃人四至申事。

(后略)

因该件残缺,难遽断定此种授田即是该县废屯的出租。但吐鲁番有件出土文书(大谷 4915 号)记有农民交纳屯田地子的情况:

　　浑孝仙纳天宝元年屯田地子青麦贰硕。又

　　纳吕才艺屯田地子青麦壹硕贰斗。又纳浑定

　　仙贷种子青麦壹硕贰斗。又纳浑孝仙贷种

　　▬▬天宝元年七月十三日,□史王虔。③

① 池田温:《中国古代籍帐研究》,东京大学东洋文化研究所 1979 年版,第 301 页。

② 参见拙作:《试考唐代吐鲁番"部田"有历史渊源》,《中国社会经济史研究》1982 年第 1 期。

③ 池田温:《中国古代籍帐研究》,东京大学东洋文化研究所 1979 年版,第 446 页。

此件中的吕才艺、浑定仙又见于天宝五载吕才艺的租佃契：①

> 天宝五载润十月十五日，交
>
> 用钱肆伯伍拾文，于吕才艺边
>
> 租取涧东渠口分常田一段贰亩，东
>
> 渠 西废屯 南□□ 北县公廨。其地要
>
> 用天宝陆载佃食。如到下子之日，
>
> □(不)得田佃者，其钱壹罚贰入。田
>
> 上所有租□(緤)百□仰田□(主)知当
>
>   钱主
>
>   田主　吕才艺载五十八
>
>   保人　妻李
>
>   保人　浑定仙
>
>   保人
>
>   倩书人　浑　仙

这里的"保人 妻李"仍指吕才艺之妻。表明吕才艺不是军屯的屯田兵，而是民屯的屯田户。吕才艺既是屯田户，就不大可能同时又被纳入"均田制"范畴。那么，他出租的这段田土——"涧东渠口分常田一段贰亩"或是吕才艺的私田，或是转租屯田。如果是前者，那就表明当时所谓的"口分"，已不复有"均田制"下口分田的原先含义。如果是后者，又表示当时的屯田（这里主要指民屯以及假民屯之名的屯田出租）确实借用了"均田制"的某些形式和若干术语。从吕才艺之为屯田户，他的这段土地又与"废屯"相邻的情况来看，后者的可能性更大。也就是说吕才艺很可能就是受有废屯土地的屯田民户。吐鲁番还出土了一份武周时期有关屯田给授的文书，②原件转录于下：

---

① 见《敦煌资料》第1辑，中华书局1961年版，第457页，此处所引已据池田温《中國古代の租佃契》(上)（《东洋文化研究所纪要》第63号，1973年）第27～28页校正。

② 大谷文书号，转录处池田温《中國古代の租佃契》(中)，《东洋文化研究所纪要》第65号，1975年，第71页。

　　勘当

　　薄田一亩在于谌城

　　右同前上件地，□□给得范来香口分，

　　其地给得已后，乃被知屯人浑弥□□□□

　　□□种，租子无知得处。但口分田□□□□

　　□□□即合别处得替之。既不得□□□□

　　口□无处可□。其□□□　□□　拟□□□

（后欠）

　　这里出现"知屯人"，又出现"租子"。这里所谓的"租子"，应即是屯田地子。从该件文意看，应是范来香的一段退田，后来又被授与□□，但某人并未真正拿到这段土地，而被知屯人占用。这段田属于屯田范围的田土，亦被冠以"口分田"一词。再看新疆博物馆 134 号唐墓出土的牛定相辞。[①]

　　麟德二年十二月 □城乡牛定相辞

　　宁昌乡樊粪堆父老退田一亩，

　　县司：定相给得前件人口分部(田)一亩，径今五年

　　有余。从牒地子，延引不还。请付宁昌乡本

　　里追身勘当不还地子所由。谨辞。

　　付坊追粪堆，送县

　　对　当　□□　示。

　　　　　　　　十九日

　　此件两次出现"地子"字样，所述情节又与上件相似，当亦属于民屯范畴。这里既载明樊粪堆父老的退田(应即剩退)，又记有对牛定相的给田。所退所给的田亦被称为"口分"田。而且还载明樊粪堆籍属宁昌乡某里。此宁昌乡又见于前引欠田文书。由此，我们又不无理由推论：前引的那些欠田、退田、给田诸种文书即是此类土地上的土地还授文书。

　　除外，我们还见到开元年间西州里正申报通欠地丁情况的手实：

――――――――――

① 　件见《文物》1972 年第 2 期。

▭ ▭
▭ ▭上件人,如后勘覆不同,各(?)请求受
何罪,仰□者。但当乡所通欠地丁,并皆据
实。如后有人称有加减,及勘覆不同,
请求受重罪。被问依实,谨牒。

　　　　开元二十九年十二月　日里正阚孝迁□

　　　　　　　　　　　　　　里正王义▭

(后欠)

　　该里正阚孝迁曾见于退田文书与给田文书,又皆与里正贾思义、孙鼠居等出现于同一手实,而孙鼠居等又曾出现于欠田等文书。唐代敦煌吐鲁番地区,租庸调与杂徭负担或称为"户徭",①而未见称为地丁者。因此,我臆此件所谓"地丁"当为屯田地子与差科的合称。亦即前引屯民吕才艺出租土地契约中所写明的"租䌷百役",若此推论不误,则欠田、给田、退田诸文书与民屯有关又得一确证。

　　从上引几件文书,我们当可看出唐代民屯田土的给授采取了与"均田制"类似的形式,在屯营田管理与负担方面,与一般民屯亦有类似之处。此或因是废屯的处置而独具的特点亦未可知。因为废屯仍保留官田性质,因而必然会有还有授。又因为当时均田制形式尚存,因而永业、口分等名称也就很自然地被用于这种民屯。均田制下民户"已受田"的登籍都是先永业,后口分。所以,出现于民屯的给田、退田文书上,各段田土也都被称为永业。而实际上,它们又仍然是口分,都在还授之列。这种情形与唐代"均田制"的实施状况恰好相反。

　　不过,这里也应指出,唐代西州屯、营田上的土地还授也不是经常进行的。各户欠田不均即是明证。如有些户,一丁欠田一亩,甚至二丁才欠田一亩,而另一些户,一丁却欠田八九亩乃至十亩。还有一些户,中男的欠田额反而少于丁男的欠田额。如前引宁昌乡欠田簿,某户主不详户"一丁一中欠常田一亩、部田二亩"。假定该户丁男不欠田,则该户中男亦只欠口三亩。而同一欠田簿中,一丁欠田超过三亩之户还不少。如果

---

① 　参见新疆维吾尔自治区博物馆编:《新疆出土文物》,文物出版社 1975 年版,
　　第 61 页高昌县为申麴嘉琰请过所状。

土地还授经常进行,就不应发生这种现象。

西村元佑认为:唐代西州,每年"由乡提出的申请给田的欠田额,在给田之际,大体只能满足其半额。因此,这些欠田户在第二年申告之际,仍然是欠田户,仍然是申请给田的对象。但是,突然产生欠田户之事是很少见的。因此,在每年重复进行退田、给田当中,如果碰到退田较多之年,就能如数给田。所以,每年作成欠田文书,申请给田就是乡官的职责"。我意西村元佑此论失之于未能瞻前顾后。

这里,我们不妨先按照西村元佑的推论进行推算。我们不妨假定唐太宗贞观十四年平高昌后某年于西州开始切实实行土地还授,又假定当年各乡平均每丁欠田为 10 亩(这里姑且取全未受田这一极端情况),那么,按西村元佑所述,当年给田之际满足其半额,第二年申告之际,他们又作为欠田户提出申请,又满足其半额;如此反复进行,即可排出如下等比数列:

10 亩(第一年末),5 亩(第二年末),2.5 亩(第三年末),1.25 亩(第四年末),0.625 亩(第五年末),0.3125 亩(第六年末)……

这也就是说,即使是一个全无田者,如果按照西村元佑的设想每年进行土地还授,不过四五年的时间,其所欠之田就会变为少到可以忽略不计的程度。(如果我们假定初受田始于开元元年,那么,至开元五年,除新增加的欠田丁口外,平均每丁欠田即不足 1 亩)。

现在我们再从另一个角度进行推算。依西村元佑的统计,开元二十九年西州每丁平均欠田 3 亩 98 步,平均给田 1.6 亩至 2 亩,土地还授每年进行。我们就假定每年的给田额都是平均每丁 1.6 亩。那么,就会出现以下等差数列:

11.4 亩(开元二十三年),9.8 亩(开元二十四年),8.2 亩(开元二十五年),6.6 亩(开元二十六年),5 亩(开元二十七年),3.4 亩(开元二十八年),1.8 亩(开元二十九年),0.2 亩(天宝元年),－1.4 亩(天宝二年)……

这就是说,尽管是开元二十九年各户所欠之田没有得到完全补足。但是,若依此势头,至天宝元年,平均每丁所欠之田就下降到几乎为 0。至天宝二年,除新增丁口外,各户就不会欠田。再往上溯,情景就更加奇异:年代越前,平均每丁欠田额越多。至开元二十三年,则各户各丁全无田。从这个等差数列,还可以得出另一个结论:假定某丁取得受田资格之时只得到 1.6 亩,那么,每年循此渐进,至第七年,该丁即可受田充足。然而,在唐代西州欠田文书中,却不乏年过三四十岁,两代丁男却仍继续欠田者。如前引欠田文书中之马孤易,他见于田籍文书时,年已二十八岁,时索小圈之父索麻子犹在。而在欠田文书中,索小圈已承父当户,一家三丁。据此,我们可以推算:欠田文书中之马孤易当不小于四十来岁,其子业已成丁而又仍在继续欠田、受田。

上述两组数列所显示的情况,显然令人难以置信。但它确是依照西村元佑所论进行逻辑推论的。这就表明,唐代西州欠田、给田、退田诸文书中所反映的那种民屯的土地还授也不是经常进行的,至少说不是每年进行的。西村元佑所论即使用之于屯营田,亦不尽然适用。

[后记:此文原拟刊于《唐史论丛》第 1 辑,后因该辑的出版质量纠纷,除该辑作者人各一册外,该辑卒未发行。今特收入此论集,以期反映当年讨论情况。该文成于 1982 年,为当时硕士论文的一部分。当时《吐鲁番出土文书》尚未出版发行,所能利用的资料大体上只限于池田温的《中国古代籍帐研究》和中国社科院历史研究所编的《敦煌资料》第 1 辑。后来,随着《吐鲁番出土文书》的出版发行,本文曾有续论《唐代西州欠田、退田、给田诸文书非均田说补证》(载韩国磐主编:《敦煌吐鲁番出土经济文书研究》,厦门大学出版社 1986 年版),再往后,随着唐《田令》的完整复原,本文又有续论,见《唐田令的完整复原与今后的均田制研究》(《中国史研究》2002 年第 2 期)。]

唐末宋初敦煌土地制度初探

北魏至隋唐实行"均田制",敦煌的田土亦纳入"均田制"的范畴。贞元三年(787)吐蕃占领敦煌后,曾在沙州实行计口授田,每口一突(即10亩)。这种土地制度并未贯彻始终,吐蕃占领敦煌的后期,土地实际上已经私有化,土地的继承、买卖,不受限制。[①] 大中二年(848年)沙州重新归属唐廷。此后,敦煌的土地制度发生了什么变化?中外学者很少论及。近见冷鹏飞同志《唐末沙州归义军张氏时期有关百姓受田和赋税的几个问题》[②]与唐刚卯《唐代请田制度初探》[③]两文,对归义军张氏时期户口制度、土地制度、赋税制度的变化,做了全面的探讨,读后颇受启发。但由于史籍记载阙如,出土文书犹嫌不足,要准确地把握当时敦煌土地制度的实际情况,尚有不少困难。本文拟据现有的敦煌资料,对唐大中以后至宋初敦煌土地制度再进行一些探索。

一、官荒地与绝户地的请射

吐蕃在占领敦煌后期,由于贵族内讧,战事迭起。处于吐蕃占领之下的沙州,不能不受影响。大中二年张议潮之收复沙州,虽然比较顺利,

---

① 补注:参见拙文:《吐蕃时期敦煌计口授田考》,(甘肃)《社会科学》1983 年 2 期;《吐蕃时期沙州社会经济研究》,收入韩国磐主编:《敦煌吐鲁番出土经济文书研究》,厦门大学出版社 1986 年版。

② 冷鹏飞:《唐末沙州归义军张氏时期有关百姓受田和赋税的几个问题》,《敦煌学辑刊》1984 年第 1 期。

③ 唐刚卯:《唐代请田制度初探》,《敦煌学辑刊》1985 年第 2 期。

没有经过大规模的战斗,但大中四年,吐蕃宰相论恐热又领兵击吐蕃贵族尚婢婢,兵"至瓜州,闻怀光守鄯州,遂大掠河西鄯、廓等八州,杀其丁壮,劓刖其羸老及妇人,以槊贯婴儿为戏,焚其室庐,五千里间,赤地殆尽"。[1] 据《新唐书》卷 216 下《吐蕃传》所载,论恐热所掠之八州,还包括瓜、肃、伊、西等州。沙州乃自肃州、瓜州至伊、西必经之路,难免亦遭劫略。此后张议潮收复瓜、伊、肃、甘等州,也都经历一番战斗,其人力物力的消耗,自不必待言。正如《文献通考》卷 322 所言:"(河西)自唐中叶以后,一沦异域,顿化为龙荒沙漠之区,无复昔日之殷富繁华矣。"因此,归义军初期,荒田闲地甚多。这些荒田闲地自然归属归义军政权掌管。归义军当局曾对当时的荒田闲地进行过调查、登记。负责调查登记荒田的官员是都营田及其下属营田使。《大中六年(852 年)四月都营田李安定牒》[2]即记:

(前缺)

━━━━━壹段叁拾伍亩 东至□通顿地切崖,西至官道,南至泽,北至石渍。

□□□今责检状过者。谨依就检,

□□生荒空闲,见无主是实。伏□(望?)

尚书,请乞处分。

牒件状如前,谨牒

大中六年四月日都营田李安定谨牒

副营

对于当时大量存在的官田闲土,归义军政权按以往惯例允许官民请射。现存敦煌归义军时期出土文书中,有关请射田土的文书不少。请射的田土大体上有以下几类:

①绝户地。如唐咸通前后之沙州僧张智灯状稿:[3]

---

① 《资治通鉴》卷 249。
② S. 6224B,件见池田温:《中国古代籍帐研究》,东京大学东洋文化研究所 1979 年版,第 566 页。
③ P. 2222B,池田温:《中国古代籍帐研究》,东京大学东洋文化研究所 1979 年版,第 572 页。原稿时有增删,此据修订稿抄录,略去修改痕迹,下同。

1. 僧张智灯　　　状

2. 　右智灯叔侄等，先蒙　尚书恩造，令

3. 　将鲍壁渠地回入玉关乡赵黑子绝户地永为口

4. 　分，承料役次。先请之时，亦令乡司寻□实虚，两重判命。其

5. 　赵黑子地在于涧渠，碱卤荒渐，佃种

6. 　不堪。自智灯承后，经今四年，惣无言语，车牛人力，不离田

7. 　畔。沙粪除练，似将

8. 　堪种。昨通频言，我先请射，忏客苗麦，

9. 　不听判冯(凭)，虚效功力。伏望(以下未写)

又如唐大顺元年(890年)正月沙州百姓索咄儿等状：①

1. 百姓索咄儿等状

2. 　右咄儿先代痴直，迷遇(愚)无目。从　太保合户已来，早经

3. 　四十年余，中间总无言语。后代孙息，不知根栽。城西有地

4. 　贰拾伍亩，除高就下，粪土饱足，今被人劫将，言道博换阿

5. 　你本地，在于城东。白强碱卤，种物不出，任收本地。营农时

6. 　逼，气噎闷绝，不知所至。今遇乾坤清直，均割之次，城西刘

7. 　憨奴绝户地四十亩，五处今(零)散。请矜蒸斛(?)伏望

8. 　尚书照察。覆盆之下，乞赐雨(两)弱，合为一户。不敢不申，
　　伏请

9. 　处分。

10. 牒件状如前。谨牒

　　　　大顺元年正月　　　日百姓索咄儿等状

　　前件虽然只是田土纠纷的诉讼状文稿，但其中提到张智灯叔侄将鲍壁渠"回入玉关乡赵黑子绝户地"，实际上也就是放弃鲍壁渠田地而请射绝户地。后一件则以"乞赐两弱，合为一户"的形式，请射"城西刘憨奴绝户地四十亩"。索咄儿先前已经与人合户，如果说此"合户"至大顺元年业已解体，那么，索咄儿所谓"乞赐两弱，合为一户"，就不知与谁合户？也许是

---

① 池田温：《中国古代籍帐研究》，东京大学东洋文化研究所1979年版，第588页。

刘憨奴户尚有孤寡老幼,实际上未绝,索咄儿故以申请合户形式请射其田土。如果此种猜测不误,则又近于下述请射"不办承料"户类型。

②不办承料户田土。如咸通六年(865)敦煌乡百姓张祗三状:①

1. 敦煌乡百姓张祗三等状
2. 　　　　僧词荣等北富(府)鲍壁渠上口地六十亩。
3. 　　右祗三等　　　司空准　敕,矜判入乡管,未
4. 　　请地水。其上件地主词荣口云,其地不办承料。
5. 　　伏望
6. 　　将军仁明监照,矜赐上件地,乞垂处分。
7. 牒　件　状　如　前,谨　牒
8. 　　　　　　咸通六年正月　日张祗三谨状

又如戊戌年洪润乡百姓请地牒:②

洪润乡百姓令狐安定
　　右安定一户兄弟二人,惣受田拾伍亩,非常地少
窄窘。今又同乡女户阴? 什伍地壹拾伍亩,
先共安定同渠合宅,连伴耕种。其
地主今缘年来不辨? 承料乏后,别
人搅扰。安定今欲请射此地,伏望
司空照察贫下,乞公凭。伏请处分。
　　　　戊戌年正月　日令狐安定

① P.222B背文书,见池田温:《中国古代籍帐研究》,东京大学东洋文化研究所 1979年版,第 572 页。

② S.3877背,见池田温:《中国古代籍帐研究》,东京大学东洋文化研究所 1979年版,第 583 页。池田温定此戊戌年为 878 年,或不确。878 年为张淮深任河西节度时期。张淮深曾加授户部尚书、兵部尚书、尚书左仆射,似未曾加衔司空。下一个戊戌年为 938 年,时曹元德为河西节度使、检校司空。令狐安定状言及"伏望司空照察贫下",与曹元德加衔正合,时为后晋天福三年,石敬瑭得国不久。或因曹元德尚未与后晋建立联系,故未采用后晋年号。

③官荒地。如大中六年十月沙州百姓令狐安子状：[1]

1. 东渠请地壹段拾肆畦共肆拾亩 ^{东至河，西至宝□泽，南至索颜子及子渠，北至}

2. ^{子渠及济法陁}

3. 右通人户及田地，一々 ⬜——— 如前，请处分，

4. 牒件状如前，谨牒。

5. 　　　大中六年十月　　　日百姓令狐安子谨状

此件未具原田主姓名，联系"壹段拾肆畦共肆拾亩"，"西至宝□泽"这一情况，似可判断为官荒地。

又如北宋至道元年(995 年)曹妙令等户受田簿：[2]

P.3290 号文书：

1. 户曹妙令

2. 都受田陆拾亩 　请 ———

3. 亩。东至阴富全，西至沙堰及曹子全，南至大河，北至阴富全及曹□□

4. 　　　　　　　　至道元年乙未岁正月一日人户曹妙令户

5. 户陈残友

6. 都受田伍拾柒亩。请东河鹍渠地壹段共伍拾柒亩，东至道，西

7. 至小户地，南至姚丑儿，北至张宁儿。

8. 　　　　　　　　至道元年乙未岁正月一日人户陈残友户

9. 户陈残友

10. 都受田肆拾亩。请东河鹍渠地壹段叁拾亩，东至大户地，西至渐坑，

11. 南至姚丑儿，北至李富进，又两枝渠地壹段拾亩，东至董流定，西至大渠，

　　　（后缺）

────────────

① P.3254 背，见池田温：《中国古代籍帐研究》，东京大学东洋文化研究所 1979 年版，第 569 页。

② P.3290 号文书、S.4172 号文书，见池田温：《中国古代籍帐研究》，东京大学东洋文化研究所 1979 年版，第 667～668 页。

P.3290、S.4172号文书缀合：

（前缺）

1. 户刘保定

2. 都受田陆拾亩。请东河灌进渠地壹段共陆拾亩，东至子渠及

3. 景愿富，西至大渠，南至董进盈，北至大渠。

4. 　　　　　　　至道元年乙未岁正月一日人户刘保定户

5. 户景愿富

6. 都受田伍拾伍亩。请东河灌进渠地壹段伍拾伍亩。东至官荒，

7. 西至子渠及刘保定，南至卤，北至大渠。

8. 　　　　　　　至道元年乙未岁正月一日人户景愿富户

9. 户董长儿

10. 都受田壹顷陆拾伍亩。请东河灌进渠地壹段共壹顷陆拾伍
　　亩。东至

11. 泽，西至沟及董进盈并史善富，南至沟，北至史善富及黑家

12. 潢并小户地。

13. 　　　　　　　至道元年乙未岁正月一日，人户董长儿户

14. 户董长儿

15. 都受田叁拾亩。请东河灌进渠地壹段共叁拾亩，东至卤坑、

16. 西至董进盈，南至大户地，北至沟。

17. 　　　　　　　至道元年乙未岁正月一日，人户董长儿户

18. 户索昌子

19. 都受田柒拾亩。请东河灌进渠地壹段共柒拾亩，东至大渠，
　　西至

20. 高安三，南至子渠，北至索富住。

21. 　　　　　　　至道元年乙未岁正月一日，人户索昌子户

22. 户何石柱

23. 都受田壹顷拾亩。请东河灌进渠地壹段共壹顷拾亩，东至大
　　渠，西

24. 至荒，南至官田，北至高安三。

25. 　　　　　　　至道元年乙未岁正月一日人户何石柱户

26. 户高安三

27. 都受田柒拾伍亩。请东河灌进渠地壹段共柒拾伍亩,东至索
　　昌子,

28. 西至荒,南至何石柱,北至索富住。

29. 　　　　　　　至道元年乙未岁正月一日人户高安三户

30. 户索富住

31. 都受田伍拾伍亩。请东河灌进渠地壹段共伍拾伍亩,东至
　　大渠,

32. 西至卤坑,南至高安三及索昌子,北至李兴住。

33. 　　　　　　　至道元年乙未岁正月一日人户索富住户

34. 户李兴住

35. 都受田陆拾亩。请东河灌进渠地壹段共陆拾亩,东至大渠,
　　西至

36. 卤坑,南至索富住,北至张富昌。

37. 　　　　　　　至道元年乙未岁正月一日人户李兴住户

38. 户张富昌

39. 都受田伍拾伍亩。请东河灌进渠地壹段共伍拾伍亩东至大渠

40. 西至卤坑,南至李兴住,北至索住子。

41. 　　　　　　　至道九年乙未岁正月一日人户张富昌户

42. 户索住子

43. 都受田伍拾伍亩。请东河灌渠地壹段共伍拾伍亩,东至大
　　渠,西

(后缺)

　　上述各户的田土有如下几个特点:(1)除陈残祐、董长儿两户外,每户的"受田"都只有一段。(2)每段地的面积很大,平均每段67.6亩。最大的一段地达165亩;最小者也有30亩。(3)各户的"受田"都集中在东河灌进渠、鹍渠一带。不仅各户的"受田"连成一片,而且同一文书提到的各户的田土基本上也可以连成一片。如示意图(一)七户七段480亩连成一片。(二)两户两段115亩连成一片。董长儿的两段地,地形比较复杂,而又不规则,故无法图示。此两段地皆与董进盈地相邻,故应在图(一)之西不远处。

　　根据以上特点,我们以为曹妙令、刘保定等户的"都受田"若干亩,

"请东河灌进渠地壹段"若干亩(或"请东河鹘渠地一段"若干亩)云云,确实是"受"之于官,且确系通过"请"射而得。否则,他们的田土就不会如此集中,成大片相连状态。以上所见大片田土多与"卤"、"坑"、"渐坑"、"荒"相连接,因疑上述田土并非良田沃土,而是官荒地的给授。

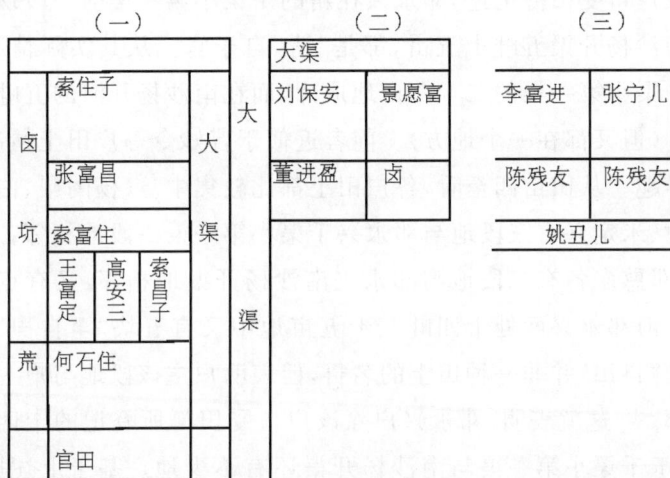

索住子等户受田示意图

下引宋雍熙二年(985)正月沙州邓永兴户口受田簿[1](废案)的情况就比较复杂:

1. 户邓永兴　妻阿弟章三　弟会进　弟僧会清

2. 都受田　　　　　请千渠小第一渠上界地壹段玖畦共贰

3. 拾亩,东至杨阇梨,西至白黑儿及米定兴并杨阇梨,南至

4. 米定兴及自田,北至白黑儿及米定兴。

5. 　　　　　　　雍熙二年乙酉岁正月一日百姓邓永兴户

6. 户邓永兴妻阿弟章三

7. 都受田　　　　　　请南沙杨开渠上界地壹畦叁亩,东西

8. 至袁住子,南至自田,北至河。又地壹段叁畦共柒亩,东至邓进成,

---

① S.4165 号文书,见池田温:《中国古代籍帐研究》,东京大学东洋文化研究所 1979 年版,第 663 页。

9. 西至渠，南至自田及邓憨多，北至自田及袁住子。又地壹畦伍
10. 亩，东至邓进成，西至邓憨多，南至邓音三，北至自田。
11. 　　　　　　　　雍熙二年乙酉岁正月一日百姓邓永兴户

据该户口受田簿记述，邓永兴在籍的千渠小第一渠的一段玖畦二十二亩与南沙杨开渠五畦十五亩，都是"请"自于官。从其实际情况看，邓永兴在千渠小第一渠的二十二亩地成片，而在南沙杨开河的五畦十五亩又不成片（但又都在一个地方）。前者近似于曹妙令等户田土情况，后者则迥然异趣。从田亩四至看，各户田土都比较集中。（杨阇梨、白黑儿各有二段地、米定兴有三段地与邓永兴千渠小第一渠一段地相邻；袁住子、邓进成、邓憨多各有二段地与邓永兴南沙杨开渠地相邻，又有点像是请自于官。但邓永兴两处十四畦三十五亩地中又有五块"至自出"。）田亩四至中的"自田"并非一种田土的名目，但表明户主该段地与户主的另一段地相邻。[①] 这就表明，邓永兴户除该户口受田簿所登记的十四畦三十五亩外，于千渠小第一渠与南沙杨开渠还有不少地。基于上述原因，笔者以为邓永兴户口受田簿申所列的十四畦三十五亩是否都是请自于官，尚难遽定论。

"请田"制度早已有之。远的不说，秦始皇时就有大将王翦的"多请田宅为子孙业以自坚"。[②] 汉高祖时又有萧何的"为民请苑"。[③] 前者是官僚贵族的"请田"，后者则是平民百姓的"请田"。"请田"与授田、赐田常是一个问题的两个方面。从官、民这一方面来说，曰"请"；从政府方面来说，也就是"授田"或"赐田"。秦始皇三十一年曾"使黔首自实田"[④]（即允许百姓垦荒）。西汉时也常"以公田赋于贫民"。[⑤] 从百姓这一角度讲，或许还要办申请手续。如有申请手续，也就是所谓"请田"。北朝隋唐"均田制"下官民奴牛的"请田"，从政府角度看，也就是"授田"。北

---

① 参见拙作：《从唐代敦煌户籍资料看均田制下私田的存在》，《厦门大学学报》1982 年第 4 期。

② 《史记》卷 73《王翦传》。

③ 《史记》卷 53《萧何相国世家》。

④ 《史记》卷 6《秦始皇本传》集解引徐广曰。

⑤ 《汉书》卷 68《霍光传》等。

齐河清三年(564)令规定:"职事及百姓请垦田者名为永业田。"就是将官民的请垦田(亦即请射无主荒地)视为政府的授田。《通典》卷2引宋孝王《关东风俗传》言:"广占者,依令:奴婢请田亦与良人相似,以无田之良口,比有地之奴牛。"就是将"奴婢依良"的所谓"授田",称之为奴婢依令"请田。"由此可见,"均田制"下的"授田"(如果是实投土地的话)与"请田"实际上是一回事。"均田制"破坏之后,百姓请射官荒地的做法,仍然继续存在,由此可见,请田制度是历代处理官荒地的一种办法,而不是兴于唐宋的一种重要的土地管理制度。

这里还应指出,请射田土与一般的请田稍有区别:一般的请田多不指明地段。而请射则须由申请者自行寻找可授之官荒田,而后向政府提出申请授予,犹如射箭中的一样。官荒地(包括绝户地)允许请射,自是情理中事,不足为奇。而"不办承料"的田土允许他人请射则为前所未见。唐朝律令亦无允许请射"不办承料"之地的规定。唐刚卯同志引长庆四年三月壬子赦文证明"'据亩定税'的'见征税案'是官方承认私人土地所有权的标准。即缴纳赋税的土地才能登录'户帐',算入'垦田顷亩'。如不纳赋税的土地,即使有人耕垦,官府也不予承认。这样,不纳赋税的土地便可视为'逃田',由浮客'请射';或'给付'无庄田有'人丁'的'官健'"。笔者以为实际情况并非如此。

两税法的基本原则是"户无主客,以见居为簿;人无丁中,以贫富为差"。① 换言之,也就是"青苗两税,本系田土"。② 从法律上讲,政府绝不允许不纳税的籍外田的存在。但政府催征赋税的手段,通常是超经济强制,而不是货卖或让人请射其土地。广德以后,朝廷一再下令"据见在实户,量贫富作等第差科,不得依旧籍帐,据其虚额,摊及邻保",③目的也就是避免引起连锁反应,导致更多的自耕农破产、流亡。长庆四年三月壬子赦文规定"自今已后,州府所申户帐及垦田顷亩,宜据见征税案为定后与户部类会具单数闻奏",④其意也应如此。其中并无"以承担赋税为

---

① 《旧唐书》卷48《食货上》。
② 唐宣宗:《两税外不许更征诏》,《全唐文》卷80。
③ 《唐大诏令集》卷69《广德二年南郊赦文》。
④ 《册府元龟》卷89《帝王部·赦宥》。

前提承认兼并土地的私有权"之意。

那么敦煌乡百姓张祗三与洪润乡百姓令狐安定为什么又能请射"不办承料"者的田土呢？据上引张祗三状,北富鲍壁渠六十亩地的地主词荣"□云：其地不办承料",张祗三便据此提出请射田土的要求。以此推测,词荣之地或含转让之意。否则词荣为什么不出卖或出租此六十亩地中的一部分以"办承料",而要完全放弃此六十亩口地呢？又据令狐安定状,女户阴什伍本来就是"先共(令狐)安定同渠合宅连伴(畔)耕种"。令狐安定之请射其地,恐怕也不仅仅是因为阴什伍地"不辞承料"。① 退一步说,倘若词荣与阴什伍果真是因为"不办承料"而放弃其地,那就说明当时敦煌地广人稀,不乏田土。无力自耕之户,既找不到买主买田,又找不到佃农佃耕其地。为了免却"本系田土"之税,他们只好放弃自己的田土。倘若如此,这也只是敦煌一时一地之事,就全国而言不具有代表性。

二、请射田土的基本原则

归义军时期的请射土地,自有一定原则。此原则似为首先照顾有劳力而又无地或少地者。如咸通六年请射鲍壁渠地张祗三,即是"司空(按指张义潮)准敕矜判入乡管,未请地水"者,大顺元年(890)请射刘憨奴绝户地之索咄儿也分明是一"弱户"。② 甲午(934)年请射索义成田土之索进君,亦是南山投来,"分(按应读为份)居父业,惣被兄弟支分已讫"而"无得地水居业"者。戊戌(938)年请射同乡不办承料之女户的洪润乡百姓令狐安定,也是有劳力而"非常地少窄窘"者。上述诸例,皆已言明其请射田地理由。其余各户,虽未具载请射田土缘由,

---

① 补注：令狐安定与阴什伍原先即已是"同渠合宅连伴(畔)耕种",说明令狐安定与阴什伍之丈夫很可能是昆从兄弟关系,本来就是同一家族。
② 《大顺元年正月索咄儿等状》言"咄儿先代痴直,迷遇(愚)无目",或可理解为咄儿废疾。但S.0323大顺二年团头名籍中又见索咄儿之名,可见索咄儿并非废疾,而是言其无识受欺。

以意度之,亦应以有劳力而无地或少地之民户居多。至于豪富之家倚势请射土地,现实生活中恐怕在所难免,但现存敦煌文书尚未见此种资料(咸通年间与张智灯争地之"通颊",也不必即是豪富之家倚势请射土地)。

冷文以为归义军时期沙州官府处分土地的总原则是"均割",亦即"计口授田"。其主要根据是对唐君盈等户家口、田亩的统计。冷鹏飞同志列有以下二表,并据此推论:表1"除安善进户、张孝顺户情况特殊,官府附有批文外,其余人户按人口平均每人受田七亩左右"。表2大顺二年再制户状时"每人平均受田十余亩"。我以为实际情况未必如此。且看冷文所列二表:

表1　张议潮时期的受田的情况

所引文书	户主姓名	户口数	受田亩数	按人口平均亩数	备注
S.6235背	唐君盈	6(?)	47	约7.8	
P.4989	安善进	8(?)	15.5(实有12.5)	约1.6	户口后有官府批:"老王恚(?)都□承"
	张孝顺	3	18	6	户口后有官府批:"史怀德承"
	傅兴子	10	70	7	
S.3877背	令狐安定	2	15	7.5	状中云所受田地当在初制户状时

表2　大顺二年再制户状时的情况

所引文书	户主姓名	户口数	受田亩数	按人口平均亩数	备注
P.3384	翟明明	4	40.5	约10.1	另有一亩半在和胜户状上;半亩园地及宅地均未包括在内

续表

所引文书	户主姓名	户口数	受田亩数	按人口平均亩数	备注
罗振玉旧藏	范德保	3	36	12	
	杜常住	3	37	约12.4	
	赵曹九	不详	35	不详	原件缺
	□进(?)通	不详	38	不详	原件缺

这里有几种情况应该考虑:(1)表1、表2分别仅有五户。表1安善进、张孝顺两户,冷文以为情况特殊,应予排除;表2赵曹九等两户因家口数不详无法比较,因而实际上都只剩下三户。因户数太少,即使各户农田按口计大体相近,也难确定其为计口授田。(2)表1唐君盈、傅兴子两户的家口都包括僧尼。倘若是计口授田,各户已出家的僧尼则不应计为各户的受田口。唐代"均田制"下,僧尼道士按规定可以受田。此规定若被切实实行,则其所受之田,亦应属于寺观而不属于各户。计口授田场合就更应如此。唐君盈户若除去一僧(实际上也可能是两僧),则余五口,平均每人"受田"9.4亩,傅兴子户若除去一尼,则余九口,平均每人"受田"7.8亩。(3)表1安善进、张孝顺两户,官府皆批注"某某某承"。批注此文的含意,不得而知,但似不影响其户口数与受田亩数。而此两户的平均每口受田数又显然低于每口7亩。(4)表1令狐安定户,前已考定其上状年代或为公元938年。若此,该户"兄弟二人惣受田拾伍亩"必不始于张仪潮初制户状之时。退一步说,倘若将令狐安定上状之戊戌年定为878年,那也是在张淮深执政之后,其"兄弟二人惣受田拾伍亩",仍可能是在张淮深再制户状之后。(5)冷文所做的统计未计及张议潮初制户状、张淮深再造户状之后各户家口的异动情况。倘若冷文表1所引文书出于同年,而又恰好是在张议潮初制户状之年,那么,表1所列之唐君盈、安善进等户的家口,也就是张议潮初制户状时的各户的家口数,据此家口数或可求出张议潮初制户状时各户按口平均的"受田"数。反之,倘若S.6235(背)文书与P.4989号文书作成于张议潮初制户状之后5~10年,那么,在统计张议潮初制户状时各户按口平均"受田"数时,便应剔除各户5岁以至10岁以下的新生口,并且还要相应增加各户近5年

以至 10 年之内所减少的家口。S. 6235(背)文书与 P. 4989 号文书作成之年代越迟,与张议潮初制户状时相比,各户家口的变动也就越大,也越难求出张议潮初制户状时各户按口平均的"受田"数。(6)大顺二年乃公元 891 年,时张淮深已被索勋取代。咸通八年(867)张议潮入朝,其侄张淮深任沙州刺史,归义军留后。据冷文所引《唐天复年间沙州神力墓地诉讼状》,张淮深再造户状应在公元 880 前后,距大顺二年(891 年)已历多年。若此,自张淮深再造户状(这里权假定张淮深在位时只再造一次户状)至大顺二年,翟明明等户的家口也必然有较大变动。由此可见,按大顺二年翟明明等户的现有家口数,计算张淮深再造户状时各户按口平均"受田"数,显然不够科学,不足为据。(7)沙州地理条件的特点是:地势较平坦,易于开垦;多沙碛,气候干旱,靠祁连山雪水灌溉。沙州的垦田,一取决于劳力,二取决于水利设施、取决于每年的供水量。冷文关于"张议潮初掌归义,土地抛荒严重,一时未及垦种,因此按人口平均受田数量并不多。到大顺年间,经过几十年的恢复和发展,自然开垦了不少荒地,耕地面积大大增加"的推论,恐怕也不符合当时实际情况。

由此可见,归义军张氏政权时期虽多请射田土实例,索咄儿请射绝户地时又有"今遇乾坤清直,均割之次"之说,但当时当地并非实行计口授田。现存归义军时期敦煌出土文书中也看不到计口授田的迹象。①

三、归义军时期土地所有制的性质

归义军时期的沙州,国有土地与私有土地并存。国有土地主要包括绝户地与荒田闲地。此外,也许还有一些官田(至道元年何石住受田簿之田亩四至中就有"南至官田"的记载)。《新唐书》卷 216《吐蕃》记张议潮收复沙州后,"缮甲兵,耕且战,悉复余州"。似乎是屯田积谷作进取之

---

① 补注:在此之前,吐蕃占领敦煌时期,吐蕃曾在当地实行计口授田。蕃汉出土文书对此多有反映。参见拙文《吐蕃时期敦煌计口授田考》,(甘肃)《社会科学》1983 年 2 期;《吐蕃时期沙州社会经济研究》,韩国磐主编:《敦煌吐鲁番出土经济文书研究》,厦门大学出版社 1986 年版。

资。但现存归义军时期的敦煌文书中却未见有关屯田的文书。也未见职分田、公廨田等等。相反,却见到规模颇大的群牧。《戊辰年(968)十月七日就东园算会小郎子群牧驼马牛羊见行籍》[①]即有群牧官马285匹、驼73匹,牛178头,羊4648头。因疑《新唐书·吐蕃传》所谓的"缮甲兵、耕且战"也包括发展群牧在内。从严格意义讲,"耕"不包括"牧"。但"牧"可以视为农业的一个组成部分。如古代的所谓"寓兵于农",也可包括"牧"在内。《新唐书·吐蕃传》的行文意在强调张议潮一面组织生产,一面积极作战,为了与"缮甲兵"对称,所以不云"耕牧且战",而云"耕且战"。归义军时期沙州的众多群牧官马、牛、羊,自然也是供官府之用,很可能起着"公廨田"、"职分田"的作用。归义军时期的私有土地包括官僚地主的占田、寺田和小自耕农的民田。下引端拱三年(990)沙州邓守存户、陈长晟户的户口受田簿可能即属中小地主的占田:[②]

A断片(17×25.8)

        户邓守存　妻小娘子陈氏　男模▆▆▆▆▆

        奴愿成　奴继千　婢美▆▆▆▆▆

        婢愿喜　婢住太　婢▆▆▆▆▆

     都受田　贰顷　请▆▆▆▆▆

（后略）

B断片(13.3×27)

      户陈长晟　妻小娘子▆▆▆▆▆

        奴善祐　奴金山　奴▆▆▆▆▆

        婢善眼　婢胜子　婢▆▆▆▆▆

    都受田　肆顷柒拾亩▆▆▆▆▆

（后略）

此二断片皆下残。邓守存在籍之口(不包括奴婢)仅写一行,(现存

---

① P.2484,见池田温:《中国古代籍帐研究》,东京大学东洋文化研究所1979年版,第660～662页。

② 见池田温:《中国古代籍帐研究》,东京大学东洋文化研究所1979年版,第665页。

三人),该断片现长 17 cm。宋初敦煌用纸长度一般多为 30cm,以此估计邓守户良口仅 5~6 人,奴婢 7~10 人。B 断片现存长度为 13.3cm,据此推算,陈长晟户良口亦不超过 6 人,奴婢 8~10 人。若此推测不误,邓守存户每口(良口)"受田"当在 30 亩以上,陈长晟户每口(良口)受田当在 100 亩上下。此两户无疑属于中小地主。壬申年三月十九日敦煌乡官布籍,①80 户中占田超过百亩的计 19 户,占田 20 亩以下的计 22 户。而建中以前敦煌户籍或手实中,占田超过百亩的仅见 5 户。这种迹象表明,归义军时期大土地所有制比起建中以前有所发展。

归义军时期沙州佛教仍然继续发展。一般寺院都占有一定数量的田产。后唐同光二年(924)正月至同光三年(925)正月沙州净土寺诸色入破历计会②登记了该寺"自(兹)年田收、园税、梁课、利润、散施"诸项收入。其中就记有"麦拾硕,菜田渠地课入"、"麦壹拾叁硕,自年人上菜价入。麦捌硕肆㪷,园南麻地课入"、"粟拾硕,自年延康渠地课入。粟壹拾陆硕,自年无穷地收入"、"粟壹拾伍硕肆㪷,自年人菜价入。粟柒硕陆㪷,自年僧菜价入"。所谓"菜价入"似为菜园的收入,某某地课入,有可能是地租收入。净土寺以上各项收入共约 80 硕,如果这 80 硕都是来自地租收入,且以每亩收租一石计,则约占地 80 亩。时净土寺共有僧众 17人,每人平均 5 亩左右。数量不大。这部分的收入也远比高利贷利润收入为少。由此看来,净土寺占田不算多,寺田收入在寺院总收入中所占比重也不大。其他各寺情况是否如此,不得而知。

---

① P.3236 号文书,见池田温:《中国古代籍帐研究》,东京大学东洋文化研究所 1979 年版,第 615~616 页。此件纪年为"壬申",可能是 912 年,也可能是 972 年。冷文根据曹元忠世敦煌文书多署中原王朝年号,张承奉世专用干支纪年,《长兴二年(931)龙勒乡官布酥》(习字稿)不设"布头"而以户为征收单位的特点推论此壬申年应为 912 年。按《长兴二年龙勒乡官布酥(书?)》,只是习字稿,虽分别开列了户"受田数",但未记载各户应分别纳布多少,故尚难肯定此时纳官布不设布头而"以户为征收单位"。若从纪年特点看,应认为 912 年的可能性较大。

② P.2049 文书(背),见池田温:《中国古代籍帐研究》,东京大学东洋文化研究所 1979 年版,第 617~630 页。净土寺长兴元年(930)的田收又略低于此。见该书第 630~644 页。

以上是就属于寺观的田产而言。至于僧尼本身的田产,可能要多一些,前引咸通六年敦煌乡百姓张祗三等状即云其所请射的六十亩土地原为僧词荣鲍壁渠口地。大约同时,僧张智灯于鲍壁渠亦有一部分土地。据大中年间沙州僧张月光父子回博田地契,僧张月光与僧吕智通也是分别拥有各自的土地。又见唐大中四年(850)十月令狐进达申请户口牒:[1]

令狐进达
　　应管口妻男女兄弟姐妹新妇僧尼奴婢等共叁拾肆人
　　妻阿张　男宁宁　男盈盈　男再盈　女盐子　女娇娇
　　弟嘉兴　妻阿苏　弟华奴　女福子
　　弟僧恒璨　婢要娘
　　弟僧福集　婢来娘
　　弟僧福成　妹尼胜福
　　兄兴晟妻阿张　母韩　男含奴　男仏奴　男归奴　妹尼胜□
　　妹尼照惠　婢宜宜
　　侄男清清　妻阿李　母阿□　弟胜奴　弟君胜妹尼□□
　　妹银银　奴进子
　　　　右　具　通　如　前　请　处　分
　　牒　件　如　前　谨　牒
　　　　　　　　　　大中四年十月　日户　令狐进达牒
(以下余白)

此牒文的特点是已成年的兄弟姐妹以及僧尼奴婢合户。登籍的格式是成年男女一房一行,奴婢各随其主。该户"弟僧恒璨"、"弟僧福集"、"弟僧福成"、"妹尼照惠"各独立一行,并各有所属奴婢。这说明合户的大家庭之内,各房相对独立。僧恒王祭等既有各自的奴婢,很可能也有各自的田宅资产。上述这种属于僧尼个人或其家庭的田产与一般民田性质相同。

----

① 见池田温:《中国古代籍帐研究》,东京大学东洋文化研究所1979年版,第566页。

一般民田的来源,或是通过"请射"由官府授给,或是承袭父祖地水。承袭祖业的田地固然是私有土地,而"请射"的土地一经官府给授之后,同样也成为私有土地。因此,在户状上面,这两种来源的田土已很难区别。冷鹏飞同志发现令狐安定手状中有"东渠请地一段"之说,而唐君盈户状中每段田地均未注明"请"字,因而推论"这种情况表明每户所受田地的不同来源"。实际情况恐怕并非如此。从大顺二年沙州翟明明等户户口受田簿看,户状上"请"字的用法并不十分严格。翟明明户一家四口,都受田四十亩半。其中"请南沙阳开南支渠地壹段两畦共陆亩","又请都乡赵渠地壹畦壹亩半,共和胜亭合、四至在和胜户状上"、"又请南沙阳开北支渠地壹段叁畦共陆亩"。其他八段地,属于南沙阳开南支渠者,皆不再写"请"字,而只是在"请南沙阳开南支渠地壹段两畦共陆亩"之后,写上"又地□畦□□亩"(并具四至)。属于都乡赵渠者亦然。范保德、杜常住等户的情况亦皆如此(年次不详之傅兴子户口受田簿亦如此。上引邓守存户口受田簿,在"都受田贰顷"之后,紧接着就是一个"请"字,而其具体的各地段,又皆无"请"字。)换言之"受田"若干亩与"请"某段地,都是当时的习用语。其渊源即在于均田制下"请田"与"授田"的合一。因为"均田制"下各户的田土名义上都是受之于官,影响所及,归义军时期各户田土也都称之为"受田"、"请田",故翟明明等户户状上的田亩,从户状用语上看,全属于"请"之范畴,无一例外。但实际情况却未必都是"请"射而得。从大中六年令狐安子状、至道元年(995 年)正月沙州百姓曹妙令等户受田簿看,请射的田地一般都比较集中,通常是壹段数十亩甚至上百亩。请射绝户地的情况或者不如上述那么集中,但也不至于太分散。翟明明等户的田土,虽然全部标明为"请",然而其中也不乏半亩、壹亩、壹亩半、贰亩的小块地。由此看来,注明为"请"的田土中,也有承袭祖业者。(翟明明的田地多与翟和胜相连,园舍及门前院又共翟和胜合,由此推测,翟明明与翟和胜应有亲属关系,许多田土以及园舍因分家而一分为二)。与之相反,大中六年十一月唐君盈户状上的各段地虽然曾未注明为"请",但其最末一段地"东至泽通颊地切崖,西至官,南至泽,北至石碛"与同年四月都营田李安定所勘检的无主荒闲地之四至略同,其或为唐君盈请射所得亦未可知。

关于"口分"云云,也是如此。咸通前后张智灯状稿即云"先蒙尚书恩造,令将鲍壁渠地回入玉关乡赵黑子绝户地,永为口分"。所谓"永为口分"就是永为己业之意。清泰三年(936年)杨忽律哺卖宅舍契云:"今将父祖口分舍出卖与弟薛安子、弟富子二人";开宝八年(975年)郑丑挞卖舍契云:"今遂□(口)分地舍出卖";太平兴国九年(984年)马保定卖宅舍契云"今将前件祖父口分舍逐出买(卖)与平康乡百姓武恒员"。[①]上述诸契书中之所谓"口分"地舍亦绝无受自于官之意。

要言之,民户之田土,不论是"请"自官府,或是承袭祖业,都已是私有土地。在户籍或手实上,都记为"受田"。民户之田土可以出租。乙亥年敦煌乡百姓索黑奴租地契[②]即载明其"城东夏渠中界地柒亩"租给某人,每亩收租壹硕二斗。天复四年(904年)贾员子租地契亦载明"僧令狐法性,有口分地捌亩,请在孟授下界","其地租与贾员子贰拾贰年佃种"。

民户的田土也可以典租,广顺三年(953年)章祐定典地契[③]即规定将其"父祖口分地两畦子共贰亩中半"典与罗思朝佃种四年。天复二年(902年)刘加兴典地契[④]也规定将其"东□渠上口地四畦共十亩","遂租与当乡百姓樊曹子奠(典)种叁年"。

民户的田土还可以由诸子分割继承。分家析户的原则基本上仍然是兄弟亭分(平分),而长子或稍多一些。天复九年(909年)神沙乡百姓董加盈等兄弟分家文书[⑤]即规定:兄加盈"城外地取索底一渠地叁畦共陆亩半;园舍三人亭支;蕊同渠地取景家园边地壹畦共肆亩","弟怀子取

---

① 中国科学院历史研究资料室编:《敦煌资料》第1辑,中华书局1961年版,第312、314、317页。

② 中国科学院历史研究资料室编:《敦煌资料》第1辑,中华书局1961年版,第326页。

③ 中国科学院历史研究资料室编:《敦煌资料》第1辑,中华书局1961年版,第324页。

④ 中国科学院历史研究资料室编:《敦煌资料》第1辑,中华书局1961年版,第320页。

⑤ 中国科学院历史研究资料室编:《敦煌资料》第1辑,中华书局1961年版,第405~407页。又见池田温:《中国古代籍帐研究》,东京大学东洋文化研究所1979年版,第612页。

索底渠地大地壹半肆亩半,荙同渠地中心长地两畦伍亩"、"弟怀盈取索底渠大地一半肆亩半;荙同渠地东头方地兼下头,共两畦伍亩"。董氏兄弟于索底渠与荙同渠的田土,都是三人各取一块,面积约略相当。而园舍地则明确规定"五人亭支"。开运二年(945年)十二月都押衙王文通勘寻寡妇还田陈状牒所录阿龙供词也提及"其他(地)仏奴叔贼中投来,本分居父业惣被兄弟支分已讫,便射阿龙地水将去"。雍熙二年(985年)六月慈惠乡百姓张再通辞稿则以其兄、侄"所有父祖地水,不割友分"为由,向官府提出申诉。现存归义军时期的分家样文亦常明确规定:"某物、某物……车、牛、羊、驼、马、驼畜、奴婢、庄园、舍宅、田地乡□渠道四至。右件家产并以平量,更无偏党丝发差殊。"①兄弟分家,平分家产(包括田产)并非归义军时期特有的现象。吐蕃占领敦煌时期,乃至唐建中以前实行"均田制"时期亦皆如此。

一般民户的田土还可以买卖。天复九年神沙乡百姓董加盈等兄弟分书即附载"赛口渠地加和出卖以(予)人","又荙同上□渠地贰亩半,加盈、加和出卖与集",开运二年十二月都押衙王文通勘寻寡妇阿龙还田陈伏牒所录阿龙供辞也提到"阿龙有口分地叁拾贰亩,其义成去时,出买(卖)地拾亩与索流住"。《敦煌资料》第1辑还辑录归义军时期卖地契三件。其一为天复九年安力子卖地契:②

> (前略)
>
> 已上计地肆畦共柒亩。天复玖年己巳岁十月七日,洪润乡
>
> 百姓安力子及男木葛□等,为缘阙少用度,遂将本户口
>
> 分地出卖与同乡百姓令狐进通,断作价直生绢一匹,长肆丈
>
> 其地及价,当日交相分付讫,一无玄(悬)欠。自卖以后,其地永任
> 进通
>
> 男子孙息□侄世世为主记。中间或有回换户状之次,任进通

① S.4374号文书。S.0343文书,S.5047号文书,S.6537号文书亦有类似规定。以上诸分家样书见中国科学院历史研究资料室编:《敦煌资料》第1辑,中华书局1961年版,第430～438页。

② 中国科学院历史研究资料室编:《敦煌资料》第1辑,中华书局1961年版,第309～310页。

抽入户内。地内所著差税河作,随地祗当。中间若亲姻兄弟
及别人争论上件地者,一仰口承人男木葛□兄弟祗当,不干
买人之事。或有恩赦流行,亦不在理论之限。

（后略）

其二为宋太平兴国七年(982)住盈阿鸾卖地契:①

（前略）

于时太平兴国柒年壬午岁二月廿日立契,赤心▬▬▬
阿鸾二人家内欠少,债负深广,无物填还,今▬▬▬
与都头令狐崇清,断作地价每亩壹拾贰硕,通▬▬▬
当日交相分付讫,无升合玄(悬)欠。自卖余后,任▬▬▬
有住盈、阿鸾二人能辩(辨)修渎(赎)此地来,便容许。▬
兄弟及别修渎此地来者,便不容许修渎。▬▬▬
便入户、恩赦流行上,亦不在论理。

（后略）

其三为年次未详的阴国政卖地契:②

（前略）

其地断作▬▬▬▬
▬▬▬▬永世为业,其物及地▬▬▬
□付□□□欠少叔□□□□□政百年▬▬▬
称为主者,一仰叔祗当。并畔觅上好地充替□□▬▬
□已复,不许别房侄男侵劫。如若无辜非理争论,愿作□
行。天倾地陷,一定已复;更不许翻悔。

（后略）

上述契书表明,当时当地,土地买卖比较盛行。民田的转让、买卖不
必事先经过当地政府的同意。

────────────

① 中国科学院历史研究资料室编:《敦煌资料》第 1 辑,中华书局 1961 年版,第
316 页。
② 中国科学院历史研究资料室编:《敦煌资料》第 1 辑,中华书局 1961 年版,第
304~305 页。

对于民户田土的出租、典租，以及兄弟之间的分家分地，官府也未做任何限制。为了避免分家之后发生纠纷，当时的分书多明文规定：如有反悔，罚物若干入官用，或者规定由官府决罚。如 S. 4374 号文书（分家样书）规定："如立分书之后，再有喧悖，请科重罪，名目入官，虚者伏法。"S. 5647 号文书（分家样书）规定：分割"庄田、车牛、驼弓、家资、什物"之后，分析为定，更无休悔。"如若更生毁伍，说少道多，罚锦壹匹，充助官门。"S. 6357 号文书（分家样书）规定："今则兄厶乙弟厶甲今对枝亲树邻，针量分割城外庄田、城内屋舍、家资什物及羊牛畜牧等，分为厶分为凭。……后有不于此契争论者，罚绫壹匹，用官中；仍麦拾伍顷，用充军粮。"大中六年张月光、吕智通博地契①规定："一定已后，不许休悔。如先悔者，罚麦贰拾驮入军粮，仍决丈卅。"《天复九年董加盈兄弟三人分家文书》②也明言："右件家业，苦无什物，今对诸亲一一具实分割，更不得争论。如若无大没小，决杖十五下，罚黄金壹两，充官入用，便要后验。"前此，吐蕃占领敦煌时期的分书也有类似的内容。如僧月光兄弟分书③就规定："如有违者，一则犯其重罪，入狱无有出期。二乃于官受鞭一阡（千）。若是师兄违逆，世世堕于六趣。"同时期的善护、遂思兄弟分书④也规定："从今以后，不许争论。如有先是非者，决杖五拾。如有故违，山河违（为）誓。"此或可视为吐蕃占领敦煌时期及此后归义军时期分书的

① P. 3394 号文书，池田温：《中国古代籍帐研究》，东京大学东洋文化研究所 1979 年版，第 568 页。
② 中国科学院历史研究资料室编：《敦煌资料》第 1 辑，中华书局 1961 年版，第 406～438 页。
③ P. 3744 号文书，见池田温：《中国古代籍帐研究》，东京大学东洋文化研究所 1979 年版，第 565 页。此件纪年残缺，但先于大中六年张月光、吕智通博地契，故仍可确定为吐蕃时期文书。
④ P. 2685 号文书，见中国科学院历史研究资料室编：《敦煌资料》第 1 辑，中华书局 1961 年版，第 423～424 页。此件有吐蕃丈文署名，故可确定为吐蕃占领敦煌时期的文书。

特点。① 虽然当时的分书罚则都写明由官府决杖或罚物入官,但实际上官府并未置身其间。某些官吏或也作为证人出现(如董加盈兄弟分书的"见人"除其舅父石神神、当乡耆寿康常清外,兵马使石福顺亦附署为"见人"),似乎也只是以个人名义出面担保。

对于民田的回博,则须经官府处分。大中年间沙州僧张月光父、子与吕智通回博田地契即言"大中年壬申十月廿七日,官有处分,许回博田地,各取稳便"。咸通年间(?)沙州僧张智灯状稿所谓"先蒙尚书恩造,令将鲍壁渠地回入玉关乡赵黑子绝户地永为口分"似乎也是回博田土之前,先经官府允许之意,并非由官府出面对百姓原有土地进行调整。张月光父子与吕智通博地之后,曾"入官措案"。(其博地契似经过官府批署)。但作为回博田土的"保人"却是张月光之弟、侄及诸子,"见人"也是一般的僧俗人户。

民田的买卖似乎也要"入官措案"。民田的回博、买卖之所以要"入官措案",是为了使田地易主之后,地内所著的各种赋役不致落空,其中并无限制回博买卖之意。官府在处理土地纠纷的案件中,对民田的土地私有权及其凭证——契书,还是相当尊重的。咸通年间僧张智灯状稿即言赵黑子绝户地"先请之时,亦令乡司寻□(问)实虚,两重判命"。此即表明,官府可以随意处分的只是绝户地以及官田荒地,有主之地则不在请射之列。大顺四年(893年)正月瓜州营田使武安君呈状申诉其"父祖(祖)田水"妄被通颊董悉请射时,官府即明确判定"系是先祖产业,董悉卑户则不许入权且丞(承)种"。② 天复年间沙州神力墓地诉讼状亦追述"司空前任之时,曹僧宜(按神力墓地的卖主)死后,其朗神达便论前件半亩坟地。当时依衙陈状,蒙判鞫寻三件两件凭由见在,稍似休停。"这都说明卖地契在当时是具有合法性与权威性的。值得注意的是天复九年

---

① 前引两件吐蕃时期分家文书的罚则都是官府的决杖与盟誓相结合;而归义军时期分家文书的罚则却是决杖与经济处罚相结合。此又或可视为这两个时期的各自特点。S.4374、S.6537、S.5647 诸号文书的罚则与董加盈兄弟分书相近,故推测为归义军时期分家样书。

② P.3711 号文书,见池田温:《中国古代籍帐研究》,东京大学东洋文化研究所1979 年版,第 591 页。此件虽系瓜州文书,应能反映沙州情况。据武安君诉状,其父祖田水亦在沙州。

安力子卖地契及太平兴国七年(982)住盈阿鸾卖地契都有"或有恩敕流行,亦不在理论之限"之类的规定。这说明当时民田的土地私有权是比较稳固的,它甚至可以公然排斥可能来自官府方面的行政干预。

(原载《敦煌学辑刊》1988 年第 1 期)

麴氏高昌与唐代西州、
沙州租佃制研究

　　敦煌吐鲁番出土文书中,有许多租佃契约与具注各段田土田主和实际耕作者姓名的青苗簿。这是研究当时租佃关系状况的极为重要的原始资料。汉唐传世文献对租佃制偶有记载,如《汉书·食货志》引董仲舒语:"或耕豪民之田,见税什五";陆贽《翰苑集》卷22《均节赋税恤百姓第六条论兼并之家私敛重于公税》指出:"今京畿之内,每田一亩,官税五升,而私家收租殆有亩至一石者,是二十倍于官税也。降及中等,租犹半之,是十倍于官税也。"然对契约租佃则只字未提,人们普遍认为契约租佃制到了宋朝才开始发展。敦煌吐鲁番出土的麴氏高昌与唐代西州、沙州的大量租佃契令人大开眼界。原来,不迟于南北朝时期,契约租佃关系就已相当普遍。明清之际,顾炎武《日知录》卷10《苏松二府租税之重》曾感叹说:"仲舒所言,则今之分租;贽所言,则今之包租也。然犹谓之豪民,谓之兼并之徒,宋已下则公然号为田主矣。"然检唐代西州租佃契,公然号为"田主"者已比比皆是。由此即可见这批出土文书之价值。

　　中外学者根据这批租佃契对麴氏高昌与唐代西州、沙州的租佃关系做过大量研究,取得可喜的成果。但也有一些问题尚未解决,如当时租佃关系的流行情况、租佃关系的性质、契约文书的分类、唐代西州(即吐鲁番地区)租佃关系流行的原因,甚至于对某些契约文书的理解,史学界都有不同的意见,需要深入探讨。本文拟在前人研究的基础上,对若干尚有争论的问题提出自己的看法,以求教于同志们。

一、租佃关系流行情况

　　麴氏高昌与唐代西州,官田、寺观田和一般民田的租佃都十分流行。

这于武周时期的青苗簿有十分突出的反映。

池田温《中国古代籍帐研究》收录武周时期青苗簿计 3 件（36 断面），①现转录数断片于下：

大谷 2369 号文书：

1. 匡□堰头康毳子

2. 张贞子捌亩半州公廨地　公廨陆亩

3. 佃人张习礼　樊父师贰亩_{自佃}　赵惠 [知]？

4. 贰亩_{自佃}司马拾贰亩_{佃人范僧护}

5. 辛驵子肆_{佃人阇和达}　一段陆亩半_{佃人康毳子}

6. 牒，件通当堰秋苗如前。谨牒。

（后缺）

大谷 1217 号文书：

1. 匡渠堰头氾嘉祚

2. 县公廨柒亩_{佃人氾嘉祚}更参亩_{佃人氾嘉祚}

3. 牛参军陆亩_{佃人索定刚}

4. 牛？□定肆亩_{自佃}

　前，谨牒。

（后缺）

大谷 2371 号文书：

（前欠）

1. 等爱寺六亩_{佃人赵子德}

2. 弘宝寺六亩_{自佃}

---

① 池田温：《中国古代籍帐研究》，东京大学东洋文化研究所 1979 年版，第 323 页，武周新字已改为简体字（下同）。此外，《吐鲁番出土文书》录文本，第 7 册，第 10～12 页、186～201 页也收录几件青苗簿残文书。

3. 卅七亩半^{一十} ^{一十六亩寺一}

(后缺)

大谷文书 2372 号：

　　□渠第一堰堰[头]康阿战

　　□□职田捌亩半　　　　　　　昌
　　　　　　　　　　　　　　　佃人焦智
　　　　　　　　　　　　　　　通 种 粟

　　都督职田拾壹亩半　　　　　昌
　　　　　　　　　　　　　　　佃人宋居
　　　　　　　　　　　　　　　仁 种 粟

　　　　　　化
　　杜浮禄拾亩_{自佃种粟}

　　□仁寺陆亩佃人　　昌
　　　　　　　　　　张君行
　　　　　　　　　　种 粟

　　□寿寺贰亩　　大
　　　　　　　　佃人氾文
　　　　　　　　寂 种 粟

　　　　　　大
　　氾文寂贰亩_{自佃种粟}

　　县公廨柒亩壹佰步　　西
　　　　　　　　　　佃人唐智
　　　　　　　　　　宗 种 粟

(后略)

大谷 2846 号：

(前略)

索石德半亩^西_{佃人张绪丰}　　东豪　西道　南何师　北————

　　　　　　大
索康师贰亩苜蓿_{自佃}　东慧灯寺田　西塞　南县□北————
县　令陆亩苜蓿_{自佃}　东慧灯寺　　西塞　南寺□北————

(后略)

大谷 1209 号：

(前略)

和隆子田壹亩^化_{佃人索武海}　东桓王寺　西县公廨佐史田　南渠　北康多允
县公廨佐史田拾亩_{佃人氾义感}　东康多允　西康倚山　南渠　北渠

县令田贰亩佃人奴集聚 东县公廨佐史田 西安通 南渠 北宋神□
康倚山田贰亩佃人奴集聚 东 西 南 北
（后略）

上引文书中的"州公廨地"、"县公廨"等等，应即指官田中的公廨田。所谓"司马拾贰亩"以及"县令陆亩"、"县令田贰亩"等等，亦当指官田中的职分田。所谓"牛参军陆亩"，可能是牛参军的职分田，也可能是牛参军的私田或在籍的所谓"受田"，这里暂且视为私田，即"百姓田"。所谓"等爱寺六亩佃人赵子德"、"弘宝寺门六亩自佃"，表明等爱寺该段地由赵子德租种，弘宝寺的该段地则由寺院直接经营。[①] 而"樊父师贰亩自佃"、"辛骀子肆亩大佃人阚和达"则是百姓田的自耕或租佃。唐代西州青苗簿中田土性质清楚，且可判明自佃或出租者计 180 段 491 亩 160 步。[②] 情况见表1：

表1 青苗簿所反映各类田亩自佃及出租情况统计表

田亩性质	段数	亩数	自佃		出租		
			段数	亩数	段数	亩数	出租田土面积所占百分比（%）
官田	14	107 亩 200 步	2	8 亩	12	99 亩 200 步	92.66
寺观田	15	56 亩 220 步	3	10.5 亩	12	46 亩 100 步	81.55
百姓田	151	326 亩 200 步	52	131.5 亩	99	195 亩 80 步	59.76

据表1所示，官田、寺观田绝大多数出租，百姓田的出租也几达五分之三。在全部出租的田土中，官田占 29.22%，百姓田占 57.18%，寺观田占 13.59%。论者或据此推论，唐代西州，"私田出租远远多过于官田出租"。笔者以为，唐代西州，私田出租的总量虽然远远多于官田。但官

---

① 田主或佃人姓名旁注的"大"、"平"、"西"、"昌"、"化"等代表乡名。"大"代表大乡，"平"代表太平乡，"西"代表安西乡，"化"代表宁化乡，"昌"代表宁昌乡。

② 含池田温《中国古代籍帐研究》所录的大谷文书与《吐鲁番出土文书》收录的青苗簿。

田出租的总量与规模也相当可观。唐代西州,除公廨田与职分田外,还有许多官田。这些官田,绝大多数也是采用租佃制经营的。如大谷3477、3472、3475号文书(唐开元十九年正月西州岸头府到来符帖目①)就提到"□□符,为泞林城官枣佃人姓名租价斛斗,符到三日内具上事"。这里所谓的"泞林城官枣"显然不是职分田,也不像是公廨田。大谷3481、3474号文书(唐开元十九年正月—三月西州天山县到来符帖目②)又提到"百姓窠外剩田地子粟三百石事"、"今年废屯税子粟麦四千石事"。"废屯"与"窠外剩田"单独征收"地子"或"税子",自然不同于一般民田的地税,而应是官田的征租。

下引大谷4915号文书③就记录了当时征纳屯田(废屯)地子的情况:

1.浑孝仙纳天宝元年屯田地子青麦贰硕。又

2.纳吕才艺屯田地子青麦壹硕贰斗。又纳浑定

3.仙贷种子青麦壹硕贰斗。又纳浑孝仙贷种

4.□子青麦□□斗天宝元年七月十三日□史王虔

此件中的吕才艺、浑定仙又见于天宝五载吕才艺的租佃契:④

1.天宝五载闰十月十五日,交

2.用钱肆伯伍拾文,于吕才艺边

3.租取润东渠□分常田一段贰亩,东

4.渠、西废屯、南□□、北县公廨。其地要

5.用天宝陆载佃食。如到下子之日,

---

① 池田温:《中国古代籍帐研究》,东京大学东洋文化研究所1979年版,第357页。

② 池田温:《中国古代籍帐研究》,东京大学东洋文化研究所1979年版,第359页。

③ 池田温:《中国古代籍帐研究》,东京大学东洋文化研究所1979年版,第446页。

④ 山本达郎、池田温编:《敦煌吐鲁番社会经济文献》Ⅲ《契约》,东洋文库1986、1987年版,第59(162)页。

6.□(不)得田佃者,其钱壹罚贰入。田

7.上所有租? 牒? 百役仰田□(主)知当

8.(两和立契、书指为记。)

9.钱主

10.田主　吕才艺载五十八(押)

11.保人　妻　李

12.保人　浑定仙

13.保人

14.倩书人　浑仙

联系两件文书或可推测吕才艺所交纳的"屯田地子"即"废屯"的"地子"。换言之,当时西州的"废屯"(或其中一部分)采用租佃方式,交付民户耕种,而收取"屯田地子"。

68TAM102:35 号文书(侯菜园子等户佃官田簿)与同出的几件文书也可反映当时官田的租佃情况。件录于下:

68TAM103:35 号文书(侯菜园子等户佃官田簿)①:

(前缺)

1.　亩价小麦未给。

2. 户主侯菜园子年五十

3.　合佃常田拾捌亩半玖拾步,部田拾壹亩。壹丁合得常田肆

4.　亩,部田贰亩。准折还主外,乘(剩)常田捌亩半陆拾步,上价;陆

5.　亩叁拾步,中价;部田肆亩_____亩,下价。合征大麦拾贰硕肆

6.　斗柒胜半,小麦伍硕伍斗_____

7. 户主令狐僧海年五十八　　　　男沙弥子年廿九

---

① 国家文物局古文献研究室等编:《吐鲁番出土文书》录文本,文物出版社 1983 年版,第 4 册,第 239~240 页。

8. 　　合佃常田柒亩壹百步。壹丁合得常田肆亩，部田贰亩。欠常田

9. 　　半亩贰拾步，部田肆亩。价大小□□给。

10. 户主秃发庆武年□十七　　　　男时麦年廿□

11. 　　合佃常田拾□亩半壹百步。壹丁 _____ 部田贰亩，准折

12. 　　还主外，乘 _____ 半壹佰 _____ 硕六斗

13. 　　欠部田 肆 亩 价 _____

14. 户主□元海年五十七． _____ 年廿七

15. _____ 壹 亩 半 捌拾壹步。壹丁□□常田肆亩，部田贰亩

（后缺）

（3）68TAM103：18/7（b）号文书（唐佃田簿）：[1]

1. _____ 亩，上价

2. 潢田六亩，中价；

3. 官部田廿九亩，下价；

4. 黑垆田一顷。

（4）68TAM103：18/7（a）（唐西州田亩簿）：[2]

1. _____

2. 常田九十四亩五十 _____

3. 常田桃三顷一十 _____

4. 常田菜三顷七十七

5. 军上官田廿四亩□ _____

　　同墓出土的这几件文书适可互相补充。据 68TAM103：35 号文书可推补 68TAM103：18/6 号文书第 4 行当为"人得常田肆亩，部田二亩"，第 6 行为"人得常田贰亩，部田壹亩"。阿斯塔那 103 号墓同出文书

---

① 国家文物局古文献研究室等编：《吐鲁番出土文书》录文本，文物出版社 1983 年版，第 4 册，第 241 页。

② 国家文物局古文献研究室等编：《吐鲁番出土文书》录文本，文物出版社 1983 年版，第 4 册，第 242 页。

有纪年者为贞观十八年(644年),此两件文书亦当在此前后。

说明唐太宗贞观十四年平高昌后,曾遵照唐太宗贞观十六年的《巡抚高昌诏》:"彼州所有官田,并分给旧官人首望及百姓等",①将一部分官田(主要是废屯),按有别于唐《田令》所规定的标准与方法,授给当地"旧官人首望及百姓"。② 其做法就是,原佃国家官田的佃农,可以按丁男"人得常田贰亩,部田壹亩",分到部分官田。原佃官田超过一丁"人得常田贰亩,部田壹亩"标准部分,则继续交租:上价常田亩纳大麦9斗,中价常田亩纳大麦7.5斗,中价部田亩纳小麦7.5斗,下价部田亩纳大麦5斗。③

现在我们就粗略估计一下唐代西州(即吐鲁番地区)职分田、公廨田之外,官田出租的规模。前引开元年间天山县到来符帖目所记"今年废屯税子粟麦四千石",若也按每亩收租7斗5升计算,当有50多顷上下。其"百姓窠外剩田地子粟三百石事",亦应有4顷以上。而此还只是天山一县的废屯与窠外剩田。若就整个西州而言,面积更要大得多④。唐代西州垦田约九百顷上下。其废屯出租的土地就占全部垦田的6%,若加上职分田、公廨田的出租,则官田出租就可能占当地垦田总数的10%左右,即达百顷上下。

敦煌文书中也有出租职分田的记载,如武周圣历二年(699年)三月敦煌县检校营田人等牒⑤(大谷文书2836背):

1.平康乡
2.司马地,一段十四亩城北三里宋渠 东渠 西渠 南渠 北张住
3.右件地,平康乡人宋怀道种麦。

① 《巡抚高昌诏》,《文馆词林》卷664。
② 关于这种官田给百姓制度与唐代所谓"均田制"的根本区别,可参见杨际平:《北朝隋唐均田制新探》,岳麓书社2003年版,第301～382页。
③ 此"上价"、"中价"、"下价"标准系池田温计算所得,参见池田温:《初唐西州土地制度管见》,原载《史滴》第5号,1984年,《唐代均田制研究选译》有译文。
④ 唐代西州(交河郡)辖五县:高昌县(州治所)、柳中县、交河县、蒲昌县、天山县。
⑤ 池田温:《中国古代籍帐研究》,东京大学东洋文化研究所1979年版,第336页。

4. 主簿地,一段十亩城北五里西支渠。东道　西渠　南张立　北张怀操

5. 右件地,神沙乡人索怀亮种麦。

6. 牒件通当乡阙职官人地见种麦具状如前自

7. 余者,并惣见空,无人佃种。今依状上,谨牒。

8. 　　　　圣历二年三月廿日里正氾素牒

9. 检校营田人氾孝才

10. 检校营田人张慈贝

11. 检校营田人左徹?

12. 检校营田人雷善仁

13. 检校营田人索复

14. 都检校前旅帅索爽?

15. 连(?)白(?)。□□日(?)。

(后缺)

但除此件外,尚未见较大规模官田出租的记录。敦煌历史上也是屯田垦区。但入唐以后,关于屯田或废屯的记载就很少见。这也许是因为唐政权对敦煌、吐鲁番原有屯田的处理有所不同,也可能是两汉时期的屯田业已转化为民田。要言之,从目前所掌握的资料看,敦煌地区的官田应少于西州。与此相联系,敦煌地区用以出租的官田亦应少于西州。

唐代敦煌寺院的土地除直接经营者外,也有用来出租的。但其比重尚难估计。如后唐同光三年(925年)与长兴二年(931年)沙州净土寺诸色入破历计会①就分别记有该寺前一年度"田收、园税、梁课、利润、散施、佛食所得。"同光三年入破历于田收、园税项下记有"麦拾硕,菜田渠地课入","麦壹拾叁硕,自(兹)年人上菜价入","麦捌硕肆斗,园南摩地课入","粟拾硕,自年延康渠地税入","粟壹拾陆硕,自年无穷地收入","粟壹拾硕肆斗,自年人上菜价入","粟柒硕陆斗,自年僧菜价入"。

长兴二年净土寺入破历则将此数项记为"厨田入":"麦拾硕,延康渠厨田入"、"麦伍硕伍斗,菜田渠厨田入"、"麦柒硕伍斗,自年人上菜价

---

① 池田温:《中国古代籍帐研究》,东京大学东洋文化研究所 1979 年版,第 617～644 页。唐代敦煌地区称沙州(敦煌郡),有时辖二县:敦煌县(州治所)、寿昌县。有时辖一县:敦煌县,寿昌则成为敦煌县的一个乡。

入"、"粟壹拾柒硕叁斗,无穷厨田入"、"粟玖硕柒斗,自年人上菜价入"、"粟陆硕,自年众僧菜价入"、"豆两硕捌斗,菜田渠麻地课入"。

灵修寺入破历[1]也有如下记载:

(前略)

辛酉年诸渠厨田及散施入麦十石,城南张

判官厨田入麦肆硕,刘生厨田入麦叁

石三斗,氾判官厨田入麦两石,史家厨田

入麦肆石贰斗、麻 4 斗,春佛食入粟

十五石,城北三处厨田入麦四硕二斗、麻肆斗。

(后略)

日本学者堀敏一以为这里的厨田与"厨田入","大概是指寺领庄园的田地及其租佃收入",前引灵修寺文书"厨田入前面所记的张判官、刘生、氾判官、史家等是这些田地的租佃人"。[2] 笔者以为净土寺那些田土的"税入"或"课入",虽然很可能是租佃寺田的收入,但也不一定全然如此。敦煌寺院的菜园、果园多属自耕,但净土寺文书也称之为"园税",因意净土寺的"田收"中也包括自耕收入。至于上引灵修寺文书写在"厨田入"前面的"张判官"、"刘生"、"氾判官"、"史家"等人,笔者以为乃是灵修寺上述厨田的施主,而不是租佃者。这些厨田究竟是寺院直接经营,或是出租,仍然无法确定。

再说敦煌地区百姓田的出租问题。因为敦煌文书中未发现青苗簿,故难估计租佃的田土在全部百姓田中所占的比例。目前所见的唐代敦煌的各种契书不下一两百件,其中租佃契只有 10 多件。与此相比,麴氏高昌与唐代西州的租佃契,已刊布者就有百来件。以此看来,唐代敦煌地区租佃关系可能不及西州普及。不过,这里还要考虑敦煌文书与吐鲁番文书保存条件的不同。吐鲁番出土文书基本上都是作为私人墓葬的

---

① 唐耕耦、陆宏基编:《敦煌社会经济文献真迹释录》第 3 辑,全国图书馆文献缩微复制中心 1990 年版,第 528 页。

② 堀敏一著,韩国磐等译:《均田制的研究》,福建人民出版社 1984 年版,第 311 页。

纸鞋、纸棺等而保存下来,因而所出多为私人文书,私人契约也就容易借此保存下来。敦煌文书多出自藏经洞,其另面多为佛经。官文书与寺院文书,纸张一般比较整齐,常被用于抄写佛经,并因此保存下来。私人契约通常为一纸一契,另面不便用于抄写佛经,所以也就不容易借此保存下来。敦煌租佃契的数量远不及吐鲁番,这可能也是一个重要原因。

二、请射田土的基本原则

归义军时期的请射土地,自有一定原则。此原则似为首先照顾有劳力而又无地或少地者。如咸通六年请射鲍壁渠地的张祇三,即是"司空(按:指张议潮)准敕矜判入乡管,未请地水"者,大顺元年(890 年)请射刘憨奴绝户地之索咄儿也分明是一"弱户"。[①] 甲午(934 年)年请射索义成田土之索进君,亦是南山投来,"分(按,应读为份)居父业,惣被兄弟支分已讫"而"无得地水居业"者。戊戌(938 年)年请射同乡不办承料之女户的洪润乡百姓令狐安定,也是有劳力而"非常地少窄窘"者。上述诸例,皆已言明其请射田地理由。其余各户,虽未具载请射田土缘由,以忆意度之,亦应以有劳力而无地或少地之民户居多。至于豪富之家倚势请射土地,现实生活中恐怕在所难免,但现存敦煌文书尚未见此种资料(咸通年间与张智灯争地之"通颊",也未必即是豪富之家倚势请射土地)。

冷文以为归义军时期沙州官府处分土地的总原则是"均割",亦即"计口授田"。其主要根据是对唐君盈等户家口、田亩的统计。冷鹏飞同志列有以下二表,并据此推论:表 2"除安善进户、张孝顺户情况特殊,官府附有批文外,其余人户按人口平均每人受田七亩左右"。表 3 大顺二年再制户状时"每人平均受田十余亩"。我以为实际情况未必如此。且

---

① 《大顺元年正月索咄儿等状》言"咄儿先代痴直,迷遇(愚)无目",或可理解为咄儿废疾。但 S.0323 大顺二年团头名籍中又见索咄儿之名,可见索咄儿并非废疾,而是言其无识受欺。

看冷文所列二表。

表 2　张议潮时期的受田的情况

所引文书	户主姓名	户口数	受田亩数	按人口平均亩数	备注
S. 6235 背	唐君盈	6(?)	47	约 7.8	
P. 4989	安善进	8(?)	15.5（实有 12.5）	约 1.6	户口后有官府批:"老王恙(?)都□承"
	张孝顺	3	18	6	户口后有官府批:"史怀德承"
	傅兴子	10	70	7	
S. 3877 背	令狐安定	2	15	7.5	状中云所受田地当在初制户状时

表 3　大顺二年再制户状时的情况

所引文书	户主姓名	户口数	受田亩数	按人口平均亩数	备注
P. 3384	翟明明	4	40.5	约 10.1	另有一亩半在和胜户状上;半亩园地及宅地均未包括在内
罗振玉旧藏	范德保	3	36	12	
	杜常住	3	37	约 12.4	
	赵曹九	不详	35	不详	原件缺
	□进(?)通	不详	38	不详	原件缺

　　这里有几种情况应该考虑:(1)表 2、表 3 分别仅有五户。表 2 安善进、张孝顺两户,冷文以为情况特殊,应予排除;表 3 赵曹九等两户因家口数不详无法比较,因而实际上都只剩下三户。因户数太少,即使各户农田按口计大体相近,也难确定其为计口授田。(2)表 2 唐君盈、傅兴子两户的家口都包括僧尼。倘若是计口授田,各户已出家的僧尼则不应计为各户的受田口。唐代"均田制"下,僧尼道士按规定可以受田。此规定若被切实实行,则其所受之田,亦应属寺观而不属于各户。计口授田

269

场合就更应如此。唐君盈户若除去一僧(实际上也可能是两僧),则余五口,平均每人"受田"9.4亩,傅兴子户若除去一尼,则余九口,平均每人"受田"7.8亩。(3)表2安善进、张孝顺两户,官府皆批注"某某某承"。批注此文的含意,不得而知,但似不影响其户口数与受田亩数。而此两户的平均每口受田数又显然低于每口7亩。(4)表2令狐安定户,前已考定其上状年代或为公元938年。若此,该户"兄弟二人惣受田拾伍亩"必不始于张议潮初制户状之时。退一步说,倘若将令狐安定上状之戊戌年定为878年,那也是在张淮深执政之后,其"兄弟二人惣受田拾伍亩",仍可能是在张淮深再制户状之后。(5)冷文所做的统计未计及张议潮初制户状、张淮深再造户状之后各户家口的异动情况。倘若冷文表2所引文书出于同年,而又恰好是在张议潮初制户状之年,那么,表2所列之唐君盈、安善进等户的家口,也就是张议潮初制户状时的各户的家口数,据此家口数或可求出张议潮初制户状时各户按口平均的"受田"数。反之,倘若S.6235(背)文书与P.4989号文书作成于张议潮初制户状之后5~10年,那么,在统计张议潮初制户状时各户按口平均"受田"数时,便应剔除各户5岁以至10岁以下的新生口,并且还要相应增加各户近5年以至10年之内所减少的家口。S.6235(背)文书与P.4989号文书作成之年代越迟,与张议潮初制户状时相比,各户家口的变动也就越大,也越难求出张议潮初制户状时各户按口平均的"受田"数。(6)大顺二年乃公元891年,时张淮深已被索勋取代。咸通八年(867年)张议潮入朝,其侄张淮深任沙州刺史、归义军留后。据冷文所引《唐天复年间沙州神力墓地诉讼状》,张淮深再造户状应在公元880前后,距大顺二年(891年)已历多年。若此,自张淮深再造户状(这里权假定张淮深在位时只再造一次户状)至大顺二年,翟明明等户的家口也必然有较大变动。由此可见,按大顺二年翟明明等户的现有家口数,计算张淮深再造户状时各户按口平均"受田"数,显然不科学,不足为据。(7)沙州地理条件的特点是:地势较平坦,易于开垦;多沙碛,气候干旱,靠祁连山雪水灌溉。沙州的垦田,一取决于劳力,二取决于水利设施、取决于每年的供水量。冷文关于"张议潮初掌归义,土地抛荒严重,一时未及垦种,因此按人口平均受田数量并不多。到大顺年间,经过几十年的恢复和发展,自然开垦了不少荒地,耕地面积大大增加"的推论,恐怕也不符合当时实际情况。

由此可见,归义军张氏政权时期虽多请射田土实例,索咄儿请射绝户地时又有"今遇乾坤清直,均割之次"之说,但当时当地并非实行计口授田。现存归义军时期敦煌出土文书中也看不到计口授田的迹象。

三、租佃关系的分类

关于麴氏高昌与唐代西州、沙州租佃关系的性质和租佃契约的分类,史学界意见颇有分歧。日本学者仁井田陞将它分为两种类型,第一种是田主与佃人平等,是一种均田农民之间没有剥削关系的租佃契约;第二种是田主对租田人的不对等地位,田主处于优势的地位。①池田温先生则分为三种类型:一种是地主型,"是土地不足者向地主借地耕种,并以其耕种所得交纳地租","地主在经济上占有优越地位";第二种是麦主、钱主型(财主型),"是麦主,钱主以现金预付地租而取得土地的用益权。麦主、钱主一方在经济上占优越地位;第三种是舍佃型","地主与佃人两者共同出力耕营土地,而平分其所得收获物。地主与佃人两者实质上是对等关系。"②堀敏一先生也认为当时的租佃契约文书按租金的支付方式可分三类:第一类是全额预付租价,"借主高于贷主";第二类是部分预付,部分后付,主佃双方比较平等;第三类是全部租价到六月份收成以后支付,"贷主高于借主"③。孙达人同志则认为,当时的租佃关系应分为两类。一类是"真正的封建租佃契约",在这类契约中,"田主"和"租田人"之间的关系是与封建地主和佃农之间的关系完全吻合。另一类以预付租价为特点,"这类契约中的'田主'和'租田人'之间的关系,完全不是封建地主和佃农之间的关系,恰恰相反,而是'租田人'利用预付租价的方式剥削'田主'的关系。在这里,'田主'实际上是破产农民,而

---

① 仁井田陞:《中国法制史研究·土地法·取引法》,东京大学出版会 1985 年版,第 11 章第 2 节。

② 池田温:《中国古代的租佃契》,《东洋文化研究所纪要》第 65 期,1975 年,第 27、87 页。

③ 堀敏一著,韩国磐等译:《均田制的研究》,福建人民出版社 1984 年版,第 261 页。

'租田人'倒是真正的地主"。①

　　笔者认为,封建社会的租佃关系,确有两种情况,一种是大土地所有者出租耕地以剥削农民;一种是小土地出租。此即韩国磐先生于《根据敦煌和吐鲁番发现的文件略谈有关唐代田制的几个问题》一文中所概括的,"唐代有贫苦农民不得已而典租田地者,有缺地农民不得已而租种田地者"这两种情况。② 如果我们详细掌握当时一乡、一里或其中某些出租田土者的土地占有情况与耕营情况,我们就可以按地主出租土地与小土地出租这两种情况进行分类研究。但实际情况是,我们所掌握的麹氏高昌与唐代西州、沙州的租佃契约虽为数不少,但除少数例外,绝大多数的"田主"、"地主"或"麦主"、"钱主",我们几乎无从得知其田土占有情况。而从租佃契约文书本身,我们又很难判断主佃双方的身份地位。因而,我们实际上无法按照地主出租土地与小土地出租这两种情况将现存麹氏高昌与唐代西州、沙州的租佃契约文书进行分类。

　　如下引显庆四年张君行租田契与天授三年张文信租田契。显庆四年(663年)张君行租田契:③

　　　　(前缺)

　　　　1.田柒亩。要经(?)显庆伍年佃食。亩别与

　　　　2.夏价小麦汉𣃔中陆𣃔半。到陆月

　　　　3.内,偿麦使毕。若过期月不毕,壹

　　　　4.月壹䤵(斛)上生麦壹𣃔。取麦之日,使麦

　　　　5.净好。若不净好,听向风飔取。田中租緤

　　　　6.伯役,一仰田主了。渠破水谪,一仰租田人了。

　　　　7.风破水旱,随大匕例④。两和立契,获

　　　　8.指为信。先悔者,罚　　　　田主阴酉子(押)

　　　　9.麦伍硕。入不悔人　　　　租田人队正张君行

---

①　孙达人:《对唐至五代租佃契的经济内容的分析》,《历史研究》1962年第6期。

②　韩国磐:《隋唐五代史论集》,三联书店1979年版,第198～213页。

③　小田义久主编:《大谷文书集成》Ⅰ,(京都)法藏馆1984年版,第102页;表4第27例。夏,读为假,即租借之意。夏假,即租价。

④　这里的"匕"不读作"bi",而应读作"huà",即变化之"化"。所谓"大匕",亦即"大变","大灾变"。

```
10.                    保人孟友住(押)
11.               知见人队偏(副)竹□□(师奴)(押)
```

天授三年(692)张文信租田契:①

```
1. 天授叁年壹月拾捌日,武城乡人张文信。▬▬(于康)
2. 海多边租取枣树渠部田伍亩。▬▬(々别租价)
3. 小麦壹斛,就中交付叁亩价讫。▬▬(其余贰亩)
4. □(租)价,到六月内分付使了。若到六月▬▬(不了)
5. 者,壹罚贰入康。若到种田之日,不得田▬▬(佃者)
6. 壹斛罚贰斛,入张文。两和立契。画指▬▬(为记。契)
7. □两本。各执一本。
8.                    田主康海多
9.               租田人张(文)信(押)
10.              知见翟寅武(押)
11.              知见白六洛(押)
12.              知见赵胡单
```

　　上述两件契约文书,有的学者将之归于田主占优越地位类型;有的学者则归之于租田人采用高利贷办法剥削田主类型。也有的学者将它归于主佃双方比较平等的类型。究其实,我们既无从了解田主阴丑子、康海多占有田土的具体情况,也不清楚张君行、张文信的家庭经济状况。因而既不能证明阴丑子、康海多是真正的封建地主,也不能证明张文信、康海多是财主、高利贷者。

　　再看几件与左憧憙有关的租佃契。

　　唐乾封元年(666)左憧憙夏田契:②

```
1. 上麦使▬▬
2. 向 风 飔取。▬▬之日,依平酐
```

---

① 山本达郎、池田温编:《敦煌吐鲁番社会经济文献》Ⅲ《契约》,东洋文库 1986、1987 年版,第 58(163) 页。

② 国家文物局古文献研究室等编:《吐鲁番出土文书》录文本,文物出版社 1985 年版,第 6 册,第 419 页。

3. 中取。若田有祖(租)殊(输)佰役,一仰

4. 田主;渠破水谪,一仰佃田人了当。其

5. 田从乾封二年中壹年佃食。两和立契,获指为记。

6.   田主   魏相憙(押)

7.   夏田人   左憧憙(押)

8.   知见人   杜善欢(押)

9.   知见左右   翟隆子

仅从此件,我们可能觉得左憧憙境遇不佳。再看《唐总章三年(670年)左憧憙夏菜园契》:[1]

1. 总章三年二月十三日左憧憙于张善

2. 憙边夏取张渠菜园壹所,在白赤举

3. 北分墙,其园叁年中与夏价大麦拾

4. 陆斛,秋拾陆斛。更肆年与银钱叁拾文。

5. 若到佃时不得者,壹罚贰入左。租殊

6. 伯役,仰园主,渠破水谪,仰佃人当。为

7. 人无信,故立私契为验。

8.   钱主左

9.   园主张善憙

10.   保人男君洛

11.   保人女如资

13.   知见人王文师

14.   知见人曹行感

从此件,我们看到张善憙出租菜园一所,年收租价达三拾二斛,应该是颇有财力者。左憧憙部分预付租价,并标明为钱主,且租佃契约中只有约束园主的条款,而无约束钱主的条款,表明左憧憙境遇不差。但是否是高利贷者,还不能确定。但其同出文书又有乾封三年(668年),张善憙向左憧憙借贷契。张善憙向左憧憙举取银钱贰拾文,规定"月别生

---

① 国家文物局古文献研究室等编:《吐鲁番出土文书》录文本,文物出版社 1985年版,第 6 册,第 428 页。

利银钱贰文,到月满,张即须送利。到左须钱之日,张并须本利酬还。若延引不还,听左拽取张家财杂物平为本钱直。身东西不在,一仰妻儿保人上钱使了。若延引不与左钱者,将中渠菜园半亩与作钱质"。总章三年三月十三日(即张善憙、左憧憙订立租佃契约后1个月),张善憙又向左憧憙举取银钱四十文,规定"每月生利钱肆文,若左须钱之日,张即子本具还,前却不还,任制家资,平为钱直"。以此看来,张善憙的境遇倒似乎不佳,而左憧憙却是一个地地道道的高利贷者。因为同出文书中有关张善憙、左憧憙的背景资料较多,我们才可以做这样的判断。如果只看某件契约,极易判断失误。

有些学者很注意租佃契约文书署名签押的前后及其用语。其实,这也不大可靠。试看以下3件契约文书:

(1)唐贞观二十三年傅阿欢夏田契:[①]

□□□□年八月廿六日,武城乡傅阿欢——

范酉隆边夏孔进渠廿四年中常田贰亩。即

交与夏价银钱拾陆文。钱即日交相付了。

□到廿四年春耕田时,傅范边不得田时,壹□

谪银钱叁文入傅。田中租殊伯役,仰田主承了,渠□

□谪,仰傅自承了。两和立卷(券),画指为信。

田主范酉隆(押)

夏田□傅阿欢

知见□□□恩(押)

知见——

(2)年次未详傅阿欢夏田契:[②]

(前缺)

阿欢从同乡人范酉□

---

① 国家文物局古文献研究室等编:《吐鲁番出土文书》录文本,文物出版社 1983 年版,第 5 册,第 76 页。

② 国家文物局古文献研究室等编:《吐鲁番出土文书》录文本,文物出版社 1983 年版,第 5 册,第 78 页。

□□孔进渠常田贰亩,々□

交与银钱□文。钱即日交□

相了。租殊佰□,仰田主承了;

渠破水[谪],仰佃□人承了。田要□

□年中佃种。两和立契

获指为信。

    钱主傅阿欢(押)

    夏田人范酉隆(押)

    知见人左素胡(押)

    知见人□□□

(3)唐永徽四年傅阿欢从冯庆□边夏田契:[①]

(前缺)

———常口贰亩,夏永徽五年中。田要径壹———

———银钱贰拾肆文。钱即□契日,钱即毕了。若———

———仰田主了;渠破水谪,耕田人了。若风破水□□

大卜列。两主和同契,官有□法,获指为信。

   田主冯庆□(押)

   佃田人傅阿欢(押)

   知见高延明

   倩书

  以上3件契约文书,年代相近,性质相近,都是预付货币地租的租佃契。第(1)、(2)两件主佃双方又都是范酉隆与傅阿欢。第(1)件契书,傅阿欢称"夏(假)田人",不画押;第(3)件契书,傅阿欢称"佃田人",画押;第(2)件契书,傅阿欢称"钱主",也画押。第(1)、(3)两件文书,"田主"署名在前,夏田人(即钱主)署名在后;第(2)件契书,钱主署名在前,田主署名在后。第(1)件契书,附有单独约束田主的条款;第(2)、(3)件契书,刚

---

① 国家文物局古文献研究室等编:《吐鲁番出土文书》录文本,文物出版社1983年版,第5册,第81页。

未附此类条款。由此足见，署名画押的前后，甚至于契书中是否有约束主、佃各方的条文，都不足以确定主佃双方的身份地位。至于预付租价与后付租价场合，主佃双方谁占优越地位问题，我以为这也是相对的，因时因地因人而异。预付租价者，未必都是财主，甚至于未必都是富裕农民。明清时期，贫苦农民租种地主土地，往往要预付押金。押金虽然不同于地租，但其数额却远远高于一年的租额。我们不能就据此说预付巨额押金者都是财主、高利贷者。租地人预付租价的租佃契往往只有约束口主的条款，而不见约束租地人（钱主或麦主）的条款，这是因为租地人业已承担支付租价的"义务"。换言之，在缔结租契之时，主佃双方的关系与后付租价时的情况，并无本质不同。只是因为租地人单方面地先已履行"义务"，所以，租佃契约文书签订之后，也只剩下田主单方面地履行"义务"。实际上，大土地出租与小土地出租，在租价与支付租价方式等方面，也并无多少区别。因为，在封建租佃关系充分发展以后，小土地出租也不能不受到封建租佃关系的影响和制约。孔祥星同志曾经指出，"仅从契约上规定的主佃双方承担的义务或者从支付方式的先后，是难于确定各类契约中主佃双方的阶级成分或阶层的"。[①] 笔者对此颇有同感。

基于以上考虑，笔者以为，麹氏高昌与唐代西州租田关系的分类还是根据田土占有性质与地租形态来区分为妥。

以田地占有性质来区分，可大别为官田、寺观田与百姓田3种。

官田出租一般不采取官府与百姓订立契约的形式。论者或疑，西汉的"假民公田"就已订有契约，为什么到了唐代，官田的出租反而不订契约？笔者以为，所谓西汉"假民公田"订有契约的说法乃是一种误会。《汉书》卷29《沟洫志》载：

> 自郑国渠起，至元鼎六年，百三十六岁，而儿宽为左内史，奏请穿凿六辅渠，以益溉郑国傍高卬之田。上曰：农，天下之本也。泉流灌浸，所以育五谷也。左、右内史地，名山川原甚众，细民未知其利，故为通沟

① 孔祥星：《唐代前期的土地租佃关系》，《中国历史博物馆馆刊》1982年总第4号。

渎,畜陂泽,所以备旱也。今内史稻田租挈重,不与郡同,其议减。令吏民勉农,尽地利,平县行水,勿使失时。

颜师古注此曰:"租挈,收田租之约令也。郡谓四方诸郡也。挈音苦计反。"论者或据此曰:汉代政府"将'公田'租给农民,与承佃者发生了租佃剥削关系。为了确保这种关系,主佃双方还有契约",《汉书·沟洫志》这段记载,就是"我国历史上租佃契约的最早记录"。[①] 笔者以为颜师古所注不合《汉书·沟洫志》原意。《说文解字》手部云:"挈,县持也,从手"。《玉篇》手部亦云:"挈,苦结切。提挈也。"可见,"挈"字的本意就是持取。所谓"内史租挈重",就是说,内史稻田租额太高,不同于一般郡县。故又有"其议减"之说。若将租挈释为租契,那就无所谓"重"、"轻"与"减"的问题了。也有学者将"租挈重"迂曲地解释为"租佃契所定的租额重"。这是增字解诂,不符解诂原则。而且,绕了一圈,最后还是回到"租挈"的本义——租拿得重。要言之,汉唐间的官田出租,未见官府与百姓订立租佃契约者。[②] 官田以现任官员或前官员个人名义出租官田的情况倒偶有所见。吐鲁番出土文书中就有一件由前里正出面出租官田,订立租佃契约的实例。

唐垂拱三年(687 年)西州高昌县杨大智租田契:[③]

垂拱三年九月六日,宁戎乡杨大智,交□(用?)

小麦肆斛,于前里正史玄政边,租取逃

走卫士和隆子新兴张寺潢口分田贰亩

半。其租价用充和隆子兄弟二人庸緤直。

如到种田之时,不得田佃者,所取租价麦

壹罚贰入杨。有人客护者,仰史玄应当。

两和立契,画指为记。

---

① 柳东藩:《论汉代"公田"的"假税"》,《中国史研究》1983 年第 2 期。

② 两汉魏晋南北朝与宋元的官田出租似亦未见官府与佃人订立租佃契约者。参见杨际平:《宋代官田出租订立租佃契约说质疑》,《陕西师范大学学报》1990 年第 4 期。

③ 国家文物局古文献研究室等编:《吐鲁番出土文书》录文本,文物出版社 1986 年版,第 7 册,第 406 页。

　　　　租田人杨

　　　　田主史玄政(画押)

　　　　知见人侯典仓(画押)

　　卫士和隆子逃亡,其田作为逃户田应收归官有。卫士和隆子本人按规定可以免租课,但其兄弟仍应缴纳租庸调。和隆子兄弟逃亡除籍前,里正仍有征收其租庸调的责任。上件契,史玄政称为"前里正",说明垂拱三年,史玄政已经不当里正。或者因为和隆子兄弟是在史玄政当里正时逃亡的,所以和隆子兄弟的租庸调,仍由史玄政负责。因此,史玄政就以他个人的名义出租和隆子的逃田,并预收其地租充"庸缫直"。

　　此前麴氏高昌时期,官田可能也有出租的。吐鲁番阿斯塔那 365 号墓里,就出土了几件农民从主簿边租种田土的契约。如《延昌二十八年(588 年)王幼谦夏镇家麦田券》:①

1. 延昌廿八年戊申岁十二月廿二日,王幼谦从主簿孟儁边

2. 夏镇家细中部麦田贰拾件(伍)亩,々与夏价麦贰斛柒

3. 兜,租在夏价中,——

4. 贼破水旱,随大——

5. 主先和后卷(券),々成之后,各不得——

6. 民有私要,々行二主,各自署名为信。

7. 时见张忠苟　　　倩书张顺和

　　此镇家细中部麦田,似应属军事系统,归军队的屯田系统管理。此件镇家田的出租,不知道为什么不由屯田机构出面,而是以县主簿孟儁个人名义出租。同墓出土的张顺和夏树契②、董神忠夏田契、③高昌某人

---

①　国家文物局古文献研究室等编:《吐鲁番出土文书》录文本,文物出版社 1981
　　年版,第 2 册,第 359 页。

②　国家文物局古文献研究室等编:《吐鲁番出土文书》录文本,文物出版社 1981
　　年版,第 2 册,第 357 页。此张顺和与王幼谦佃田契中的"倩书张顺和"应为
　　同一人。

③　国家文物局古文献研究室等编:《吐鲁番出土文书》录文本,文物出版社 1981
　　年版,第 2 册,第 360 页。

从主簿孟儁边夏□残券①等,出租方都是主簿孟儁,而不是屯田系统或县司,契的尾部也没加盖屯田机构或县司之印。

唐代西州共出土租佃契百余件(包括因件残无法判断地租形态的租佃契)。如前所述,唐代西州官田出租规模颇大。据现已出土的唐代西州青苗簿统计,当地官田出租的面积,大约占全部出租土地(含官田、寺观田、百姓田)的30%,但迄今我们尚未见官府与佃人订立租佃契的实例。此或因为州县官府与百姓不是法律上平等的主体,官田出租的租额由政府确定,政府可以用行政手段强迫农民交租,甚至可以强迫民户佃官田,②而无须乎持租佃契为凭证。而佃农方面就不可能要求封建政府订立契约,并借租佃契来维护自己的权益,约束封建政府。

麹氏高昌时期与唐代西州、沙州,寺院经济都很发达。麹氏高昌时期寺院有两种,一种是一户一寺的小寺,属私人性质,多数以姓氏为名,如赵寺、牛寺等。因一姓之中或有数寺,故常在寺名之后加上寺主姓名,或径直名为某某人寺。吐鲁番地区人多地少,户均垦田在十亩上下。③故私人性质的小寺,占地规模一般不大,或三五亩,或五七亩。占地一二十亩,就非常可观了。除一家一户的小寺外,也有若干大寺,如弘宝寺等。

一户一寺的寺观田,出租时常用契约形式。通常是以寺僧的名义立契。下引契书应即是此类寺观田出租所立契约。

---

① 国家文物局古文献研究室等编:《吐鲁番出土文书》录文本,文物出版社1981年版,第2册,第375页。

② 《唐令·田令》第42条规定,职田的出租,须"并取情愿,不得抑配"。上引开元十九年西州天山县到来符帖目也一再提到"仓曹符,为宴设及公廨、田蒭、不高价抑百姓佃食讫申事"、"戍官见任职田不得抑令百姓佃食处分讫申事"、"镇戍见任官职田非抑百姓租,并迟由同上事"。这一方面说明唐政府相当强调官田租佃的自愿性质,同时也表明抑令百姓佃官田的现象仍然较普遍。否则唐政府就不会三令五申"不得抑令百姓佃种官田"。

③ 《通典》卷174《州郡》载:西州"东西八百里,南北五百里,垦田九百顷"。《旧唐书》卷40《地理志》载,西州"旧领县五,户六千四百六十六。天宝领县五,户九千一十六"。

高昌重光四年(623年)孟阿养夏菜园券：①

1. 重光四年癸未岁正月十八日,孟阿养从赵□(寺)

2. 主法嵩边夏武成(城)渠菜垣(园)卅步,要径(经)伍年。未□

3. 中无夏价,次四年中,年与夏价银钱贰文。□

4. 养夏葱,次夏韭,合二○禾(乘)。菜垣(园)中役使,渠□

5. 水谪,仰阿养了。二主和同立卷(券),々成之后,各不

6. 得返悔,々者壹罚二入不悔者。民有私要,□

(后缺)

高昌延寿六年(629年)郑海□夏田券：②

1. □寿六年己丑岁正月十日,郑海□从贾——

2. □夏东渠内阇寺常田肆亩,要径(经)壹年,得——

3. ——大麦伍䉤(斛),与秋伍䉤(斛),到五月内,上(偿)麦

4. ——使毕,若过期□不毕,

(后缺)

大寺出租土地也有订立租佃契约的,如下引两例：
贞观十四年(640年)张某夏田契：③

————————宝寺都□

——匡渠常田拾柒亩,々与别

——䉤,到十月内与夏价

——种床,与伍䉤;种

——与耕田人。床、粟、麦要

① 国家文物局古文献研究室编:《吐鲁番出土文书》,录文本,文物出版社 1981 年版,第 3 册,第 310 页。

② 国家文物局古文献研究室编:《吐鲁番出土文书》,录文本,文物出版社 1981 年版,第 3 册,第 280 页。

③ 国家文物局古文献研究室编:《吐鲁番出土文书》,录文本,文物出版社 1981 年版,第 4 册,第 40 页。

▆▆▆渠破水滴,仰耕田人承了。

▆▆▆要径丑岁壹年用种。风

▆▆▆壹车。治渠圣道张

▆▆▆成之后,各不得返□

▆▆▆▆私要,々行二□,

（后缺）

唐景龙二年(708年)十一月八日西州高昌县宁大乡肯义租田契:[①]

景龙二年十一月八日宁大 乡 ▆▆

都维[那]、寺主、徒众等边,租取□▆▆

秋田叁亩,其田总与 床拾 䟽,别取□▆▆

家平 䟽 量还,□须净好,不许滥恶。其田▆▆

肯义平填,要径叁 熟 。修理渠堰,仰肯方

▆▆▆大例,如年月未满,不得忠(中)途改夺,别

▆▆▆各执壹本.两和立契,画指为纪。

田主

▆▆▆

田主

佃人肯义▆▆

知见人▆▆

知见人▆▆

上引第一例的弘宝寺是西州大寺,第二例失寺名,但从其有"都维那"、"寺主"看,肯定也是大寺。

在租佃关系方面,寺院土地的出租与一般民田并无多少区别。所以,我们将现已刊布的麹氏高昌和唐代西州的租佃契约进行分类统计时,把寺观田与一般民田放在一起。

以地租形态来区分,当时的租佃契约又可分为实物地租和货币地租两类。货币地租盛行于麹氏高昌与唐代西州。本文统计的麹氏高昌与唐代西州的100件租佃契约(包括两件含有租佃内容的其他文书)中,货

---

① 荣新江等主编:《新获吐鲁番出土文献》,中华书局2008年版,第327页。

币地租占 31 件(其中 1 件 1 年交实物地租,1 年交货币地租),约占总数
之 31%。具体情况见下表:

表 4　货币地租租佃契

本文编号	立契时间	主佃姓名	田土名称	亩数	租额(亩)	预付或后付	租佃年限	备注	出处
1	延昌廿四年(584年)	田阿众智买	常田	1 亩	银钱 5 文	预付	1 年	"秚租百役,更田人悉不知; 渠破水谪,田主不知"	《文书》第 5 册第 154 页①
2	延昌廿六年(586年)	麴鼠儿污子	常田	1.5 亩	银钱 10.7 文	预付	1 年	"赀租百役,□悉不知;若渠破水谪,麴郎悉不知"。"污子为鼠儿偿租酒肆⊙伍兜"	《文书》第 5 册第 157 页
3	延昌廿六年(586年)	□□崇□□□	菜园	不详	银钱 5 文/园?	后付	3 年?		《文书》第 3 册第 186 页
4	延昌廿七年(587年)	主簿张顺和	果树	(15 株)	不详	后付	不详		《文书》第 2 册第 357 页
5	延昌廿七年(587年)前后	主簿孟儁不详	不详	不详	不详	后付	不详		《文书》第 2 册第 375 页
6	延昌廿八年(588年)	范阿六赵显曹	常田	1.5 亩	银钱 6 文	预付	1 年	"田中使役,仰田主了,渠□□□□耕田儿了"	《文书》第 2 册第 302 页
7	延昌廿八年前后	不详	葡萄园	不详	银钱 7 文/园	后付	不详	"租殊伯役仰桃(萄)主了, 渠破水谪,仰耕田人了"	《文书》第 3 册第 201 页

---

① 国家文物局古文献研究室等编:《吐鲁番出土文书》录文本,文物出版社 1981—
1991 年版。

续表

本文编号	立契时间	主佃姓名	田土名称	亩数	租额(亩)	预付或后付	租佃年限	备注	出处
8	延昌廿八年前后	□□□卜善佑	常田	("壹分")	银钱25文/壹分	预付	不详	"▭▭▭渠破水滴,仰耕田人[了]"	《文书》第3册第193页
9	延昌廿七年前后	主簿孟儁□□□	不详	不详	不详	后付	不详		《文书》第2册第375页
10	延昌三十六年前后	冯寺主曹、张	葡萄园(兼有梨枣)	不详	银钱50文/园。可能另有梨枣等。	分期付银钱	不详		《文书》第2册第337页
11	重光四年(623年)	法嵩孟阿养	菜园	卅步	第一年无夏价,后四年每年银钱2文/园	后付	5年	"菜垣中役使,渠□水滴仰阿养了"	《文书》第3册第310页
12	延寿二年(625年)	赵明儿田婆吉	果树	不详	银钱8文/园	后付	不详	限"6月15日上夏树偿银钱"	《文书》第5册第132页
13	延寿六年(629年)	赵伯怀赵明儿	常田	3亩	银钱6.7文"常田叁亩,即交与夏价银钱贰拾文"	预付	1年	"□□役使,仰田主了;若渠破水滴,仰耕田人了"	《文书》第5册第136页
14	贞观廿三年(649年)	范西隆傅阿欢	常田	2亩	银钱8文	预付	1年	"田中租殊佰役仰田主承了,渠□□滴仰傅自承了"	《文书》第5册第76页
15	贞观廿三年(前后)	范西隆傅阿欢	常田	2亩	不详	预付	1年	"租殊佰□仰田主承了,渠破水[滴]仰佃□人承了"	《文书》第5册第78页
16	永徽四年(653年)	支醜□傅□□	部田	2亩	银钱6文?	预付	1年	"□□役壹仰田主承了,渠破水□壹仰更(耕)田人承了"	《文书》第5册第80页
17	永徽四年(653年)	冯庆□傅阿欢	常田	2亩	银钱12文	预付	1年	"□□仰田主了,渠破水滴□耕田人了。若风破水□□大比列。"	《文书》第5册第81页

续表

本文编号	立契时间	主佃姓名	田土名称	亩数	租额(亩)	预付或后付	租佃年限	备注	出处
18	显庆五年前后	董尾柱孙沙弥子	常田	2亩	银钱15文	分批预付	1年		《文书》第5册第86页
19	龙朔元年(661年)	吕玉赿左憧憙	菜园	40步		预付	5年	分批预付,即日付银钱8文。"园中渠破水谪仰治园人了;祖殊伯役仰园主了"	《文书》第6册第406页
20	乾封元年(666年)	王输觉左憧憙	葡萄园	(壹园)	银钱35文/园	预付	1年	"桃中渠破水谪,仰夏桃子秌人了,祖殊佰役仰桃主了"	《文书》第6册第421页
21	总章三年(670年)	张善憙左憧憙	菜园	(壹所)	第2年,银钱30文/园	后付	2年	第1年交实物(大麦拾陆䈆,秌拾陆䈆)"祖殊伯役,仰园主;渠破水谪仰佃人当"	《文书》第6册第428页
22	光宅元年(684年)	不详	葡萄园	不详	不详。唯见"▢▢槽头与夏价甜浆▢▢"	不详	不详		《新获吐鲁番出土文献》①第363页。
23	高宗朝	不详	菜园	不详	不详	预付(分期交付)	2年	"租殊伯役,壹仰菜园主承了;渠破水谪仰佃菜人承了"。	《文书》第6册第584页
24	高宗朝	田主张阿洛、曹侯▢佃人张相▢、赵申君	不详	不详	不详	预付	不详	此件为两契合一契。"▢▢仰田主了;渠破水▢,▢佃田人了"	《文书》第6册第176页
25	高宗朝	范青奴张驴仁	不详	不详	不详	预付	不详	租价项仅见"钱叁文"。有渠破水谪条款(残)	《文书》第6册第172页

① 荣新江等主编:《新获吐鲁番出土文献》,中华书局2008年版。

续表

本文编号	立契时间	主佃姓名	田土名称	亩数	租额(亩)	预付或后付	租佃年限	备注	出处
26	高宗朝?	范洛文张□□	葡萄园	不详	不详。十月前应付"贰拾文"	分批交付	1年	"租殊 □□渠破水滴,仰□"	《敦煌吐鲁番社会经济文献》Ⅲ《契约》第57(164)页。① (大谷文书 3101、3103、3104)
27	长安三年(703年)	曹保保史玄政	常田	2亩	铜钱160文的本息		1年	原为借贷契,如无法偿还,即以田土使用权抵钱直	《文书》第7册第453页
28	长安三年(703年)	麹善通严苟仁	葡萄园	2亩	铜钱 480-640-800 文/2 亩	后付	5年	第1年不论价值;第2年480文,第3年640文,第4、5年800文。	《文书》第7册第279页
29	武周时期	和行本吕憨子	葡萄园	2亩	每年不等。	后付	4年	"到叁年中,与浆陆酙……到叁年、肆年中与梨袜□□酙"	《新获吐鲁番出土文献》第369页
30	天宝五年(746年)	吕才艺□□□	常田	2亩	铜钱450 文/2 亩	预付	1年	"田上所有租殊百役,仰□知当"	《敦煌吐鲁番社会经济文献》Ⅲ《契约》第59(162)页
31	不详	钱主不详田主不详	不详	不详	不详	不详	不详	"田上户徭,一仰田主;所有税子,一看大例"	《敦煌吐鲁番社会经济文献》Ⅲ《契约》第62(159)页

上表第 27 例原来是举钱契,但以石宕渠口分常田的租佃作为担保,故仍可反映当时的租佃关系情况。原件转录于下:

1. 长安三年二月廿七日,顺义乡曹保々要用,

① Tun-huang and Turfan Documents,Concerning Social and Economic History,Ⅲ Contracts (A) Introduction & Texts,Ahe Toyo Bunky,1987.

2. 于史玄政边,举取铜钱叁伯贰拾文。

3. 月计依乡原法生利入史,月满依数送

4. 利。如史须钱之日,利本即须具还。如

5. 延引不还,及无本利钱可还,将

6. 来年辰岁石宕渠口分常田贰亩,折充

7. 钱直。如身东西不在,一仰收后保人,充

8. 钱直(?)。两和立契、画指为信。

9.　　　　钱主·

10.　　　　举钱生曹保(押)

11.　　　　母阿目十金(押)

12.　　　　保人女师子(押)

13.　　　　知见人杜孝忠

14.　　　　知见人吴申成

按举钱契规定,曹保保如果到期不能偿还本息,则以来年石宕渠二亩口分常田的租价折充本息。此类契书的出现适可表明当时当地货币地租比较普遍。

与麹氏高昌与唐代西州的情况相反,唐五代至宋初敦煌的租佃契约中,却未见收取货币地租者。这种情况,并非偶然,当有其深刻的社会经济原因。

从商品货币关系的发展程度来看,敦煌吐鲁番都是地当丝绸之路要冲,过境贸易都很发达。又都适合于发展农牧业。但敦煌的自然条件不如吐鲁番。敦煌的农业主要是生产粮食作物,比较单一。敦煌农村可提供的商品,主要也还是粮食。开元天宝以前,敦煌的粮食大量用于和籴。和籴时,政府虽以铜钱计价、折算,但实际支付的却仍是绢帛。政府的其他开支,也是以绢帛为主。这就使得敦煌本身的商品生产的发展受到很大的限制,钱币的流通量也不大。吐蕃占领敦煌以后,及至归义军时期,更是如此。《敦煌资料》第1集所录吐蕃时期与归义军时期的各种买卖契约24件(其中买卖、换易舍宅契10件,卖地契5件,卖牛契4件,卖身契2件,卖车具等契3件),以斛斗计价者15件,绢帛计价者5件,其他实物计价者3件(另有1件因件残不详)。其罚则,除件残不详者外,绝大多数都是规定罚麦粟、绢布、牛羊。只有两件提到罚黄金(一为罚金3

两,一为罚金 5 两),也都是极言其不可而已,并无实际意义。同期敦煌的 7 件典契(3 件典地,3 件典身,1 件不详)中,4 件取斛斗,2 件取绢布等物(另 1 件不详)。17 件雇工及雇驼、牛、驴契约中,12 件以斛斗计雇价,4 件以绢、布、羊皮计价(另 1 件不详)。同时期 88 件借贷契约中,30件为便麦粟豆等物,18 件为便绢帛等物。其中并无举借铜钱者。

这种情况与麴氏高昌及唐初西州颇为不同。《吐鲁番出土文书》第 1 册至第 5 册共收录麴氏高昌与唐初西州的借贷、赁舍等契约 27 件,其中举借银钱者,就有 7 件(其余是举借麦粟、绢帛等实物)。当时的质库也是入质绢帛等物以换取钱币。同期 4 件赁舍契约中,也有 3 件以银钱计价。14 件买卖契约(包括买舍宅、田地、牛马、奴婢等)以银钱支付者占 8 件(其余 6 件用绢帛支付)。同期雇工文书 15 件中(包括雇人上烽、雇人放羊、雇人耕作等),支付银钱者占 14 件(其中 3 件兼给日粮等),只有 1 件以粮食作雇价。麴氏高昌的税收,既征绢帛、斛斗,亦征银钱。银钱岁入在整个税收中占有相当大的比重。① 政府的大宗开支,如买马、付车牛雇价等,也多使用银钱。一些大寺院也常卖粮得钱买物或付工价。凡此种种情况都表明麴氏高昌、唐初西州的商品货币关系远比唐、五代、宋初敦煌发达。职是之故,麴氏高昌、唐初西州租佃契中,支付货币地租者为数不少,而唐、五代、宋初敦煌的租佃契中却绝少支付货币地租者。

麴氏高昌、唐初西州货币地租比较盛行,与当地广泛种植经济作物也有密切关系。《太平寰宇记》卷 180 记高昌气候温暖,"宜蚕多五果"。表 4 所列麴氏高昌、唐初西州货币地租租佃契 31 例中就有 10 例注明租佃葡萄园或菜园、果树,15 例注明为租佃常田。1 例注明为部田。② 4 例不详。常田不必全是种植经济作物,但其中不少常田种植葡萄、蔬菜等

---

① 《周书》卷 5《高昌传》记:高昌"赋税则计输银钱,无者输麻布。"
② "常田"、"部田"是吐鲁番地区田土的分类名称。"部田"的历史渊源或为两汉时期的屯田部。两汉屯田废弃后,"部田"这一名称仍保留下来。唐代西州"常田"、"部田"的区分或与水利灌溉(浇水时间、浇水遍数)有关。因水利灌溉原因,部田多数一年一熟,常田多一年两熟。关于常、部田问题,可参见杨际平《试论唐代吐鲁番地区"部田"的历史渊源》(收入杨际平:《敦煌吐鲁番文书研究文选》,新文丰出版公司 2007 年版)。

经济作物。如下引 68TAM103:18/7(a)号文书：[1]

> ▭▭下乡
> 常田九十四亩五十▭▭
> 常田桃三顷一十▭▭
> 常田菜三顷七十七▭▭
> 军上官田廿四亩▭▭

此乡绝大多数常田还是菜园、果树。又如表2第2例高昌▭污子从麹鼠儿边夏田、鼠儿从污子边举粟合券：

（前缺）

▭儿边夏中渠常田壹亩半,亩交与夏

价银钱拾陆文,田要径(经)壹年。赀租佰役,

▭悉不知;若渠破水谪,麹郎悉不知。夏田价

▭▭▭,仰污子为鼠儿偿租酒肆䣕伍兜(斗)。酒

▭▭多少,麹悉不知,仰污了。二主和同,即共立券。

▭成之后,各不得返悔,々者一罚十入不悔者。民有

私要,々行二主,各▭▭

污子边举粟伍䣕到十月内▭▭

壹儿。麹即身东西无,粟生本,仰妇儿上(偿)。

倩书索僧和

▭▭▭▭▭僧

葡萄园收酒租乃高昌税制。上引契书规定承佃人应代田主"偿租酒肆䣕伍兜",可见污子所佃之田,契书上虽只注明为"常田",实际上乃是葡萄园。由此还可以进而推论表4所列收取货币地租的"常田"中,还可能有葡萄园、菜园、果园等。

从表4、表5、表6可以看出,出租种植经济作物的土地,绝大多数收

---

[1] 国家文物局古文献研究室等编:《吐鲁番出土文书》录文本,文物出版社1983年版,第4册,第242页。

取货币地租。目前可以确知为种植经济作物的租地中,仅见两件收取实物地租,其一为租佃枣树收取干大枣(67TAM364:11号文书高昌延昌二十八年某道人从□伯崇边夏枣树券),其二为出租葡萄园收取甜浆(72TAM153:36、37号文书高昌夏某寺葡萄园券)。还有1件就是上引总章三年左憧憙夏菜园契,第1年纳实物地租,第2年交货币地租。其余各例都是收取货币地租。种植经济作物的田土多数收取货币地租,其主要原因就在于这类田土的产品本身就是商品。种植粮食作物的租地则以收取实物地租居多,但也有收取货币地租的。这种情况可能受种植经济作物的租地多收取货币地租的影响,且与当地商品货币关系比较发达有关。

收取货币地租的土地并不以常田为限。如表4第16例唐永徽四年四月傅阿欢夏田契:

1. □□四年四月拾叁日,武城乡人 傅□□

2. 于 同乡人支丑□边夏左部渠麦田贰亩。□

3. 交与银钱陆文。钱 ▭ 付了。□田

4. □永徽五 年 内得田种,若 ▭

5. 役 ,壹仰田主承了;渠破水□,壹仰更(耕)

6. 田人承了。两和立□,获指为□。

7.   ▭

8.   □见人 ▭

9.   □见人 ▭

上引契文仅注明所佃土地为"左部渠麦田",而未指明其为常田抑或部田。笔者在讨论吐鲁番地区的部田的历史渊源时曾将唐代西州常、部田的所在地域进行排比统计。统计表明:唐代西州的常田与部田都是分别成片的。诸如屯头渠,左部渠、土营部、南鲁坞之类渠堰(这些名称表明这些地方早先曾长期驻军屯守、屯田)上的田土都是部田。由此可以推知傅阿欢佃种并预付货币地租的二亩"左部渠麦田"可能也是部田。

除货币地租外,其他的租佃契约都是收取实物地租。关于实物地租的具体情况留在下一节讨论。劳役地租在此期敦煌、吐鲁番地区已基本上绝迹。我们所见到的敦煌、吐鲁番地区的租佃契约文书中,未见征收劳役地租者,即使是作为附带条件,也极罕见。

哈拉和卓出土的唐年次未详(8 世纪前期)西州寡妇染氏辞[1]云:

(前欠)

府司、阿梁前件萄,为男先安西镇,家无手力,去春租

与彼城人卜安宾佃。准契,合依时覆盖如法。其人至今

不共覆盖,今见寒冻。妇人既被下脱,情将不伏。请乞商

量处分。谨辞。

付识□勒藏

盖分(?)□重□。

诸如小事,便即

与夺讫申。济

示。

十三日。

这里提到的"准契,合依时覆盖如法"仍是特例。因梁氏之男"安田镇(行)"家中别无手力,故有此规定。

麹氏高昌与唐代西州、沙州的租佃契约,除了规定实物或货币的租价外,通常不附带其他条件,契约的有效期一般也只有一两年。这说明主佃双方的人身是相对自由的。随着租佃契约的签订,结成临时性的主佃关系。到期之后,田主可以另行招佃,佃农亦可另觅新主。主佃之间没有固定的人身隶属关系,通常也没有明显的超经济强制。

下面再谈租佃双方的赋役负担问题。当时的租佃契约多数载明"租输百役(或写为"赀租百役"、"殊租百役"、"田中使役"等等),仰田主了;渠破水滴仰佃田人了"。所谓"租输百役,仰田主了",指的是当时按亩征收的各种赋税力役(包括麹氏高昌时期作为国税的实物田租、货币田租和计田承役,以及唐代的地税等等)都由田主承担,与佃户无关。至于"渠破水滴,仰佃田人了",论者或以为是破渠引水灌田时交纳的水课;或

---

① 池田温:《中国古代籍帐研究》,东京大学东洋文化研究所 1979 年版,第 376 页。

认为是渠道溃破、渠水溢散时应承担的责罚。笔者认为,"谪"字本义诚有责罚之意。但麴氏高昌和唐代西州租佃契约中的"渠破水谪,仰佃田人了",说的却是水课,亦即敦煌租佃契约 P.3153 号文书与 P.3257 号文书所说的"渠河口作"。所不同的是,敦煌的"渠河口作",主要是征役;而麴氏高昌与唐代西州的水课,主要是征实物。下引高昌义和三年(616年)屯田条列得水谪麦斛斗奏行文书(67TAM364:14)①应即是高昌地区征收实物水课的实例:

(前缺)

1. 渠,常侍绍庆息坞破,再取水溉自田肆亩半,阚寺 贰 亩 ▅▅▅▅

2. 远元悳伍亩,袁财祐贰亩,右卫寺叁,公主寺伍亩,陈寺伍亩,画寺 陆 □

3. 冯僧保寺贰半,西屈(窟)壹亩半;次孔进渠:外屈(窟)贤遮坞、赵厕之寺三家

4. 口破,溉孔进渠陆亩:次康保□ 溉 □□□溉道壹亩;次石宕渠:麴阿园溉

5.   ▅▅▅▅▅▅▅▅▅▅▅▅ 壹 亩再取水田弃水田陆

6.   ▅▅▅▅▅▅▅▅▅ 酐柒兜(斗)半。

7. 谨案条列得水谪麦斛斗列别如右记识奏诺奉   行

8.   门下校郎高

9.   侍郎和

10.   侍郎阴

11.   侍郎焦

12.   高

13.   麴

14. 义和三年丙子 ■▅▅▅▅▅▅

15.   长史

16.   屯田司马巩

① 国家文物局古文献研究室等编:《吐鲁番出土文书》录文本,文物出版社 1981年版,第 3 册,第 195～196 页。

17.	屯田主簿	田	祁善
18.		和	住儿
19.	屯田吏王	□□	
20.	屯田吏王	善□	

此件文书表明:"渠破"的目的是为了溉田。征收水谪麦,由屯田机构负责,而不是由地方财政机构负责,这是因为当地的水利设施由屯田机构管理。此件文书前缺,即其残存部分,破渠溉田者就有 15 户,40 多亩。其中既有寺田(点半数以上),也有"民田"(包括官吏私田)。似此较大规模的"破渠"溉田,应是经过屯田机构核准的,有计划的引水溉田。"租输百役"(或"田中使役")与水课,之所以分别由主佃双方各自承担,是因为两者的性质不同。前者是计亩征收的国税,理应由土地所有者承担;后者则是种田人用水应付的代价,如同犁牛种子一样,都是属于生产成本范畴。在田土出租的场合(实行分成制时除外),包括水课在内的一切生产成本,除另有规定者外,便概由佃田人承担。

前面我们谈到麴氏高昌与唐代西州货币地租盛行的情况以及盛行的原因,这里附带补充说明,麴氏高昌与唐代西州货币地租的盛行虽是商品经济发展的结果,但它并不标志麴氏高昌与唐代西州的封建生产关系已开始趋于瓦解。这是因为,麴氏高昌和唐代西州出现的货币地租,仅仅局限于吐鲁番一隅之地。就全国而言,货币地租在当时还是极其罕见的现象。就以吐鲁番地区来说,货币地租虽然频繁出现于经济作物种植业,但当地的经济作物主要还是葡萄与其他瓜果,这些经济作物虽然可以成为商品但却很难带动或者刺激产业部门的发展。而且,当地的果园、菜园都是小块田土,不可能采用大规模经营。因而,当地货币地租的出现,尚未能严重冲击封建生产关系。

四、预付地租与后付地租的租价

从表4、表5、表6可以看出,无论是实物地租,还是货币地租,都有预付租价与后付付租价之分。在货币地租场合,租价的高低主要取决于所种植的作物。如表1所示,收取货币地租的租佃契中,地租额为每亩银钱 5 文至 16 文不等(8 世纪以后的契书以铜钱讨价,每亩铜钱 400～800 文)。一般来说,种植经济作物的,租价会比较高。如前引表 4 第 2 例污子租佃麹鼠儿葡萄园,每亩预付银钱 16 文,表 4 第 11 例孟阿养租种赵寺主法嵩卅步菜园,每年应付(后付)租价 2 文(亦即每亩 16 文)。除此之外,每年还要交纳生产物夏韭、夏葱共 20 禾,"菜垣(园)中使役"亦全由佃人承担。此两例租价最高,显然与种植葡萄、蔬菜有关。前引永徽四年傅阿欢夏田契、傅阿欢所佃贰亩左部渠麦田,每亩预付租价 6 文,此为租额较低者,其原因或即因种植粮食作物,而非果园、菜园。麹氏高昌与唐初西州的收取货币地租的租佃契中,因为有一部分残缺不详其租额,一部分又未注明其为果园、菜园抑或粮田,故难将预付地租的租额与后付地租的租额进行比较。

那么,在征收实物地租场合,预付租价与后付租价相比较又是如何呢? 为了回答这个问题,我们首先应该确定哪些是预付地租的租契,哪些是后付地租的租契;同时还要判断各份租契所订的租额;此外还要剔出不具有典型性的一些特例。然后才有可能将预付租价与后付租价进行比较。

如 66TAM48:22 号文书(高昌道人真明夏床田契):[1]

1. ══════════岁 五 月 竟 日 㝉道人真明 从 时 显明

2. ════垆床田 拾柒亩,々与夏价叁酙(斛),依官斗斛诸城

3. ════役,仰田主了,渠破水㴉,仰耕田人了。若风虫贼破,水

4. ════苗本主。二主先和后为卷(券)。要卷(券) 成 之 后 ════

5. ════ 罚 寅贰倍入不悔者。 ════

6.   倩 □════

7. ════要使净取════

论者或以为此乃预付粮食租田契。[2] 笔者以为该残件提到地租容量标准("依官斛斗")、纳租地点("诸城")、质量要求("要使净好")、遇到自

① 国家文物局古文献研究室等编:《吐鲁番出土文书》录文本,文物出版社 1981 年版,第 3 册,第 108 页。
② 孔祥星:《唐代前期的土地租佃关系》,《中国历史博物馆馆刊》1982 年总第 4 号。

然灾害时对租价的处理（"若风虫贼破……"）等等，显然应属后付地租类型。

又如 69TAM140：18/5 号文书（高昌重光四年某人夏部麦田券）：①

1. □□□年癸未岁五月廿七日▭▭▭

2. □□边夏甲申岁部麦田北部▭▭▭

3. □交与大麦叄酐捌兜半。田要▭▭▭

4. 租殊佰役，仰田主了；□破水谪，仰□□□

5. 了。二主和同立卷，々成之后□不得返悔，□

6. 者□罚二入不悔者。民有□□□行二主，□

7. □□名为信。

8.   倩书□僧奴

9.   时见□□□

论者或以为此契规定每亩租额为"大麦七□"②实际上却很可能是每亩 3.85 斛。至于是预付地租还是后付地租，也不易确定。只能说预付地租的可能性较大。

又如大谷文书 3107 号（开元二十四年左小礼租田契）：③

1. 开元廿四年二月▭▭▭

2. 小麦贰斛□▭▭▭

3. 取白渠口分部田贰亩。其田要▭▭▭

4. 廿五年佃种。▭▭田之日，不得

5. 佃及改租□人，其所取麦一罚二入张。

6. 两和立契，获指为记。

---

① 国家文物局古文献研究室等编：《吐鲁番出土文书》录文本，文物出版社 1981 年版，第 5 册，第 55 页。

② 孔祥星：《唐代前期的土地租佃关系》，《中国历史博物馆馆刊》1982 年总第 4 号。

③ 山本达郎、池田温编：《敦煌吐鲁番社会经济文献》Ⅲ《契约》，东洋文库 1986、1987 年版，第 58（163）页。

7. 　　　　　　　　　　　　麦主

8. 保左季礼、范福子(押)① 贰亩田主左小礼· · ·

9. 　　　　　　　　保人同领妻母解四胜(押)

10. 　　　　　　　倩书地(?)主(?)□□□阙

此件属预付租价的租佃契。论者或以为此件租契每亩租价小麦二斛。② 其实,左小礼预付的租价是否仅限于小麦二斛,尚难确定。租种的年限究竟是开元二十五年一年,还是要经二十四、二十五两年,也有疑问。且其预付的租价显然又是作为"白渠口分部田贰亩"的租价,由此可见,该契的租价并非每亩小麦二斛。

再如 64TAM25:13 号文书(高昌某年张永究夏田券):③

1. ＿＿＿ 岁 二月五日张永究从赵祐宣边 夏 ＿＿＿

2. ＿＿＿ 壹亩,到六 月 □与夏价大 麦 柒 斛 (斛)伍兜到十 ＿＿＿

3. □ 伍兜。 田 中 □殊伯(佰)役仰田主了;渠破水谪各自 承 ＿＿＿

4. ＿＿＿ 麦 粟 之日,依官斗中取,使净好 若 ＿＿＿

5. 　　　　卷(券) ＿＿＿ 不得返悔,々者□罚二入不 ＿＿＿

(后缺)

这是一件后付租价的佃契。论者以为该契所订租价为每亩大麦七斛五兜,秋粮□□五兜。④ 笔者以为此件残缺部分太多,张永究所佃的田土未必只有 1 亩,故其租额仍无法确定。

① "保左季礼、范福子一 一 一",原为倒书。

② 孔祥星:《唐代前期的土地租佃关系》,《中国历史博物馆馆刊》1982 年总第 4 号。

③ 国家文物局古文献研究室等编:《吐鲁番出土文书》录文本,文物出版社 1981 年版,第 3 册,第 337 页。

④ 孔祥星:《唐代前期的土地租佃关系》,《中国历史博物馆馆刊》1982 年总第 4 号。

再如 72TAM153：39·40(a)文书(高昌三十六年宋某夏田券)：[1]

1. 延昌卅六年 丙 辰 岁二月廿日宋＿＿＿

2. 边夏孔进渠常田叁亩,要径(经)陆年。亩与大麦

3. 陆䚻(斛),亩床陆䚻(斛)。若种粟亩与粟柒(斛)。五月内□

4. □使毕,十月 内 上 床 使 毕 , 若 过 期 不 上 ,＿＿

5. 壹䚻(斛)上生麦床壹兜(斗)。床麦使净好,依官(斛)＿＿＿

6. 取 床麦之日,依肠(飔)取,夕麦之【　】,要木酒二斗。渠破水

7. □□□ 田 人 了 ;紫(赀)租百役,仰田主了。二主和同,各不 得

8 □□□□□□□入不悔者。民有私要,行 二 主 ,

(后缺)

　　此件文书比较完整,但其内容又有费解之处。若以为每亩常田每年应交纳大麦六斛,床六斛,则显得过高。[2] 我们知道,定额租乃从分成制发展而来。麹氏高昌与唐代西州的两件分成制租契表明,当时分成制的租佃关系多取主佃对分。如果前引 72TAM153：39·40(a)号文书所规定的租额大体上也是主佃对分,则该段田土的亩产就应高达二十四高昌斛(相当于唐量八斛)。当时当地的亩产量是否这么高,不能没有疑问。因臆此契所规定的每亩大麦六斛,床六斛或为六年的租额,或者是常田三亩每年共纳大麦六斛,床六斛。总之,此件之租额恐怕不能按契约文本的字面理解。

　　再如前引表5第11例垂拱三年杨大智租田契。由契文得知杨文智预付小麦四斛,充和隆子兄弟"二人庸缫直"。唐朝规定一丁每年服役二十天,若交庸代役则日庸三尺。和隆子兄弟二人共应交庸绢三匹。通常

① 国家文物局古文献研究室等编：《吐鲁番出土文书》录文本,文物出版社 1981 年版,第 2 册,第 326 页。

② 南北朝时期,1 升约合今 200 毫升。唐代 1 升约合今 600 毫升。现 1 升为 1000 毫升。南北朝时期,1 斛为唐 1/3 斛。即使如此,每亩常田每年应交纳大麦六斛,床六斛,仍显得过高。

情况下一匹绢价应高于一斛（唐量）麦价。① 据此可以推知杨大智所纳四斛小麦不是高昌斛，而是唐量。② 折算起来，每亩潢田租价高达1.6斛（唐量）。但此件仍是宁戎乡前里正将逃户田土租给同乡杨大智耕作，以其租价充逃户庸緤直，明显属于摊逃性质。杨大智佃田既然属于摊逃性质，自不能与一般租佃关系等同视之，其租价也不可能是主佃双方自由议定。

进行上述讨论之后，这里且将预付实物地租与后付实物地租的租佃契予以分类列表，并加比较。

表5　预付实物地租租佃契

本文编号	立契时间	主佃姓名	田土名称	亩数（亩）	租额（亩）	租佃年限	备注	出处
1	北凉建平五年（441年）	张都善奴佛敬	葡萄园	不详	"毯贰拾张"	1年	"官租酒仰敬"	王素：《略谈香港新见吐鲁番契券的意义》，《文物》2003年第10期
2	延昌廿四年（589年）前后	智演□□□	寺田？	3	小麦2.5斛	1年？	"若渠破水滴，仰[耕]田人了；若紫租百役，仰寺主了"	《文书》③第5册第159页
3	重光四年（623年）	不详	部麦田	不详	不详	1年	契云："交与大麦叁斫捌兜半。……租殊佰役，仰田主了，□破水滴，仰□□□了"	《文书》第5册第55页

① 据天宝二年交河郡市估案（池田温：《中国古代籍帐研究》，东京大学东洋文化研究所1979年版，第447页），生绢1匹450~470文，面1斗33~38文。麦价应稍低于面价，则1石小麦应低于1匹绢。

② 绢价以每匹460文计，3匹共1380文。麦价以每石350文计，4石共1400文。两者大致相当。唐代西州庸调纳緤不纳绢。据天宝二年交河郡市估案，緤价有每尺低至9文者（粗緤下）亦有高至45文者（细緤上）。作为庸緤，私意当与生绢大体等价。

③ 国家文物局古文献研究室等编：《吐鲁番出土文书》录文本，文物出版社1981—1991年版。

续表

本文编号	立契时间	主佃姓名	田土名称	亩数（亩）	租额（亩）	租佃年限	备注	出处
4	显庆四年（659年）	白僧定 王才欢	部田	第1年1亩，第2年2亩	小麦2斛	1年	"租殊伯役，一仰田主，渠破水谪，一仰佃[人]"	《文书》第5册第370页
5	龙朔元年（661年）	李虎祐 孙沙弥子	常田	2	不详	1年	"租殊佰役仰田主承了，渠破水谪[仰]更田仁承当"	《文书》第5册第87页
6	乾封元年（666年）	竹苟仁 左憧憙	部田	1	小麦2斛	1年	此件附在表四第29例魏相憙、左憧憙租佃契之后	《文书》第5册第420页
7	仪凤三年（678年）	辛阿墥 左盈云	常田	2亩(?)	共"交麦壹拾，粟壹拾"	不详		《新获吐鲁番出土文献》① 第362页
8	高宗朝？	不详	部田	4	小麦2.5斛	不详	"▢▢渠破水谪，仰耕田▢▢"	《文书》第5册第283页
9	垂拱元年（685年）	田尾仁并弟养欢 吕▢▢	常田	1(?)	共"用小麦贰斛伍斫，粟斛贰伍斫"。	1年	"田中租▢▢"	《新获吐鲁番出土文献》第364页
10	垂拱三年（687年）	焦伏护 吕▢▢	不详	2	共"▢▢粟拾斫"。	1年	"田▢▢仰田主，渠破水谪仰仰佃人▢▢"	《新获吐鲁番出土文献》第365页
11	垂拱三年（687年）	史玄政 杨大智	不详	2.5	小麦1.6斛	1	此件为前里正出租逃户田土，其租价用充逃户庸缲直	《文书》第5册第406页
12	天授三年（692年）	康海多 张文信	部田	5	小麦1斫	1	先付3斫，后付2斫	《敦煌吐鲁番社会经济文献》Ⅲ《契约》第58（163）页
13	开元廿四年（736年）	左小礼 张▢▢	部田	2	共预付小麦2斛？	2		《敦煌吐鲁番社会经济文献》Ⅲ《契约》第58（163）页。（大谷3107）

---

① 荣新江等主编：《新获吐鲁番出土文献》，中华书局2008年版。

续表

本文编号	立契时间	主佃姓名	田土名称	亩数（亩）	租额（亩）	租佃年限	备注	出处
14	大历前"□□二年"	田主：尊思廉。转租人朱进明佃人：曹忠敏	部田	29亩？		1	此为转租契，"每亩交用小麦壹琲（斗）"	《文书》第5册第154页
15	天宝十三载（754年）	不详杨晏	不详	不详	不详	不详	预付小麦	《文书》第5册第277页
16	天宝十三载（754年）	竹玄果杨晏	不详	2亩	小麦4	1年		《文书》第5册第279页
17	天宝十三载（754年）	不详杨□	不详	不详	不详	1年？		《文书》第10册第280页
18	天宝十三载（754年）	韩伯轮杨堰	部田	2亩	不详	1年		《文书》第10册第281页
19	天宝十三载（754年）	杨晏张方晖	部田	2亩	麦？2	1年		《文书》第10册第282页
20	至德二载（757年）	竹玄过杨晏	部田	不详	预付小麦4□	1年	与下件合写在一纸上	《文书》第10册第284页
21	至德二载（757年）	白如奕杨晏	部田	1亩	小麦2	1年	与上件合写在一纸上	《文书》第10册第284页
22	至德二载（757年）	曹孝绩杨堰	不详	不详	不详（契于租价项云"——麦各贰"）	1年		《文书》第10册第286页
23	至德二载（757年）	韩伯抡不详	不详	不详	不详（契于租价项云"——麦肆□"）	1年		《文书》第10册第287页
24	不详（8世纪？）	麦主不详田主不详	不详	不详	不详	不详	仅知预付麦	《敦煌吐鲁番社会经济文献》Ⅲ《契约》第61（160）页。（大谷3102）
25	不详（8世纪？）	麦主不详库师侍	不详	不详	不详	不详	仅知预付麦	《敦煌吐鲁番社会经济文献》Ⅲ《契约》第62（159）页。（大谷3105）

表 5 第 14 例为转租契,此类契书为过去不多见,现转录于下:

1. □□高渠部田一段廿九亩,内壹拾陆亩旧主王祐 ^{东□□西渠}
　　　　　　　　　　　　　　　　　　　　　　　　　　南申屠祀北渠

2. □□二年九月八日,曹忠敏于知田朱进明处租取尊

3. 思廉等上件地。进明先于尊廉等边散于人处租

4. 得,令不亲营种,遂转租与前件人。每亩交用小麦

5. 壹 租取上件地地来年佃种。如到种田之日不得

6. 地佃者,一仰朱明知当,不干曹敏事。段内更有别

7. 人追理地子,并不干佃地人之 事 。两共平章,获

8. 指为记。　　谨录契白 如 前。

　　　　　麦 主

　　　　　田主朱进明年册

　　　　　保 人 □□□ 琳 年五十八

　　　　　保□□□ 二

(后缺)

同出 64TAM37:23 号文书云"牒忠敏身残疾复年老,今放乡司,不委差充……经今一年已上寸步不得东西",尾署"大历三年正月日百姓曹忠敏牒"。由此推知前件契书或在大历三年之前。此件虽缺二三十字,但内容仍约略可知。盖"旧主王祐"的田土,后来到了尊思廉手里,朱进明从尊思廉租了这些"散于人处"的土地,又转租给曹忠敏。曹忠敏预付给朱进明的地租是"每亩交用小麦壹琭"(斗)。现主尊思廉每亩收租几何,契书未载,想必多于每亩 1 斗。朱进明虽署为"田主",实际上并非田主。[①]

官田的转租,西汉可能就有,如《汉书》卷 90 记宁成获罪后"乃赊贷

---

① 从此契残存内容推测,这些土地也可能是"旧主王祐"的逃户田或绝户田,所以不成片,而是散在各处。若此推测可以成立,那么,尊思廉,乃至"知田朱进明"都可能只是这些已经没官的逃绝户田的管理者。

陂田千余顷,假贫民,役使数千家"。① 私田的转租,《唐律疏议》曾间接提及。② 但作为实例,尚不多见,③值得注意。

《吐鲁番出土文书》第6册录有一件牒文。牒文称:

1.　　常田四亩　　　东渠

2.牒　慈仁家贫,先来乏短,一身独立,

3.更无兄弟,唯租上件田,得子已(以)供喉命。

4.今春三月,粮食交无,逐(遂)将此田租与安横

5.延。立卷(券)六年,作练八匹。田既出赁,前人从

6.索公文,既力自耕,不可停田受饿。谨以

7.牒陈,请裁。 谨□ 。

8.　　　　　　永徽元年九月廿　　　日云骑尉严慈仁④

该件文书整理者拟名为"唐永徽元年(650年)严慈仁牒为转租田亩请给公文事"。因为该牒文未提到原主姓名;牒文第2行"唯租上件田,得子已(以)供喉命",究竟是"租出"还是"租得"也并不明确;唐代西州的租佃契,租期一般都较短,严慈仁似难将其短期租得的田土,又立券6年转租给安横延,因臆此件可能还是严慈仁本身出赁田土,而不是转租土地。

----

① 《史记》卷122记为"乃赀贷买陂田千余倾",则此千余顷陂田,一部分是赀贷,一部分是买。

② 《唐律疏议》卷27《杂律》"疏议"曰:"问曰:官田宅私家借得,令人佃食;或私田宅,有人借得,亦令人佃作,人于中得宿藏,各合若为分财?答曰:……其私田宅各有本主,借者不施功力,而作人得者,合与本主中分,借得之人,既非本主,又不施功,不合得分。"这里所说的借官私田宅而又令人佃食,主要不是指转租,但也可能产生转租现象。

③ 国家文物局古文献研究室等编:《吐鲁番出土文书》录文本,文物出版社1991年版,第10册,第309~310页录有一件《唐邓光实转租田亩契》,该件上残,地租形态不明,故本文未表录。该残契存"客邓光实先于马▢▢种不办,今转 租 与▢▢依元契▢▢ 壹 ▢▢田税并佃人知。▢▢渠百 役 寺家知"等语,可以确认其为转租契。

④ 国家文物局古文献研究室等编:《吐鲁番出土文书》录文本,文物出版社1991年版,第6册,第223页。

表6　后付实物地租租佃契

本文编号	立契时间	主佃姓名	田土名称	亩数	租额(亩)	租佃年限	备注	出处
1	章和十一年（541年）前后	时显明 真明	培床田	7	3斛	1年	"⬚役仰田主了，渠破水谪，仰耕田人了。若风虫贼破，不⬚"。	《吐鲁番出土文书》录文本（以下简称《文书》）第3册，第108页
2	延昌廿八年（588年）前后	不详	部麦田	21	不详	1年	"租在夏价中，依官斛斗取。……若有灾汗（旱）随⬚，若渠破水谪仰耕田人了"。	《文书》第3册，第191页
3	延昌廿八年（588年）	□伯崇 不 详	枣树	不详	契书残存"与干大枣叁□"	不详	"若风破大枯随□⬚"	《文书》第3册，第189页
4	延昌廿八年（588年）	主簿孟儁 王幼谦	部麦田	25	麦2.7斛		"租在夏价中⬚贼破水旱，随大匕⬚"。	《文书》第2册，第359页
5	延昌廿八年（588年）	主簿孟儁 董神忠	不详	不详	小麦2.7斛	不详		《文书》第2册，第360页
6	延昌廿九年（589年）	□□ 王和祐、和善憙等	常田	不详	不详	不详	多人合佃。"⬚水旱，随大匕列，祖（输）夂（输）"。	《文书》第2册，第361页
7	延昌卅六年（596年）	□□□ 宋□□	常田	3	亩与大麦陆斛，亩床陆斛，若种粟，亩与粟柒斛	6年	"依官斛"，"渠破水□□□田人了，紫祖百役，仰田主了"。"取麦之[时]，要木酒二斗"。	《文书》第2册，第326页
8	义和三年（616年）	左祐子 张相憙	部床田	1	不详	1年	"床依官斲兜中取"，"租殊佰役仰田主了，渠破水谪仰耕田人了"。"风破水旱，随大□□"。	《文书》第4册，第175页

303

续表

本文编号	立契时间	主佃姓名	田土名称	亩数	租额（亩）	租佃年限	备注	出处
9	义和三年（616年）	无艮跛子氾马儿	部田	3	床5斛？	1年	"依官斩兜中取"，"租殊佰役仰田主了，渠破水谪仰耕田人了。风虫贼破，随大匕列"。	《文书》第4册，第177页
10	延和十八年（619年）	不详	不详	8	不详	2年		《文书》第3册，第154页
11	重光元年（620年）	不详	不详	不详	不详	1年	"□□随大匕□例□。若渠破□□仰田主了。"	《文书》第3册，第156页
12	延寿六年（629年）	贾□□郑海□	常田	4	契云："阚寺常田肆亩，要径壹年，……大麦伍斛与秋伍斛"	1年		《文书》第3册，第280页
13	延寿九年（632年）	曹质汉、海富等	部麦田	13	麦2斛？	5年	"夏价依官斩中取。""田中租殊伯役，□□□□；渠破水谪，仰耕田□□"。	《文书》第5册，第240页
14	延昌卅六年前后	□寺□□□	葡萄园	（壹园）	甜浆37斛/园	不详	"若渠破水谪，仰治桃人□；□□□□仰桃主了"。	《文书》第2册，第336页
15	延寿五年（628年）前后	法剂田婆泰	常田	2	"常田贰亩，々到五月内与夏□□斛伍兜，粟陆斛伍兜。"	1	"依官斛斗中取。……若渠破水谪仰耕□□□"。	《文书》第3册，第245页

续表

本文编号	立契时间	主佃姓名	田土名称	亩数	租额(亩)	租佃年限	备注	出处
16	延寿十年（633年）前后	不详	常田	2亩?	不详	不详	▭伯役,仰田主▭。	《文书》第3册,第296页
17	麹氏高昌时期	赵祐宣 张永究	不详	不详	"▭壹亩,到六月□,与夏价大麦柒斱伍兜,到十伍兜。"	不详	"田中□殊伯役,仰田主了,渠破水谪各自承"。	《文书》第3册,第337页
18	贞观年间?	不详	不详	不详	不详	不详	"▭耕田人自承了。若租殊▭仰耕田承了。若水出处稿▭虫贼破随大匕列▭边得车牛壹乘并囊"。	《文书》第4册,第58页
19	贞观年间?	▭▭▭ 权僧奴	常田 薄田	不详	"亭分"	不详	"田中粪垍土,仰权僧奴使足。□□田主以田中耕牛、人力、麦子、粟子仰僧奴承。…佰役,仰田▭"。	《文书》第4册,第59页
20	贞观十四年（640年）	弘宝寺 张□□	常田	17	不详	1	契云:"种▭斱,与伍▭种▭"。"床渠破水谪,仰耕田人承了"。	《文书》第4册,第40页
21	贞观十五年（641年）	康寺 赵相□	不详	不详	"亩与夏价麦高昌斱中叁斱伍□",另有秋粮,租额不详。	不详	"租储佰役爷仰田主▭。"	《文书》第4册,第47页

续表

本文编号	立契时间	主佃姓名	田土名称	亩数	租额(亩)	租佃年限	备注	出处
22	贞观十六年(642年)	不详	常田	3	共麦2.5斛(或兼有粟)	不详	＋契云:"□粟贰酙伍兜"。"□□主了,渠破水谪,仰□。"	《文书》第5册,第247页
23	贞观十六年(642年)	不详	不详	不详	不详	1	契云:"亩与夏价大□内亩与粟贰□伍兜"。"租殊伯□□田主了;渠破水□"。	《文书》第4册,第248页
24	贞观十七年(643年)	张欢□赵怀满	不详	2亩以上	小麦2斛□(斗)	1	契云:"依高昌斛斗中取";"赀□仰耕田人了。若风破水旱,随大匕列"。	《文书》第4册,第142页
25	贞观廿二年(648年)	赵□□索善奴	常田	4	不详	1年以上	契云:"要径□年别田壹亩与夏价大麦伍酙;与□""田中租课仰田主,若有渠破水谪,仰佃□"。	《文书》第5册,第18页
26	永徽二年(651年)	赵欢相孙容仁	常田	4	不详	6年	除夏秋两季交租外,又规定"壹年与草肆圆,与戴壹车"。"租殊佰役仰田主了,渠破水谪仰佃田人了"。	《文书》第5册,第20页
27	显庆四年(659年)	阴丑子张君行	不详	7	6.5斗(汉斗)	1年	"田中租殊佰役,一仰田主了,渠破水谪,一仰租田人了","风破水旱,随大匕例"。	《大谷文书集成》I,第102页。① (大谷2828)

---

① 小田义久主编:《大谷文书集成》I,(京都)法藏馆1984年版。

续表

本文编号	立契时间	主佃姓名	田土名称	亩数	租额(亩)	租佃年限	备注	出处
28	龙朔二年（663年）	赵阿欢仁 张海隆	常田	2	"庭分"	3年	"二人舍佃食"。"其末、牛、麦子，仰海隆边出。其秋、麦，二人庭分。"	《文书》第5册第117页
29	乾封元年（666年）	魏相憙 左憧憙	不详	不详	不详	1年	契云："依平酙中取"，"租殊佰役一仰佃主，渠破水谪一仰佃田人当"。	《文书》第6册，第419页
30	总章元年（668年）	□□□ 赵仁	常田	2亩？	不详	不详	契云："依高昌酙"。	《文书》第6册，第444页
31	总章三年（670年）	张善憙 左憧憙	菜园	（壹园）	第1年交大麦拾陆酙，秋拾陆酙	2年	第2年交银钱30文。"租殊伯役，仰园主；渠破水谪仰佃人当"。	《文书》第6册，第428页
32	仪凤年间（676—679年）	竹住海卜老□	不详	不详	不详	1年？	契云："依高昌平兜酙"。"租殊佰役仰田主，渠破水谪仰佃人"。	《文书》第7册，第530页
33	高宗朝	张女足 □□□	不详	不详	大麦2.5斛？	不详	契云："夏价大麦贰酙伍斦"。	《文书》第6册，第178页
34	永徽（或显庆）六年	不详	不详	不详	不详	1	契云："▬▬大麦柒酙，秋▬▬▬""租殊佰役仰田了；渠破▬▬▬"。	《文书》第6册，第170页
35	高宗朝	□□子 □□□	不详	2亩60步？	不详	不详	契云："依高昌□酙斦中……""▬▬若租殊佰役，壹仰田主□▬▬"。	《文书》第6册，第157页
36	高宗朝	不详	不详	不详	不详	不详	▬▬破水旱，随大匕▬▬破水谪，壹仰▬▬。	《文书》第6册，第159页

续表

本文编号	立契时间	主佃姓名	田土名称	亩数	租额(亩)	租佃年限	备注	出处
37	天授三年(692年)	康海多张文信	部田	5	小麦1斛	1年	部分预付租价。	《敦煌吐鲁番社会经济文献》Ⅲ《契约》,第58(163)页。
38	景龙二年(708年)	某寺肯义□	秋田	3	"其田总与庥拾畔,别取□□□","平畔量还","修理渠堰,仰肯方大例"。		《新获吐鲁番出土文献》,第327页。	
39	大历三年(768年)	马寺法英	菜园	不详	麦2.5硕,粟3硕	3年	除此,还有送瓜、菜的约定。"其田税仰佃人自知……其有官科税诸杂一仰佃人知当。""仍下葱子一","其子寺家出陆胜,佃人出肆胜"。	《文书》第10册,第292页
40	大历(766—779年)年间	马寺孙玄参	菜园	1亩	青麦10斛粟10斛	不详	除此,还有送菜的约定。"其园税子,两家共知……诸渠杂役仰佃人"。	《文书》第10册,第301页
41	大历(766—779年)年间	马寺赵拂昏	不详	2亩	青麦9粟9	1年	"其官税子仰拨昏……渠破水滴仰佃人"。	《文书》第10册,第305页
42	大历(766—779年)年间	某寺邓光□	不详	不详	麦粟(租额不详)	4年	"春秋税子并仰□□租渠百役,寺家不知"。	《文书》第10册,第307页
43	大历(766—779年)年间	马寺邓光实	不详	不详	不详	不详	此为邓光实转租马寺田土于他人的转租契。"□□田税并佃人知。□□渠百役寺家知。"	《文书》第10册,第309页

续表

本文编号	立契时间	主佃姓名	田土名称	亩数	租额(亩)	租佃年限	备注	出处
44	唐代	张欢伯 吕致德	葡萄园	不详	不详。唯见"⬜⬜肆斛,其酒限到十月内偿浆伍⬜斛,精为好,苦酒壹斛"	1年?	"⬜⬜陶垣壁崩破,随时修理。"	《新获吐鲁番出土文献》,第372页

从表 5、表 6 可以看出,预付租价的租额一般都在高昌斛 2 至 2.5 斛或汉斗 1 斛之内(杨大智耕摊逃田除外),而后付租价的租额一般不低于高昌斛 2.5 斛。表 6 所列租佃契之租额,多数残缺不全,幸有阿斯塔那 36 号墓出土的神隆年间前后的高昌县史成忠帖为催送田参军地子并敦事[1]与阿斯塔那 506 号出土的《唐大历六年某寺田园出租及租粮破用帐》[2]可资参考。

唐高昌县县史成忠帖为催送田参军地子并敦事

1. 高昌县

2. 一段九亩杜渠 亩别麦粟各七石二斗四亩⬜车 西 昌 马⬜ 佃人张玄应 一段三亩卅步

樊渠 亩别麦粟各一石二斗五升。

佃人⬜⬜成嘉礼

3. 一段一十二亩樊渠 亩别麦、粟一石一斗五胜。

4. 四亩佃人王玄艺 四亩佃人 尚西马⬜朱文行 二亩 乐昌赵洛胡 二亩 乐昌令狐贞信

5. 一亩半一十步樊渠 亩别麦粟各一石一斗四升。佃人张信恭 北 顺 观

6. 三 亩 樊渠 亩别麦粟各一石三斗 八 亩 半 樊 渠 亩别麦⬜⬜

7. 四亩六十步 ⬜⬜

① 国家文物局古文献研究室等编:《吐鲁番出土文书》录文本,文物出版社 1987年版,第 8 册,第 34 页。

② 国家文物局古文献研究室等编:《吐鲁番出土文书》录文本,文物出版社 1991年版,第 10 册,第 296~297 页。

8. 三 亩 九十 ——

9. 二亩樊渠 ——

10. 　　右作人并佃田参军地,帖至,仰即送地子

11. 　　并麩,限帖到当日纳了。计会如迟,所由当

12. 　　杖。六月五日史成忠帖.

13. 　　　　　　尉张

14. 验行

　　此件提到的是职田的租价(后付)。租价大约为"亩别麦粟"1石2斗左右。张立应佃田"亩别麦粟各七石二升(斗)"句中的"七石"或为"一石"的误书或误录。所谓"亩别麦粟各一石二斗",按今天的习惯,应理解为兼纳麦1石2斗与粟1石2斗。但在当时,又可理解为麦1石2斗或粟1石2斗。[①] 如果这样理解无误,那么,田参军数十亩地的租价仍在汉斗1石1斗至1石2斗5升之间,仅略高于预付租价。

　　唐大历六年(771年)某寺田园出租及租粮破用帐:

1. ——　　　　　　　　　　状上

2. ——从大历五年正月一日至大历六年七月十六日以前管常部
　　田部陆拾亩陆拾步。

3. 　　壹拾捌亩陆拾步出租并常□(田)

4. 　　樊渠地六亩 亩别麦粟各六斗 王居随 计柒硕贰斗。麦粟各半。

5. 　　杜渠菜园一亩八十步,得麦粟肆硕。麦粟各半。傅元相

6. 　　张渠地半亩,麦粟陆斗。各半。　　王德实。

7. 单秋 樊渠四亩 亩别四斗 　　计粟壹硕陆斗。王居遂。

8. 　　石宕渠一亩一百步,得床壹硕壹斗。　　崇福寺。

9. 　　酒泉渠地五亩,租得粟伍硕。刘客。

10. 　　卅二亩常田空荒不种。内一亩常田,卅一亩部田。

---

① 如《旧唐书》卷48记唐代租庸调制曰:"调则随乡土所产,绫、绢、绝各二丈,布加五分之一"。《唐六典》卷3《尚书户部》所记略同。这里所说的"绫、绢、绝各二丈",说的就是绫二丈,或绢二丈,或绝二丈。

11.　　　　高宁城一亩常田　　左部十亩　　九亩胡虏渠
　　　　九亩枣树渠

12.　　　　■□不识　　二亩白渠不识　　二亩申石渠

13. 以上共租□□总壹拾玖硕伍斗

14. ■斗青麦　　壹拾叁硕陆斗粟。

（后为租粮破用部分，略）

同出文书中有多件与马寺有关，疑此件亦为马寺文书。其所收租多为麦粟各半，应为后付地租。常田亩租为 1～1.2 硕（麦粟各半）。单秋常田亩租 4 斗。与上述牛参军田的地租大致相当，也只是略高于预付租价。

下面再谈沙州的情况。现存唐末五代敦煌租佃契及典地契共 13 件。其中 3 件属于特例。

其一，后唐天复四年（904 年）买员子租地契：①

1. 天复四年岁次甲子捌月拾柒日立契，神沙乡百姓僧

2. 令狐法性，有口分地两畦捌亩，请在孟授下界阳员渠。为要物色

3. 用度，遂将前件地捌亩遂共同乡邻近百姓

4. 贾员子商量，取员子上好生绢壹匹，长

5. 捌（疑有脱文），综毯壹匹，长贰丈五尺。其地租与员子贰拾

6. 贰年佃种。从今乙丑年至后丙午年末，却付

7. 本地主。其地内除地子一色余有所差税，一仰

8. 地主祗当，地子逐年于官，员子逞纳。渠河口

9. 作，两家各支半。从今以后，有恩敕行下，亦不在论

10. 说之限。更亲姻及别称为主记者，一仰保人

11. 祗当，邻近觅上好地充替。一定以后，两共

12. 对面平章，更不休悔；如先悔者，罚□□□

13. □纳入官。恐后无凭，立此凭俭（验）。

14.　　　地主僧令狐法性

①　唐耕耦、陆宏基编：《敦煌社会经济文献真迹释录》第 2 辑，全国图书馆文献缩微复制中心 1990 年版，第 26 页。

15.　　　见人吴贤信

16.　　　见人来员住

17.　　　见人都司判官氾恒世　　□

18.　　　见人□□官阴再愈

19.　　　见人押衙张

20.　　　都虞侯卢

　　据契文可知贾员子预付生绢、综緤各1匹,租种令狐法性阳员渠地8亩22年。天复年间绢、緤与粟、麦的比价如何,难以确知。以天宝二年交河郡市估案价格折算,上等生绢1匹470文,上等细緤1尺45文,5丈为匹,1匹1800文,两项相加合计2270文。1石粟以270文计。2270文约可购粟8硕4斗。8亩地租种22年,相当于196亩地租种1年。计其"租额",相当于每亩4~5升。租价之低,实属罕见,而租期之长,又绝无仅有。且此契又规定"地子逐年于官,员子逞约",实际上已将地税过割予佃田人贾员子,故颇疑此契乃借租佃之名,行巧取豪夺之实,在经济关系形式中隐藏着超经济原因。故不应视为一般的租佃关系。

　　其二为索怀义佃地契(P.3257号文书):①

1.甲午年二月十九日索义成身着瓜州。所有父祖□分地参拾贰亩,分

2.付与兄索怀义佃种。比至义成到沙州得来日,所着官司诸杂烽

3.子官柴草等大小税役并惣兄怀义应料。一任施功佃种,若收得
　　麦粟 任

4.自兄收,粿粒亦不论说。义成若得沙州来者,却收本地。渠河口
　　作税役,不忏

5.□兄之事。两共面平章,更不许休悔。如先悔者罚牡羊壹
　　□。恐人无信。

6. 故 立文凭,用为后验。

7.　　　　　　　　种地人兄索怀义(押)

---

①　沙知录校:《敦煌契约文书辑校》,江苏古籍出版社1998年版,第337~338页。

8.   种地人索富子(押)

9.   见人索流住(押)

10.   见人书手判官张□□(知)

据此契文,索义成无偿地将父祖口分地32亩交付索怀义佃种。此种情况也极为特殊,从同出其他资料得知:索义成因故被发配,故将其父祖口分地托付其兄。由兄耕种,交税。似此情况自不可与一般租佃契等同看待。甚至可以说,这根本就不是一份租佃契约。

其三为罗思朝典地契(S.0466号文书):[①]

1.广顺叁年岁次癸丑十月廿二日立契。莫高乡百姓龙

2.章祐弟祐定,伏缘家内窘阙,无物用度,今将父

3.租田分地两畦子共贰亩中半,只(质)典巳(疑为"与"之误)莲畔人押衙

4.罗思朝,断作地价,其日见过麦壹拾伍硕。字(自)

5.今巳后,物无利头,地无雇价。其地佃种限

6.肆年内不喜(疑为"许"之讹)地主收俗(赎)。若于年限满日,便仰地主

7.还本麦者,便仰地主收地。两共对面平章

8.为定,更不计喜休悔;如若先悔者,罚青麦

9.拾驮,充入不悔人。恐后无信,故勒次(疑为"此")契,用

10.为后凭

11.   地主弟龙祐定(押)

12.   地主兄龙章祐(押)

13.   只典地人押衙罗思朝

14.   知见父押衙罗安进(押)

15.   知见人法律福海(知)

这是一件典型的典租契。罗思朝贷麦15硕予龙祐定,换取龙祐定2亩半田地的4年使用权。到期,龙祐定还麦,罗思朝还地。从契

---

① 唐耕耦、陆宏基编:《敦煌社会经济文献真迹释录》第2辑,全国图书馆文献缩微复制中心1990年版,第30页。

文看,立契双方谁都不曾无偿地榨取对方的劳动所得。在契约规定的年限内,罗思朝于此 2 亩半地所得,乃是自己劳动的结果(如果罗思朝将此地转租他人,从而与承佃人建立剥削与被剥削关系,那就另当别论)。土地不能创造价值,故不能认为龙祐定受罗思朝剥削。但若从另一个角度考察,则应看到这种典租有利于罗思朝而不利于龙祐定,因为罗思朝贷出的是消费资料,龙祐定贷出的是农民存身立命不可或缺的生产资料。这种典租从严格意义讲,不是高利贷(6 石小麦 1 年高利贷的利息应不低于 3～4 石,而当时当地每亩土地的租额远比此为低),但带有有息借贷的若干特点(即以 15 硕小麦 1 年的利息充抵 2.5 亩田地 1 年的地租)。

除以上特例外,目前所见唐末五代敦煌租佃契仅余以下十余件:

表 7　唐末五代敦煌租佃契租额比较

本文编号	立契年份	主佃姓名	亩数	每亩租价	预付或后付	租佃年限	备　注	出　处
1	酉年（829年）	僧善惠索海朝	两突(20亩)	共"每年价麦捌汉硕"	后付	不详	"其每年地子三分内二分亦同分付"。	《辑校》①第 319～320 页。
2	咸通二年（861 年）	齐像奴僧福智	32 亩?	分成?	后付	不详	"至秋,像奴叁分内仰请一分□半,亦共僧福智停头□" "蒿芸、浇溉、收拾等,两家辛苦……抱功者看闲芒月,两家计算酬功。"	《辑校》第 321～322 页。
3	天复元年（901 年）前后	□奴子王粉堆	7	预付麦粟贰硕五斗(麦两分,粟壹分)	预付	1 年	"其地内所□作草□地子差科□物,一仰本地主□不忏王粉堆之事。"	《辑校》第 332 页。
4	天复二年（902 年）	刘加兴樊曹子	10	0.4 硕	预付	3 年		《辑校》第 324～325 页。(习字稿)

---

① 沙知录校:《敦煌契约文书辑校》,江苏古籍出版社 1998 年版。

续表

本文编号	立契年份	主佃姓名	亩数	每亩租价	预付或后付	租佃年限	备注	出处
5	天复四年（904 年）	令狐法信贾员子	8	共取"上好生绢壹匹，捌综毯壹匹"	预付	22 年	"其地内除地子一色，余所著差税，一仰地主祇当。地子逐年于官，员子逞纳。渠河口作，两家各支半"。	《辑校》第 327～328 页。（契约稿）
6	天复七年（907 年）	高加盈等愿济	5	共付"麦两硕，粟壹硕"	预付	2 年	"其地内所著官布、地子、柴草等仰地主祇当。不忏种田人之事。"	《辑校》第 330 页。（习字）
7	乙亥年（915？年）	（侄男）索□护索黑奴、程悦子	7（瓜地）	1.2 硕	后付	1 年		《辑校》第 334 页。
8	吐蕃戌年	氾□□王□□	10	庭分	后付	不详		姜伯勤：《突地考》，《敦煌学辑刊》1984 年第 1 辑。
9	吐蕃蛇年	宋弟弟王华子等	15	对分	后付	不详	种子由主佃双方共同负担。	王尧、陈践译注：《敦煌吐蕃文献选》①第 55 页。
10	甲午年（934 年）	索义成索怀义	32	无偿		不限期		《辑校》第 337～338 页。
11	后周广顺三年（953 年）	龙章祐兄弟罗思朝	2.5 亩	麦 15 硕，"地无利头，地无雇价"。		4 年	"若于年限满日，便仰地主辨还本麦者，便仰地主收地。"	《辑校》第 339～340 页。
12	乙丑年（965 年）	徐保子祝骨子	70 亩	"合种"		不详	此件为习字契。"渠河口作，农种家祇当"。	《辑校》第 341 页。
13	乙未年	法弁法嵩、柱子	半亩	"合蘇（种）蓝"			"合蘇（种）蓝共▢分，住子出地，法嵩出粪▢▢。"	《辑校》第 344 页。（习字）

---

① 王尧、陈践译注：《敦煌吐蕃文献选》，四川民族出版社 1983 年版。

上表第 4 例的租额,各家的理解或有不同,需稍加讨论。该契书内容如下:

1. 天复二年壬戌岁次十一月九日
2. 慈惠乡百姓刘加兴城东
3. 幽渠上口地四畦共十亩,阙乏人力,
4. 莫(佃)种不得,遂租与当乡
5. 百姓樊曹子莫(佃)种叁年,断
6. 作三年,价直乾货斛𣂏壹拾贰石
7. 麦粟五石,布壹匹肆拾尺。又布三丈,
8. 布一匹,至到五月末分付。又布三
9. 丈余到□上□并分付刘加兴。
10. 是日一任祖(租)地人莫(佃)种三年,不谏刘加兴
11. 三年除外,并不□刘加兴论限。
12. 其他及物,当日交相分付。
13. 两共对面平章,一定与(以)后,不得休悔;如休悔者,罚王(?)大入不[悔]人。

(以下重复第 1~3 行,略)

上件似系契稿,不易通读。论者或以为其租额为干燥谷物 12 石,外加麦粟 5 石,布一匹 3 丈。[①] 笔者以为该契所言之"乾货斛斗壹拾贰石"包括麦粟 5 石(此即所谓"斛斗")、布 1 匹 3 丈(此即所谓"乾货")在内。乾宁四年张义全卖宅合契(S.3877 号文书)[②]足资证明,该契云:

(前略)
丁巳岁正月拾贰日,平康乡百姓张义全为阙小(少)粮用,遂将
上件祖父舍兼屋木出买(卖)与洪润乡百姓令狐信通兄弟,
都断作价直伍拾硕,内斛斗乾货各半。其上件
舍价,立契当日交相分付讫,壹无玄(悬)欠。

---

① 池田温:《中国古代的租佃契》,《东洋文化研究所纪要》第 65 期,1975 年,第 59 页。
② 沙知录校:《敦煌契约文书辑校》,江苏古籍出版社 1998 年版,第 8~9 页。

（后略）

张义全舍价 50 硕，即包括干货与斛斗两种。此"斛斗"显然指粟麦等谷物，而"乾货"则肯定不是谷物。联系樊曹子租地契，可知乃是绢布之类。但它又可以折算为斛斗。据此，笔者以为樊曹子所佃之地每亩（每年）租价为 4 斗（其中包括折算为斛斗的布匹在内）。

表 7 预付租价计 3 例：第 3 件亩租约 3.6 斗，第 4 例亩租 4 斗，第 6 例亩租 6 斗。（其第 6 例的租佃关系原由借贷关系发展而来。）高加盈、光寅因"欠僧愿济麦两硕、粟壹硕，填纳不辩（办）"，故"将宋渠下界地伍亩，与僧愿济贰年佃种，充为物价"。因此，高加盈出租的田土便带有偿还借贷本息的含意。此与樊曹子佃地契或有不同。后付地租计 2 例：第 1 例亩租 4 斗，第 7 例为瓜地，亩租 1 硕 2 斗。两相比较，差别不大。

这里应该指出：无论是敦煌，或是吐鲁番，足资进行如上比较的例证都太少（敦煌出土租佃契尤其少），因此，上述结论是否具有普遍性，也应慎重考虑。关于这个问题，希望将来能有更多的例证做进一步的探讨。

前面，我们对实物定额地租中预付租价和后付租价的情况进行了比较。下面我们将研究后付租价中的分成租问题。

现已刊布的唐、五代敦煌契约文书中，分成租仅见 3 例，其中 2 例见自吐蕃时期的藏文文书。

其一，不列颠博物院 Or8217（194a）号文书：[1]

> 戌年春月，氾某某（Bam Sàn—tshèn）
> 于 Hve-gu 有上腴地 1 突三垣，交王××
> （Wàn Bur-hdo）种麦，与前件人合种。
> 犁具仰（王）Bur-hdo 出，麦收庭分。
> （后略）

其二，P. T. 1115 号文书（蛇年宋弟弟青稞种子借契）：[2]

> 蛇年春，宁宗木部落百姓宋弟弟在康木琼新垦地一突半，本人无力耕种，一半交与王华子和土尔协对分耕种，种子由华子负责去借。共借

---

① 转引自姜伯勤：《突地考》，《敦煌学辑刊》1984 年第 1 辑。
② 王尧、陈践译注：《敦煌吐蕃文献选》，四川民族出版社 1983 年版，第 55 页。

种子二汉硕,秋季还债为四汉硕。其中二汉硕由宋弟弟归还。于秋季八月底前,弟弟不短升合交与华子。二汉硕(种子)的抵押品为家畜母牛两头,交与华子手中。抵押品若失去,就不再还给青稞。万一宋弟弟外出不在或发生纠葛,承诺之数仍应交纳,可直接与其妻部落女石萨娘去讲论。中保证人曹银,阴叔叔立契,本人和承诺人按指印。

第2例原是借据,但反映了分成制的租佃关系。依契书,田主与佃人分摊种子。因为田主应分担的2硕种子(包括借贷利息)由佃人王华子代借,故以母牛两头为抵押。但2硕种子的价值远低于1头母牛,故疑此中包含由田主负责提供耕牛的含意。前引第1例则规定"犁具"由佃人负担。

现已刊布的麴氏高昌与唐代西州的租佃契中,收取分成租者也仅有以下两例:

其一:64TAM15:27号文书(权僧奴佃田契):①

1. ▭▭僧奴▭▭
2. 南渠常田壹分;次,薄田壹分。贰分田中粪垆土,仰
3. 权僧奴使足。□□田主以田中耕牛、人力、麦子、粟子仰
4. 僧奴承了。田▭▭少,贰人场上亭分。田中粪土不
5. 遭好▭▭▭▭▭▭▭▭佰役,仰田▭▭

(后缺)

其二:60TAM3372:18(a)唐龙朔三年张海隆夏田契:②

1. 龙朔三年九月十二日武城乡人张海隆于
2. 同乡人赵阿欢仁边夏取叁肆年中、
3. 五年、六年中武城北渠口分常田贰亩。海
4. 隆、阿欢仁二人舍佃食。其耒、牛、麦子
5. 仰海隆边出。其秋、麦,二人庭分。若海隆

---

① 国家文物局古文献研究室等编:《吐鲁番出土文书》录文本,文物出版社1983年版,第4册,第59页。

② 国家文物局古文献研究室等编:《吐鲁番出土文书》录文本,文物出版社1983年版,第5册,第117～118页,第2行"叁"字原已涂抹。

6. 肆年、五年、六年中不得田佃食者,别钱伍拾文

7. 入张;若到头不佃田者,别钱伍拾文入赵。

8. 与阿欢仁草玖围。契有两本,各捉一本。两

9. 主和同立契,获指□记。

10.　　　　　田主赵阿欢仁(押)

11.　　　　　舍佃人张海隆(押)

12.　　　　　知见人赵武隆(押)

13.　　　　　知见人赵石子(押)

　　此两件也是主佃双方对分的分成制租佃契。按契书规定,种子、肥料等完全由佃人负担。田主坐享收成之半。池田温先生尝以为,"舍佃与其他契书不同的是:田主也参加耕营;租价非定额,而是收取收获之半"。[①] 堀敏一先生也认为上引龙朔三年租佃契"土地耕作由田主和佃人二人'舍田',耕牛和种子由佃人方面负担,收获中分。"[②]笔者对此颇有疑问。如果是田主与佃人共耕两亩地,收成中分,那就相当于田主与佃人各耕 1 亩,收成分别归己。田主实际上只出租 1 亩地,而其所得代价也只是佃人提供田主自耕的那 1 亩地的种子、牛力。1 亩地所需种子不过 1 斗,S. 6341 号文书(壬辰年雇牛契)[③]规定 8 岁黄牛"断作雇价每月壹石",则每日雇价仅 3 升 3 合。1 亩地如需 2 个牛工,则其雇价也不及 1 斗。两项合计,也不过 2 斗。与乙亥年索黑奴租地契所订租额相距太远。前引权僧奴佃田契规定"田中耕牛、人力、麦子、粟子仰(佃人)僧奴承了……贰人场上亭分"表明田主并不参加劳动,而坐享其成。赵阿欢仁与张海隆"舍佃"时的情况,只规定"其耒、牛、麦子仰(佃人)海隆边出。其秋、麦,二人亭分"。仍是一切生产成本,都由佃人承担。劳力的付出则未提及。很可能与权僧奴例一样。

　　要言之,真正的"共耕",或者"合种",最关键的要件是田主一方也提

---

① 池田温:《中国古代的租佃契》,《东洋文化研究所纪要》第 65 期,1975 年,第 70 页。

② 堀敏一著,韩国磐等译:《均田制的研究》,福建人民出版社 1984 年版,第 264 页。

③ 沙知录校:《敦煌契约文书辑校》,江苏古籍出版社 1998 年版,第 314 页。

供劳力。不具备这一要件，即使注明"亭分"或者"舍佃"，也还只是分成制。

标明为"合种"的租佃契，敦煌也有 2 件：

其一为表 7 第 12 例，乙丑年（965 年）龙勒乡百姓祝骨子合种地契（习字稿）：

1. 乙丑二月廿四日立契。龙乡百姓祝骨子为缘家中地数窄
2. 狭，遂于莫高百姓徐保子面上合种地柒拾亩。莫抛直
3. 课，好生堆（推）剥种事，濠知浇管（灌）收刈，渠河口作，家种家祗当，
4. 唱之。两共对面平章，不喜（许）翻者。【々】，罚上羊壹口。恐
5. 无信，雇（故）立私契，用为后凭。

其二为表 7 第 13 例，乙未年法弁等合种蓝契：

1. 乙未年二月十四日，法弁少有▭▭▭
2. 两畦，共半亩，合苏（种）蓝共▭▭▭
3. 分。住子出地，法嵩出 龑 ▭▭▭
4. 之事，不许悔休□▭▭▭
5. 后无凭，故押▭▭▭

很可惜，这少有的两件合种契，前者只是习字稿，双方义务写得不大清楚。后者又因为该件下残，双方义务也不清楚。因而尚难判断这两件所说的"合种"是否名副其实。

《吐鲁番出土文书》中还有两件原拟名为"互佃田地"的契约。件录于下：

其一，《唐天宝七载（748 年）杨雅俗与某寺互佃田地契》：①

1. ▭▭▭渠口分常 田 一 段 肆 亩 东西南北
2. ▭▭▭平城南地一段 叁 □ 东西南北

---

① 国家文物局古文献研究室等编：《吐鲁番出土文书》录文本，文物出版社 1991 年版，第 10 册，第 275～276 页。

3.□□七载十二月十三[日]杨俗寄住

4.南平,要前件寺地营种,今将郡

5.城樊渠口分地彼此逐□□种。缘

6.田地税及有杂科税,[仰]□□□

7.各自知当。如已后不愿佃地者,

8.彼此收本地。契有两本,各执一

9.本为记。

10.　　　　地主杨雅俗载廿四(押)

11.　　　　保人,兄处俗载廿□(押)

12.　　　　保人高澄载廿一

其二,《唐张小承与某人互佃田地契》:①

1.□□承匡渠西奇口分常田 _{东王令玮　南□□□□　西官田　北苏祀奴}

2.□□□年十一月廿四日,□隐便将上件地

3.□□□酒泉城口分□□□渠常田一段五

4.□□□[家]各十年佃□。如以后两家

5.□□□种,各自收本地。如营田以后,

6.□□□役,各自祗承,不得遮护。两

7.　共平章,恐人无信,故立此契为记。

8.数内一亩地子,张处直　　　　　地主张小承年卅二

9.　边收麦两斛一斗。　　　　　保人,弟□□□

10.　契有两本,各执一本。　　　　保人张处直(押)

11.　　　　　　　　　　　　　保人

　　根据契约内容,我以为这只是单纯的换耕土地,并无租佃的内容,②所以不应称为"互佃田地契"。职是之故,本人亦未视之为租佃契。

---

① 国家文物局古文献研究室等编:《吐鲁番出土文书》录文本,文物出版社 1991 年版,第 10 册,第 303～304 页。

② 张小承与某人换耕田土契第 8、9 行附加的一段文字"数内一亩地子,张处直边收麦两斛一斗",表明张小承换耕到的田土中,有一亩地原已出租给张处直。换耕契成立后,这一亩地的地租就直接由张处直交给张小承。

以上所谈的都是寺田、百姓田的出租。现在再谈官田出租的租额。官田出租的租额也因时因地而异。前已提到,贞观年间在西州将部分废屯按有别于《唐田令》规定分给原佃官田的国家佃农时,超过标准的土地,仍按三等交租:上价 9 斗,中价 7.5 斗,下价 5 斗。

武周时期西州柳中县官田租谷簿[①](大谷 1305 号文书)记:

(前略)

一段三亩 佃人曹隆悦亩别三斗七升五合　　一段四亩 佃人田德道□亩别 豆二斗五升康□子

一段二亩佃人□文过 亩别豆二斗五升　　一段四亩 佃人□玄进亩 别豆二斗五升

一段四亩 佃人孙弘奭亩 二斗五别豆二斗五升　　一段五亩 佃人高贞明素亩 别豆二斗五升

一段五亩 佃人高苟子亩别豆二斗五升　　一段四亩佃人 宋□佰?亩 别豆二斗五升

一段十亩 佃人高苟子亩别豆二斗五升　　六十□粟出租

一段半亩五十步 佃人张隆明贞 计粟三斗六升　　一段三亩 佃人□□□明 计粟一石五斗

一段三亩 佃人杨具(?)足计粟一石五斗　　一段一亩 佃人焦(?)□□计粟五斗

一段一亩 佃人孙玄真粟□□　　一段六亩半卅步 佃人□□子计粟 三□□斗四升

一段十亩 佃人僧慈恭计 粟二石五斗　　一段一亩 佃人田达子计粟□━━━

四段十二亩 佃人赵海(?)才计 粟六石见佃人□□□　　一段四亩卅步 佃人宋□□计 粟二石九斗

(后缺)

则其豆田租价多为每亩 2 斗 5 升;粟田多为每亩 5 斗(唯钦明乡曹隆悦所佃豆田为亩三斗七升五合,五道乡僧慈恭所佃粟田为亩二斗五升,此或与田土质量有关)。总的来说,官田出租的租价通常略低于民田。

这里再谈当时分成租与定额租在整个租佃关系中的比重问题。根据现存敦煌吐鲁番租佃契约文书的统计,吐鲁番地区定额租占压倒优势,分成租寥寥无几。敦煌地区,定额租与分成租的比例虽然没有吐鲁番地区那么悬殊,但定额租的租佃契也远比分成制的多。这与汉唐间传

---

① 池田温:《中国古代籍帐研究》,东京大学东洋文化研究所 1979 年版,第 340 页。

世文献记载所反映的情况不很一致。汉唐间传世文献间也记及定额租者，如陆贽就曾指出："今京畿之内，每田一亩，官税五升，而私家收租殆有亩至一石者，是二十倍于官税也。降及中等，租犹半之，是十倍于官税也。"[①]唐开元十九年四月敕也规定："天下诸州并镇戍官等职田顷亩籍帐，仍依元租价对定，无过六斗。地不毛者，亩给二斗"，[②]这里说的都是定额租。但传世文献谈得更多的却是分成租。如荀悦《汉记》卷8记当时"官收百一之税，而人输豪强太半之赋"；《汉书·食货志》记董仲舒语："……或耕豪民之田，见税什五"；《汉书·王莽传》记王莽语："豪民侵凌，分田劫假，厥名三十税一，实什税伍也"；《水经注》卷2记马援屯田，也是"与田户中分以自给"。魏晋屯田，也多取分成制；西晋的占用田荫客制，更是"其佃谷，皆与大家量分"；[③]《新唐书》卷153《段秀实传》记："初，秀实为营田官，泾大将焦令谌取人田自占，给与农，约熟归其半"；《李文公集》卷19《徐公行状》记徐申迁韶州刺史，"公乃募百姓能以力耕公田者，假之牛犁粟种与食，所收其半与之，不假牛犁者三分与二"；《广异记》记唐末岭南的租佃情况云："山魈者，岭南所在有之。……每岁中与人营田，人出田及种。余耕地种植并是山魈。谷熟则来唤人平分。"以上所讲的，似乎又都是分成制。爰及宋、明，依然如此。如宋人洪迈《容斋随笔》卷4云："予观今吾乡之俗，募人耕田，十取其五；而用主牛者，取其六，谓之牛米，盖晋法也"；苏洵《嘉祐集》卷5《田制》也谈到主佃双方"已得其半，耕者得其半"；明林希元也谈到当时"耕其田乃输半租"。[④] 类似记述不胜枚举，俯拾即是。因而，有的学者便据此论定"宋元时代分制租占统治地位"，就全国而言，直到清康熙以后，伴随着农业生产的发展，定额租才"逐渐占居统治形式"。[⑤]

如果此论成立，除了诉诸敦煌、吐鲁番的特殊性外，就很难解释为什么早在麹氏高昌与唐、五代时期，定额租制就在敦煌、吐鲁番占据压倒

---

① 陆贽：《翰苑集》卷22《均节赋税恤百姓第六条论兼并之家私敛重于公税》。

② 《通典》卷2《食货·田制》下。

③ 《通典》卷2《赋税》。

④ 《林次崖先生文集》卷2《王政附言疏》。

⑤ 李文治：《明清时代的地租》，《历史研究》1986年第1期。

优势。

仔细分析上引各种资料,我们不难发现,汉唐间较大规模的屯、营田出租,多取分成制形式。一般民田以及比较分散的官田(如职分田等)的出租,若依文人学者在各种史籍、文集、方志中的记述,多数仍为分成制;而据各种实证资料(如敦煌吐鲁番出土文书,历代诏令,以及明正统、万历以后的租佃契约与契式,清刑档租佃资料等等),则又多为定额租。居延汉简有一则记载:"右第二长官二处田六十五亩,租廿六石",①折算起来,也是每亩 4 斗,显然也是定额租。居延汉简此则资料所反映的定额租情况,也不见于史书。据此,我们应可认为,我国汉唐以来,租佃制中定额租与分成制早已并存,至迟从唐、五代时期始,定额租已在整个租佃制中占据主要地位。只是因为文人学者在各种史籍、文集或方志记述当地租佃情况时,为节省笔墨,多写成"什之几"(如将接近产量一半的定额租,表述为"取其半"),从而给人分成租占优势的印象。② 如果此说可以成立,那么,麴氏高昌与唐代西州、沙州,定额租在整个租佃关系中占据主要地位,就不是一时一地的特殊情况。当然,就全国而言,各地定额租所占的比重,不一定都有吐鲁番地区那么高。

五、麴氏高昌与唐代西州租佃关系盛行的原因

关于麴氏高昌与唐代西州租佃关系盛行的原因,多数学者认为主要是由于唐代均田制下所授之田零星分散所致,租佃的目的是以交错出租土地的方式达到更好地进行农业生产的目的。我以为此说值得商榷。唐代西州存在两种授田制度,一种是均田制,一种是官田给百姓制。关于"均田制"的田土分布,《唐令·田令》第 24 条规定:"口分田,务从近

---

① 中国社会科学院考古研究所编:《居延汉简甲乙编》下册,中华书局 1980 年版,第 211 页,303.7 号简。

② 关于这一问题,可参看杨际平:《试论宋代官田的地租形态》,《中国经济史研究》1990 年第 3 期;《宋代民田出租的地租形态研究》,《中国经济史研究》1992 年第 1 期。

便,不得隔越。"第 26 条规定:"诸应还公田,皆令主自量为一段退,不得零迭割退。先有零者,听。"第 29 条规定"诸田有交错两求换者,诣本部申牒,判听手实以次除附"。可见,唐代"均田制"本身与田土的零星分散是相排斥的。更何况,唐代所谓的"均田制"本来就有名无实,并未大规模地实际收授土地。[1]

唐代西州均田户的户籍资料表明,均田户的土地虽很零细,但并不很分散,通常不出乡里范围,同乡同里各农户的土地,一般比较邻近,隔越他乡的地段很少(敦煌户籍所反映的情况也是如此)。从各均田户的田土分布来看,并无交错租佃之必要(隔越他乡的个别地段除外)。官田授田制下,各授田户的田地通常是既零细又分散。各乡授田户的土地多隔越在他乡、甚至他县;反之,同一地域(甚至同一段渠道)的土地又常分属于不同乡别的授田户。这种授田制所造成的田土布局,确实不便于受田户耕作。为了便于耕作,他们似有交错出租土地的必要。但现存唐代租佃契中,我们并未见这种实例。

从武周时期西州的青苗簿我们可以看到,同一渠堰的土地常常分属于许多乡的农户。如果租佃制的盛行主要是由于各户的土地零细分散,那么,其结果就应该是同一渠堰的分属许多乡农户的土地比较集中地由该渠堰所在乡(甚至里)的农户佃耕。然而,我们从武周时期西州的青苗簿中却几乎完全看不到这种情形。相反,我们看到的却是以下两种情况:一种是同乡农户的土地由同乡佃户耕种。如大谷 2847 号文书:[2]

成家堰王渠堰头竹辰住

昌

竹达子一亩竹辰住佃　东吴德(?)师　南竹住　西渠　北丁尉

昌

竹辰住二亩自佃　东康海善　西渠　南道　北竹达子

昌

① 关于唐代均田制的实施状况,参见拙著:《北朝隋唐均田制新探》,岳麓书社 2003 年版。
② 池田温:《中国古代籍帐研究》,东京大学东洋文化研究所 1979 年版,第 333 页。

　　康海善四亩自佃　东索僧奴　西竹住　南张汉姜　北马才仕

昌

　　张汉姜二亩竹住佃　东索僧奴　西渠　南街?　北康善

昌

　　索僧奴二亩佃人竹辰住

　　（后缺）

　　从各户户主姓名侧旁的注记，可以得知竹达子等 5 人都是西州高昌县宁昌乡人。成家堰王渠很可能也在宁昌乡境内。从各户田土的四至可以看出上述各段地可以互相连接。康海善的土地由他自己耕种，竹达子、张汉姜、索僧奴的土地由竹辰住佃种。对竹辰住来说，集中耕作成片土地，当然比较方便。但对竹达子、张汉姜、索僧奴等人来说，就很难说是因为土地的零碎分散而不得不出租土地。

　　上述这种同乡农户的土地由同乡佃户耕种的情况在唐代西州还比较少见。更普遍的是第二种情况，即分属于同一地域（甚至同一段渠堰）的许多乡农户的土地仍由许多乡的佃户耕种。如大谷 2373 号文书：[1]

　　（前缺）

1. 王阿利贰亩　佃人 左神感种粟（平）

2. 侯除德贰亩　佃人 周苟尾种粟（化）

3. 明府贰亩　佃人 周苟尾种粟（化）

4. 妙德寺贰亩　佃人佃人 周苟尾种粟（化）

5. 何浮知毗肆亩 自佃种粟（尚）

6. 翟胜住贰亩 佃人杨□客种粟（西）

7. 曹射毗贰亩 佃人史金大种緤（大）

顺

────────

① 池田温：《中国古代籍帐研究》，东京大学东洋文化研究所 1979 年版，第 326页。

8. 张石相肆亩 _{自佃种粟}

9. 康隆仁肆亩 _{佃人索武海种粟}（化）

10. 王屯相贰亩 _{佃人康道奴种緤}（西）

11. 康道奴贰亩 _{自佃种粟}（西）

12. 康呴尸毗贰亩 _{自佃种粟}（尚）

13. 王阿利贰亩 _{佃人索武海种粟}（化）

14. 赵进々壹亩 _{佃人匡海达种粟}（西）

15. □□□壹亩 _{佃人匡海达种粟}（西）

（后缺）

武周时期西州青苗簿的特点是通常只注明实际耕种者的乡别,亦即,自佃者,旁注田主的乡别;出租土地者,旁注其佃人的乡别,出租土地者倘若只注田主乡别而不注其佃人乡别,则其佃人应与田主同乡。上引青苗簿共有 5 段地"自佃",由其旁注可知其田主分属尚贤乡、安西乡、顺义乡等 3 个乡。该堰究竟位于哪一乡境内,还很难确定,可能是尚贤、安西、顺义等 3 乡之一,也可能在此 3 乡之外。从佃人方面来看,周苟尾于该堰同时租种 3 段地,索海武、匡海达于该堰同时各租种 2 段地,康道奴除自佃 2 亩外,又租种王屯相 1 段 2 亩。对他们来说,这样做都可能是为了方便耕作。问题是,周苟尾、索海武是崇化乡人,匡海达、康道奴是安西乡人,史才金是宁大乡人,左神感是太平乡人。如果该堰位于崇化乡,那么,为什么安西乡人、宁大乡人、太平乡人又到此堰租种土地? 为什么尚贤乡人、顺义乡人、安西乡人又在此堰占有土地并自佃? 当时高昌县总共只有十个乡(除上述 6 乡外还有宁昌乡、宁戎乡、武城乡、归德乡),为什么竟有 6 个乡农户同时耕种此堰 16 段 30 多亩土地? 此件前后皆缺,该堰田土可能超过 16 段,实际耕作者也可能不止 6 个乡的农户。尤其值得注意的是,青苗簿上所记载的堰头甚至也不必是当乡人氏。如上引大谷 2369 号文书匡渠的堰头为太平乡的佃人康毳子;大谷1217 号文书,匡渠的堰头又是安西乡的佃人氾嘉祚。此两人中至少有 1人非当乡人氏。此即证明异乡的佃人甚至可以隔越他乡当堰头。上述诸如此类现象就很难用"均田制"授田户田土零碎分散,从而导致租佃制盛行的说法来解释。

为了更全面地了解唐代西州租佃关系的情况,我们将武周时期西州青苗簿各断片土地占有与租佃情况做如下的统计、排比:

表 8　西州青苗簿所见田主、佃人的乡别分布情况表

文书代号	段数	亩数	田主乡别	佃人乡别	实际耕种者乡别
大谷 2368	23	50	宁大乡 2、尚贤乡 6、安西乡 2	尚贤乡 9、安西乡 3、宁大乡 6	宁大乡 8、尚贤乡 10、安西乡 5
大谷 4044	5	不详	宁大乡 1	顺义乡 2、宁昌乡 1、崇化乡 1	宁大乡 1、顺义乡 2、宁昌乡 1、崇化乡 1
大谷 2369(匿□堰)	7	41	不详	宁大乡 3、安西乡 1、太平乡 1	宁大乡 3、安西乡 1、太平乡 1
大谷 1214	8	不详	不详	不详	不详
大谷 1212(马夺子堰)	12	不详	尚贤乡 1、宁昌乡 1	崇化乡 1、安西乡 8、尚贤乡 2、宁昌乡 1	崇化乡 1、安西乡 8、尚贤乡 2、宁昌乡 1
大谷 2367	4	14 亩 200 步	不详	太平乡 3、崇化乡 1	太平乡 3、崇化乡 1
大谷 2365	5	12	崇化乡 1		崇化乡 1
大谷 2372(□渠第一堰)	15	不详	崇化乡 1、宁大乡 1、尚贤乡 2、宁昌乡 1	宁昌乡 4、宁大乡 1、安西乡 3、尚贤乡 2	崇化乡 1、宁大乡 2、安西乡 3、尚贤乡 2、宁昌乡 5
大谷 2373	16	不详	尚贤乡 2、安西乡 2、顺义乡 1	太平乡 1、崇化乡 5、安西乡 4、宁大乡 1	尚贤乡 2、宁大乡·1、太平乡 1、崇化乡 5、安西乡 6、顺义乡 1
大谷 2375	3	不详	不详	不详	不详
大谷 3363(杜渠□□桥南堰)	3	不详	不详	武城乡 2	武城乡 2
大谷 2373(□渠第十三堰)	7	不详	宁昌乡 2	宁昌乡 5	宁昌乡 7
大谷 1215(杜渠)	7	不详	宁大乡 1、宁昌乡 1、太平乡 2、安西乡 1	安西乡 1	宁大乡 1、宁昌乡 1、安西乡 2、太平乡 2

续表

文书代号	段数	亩数	田主乡别	佃人乡别	实际耕种者乡别
大谷 1216	8	不详	不详	宁大乡 2、宁昌乡 4、宁西乡 1	宁大乡 2、宁昌乡 4、安西乡 1
大谷 2370	2	不详	不详	安西乡 1	安西乡 1
大＋谷 1211	2	4	不详	安西乡 2	安西乡 2
大谷 1218（塞渠）	4	6	宁昌乡 3	不详	宁昌乡 3
大谷 1219	3	3.5	不详	宁昌乡 2	宁昌乡 2
大谷 2371	2	12	不详	不详	不详
大谷 1217（匡渠）	4	20	太平乡 1	安西乡 2	太平乡 1、安西乡 2
大谷 3361 1065	3	20	不详	顺义乡 1	顺义乡 1
大谷 1213（索渠第四堰）	10	42.5	宁大乡 1、宁昌乡 2、宁戎乡 1、崇化乡 2	安西乡 1	宁大乡 1、宁昌乡 2、宁戎乡 1、崇化乡 2、安西乡 1
大谷 3364	6	不详	宁昌乡 1、太平乡 1	不详	宁昌乡 1、太平乡 1
大谷 2846	11	22	安西乡 3、顺义乡 1、宁大乡 1	武城乡 1、安西乡 3	宁大乡 1、顺义乡 1、武城乡 1、安西乡 6
大谷 1209	6	12	尚贤乡 1、太平乡 1	宁大乡 2	尚贤乡 1、太平乡 1、宁大乡 2
大谷 2845 2851	15	38	安西乡 1	尚贤乡 1、崇化乡 2、顺义乡 2、宁戎乡 1、安西乡 3	安西乡 4、尚贤乡 1、崇化乡 2、顺义乡 2、宁戎乡 1
大谷 2847（成家堰王渠）	5	11	宁昌乡 5	宁昌乡 2	宁昌乡 5
大谷 210、2366（司马堰）	4	10	尚贤乡 1	宁昌乡 1	尚贤乡 1、宁昌乡 1

附注：乡名后的数字代表该乡于该堰的田土段数。田主乡别、佃人乡别、实际耕种者、乡别项下的田土段数，若与该堰土地段数不符，则表明尚有部分地段其田土、佃人、实际耕作者的乡别不详。

由上表不难看出,分属于若干乡农户的同一渠堰的土地仍由许多乡佃户耕种的情况在唐代西州是十分普遍的。这表明唐代西州各农户土地的零碎分散虽是唐代西州租佃关系盛行的一个原因,但不是它的主要原因。唐代西州各乡农户虽然也有就近租佃土地的倾向,但更多的却是了隔越租佃他乡的土地。许多学者特别强调唐代西州的租佃关系是小土地占有者(或曰均田农民)之间的交错出租,互相贷借、交换土地耕种。① 然而,事实上这种情况并不多见。论者又常以唐代西州均田制授田额低下来论证唐代西州租佃制的盛行的原因。② 笔者以为此说亦不合实际。唐代西州的情况不是一部分人占有大量的土地、亟待出租,另一部分人无地或少地,亟待租佃土地,而是绝大多数农户都土地严重不足。就整个西州来说,包括屯田、官田、寺田在内,平均每户垦田不足十亩。在这种情况下,如果不是一部分人脱离农业生产,租佃关系是不容易发展起来的。唐代西州,手工业、商业都很发达,可以推测,必有一部分农民离开土地转而从事手工业、商业。唐代西州租佃关系特别发达,这很可能是其中的一个原因。然而这种情况仍不足解释为什么唐代西州佃户多隔越他乡租佃土地的问题。众多农户隔越他乡租佃土地,这是一种十分特殊的情况,由于资料不足,目前还未能解答这个问题。笔者推测此或与西州的特殊的地理位置,甚或唐朝对西州实行某些特殊政策有关。西州的田制,与内地,甚至敦煌,都有其显著特殊性。唐代西州存在两种"授田"制度,一种是所谓的"均田制",基本上是将各户原有田土登记为"已受田",实际上不改变原有的土地占有状况。另一种就是遵照唐太宗贞观十六年《巡抚高昌诏》,将部分官田按一丁常田四亩、部田二亩的标准,授给当地百姓。唐征服西州后迁徙过部分户口,而且将一部分内迁户的土地分给农民,这些情况与其他地区就未必一样;在税制方面,唐代规定是每丁计租二石,绢二丈或布二丈五尺,而于西州则是"计缞布二丈,计租陆斗"。由此推想,唐代西州在户口的控制方面,是否也有与内地不同的特殊性? 这种特殊性对当地的租佃关系是否有所影响? 这些问题都值得考虑。

---

① 西嶋定生:《中国经济史研究》,东京大学出版会 1966 年版,第 468~478 页。又见沙知:《吐鲁番佃人文书里的唐代租佃关系》,《历史研究》1963 年第 1 期。

② 西村元佑:《中国经济史研究》,同朋舍 1968 年版,第 430~461 页。

六、附论:麴氏高昌与唐代西州租佃契中的一些套话

上面我们主要根据麴氏高昌与唐代西州、沙州租佃契的文本研究其时的租佃关系。与此同时,我们也发现,其时租佃契中的一些格式化语言,有时也会变成名不符实的套话。这一点也应引起我们的注意,以免产生误解。

麴氏高昌时期租佃契常有如下的行券、押署约定,"民有私约,约行二主,各自署名为信",或"民有私约,约行二主,画指为信"。唐代西州的租佃契则多有"两和立券,画指为信"、"两主和可,获指为信"之类的约定。我相信,这类约定,最初应该都是真实的。但到一段时间之后,随着契约租佃制的发展,这种约定俗成的约定,在一些场合便可能成为一种有名无实的套话。请看下表:

表9 麴氏高昌与唐初西州一些租佃契所见行券、押署约定与实际行券、押署情况①

编号	年代	契约性质	立契人	交付地租情况	行券、押署约定	实际押署情况	出 处
1	586年前后	租佃	主:不详 佃:卜善祐	后付货币	[ ]要,々行二主,各 自 署 [ ]	倩书、时见署	《文书》第3册②,第192页
2	延昌二十八年(588年)	租佃	主:范阿六 佃:赵显曹	已付货币	[ ]行二主,各自署[ ]	倩书、时见署	《文书》第2册,第302页
3	延昌二十八年(588年)	租佃	主:主簿孟 佃:王幼谦	未付	民有私要,要行二主,各自署名为信	倩书、时见署	《文书》第2册,第359页

① 仅列行券、押署约定与实际押署情况皆可确知者。

② 国家文物局古文献研究室等编:《吐鲁番出土文书》录文本,文物出版社1981—1991年版。

续表

编号	年代	契约性质	立契人	交付地租情况	行券、押署约定	实际押署情况	出　　处
4	597 年前后	租佃果园	主:不详 佃:曹、张	未付	三主和同立券……民有私要,要行二主,各自署名为信	倩书等署	《文书》第 2 册,第 337 页
5	600 年前后	租佃	主:主簿	未付	民有私要,要行二主,各自署名为信	倩书、时见署	《文书》第 2 册,第 375 页
6	586 年前后	租佃	不详	未付	民私要,要行二主,各自署名□□	时见、倩书署	《文书》第 3 册,第 191 页
7	586 年前后	租佃葡萄园	不详	不详	三主和同立券……民私要,要行二主,各自署名为信	时见、倩书署	《文书》,第 3 册,第 201 页
8	义和三年(616 年)	租佃	主:左祐子 佃:张相憙	未付	民有私要,要行二主[　　]为信	倩书、时见署	《文书》第 4 册,第 175 页
9	义和三年(616 年)	租佃	主:无艮 佃:氾马儿	未付	民有私要,要行[　　],自署名为信	倩书、时见署	《文书》第 4 册,第 177 页
10	621 年以前	租佃	不详	未付	民有私[　　]	倩书、时见、临坐署	《文书》第 3 册,第 296 页
11	重光四年(623 年)	租佃	不详	不详	民有[　　]行二主[　　]名为信	倩书、时见署	《文书》第 5 册,第 55 页
12	延寿二年(625 年)	租树	主:赵明儿 佃:田婆吉	未付	民右(有)私要,要行二主,各自署名为信	倩书、时见署	《文书》第 5 册,第 132 页
13	延寿六年(629 年)	租佃	主:赵伯怀 佃:赵明儿	已付货币	民右(有)私要,要行[　　],各自署名为信	倩书、时见、临坐署	《文书》第 5 册,第 136 页

续表

编号	年代	契约性质	立契人	交付地租情况	行券、押署约定	实际押署情况	出　处
14	高昌某年	租佃	主:智演 佃:不详	不详	民一(有)[　]二主,各自署名为信	倩书等署	《文书》第5册,第159页
15	入唐前后	租佃借贷合券	□污子、麹鼠儿	已互相交付	民有私要,要行二主,各[　　]	倩书等署	《文书》第5册,第157页
16	贞观二十二年(648年)	租佃	主:赵 佃:索善奴	未付	[　　]指为信	署"田主赵";佃田人署押,知见人2人署押	《文书》第5册,第18页
17	贞观二十三年(649年)	租佃	主:范酉隆 佃:傅阿欢	已付货币	两和立券,画指为信	田主署押,佃人署名,知见署押	《文书》第5册,第76页
18	永徽二年(651年)	租佃	主:赵欢相 佃:孙□仁	未付	两主和可,获指为信	田主、佃人署押;知见人2,1人署押,1人署	《文书》第5册,第20页
19	永徽四年(653年)	租佃	主:冯庆□ 佃:傅阿欢	已付货币	二主和同契,官有政法,获指为信	田主、佃人署押	《文书》第5册,第81页
20	655年前后	租佃	主:董尾柱 佃:孙沙弥子	已付货币	二主和同立契,获指为信	田主署押,佃人署,知见是否署押不详	《文书》第5册,第85页
21	658年以前	租佃	不详	未付	件残不详	佃人署(不详押否)	《文书》第6册,第157页
22	659年前后	租佃	主:范青奴 佃:张驴仁	已付	[　　]指为信	田主、知见、保人署押,佃人署而不押	《文书》第6册,第172页
23	662年前	租佃	主:张阿洛、曹侯□ 佃:张相□、赵申君	已付	两和□契,获□□□	田主署押,佃人署,知见署押	《文书》第6册,第176页

续表

编号	年代	契约性质	立契人	交付地租情况	行券、押署约定	实际押署情况	出　　处
24	龙朔三年（663年）	租佃	主：赵阿欢仁　佃：张海隆	未　付（分成租）	契有两本，各捉一本。二主和同立契，获指为信	田主、舍佃人与2知见皆署押。契券背面留有"合同"文记，此件为左券	《文书》第5册，第117页
25	乾封元年（666年）	租佃	主：魏相憙　佃：左憧憙	未付已付	两和立契，获指为记	2田主、佃人2知见皆署押	《文书》第6册，第419页
26	乾封元年（666年）	租佃	主：竹苟仁　佃：左憧憙	未付已付	两和立契，获指为记	田主押署，佃人不押署	《文书》第6册，第419页
27	垂拱三年（687年）	租佃	主：史玄政　佃：杨大智	已付	两和立契，画指为信	佃人署姓而已，田主与知见人署押	《文书》第7册，第406页
28	天宝十三年（754年）	租佃	主：不详　佃：杨晏	不详	[　　]两主合[　　]	署"麦主"，保人和身份不详者2人署押，1人因件残只署姓	《文书》第10册，第277页
29	乾元二年（759年）或上元二年（761年）	租佃	主：朱进明　佃：曹忠敏	已付	两共平章，获指为记	署"麦主"，田主和1保人署姓名和年龄，1保人不详	《文书》第9册，第154页
30	大历三年（768年）	租佃菜园	主：净信、上坐法慈　佃：法英	后付	契有两本，各执一本。……两家平和，画指为记	2地主署名和年龄	《文书》第10册，第292页
31	唐	租佃菜园	主：马寺　佃：孙玄参	后付	两主合同立此契□[　]本，各执一本为记	署"园主"	《文书》第10册，第301页

　　从上表可见，麹氏高昌，虽有"民有私约，约行二主，各自署名为信"之类约定，但实际上多数主佃双方都既不署名，也不画指。或即因此，入唐后，多数租佃契不再有"民有私约，约行二主，各自署名为信"，或"民有

私约,约行二主,画指为信"的约定。

唐代租佃契多数改为约定:"两和立券,画指为信"、"两主和可,获指为信"。只有少数几件仍约定"契有两本,各执一本。两家平和,画指为记"。唐代租佃契虽然仍有主佃双方都押署的情况,但在许多场合,则只有尚待履行义务一方押署。预付地租场合,通常也只是田主一方押署,而由麦主或钱主执契,不押署。麴氏高昌与唐代西州其他性质的契约,大致也是如此。①

再谈租佃制下的赋役负担。吐鲁番出土的租佃契约中常有"赀租百役,仰田主了;渠破水潝,仰耕田人了"之类的规定。("赀租百役"有时也写作"租输百役"。)

北凉时期,赀产与赋役负担关系密切,如计赀配养官马、计赀出献系(实即计田赀出献系)等。麴氏高昌时期,虽未见计赀征赋役的记载,但田亩与赋役负担关系十分密切,既有计田承田租、计田承赋调制度,又有计田承役制度。役的名目也很多。说其时"赀租百役",大体上名实相符。其时系于田土的"赀租百役",实际上是否都是由田主承担,不详。入唐以后,赋役制度发生重大变化。租庸调唯以丁身为本,不以资产为宗,与田产的多寡,没有直接关系。租庸调之外的户税、地税、杂徭等等,也只有地税一项系于田土。因此,入唐以后,"赀租百役"、"租输百役"之说,已明显名不符实。或即因此,租佃契上"赀租百役"一词,常被误写为"紫租百役"、"秕租百役","租输百役"常误写为"租殊百役"。其中之"租"字,又常被误写为"祖","百"字常被误写为"伯"。时人虽沿惯例这么写,但实际上恐怕已不知所云。

那么,租佃制下的地税,是否都是按法令规定与租佃契的约定,由田主承担呢?恐怕也未必。

先看唐代西州堰别青苗簿的书写原则。唐代堰别青苗簿的书写原则是:各段田土,田主自佃的田土,注田主乡别,不注佃人乡别;出租田土,如果佃人与田主同乡,仍然是只注田主乡别,或只注佃人乡别,如果佃人与田主不同乡,则注佃人乡别,不注田主乡别。总而言之,主佃双方

---

① 参见杨际平、李卿:《魏晋隋唐券书常见的有关署券、执券的套话》,《北朝史研究——中国魏晋南北朝史国际学术研讨会论文集》,商务印书馆2004年版。

只有一方注明乡别,主佃双方从不并注乡别。由此可见,自耕田土的田主乡别,与出租田土的佃人乡别,都是堰别青苗簿必备内容。由于诸渠堰别青苗簿是户别青苗簿的基础,①而户别青苗簿又是为缴纳地税而编造,由此不难推论:"据地取税"时,田主自耕的田土,由田主交纳地税;出租的田土,由佃人交纳地税。

近年刊布的吐鲁番出土的73TAM518:2/4—1号文书《阿麹请附感通佃名辞稿》②也证明了这一结论。兹将该文书转录于下:

1. 县司:阿麹上件【地】去春为无手力营种,租与宁大乡

2. 人张感通佃种。其昨征地子麦,还征阿鞠,不征感通。其地现租

3. 与感通

4. 县司:阿麹□□□□□春家无手力营佃,即

5. 租与宁大乡□□□□□佃种讫,案内未除阿鞠除名。

6. 县司:阿麹上件地去春家无手力营佃,即租与宁

望请附感佃名,除

7. 大乡人张感通佃种讫,案内未除案内未除阿麹名,谨辞。

此件是阿麹要求过割地税的辞稿,涂改之处甚多,其第6、7行近于定稿,意为民户麹某的一些田土已出租给张感通佃种,因"案内未除阿麹名",故仍向麹某征收地税。为此,麹某提出申诉,请求"附感佃名,除阿麹名"。所谓"附感佃名,除阿麹名",联系西州堰别青苗簿,也就是将"麹某口亩自佃",改为"麹某口亩佃人张感通"。

这就更证明了唐代租佃制下,系于田土的地税,至少说在西州,实际上由佃人承担,租佃契上所谓的"租输百役,一仰田主了",完全是名不符实的套话。

---

① 除堰别青苗簿外,唐代还有一种户别青苗簿,登记各户各种田亩的亩数与种植情况。敦煌就出土有这种青苗簿。户别青苗簿是民户缴纳地税的根据。

② 国家文物局古文献研究室等编:《吐鲁番出土文书》录文本,文物出版社1986年版,第7册,第358页。文书整理者原拟名《唐阿麹辞稿为除出租佃名事》。同出文书有纪年者,最早为麟德三年(666年),最晚为神龙二年(706年)。

（此文原刊于韩国磐先生主编：《敦煌吐鲁番出土经济文书研究》，厦门大学出版社 1986 年版，后又根据新见的敦煌吐鲁番租佃契，做了补充、修改，曾收入陈支平主编：《相聚休休亭：傅衣凌教授诞辰 100 周年纪念文集》，厦门大学出版社 2011 年版。）

财政赋役研究

凤凰山十号汉墓所见据
"算"派役文书研究

【内容提要】 江陵凤凰山十号汉墓出土的"凡十算,赴（䞿）一男一女"简册,有统一的格式:一里之内,打破"比"、"伍"界限,集若干户"凡十算"为一单元,"凡十算"之前,实际上是统计各户算口的"算"簿。"赴（䞿）"字作动词用,表示某种行为,尔后的"一男一女（男某女某）",则是该行为的对象人。"凡十算"是该简册的关键词组,起承上启下作用,既是此前部分的小计,又是后续行为的依据。该简册既是官文书,便与民间的合伙贩运商贸等等无涉。被"赴（䞿）"的一男一女分属两户的这一特点,又排除了其为迁徙活动的可能性。汉代算口,实际上也就是应承担政府使役之口。联系安徽天长西汉墓1号木牍的《算簿》和《九章算术》据算遣徭的算题,可知该简册正是基层行政组织据算派役的简册。汉代征发力役,通常是先派算口较多之户,后派算口较少之户。

【关键词】 汉简 算簿 据算派役

一、"凡十算,赴（䞿）一男一女"简册性质众家之说

湖北江陵凤凰山 10 号汉墓出土的市阳、郑里、当利等里的口算钱簿,市阳里的田租簿,平里、稿上里的刍稿簿与郑里禀簿（贷粮种簿）,已为治秦汉史者所熟知,并作为研究秦汉赋税（田租、刍稿、算赋）制度与荒政的重要资料,广为引用。除此之外,该墓还出土如下两组简册,尚少为学者所利用,或者说尚少被正确利用,殊为可惜。笔者所说的这两组简册,即《湖北江陵凤凰山西汉墓发掘简报》所说的十号墓所出竹简第三类

简与第六类简:

> 第三类:在一简的开头记有某、某二户。下面另记"行"、"僤行"、"赤行"、"兼行"等字样,有的其下还有"少一日"的记载,如……"安国,晨二户,赤行"、"敦、乙二户,僤行,少一日","冠、都二户,兼行,少一日"。简上所记户名有少数分别见于二、六类简上,大多数则不见于其他各简。此类简有 15 枚。……第六类:一简记有好几个姓名,名后皆有数字,其后并记有这些数字的总和。再下记有一男一女和男某女某之名。如"邓得二、任甲二、宋则二、野人四,凡十戈,遣(?)一男一女,男野人女惠"。不解其意。此类简有 10 枚。①

《简报》对这两组简文的性质,未做判断,显然未将之视为与徭役相关的文书。②

黄盛璋先生将《简报》所说的第三类简称为"丁组简",第六类简称为"戊组简":

> (丁)组可辨有 10 简,格式皆同……一般为四人,多则五人,最多六人,合为十筭(有一简只有九筭),其下皆记遣一男一女,男×女×。其中宋则、张母见于二号牍。还有一简前后残灭,但可辨有"……□是二、

① 长江流域第二期考古工作人员训练班:《湖北江陵凤凰山西汉墓发掘简报》(以下简称《简报》),《文物》1974 年第 6 期。
② 《简报》对其他各类(组)简牍,除第四类(组)只介绍其每行记有姓名等外,皆介绍其性质,如认为第一类简"可能是墓主对佃户田亩或粮种租贷的簿册";第二类"当为墓主的支付簿";第五类"当为乡官所记市阳里收租的收支账册";一号木牍为钱物账单;二号木牍"正面记有'中贩共侍约'五字……意即合伙做买卖所订的合约。背面文字也就是他们相与为贩时所商定的各种规约的具体内容";三号木牍与四号木牍正面为"税簿";四号木牍背面为"算赋出入簿";五号木牍"也是一种算赋出入簿",六号木牍为"随葬器物清单"。而对第三类竹简与第六类竹简的性质则未做判断。《简报》在概括介绍凤凰山 10 号汉墓简牍的价值时说:"十号墓所出的竹木简牍深刻而生动地反映了当时租税、商业、借贷、徭役各方面的情况,是许多史书所不载的。这对于研究汉代的历史,是很重要的。"但在具体介绍 10 号墓各种简牍的性质时,却皆未提及徭役,可见,《简报》整理者所说的凤凰山 10 号汉墓简牍"深刻而生动地反映了当时……徭役"情况,只是觉得理应如此,其实并无把握。

上官[乙人]……三……",这个"上官乙人"见于下(戊)组简,与贩马有关,据此可以推断(丁)组简为死者经营商贩事业账册,派一男一女是去管理贩卖的……应是合股经营商贩,由贩长统一安排,分派到市中"坐列贩卖"。(戊)组简可辨约15简,皆为二户,其下多记"×行"与"少一日":如从□二户　如行。……上官乙人、圣二户　妴(贩)马合　少一日。由最后一简可知,这组简和商贩有关,"行"就是外出,其前皆为人名,越人、小奴、圣,皆见(乙)组简户人账册。这些人应都是墓主人组织派往外地贩运货物的。按照《中贩共侍约》规定:"病不行者罚日卅",简中所记"少一日"可能与此有关。①

黄盛璋将《简报》所录的"凡十戈,遣(?)一男一女",改录为"凡十筭,遣一男一女",是其重要贡献,但他仅仅因为其所录之"上官乙人、圣二户　妴(贩)马合　少一日"简中有"妴(贩)马"二字,即将此两组简文定性为与商贩有关,却缺乏根据。理由很简单,如果是合伙做生意,就没有必要统计户别算口数,更无须集十算为一单元。

弘一先生重录《简报》所说的第六类简,并做如下解释:

邓得二、作甲二、宋则二、野人四,凡十筭,迷一男一女,男野人女惠;晨一、说一、不害二、□作三、异三,凡十筭,迷一男一女,男□女□;……以上九简都记有人名、数字。除个别残缺外,每简均记十豫。② 筭在简上作筼,5号木牍上作芺,字形相近,是筭(算)赋的筭字。……迷字从其部首和上下文义分析,有派遣或征发的意思。文中不仅有迷一男一女,还有他们的名字,这像是缴算赋的同时,征发去服徭役的花名册。除上述算赋徭役简外,还有专门记徭役的简,数量较多,字迹清晰,内容完整的有15条,仅举三简为例:如,从宫二户　如行;敦、乙二户　信行　少一日;杨毋智　驹。简文记每两户有一人服徭役,有的是户主本人(如行)。有的是家里其他壮丁(信行),有的无人用驹代替。少一日

---

① 黄盛璋:《江陵凤凰山汉墓简牍及其在历史地理研究上的价值》,《文物》1974年第6期。
② 原文如此,可能是"筭"字之误。

也写在简上,以备将来追补。①

弘一将《简报》所说的第六类简定性为"算赋徭役简",近是,但不准确,尤其是未能指明上引第一组简为什么要集十算为一单元,上引第一组简与第二组简有什么关联。

随后,裘锡圭先生对湖北江陵凤凰山十号汉墓出土简牍进行重新分类与考释,将《简报》所说的第六类简称为B类竹简,其录文如下:

35.邓得二、任甲二、宋财(?)二、野人四·凡十算徙一男一女·男野人,女惠

36.寄三、□一、□一(?)、张母三、夏幸一徙一男一女 ·男母邤、女□□

37.□□一、姚卑(?)三、□□三、寅(?)三·凡十算徙一男一女·男孝、女掾(?)

38.晨一、说一、不害二、□伏(?)三、□三 ·凡十算徙一男一女·男□女辩

39.(上缺)四、伥(张)伯三、翁□一、杨□二·凡十算徙一男一女·男庆,女某□

40.邸(?)期三、黑一、晖一、宋上一、悍(耻?)二、除二·凡十算徙一男一女 ·男邸(?)期,女方

41.□涓二、 □多一、毋寇三、壮(?)□四·凡十算·徙一男一女·男□,女四

42.……二、□则一·徙一男一女·男……

43.靳□一、□□(下缺)

44.(上缺)是二……

45.……四·凡十,男□□女人

裘先生将《简报》说的第三类简文称作C类竹简,释录如下:

46.市阳□户□□□仓(?)书

47.郭、乙二户 儋行 少一日

48.寇□都二户 兼行 少一日

① 弘一:《江陵凤凰山十号汉墓简牍初探》,《文物》1974年第6期。

49.□、昆论二户　善行　少一日

50.越人□二户　唐行　少一日

51.上官巴人、圣二户□妣　青(?)舒少一日

52.贞二户　□　□一日

53.安国、臣二户　　赤行

54.终(?)古、斯二户　□已行

55.臣、□二户　　□行

56.首(?)右革(?)二户　在(?)子行

57.□、从□二户　如行

58.任但二户　　□行

59.□□□二户　泽(?)

60.儋、宇(?)二户　庬(下缺)

61.状(?)、小奴　　□树行　成

62.平、中章　见

关于这两类简的性质,裘先生说明如下:

> B类竹简的内容比较费解……简文所说的算,没有问题,跟4号、5号木牍所说的算是一回事。邓得、任甲、宋财、野人当是四个户主。各户所负担的算数分别为二、二、二、四,相加共十算。本类其他各简户数有多至五、六户的,但各户算数的总和一般都是十算。"徙一男一女"的意思不大清楚。这大概是跟赋税徭役有关的事情。虽然B类竹简的具体涵义不是很清楚,但是仍然可以看出,这些竹简不是私人的东西,而是乡里行政机构的文书。C类竹简的一般格式是:"某某二户,某行"。有些简在"某行"之下还有"少一日"三字……"行"应该是指出外服某种徭役……这次徭役大概是每两户出一个人……如果46号简确是这批竹简的标题的话,它们便应该是市阳里有关徭役的文书。①

裘先生所论亦近是,但也不准确。他既将"凡十算"后一字改释为"徙",又推测此类简"大概是跟赋税徭役有关的事情",本身就有矛盾。

---

① 裘锡圭:《湖北江陵凤凰山十号汉墓出土简牍考释》,《文物》1974年第7期。(简前编号为裘先生所加,本文以下所述亦用此简号。)

其后各家录"凡十算"后一字多作"徙",如李均明、何双全《散见简牍合辑》录文即是。① 高敏先生亦录此字为"徙"字,说:"每简之户数之所以恰为 4～6 户之间,正是'五家为伍'与'五家为比'的反映;其所以将同伍或同比之人主姓名(原文如此)及应负担赋钱排列成序,正是'案验户口次比之'的具体表现;其所以往往载明'徙一男一女'及其姓名,即同伍或同比之中,有一户徙迁,则此伍或此比之赋钱负担应当相应减少。"② 因此,高敏认为该简册所载"应为案比户口的具体纪录",但事涉某种迁徙活动。杨剑虹先生亦录此字为"徙",认为"这是为了解救饥荒而进行徙民措施"。杨剑虹引景帝元年诏"间者岁比不登,民多乏食,夭绝天年,朕甚痛之。郡国或硗陿,无所农桑毇畜;或地饶广,荐草莽,水泉利,而不得徙。其议民欲徙宽大地者,听之",说:"结合江陵汉简,向宽乡徙民的做法是实行了的。而且是以十算为单位,选择一男一女迁往宽乡,以便他们婚配成家,男耕女织"。③

宋杰先生同意黄盛璋的意见,将"𨕤"字释为"遣",认为这是据算征发徭役:"这种根据算数(15～56 岁的男女人数)征发徭役的方法与《九章算术》的记载是一致的;……上述汉墓的简文表示该乡接到上级机构分配的服役人数后,具体确定从每 10 个交纳算赋的人中派遣一男一女去应役;就是所谓'凡十算,遣一男一女'。"④宋杰的意见很有见地,大体符合实际情况,只可惜未加以论证,亦未说明"𨕤"字为什么是"遣"而不是"徙"。李孝林先生未对此字做出解释,但采黄盛璋说,认为:"丁组简所记人数至少有四五十人……是合股经营商贩,由贩长统一安排,分别派到市中坐列贩卖。戊组简每简记二户,如'上官乙人圣二户贩马合少一日',是墓主人组织派往外地贩运货物的。所记少一日,可能是与 2 号

---

① 李均明、何双全:《散见简牍合辑》,文物出版社 1990 年版。李均明、何双全曾参照图版对湖北江陵凤凰山十号汉墓木牍、竹简的录文进行重录,未见照片图版者,则据裘锡圭先生的释文抄录。李均明、何双全对本文所要讨论的两组简册也有一些改录,但因其不影响对两简册性质的判定,这里就不做改动。

② 高敏:《从江陵凤凰山十号墓出土简牍看汉代的口钱、算赋制度》,《文史》第 20 辑,中华书局 1983 年版。

③ 杨剑虹:《江陵汉简研究中的若干问题》,《江汉考古》1992 年第 1 期。

④ 宋杰:《〈九章算术〉与汉代社会经济》,首都师范大学出版社 1993 年版。

木赎有关的考勤记录。"①其后,李孝林改变前说,在引丁组简后说:"'𧾷'字不识,有的释为'遣',有的释为'徒'。"② 丁组简的共同点是每简均为十算,末尾都是'𧾷一男一女·男×女×'。第一支简中的'野人四',《郑里廪簿》中有'户人野能田四人、口八人。'能田就是有劳动能力的成年人,正当出四算。看来,所记内容是按劳动力征发的徭役。每简都凑成十算,大概是为了便于计算和安排。因而丁组简是徭役名籍或计算表。丁组简证明当时、当地,有五分之一的男女劳动力服徭役,比率很大。"③

二、两份简册的格式与特点

查《简报》所附 4 支竹简图版(图版捌之 19—22),隶书"凡十算"后一字书写草率,字形不很固定。其中图版捌之 19(即上引 38 号简的图版)作𧾷(𧾷);图版捌之 20(即上引 35 号简的图版)作𧾷(𧾷);④图版捌之 21(上引 36 号简的图版)比较模糊,左偏旁与图版捌之 19 相近,右偏旁与图版捌之 20 相近,好像是𧾷;图版捌之 22 完全看不清,看不出是哪一简的图版。其余 4 简未附图版,不知"凡十算"之后,"一男一女"之前一字的字形。

因学者对此"凡十算"之后,"一男一女"之前的"𧾷(𧾷)"字的释读有不同看法,我想先不对"𧾷(𧾷)"字的字义做判断,而是先考察该简册的格式,并联系相关的典章制度,揭示该简册的性质。

该简册各简有统一的格式,内容也很简单:一里之内,打破"比"、

---

① 李孝林:《从江陵凤凰山 10 号墓简牍研究西汉早期会计史》,《北京商学院学报》1996 年第 2 期。

② "徒"字原文如此,应为"徒"字之误。

③ 李孝林:《世界罕见的赋税史实物——凤凰山 10 号汉墓简牍新探》,《重庆工业管理学院学报》1997 年第 5 期。

④ 此两处括号内的"𧾷"、"𧾷",为描摹原字,括号外之字复制自图版。

"伍"界限,集若干户为一单元,①每一单元都登记各户户主的名字,其名下分别有或"一"、"二",或"三"、"四"之数字,表示各户应算口数。② 然后是"凡十算"的小计,再后是"𥬠(𥬠)一男一女,男某女某"。这种格式本身就表明,该简册"凡十算"之前,实际上就是一种"算簿"。不过,此"算簿"的性质,明显不同于四号、五号木牍。四号、五号木牍是里别算钱簿(具体地说,四号木牍为里别每月每次算钱支出簿,五号木牍是里别每月每次算钱的入出簿),而此简册统计的则只是某里各户的应算口数,与赋税(或赋税类中之算钱)征纳无关。

"凡十算"之后的"𥬠(𥬠)"字应该是作为动词用,表示某种行为。尔后的"一男一女　男某女某",则是该行为的对象人。"凡十算"是该简册的关键词组,起承上启下作用,它既是此前户别应算口数部分的小计,又是后续行为的依据。

值得注意的是,这被"𥬠(𥬠)"的一男一女不属于同一户,而是分属于两户。如35号简:"邓得二　任甲二　宋财(?)二　野人四·凡十算,𥬠一男一女·男野人、女惠",其中的男野人就是家有4算的户主,而女惠则又属于别的户。再如40号简:"邸(?)期三、黑一、睥一、宋上一、悑(耻?)二、除二·凡十算,𥬠(𥬠)一男一女·男邸(?)期,女方",其中的"男邸(?)期"也是家有三算的户主,"女方"则亦属另一户。该简册"凡十算,𥬠(𥬠)一男一女"格式,本身也证明被"𥬠(𥬠)"的"一男一女"分属于

① 高敏先生前揭文认为上引简册"每简之户数之所以恰为4～6户之间,正是'五家为伍'与'五家为比'的反映。我以为此说不确,"五家为比"或"五家为伍"时,虽不必都是整齐划一的"五家",但五家为比(或伍)的应该较多,三四家或六七家为比(伍)的情况应较少,而上引简册中户数完整的有7单元,其中,5户为1单元的仅有2个单元,明显居于少数。而4户为1单元的却占4个单元,6户为1单元的有1个单元,明显居多数。而且,每一个"比"(或"伍")的"算"口,也绝不可能恰好都是"十"。可见上引简册的"凡十算"为1单元,必定是打破"比"("伍")界限,在"里"之范围内进行组合,凑十算为1单元。上引简册之36号简5户九算,可能就是因为该"里"最后剩下的5户只有九个"算"口,未能凑成"十算",所以该简即如实不写"凡十算"。但因其与"凡算十"仅差一"算",所以仍然要"𥬠(𥬠)一男一女"。
② 应算口与交纳算赋的人不是同一概念。应算口包括因某种原因而复除未算者,所以,应算口大于或等于交纳算赋的人。

两户,否则就该写作"户人野人四算,𢓜一男一女·男野人、女惠"与"邸(?)期三算,𢓜一男一女·男邸(?)期,女方",而不必集数户"凡十算"才"𢓜一男一女"。

"凡十算"为一单元,被"𢓜"的一男一女分属于不同户,还可以从同墓同出于同一竹笥的另一组简册,即裘锡圭先生所说的C类竹简(《简报》列为第三类简,黄盛璋先生列为戊组简)得到印证。该组简册恰好也都是二户同行。所谓二户同行,显然就是分属两户的两人同行,[1]而不是二户派一人行。[2] 这还表明C类简册与上引"凡十算,𢓜一男一女"简册密切相关,甚至是同一简册的两个部分。

"凡十算,𢓜一男一女"简册既然是南郡江陵西乡郑里(?)编制的分单元的算口簿,[3]自然是官文书,与民间的生产、生活活动(包括合

[1] 此件"二户"之前应是这两户户人的名字。

[2] 关于这一问题,学者有不同认识。许多学者认为是二户一人行,如果C类简表示的是二户一人行,那就表明当时并存着计户(而不论户内丁口多寡)派役与计丁口派役两种派役制度。这与我们迄今对汉唐间役制的认识相悖。而且,C类简的一些户主名,如越人、圣,又见于同墓出土的《郑里廪簿》,而"儋行"、"兼行"、"善行"、"唐行"、"赤行"等中的"儋"、"兼"、"善"、"唐"、"赤"等却皆未见于同墓的其他出土文书,其是否是人名,还难以确定。还有,C类简(60号简)既有"儋、宇(?)二户 庀□(行)",又有"郭、乙二户 儋行"。前者之"儋"者当为户主无疑,那么后者之"儋"是否是人名就很可疑。我们很难设想,"儋"、"宇"二户出一丁"庀",而"儋"又去承担"郭"、"乙"二户所承之役。若谓此二"儋"为同名之两人,那也显得太凑巧。基于以上考虑,笔者以为"儋"、"兼"、"善"、"唐"、"赤",可能不是人名,而另有含义。

[3] 因为江陵凤凰山十号汉墓的墓主张偃时任西乡的乡吏,故知作为墓主随葬品的乡司官文书即为西乡的官文书。又因"凡十算,𢓜一男一女"简册中的"野人",第47~62号简简册中的"圣"、"越人"又见于同墓出土的《郑里廪簿》(官府的贷种子簿),因而推测上引两组简册可能属于西乡郑里。此说若无误,那么,第46号简"市阳□户□□□仓(?)书"就不属于该简册。但由于上引两简册有许多人不见于《郑里廪簿》,所以还不能断定上引两简册必属于郑里。

伙贩运商贸等等)无涉。① 被"徙(逫)"的一男一女分属两户的这一特点，又排除了其为迁徙活动的可能性。②

文景之时，诚有移民实边之举，但如果是徙民实边，通常应是一家（至少是夫妻）一起走，绝不可能限定一家只徙一人，人为地拆散家庭，造成大量的夫妻两地分居。③ 而且，其时的徙民规模也必不至于大到平均每三五家要徙两人的程度。

《汉书》卷 5《景帝纪》载景帝元年五月诏："间者岁比不登，民多乏食，夭绝天年，朕甚痛之。郡国或硗陿，无所农桑毄畜；或地饶广，荐草莽，水泉利，而不得徙。其议民欲徙宽大地者，听之。"④此诏的时间点与上引简册的时间相近，但景帝此次的徙民就宽乡，采取的是自愿原则，不是强制迁徙。退一步说，即使是强制迁徙，也必不至于人为地拆散原有家庭而重新派对。汉初以来还有徙陵或徙豪族于他处之举，但被强制迁

---

① 黄盛璋、李孝林都认为该简册为"合股经商记录"。他们的结论都不是从分析该简册内容得出的，都没有解释既然是合伙经营商贸，那又为什么要统计户别算口，为什么要集十算为一单元？实际上他们的结论主要是受同墓出土的"中贩共侍约"的影响。其实，"中贩共侍约"的性质本身都还有待进一步研究。黄先生认为，"中贩共侍约"中的"贩"应释为"舨"，亦即"贩"；"中贩共侍约"是张伯(张伯可能就是墓主张偃)、秦仲、陈伯、李仲贩等 7 人合伙做商业贩运的契约。笔者以为，"中贩共侍约"中的"贩"("舨")或许用的就是本字，而未必通假为"贩"。如果是合伙做生意，我觉得每人出本钱 200 钱，7 人仅 1400 钱，数额未免太少；本钱如此之少(而且，合伙人所出的本钱又都是等额的)，而合伙做生意的人又如此之多(而且又都是亲自参加经营)，实难令人置信。反之，如果是合伙备"舨"(舨，小船)受雇为他人搞水上运输，或者是集体在官船承运役，或许更切合实际。
② 认为该简册反映的是某种迁徙活动者，主要根据是该简册各简在"凡十算"下有一"徙"字。对于该简册的格式及其所蕴含的意义则都未做深究，更未解释为什么要集十算才徙一男一女。
③ 如 35 号简的"男野人"，就是家有四个算口的户主。40 号简的"男邸(?)期"就是家有三个算口的户主。同墓出土的《郑里禀簿》记："户人野，能田四人，口八人"。因知野人家有 8 人，由此推测野人应有妻、小，"男邸(?)期"家中亦应已有妻、小。如果是某种迁徙活动，亦当不至于将户主迁走，而留下其妻室老小。即使是罪徙，通常也是允许夫妻同行。
④ 《汉书》卷 5《景帝纪》。

徙的都是高訾大户、豪族,与上引简册所反映的情况很不相同。

三、"凡十算,徙(徙)一男一女"简册的性质

"凡十算"的"徙(徙)一男一女",既不是合伙贩运商贸,也不是徙民,那又是什么呢?我想,要回答这个问题,还得先从研究算口簿的功能入手。汉代统计乡里算口,不外乎两种目的:一是据以征"算"钱,即如同墓出土的四、五号木牍的口算钱簿所示;二是据以征力役。算口簿之所以可以据以征力役,是因为汉代的应算口,实际上也就是应承担政府使役之口。《汉书》卷1《高帝纪》载四年(公元前 203 年)"八月,初为算赋"。如淳注曰:"《汉仪注》:民年十五以上至五十六出赋钱,人百二十为一算,为治库兵车马。"①可知其时年 15 岁至 56 岁这一年龄段都应算口(特殊原因免算者除外),恰好也就是应承担政府力役("更徭"或"小役")的年龄。②

秦汉时期,使役又习称为"事",如《汉书》卷1《高祖纪》记高祖五年五月罢兵诏:"非七大夫以下,皆复其身及户,勿事。"③又,《史记》卷 18《高祖功臣侯者年表》载文帝后元三年(公元前 161 年),信武侯靳亭"坐事国人过律,夺侯,国除";同年,祝阿侯高成"坐事国人过律,国除";④《汉书》卷 16《高惠高后文功臣表》载文帝十六年(公元前 164 年),东茅侯刘告"坐事国人过员,免";⑤《二年律令·亡律》:"奴婢为善而主欲免者,许之,奴命曰私属,婢为庶人,皆复使及筭、事之如奴婢";《二年律令·具律》:"庶人以上,司寇、隶臣妾无城旦舂、鬼薪白粲罪以

---

① 《汉书》卷1《高帝纪》。

② 《二年律令·徭律》即规定:"事委输……免老、小未傅者、女子及诸有除者,县道勿敢繇(徭)使。节(即)载粟,乃发公大夫以下子未傅年十五以上者。"[《张家山汉墓竹简〔二四七号墓〕:释文修订本》,文物出版社 2006 年版,第 64 页。]说明"公大夫以下子未傅年十五以上者"即应服小役。

③ 《汉书》卷1《高帝纪》。

④ 《史记》卷 18《高祖功臣侯者年表》。

⑤ 《汉书》卷 16《高惠高后文功臣表》。

上,而吏故为不直及失刑之,皆以为隐官;女子庶人,毋筭、事其身,令自尚"。这里的"事",都是使役的意思。① 因为秦汉时期,应"算"口也就是应"事"之口,所以汉代的各种官文书(如作为征赋役依据的算簿与户籍),"算"与"事"都常联系在一起。如下引安徽天长西汉墓1号木牍背面所载的《算簿》所示:

> 算簿
> 集八月事算二万九,复算二千卌五
> 　都乡八月事算五千卌五
> 　东乡八月事算三千六百八十九
> 　垣雍北乡八月事算三千二百八十五
> 　垣雍东乡八月事算二千九百卅一
> 　鞠(?)乡八月事算千八百九十
> 杨池乡八月事算三千一百六十九
> ·右八月
> ·集九月事算万九千九百八十八,复算二千六十五②

联系该木牍正面的户口簿,③可以断定该木牍背面的"事、算"数,指的就是各乡应"事"(使、使役)、应"算"的口数。"集八月事、算二万九,复算二千卌五"说明该县某年八月应"算"、应"事"之口都是20009人,其中2045人因某种原因而免算。"集九月事算万九千九百八十八,复算二千六十五",说明某年九月该应"算"应"事"之口都是19988,其中2065人因某种原因免算。

---

① 张荣强《说孙吴户籍简中的"事"》亦指出:"按'事'、'使'同义,'事'本意就是'使役'。"可参看。(《吴简研究》第1辑,崇文书局2004年版,第206页。)

② 天长市文物管理局、天长市博物馆:《安徽天长西汉墓发掘简报》,《文物》2006年第11期。

③ 1号木牍正面横排墨书"户口簿"三字,正文记:"户凡九千一百六十九少前;口四万九千八百七十,少前‖东乡户千七百八十三,口七千七百九十五‖·都乡户二千三百九十八,口七千七百九十五‖杨池乡户千四百五十一,口六千三百廿八‖鞠(?)乡户八百八十,口四千五‖垣雍北乡户千三百七十五,口六千三百五十四‖垣雍东乡户千二百八十二,口五千六百六十九。"(符号‖为引者所加,表示分行。)

安徽天长西汉墓 1 号木牍背面所载的事、算簿是某县各乡应"事"、应"算"口的集计。而此集计自然是建立在对各里各户的户口统计（包括算口的统计）基础之上。长沙走马楼三国吴简中的一种户籍简①就有这种"口几事几，算几事几"的小计，这里的"口几事几"是关于家口与劳力的统计，其"事几"，除青壮年的大男、大女外，可能还包括如居延汉简廪簿所说的"使男"、"使女"（居延汉简廪簿的"使男"、"使女"为 7 岁以上，20 岁以下，类似于后世的"中男、女"、"次男、女"），其范围可能相当于同墓出土的《郑里廪簿》所登记的"能田"人数。按现代的说法，就是包括全劳力数与半劳力数。"算几事几"则是指应实际承担口算与劳役的人数。走马楼三国吴简去汉未久，这一格式很可能是汉制的沿袭。

上述事例都显示，汉代"算"与"事"的关系极为密切。不仅如此，汉代的《九章算术·衰分》还有一道据算遣徭的算题：

> 今有北乡算八千七百五十八，西乡算七千二百三十六，南乡算八千三百五十六，凡三乡，发徭三百七十八人。欲以算数多少衰出之，问各几何？答曰：北乡遣一百三十五人、一万二千一百七十五分人之一万一千六百三十七。西乡遣一百一十二人、一万二千一百七十五分人之四千四。南乡遣一百二十九人、一万二千一百七十五分人之八千七

---

① 走马楼三国吴简的户籍简有四种形式：第一种形式所记内容为各户家口人名、年纪。最后一行为"右某家口食几人"；第二种类型，格式同第一类型，唯最末一行除合计该户口食数之外，又加上"赀若干"一项；第三种类型基本格式亦同第一种，唯于所记各个人的名年之后，加上"算若干"、"事若干"项，最后一行为"凡口几事几；算几事几，赀若干"；第四种类型，是官手工业工匠的户籍，其特点是不记各人的里、爵，而记其所隶的县，也不计其家赀、算、事。除第四种类型明显为匠籍外，其他三种格式都具有户籍所应有的各种要素，都是广义的户籍。其中第一种形式就是时人所说的每年八月"乡部啬夫、吏、令史""案户比民"时编造的，必须存档于县廷，其数据成为征收赋役的依据，并成为郡国计簿主要内容的"户籍"，也就是狭义的"户籍"。第三种形式就是在第一种的基础上增添了征赋役的内容。参见杨际平：《秦汉户籍管理制度研究》，《中华文史论丛》2007 年第 1 辑。

百九。①

联系安徽天长西汉墓1号木牍的事、算簿和《九章算术·衰分》据算遣徭的算题,我们不难发现湖北江陵凤凰山十号汉墓出土的"凡十算,𨑒(遣)一男一女"简册正是最基层行政组织南郡江陵西乡郑里(?)的据算派役的简册。据算派役时,夫妻(或父子、兄弟)一般不同行,这符合常理。②

江陵凤凰山十号汉墓的墓主平里张偃曾为乡官,张偃墓中除保留官府的田租簿、刍稿簿、算钱簿、贷粮种簿等外,还保存据算派役文书,这很好理解。如若不然,反而会令人产生为何各种租赋簿籍一应俱全而独缺役簿的疑问。

"凡十算,𨑒(遣)一男一女"简册的性质既明,与之密切关联的另一组简册的性质就很清楚。"凡十算,𨑒(遣)一男一女"简册记载的是如何据"算"派役,而47号简以下各简则有点像唐代的差科簿,记载了此度行役的执行情况。所谓"少一日",应是指实际行役时欠一日。所谓"赤行"、"唐行"、"善行"、"儋(担)行"、"兼行"等,虽不识其意,但皆与赴役有关。因为当时是集十算派遣分属两户的一男一女服役,所以第47以下诸号简都是二户同行。

现在再回过头来谈上引简册"凡十算"后的"𨑒(遣)"字的字义。根据简册格式与汉代据算派役制度,我以为"凡十算"后一字的文义只能是征发、差遣的意思,亦即"遣"或"遣"字的同义词。

从字形上看,第35、36号简,"凡十算"后的"𨑒"、"𨑒"字,亦应是"遣"字,而不是"徙"字。为便于比对,且将出土文书所见的若干"遣"字与"徙"字列表于下:

① 郭书春、刘钝校点:《算经十书》,辽宁教育出版社1998年版,第27页。

② 秦《戍律》明确规定:"同居毋并行,县啬夫、尉及士吏行戍不以律,赀二甲。"(见《秦律杂抄》,《睡虎地秦墓竹简》,文物出版社1978年版,第147页。)秦、汉《徭律》不知是否有类似的明文规定。但在具体行役时,考虑到差役的合理分派与尽可能减少差役对民众生产、生活的影响,还是会考虑"同居毋并行"的。

徙	遣	资料出处
徙《秦律十八种》162,8 例 徙《日书》乙 231,18 例	遣《法律答问》5,2 例 遣《秦律十八种》159,4 例 遣《封诊式》14	张守中:《睡虎地秦简文字编》,文物出版社 1994 年版
徙 389 号简 徙 239 号简	遣 244 号简	骈宇骞编著:《银雀山汉简文字编》,文物出版社 2001 年版
徙阴甲 151　徙阴乙 106 徙阴乙 013　徙阴乙 016 徙刑乙 003　徙阴乙 017	遣战 011	陈松长:《马王堆简帛文字编》,文物出版社 2001 年版
徙居 168.12 徙居 116.52 徙居 16.6　徙居 110.27 徙居 188.19　徙居 3.19	遣居 43.12A　遣居 33.10 遣居 72.55　遣居 217.16 遣居 231.89　遣居 238.24 遣居 311.16　遣居 145.28 遣居乙附 34　遣居 459.2 遣居 25.12　遣居 160.16 遣居 484.33　遣居 29.14 遣居 55.11　遣居 133.23	"中央研究院"历史语言研究所:《居延汉简·图版之部》,"中央研究院"历史语言研究所 1992 年版
徙 67　徙 696	遣 31　遣 40　遣 178 遣 98　遣 116　遣 122 遣 160 246　遣 1992　遣 1930	甘肃省文物考古研究所:《敦煌汉简》,中华书局 1991 年版
徙《古玺文编》2383 徙《古玺文编》2486 徙《汉印文征》 徙《汗简》	遣天玺纪功碑《石刻篆文编》① 遣《汗简》	古文字诂林编纂委员会:《古文字诂林》第 2 册,上海教育出版社 2000 年版

---

①　原为阴文,为便于显示,改描成阳文。

《说文解字》卷 2《辵部》:"䢲,纵也,从辵陕声,去衍切。"从上表可见,先秦、秦汉出土文书中,"遣"字的写法很多样,在地方官吏抄写的法律文书中,如睡虎地秦墓竹简所出的《秦律十八种》、《封诊式》、《法律答问》等,"遣"字的写法即如《说文》所述。①"䢲"应即是其正字。银雀山汉简与马王堆简帛所见的"遣"字,也是正字,只是其右下部不是写作"目",而是省作"目",这似乎亦与墓主的身份地位,及其所抄写的文书的用途有关。而在居延汉简与敦煌汉简中,"遣"字的右下部写作"目"的,已不见,写作"目"的也很少,写作类似"ケ"、类似"乙"、类似"乀"的就很多。再看"徙"字,《说文解字》卷 2《辵部》说:"㣙,迻也。从辵,止声,斯氏切。㣔徙或从彳。"可见秦汉时期,"㣔"、"徙"是同一个字,既可以从辵(辶)也可以从彳。因此,"徙"与"遣"的左偏旁,都既可以是"辵(辶)",也可以是"彳"。而"徙"字的右边,虽说应该"从止",但实际上其右上部的"止",多简化为"屮"。而其右下部,亦多简化为"乙"或"乀",包括《秦律十八种》、《二年律令》等法律文书,都是如此。② 据此,笔者认为,上引江陵凤凰山 10 号墓 35 号简的"徙",36 号简的"徙",与《居延汉简》中的33.10、72.55、217.16、231.89、238.24、311.16、145.28 号简,以及《敦煌汉简》中的 31、160、204 诸号简很相近,因此就只能是"遣"字,而不是"徙"字。③ 至于上引第 38 号简的"徙",因为左偏旁"辵(辶)"、"彳"不别,所以这左偏旁就不足以作为判断是"徙"抑或是"遣"的依据。而其右边的写法,与"徙"字的习惯写法有较大的区别,而与居延汉简 484.33 号简、敦煌汉简

---

① 张家山出土的《二年律令》、《奏谳书》中的"遣",也是写作"遣"。如《张家山汉墓竹简〔二四七号墓〕:释文修订本》所录的 232 号简即是(文物出版社 2006 年版,第 26 页)。

② 张家山出土的《二年律令》、《奏谳书》中的"徙",基本上都是写作"徙"、"徙"。

③ 无论是"徙"字的正字或者是其俗写,其右上部都不会是"中",其右下部都不会是"ケ"。

160.16号简，则很相近。[①] 考虑到该简册有统一的格式，而“凡十算”后的此字[illegible]，又是格式化的语言，其文义又只能是征发、差遣的意思（亦即“遣”或“遣”字的同义词），而其字又应与35号简的“[illegible]”、36号简的“[illegible]”相同，因而笔者认为该“[illegible]”字也应该是遣字。

四、汉代乡里派役先后顺序的原则

关于科派徭役的一般原则，唐《赋役令》规定：“凡差科，先富强，后贫弱；先多丁，后少丁。凡丁分番上役者，家有兼丁，要月；家贫单身，闲月。”[②]现存秦汉律令《秦律十八种·徭律》，未见类似条款。《二年律令·徭律》仅见“睆老[③]各半其爵繇（徭），□入独给邑中事”；“诸当行粟，独与若父母居老[④]如睆老，若其父母罢瘩（癃）者，皆勿行。金痍、有□病，皆以为罢瘩（癃），可事如睆老。其非从军战痍也，作县官四更，不可事，勿事”；“发传送，县官车牛不足，令大夫以下有訾（赀）者以赀共出车

---

① 汉简中“遣”字的右上部的“虫”，时或草写成“十”（如《居延汉简》484.33号简，《敦煌汉简》122号简、160号简）。比照《居延汉简》484.33号简、145.28与《敦煌汉简》160号简，江陵凤凰山10号墓第38号简的“[illegible]”只是差最上面的一笔而已。

② 《唐律疏议》卷13《户婚律》：“依令：‘凡差科，先富强，后贫弱；先多丁，后少丁。’‘差科赋役违法及不均平’，谓贫富、强弱、先后、闲要等，差科不均平者，各杖六十。”《唐律疏议》卷16《擅兴律》：“差遣之法，谓先富强，后贫弱；先多丁，后少丁。凡丁分番上役者，家有兼丁，要月；家贫单身，闲月之类。”（《唐律疏议》，中华书局1983年版，第251、317页。）可知《唐律疏议》这两条都取据于唐《赋役令》。

③ 《二年律令·傅律》规定：“不更年五十八，簪裹五十九，上造六十，公士六十一，公卒、士五六十二，皆为睆老”。［《张家山汉墓竹简〔二四七号墓〕：释文修订本》，文物出版社2006年版，第57页。］

④ 独：指孤独者。居老：指免老者。

牛及益,①令其毋訾(赀)者与共出牛食、约、载具";"发繇(徭)、戍不以次,若擅兴车牛,及繇(徭)不当繇(徭)使者,罚金各四两"②等规定,也未言差遣徭役的先后顺序的原则。

《汉书》卷19《百官公卿表》载汉代乡部员吏的职能:"乡有三老、有秩、啬夫、游徼。三老掌教化。啬夫职听讼,收赋税。游徼徼循禁贼盗。"③语言简约,不甚具体。《后汉书志》卷28《百官志》则载:"乡置有秩、三老、游徼。本注曰:有秩,郡所署,秩百石,掌一乡人;其乡小者,县置啬夫一人。皆主知民善恶,为役先后,知民贫富,为赋多少,平其差品。"④一般认为,《续汉志》所述的乡官职能,西汉时大体就是如此。唯"平其差品"一语反映的则是西汉末、莽新时期与东汉中后期,横调横赋敛盛行时的情况。也就是说,汉代征发力役时,安排好民户的"为役先后"一直是乡官的重要职责,也是其最棘手的工作。各种役的劳动强度、行役时间、路途远近等等皆不相同,实际上很难做到均平。况民之善恶程度,实难量化排序,以此确定整个乡里百姓的"为役先后",缺乏可操作性。只有带有惩罚性质,优先派遣危害社会治安或有其他劣迹者,才或有可能。所以,实际派役时,还得有更具体的,可以量化的标准来安排民户的"为役先后"。

上引简册表明,早在文景时期,⑤乡官主要是根据各户劳力的多少来安排"为役先后"的。如上引35号简,被遣的是"男野人、女惠"。"男野人",家有"算"口四,为同单元"算"口最多者,亦即为同单元劳力最多之户。与"男野人"同行的"女惠"不管出自邓得、任甲、宋财(?)的哪一户,家中都有二个"算"口。40号简被遣者"男邸(?)期",家有算口3,亦为同单元中算口最多者,与"男邸(?)期"同行的"女方",显然不可能出自

① 何谓"益",不详,疑为车牛具或车牛具的一部分。牛约:牛绳。除:免除。自公大夫以下,勿以为繇(徭):"自公大夫以下",疑为"自公大夫以上"之误。隤:通坠。隤后年,指下推到次年计算。
② 《张家山汉墓竹简〔二四七号墓〕:释文修订本》,文物出版社2006年版,第64~65页。
③ 《汉书》卷19《百官公卿表》。
④ 《后汉书志》卷28《百官志》。
⑤ 江陵凤凰山十号汉墓的墓主葬于汉景帝四年。

同单元户内只有一个"算"口的 3 户,①而应出自同单元"(悑)(耻?)"或"除"2 户,而这两户家中也都有二个"算"口。同单元只有一"算"的 3 户,此度则都不在差遣之列。其他各简虽因简文残泐,无法判断被差遣者出自哪一户,但从残存的简文看,亦皆未见家中只有一个"算"口之户(亦即只有 1 个劳力之户)而被差遣的情况。这就表明,在需要差遣的人数不多之时,科派徭役通常还是先派算口较多之户,后派算口较少之户。换言之,也就是先派劳力多之户,后派劳力少之户。套用唐代的语言,就是"先多丁,后少丁"。

如上所述,上引"凡十算,迬(迣)一男一女"的简册,不是全年的据算派役记录,而只是南郡江陵西乡郑里(?)某一次据算派役的记录。这一次派役,10 个劳力中只派了 2 人,如果是全年,就应有更多的劳力被派上役。这次派役是每十算派一男一女,男女的比例是 1:1。这可能是考虑到此次所服之役对妇人亦适合,同时也为了合理搭配劳力,免得百姓争相留下男劳力,尽遣女劳力。异时派役,因役种不同,就不一定都是按男女 1:1 的比例搭配。

先秦秦汉役及妇人,传世文献有一些记载。如《古列女传》卷 3《仁智传·鲁漆室女》记:鲁穆公时,齐国和楚国来攻,鲁国因而"男子战斗,妇人转输,不得休息"。②《史记》卷 112《平津侯主父传》记:汉武帝时,严安上书说:秦始皇时,"秦祸北构于胡,南挂于越,宿兵无用之地,进而不得退。行十余年,丁男披甲,丁女转输,苦不聊生,自经于道树,死者相望。及秦皇帝崩,天下大叛"。③《汉书》卷 2《惠帝纪》:惠帝五年(公元前 190 年)正月,"复发长安六百里内男女十四万五千人城长安,三十日罢"。④《后汉书》卷 43《何敞传》记:章帝时,"窦氏专政,外戚奢侈,赏赐过制,仓帑为虚。敞奏记由(指太尉宋由)曰:……比年水旱,人不收获,

---

① 40 号简有 3 户("黑"、"婢"、"宋上")都是算口一。通常情况下,他们户内的算口就是他们本人,因为该单元被遣的另一人是"方",而不是"黑"、"婢"或"宋上",故知"黑"、"婢"、"宋上"等只有一个算口之户此次未被遣。

② 刘向:《古列女传》卷 3《仁智传·鲁漆室女》,《四部丛刊》景明本,第 175 页。

③ 《史记》卷 112《平津侯主父传》。

④ 《汉书》卷 2《惠帝纪》。

凉州缘边,家被凶害,男子疲于战陈,妻女劳于转运,老幼孤寡,叹息相依"。①

但这些记载对于妇人的如何从役,都还不够具体,湖北江陵凤凰山十号汉墓出土的这份据"算"派役简册,则为我们提供了妇人从役的实例。只可惜不知道此次妇人与男子同行,服的是什么役,役期多长,行役的目的地是哪里。

尽管如此,因为秦汉时期有关乡里如何差遣徭役的实证资料极少,这份据"算"派役简册还是弥足珍贵。

附识:笔者关于"𨒪(𨔊)"字的释读,曾承蒙厦门大学中文系曾良先生与武汉大学中文系肖圣中先生的指教,文稿又承蒙两位外审专家提出宝贵修改意见,在此深表谢忱!

(原载《历史研究》2009 年第 6 期)

---

① 《后汉书》卷 43《何敞传》。

谈北凉时期高昌郡的计赀、计
口出糸与计赀配养马

【内容提要】 户调的最大特点就是按户计征。北凉计赀出献糸帐的最大特点是集赀 370 斛为一组，"出献糸五斤"。一组的户数，可多可少，没有定数。说明"出献糸"的数量只与"赀"有关，而与"户"无关。而北凉时期的计赀，只计田亩的数量与质量，而不及其他。因此北凉的计赀出献糸，实际上就是计田赀出献糸。它不是户调，而是田租的一部分或田租的附加税。北凉的计口出糸的性质为口税。汉唐间，百姓承担的赋税，基本上都是民户各自向政府有关部门缴纳，像北凉计赀出献糸与计口出糸那样，集若干户为一个单元，统一由其中的一两人收集缴纳的情况比较少见。北凉计口出糸不是因为征纳对象物的不可分割，而只是为了方便政府收纳，对于民户而言，其实并不方便。按赀配生马只是计赀配养马，被配养官马者并不独自承担马价与养马之粮草，计赀配养马的性质实质上就是计赀承役，与麴氏高昌时期的计田承役相近。北凉时期可能也有户调与杂调，但目前尚未见实证资料。

【关键词】 北凉 高昌郡 计赀出献糸 计口出糸 按赀配生马 租赋役

关于北凉时期的赋役制度，传世文献缺失，过去发现的吐鲁番出土文书也只有一些零星资料。《新获吐鲁番出土文献》刊布的计赀出献糸与计口出糸帐，为研究北凉时期的赋役制度提供了极为宝贵的新资料。对于北凉时期的计赀出献糸、计口出糸帐，与此前出土的计赀配生马帐，裴成国先生与朱雷先生虽曾分别做过精细研究,提出很有价值的见解。[①] 但其中仍有一些问题尚可补充或再斟酌。

一、计赀出献丝的性质

关于计赀出献丝的性质,《新获吐鲁番出土文献》整理组与裴成国先生都认为"征收的是户调",笔者以为"计赀出献丝"征收的不是户调,而是田租的一部分或田租附加税。为便于讨论,将 2006TZJ1:186、173、172、186 诸号文书[②]转录于下:

(前缺)

1. 右八家赀 ⎯⎯⎯⎯

2. 李谧六十斛 ⎯⎯⎯⎯

3. 严经十六斛 ⎯⎯⎯⎯

4. 贯先五斛　　　　　赵定六斛 ⎯⎯⎯⎯

5. 宋充七十四斛五斗　李慎十九斛　　成麹安十二斛 ⎯⎯

6. 索卢法生十二斛　　韩相十三斛　　张晏二斛厶

7. 　　　　　　　　　　　　　　除宋充、李慎、苏□

8. ⎯⎯□□□□斛出献丝五斤

9. 王宁八十三斛　　严祛六十斛 ⎯⎯⎯⎯ 王萁十七斛五斗

10. 西郭奴十七斛五斗　宋越十二斛　张远安十一斛　张仁子十

　　一斛

---

① 裴成国:《吐鲁番新出北凉计赀、计口出丝帐研究》,《中华文史论丛》2007 年第 4 辑。朱雷:《吐鲁番出土北凉赀簿考释》,原载《武汉大学学报》1980 年第 4 期;朱雷:《吐鲁番出土文书所见的北凉"按赀配生马"制度》,原载《文物》1983 年第 1 期,两文皆收入朱雷:《敦煌吐鲁番文书论丛》,甘肃人民出版社 2000 年版。

② 《新获吐鲁番出土文献》,中华书局 2008 年版,第 279～281 页。

11. □□十斛五斗　　　赵相受十斛五斗　ム索君明廿六斛　赵士
进九斛

12. ▭　　　张[清]九斛　　严延十四斛　　刘奴朴三斛

13. □□□[廿]斛五斗　　[严逻]七斛五斗　　许通十二斛　　李弘
长六斛

14. 张抚三斛　　　　李裔十斛　　　　　除严祛、张远安、许通

15. 　　右廿二家赏合[三百七十斛出献糸五斤]

16. 杜司马祠百五十三斛▭[六斛]

17. 孙国长六斛　　王模六斛　　　路晁六斛　　范周会五十九斛

18. □□十八斛　　荆佛须十一斛　　张玄通四斛五斗　宋棱四斛
五斗

19. □□□[斛]五斗　令狐男四斛五斗　田槃安六斛　　成崇安四斛
五斗

20. ▭[四]斛五斗　　唐暖四斛五斗　　除□□、范周会、宋□

21. 　　右十八赏合三百七十斛出献糸五斤

22. 宋平八十五斛五斗　□□五十七斛五斗　张崇七斛　　宋猞
三斛

23. 孔裔廿八斛　ム▭

24. 王場十九斛　　孙孜十斛五斗　　帛军弘三斛　王圆二斛　ム

25. 　　右十二家赏合三百七十斛出献糸五斤　除□□、□□安

26. ▭范通□四斛五斗　乐胜五十九斛五斗

27. ▭[斛]　田玟九十一斛五斗　韩钊八斛　　王遂二斛

28. 　　右八家赏合三百七十斛出献糸五斤　　除范□、乐胜①

29. 王奴安八十八斛　廉德五十四斛五斗　刘□□▭□□廿二斛
五斗

30. 阙炭廿二斛　　　□□▭

31. ▭　□□□斛　　　阙钱四斛　　樊秉三斛

———————————

① 此件"除"字及同行其后的姓名皆朱书。

32. 张士奴三斛　　厶　　路鱼三斛　　　令狐宠三斛　　　左臭九斛

33. 隗登卅斛　厶　　　雷持六斛　厶

34. 　　右十八家 赀合三百 ⬚⬚⬚

35. 尚能七二斛 ⬚⬚⬚

36. 廉逯四斛 ⬚⬚

37. □□十七斛 ⬚⬚⬚

(后缺)

户调的最大特点就是按户计征。曹魏户调制正式成立之前,两汉的横调、横赋敛,多采取按户计赀摊派的办法,其时的计赀实际上就是按户等,亦即分户等按户摊派。建安九年(204年)九月,曹操将秦汉以来的口赋、算赋、户赋与横调、横赋敛等等都归并为"户出绢二匹、绵二斤"。曹操制定的这一新的赋税制度,当时没有定名,常与"其收田租亩四升"合称为"租赋"。① 当时的"户出绢二匹、绵二斤"是否也要计赀定出差等

①　横调横赋敛时期,按户计赀摊派绵绢事没有定称,或称为"募吏民布帛绵"(如《汉书》卷 99 中《王莽传》载:始建国四年,王莽拟来年东巡,要臣下具礼仪调度,于是"群公奏请募吏民人马布帛绵"),或称"调送绵绢"、"税绵绢"(见《三国志》卷 23《赵俨传》、卷 12《何夔传》)。时"户调"之称还很罕见,传世文献似仅一见于《三国志》卷 23《赵俨传》所载的阳安郡都尉李通"急录户调"。阳安郡都尉李通"急录户调"应是泛指各种横调横赋敛,而不一定是专指"调送绵绢"。建安九年(204年)九月曹操整顿赋税后,作为正税按户征收的绵绢仍称为"赋",与"租"连称则为"租赋"。如《三国志》卷 1《武帝纪》记:建安九年(204年)九月,为"河北罹袁氏之难,其令无出今年租赋。"又如《三国志》卷 3《明帝纪》记青龙元年(233年)二月诏:"鳏寡孤独无出今年租赋"。曹魏"租"、"调"连称的情况也有,如《三国志》卷 26《牵招传》记牵招"表复乌丸五百家租调",但不常见。因为曹操于建安九年正式确立的田租税绵绢制度是租调制的滥觞,所以今人也习惯称之为租调制,并将其中的"税绵绢"称为"户调"。

进行混通,不能肯定。① 西晋平吴之后"又制户调之式:丁男之户,岁输绢三匹,绵三斤,女及次丁男为户者半输。其诸边郡或三分之二,远者三分之一。夷人输賨布,户一匹,远者或一丈"。② 其时的户调虽按户征收,但计及户内丁、中情况,并实行九品混通。③ 北朝的北魏太和八年(484年)改订租调制前后,取消九品混通做法。④ 太和十年(486年),立三长,再次改订租调制后,调改为已婚男女按床征收,未婚男丁按丁征收。后来又逐渐演变为按丁征收。南朝梁天监元年(502年),改为"去賨,计丁为布",⑤也是计丁征调,不再九品混通。

上引北凉计赀出献系帐,虽然是计赀,但不是分成三、六、九等。各户之赀,或二斛(如张晏户)、三斛(如刘奴朴户)、四斛(如阚钱户)、四斛五斗(如张玄通户)、五斛(如贯先户)、六斛(如李弘长户)、七斛(如张崇户)、七斛五斗(如严逻户)、八斛(如韩钊户)、九斛(如左臭户)、十斛(如李脅户)、十斛五斗(如孙孜户)、十一斛(如张仁子户)、十二斛(如许通

---

① 《三国志》卷9《曹洪传》裴注引《魏略》:"初,太祖为司空时,以己率下,每岁发调,使本县平赀。于时谯令平洪赀财与公家等,太祖曰:'我家赀那得如子廉邪!'"。曹操任司空的时间在建安二年至建安十六年,其所说"平赀"应"调"事不知是在建安九年九月之前还是之后,因而不能确定建安九年九月以后的"户出绢二匹、绵二斤"是否也要计赀定出差等进行混通。我过去在《中国赋役制度史》第83页(上海人民出版社2000年版)说"联系到《晋故事》提及的'九品相通'规定,我们猜测,曹魏时的'户出绢二匹、绵二斤'很可能也要'平其差品',贫富相通"。又在《简明中国经济通史》第122页(人民出版社2005年版)说"'户出绢二匹、绵二斤'成为正税、常税后,是否也要按户计赀'平其差品',史书未载,以理揆之,很可能仍按传统做法,按户计赀,'平其差品'"。这都只是一种推测。这一推测能否成立,尚待实证资料验证。

② 《晋书》卷26《食货志》。虽然至迟自西晋泰始四年(268年)起就有"户调令"这一正式名称,但其时对于户出绵绢的提法仍很不统一,《晋书》卷3《武帝纪》即或称之为"户调",时或称为"户课",时或称为"赋",时或径称为"绵绢"。晋惠帝以后才逐渐统一为"调"或"户调"。

③ 关于"九品相通"的记载,见徐坚《初学记》卷27《宝器部·绢第九》引《晋故事》。

④ 《魏书》卷44《薛野䐗附薛虎子传》载薛虎子语:"小户者一丁而已,计其征调之费,终岁乃有七缣",可见太和八年改订租调制后,已不再实行九品混通。

⑤ 《梁书》卷53《良吏传·序》。

户)、十三斛(如韩相户)、十四斛(如严延户)……至数十斛、百余斛,甚至更多,其间可以有数十档、数百档。①

北凉计赀出献丝帐的最大特点是集赀 370 斛为一组,"出献丝 5 斤"。一组的户数,可多可少,没有定数。上引北凉计赀出献丝残帐,有"八家赀合三百七十斛出献丝五斤"的,有"十二家赀合三百七十斛出献丝五斤"的,有"十八赀合三百七十斛出献丝五斤"的,有"廿二家赀合三百七十斛出献丝五斤"的,户数相差极为悬殊,说明"出献丝"的数量只与"赀"有关,而与"户"全然无关。据此前吐鲁番出土的北凉赀簿可知,北凉时期的计赀,只计田亩的数量与质量,而不及其他赀财。② 由此可见,北凉时期的计赀出献丝,实际上就是计田赀出献丝。其做法与两汉时期计赀定户分派户调完全不同,所以,上述计田赀所出的献丝就不是户调,而属于田亩税范畴。

哈拉和卓 91 号墓出土的 75TKM91:23/1 号文书,③存"严奉租丝"数字,此"租丝",或即指"计赀出献丝"。何谓"献丝",不详。阿斯塔那三五号墓出土的《前凉升平十一年(367 年)王念卖驼券》,④其违约条款规定:"若还悔者,罚毯十张供献。"因为此前的西凉残契⑤有"罚毯二拾二张入官"的罚则,故推测《前凉升平十一年(367 年)王念卖驼券》的"若还悔者,罚毯十张供献",就是入官供献。至于"献"给谁,则又不详。

据上引计赀出献丝帐推算,每赀 1 斛应出献丝 0.2162 两,这样的税额应该说是偏低的,所以我认为,每赀 370 斛出献丝 5 斤,只是田租的一

---

① 北凉计赀出献丝帐,计赀的最小单位为半斛(即五斗),否则从 1 斛到 370 斛,就不是数百档,而可以有无穷多档。

② 参见朱雷:《吐鲁番出土北凉赀簿考释》,《武汉大学学报》1980 年第 4 期;收入朱雷:《敦煌吐鲁番文书论丛》,甘肃人民出版社 2000 年版。

③ 国家文物局古文献研究室等编:《吐鲁番出土文书》录文本,文物出版社 1981 年版,第 1 册,第 164 页。哈拉和卓九一号墓出土的有纪年的文书起西凉建初四年(408 年),止北凉缘禾五年(436 年)。其中有北凉纪年文书多件。据此可推测,75TKM91:23/1 号文书亦为北凉文书。

④ 国家文物局古文献研究室等编:《吐鲁番出土文书》录文本,文物出版社 1981 年版,第 1 册,第 5 页。

⑤ 63TAM1:18 号文书,国家文物局古文献研究室等编:《吐鲁番出土文书》录文本,文物出版社 1981 年版,第 1 册,第 21 页。

部分,或者是田租的附加税。

哈拉和卓 91 号墓还出土如下一件田亩出麦残帐:①

(前缺)

██████一半,亩出麦三斗七升。

　　██████升半

　　　　██████麦

(后缺)

北凉有军屯与其他官田,军屯由兵士耕作,②其他官田则常征发"户作"耕种,③而未见官田出租的实例,由此可知上件所说的"亩出麦三斗七升"也应是作为国税的按亩征收的田租。但此也还不是北凉田租的全部。

哈拉和卓 91 号墓还有一件北凉某年兵曹条往守白芳人名文书,④其中提及逋租谪戍事:

　　　██████严兴、张皈、□□、王阿连、

　　　██████韩阿福、张宝□、严乘、

　　　██████左狗万、毛相、张□明、道人道、

---

① 75TKM91:10/1 号文书,国家文物局古文献研究室等编:《吐鲁番出土文书》录文本,文物出版社 1981 年版,第 1 册,第 161 页。

② 哈拉和卓九一号墓出土的 75TKM91:33(a)、34(a)号文书(国家文物局古文献研究室等编:《吐鲁番出土文书》录文本,文物出版社 1981 年版,第 1 册,第 138 页)即记有:"右八幢知中部屯。次屯之日,幢共校将一人撰(选)兵十五人夜往守水。……兵曹掾张须、史左法彊白:明当引水溉两部",说明军屯由兵士耕种。

③ 哈拉和卓 96 号墓出土的 75TKM96:39 号文书(国家文物局古文献研究室等编:《吐鲁番出土文书》录文本,文物出版社 1981 年版,第 1 册,第 90 页)记有"右五家户作,次逮知为官种芜荒",因为该墓出有北凉真兴七年(425 年)及龙兴□年随葬衣物疏,所出有纪年的文书起北凉玄始十二年(423 年),止北凉义和二年(432 年),显系北凉墓,据此可知,其时北凉的其他官田也是由政府集中经营。

④ 国家文物局古文献研究室等编:《吐鲁番出土文书》录文本,文物出版社 1981 年版,第 1 册,第 142~143 页。

　　　　━━━━文达、马莹。

　　　　━━━━输租,各谪白芳□十日。高宁

　　　　━━━━、横截二人,合卅人,次□芳守十日。

　　　　━━━━次往领摄。

兵曹掾张预白:谨条往白芳守人名

在右,事诺班示,催遣奉行。

　　　　　　　　　　　　校曹主簿　　□

(后缺)

　　上引文书不言各户逋租数额,而又皆谪成白芳 10 日,此或说明严兴、张皈等 30 户所应纳而逋之租相等,且大体上与 10 日成役等值。如果这一推测无大误,那又说明,北凉时期除计田赀出租糸与计亩出麦外,还有一种按户征收之定额田租。

二、计口出糸的性质

　　《新获吐鲁番出土文献》还录有如下的计口出糸帐:[①]

(一)2006TZJ1:170、179

(前缺)

　　1.　　　　━━━━□　韩通七口　解勘━━━━

　　2.━━━━五口　　　牛国十二口　阔钊十四口　　李迁三口

　　3.━━━━五口　　　王并一口

　　4.━━━━家口合六十八,出糸四斤四两,严锐、牛国入□

　　(此行有朱笔勾勒)

　　5.━━━━王并残八口　张端五口　张定二口　张安世五口　阔万虎四口

---

① 《新获吐鲁番出土文献》,中华书局 2008 年版,第 283～284 页。

6. ▭▭□□ 五口 　　□奴三口　宋纯四口　王邈四口　　令狐

□▭▭

（后缺）

（二）2006TZJ1：169

（前缺）

1. ▭▭□瓶六口　宋迁五口　　张赤子五口　万宗三口　　孙

□▭▭

2. ▭▭ 乾 奴五口　张虎安六口　王方五口　张和丰五口　冯

显 通 ▭▭

3. ▭▭郭弥十二口　解遣六口　　贾虎子二口　孙计三口

赵▭▭

4. ▭▭□□　　 赵亮二口 　　□□▭▭

（后缺）

（三）2006TZJ1：178、177

（前缺）

1. 孙属十三口　张万长四口　窦虎▭▭▭

2. ▬▬▬▬右廿五家口合百六十出糸十斤田七子▭▬▬▬

（此行有朱笔勾勒）

3. □□□六口▭▭▭

（后缺）

　　此件也是出糸帐。与计赀出献糸帐不同的是：计赀出献糸帐是集若干户为一单元,合赀370斛,出献糸5斤。各单元户数不等,而其赀数与出献糸数则相等。计口出糸帐虽然也是集若干户为一单元,合若干口,出糸若干,但各单元的户数、口数与出糸额皆不等。而各单元的口数与出丝额却都有很整齐的对应关系：即每口出丝一两。裴成国先生定其性质为口税，并认为"从总体上来讲，此种计口出丝的口税已经不是汉代的算赋、口赋征收办法的直接延续，而应当是北凉政权的新举措"。这无疑是正确的。

汉唐间，百姓承担的赋税，如两汉的田租、口赋、算赋，魏晋以降的租调，唐前期的租庸调与户税、地税，都是民户各自向政府有关部门缴纳，像北凉计赀出献丝与计口出丝那样，集若干户为一个单元，统一由其中的一两人收集缴纳的情况比较少见。

吐鲁番出土文书中有一件《麴氏高昌延寿八年（631 年）田亩出银钱帐》集若干户之田约 50 亩，共"出银钱二文"。① 有一件《武周军府牒为行兵十驮马事》，②记"刘住下廿五人，当马二匹五分"，其中"五分"又分成"三分"与"二分"两组，分别与别的团（队?）合成一匹；"氾尼下行兵一十八人，当马一匹八分"，其中"八分"分成"四分"、"二分"、"二分"三组，分别与别的团（队）合成一匹。

敦煌文书中也有几份《官布籍》，其中一件是归义军时期《壬申年（972 年）三月十九日敦煌乡官布籍》，③集若干户（或 2 户、3 户、4 户、5 户，或 6 户、8 户）为一组，"计地贰顷伍拾亩，共布一匹"。④ 因为几户的田土不一定刚好 250 亩，所以有些户的田土就一分为二、为三，分属不同的组。因为官布是毛织品，25 尺为一匹，⑤所以实际上就是每亩出官布 1 寸。另一件年代不详，也是集若干户（最少的只有 1 户）为一组，"计地

① 68TAM99:2 号文书，国家文物局古文献研究室等编：《吐鲁番出土文书》录文本，文物出版社 1983 年版，第 4 册"补遗"，第 50～51 页。

② 69TAM125:5(a)号文书，国家文物局古文献研究室等编：《吐鲁番出土文书》录文本，文物出版社 1986 年版，第 7 册，第 289 页。

③ 唐耕耦、陆宏基编：《敦煌社会经济文献真迹释录》第 2 册，全国图书馆文献缩微复制中心 1990 年版，第 452 页。年代的考证等参见刘进宝：《唐宋之际归义军经济史研究》，中国社会科学出版社 2007 年版，第 111～130 页。

④ 帐面上虽然都说是"计地贰顷伍拾亩，共布一匹"，但实际上常有略少于 250 亩，或略多于 250 亩的，不过差额都不大，误差不超过 1.5 亩。

⑤ 刘进宝：《唐宋之际归义军经济史研究》，中国社会科学出版社 2007 年版，第 130 页。

叁顷,造布一匹"。① 折算起来,就是每亩0.8寸。

归义军时期纳官布要集若干户若干亩的田土为一组合纳官布一匹,这很好理解。因为绢帛一旦尺寸裂就失去其价值。唐前期《赋役令》就规定:"其调绢绝布并随乡土所出,绢绝各二丈,布则二丈五尺,输绢绝者绵三两,输布者麻三斤,其绢绝为匹,布为端,绵为屯,麻为缬,若当户不成匹端屯缬者,皆随近合成。"②按此规定,应课现输的单丁之户,就必须与乡邻中另一应课现输的单丁之户合纳绢一匹(或布一端)。二丈之调绢帛或二丈五尺之调布尚须与他户调绢布合成匹端,尺寸之布自然更不可能单独缴纳。

麴氏高昌时期,银钱之下没有其他辅币,每亩纳银钱0.04文,自应集50亩合纳2文(自然也可以集25亩合纳1文)。武周时期的十驮马也是因其不可分割而合"十分"为马一匹。

总之,麴氏高昌时期田亩所出银钱、武周时期的府兵所出的十驮马与归义军时期按亩所出的官布,都是因为它不可分割,客观上必须化零为整。

那么,北凉时期的计口出丝,每人既为1两,为什么也要合若干户、若干口合纳若干斤两之丝呢?这当然不是因为丝绵之属也具有不可分割之特性,事实上丝绵之属并不具有不可分割的特性。诚然,唐前期的赋役令也有当户不成屯缬者,皆随近合成之说。但这只是为了政府收纳方便,而不是因为丝麻不可分割。事实上,唐代"绵六两为屯……麻三斤为缬"③这一规定,也只是为了政府征纳调绵麻的方便而创设,此前并无"屯"、"缬"这样的计量单位。宋以后,也只是有"诸税户并随乡土所出细绝布等,若当户不充匹端者,皆随近合充",而不再提及绵麻。④ 由此可见,北凉计口出丝帐中的"廿五家口合百六十出丝十斤"、"家口合六十

---

① 唐耕耦、陆宏基编:《敦煌社会经济文献真迹释录》第2册,全国图书馆文献缩微复制中心1990年版,第455页。
② 《通典》卷6《赋税下》。
③ 《通典》卷6《赋税下》杜佑原注:"准令,布帛皆阔尺八寸,长四丈为匹,布五丈为端,绵六两为屯,丝五两为绚,麻三斤为缬。"
④ 引自中国社会科学院历史研究所天圣令整理课题组、天一阁博物馆:《天一阁藏明抄本天圣令校证》上册,《赋役令》,中华书局2006年版,第49页。

八,出糸四斤四两"都只是为了方便政府收纳的特殊做法,对于民户而言,并不方便。

三、计赀配生马性质

哈拉和卓九一号墓曾出土一件北凉建平某年按赀配生马等帐,件录于下:[1]

    1.建 ▭ 到 六月

    2.煎苏獍亡马鞍薦(韉),至今不得。

    3.□张有赀六斛,配生马。去年五月廿九日买马□

        (中缺。以上为第一断片)

    1.赀一斛,次八月内买马并赁马都□ 赀 □

    2.   二月。马谷草一皆不得。

    3.赵士有赀六斛,配生马。去八月内买马贾(价)并

        (后缺。以上为第二断片)

何谓"配生马"? 朱雷先生做过解释:"'生'字本义有养育之意,在这里,应释为北凉政权根据'赀簿'所计赀合数配养马匹"。我以为朱先生这一解释很有说服力。

这里要讨论的是,民户配养马匹的来源是官马呢,还是政府无偿征马并令纳马民户继续养之? 养马之粮草,是养马户自给呢,还是由政府拨付?

从上引文书看,我以为民户只是被配养官马,而不是被无偿征马。上件第一断片第一行虽中缺、下缺,但从残存文字可知该行为帐目名称

---

① 75TKM91:34(a)号文书,国家文物局古文献研究室等编:《吐鲁番出土文书》录文本,文物出版社 1981 年版,第 1 册,第 156 页。该件原题《建□年按赀配生马帐》。视其格式,该件应为北凉时期高昌郡某马政机构建□某年的半年帐。帐目包括配生马的内容,但又不限于配生马。故以为应名之为《建□年按赀配生马等帐》。

及该帐的起止时限。第二行记煎苏獦亡马鞍鞯事，为独立一项，与第三行无关联。第三行上部记"□张有赀六斛，配生马"事，"张"前缺一字，应为姓氏。"□张有赀六斛，配生马"，意思完整。第三行下部存"去年五月廿九日买马□"，说的应是□张所配养马匹的来源。第三行以后有缺行，从第三行现存文字看不出□张所配养的马匹即为□张所买。第二断片因前缺，使其第一、二行的意思不很清晰，意思似是某户（或某几户）配养马，未得"马谷草"，其马匹来源也是买。第三行与第二行无关联，第三行的"赵士有赀六斛，配生马"，意思完整，亦为独立一项。其后的"去八月内买马贾（价）并……"，应该也是讲赵士配养马的来源及有关事项。从残存文字也看不出赵士配养之马即为赵士所买马。

同墓出土的北凉文书《冯渊上主将启为马死不能更买事》[①]也提到买马事："马去年春恶死。渊私理贫穷，加□有折□，□能更买，坐□阅马逋……当往□芳守。遭遇节下，□垂恩矜。"从冯渊的说辞可知，冯渊是因为在牧马非理死损被要求赔偿，从中也看不出冯渊所牧官马原先就是冯渊出钱购买而得。[②]

从民户的承受能力看，也不可能让民户既出马，又出马料草又出力。北凉时期高昌地区的马价不详。麹氏高昌时期的一份诸寺僧尼财物疏记载"宝○马一匹六十四斛"，[③]北凉时期马价应与之相近。以成年人日食6升计，则64斛相当于3个成年人全年的食粮。更多于作人一年岁

---

① 75TKM91:21号文书，国家文物局古文献研究室等编：《吐鲁番出土文书》录文本，文物出版社1981年版，第1册，第153页。

② 汉吕后《二年律令·金布律》规定："亡、杀、伤县官畜产，不可复以为畜产，及牧之而疾死，其肉、革腐败毋用，皆令以平贾偿。入死、伤县官，贾（价）以减偿。"《唐六典》卷17《太仆寺》引《厩牧令》："凡官畜在牧而亡失者，给程以访，过日不获，估而徵之。（原注：谓给访限百日，不获，准失处当时估价徵纳，……其非理死损，准本畜徵纳也。）"汉唐间皆有非理死损官畜，令以平价赔偿的规定，北凉估计也有类似规定。

③ 国家文物局古文献研究室等编：《吐鲁番出土文书》录文本，文物出版社1981年版，第3册，第370页。

作的代价。① 马价如此之高,且不说像赵士、□张那样计赀只有 6 斛(相当于常田 2 亩之赀额)者,即使是计赀 60 斛者,恐怕也承受不起。

再说养马的料、草。北凉官马廪食标准不详。唐代典厩署规定:"凡象日给藁六围,马、驼、牛各一围……(每围以三尺为限也)。……凡象日给稻、菽各三斗,盐一升;马,粟一斗、盐六勺……(象、马、骡、牛、驼饲青草日,粟、豆各减半,盐则恒给;饲禾及青豆者,粟、豆全断。若无青草可饲,粟、豆依旧给)。"②依此规定,厩马一匹一年应供粟 27 石(唐石)。青刍或槁 300 多围。典厩署之马以舍饲为主,用粮较多。北凉吐鲁番地区之马,放牧的时间应该较多,因而用粮可能较少一些。但即使减半计,也相当于 2 个成年人全年的食粮。③ 要赵士、□张那样仅"有赀六斛"之户,每年拿出 13.5 唐石(约 40 高昌斛)粮食与 300 多围青刍或槁养官马,同样难以想象。

再看养马所需的劳力。《唐六典》卷 17《太仆寺》引《汉旧仪》曰:西汉"太仆牧师诸苑三十六所,分布北边、西边,以郎为苑监,官奴婢三万人分养马三十万头,择取教习,给六厩;牛、羊无数,以给牺牲"。以官奴婢三万养马三十万计,④平均一个劳力养十匹马,反言之,也就是养一匹马需要 0.1 个全劳力。以时间计也就是养一匹马平均需要 36 个劳动日。民户自养马,效率即使较高,估计亦不下于 20 个劳动日。换言之,民户被征养马一匹,其劳动付出即相当于或超过唐代 1 个丁男所服的正役。赵士、□张那样仅"有赀六斛"之户所能承担的恐怕仅止于此。

根据以上分析,我们认为北凉的计赀配生马,只是计赀配养马,被配养官马者并不独自承担马价与养马之粮草,其性质就是计赀承役,与斟

---

① 高昌延昌二十二年(582 年)康长受从道人孟忠边岁出券约定"岁出价要得床麦伍拾斛",见国家文物局古文献研究室等编:《吐鲁番出土文书》录文本,文物出版社 1981 年版,第 1 册,第 191 页。

② 《唐六典》卷 17《太仆寺·典厩署》。

③ 唐代 1 斛等于高昌斛 3 斛。唐代士兵的用粮标准是日食 2 升(唐量),年用粮即为 7.2 斛。

④ 除了官奴婢,还应有其他劳力,除了养马之外,还养许多牛羊。这里皆暂不计其他劳力与所养牛羊。

氏高昌时期的计田承役相近。①

不过,北凉的计赀配生马,似乎也不是民户分别养官马。我们注意到,上引北凉建平某年按赀配生马等帐于赵士、□张名下都只是说"有赀六斛,配生马",而未言配养马之数目,说明赵士等所配养的官马并没有分配到户。同墓出土的下引两件文书也能说明这一点:

某人辞为差脱马头事:②

(前缺)

□□为头□————要□

□限,无人养马.辞达,赐

教差脱马头,冀得专心承奉。

谨辞。

刘□明启:③

刘□明启:明————

刘、晁合赀具————

马头,岁岁从伯————

草。晁□谦不□□二年

谷草□须————

教付曹。□晁□□□谷草

谨启。

十一月廿日上

————

① 见《高昌侍郎焦朗等传尼显法等计田承役文书》[68TAM99:6(a)文书],国家文物局古文献研究室等编:《吐鲁番出土文书》录文本,文物出版社1983年版,第4册"补遗",第64~65页。时阴阿集新得阴崇子"洿林小水渠薄田二亩,承厚田一亩役"。可见当时计田承役不仅考虑田土的面积,同时也考虑田土的质量,仍有北凉时期田亩依质量不同而分别计赀的遗意。

② 75TKM91:38(b)号文书,国家文物局古文献研究室等编:《吐鲁番出土文书》录文本,文物出版社1981年版,第1册,第154页。

③ 75TKM91:20(b)号文书,国家文物局古文献研究室等编:《吐鲁番出土文书》录文本,文物出版社1981年版,第1册,第152页。

    这两件文书都谈到"马头",说明配养的官马是分群牧养的,谷草亦由政府部门支给。刘□明、□张、赵士等都是被征调养官马的承役者。至于他们如何轮差,他们承担了配生马之役后是否还要承担其他赋役(或"户作"①等力役)? 是所有的民户都要配生马呢,还是只有一部分民户被配养马? 限于资料,这些皆不得其详。

    前面我们根据有限的资料探讨了北凉时期的租、赋、役。吐鲁番地区在北凉以后的麴氏高昌时期有户调绵绢。其调绵绢有多种形式,一种是合若干寺若干亩地(包括树)调"绢半绵半"或"绢一绵一"等;一种是以寺计,或"绢半绵半",或"绢一绵一",或"绢二绵二",或"绢三半绵三半",或"绢五绵五"。(麴氏高昌时期的调绵绢,僧俗都要纳,但僧俗有别。)此外还有调驿羊薪、调大麦等等杂调。② 北凉时期可能也有户调与杂调,但目前尚未见实证资料。

[原载《西北师大学报(社会科学版)》2014 年第 2 期]

---

① 哈拉和卓 96 号墓出土有两件都乡啬夫被符征发文书(国家文物局古文献研究室等编:《吐鲁番出土文书》录文本,文物出版社 1981 年版,第 1 册,第 89～90 页),都提到"右五家户作,次逮……",可见"户作"也是当时力役的一种形式。

② 参见郑学檬主编:《中国赋役制度史》,上海人民出版社 2000 年版,第 163～165、170～173 页。

麹氏高昌赋役制度管见

南北朝时期,麹氏高昌雄踞吐鲁番地区 141 年。史书对麹氏高昌制度习俗记载甚略,特别是对其赋役制度,仅"赋税则计田输银钱,无者输麻布",[1]"有商胡往来者,则税之送于铁勒"[2]等寥寥数语。近年来,中外学者根据吐鲁番出土文书对麹氏高昌的赋役制度做了很深入的探讨,[3]使本来隐晦不明的麹氏高昌赋役制度呈现出比较清晰的轮廓。但由于我们所能利用的资料相当有限,且多支离破碎,所以,由此得出的各种结论就难免仁者见仁,智者见智。笔者在拜读诸位大作之后深受启发,因此也形成一些不成熟的看法,愿陈管见,以期集思广益。

---

[1]　《北史》卷 97《西域·高昌》。

[2]　《北史》卷 97《西域·高昌》、《隋书》卷 83《西域·高昌》。

[3]　程喜霖:《吐鲁番文书中所见的麹氏高昌的计田输租与计田承役》,《出土文物研究》,科学出版社 1985 年版;卢开万:《试论麹氏高昌时期的赋役制度》,收入武汉大学历史系魏晋南北朝隋唐史研究室编著、唐长孺主编:《敦煌吐鲁番文书初探》,武汉大学出版社 1983 年版;郑学檬:《高昌实物田租问题探讨》、《十六国至麹氏王朝时期高昌使用银钱的情况研究》,收入韩国磐主编:《敦煌吐鲁番出土经济文书研究》,厦门大学出版社 1986 年版;小田义久:《麹氏高昌官厅文书小考》,收入《唐代史研究会报告》第 V 集;谢重光:《麹氏高昌赋役制度考辨》,《北京师范大学学报》1989 年第 1 期。

一、力役

阿斯塔那 99 号墓出土如下一件文书:①

(前缺)

1. 田二亩半役,永为垇。侍郎焦朗 传 : 张 武 儁 寺主尼显法田地

   隗略渠桃一百半役

2. 听断除;次传张羊皮田地刘居渠断除桃一园,承一亩半六十步

   役,给与张武儁

3. 寺主显法永为垇,次听阴崇子洿林小水渠薄田二亩,承厚田一亩

   役,给

4. 与父阴阿集永为垇。通事张益传:索寺主德嵩师交何(河)王渠

   常田一亩半,次

5. 高渠薄田六亩半,承厚田二亩半,次小□渠常田三亩半,合厚田

   七亩半役,

6. 听出俗役,入道役,永为垇;次依卷(券)听张容子买张永守永安

   佛图渠

7. 常田一分,听四亩役,次买东高渠桃一园承一亩半卅步役永为

   垇。侍郎明

8. 莘传:氾寺主法兴左官渠俗役常田二亩,听入道役,永为垇。通

   事张益

9. 传:高宁宋渠底参军文受田南胁空亭泽五亩,给与麴僧伽用

10. 作常田,承五亩役,永为垇;次 依 卷 听□====□

(后缺)

此件系官府记载随田土异动而过割承役的文书。由该文书可以看出,僧俗田土除因某种原因特许免役者外,一般都要承役。麴氏高昌租

---

① 国家文物局古文献研究室等编:《吐鲁番出土文书》录文本,文物出版社 1981年版,第 4 册"补遗",第 64～65 页。

佃契通常载明"赀租百役,仰田主了",也证明土地所有者应该承役。如程文、卢文所论,当时的计田承役有道役与俗役之分,道役似乎轻于俗役;承役的量,既取决于田亩面积,也取决于田土的质量。但从上引文书可以看出,各户田土的质量虽然千差万别,但在承役时却只粗略地分为两三档:"常田"与"厚田"即一亩承一亩役,薄田则二亩或三亩左右承一亩役。如上引文书第 3 行"阴崇子洿林小水渠薄田二亩,承厚田一亩役",就是 2 亩薄田折一亩厚田。第 5 行的"高渠薄田六亩半承厚田二亩半",就是 2.6 亩薄田折 1 亩厚田(此件承役以"卅步"为最小单位,故疑高渠 2.5 亩薄田承 1 亩厚田役。或者说,薄田折厚田承役,乃大体估算,不一定十分精确)。吐鲁番出土的北凉赀簿,[①]各类田土的计赀也只分为三档:常田、桑、枣、葡萄等皆亩计赀 3 斛;石田、卤田等亩计赀 2 斛,"空地一亩一斛"。若不计空地,实际上也只有两档。由于高昌"地多石碛,气候温暖,厥土良沃,谷麦一岁再熟",[②]所以,除少数水利条件欠佳或土质太差的田土外,一般的田土都比较好。因此,在计赀与计田承役时,面积相等的田土,其计赀与承役,一般也相等,只有少数石田、卤田、薄田等例外(上引文书提及的田亩共十项,除两项薄田需打折扣外,其他田亩都是一亩承一亩役。北凉赀簿,也是除少数石田、卤田外,每亩计资三斛)。从这个意义上讲,计田承役,基本上也就是计亩承役。

那么,除了计田承役外,当时是否还有计丁分派的力役呢?我想应该有。如:高昌传判麹究居等除丁输役课文书[③]就涉及商人役与羁人役。未言商人役或羁人役者,很可能即是俗人役。如卢文所言,"商人役即一般有户籍而从事商业活动的坐商服徭役;……羁人就文书原意而言,即是由外地到高昌客居客住的人们"。商人或羁人,未必都有土地,但他们都须服役。这一事实即可表明:除计田承役外,还有按其他标准确定的役。此件文书又屡见"丁输壹年除"、"作供人壹年除"、"营家壹年

① 件见池田温:《中国古代籍帐研究》,东京大学东洋文化研究所 1979 年版,第 310 页。参见朱雷:《吐鲁番出土北凉赀簿考释》,《武汉大学学报》1980 年第 4 期。

② 《北史》卷 97《西域·高昌》。

③ 国家文物局古文献研究室等编:《吐鲁番出土文书》录文本,文物出版社 1981 年版,第 3 册,第 89~90 页。

除"。私意此并非一年到头都服役之谓,而是说明业已服完一年中所应
服的役。我们还可以这样设想:如果全是计田承役,那么,各户所服之役
势必相差悬远,难以做到恰好"丁输壹年除"、"作供人壹年除"、"营家壹
年除"。高昌延寿十四年(637)兵部差人看客馆客使文书①也提到羁人,
表明被差发到客馆服役的人们不是兵士。由文书得知,看客馆之役乃五
日一轮换。高昌延寿十四年兵部差人往青阳门等处上现文书,②张祁善
等被差发到青阳门、金章门、金福门、玄德门、建阳门、永昌谷横城门、桢
谷、赤谷、武城门服役(看门巡逻之类),也是五天一轮换。换言之,此类
役的役期相对固定(为"五"的整数倍),与田土多寡无关。

麴氏高昌时期,城作之役甚重。吐鲁番出土的大谷 4059 号文书③
即记:

(前缺)

1. 作。次七月二日,明咸 ⬚

2. 十一日,麴延隆传。城作人捌 拾 ⬚

昌城南坞中作。次八月三日,□

3. 城作人拾捌人。用高昌城南坞中 作 。

4. 都合用城作人贰伯伍拾捌人。

5. 谨案 条 列 用城作人, 须 役 ⬚ 谨须役

(后缺)

68TAM48:47(b)号文书④亦记:

---

① 国家文物局古文献研究室等编:《吐鲁番出土文书》录文本,文物出版社 1983
年版,第 4 册,第 132～135 页。
② 国家文物局古文献研究室等编:《吐鲁番出土文书》录文本,文物出版社 1983
年版,第 4 册,第 128～131 页。
③ 池田温:《中国古代籍帐研究》,东京大学东洋文化研究所 1979 年版,第 311
页。
④ 国家文物局古文献研究室等编:《吐鲁番出土文书》录文本,文物出版社 1981
年版,第 1 册,第 94 页。

（前欠）

诸城得人六百八十六人

城作的役期因上引文书件残而不得其详,但城作由丁男承担则确定无疑。延寿年间的一份官方文书即明确规定:"年不满拾伍,亦不城作"、"年满拾伍,即坠城作"。[①]

由此可见,麴氏高昌时期既有计田承役,又有计丁承役。城作、丁输之类的力役、差役,通常都是由丁男承担,役期比较固定。计田承役之"役"用在什么地方,因出土文书未曾言及,难下结论,也许主要用于与农田建设密切相关的项目(如兴修水渠等),亦未可知。

二、系于田土的租税

麴氏高昌时期系于田土的租税,既有交实物的,又有交银钱的。先讲实物田租,此类出土文书颇多。如阿斯塔那 159 号墓即出土以下几件文书:

72TAM155:44 号文书:[②]

□昌辛巳岁俗租粟,张憙儿▬▬▬▬

□悦、参军郭都.翟怀愿、氾延明,壬午岁□□

廿六日入。高昌庚辰岁租粟,张憙儿捌兜,壬午□□

粟捌兜,儒林参军孟斌、参军和住、员延□□

相怀,壬午岁十一月▬▬▬▬

72TAM155:56 号文书:[③]

① 池田温:《中国古代籍帐研究》,东京大学东洋文化研究所 1979 年版,第 313 页。

② 国家文物局古文献研究室等编:《吐鲁番出土文书》录文本,文物出版社 1981 年版,第 3 册,第 271 页。

③ 国家文物局古文献研究室等编:《吐鲁番出土文书》录文本,文物出版社 1981 年版,第 3 册,第 274 页。

高昌甲申岁俗租粟，张 憙儿捌兜，儒林参军

孟玉斌、参军和 住 ▉▉▉▉ 十二月廿五日入。

72TAM155：37(b)号文书：[①]

（前略）

麦肆拾斛 ▉▉▉▉ 田价小麦 ▉▉▉

□贰拾伍 ▉▉▉▉

□ 小 麦叁 ▉▉▉

阿斯塔那 117 号墓也出土以下两件文书。

69TAM117：57/8－3 号文书：[②]

高昌

田 地乙未岁俗租麦张阿 ▉▉▉▉

　　　　八月十九

69TAM117：57/7 号文书：[③]

▉▉▉▉ 己亥岁俗租小麦张阿欢肆 ▉▉▉

▉▉▉▉ 翟怀旻、氾明备(?)庚子岁 ▉▉▉

（后缺）

　　张憙儿田土的亩数不详，但同墓出土一件契券，载明张憙儿以银钱 6 文以及粮食若干为代价雇人耕作，可见张憙儿田土面积不会太少。其租粟连续几年稳定在 8 斗，说明租额不太高，而且相对稳定。张憙儿、张阿欢所交纳的田租都称为俗租，可见当时另有道租。"道租"之名虽未见于出土文书，但阿斯塔那 377 号墓出土的高昌乙酉、丙戌岁某寺条列月

---

① 国家文物局古文献研究室等编：《吐鲁番出土文书》录文本，文物出版社 1981 年版，第 3 册，第 284 页。

② 国家文物局古文献研究室等编：《吐鲁番出土文书》录文本，文物出版社 1983 年版，第 5 册，第 242 页。

③ 国家文物局古文献研究室等编：《吐鲁番出土文书》录文本，文物出版社 1983 年版，第 5 册，第 243 页。

用斛斗帐历①即有如下记事："麦陆升,用输＿＿＿"、"粟拾陆酙伍兜,用输祖(租)"。该寺年初曾以小麦"贰拾肆酙作田种",并经常雇"外作人"一二十人,其田亩当不下于二三顷。以此揆之,每亩租麦、租粟都不过数升。这里顺便一提,吐鲁番曾出土数件亩输三酙的按亩入供帐,论者或以为此即作为国税的田租额,笔者以为此当为租税合为一体的地租,②不同于一般民户的租粟麦。

由于高昌盛产葡萄,当地又有酿葡萄酒的习惯,酒的消费量极大,由此又产生麴氏高昌租税制度的一大特点,向葡萄园主征收酒租。有关征收酒租的文书很多,且引数件于下。

60TAM320:01/8 号文书:③

（前缺）

＿＿＿＿＿亩,无租。张武顺桃(萄)贰亩陆□

＿＿＿＿＿亩租了。法贞师桃叁亩陆拾步,储酒伍酙

＿＿＿＿＿贰酙。康寺僧幼桃半亩,租了。康安得桃陆拾步,

＿＿＿＿桃半亩,无租。索祐相桃陆拾步,租了。康崇相桃贰

＿＿＿储酒伍酙,得酒壹姓有拾酙,康众憙桃壹亩□□

＿＿＿＿＿酒贰酙

（后缺）

69TAM138:16(1)号文书:④

①　国家文物局古文献研究室等编:《吐鲁番出土文书》录文本,文物出版社 1981年版,第 3 册,第 226 页。
②　参见拙作《麴氏高昌土地制度试探》,《新疆社会科学》1987 年第 3、4 期。补注:笔者后续研究认定它不是国有田土出租的封建地租,而是作为国税的葡萄酒租。见《麴氏高昌田赋制度再探》,中国魏晋南北朝史学会编:《魏晋南北朝史研究》,湖北人民出版社 1996 年版。
③　国家文物局古文献研究室等编:《吐鲁番出土文书》录文本,文物出版社 1981年版,第 3 册,第 50 页。
④　国家文物局古文献研究室等编:《吐鲁番出土文书》录文本,文物出版社 1981年版,第 3 册,第 307 页。

高昌乙未岁僧祖(租)究(酒)□□下,赵寺法嵩叁酙贰兜

□军巩延岳、张庆俊、郭乐子、翟怀愿、氾延▬▬▬▬

□□岁正月廿六日入。

69TAM138:16(2)号文书:①

高昌丙申 岁 僧 祖 (租)□□住下赵寺法嵩

叁酙贰兜,参军张□□、□欢海、杜海明

十二月四日入。

69TAM138:16(3)号文书:②

▬▬▬▬▬下赵寺法嵩陆兜,参军

(后缺)

64TAM24:34号文书:③

(前略)

▬▬ 贾法师连得酒陆酙捌兜。

都合得后入酒究(玖)佰(百)柒拾叁酙壹兜半升

谨案条列得后入酒酙斗列别如右,记识奏诺奉 行

门 下 校 朗 麴 □

(后缺)

72TAM155:55号文书:④

□昌甲申岁租酒,肯 ▬▬▬▬麴延阤、侍郎

□欢隆、谢遇、海祐 ▬▬▬▬氾欢伯,延寿

① 国家文物局古文献研究室等编:《吐鲁番出土文书》录文本,文物出版社 1981 年版,第 3 册,第 308 页。

② 国家文物局古文献研究室等编:《吐鲁番出土文书》录文本,文物出版社 1981 年版,第 3 册,第 309 页。

③ 国家文物局古文献研究室等编:《吐鲁番出土文书》录文本,文物出版社 1983 年版,第 5 册,第 5 页。

④ 国家文物局古文献研究室等编:《吐鲁番出土文书》录文本,文物出版社 1981 年版,第 3 册,第 275 页。

□ 年　　乙酉岁正 ▬▬▬▬ 憙儿入。

可见，当时的酒租也有道俗之分。因有关租酒的一些名词（如"储酒"，"得酒"，"有酒"、"壹姓"等）尚不得其解，知其应交租酒额者，不知其葡萄园顷亩（如赵寺法嵩），知其葡萄园顷亩者（如张憙儿有葡萄园 2 亩），又不知其应交租酒额。故每亩葡萄园的租酒额，尚难确定。幸而阿斯塔那 326 号墓出土以下一件租佃契：[①]

儿 边夏中渠常田壹亩半，亩交与夏

价银钱拾陆文，田要径（经）壹年。赀租佰役，

□ 悉 不知；若渠破水谪，麴郎悉不知。夏田价

□□□，仰 污子为鼠儿偿租酒肆斛伍兜（斗）。酒

□□ 多少，麴悉不知，仰污了。二主和同，即共立 券 。

□ 成之后，各不得返悔，々者一罚十入不悔者。民有

私要，々行二主，各▬▬

（后略）

麴鼠儿此一亩半常田应即葡萄园。据该契券推算，此葡萄园每亩应纳租酒 3 斛。其他葡萄园的租酒额应与此相近。也可能该年的葡萄园租酒额就是每亩 3 斛。酒租可能一年一输，64TAM24:34 号文书所说的"后入酒"，很可能是原先租未了者补交的酒租。麴氏高昌时期的官方田亩帐，葡萄园经常单列，由此推论，应交租酒的葡萄园很可能不必交租粟麦。反之亦然。

下面再讨论计亩输银钱问题。常被征引的计亩输银钱文书有68TAM99:2 号文书（简称《锋质帐》）[②]和 67TAM78:17（a），18（a），19

---

① 国家文物局古文献研究室等编：《吐鲁番出土文书》录文本，文物出版社 1983年版，第 5 册，第 157 页。

② 国家文物局古文献研究室等编：《吐鲁番出土文书》录文本，文物出版社 1983年版，第 4 册"补遗"，第 50 页。

(a),28(a)号文书(简称《显守帐》)。① 现分别介绍于下:

68TAM99:2号文书(《锉质帐》)

(前缺)

1.□锉质田四,史阿种田四亩 半 六十步,和梅愿田六十步,高

　延藪

2.□□,朱海忠田二,氾元海田三亩四十步,冯方武田五亩六十步,

3.□怀儒田二半,张元悦田三半,李善守田三半,黄奴奴

4.田二半伯步,樊庆延田二半,贾善来田二半六十步。康

5.延锉田七,系保悦田二半,延寿八年辛卯岁六月七日,出银

6.钱二文。

7.广昌寺田四,孟□□田五,左武相田三,白□钻田二,秃发伯

8.□田四,曹□□□四,员延伯田二亩六十步,赵众养田四半,

9.00000周庆□田六,夏永顺田三半,贾鞞女

10.田四,樊庆隆田二半,良朋悔田三半,

11.延寿八年辛卯岁六月七日,出银钱二文。

(后略)

67TAM78:17(a),18(a),19(a),28(a)号文书(《显守帐》)

(前缺)

1.▬▬▬▬▬▬■师究拾 步 ▭▭▭▭

2.▬▬▬▬▬▬■银钱贰文;将显守▭▭▭

3.▬▬▬▬▬■□究拾步,得银钱叁文;▭

4.银钱壹文半;将显祐半亩 叁 □□□ 得 银钱叁文;道法师半亩,得

　银钱▬▬▬▬

5.半亩拾伍步得银钱叁文;冯伯相究拾步,得银钱叁文;▬▬▬

6.相半亩,得银钱贰文;王明惠肆拾步,得银钱▬▬▬

7.文;麴郎文玉陆拾步,得银钱贰文;康犊▬▬▬

---

① 国家文物局古文献研究室等编:《吐鲁番出土文书》录文本,文物出版社1983
　年版,第4册,第68~70页。

8. 得银钱壹文;赵贤儿陆拾步,得银钱 壹 ▢▢▢▢▢

9. 翟惠儿叁拾步,得银钱壹文;赵信惠 ▢▢▢▢

(后略)

上引《显守帐》,田亩数与银钱数俱在者共 22 户。其中,平均每 30 步交银钱 1 文者计 5 户,平均 60 步交银钱 1 文者 13 户,此为基本的两档。思煞寺柒拾步交银钱 2 文,其比率与 30 步交银钱 1 文者相近(此件银钱以半文为最小单位)。比较特殊的有 2 户,其一是将显祐,半亩三十步交银钱 3 文(若以 60 步交银钱 1 文计,应为 2 文半);其二为某户主不明户,"半亩拾伍步得银钱三文"(以 60 步交银钱 1 文计,应为 2 文或 2 文半)。①

如果置此两户不论,则此件田土的负担分为每亩 8 文与每亩 4 文两种。谢文以为,亩纳 4 文者乃官吏、僧徒与作人。作人纳租少,可能取法于北魏以来奴婢输课"准良人之半"。僧徒与官吏纳租少,则由于其特权。谢文此说很有说服力,但仍有两个疑点。其一是亩纳 4 文者尚有赵贤儿、鄪臭儿、索僧伯、翟怀相等人,他们是否有特殊身份,不得而知。其二是亩纳 8 文者有一麴郎文玉,阿斯塔那 519 号墓曾出土一件高昌延寿十七年(640 年)遣"麴郎文玉、高 ▢▢"赴交河郡、南平郡、永安县等地勘青苗符,②表明此人颇有身份,很可能还是王族中人,却也是亩纳 8 文。因此,也不排除按田土质量定税率的可能性。

即以亩纳 4 文而言,按当时的粮价,约相当于麦 4 斛或粟 5 斛,租税额依然高得令人难以置信。③谢文推测这些田土是屯田,而且种植葡萄等经济作物。笔者也认为这些田土应是葡萄园。此件田土面积可得而知者共 29 户,平均每户仅 96.2 步。其中,面积最大者也只是 1 亩而已(郎中寺、镇家)。《镂质帐》的情况与此不同,平均每户有田 3 亩 123 步(27 户中,拥田 1 亩之内的,只有 1 户)。可见,《显守帐》记的是园,《镂质帐》记的是粮田。葡萄园纳银钱(而且是高额的银钱),应不难理解。

---

① 补注:原稿刊发时,漏排了《显守帐》及其以下一段内容,现予补上。

② 见国家文物局古文献研究室等编:《吐鲁番出土文书》录文本,文物出版社 1983 年版,第 4 册,第 124 页。

③ 补注:高昌斛为唐斛的 1/3。

论者皆以为辁质、史阿种等户田土面积虽然不同,但因各户田土的质量也不同,所以皆计田出银钱二文。笔者以为,这是一种误解。据笔者统计,此件田亩数俱存者共 27 户,占田情况如下:7 亩 1 户,6 亩 1 户,5 亩 60 步 1 户,5 亩 1 户,4 亩 180 步 1 户,4 亩半 1 户,4 亩 5 户,3 亩半 3 户,3 亩 40 步 1 户,3 亩 1 户,2 亩 220 步 1 户,2 亩 180 步 1 户,2 亩半 5 户,2 亩 80 步 1 户,2 亩 2 户,60 步 1 户。如果每户皆计田输租 2 文,那么,田土质量的档次至少也有 16 个之多,税率高者 7 亩 2 文,税率低者 60 步 2 文,高低相差 27 倍,再以算式表示之:若以 X_1、X_2……X_{16} 代表各户亩数,Y_1、Y_2……Y_{16} 代表因田土质量不同而加权的系数。若每户皆纳银钱 2 文,其结果也就是:

$$X_1 Y_2 = X_2 Y_2 = X_3 Y_3 = X_{16} Y_{16}$$

亦即康延隆、周某、孟某、赵众养、黄奴奴、朱海忠、和梅愿等户,田亩面积之比为 28:24:20:18:11.67:8:1……。而其田土质量之比又恰好是 1:8:11.67:18:20:24:28……。各户田土面积恰好与质量成反比。这种巧合,简直令人难以相信。倘若如此,与其说是计田输银钱,毋宁说是计户输银钱。

笔者认为,《辁质帐》不是每户各纳 2 文。而是集若干户之田土,合纳 2 文。从文书的格式看,该文书也不是于各户田土项下注明"出银钱二文",或于整件文书之后注明各出银钱二文,而是在一组人的田土之后写上"延寿八年辛卯岁六月七日出银钱二文"。这就表明,该帐历不是各户各出银钱 2 文,而是一组人共出银钱 2 文。类似情况,敦煌文书中亦有发现。今录于下,以资比较:

壬申年三月十九日敦煌乡官布籍:[①]

1. 布头阴善友柒拾捌亩,阴保升叁拾陆亩半,阴保住壹拾玖亩,张富通

2. 贰拾柒亩,安憨儿贰拾亩,安友住叁拾捌亩半,桥贤通拾柒亩张

3. 欺中壹拾伍亩。计地贰顷伍拾亩共布一匹。

4. 布头张衍奴壹顷柒拾柒亩,张灰灰贰拾叁亩,张万子肆拾肆亩半.

① 池田温:《中国古代籍帐研究》,东京大学东洋文化研究所 1979 年版,第 615~616 页。

5.　　赵通子肆拾肆亩。计地贰顷伍拾亩共布一匹。

（后略）

该件共存 40 行 84 户次，分为 19 组，每组都是"计地贰顷伍拾亩共布一匹"。相形之下，《鋋质帐》行文比较简略，既未记："钱头某某"（或"某某下"），又未记"计地若干亩"，以致引起误解。①

据统计，《鋋质帐》中，广昌寺等一组共有田 48 亩 160 步，鋋质一组除一户田亩不详外，共有田土 46 亩半 20 步。大体上可以认为是 50 亩左右合输 2 文。若折合为麦粟，大约是每亩 4 升上下，税额不算高，因臆此乃是一种附加税，而非正税。

三、诸种调

吐鲁番出土文书中，除调薪外，明确提及"调"的有以下三件文书。其一为 72TAM152：25 文书：②

（前略）

令　听脱蒲□□亩常　　大小调□
　　田肆亩租酒并　　□除。

其二为 72TAM152：26 号文书。③

（前缺）
殿下垂慈放脱，不胜所请，谨辞。
　　　　　　侍郎养生　　传

---

① 吐鲁番出土文书中合若干户田土为一组的文书也屡有发现，如《吐鲁番出土文书》第 4 册补遗第 63 页所录 68TAM99：4 号文书即是。
② 国家文物局古文献研究室等编：《吐鲁番出土文书》录文本，文物出版社 1983 年版，第 4 册，第 250 页。
③ 国家文物局古文献研究室等编：《吐鲁番出土文书》录文本，文物出版社 1983 年版，第 4 册，第 251 页。

令 听脱蒲桃租酒壹壹 亩 常田肆亩

□□ □调贰年除。

其三为高昌某寺条列粮食帐第 1 行：[1]

━━━━大调麦拾究斱陆━━━━

卢文据此推论当时可能有据地征收的大小调麦。谢文则根据高昌寺院条列粮食帐的行文习惯断定上引第三件文书，"大调麦"与"拾究斱陆……"之间应断开，而上引第一、二件文书中葡萄、常田与大小调之间有一"并"字，因此，既不能由此断定当时有大小调麦，也不能断定大小调和租酒一样亦系于田土。笔者以为谢文所论言之成理。但从其他文书判断，当时也确有系于田土的调。如 67TAM92：48（、b）号文书（《高昌诸寺田亩官绢帐》）：[2]

（前缺）

1. 赵里贤寺自田十亩半　王阿勒寺 〇一〇 ━━━━

2. 田七亩六十步　张阿忠寺树一株　绢半绵半

（后略）

67TAM92：46（a）等号文书（《高昌某岁诸寺官绢捎本》）：[3]

1. ━━━━岁官绢捎本

（中略）

21. ━━绢半绵半　田寺太觉绢半绵半　王寺昙意绢一绵一

安 寺

22. ━━ 绢 二绵二　郑寺绢一绵一　太后 寺 绢半绵半　中主寺

---

① 国家文物局古文献研究室等编：《吐鲁番出土文书》录文本，文物出版社 1981 年版，第 3 册，第 208 页。

② 国家文物局古文献研究室等编：《吐鲁番出土文书》录文本，文物出版社 1983 年版，第 5 册，第 175～179 页。

③ 国家文物局古文献研究室等编：《吐鲁番出土文书》录文本，文物出版社 1983 年版，第 5 册，第 181～183 页。

　　绢二绵二

　　（后缺）

　　笔者以为此即计田输绢绵，或绢半匹绵半斤，或绢一匹绵一斤，或绢二绵二，或绢五绵五……我以为，这里虽无"调"字，实际上也是一种调。时调绢亦有道俗之分，如《高昌乙酉、丙戌岁某寺条列月用斛斗帐历》[1]第40行即记：

　　　　床陆拾究酙，得钱陆拾究文，用上三月剂道俗官绢。

　　72TAM155:49号文书第1行：[2]

　　　　　　━━━━━━ 岁二月剂俗绢，将庆祐下 ━━━━━━

　　72TAM155:48号文书第1行：[3]

　　　　　　　━━━━━━ 岁三月剂俗绢拾肆文，练壹 ━━━━━━

　　67TAM366:5号文书：[4]

　　1. 永安五月剂俗逋绢钱七十一文半。次十月 剂

　　2. 逋 钱七文。

　　3. □宁 十月剂俗逋绢钱卅文。次僧逋 钱

　　（后缺）

　　64TKMl:34（a）号文书第5行：[5]

---

① 国家文物局古文献研究室等编：《吐鲁番出土文书》录文本，文物出版社1981年版，第3册，第229页。
② 国家文物局古文献研究室等编：《吐鲁番出土文书》录文本，文物出版社1981年版，第3册，第293页。
③ 国家文物局古文献研究室等编：《吐鲁番出土文书》录文本，文物出版社1981年版，第3册，第294页。
④ 国家文物局古文献研究室等编：《吐鲁番出土文书》录文本，文物出版社1981年版，第3册，第355页。
⑤ 国家文物局古文献研究室等编：《吐鲁番出土文书》录文本，文物出版社1983年版，第4册，第2页。

═══昌庚子岁二月剂俗═══参军隆信下,陆文,叠壹四亡═══

64TAM10:52/1,52/2号文书[①]第1行:

　　高昌壬午岁三月剂俗═══捌尺,合平钱贰拾肆文。

上述文书不仅证明调绢绵有道俗之分,而且还表明当时之绸绢常以钱折纳。此与史书所记高昌"赋税则计田输银钱,无则输麻布"适才相反。

除了调绢绵外,当时可能还有调牛羊、驿羊薪、驿马粟、行马钱、田亩小麦、刺薪等等。《高昌延寿十二至十五年康保谦入驿马粟及诸色钱麦条记》[②]第5、12、18、20各行即记:

　　5. 丙申岁十一月十日,康保谦入驿马□□

　　12. ═══入驿马粟陆兜,康保

　　18. 戊戌岁二月剂驿羊═══文半,十月十五日康保谦入,参军张
　　　　阿□

　　20. 伯相记。丁酉岁七月剂田亩小麦肆兜,十一月二日□□

章和五年(535年)取牛羊供祀文书[③]亦记:

　　1. 章和五年乙卯岁正月　　　日,^{辰英羊一口,供始耕,合二口。取严天奴羊一,供始耕。}次三月

　　2. 十一日,取胡未马勺羊一口,供祀风伯。次取麹孟顺羊一口,供
　　　　祀树石。

　　3. 次三月廿四日,康□羊一口,供祀丁谷天。次五月廿八日,取
　　　　白姚

　　4. 羊一口,供祀清山神。次六月十六日,取屠儿胡羊口,供祀

　　5. 丁谷天。次取孟阿石儿羊一口,供祀大坞阿摩。次

---

① 国家文物局古文献研究室等编:《吐鲁番出土文书》录文本,文物出版社1983
　年版,第5册,第67页。

② 国家文物局古文献研究室等编:《吐鲁番出土文书》录文本,文物出版社1983
　年版,第4册,第34～36页。

③ 国家文物局古文献研究室等编:《吐鲁番出土文书》录文本,文物出版社1981
　年版,第2册,第39页。

6. 月十四日,取康酉儿牛一头,供谷里祀。

牛羊、驿羊薪、驿马粟等的征调原则不详。康保谦等所入的丁酉岁(637年)"七月剂田亩小麦",显然是按亩征收。不过,此"田亩小麦"也许不是"调",而是"租"。张相憙不同时期所入的远行马钱分别为2文、4文,而某寺所入的丙戌岁(626年)七月剂远行马钱则为12文,以此估计远行马钱不是按户或按丁。笔者所见,调薪文书,各户所调刺薪都是"壹车"、"二车",若是据地征收,不会这么整齐。若是按丁征收,由于当时丁年的上限很早(15岁),所以,兼丁(2丁或2丁以上)之户很多,至少应与单丁之户大体相当。若是按丁调薪,一户二车或二车以上者也应该很多。但目前所见的调薪文书中,一户一车者多达103户,而一户两车者却只有7例,与当时丁口情况迥异。因臆当时是按户调薪,通常情况是一户一车,两户合一户者(诸如已成年的叔侄合户,已成婚的兄弟合户之类)则调薪两车。但当时诸多的调薪文书中皆未见女户,由此又可断定,无丁之户不在调薪之列。

附论:"某月剂"

这里顺便解释一下上引诸文书中"剂"字的含义。"剂"字的含义有二:其一为调和、调节,如《后汉书·刘梁传》:"和如羹焉,酸苦以剂其味";其二为分份、分别。如陶弘景《别录》:"分剂之法,古与今异";《律吕精义》:"纵黍之律,横黍之度,名数虽异,分剂实用";《宋书》卷63《沈演之附沈勃传》言沈勃"比奢淫过度,妓女数十,声酣放纵,无复剂限"。古代称买卖契券为"质剂",今日药物中的剂型、剂量,皆取此意。麹氏高昌时期出土文书,"剂"字多与月份连用,如"正月剂"、"七月剂"等等。可见,所谓"三月剂刺薪","九月剂刺薪",亦即三月份刺薪,九月份刺薪之意。所不同的是,今日所讲的月份,仅限于该月,而当时所讲的几月剂,则不限于当月。细察麹氏高昌出土文书,我们就不难发现,凡调物而又载明几月剂者,都不只一年一征,通常是一年两征。职是之故,一年一征者都不写某岁剂,也不写某年某月某日剂。目前所见麹氏高昌出土文书中,"剂"字不与月份连用者仅以下三例:

73TAM520:6/3—1号文书:[1]

1. 癸 丑 岁 ⬜⬜⬜⬜⬜ 齐 次十一月廿四日⬜

2. 轩斌传:起驿羊薪一齐(剂),合 两 齐薪入调

3. ⬜⬜⬜车康不粪入,康酉忠壹车,董阿善壹车,康师苟⬜

(后缺)

72TAM151:95文书:[2]

(前略)

次得前剂⬜遖钱柒迁(千)柒 ⬜⬜⬜

(后略)

72T AM151:62 号文书[高昌义和二年(615 年)参军条列高昌马鞍鞯帐]:[3]

1. 高昌马鞍鞯壹剂;将延兴下左涉泳壹具,将伯瑜

2. 下左涉泳壹具,将阿婆奴下自 壹 具 ,将佛保下冯众德

3. 壹具,将道 轨 ⬜⬜⬜受壹具,将佛苟下白弟弟壹具,

(中略4～9行)

10. 将显尊下祁显明壹具,明威庆武下建武壹具,将

11. 阿伯下同盂⬜怀壹具,将武崇政田⬜子壹具。

12.　　　　　都合马案(鞍)荐(鞯)贰拾贰具。

13. 义和二年乙亥岁十二月九日参军庆岳、主簿⬜儿、范、冯四人条

---

① 国家文物局古文献研究室等编:《吐鲁番出土文书》录文本,文物出版社 1981
年版,第 3 册,第 31 页。

② 国家文物局古文献研究室等编:《吐鲁番出土文书》录文本,文物出版社 1983
年版,第 4 册,第 151 页。

③ 国家文物局古文献研究室等编:《吐鲁番出土文书》录文本,文物出版社 1983
年版,第 4 册,第 173～174 页。

以上三例之"剂"字,也皆有"份","份额"之意。①

四、丁正钱、入臧钱、称价钱

阿斯塔那 507 号墓出土文书中有数件记及"正钱"或"丁正钱",其数皆为六文。有的学者认为,此处之"正"字,具有"基本的"或"主要的"含意。笔者认为,所谓"正钱"乃"正"所应交纳之钱。《汉书》卷 24《食货志》记董仲舒言秦代役制:"又加月为更卒,已,复为正一岁,屯戍一岁,力役三十倍于古"。《汉旧仪》也有"民年二十三为正"句。《三国志》卷 12《崔琰传》也记崔琰"年二十三,乡移为正"。可见,"正"即待役之丁。汉代以钱代役谓之"更赋"。麴氏高昌既然远承汉魏之制,那么,所谓"丁正钱"也就是一种代役钱。一剂一丁的丁正钱,既然是 6 文,若一年两征,也就是 12 文,数额相当可观。

麴氏高昌时期出土文书屡见钱物"入藏"、"以案在藏"、"负臧钱"、"逋臧钱"、"得臧钱"、"出藏钱"、"取藏钱"等字样。"臧钱"属何性质,颇令人困惑。考北凉时期的出土文书,有所谓"藏吏"、"内藏吏",因臆所谓"臧"、"藏",亦即内藏。若此说无大误,那么,所谓臧钱就不是一种特定的税目,而属于财政的分配管理范畴。②

---

① 补注:原稿这部分内容未单独立目,现以附录之目标出,以求醒目。高昌义和二年(615 年)参军条列高昌马鞍鞯帐(72T AM151:62 号文书),即(义和二年)十二月剂马鞍鞯的具体内容。该剂马鞍鞯,22 具为 1 剂。依此件安排,左涉汦、将阿婆奴、冯众德等都要缴纳(义和二年)十二月剂马鞍鞯。由此可见,所谓某月剂某物,亦即某月派定的某税物;"剂"与月份连用时,"剂"必须上读,不能破读为"剂驿羊薪"、"剂马鞍鞯"等等。关于高昌国时期有关赋役文书中"剂"的含义,武汉大学陈仲安先生《试释高昌国文书中之"剂"字》(收入唐长孺主编《敦煌吐鲁番文书初探二编》,武汉大学出版社 1990 年版)与日本学者关尾史郎《吐鲁番出土高昌国税制关系文书的基础研究(二)》(《新潟大学人文科学研究》第 75 辑,1989)也都有论列,可参看。

② 有学者认为:臧钱即"贓錢"。可备一说。

再谈"称价钱"。阿斯塔那 514 号墓出土一件《高昌内藏奏得称价钱帐》,①共存 74 行,今录前 4 行于下:

1. 起正月一日,曹迦钵买银二斤,与(于)何卑尸屈二人边得银钱二文。即日曹易 婆□

2. 买银二斤五两,与康炎毗二人边得钱二文。次二日,翟阤头买金九两半,与

3. □显祐二人边 得 ____。 次 三日,何阿陵遮买银五斤二两,与安婆□

4. □□□□钱五文。即日,翟萨畔买香五百七十二斤,㻛石叁拾 ____

应交称价钱的货物仅包括金、银、香、药、丝、㻛石等贵重物品。一般货物无须向内藏交纳称价钱。卢文以为征收称价钱的对象主要是往来胡商,谢文则认为凡在高昌境内进行贵重商品交易者都是征收称价钱对象。笔者以为,两说都有道理,但也都有疑点:此件载明,该岁正月上半月得称价钱 147 文,下半月因件残不详;2 月"无称价钱";3 月上半月 24 文,下半月 27 文;4 月上半月 21 文,下半月 32 文。而 5 月至 11 月上半月这半年多时间称价钱仅五六十文(其中,6 月下半月至 7 月上半月,9 月下半月至 10 月上半月竟全"无称价钱"),为何如此,令人费解。该帐记"阤买香一百七十二斤与何灸二人边得钱四文",而"安符夜门延买香叁拾三斤与安符夜门遮二人边"却又"得钱捌文",税率为何相差悬殊,也令人费解。

综上所述,麴氏高昌时期租赋役名色很多,僧俗的负担都很重,难怪乎当时有"赀租百役"之语。但比较而言,葡萄园租重,僧俗租粟麦较轻。计亩输银钱的附加税更轻。力役以计丁为主,但也有计田承役现象。役(或代役钱)的负担远重于租。各种调的征敛原则并不一致,既有据地的,也有据户的。而调的负担更甚于役。如高昌某寺,输租粟麦仅用 22.5 斛,而用于输"官绢"、"长生马后钱"、"远行马钱",却花床粟 91 斛,而此还不一定是全年之数。又如傅阿欢,仅一剂俗绢与远行马钱,就花

_____

① 国家文物局古文献研究室等编:《吐鲁番出土文书》录文本,文物出版社 1981 年版,第 3 册,第 318～325 页。

了 28 文,约折合粟麦 30 斛。其丁正钱与租粟麦虽不见载,但恐怕难及此数。本文所论可能还只是当时赋役的一部分。《高昌乙酉、丙戌岁某寺条列日用斛斗帐历》中有一项"麦贰酙肆兜柒升半,用上陆升敛"。此"陆升敛"就不知属何性质。阿斯塔那 159 号墓出土一份调马文书,[①]有的是"二人,马一匹";有的是"逻人……合五人,马二匹";家寺则计分分配马,每寺或半分,或一分、二分、三分,合"十分,马一匹"。究竟如何配法,也还不清楚。这些都有待于进一步研究。麴氏高昌的赋役制度,既有当地的特色,又受汉魏之影响,因此,很有必要进一步探明麴氏高昌赋役制度的特点,并借此推进汉唐间赋役制度的研究。

（原载《中国社会经济史研究》1989 年第 2 期）

---

① 国家文物局古文献研究室等编:《吐鲁番出土文书》录文本,文物出版社 1981
年版,第 2 册,第 330～332 页。

麴氏高昌田赋制度再探

关于麴氏高昌的田赋制度,卢开万、程喜霖、谢重光、郑学檬、关尾史郎等学者都有过论述,①但意见不一。笔者对此也曾参末议,②看来也是有对有错。现拟在众人研究的基础上,就一些问题再做探讨,以期将研究引向深入,且乘机纠正自己的某些失误。

研究麴氏高昌赋役制度,主要靠出土文书,因此,本文的研究,也就从有关出土文书的辨析入手。

---

① 参见卢开万:《论麴氏高昌时期的赋役制度》,收入《敦煌吐鲁番文书初探》,武汉大学出版社 1983 年版;程喜霖:《吐鲁番文书中所见的麴氏高昌的计田输租与计田承役》,收入《出土文献研究》,文物出版社 1985 年版;谢重光:《麴氏高昌赋役制度考辨》,《北京师范大学学报》1989 年第 1 期;郑学檬:《高昌实物田租问题探讨》,收入《敦煌吐鲁番出土经济文书研究》,厦门大学出版社 1986 年版;关尾史郎:《吐鲁番出土高昌国税制关系文书的基础研究——以条记文书的古文书学的分析为中心》(以下简称《条记文书研究》),《新潟大学人文科学研究》第 74、75、78、81、84、86 辑;关尾史郎:《关于高昌田亩〈得·出〉银钱帐——〈吐鲁番出土文书〉札记(10)》(以下简称《高昌田亩银钱帐札记》),见《吐鲁番出土文物研究会会报》第 64、65、71 号。
② 见《麴氏高昌土地制度试探》,《新疆社会科学》1987 年第 3、4 期;《麴氏高昌赋役制度管见》,《中国社会经济史研究》1989 年第 2 期。

一、按亩入供帐辨析

高昌国时期的吐鲁番墓葬中出土有数件按亩入供或按亩入斛斗帐，[①]现简要介绍其中最有代表性的一件——《高昌高乾秀等按亩入供帐》。该件出自阿斯塔那 88 号墓，同墓出土有延昌七年（567）墓表与随葬衣物疏，该件年代应在此之前。该件现存 5 断片共 12 行。其第三断片为：

<table>
<tr><td></td><td>九月七日，二□□□供作希瑾信；十二月十五，一斛付阿□□□祀</td></tr>
<tr><td>1. 玄领寺一半</td><td>胡天；次廿日，二斗，付成献，供相（厢）上；次三斗，贷弘志师；四斗，付神祐，供北厅；次二斗，付永忠，供鹿门；次廿四日，四斗，付忠和，供相上，至廿五日。合四斛五斗。</td></tr>
<tr><td></td><td>十二月十一日，文孝入五斗，付谦仁，供田地公；次正月十五日，酢一斛</td></tr>
<tr><td>2. 张文德二半</td><td>供作都施；次十五日八斗，付厕得，供从令尹役人；次一斛四斗半。合三斛七斗半，文孝入，其一亩六十步，巷（项？）中除。</td></tr>
</table>

此数件，可考者皆为亩 3 斛。程喜霖认为亩三斛是田赋，输的是麦、粟、床等。因为"麴氏高昌国小人少，机构简单，办事简省，因此有田赋随时输入随时出供的帐历"。郑学檬也认为亩 3 斛征的是粮食，"是高昌官府向民户、寺院征收的田租"。对于按亩入供帐中所见的"供相（厢）上"、"供北厅"、"供鹿门"、"祀胡天"、"入藏"等等，郑学檬都做了详细解释。谢重光则认为"亩纳 3 斛的数额已经等于或超过了民间租佃关系中的私租"，因此"这种输纳绝不能是国家凭其政治权力对于编户百姓的课税"，而是屯田民交纳的葡萄酒租。关尾史郎也认为此类文书中所见的亩 3

---

① 分别见国家文物局古文献研究室等编：《吐鲁番出土文书》录文本，文物出版社 1981 年版，第 3 册，第 183～186、190～192、316～323、369～373 页。为排版方便，引文未能尽依原行式。文书的拟名，仍《吐鲁番出土文书》之旧。

斛可能是酒租。论据之一是《吐鲁番出土文书》第 5 册第 157～158 页所录《高昌□污子从麴鼠儿边夏田、鼠儿从污子边举粟合券》就有麴鼠儿出租常田一亩半,污子除"亩交与夏价银钱拾陆文"外,还要"为鼠儿偿租酒肆斛伍兜(斗)"的规定,折算起来,恰好是租酒亩 3 斛;论据之二是,上引第一件张文德项下就有"酢"字。此外,关尾史郎也注意到,如果是租粟(或租麦)亩 3 斛,有可能超过佃户向田主交纳的田租。

笔者也曾认为"每亩入供三斛不大可能是向一般民户征收的作为国税的田租"。理由是当时作为国税的田租"远低于每亩三斛",且当时租佃契约中所见的租额也有低于每亩三斛者。据此,笔者曾以为每亩入供 3 斛应是租税合一的国有土地的田租。

现在看来,亩租 3 斛既不可能是政府向一般民户征收的作为国税的田租,也不可能是租税合一的国有粮田的田租,而应是民户葡萄园作为国税缴纳的酒租。除关尾史郎所举理由之外,还可补充以下几条:

(1)如果上引数件文书所记的田亩是粮田,那么,其田亩即应有厚田与薄田之分。厚田与薄田承役既不同,且差别甚大,[1]则其租额亦当有较大差别。但上引数件文书所见的租额却一律都是亩 3 斛。由此可见,上引数件文书所记的田亩断非粮田,而只能是葡萄园。因为葡萄园都是"厚田",所以在赋役负担中就不再区分档次。

(2)高昌延昌年间的户均垦田,可估计为大约 15 亩。若再扣除葡萄园、菜园、官田等等,则其户均粮田亦当不下 10 亩。而上引数件文书,包括寺院在内,"田土"最多者,也不超过 6 亩。由此益见,上引数件文书所登载的田亩绝非各户所耕种的粮田。

(3)上引数件文书,"入斛斗"或"入供"的月份,从正月到 12 月,月月都有。如果他们入的是粮食,那么,其所入的粮食品种必当随季节而变动(通常情况下,一夏收后秋收前,多数是入大麦、小麦、豆;秋收后则多数是入粟、床)。换言之,其所入的粮食品种绝不可能是单一

---

① 据国家文物局古文献研究室等编:《吐鲁番出土文书》录文本,文物出版社 1983 年版,第 4 册"补遗",第 64～65 页所收《高昌侍郎焦朗等传尼显法等计田承役文书》,或"薄田二亩,承厚田一亩役",或"薄田六亩半,承厚田二亩半(役)"。

的。但麦、豆、粟、<u>床</u>的价格又很不相同。据阿斯塔那 377 号墓出土的《高昌乙酉、丙戌岁某寺条列月用斛斗帐历》:①7 月份小麦每斛价格超过银钱 1 文("麦贰斛柒斗,得钱叁文"),大麦的价格约为小麦的八成("大麦贰斛伍兜,用贸小麦贰斛");8 月份,小麦每斛银钱 1 文("麦拾贰斛,得钱拾贰文"、"麦捌斛,得钱捌文");12 月份,粟 1 斛 4 斗至 1 斛6 斗仅值银钱 1 文("粟柒斛,得钱伍文"、"粟拾陆斛,得银钱拾文");3月份,粟 1 斛 3 斗值银钱 1 文("粟叁斛究兜,得钱叁文");4 月份,<u>床</u> 1斛银钱 1 文("<u>床</u>陆拾究斛,得钱陆拾究文")。麦、粟的价格差既然如此之巨,那么,其时的田租额即应依惯例以粟为准。民户交纳田租时(无论是官田的田租或民田作为国税的田租)都应注明是麦或是粟。麦粟的斛斗要经过折算后才可累加。然而,上引数件按亩入供或按亩入斛斗文书却全无此注记,每次交纳的斛斗都可简单累加,可见该项斛斗既非麦,亦非粟、<u>床</u>。

上引按亩入租酒文书都属税簿性质,时间都相对靠前,而延寿年间几件有关租酒的条记文书,亦即为民户交纳租酒凭证的税抄,年代都靠后,现依时间顺序移录数件于下:

其一,《高昌延寿二年(625 年)正月张意儿入租酒条记》:②

　　□昌甲申岁租酒,肯——鞠延阤、侍郎

　　□欢隆、谢遇、海祐——氾欢伯。延寿

　　□ 年 乙酉岁 正 ——意儿入

其二,《高昌延寿十二到十五年(635—638 年)康保谦入诸色钱麦粟条记》:③

①　国家文物局古文献研究室等编:《吐鲁番出土文书》录文本,文物出版社1981 年版,第 3 册,第 225～232 页。

②　国家文物局古文献研究室等编:《吐鲁番出土文书》录文本,文物出版社 1981年版,第 3 册,第 275 页。

③　国家文物局古文献研究室等编:《吐鲁番出土文书》录文本,文物出版社 1983年版,第 4 册,第 36 页。

（前略）

18. 戊戌岁二月剂驿羊☐☐文半，十月十五日康保谦入。参军张
    阿☐。

19. 乙未岁(635)租酒银钱☐文，丁酉岁康保谦入，唐

20. 伯相记。丁酉岁七月剂田亩小麦肆兜，十一月二日☐☐

其三，《高昌延寿十三年(636年)正月赵寺法嵩入乙未岁僧租酒条记》：[①]

高昌乙未岁僧祖究(租酒)☐☐下赵寺法嵩叁斛贰兜(斗)
☐军巩延岳、张庆俊、郭乐子、翟怀愿、氾延☐☐☐☐☐
☐☐岁正月廿六日入。

其四，《高昌延寿十三年(636年)十二月赵寺法嵩入当岁僧租酒条记》：[②]

高昌丙申岁僧祖☐☐☐☐下赵寺法嵩
叁斛贰兜。参军张☐☐☐☐、☐欢海、杜海明
十二月四日入

张意儿的葡萄园亩数，见于《高昌勘合高长史等葡萄园亩数帐》，应为2亩(文书下缺，也可能是2亩多)，可惜其租酒额残缺。赵寺法嵩的租酒为3.2斛，又可惜缺其葡萄园步亩，致使我们无法判断民户葡萄园的租酒额于延寿年间曾否变化。但有两点可以肯定：一是延寿年间民户葡萄园的租酒多是(或都是)每岁一次交纳；二是至迟从延寿十二年起，租酒可以折银钱。

---

① 国家文物局古文献研究室等编：《吐鲁番出土文书》录文本，文物出版社1981年版，第3册，307页。

② 国家文物局古文献研究室等编：《吐鲁番出土文书》录文本，文物出版社1981年版，第3册，308页。

二、《高昌将显守等田亩得银钱帐》
与《高昌延寿八年锋质等田亩出银钱帐》辨析

《高昌将显守等田亩得银钱帐》①（以下简称《显守等田亩银钱帐》）
格式如下：

（前略）

5.半亩拾伍步,得银钱参文;冯伯相究拾步,得银钱叁文,——

6.相半亩,得银钱贰文;王明惠肆拾步,得银——

7.文;麴郎文玉陆拾步,得银钱贰文;康□——

8.得银钱壹文;赵贤儿陆拾步,得银钱壹——

9.翟惠儿叁拾步,得银钱壹文;赵信惠——

（后略）

《高昌延寿八年（631年）隆质等田亩出银钱帐》）（以下简称《隆质等
田亩银钱帐》）②格式如下：

1.□锋质田四,史阿种田四亩半六十步,和□愿田六十步,高延豉
（中略）

5.延锋田七,系保悦田二半,延寿八年辛卯岁六月七日出银

6.钱二文。

7.广昌寺田四,孟口□田五,左武相田三,白口口田二,秃发伯
（中略）

10.田四,樊庆隆田二半,良朋悔田三半,

11.延寿八年辛卯岁六月七日,出银钱二文。

《显守等田亩银钱帐》出自阿斯塔那78号墓,同出文书有纪年者为

---

① 国家文物局古文献研究室等编:《吐鲁番出土文书》录文本,文物出版社1983
年版,第4册,第68~70页。
② 国家文物局古文献研究室等编:《吐鲁番出土文书》录文本,文物出版社1983
年版,第4册"补遗",第50页。

延寿十一年(634 年)与贞观十四年(640 年)。关尾史郎《高昌田亩银钱帐札记》一文据《显守等田亩银钱帐》所盖的《奏闻奉信》朱印与"麴郎文玉"人名,考定其年代当为七世纪三十年代。

关于《镬质等田亩银钱帐》,曾有人以为镬质等户,每户各出银钱 2 文。笔者以为乃集若干户为一组(约 50 亩),共出银钱 2 文。其所纳乃是一种附加税,而非正税。关尾史郎亦取此说。

笔者曾以为《镬质等田亩银钱帐》中所记的是粮田,论者亦或以为是一般民田。现在看来,此论亦须再斟酌。高昌时期户均垦田数(不含葡萄园、菜园等)应不低于 10 亩。而此件所见的 27 户中,户均田土仅 3.53 亩,远低于每户 10 亩的平均数;其田土最多者亦仅 7 亩,亦不及 10 亩之数。由此我们可以肯定,此件所登记的田亩必非各户所占有(或耕种)的全部粮田。

若谓此件所登记的田亩是各户所有(或耕种)的葡萄园,那也有问题。与下表高昌国时期的各件葡萄园帐籍相比,除五塔等寺寺均葡萄园亩数较多外,其他各件的户均葡萄园亩数都远低于此件。由此推测,此件登载的田亩数似乎亦非民户的葡萄园亩数。它或许只是民户的部分粮田。

表 1 镬质等田亩银钱帐与各件葡萄园帐籍之比较

户数与田土情况 统计对象	户数	田亩最多者	田亩最少者	户均亩数
高乾秀等按亩入供帐(567 年以前)	7	2.5 亩	60 步	1.43 亩
张众养等按亩入供斛斗帐(568 年以前)	9	5 亩	1 亩	2.5 亩
和婆居罗等田租簿(592 年)	24	2 亩 90 步 (2.375亩)	1 亩	1.5 亩
五塔等寺计亩入斛斗簿(587 年前后—600 年前后)	4	6 亩	2 亩 60 步 (2.25 亩)	4 亩 226 步 (4.94 亩)
《张武顺等葡萄园亩数及租酒帐》(《吐鲁番出土文书》录文本,第 3 册,第 50~55 页)	38	5 亩 60 步 (5.25 亩)	60 步 (0.25 亩)	1 亩 165 步 (1.69 亩)

续表

户数与田土情况 统计对象	户数	田亩最多者	田亩最少者	户均亩数
《苻养寺等葡萄园得酒帐》 （《吐鲁番出土文书》录文本， 第3册，第56~57页）	18	2亩180步 （2.75亩）	1亩	1亩140步 （1.58亩）
《高长史等葡萄顷亩帐》（《吐 鲁番出土文书》第4册"补遗"， 第62页）	14	2亩180步	44步	1亩176步 （1.73亩）
《酢酒名簿》①（《吐鲁番出土文 书》第4册"补遗"第6~15页）	61	4亩	60步	1.28亩
《餘质等田亩银钱帐》	17	7亩	60步	3.53亩

再看《显守等田亩银钱帐》。卢开万认为此件反映的是按土地质量来收租课，证实了史籍所记的"计田输银钱"。言下之意，这里登记的都是民田。程喜霖认为此件输银钱的标准是田30步以下输银钱半文，30至60步输1文，60步至半亩输2文，半亩15步至半亩30步输3文，一亩输4文半。但也有例外，有2户是60步输2文，1户是90步输3文，可能与田土质量有关。程喜霖怀疑《餘质等田亩银钱帐》，输出的是夏租，《显守等田亩银钱帐》的输钱则是秋收后将差额补齐。谢重光认为《显守等田亩银钱帐》中的田土属于屯田上的葡萄园等经济作物地，而且是佃租，不是课税。笔者也曾以为此件登记的田土是葡萄园；此件田土的负担分为每亩8文与每亩4文两种，很可能是按田土质量定税率。关尾史郎注意到此件文书含官员9例、僧侣8例、寺院2例、作人3例、镇家1例、一般俗人11例，另8例不详。认为高昌时代的作人乃隶属于官员、僧侣、寺院、一般俗人的隶属民，为他们所有，而且可以继承与买卖。按常理，他们不可能私有土地，官府也不可能将他们与本可作为他们所有者的官员、僧侣等一起作为保有田土的主体同等看待。该件所谓的镇家即镇西将军府，假设让这样的官府与一般俗人一样承担田租，也不可能。关尾史郎因而认为，该件所登记的田土不是他们保有的田土，而只

① 《酢酒名簿》共七件，仅登记各户应纳斛斗数，而未记其葡萄园步亩，今按亩3斛这一比率推算出各户的葡萄园步亩。

是他们耕作的田土。田土的性质是官田或屯田。银钱帐上的银钱不是田租,而是代替以徭役形式耕作官田的代役钱。

以上各家所论,都有一定道理,但也都有疑问。高昌国时期,包括屯田在内的官田甚多,但官有的葡萄园却为数甚少。

下面我们再将《显守等田亩银钱帐》残卷中的各户田土面积与已知的各葡萄园帐进行比较:

表 2 《显守等田亩银钱帐》所见田土面积及相应户数

面积	30 步	40 步	60 步	70 步	90 步	半亩	135 步	150 步	1 亩
户数	4 户	2 户	16 户	1 户	3 户	3 户	1 户	3 户	2 户

此件计 35 户,户均 83.6 步(0.35 亩),远比已知的各葡萄园帐中所见的田土为小。因而不能将其推测为葡萄园。

那么,这些田土是否为科派官吏、僧侣、寺院、一般俗人、作人耕种的官田(或即屯田)?该帐所见的银钱是否为代替以徭役形式耕种官田的代役钱?笔者以为无此可能。首先,如果它是代役钱,那就表明此前官府曾科派官吏、僧侣、寺院、俗人、作人耕种这些官田。官吏、僧侣、寺院也须派耕官田,而且往往要耕得比一般俗人或作人多,①似乎不合情理。其中,从延寿年间高昌《田亩作人文书》得见,当时的官田在科派劳役时不是划定面积,包耕包种,②而是计算其劳动日,如《高昌延寿四年(627年)威远将军麴仕悦记田亩作人文书》③所示:

　　丁亥岁四月十一日,□□亩作人 赵 善海壹

　　人伍日作,车牛 壹 □□日作。

① 《显守等田亩银钱帐》中,田亩最多的 5 户即镇家、郎中寺、将显守、僧海惠、僧昙冒力,恰好都是官吏、寺院、僧侣。

② 如果是划定面积,包耕包种,那实际上也就是租佃。既然是租佃,那就只有租额与地租形态问题,而无所谓代役钱。

③ 国家文物局古文献研究室等编:《吐鲁番出土文书》录文本,文物出版社 1981年版,第 3 册,第 304～306、278～279 页。

□□将军麴仕悦印

如果这些田亩作人(或其主人)要以钱代役的话,也只能是按日计代役钱,绝不至于按田亩面积计代役钱。

从《显守等田亩银钱帐》各户田亩面积小者仅 30 步、40 步,大者也不超过 1 亩,户均仅 83.6 步这一情况看,我以为这些田亩很可能是菜园。菜园的面积通常就比较小。我们从《吐鲁番出土文书》见到的麴氏高昌与唐代西州时期的菜园,小者确实只有 30 步(见《吐鲁番出土文书》录文本,第 3 册,第 310 页《高昌重光四年孟阿养夏菜园券》所见的赵寺法嵩的武城渠菜园)、40 步(见《吐鲁番出土文书》录文本,第 6 册,第 406 页《唐龙朔元年左憧憙夏菜园契》所见的崇化乡大女吕玉赶的张渠菜园),大者也恰好是 1 亩(《吐鲁番出土文书》录文本,第 10 册,第 301 页《唐孙玄叁租菜园契》所见的马寺菜园)。

现在剩下的问题是,作为隶属民的"作人"是否有可能拥有菜园?我以为可能。《吐鲁番出土文书》录文本,第 1 册,第 191 页即录有一件《高昌延昌二十二年(582)康长受从道人孟忠边岁出券》,件录于下:

> 延昌廿二年壬寅岁二月廿二日康长受
> 从道人孟忠边岁出,到十一月卅日还
> 入正作。岁出价要得床麦伍拾斛,麦
> 贰拾件(伍),床贰拾伍,平斗中取,使净好。
> 若过其(期)不偿,听拽家财,平为麦直。
> 若长受身东西毛(无?),仰妇儿上(偿)。二主先和
> 后卷(券),卷成之后,各不得返悔,悔者一倍(赔)二,
> 入不悔者。民有私要,各自署名为信。
> 时见　　　　倩书道人法□
> 　　　　焦三安

从上件可知,作人康长受虽隶属于僧侣孟忠,但他有自己的家庭,有

独立的经济。作人还可以与他人签订租佃契约。① 这种"作人",私有一小块菜园,亦应是情理中事。② 官吏、僧侣、寺院、民庶、作人都有菜园,而官吏与某些寺院的菜园又大于一般民庶与作人,也合乎常情。

高昌国时期,葡萄园与粮田既分别科税,菜园也自有单独科税的可能性。菜园收益高,税额自然也高,一亩科以 4 文半,约合麦 5 斛左右(高昌斛),也很可能。

至于为什么有的菜园平均每 30 步课银钱 1 文,有的菜园平均每 60 步课银钱 1 文,目前仍未得确解。程喜霖与关尾史郎分别提出的随着田亩面积的增大,赋课率相对降低的见解,可备一说。

三、僧俗租麦粟与官田出租

吐鲁番出土文书未见民田租麦粟的税历,却有数件收取俗租麦粟的税抄。择要移录于下:

1.《高昌重光三年(622 年)张熹儿入俗租粟条记》:③

> 高昌辛巳岁俗租粟,张熹儿▭▭▭
>
> □悦、参军郭都、翟怀愿、氾延明壬午 岁 □□
>
> 廿 六日入。高昌庚辰岁租粟,张熹儿捌兜,壬午□□
>
> 粟捌兜,儒林参军孟斌、参军和住儿、员延□、□
>
> 相怀,壬午岁十一月▭▭▭

---

① 见国家文物局古文献研究室等编:《吐鲁番出土文书》录文本,第 5 册,第 240～241 页,《高昌延寿九年(632 年)曹质汉、海富合夏麦田券》。该租佃契田主姓名部分适残损,但契中提到张奋武,此人或即"作人海富"的主人"张参军",若果然如此,那么,作人与其主人之间仍是一种契约关系。

② 倘若官府可以越过"作人"的主人,直接向"作人"派役(或征收代役钱)。自然也可以直接向"作人"保有的菜园征收园租。

③ 国家文物局古文献研究室等编:《吐鲁番出土文书》录文本,文物出版社 1981 年版,第 3 册,第 271 页。

2.《高昌延寿元年(624年)十二月张憙儿入俗租粟条记》：①

高昌甲申岁(624年)俗租粟，[张]憙儿捌兜，儒林参军

孟玉斌、参军和住＿＿＿＿十二月廿五日入。

3.《高昌延寿十二年(635年)张阿欢入俗租麦条记》：②

[高]昌

[田]地乙未岁俗租麦张[阿]＿＿＿

　　　　　　八月十九

4.《高昌延寿十七年(640年)张阿欢入己亥岁俗租小麦条记》：③

＿＿＿己亥岁俗租小麦，张阿欢肆＿＿＿

＿＿＿翟怀旻、氾明□，庚子岁＿＿＿

(后缺)

张憙儿的粮田数不详，但他既有葡萄园2亩(或2亩多)，则其粮田自当不少。在《田亩作人文书》中，我们见到张憙儿曾出供"田亩作人"2名，在雇工契中又见张憙儿以银钱6文与若干斛斗雇人耕作，④以此推测张憙儿所拥有的粮田当超过户均14亩左右的平均线。张憙儿岁租粟8斗，可见其时每亩的俗租粟仍以升计。

关于僧租麦、粟的税抄虽未发现，但有阿斯塔那377号墓出土的《高昌乙酉、丙戌岁某寺条列月用斛斗帐历》可资推算。丙戌年二月，该寺用麦"贰拾肆斛作田种"。《齐民要术》卷2《大小麦》记："小麦宜下田。八月上戊社前为上时(原注：搣者，用子一升半也)；中戊前为中时(原注：用子二升)；下戊前为下时(原注：用子二升半)。"可见冬小麦的用种量通常

---

① 国家文物局古文献研究室等编：《吐鲁番出土文书》录文本，文物出版社1981年版，第3册，274页。

② 国家文物局古文献研究室等编：《吐鲁番出土文书》录文本，文物出版社1983年版，第5册，第242页。

③ 国家文物局古文献研究室等编：《吐鲁番出土文书》录文本，文物出版社1983年版，第5册，第243页。

④ 国家文物局古文献研究室等编：《吐鲁番出土文书》录文本，文物出版社1981年版，第3册，第279、281页。

是亩 2 升,春小麦的用种量大体与此相近。不过这里说的可能是大斗,而高昌国当时实行的是小斗制,大小斗之比约为 3：1。若此,其时小麦的用种量即应为亩 6 升。以此计之,24 斛即可种 400 亩左右。该寺是否另有田土出租,不详。该寺乙酉年 12 月以"粟拾陆斛伍兜,用输祖(租)"。即以该寺直接经营的 400 亩左右粮田计之,每亩的租粟也就是 4 升上下。该寺共输多少租麦,不详,估计应不多于租粟。要言之,其时每亩的僧租麦粟不过数升。俗租麦粟或许应高于僧租麦粟,即使如此,其时每亩的俗租麦粟也只是 1 斗上下。

论者或以为上引《条记文书》所记的田租额不是一年的赋课总额,而只是一次的纳入额。笔者以为并非如此。如果是一年数度交纳,那么,按条记文书的惯例,就应记为某岁某月剂俗(或僧)租麦(或粟)。但实际上,上引 4 件条记文书都是记为"某岁俗租麦(或粟)"。这表明,当时当地的田赋虽是一年两输,[①]但就租麦(或租粟)而言,仍只是一年一输。

关于官田的租佃,出土资料不多。阿斯塔那 103 号墓出土一件《唐侯菜园子佃田簿》,[②]该簿记载侯菜园子原佃常田 18 亩半 90 步,部田 11 亩,按一丁常田 4 亩、部田 2 亩标准授田后,还剩常田 8 亩半 60 步以"上价",常田 6 亩 30 步与部田 4 亩以"中价",部田 5 亩以"下价"交租,共征大麦 12.475 斛,小麦约 5.5 斛。由此可知,侯菜园子原佃的是官田。租价分 3 档,上价者显然超过亩 1 斛,中价者约 1 斛,下价者低于 1 斛(皆唐量)。[③] 该件无纪年,同出文书有纪年者为唐贞观十八年(644 年),该件年代亦当与此相近,亦即唐平高昌后不久。该件所反映的官田出租情况应即源于高昌时期,其租价亦应与高昌时期相近。(唐平高昌后,可能保持原办法、原租额,也可能稍为调低租额以示德政。)

---

① 从历史的传统来看,隋唐以前,田租都是一年一输。此与当时北方基本上都还是一年一熟有关。高昌国的情况比较特殊,因其地"气候温暖,谷麦再熟",所以一年两输。

② 国家文物局古文献研究室等编:《吐鲁番出土文书》录文本,文物出版社 1983年版,第 4 册,第 239～240 页。

③ 补注:池田温先生《初唐西州土地制度管见》(原载《史滴》第 5 号,1984,中译文见《唐代均田制研究选译》,甘肃教育出版社 1992 年版)估算:上价为小麦 9斗,部田中价为大麦 7.5 斗,常田为小麦 7.5 斗,下价为小麦 5 斗。可参看。

小　结

　　高昌的赋役制度既有远承魏晋制度的一面,又有自己的特点。后者主要是根据本土"地多石碛,气候温暖,谷麦再熟,宜蚕,多五果……多蒲陶酒。俗事天神,兼信佛法"①这一特殊的自然条件与经济、人文特点。高昌粮田的田赋是计亩征实物,一年两征(一次征麦,一次征粟),租额不高,僧俗有别。有葡萄园则课租酒,延昌年间前后的租额是亩3斛,一年可分数次入供(或直接送纳指定地点),后来则改为一次交清。不迟于延寿十二年,又改为可以折纳银钱。菜园也是单独科税,课银钱,税额亦高。

　　至于官田的作为封建地租的租额则因地、因作物而异,远高于一般民田的田赋。

　　(原载中国魏晋南北朝史学会主编:《魏晋南北朝史研究》,湖北人民出版社1996年版)

---

① 《隋书》卷83《西域·高昌》。

唐代西州青苗簿与租佃制下的地税

隋朝与唐前期,在征收租调的同时,还征收户税与义仓地税。户税据户等按户征收,租调力役按丁,而不管其"受田"之多、寡、有、无;义仓地税则经历了按亩征收与按户等征收的变化。隋唐时期,租佃制已很盛行(麴氏高昌与唐代西州尤其如此)。租佃制对租庸调以及户税的征收没有直接影响。而对义仓地税,则有由谁交纳的问题。

一、据唐代令式与西州租佃契,地税应由田主承担

隋开皇五年(585年),长孙平建议设置义仓,规定"诸州百姓及军人,劝课当社,共立义仓。收获之日,随其所得,劝课出粟及麦,于当社造仓窖贮之。即委社司,执帐检校,每年收积,勿使损败"。[①] 当时的义仓是官督民办,由社司掌管义仓的收贮与出纳,[②]尚未规定全国统一的征收标准。但既然说"劝课当社,共立义仓",且又"劝课"军民出粟麦,就必定带有一定的强制性,只是尚未成为正式的义仓税而已。至开皇十五年(595年)二月,规定"北境诸州"与"云、夏、长、灵、盐、兰、丰、鄯、凉、甘、瓜等州,所有义仓杂种,并纳本州"。翌年正月又规定秦、叠等二十余州社仓,"并于当县安置"。二月,"又诏社仓准上中下三等税,上户不过一石,中户不过七斗,下户不过四斗"。[③] 从此,义仓便从官督民办变为官

---

① 《隋书》卷 24《食货志》。

② 职是之故,才会出现《隋书·食货志》所述"是时,义仓贮在人(民)间,多有费损。……百姓之徒,不思久计,轻尔费损,于后乏绝"的情况。

③ 《隋书》卷 24《食货志》。

办,变成一种正式的税。"及大业中,国用不足,并取社仓以充官费。故至末途,无以支给",①义仓制度遭到破坏。

唐高祖武德元年(618年)九月企图恢复社仓制度,然时值戎马倥偬,故未见效。至贞观二年(628年),戴胄又建议恢复义仓,"请自王公以下,爰及众庶,计所垦田稼穑顷亩,至秋熟,准其见在苗以理劝课,尽令出粟。稻麦之乡,亦同此税。各纳所在,为立义仓。若年谷不登,百姓饥馑,当所州县,随便取给"。经过讨论,唐太宗采纳了户部尚书韩仲良的意见,规定"王公以下垦田,亩纳二升。其粟麦粳稻之属,各依土地,贮之州县,以备凶年"。② 至高宗永徽二年(651年),又改为"率户出粟":上上户五石,上中户以下递降。③ 后来不知哪一年又改回"据地取税"。按户等纳地税时,由于据以定户的资产包括田产,而承租的田土又不可能构成佃户的资产,所以,就只能由田主承担地税。"据地取税"时,按令式规定,也应由田主承担。《唐六典》卷3载:

> 凡王公已下,每年户别据已受田及借荒等,具所种苗顷亩造青苗簿,诸州以七月已前申尚书省,至征收时亩别纳粟二升以为义仓。(原注:宽乡据见营田,狭乡据籍征。若遭损四已上免半,七已上全免。其商贾户无田及不足者,上上户税五石,上中已下递减一石,中中户一石五斗,中下户一石,下上七斗,下中五斗,下下户及全户逃,并夷獠薄税,并不在取限。半输者准下户之半,乡土无粟,昕纳杂种充。)凡义仓之粟,唯荒年给粮,不得杂用。(原注:若有不熟之处,随须给贷及种子,皆申尚书省奏闻。)

王公百官的田土自然不可能自耕,大多数应出租给佃户耕种。王公

---

① 《通典》卷12《轻重·平籴·常平义仓》。
② 《旧唐书》卷49《食货志》。
③ 《旧唐书·食货志》记为:"高宗永徽二年六月救:义仓据地收税,实是劳烦。宜令率户出粟,上上户五石,余各有差"。此盖撮救令大旨,而非录其原文。《通典》卷12载"开元二十五年定式",内容略同于《唐六典》卷3而较简略。《唐六典》卷3所记上中以下户的纳粮标准很可能即是永徽二年以后"率户出粟"的标准,唯下下户可能免,也可能不免。如果不免,每户估计应出粟二三斗。

百官既然要交地税,这就表明,出租的田土应由田主交税。再从"已受田"与"借荒"等等这一角度来看,所谓"已受田",当然是指户主(亦即田主)的"已受田",佃户佃耕的田土,不可能称作佃户的"已受田";所谓"借荒",也不可能算在佃户名下。"已受田"之外的各种"私田"(《唐六典》所讲的"借荒等",当包括私田等等在内),也只能记在田主项下。① 总而言之,按令式规定,佃户并无交纳地税的义务。唐宣宗《两税外不许更征诏》讲得也很清楚:"青苗两税,本系田土。地既属人,税合随去",也就是说系于田上的青苗、地税等应随土地所有权的转移而转移,而与谁实际耕种这一块土地,并无直接关系。

再看唐代西州租佃契约中有关赋役负担问题的规定。笔者所见 40多件唐代西州租佃契中,除一部分件残无法判断外,只有 5 件未记赋役负担问题(龙朔三年张海隆、赵阿欢仁"舍佃"契,垂拱三年杨大智佃前里正史玄政摊逃田契,天授三年张文信于康海多边预付租价的租佃契,开元二十五年某"麦主"于左小礼边预付租价租佃契,大历前后朱进明等转租田土的租佃契),其余 31 件都明确规定应由田主负担租输百役。

如贞观二十二年(649 年)武城乡傅阿欢从范酉隆边预付货币地租的租佃契(64TAM10:34 号文书)规定:"田中租殊佰役,仰田主承了,渠□□谪,仰傅自承了。"乾封元年(666 年)左幢喜从魏相喜边后付实物地租的租佃契(64TAM4:43 号文书)规定:"若田有祖殊佰役,一仰田主;渠破水谪,一仰佃田人当。"龙朔元年(661 年)武城乡孙沙弥子于顺义乡李虎祐边预付实物地租的租佃契(64TAM10:39 号文书)规定:"祖殊 佰役 ,仰田主了;渠破水□,□更(耕)田仁(人)承当。"

---

① 《唐六典》卷 3 自注:"宽乡据见营田,狭乡据籍征",这是因为宽乡人少地多,有一部分田土属于休耕地,故只能据现营田征地税。在人多地少的狭乡,因不存在休耕地问题,故只能"据籍征"。然此所谓"籍"并非指一般的户籍。因为一般的户籍只记各户的"已受田",而不包括"借荒等"。私意,"狭乡据籍征"的"籍"应包括各户"已受田及借荒等"所有田土。因为狭乡一般不存在休耕问题,故这种"籍"实际上也就是"户别青苗簿"。狭乡之所以要"据籍征"而不像宽乡那样"据见营田",是为了保证应征地税总额不至于因为有田不耕而减少。换言之,狭乡若有田不耕,照样要课地税。

以上大体上都是粮田的租佃。耕种经济作物的田土也是如此。如高宗朝某人佃菜园契(65TAM40:35号文书)规定:"租殊伯役,壹仰菜园主承了,渠破水谪,仰佃菜人承了。"

乾封元年左幢憙从王输觉边佃葡萄园租佃契(64TAM4:45号文书)规定:"桃(萄)中渠破水谪,仰夏桃子秌人了;祖殊佰役,仰桃主了。"

笔者所见唐代西州租佃契中实行分成租的仅两件,其中一件(即张海隆、赵阿欢仁"舍佃"契)未规定租输百役由谁负担,另一件(即64TAM15:27号文书权僧奴佃田契)则规定:"▭▭▭▭百役,仰田▭▭▭▭"。该件虽残缺不全,仍可断定为"租输百役,仰田主了"。

要言之,目前所见唐前期西州租佃契中尚未见明确规定租输百役仰佃田人者。

二、据唐代西州青苗簿,地税当由佃人承当

综上所述,无论是根据唐代法令的规定,还是根据唐代西州租佃契,地税都应由田主祗承。既然如此,在租佃情况下,地税应由田主承担似乎已毋庸置疑。

但唐代西州青苗簿所反映的情况又适才相反。唐代青苗簿有两种:一种是按地域(就西州而言,就是按渠堰)造青苗簿;一种是户别青苗簿。前者是后者的基础。按地域编造的青苗簿,敦煌出土文书中尚未见,而吐鲁番则多有发现。户别青苗簿,唐代西州尚未见(就《吐鲁番出土文书》录文本1~7册而言),而敦煌文书中却有一件,转录于下:

(前缺)

一段十一亩　城北卅里宜谷渠　东道　西渠　南渠　北渠
户主石海达见受田七十四亩
　廿七亩麦
一段廿一亩　城北卅里宜谷渠　东王山林　西渠　南贺达　北自田
一段六亩　城北卅里宜谷渠　东渠　西石庆达　南庆达　北渠
　廿九亩粟

一段一亩　城北卅里宜谷渠　东王林　西自田　南自田　北王林

一段七亩　城北卅里宜谷渠　东荒　西自田　南邓珤　北荒①

（后缺）

目前所见唐及武周时期西州诸渠堰青苗簿件数较多,其所登录的内容也不尽相同,大体上有以下几种格式:

(1)具载户主姓名、青苗亩数、自耕或出租、佃人姓名与乡别等。如大谷 2368 号文书。②

(2)除前项内容外,又记当季所种作物。如大谷 2372 号文书。③

(3)除前项诸内容外,更增田亩四至。如大谷 1209 号文书。④

(4)同前一项内容,唯不记所种作物。如大谷 2845、大谷 2851 号文书。⑤

以上四种形式的诸渠堰青苗簿,各段田土所种植的作物以及田亩四至,既可登录于青苗簿,也可以省略,唯户主姓名、当渠堰该户田土面积、自耕或出租、佃人姓名、田主或佃人乡别等,则为各种形式青苗簿所必备。诸渠堰青苗簿之所以要注明田主或佃人乡别,是因为唐代西州同一乡或同一渠堰的田土常分属于许多乡的人户,而且由许多乡的人户佃耕。⑥ 如上引大谷 2368 号文书,该渠堰田土即分属宁大乡、尚贤乡、安西乡等三乡,且为此三乡民户佃耕。在此情况下,如不注明田主或佃人

---

① 池田温:《中国古代籍帐研究》,东京大学东洋文化研究所 1979 年版,第 338 页。该件多有涂改痕迹,未照录。

② 池田温:《中国古代籍帐研究》,东京大学东洋文化研究所 1979 年版,第 322 页。

③ 池田温:《中国古代籍帐研究》,东京大学东洋文化研究所 1979 年版,第 325 页

④ 池田温:《中国古代籍帐研究》,东京大学东洋文化研究所 1979 年版,第 332 页。

⑤ 池田温:《中国古代籍帐研究》,东京大学东洋文化研究所 1979 年版,第 332 页。

⑥ 参看韩国磐教授主编《敦煌吐鲁番出土经济文书研究》一书所收拙作《麴氏高昌与唐代西州、沙州租佃制研究》附表六与《唐代西州欠田、退田、给田诸文书非均田说补证——兼论唐代西州的两种授田制度》附表三。

乡别,就无法编制据以征收地税的户别青苗簿。

然而,值得注意的是:(1)诸渠堰青苗簿中,主佃双方只有一方注明乡别,绝无主佃双方并注乡别之例;(2)如系出租田土,一般只注佃人乡别,而不注田主乡别。笔者目前所见唐代西州诸渠堰青苗簿约有 50 断片。其中有 90 段出租田土注明佃人乡别,12 段出租田土注明田主乡别,6 段出租田土未注田主或佃人乡别。明确注明佃人乡别的地段约占出租田土总数的 83% 左右(按地段计,而非按面积计)。未注佃人乡别者很可能与田主同乡,或者是该渠堰所在乡人,或者可参见同件文书其他各行。[1] 如大谷 2847 号文书:[2]

1. 成家堰王渠堰头竹辰住

   昌

2. 竹达子一亩_{竹辰住佃}　东吴德?师　南竹住　西渠　北丁尉

   昌

3. 竹辰住二亩_{自佃}　东康海善　西渠　南道　北竹达子

4. 康海善四亩_{自佃}　东索僧奴　西竹住　南张汉姜　北马才仕

   昌

5. 张汉姜二亩_{竹住佃}东索僧奴　西渠　南街?北康善

6. 索奴僧二亩_{佃人竹辰住}　　＝＝＝＝

(后缺)

此件现存五户,皆宁昌乡人。竹辰住既是田主,又是竹达子、张汉姜、索僧奴该渠堰田土的佃人。竹达子、张汉姜、索僧奴该渠堰田土佃人项下虽未注佃人乡别,但从残卷第 2 行已可判明其乡别。又如73TAM501:109/3 号文书:[3]

---

① 笔者在进行如上统计时,已将可参见附件文书其他各行者算作明确注明佃人乡别的地段。因唐代西州诸渠堰青苗簿都残缺不全,故必定仍多本可参见同件文书其他各行而又因件残而难判断者。

② 池田温:《中国古代籍帐研究》,东京大学东洋文化研究所 1979 年版,第 333页。

③ 国家文物局古文献研究室等编:《吐鲁番出土文书》录文本,文物出版社 1986年版,第 7 册,第 194 页。此件第 3 行"种种"应系"种秋"之误。

1. 王渠孙师？□(下残)

尚

2. 氾申居壹亩种秋自佃东▭[贾]信　南张隆　北曹居记

尚

3. 孟真义壹亩种佃人氾申种□　东功曹　西贾信　[南]▭

昌

4. 康秃子壹亩种秋佃人翟安智　东功曹　西隆信　南张隆　北曹▭

西

5. 张隆信二亩佃人赵愿寿种秋东功曹　西白仁[达]　南曹[默][是][北]▭

昌

6. ▭种秋□□▭

(后缺)

由此件第1、2行也或可判明孟真义王渠孙师堰一段一亩地之佃人很可能即其同乡氾申居。

根据以上辨析，或可得出如下结论：田主自耕的田土务须注明田主乡别；出租的田土，则不必注田主乡别(实际上绝大多数此类田士也确实未注田主乡别)，但应注明(或者据同件文书其他部分判明)佃人乡别。由此可见，自耕田土的田主的乡别，与出租田土的佃人的乡别同样为青苗簿必备内容。由于诸渠堰青苗簿是户别青苗簿的基础，而户别青苗簿又是为缴纳地税而编造，由此又不难推论："据地取税"时，田主自耕的田土，由田主交纳地税；出租的田土，则由佃人交纳地税。近年刊布的吐鲁番出土的73TAM518:2/4—1号文书，[1]也证明了这一结论。兹将该文书转录于下：

---

① 国家文物局古文献研究室等编：《吐鲁番出土文书》录文本，文物出版社1986年版，第7册，第358页。此件系辞稿，故涂改之处甚多，第6、7行近于定稿，但作为正式的文书，第1行应写明田土的坐落、亩积，最后一行则应具年月日。

1. 县司：阿麴上件去春为无手力营种,租与宁大乡

2. 人张感通佃种。其昨征地子麦,还征阿麴,不征感通。其地现租

3. 与感通。

4. 县司：阿麴□□□□□春家无手力营佃,即

5. 租与宁大乡□□□□□佃种讫,案内未除阿麴除名。

6. 县司：阿麴上件地去春家无手力营佃,即租与宁
　　　　　望请附感佃名,除

7. 大乡人张感通佃种讫,案内未除内未除阿麴名谨辞。

很明显,此件乃为过割地税而作。① 民户麴某的一些田土已出租给张感通佃种,因"案内未除阿麴名",故仍向麴某征收地税。为此,麴某提出申诉,请求"附感佃名,除阿麴名"。所谓"附感佃名,除阿麴名",联系西州诸渠堰青苗簿,也就是将"麴某□亩自佃",改为"麴某□亩佃人张感通"可见,唐代西州佃人应纳地税信而有征。②

那么,又如何解释唐代西州租佃契中关于"租输百役,仰田主了"的规定呢? 这应从吐鲁番地区赋役制度的变化和契式的逐渐定型化谈起。

我们知道,量赀定产,始于汉代。计赀的对象包括田宅、车、牛、马,

---

① 有些学者认为,上引大谷 2368 诸号文书不是青苗簿,而只是为收取水课而按堰渠编造的一种簿籍。笔者以为,上引大谷 2368 诸号文书结尾部分多为"牒件通当堰见种青苗亩数、佃人具件如前",据此将它定名为青苗簿,应该是妥当的。更何况 73 TAM518:2/4—1 号文书又表明此类青苗簿确实与征纳地子有关。唐代所谓"地子",一般即指地税。职田或其他官田出租时所收的田租也可以称为地子。但从 73 T AM518:2/4—1 号文书的内容判断,麴某请求过割的"地子"就只能是地税。至于征收水课问题,笔者以为,吐鲁番地区的农田全靠渠堰灌溉,有水就有田,无水即成不毛之地。因此,各种农田也理应缴纳水课。既然所有的农田既要交地税,又要交水课,一籍两用也未尝不可。换言之,为征地税而编造的堰(渠)别青苗簿兼用于征收水课,也是完全可能的。

② 补注:国家文物局古文献研究室等编:《吐鲁番出土文书》录文本,第7册,第410页收录的 64TAM35:29(a)号文书亦可证明唐代西州租佃制下的地税由佃人交纳。

奴婢等。两汉计赀办法对后世具有深远影响,爰及十六国时期吐鲁番地区仍有赀簿。所不同的是,当时的赀簿只计田产,不及其他;西汉的赀簿,以钱计值,十六国时期吐鲁番地区的赀簿则以斛斗计值。① 汉代计赀定产与赋役制度有何关系尚不明确,目前仅知徙陵与放免租赋等常计及赀产。北凉时期,赀产与赋役负担关系密切,如计赀配养官马即是。② 麹氏高昌时期,虽未见计赀征赋役的记载,但田亩与赋役负担关系更加密切,既有计田承田租、承赋调制度,又有计田承役制度。因此,也就有必要规定出租田土时应由谁承担"赀租百役"。由于当时常由田主承担赋役,故当时的租佃契约普遍规定"赀租百役,仰田主了"。反之,倘若需要佃人承担某种赋役,租佃契约就做相应规定,如高昌重光四年(623年)孟阿养从赵寺主法嵩边夏菜园契就规定:"菜垣(园)中役使,渠口水谪,仰阿养了。"③由此推测,麹氏高昌租佃契有关"赀租百役,仰田主了"的规定,大体上名实相符。

由于麹氏高昌时期的租佃契通常都有"赀租百役,仰田主了"的规定,久而久之,它就成为一种套话。以至于将"赀租百役"写成"紫租百役"、"秕租百役",将"租输百役"写成"租殊伯役"、"祖殊伯役"。由于书手文化水平参差不齐,故麹氏高昌租佃契常有错别字,但错得最多、最离奇的就是"赀租百役"这几个字(确切地说,"役"字很少出差错,错就错在"赀租百"这三字)。这就不是偶然的疏忽,或文化水平不高的缘故。

至唐代,这种倾向更为明显。唐建中以前实行租庸调制。租庸调唯

---

① 参见《居延汉简》卷4糜得广昌里礼忠赀簿与池田温《中国古代籍帐研究》(东京大学东洋文化研究所1979年版)第310页,北凉赀簿。补注:礼忠赀簿又见谢桂华、李均明、朱国炤等:《居延汉简释文合校》,37·35号,文物出版社1987年版。

② 参看朱雷:《吐鲁番出土文书所见的北凉"按赀配生马"制度》,《文物》1983年第1期。补注:该文已收入朱雷:《敦煌吐鲁番文书论丛》,甘肃人民出版社2000年版。关于计赀配养官马,笔者《谈北凉时期高昌郡的计赀、计口出糸与计赀配养马》(《西北师大学报》2014年第2期)也曾有讨论。

③ 国家文物局古文献研究室等编:《吐鲁番出土文书》录文本,文物出版社1981年版,第3册,第310页。高昌国时期租佃契中明确规定佃人承役,目前仅见此一件。此件未及租、赋问题,或许仍由田主承担。

以丁身为本,不以资产为宗,与田产的多寡,没有直接关系。租庸调之外的户税、地税、杂徭、色役等等,只有地税一项系于田土。杂徭、色役、[①]户税等皆非按亩征敛。可见,唐代既无系于田土的"赀租",亦无系于田土的"百役"。但租佃契约却一如既往,照样写"租输百役,仰田主了"。仅此一端即可证明,"租输百役,仰田主了"云云在当时只不过是一种套话,有名无实。

三、余论

探明唐代西州租佃制下佃户承担地税这一事实之后,我们又可做以下推论:

1.《通典》卷 12 记唐高宗永徽二年由"据地取税"改为"率户出粟"后,又记"开元二十五年定式",似乎直至开元二十五年才由"率户出粟"改为"据地取税"。但前引麴某请附佃人名辞稿即已涉及据地取税问题。该件文书纪年不存,但同墓出土有纪年的文书,最早为高宗麟德三年(666 年),最晚为中宗神龙二年(706 年)。该件文书的年代应与此相近。但该文书无武周新字,这又排除了成于武周时期的可能性。由此推论,此件或成于高宗朝,或成于中宗、睿宗时期。前引具注佃人乡别的青苗簿多数属于武周时期,这也证明至迟于武周时期,就已由"率户出粟"改

---

① 补注:笔者后续研究确认,"唐前期的所谓'色役'实际上就是正役、杂徭的一种使用形式,而不是独立于正役、杂徭之外的另一种徭役"(《唐前期的杂徭与色役》,原载《历史研究》1994 年 2 期),故此处"色役"不应与"杂徭"、"户税"并列。

回"据地取税"。① 至开元二十五年重新修订颁布律令格式时,"据地取税"办法又收入《开元式》二十卷之中。因而《唐书·食货志》、《唐会要》等皆未记何时又从"率户出粟"改回"据地取税",故使人产生至"开元二十五年定式"时才恢复旧制的误解。

2. 永徽二年九月颁新格式言及"义仓据地取税,实是劳烦,宜令率户出粟"。对于政府来说,"率户出粟"确比"据地取税"简便易行。但对当时各阶级、阶层而言,就不单是简易与否的问题。"率户出粟"固然有利于大土地所有者,但也有利于佃户,因为田土超过 250 亩的大土地所有者,即使被定为上上户,也只纳地税五石(若据地取税,他们则须纳地税五石以上,以至于数十石、数百石)。佃户家资少,户等低,按户等应纳地税甚少,甚至于完全免征。"据地取税"时,对田土少的自耕农或者比较有利,但对佃农却相当不利。因为,"据地取税"时,地税负担直接落到佃人头上。

3. 一般理解,义仓地税"据地取税"时一年一征,唐肃宗以前是每亩二升。对于一年只种一茬的田土,当然只能一年一征。但隋、唐之时,已有一些田土一年两熟。对于一年两熟的田土究竟是一年一征亩二升呢,还是一年两征亩共四升,史书记载不很明确。《隋书》卷 24《食货志》、《通典》卷 12《轻重》记隋开皇五年长孙平建议及随后颁布的诏令,都只是说"收获之日,随其所得,劝课出粟及麦"。照此记载,可以理解为一年一熟者,一征;一年两熟者,两征(亦即,种粟、麦两茬的田土两征)。《旧唐书》卷 49《食货下》记贞观二年戴胄建议既言"至秋熟,准其见在苗以理劝课",又言"尽令出粟。稻麦之乡,亦同此税"。似乎又只是一年一征,时间定于秋天,一般农村(包括既宜粟又宜稻麦,或一年种粟麦两茬者)"尽令出粟",不宜粟之乡,则可纳稻、麦等。但同书同卷记韩仲良奏

---

① 《册府元龟》卷 490《邦计部·蠲复》记:"永隆二年正月己亥诏:雍、岐、华、同四州六等以下户宜免两年地税;河南、河北涝损户常式蠲放之外特免一年调。"论者或以此证明当时仍实行"按户等交税办法"。其实,按户等蠲免地税与按户等交纳地税并非一码事。西汉哀帝绥和三年诏:灾民"民訾不满十万皆无出今年租赋"(《册府元龟》卷 489),开元二十二年诏:"京畿及关辅,其今年租,八等以下特宜放免"(《册府元龟》卷 490),都是按户訾(或按户等)免田租,不能由此推论当时的田租即按户訾或户等交纳。

议，又只言"王公已下垦田，亩纳二升。其粟麦粳稻之属，各依土地"。一年两熟的田土究竟是一征，还是一年两征，仍不明确。前引《唐六典》卷3《尚书户部》所记义仓之制，因言"每年户别"造青苗簿，且须"七月已前申尚书省"，"至征收时，亩别纳粟二升"。似乎又表明不管一年一熟、两熟，都是一年一征。《通典》卷12《轻重》记开元二十五年定式："王公以下，每年户别据所种田，亩别税粟二升以为义仓"，似乎也是一年一征。《旧唐书》卷48《食货上》记大历四年、五年户税、地税的税制改革。大历五年三月规定：京兆府"夏税，上田亩税六升，下田亩税四升。秋税，上田亩税五升，下田亩税三升。荒田开佃者，亩率二升"。这又显然是一年两征（一年只种一茬者，想必只一征，种夏收作物者，夏天征；种秋收作物者，秋天征）。此则记载虽然十分明确，但由于大历年间正处于由唐前期定制的租、庸、调、户税、地税财政税收体制向两税法转变的过渡时期，故其一年两征的做法是否沿袭旧制，仍不明确。

《全唐文》卷461收录的贞元元年（785年）十一月《冬至大礼大赦制》云："前代所置义仓，国初亦循其制，被灾救乏，甚便于人。即宜准贞观故事：天下所垦见田，上自王公，下及百姓。每丰稔之岁，秋夏两时，州县长官以理劝课，据顷亩多少，随所种粟豆稻麦，逐便贮纳，以为义仓。"这里又是明确记载自贞观年间起，义仓就是一年秋、夏两征，所征实物也不限于粟，而是"随所种粟豆稻麦，逐便贮纳"。贞元元年制文所述与《唐六典》记载不同，与《通典》所记开元二十五年定式也不同。私意以为，贞元元年制文所述应比较可靠。《唐六典》等因为只是撮令文大旨，故可能有所遗漏或部分失真。

现在再回过头来看敦煌、吐鲁番青苗簿。前引敦煌出土石海达等户青苗簿，麦、粟、𪍿等共为一籍。此或表明当地仍是一年一熟，义仓地税一年一征，每亩二升。吐鲁番地区，"气候温暖，谷麦再熟"，许多田土一年两熟。或即由于一年两熟，故一年两次编造青苗簿。如前引大谷1209号文书就专记麦、瓜等夏收作物；大谷2372号文书与73TAM501:109/3号文书就专记"种粟"或"种秋"。目前所见唐代西州具载作物名称的青苗簿中，尚未见夏秋两季作物共为一籍者（相反，同一季的不同作物则可共为一籍）。既然是一年两度编造青苗簿，也就不能排除一年两征之可能性。而此又与贞元元年《冬至大礼大赦制》所述适可互相印证。

由于唐代西州青苗簿所反映的情况还只是建立在推论的基础之上，而传世文献资料所记又不一致，故这里还只能是提出推测性意见，实不敢必。

（原载《新疆社会科学》1989 年第 1 期）

从敦煌文书看唐代前期的和籴制度

和籴是唐代政府征集粮食的一种重要手段,与当时的国计民生,有着相当密切的关系。关于唐代前期和籴的性质和作用,史学界的意见很不一致,或认为是建立在政府强制农民基础上的一种变相赋税,或认为是政府和农民在自愿的基础上,由政府于时价外加估收购农民的剩余粮食。产生这种分歧意见的原因,一是由于史书关于和籴的记载过于简略,一是由于对现存有关和籴问题的敦煌文书理解不一。为了对唐代和籴制度的实施状况有比较全面的了解,我们认为有必要将史书记载与敦煌文书结合起来,进行全面的考察。

一、自愿还是强制

史籍关于安史乱前实行和籴的记事,主要有以下诸条:

(1)《全唐文》卷 1 武德元年《置社仓诏》:

> 宜置常平监官,以均天下之货,市肆腾踊,则减价而出,田稼丰美,则增籴而收……抑止兼并,宣通壅滞。

(2)《新唐书》卷 53《食货志》载:

> 贞观、开元后,边土西举高昌、龟兹、焉耆、小勃律,北抵薛延陀故地,缘边数十州戍重兵,营田及地租不足以供军,于是初有和籴。

(3)《旧唐书》卷 49《食货志》记:

> 开元二年九月,敕:天下诸州,今年稍熟,谷价全贱,或虑伤农。常平之法,行之自古,宜令诸州加时价三两钱籴,不得抑敛。仍交相付领,勿许悬欠。蚕麦时熟,谷米必贵,即令减价出粜。

(4)同书同卷载：

　　开元十六年十月，敕："自今岁普熟，谷价至贱，必恐伤农……宜令所在以常平本钱及当处物，各于时价上量加三钱，百姓有乐易者，为收籴。事须两和，不得限数配籴。"

(5)《册府元龟》卷502《邦记·平籴》载：

　　(开元)二十五年九月戊子，敕曰："……今岁秋苗远近丰熟，时谷既贱，则甚伤农，事资均籴，以利百姓。宜令户部郎中郑昉、殿中侍御史郑章于都畿据时价外每斗加三两钱和籴粟三四百万石。"

(6)同书同卷载：

　　(开元)二十九年九月，敕曰："……今岁物已秋成，农郊大稔。岂但京坻之积，有同水火之饶，宜因丰穰，预为收贮，济人救乏，孰先于兹。宜令所司速计料天下诸州仓，有不充三年者，宜量取今年税钱，各委所由长官及时每斗加于时价一两钱收籴。"

(7)同书同卷载：

　　天宝四载五月，诏曰："闻今载收麦倍胜常岁，稍至丰贱，即虑伤……宜令河南、河北诸郡长官取当处常平钱于时价外别加三、五钱，量事收籴大麦贮掌。其义仓亦宜准此。……诸道有粮储少处各随土宜，如堪贮积，亦准此处分。"

(8)《新唐书》卷53《食货志》载：

　　天宝中，岁以钱六十万缗赋诸道平籴，斗增三钱，每岁短递输京仓者百余万斛。米贱则少府加估而籴，贵则贱价而粜。

　　从上述资料我们可以看出，从武德、贞观起至开元、天宝，无论是中原地区或在边境，既有供常平的和籴，亦有供军国之需的和籴。这两种不同用途的和籴还往往同时进行，如上引的第(4)、(7)、(8)诸例即是。

　　当时的和籴已渐制度化。上引各书所记乃是在扩大和籴规模或另有特别规定地才特加记载，并不是说上述年份之外就没有和籴。《金石续编》卷4所录太仓和籴粟窖砖文就有贞观十四年、贞观二十三年和籴的记录，而未见载于史籍。《旧唐书》卷49《食货志》记天宝六载太府少卿张瑄建议提到的开元二十年和天宝五载和籴和籴敕文,亦未见载于史籍。但比较起来,开元、天宝时期的和籴规模比唐初显著扩大,这与唐代社会经济的发展趋势是一致的。

这一时期和籴的性质,我以为基本上是不带强制性的。唐朝幅员辽阔,从武德初至天宝末共有 137 年,这么长的时期里,或因年俭而又急需军粮;或因地方官吏徇私舞弊,假公济私,因而在某些地方,某些年份,仍难免有实行强制性和籴之可能。但从全局看,这一时期的和籴还是明确规定于丰年增时价而买。前引八例,除第(3)、(8)两例系笼统概述而未言丰歉情况外,其他各例都是于丰年规定稍增时价而籴。[第(8)例未言丰歉,但亦言"米贱则少府加估而籴、贵则贱价而粜"。]由此可见,当时的和籴基本上还是一种交换关系,而不是变相赋税。

敦煌出土的武周长安三年(703 年)三月敦煌县录事董文彻牒①亦可证明当时当地的和籴是农民自愿交籴的。牒云:

(前缺)

1. 家奴客须着,贫儿又要充衣。相学鹤望和籴,
2. 谷麦漫将费尽。和籴既无定准,自悞(误)即受单
3. 寒。岂唯虚丧光阴,赤露诚亦难忍。其桑麻
4. 累年劝种,百姓并足自供。望请检校营田官,
5. 便即月别点阅蒙子及布。城内县官自巡。如有
6. 一家不缉绩者,罚一回车驮远使。庶望规模
7. 递洽,纯朴相依。谨以牒举,请裁,谨牒。
8. 　　　　　长安三年　三月　日录事董文彻牒

(下略)

整个牒文的意思是劝督农民广种桑麻、自行解决衣着问题。从牒文可以看出,当时当地的突出问题,不是政府得不到粮食而需强迫农民出粜,反倒是农民过分依赖于政府的和籴。一旦减少和籴,农民就有"赤露"、"单寒"之虞。牒文规定了对"不缉织者"的处罚办法:"罚一回车驮

---

① 大谷文书 2836 号,见池田温:《中国古代籍帐研究》,东京大学东洋文化研究所 1979 年版,第 343~344 页。武周新字悉改为通俗文字,下同。

远使。"这项规定恐怕不全是纸上谈兵。武周时期的另一份敦煌县牒就记载了县长官对"不存农务","营功稍少"的各乡社官村正的决罚。①

天宝六载河西豆卢军军仓收纳籴粟麦牒②与天宝九载八月—九月敦煌郡仓纳谷牒③亦可表明当时军仓、郡仓的和籴不是强制摊派。天宝六载河西豆卢军军仓收纳籴粟麦牒现存十件。其交籴情况,可列表于下:

表1 天宝六载河西豆卢军军仓收纳籴粟麦牒所见行客、百姓纳和籴情况表

身份	姓名	纳和籴数
行客	任恝子	108 硕 6 斗
行客	赵敬微	不详
行客	马思简	60 硕
百姓	董景晖	100 硕
百姓	宋思亮	100 硕
行客	宋无暇	100 硕
行客	王玉芝	200 硕
行客	常重进	100 硕
行客	曹庭训	100 硕
行客	纪建忠	100 硕
行客	康仁希	50 硕
行客	李庭金	200 硕
百姓	张钦明	50 硕
12 户总计		1268 硕 6 斗

---

① 大谷文书 2838 号,池田温:《中国古代籍帐研究》,东京大学东洋文化研究所 1979 年版,第 344 页。
② P.3348 背,池田温:《中国古代籍帐研究》,东京大学东洋文化研究所 1979 年版,第 468~472 页。
③ P.2803 背,池田温:《中国古代籍帐研究》,东京大学东洋文化研究所 1979 年版,第 472~477 页。

其中,任惹子、常重进的牒文附有和籴支付方式,并录于下:

军仓

    行客任惹子纳交籴粟壹佰捌硕陆斗。空。

    右奉判,令检纳前件人交籴粟,纳讫具

    上者。谨依检纳讫,具状如前。谨录状 上

牒 件 状 如 前,谨 牒。

    天宝 六载十一月日典李惠明牒。

                典张玄福。

        判官司法参军于重晖。

"付 判 元 感示。

      监官别将曹阿宾

     廿 九 日"

十一月廿九日典邓儶受。

孔目判官(押) 付

    "计料,晖白

        廿九日。"

·· 缝背署"晖"

行客任惹子粟壹佰捌硕陆斗 斗估廿一文。计钱贰拾贰贯捌 佰

    陆文。折给小生绢陆拾匹 匹估参佰捌拾文。

牒 件 斛 斗 如 前。谨 牒。

(后缺)

    粟柒拾硕。   小麦叁拾硕。

牒,重进今有前件斛斗,请充交籴。谨牒。

        天宝六载十二月 日行客常重进牒。

"付仓检纳。元感

   示。   十四日。"

······"元"······

粟壹佰硕。——

牒, 庭训今有前件斛斗,请纳充交籴。谨牒。

    天宝六载十二月 日行客曹庭训牒

"付仓检纳。元感,

示。　　十四日。"

………"元"……………………………………………………

　　　　右重进等各请上件交籴斛斗,望请预付匹段。

　　　　其斛斗限日填纳。谨连判状如前,请处分。

牒件状如前。谨牒,

　　　　　　天宝六载十二月　日行客常重进等牒

　　　　　　　　　　　　　行客曹庭训

"付判准状。元感

　　　十　七　日"

十二月十七日　典　邓儁受

孔　目判官　"(押)"付。

"连。晖白。

　　十八日。"

天宝九载八月—九月敦煌郡仓纳谷牒共存十六件,其中十一件与和籴有关。亦转录两件于下:

1. 郡仓

2. 拾壹日,百姓马崇珎和籴粟捌硕,曹英峻粟壹拾陆硕,张守业粟肆硕,张忠璟粟壹拾陆硕,

3. 梁思贞粟壹拾硕,令狐楚琬粟肆拾肆硕,白论子粟贰拾硕,阴潜风粟贰拾硕,张园明粟

4. 叁拾硕,安边庭粟贰拾肆硕,索秀琮粟捌硕,阴潜凤粟肆拾硕,张园明粟壹拾硕,索秀琮粟

5. 贰拾肆硕,薛怀璟粟贰硕,氾日新粟壹拾陆硕,阴履献粟贰拾肆硕,王崇振粟肆拾硕,索元振

6. 粟壹拾陆硕,宋希盛粟捌硕,薛明岩粟壹拾陆硕,薛明鸾粟贰拾硕,索大力粟贰拾硕,索鹤

7. 举粟肆硕,更贰硕,宋仁珪粟贰拾肆硕,薛怀璟粟肆硕,张神楚粟壹硕贰斗,阴庭坚粟

　　同,谦,

8. 伍斗捌胜，阴履宪粟贰斗贰胜。已上计粟肆伯硕，入东行从南第一眼，空。"拾壹日，谦?"

9. 牒件状如前，谨牒。

10.   天宝九载九月十一日史索秀玉　牒

11.   史阴韶隐

12.   仓督张假

13.   主簿摄司仓苏"汪"

14.   司　马　吕　"随仙"

15.   长　史　姚　"光庭"

1. 郡　仓

2. 拾肆日，纳敦煌县百姓天九二分税粟叁佰壹拾肆硕，床捌拾陆硕，又纳百姓李元钦和籴床贰拾肆硕，曹崇福

3. 床贰拾陆硕，王贞古床壹拾壹硕，阴声振床贰拾伍硕，薛慎诠床壹拾硕，王思钦床陆硕，

4. 又纳百姓张守业和籴粟壹拾硕，唐志贞粟壹抬顶，李元钦粟玖硕壹斗，李大忠粟捌硕，白大亮粟肆斗，

5. 李元钦又纳粟伍斗，白大尧粟壹拾贰硕，氾广志粟肆硕，令狐迁乔粟贰拾贰硕，常克竫粟贰顾，

6. 令狐元庆粟伍拾硕，令狐珣粟贰拾硕，氾庶几粟伍拾贰硕，空。

7.   右计纳粟伍佰壹拾肆硕。入东行从南第壹眼。床壹佰捌拾捌硕。入北行从东第五眼，空。

8. 牒件状如前。谨牒。

9.   天宝九载儿月十四日史索秀玉　牒

10.   史阴韵隐

11. "拾肆日谦。"   主簿摄司仓苏"汪"

                  司　马　吕　"随仙"

12.   长　史　姚　　"光庭"

从上引敦煌郡仓纳谷牒可以看出，敦煌郡仓兼收"二分税"粮（即分作夏秋两季征收的地税）、出贷的种子粮和百姓交纳的和籴粮，在贮藏的时候，也常放在一起（如郡仓的东行从南第一眼就既藏天宝九载二分税

粟与种子粟,又藏百姓交纳的和籴粟)。但在交纳方式上,又各有不同。郡仓在收纳"二分税"时,按县统计而不具各户所交之数,此或因交纳"二分税"时另有明细帐,因而这里只记总数。在收纳种子粟时,则按乡登记,亦不记各户已交之数,其原因亦或如上述。而在收纳和籴粮时,则不仅不按县、乡、里分别登记,而且也不具注各户所属之乡里。只是来一笔,记一笔。如果某户一日之内先后交两笔(这种情况甚多,如 9 月 4 日纳和籴粮的 109 户次中,先后交两笔或两笔以上者就有 20 多户),就分别登记在两个地方(通常不连在一起),亦不加以累计。从天宝九载八月廿八日至九月十八日(八月廿九日至九月三日缺,九月十日、十六日亦缺)郡仓共纳和籴粮 266 户次,为数虽不算多,就很难累计各户已交和籴粮之总数。

可以设想,若待全郡完成全年和籴任务之后再去核算各乡各户交纳和籴粮之数,将是何等之难! 如果再考虑到当地同名同姓者为数甚多这一因素,我们即可断定,按照敦煌郡仓的这种登记办法,不可能于年终之时统计出各乡各户交纳和籴粮数。

值得注意的是,上引敦煌郡仓纳谷牒,所纳"二分税"、"种子粟"总是记在各户所交和籴粮之前或之后,绝不插在各户所纳和籴粮中间,同日所收的和籴床、粟数又总是分别登记,绝不混杂。这就表明,上引纳谷牒不是原始的流水帐,而是经过一番整理之后的清册。既经整理,又不累计各户所交之数,甚至连各户所属的乡、里也不注上一笔。这一事实更足证明,敦煌郡仓所纳的和籴粮不是强迫摊派。

再从各户交纳和籴粮的数量来看,也不像是硬性摊派、强征。上述敦煌郡纳谷牒,各户交纳和籴的数量很不整齐,少者只交数斗,多者或至几十石。如翟洪惹先后交 4 次 66 硕、索元晃 3 次 61 硕、唐承晃 2 次 66 硕、阴思谏 2 次 86 硕、张大力 1 次 82 硕 8 斗 1 升。而这还不是他们全年所纳之数。即使是多田之户吧,半年或一年之内"摊征"好几十硕、甚至更多的和籴粮,也不可能。

再谈前引天宝六载十一月底至十二月中旬河西豆卢军军仓收纳籴粟麦牒。这组牒文有两个特点:其一,只讲"交籴"("纳交籴粟"、"请交籴"、"请纳充交籴"等等)而不讲"和籴",其原因后当述及;其二,交籴者既有"百姓",也有"行客",且以行客居多。所谓"百姓",应指本地居民;

所谓"行客",当即外地行商。行客交纳和籴粟麦,又见于唐开元二十一年北庭作人蒋化明辩及判。[①] 蒋化明辩词声称:"但化明,先是京兆府云阳县嵯峨乡人,从凉府与郭元暕驱驮,至北庭括客,乃即附户为金满县百姓。为饥贫,与郭林驱驴伊州纳和籴"。府吏牒状亦云:"其人北庭子将郭琳作人,先使往伊州纳和籴。称在路驴疫死损,所纳得练并用尽……"北庭,指庭州,时为都护府所在地,而伊州乃北庭都护府的属州。和籴如是摊派,也只可能由都护府所在地摊及伊州,不可能由伊州摊至六七百里远的庭州。其摊派的对象,也只能是土著的百姓,而不至于摊及外地行商。外地行商也大可不必长途跋涉,自投罗网。行客纳籴,意在牟利。行客的踊跃纳籴,表明当时当地的和籴乃是建立在自愿基础上的商业行为。再从军仓收籴的手续来看,如果是强迫摊派,也理应由地方行政当局出面,或与地方行政当局计会收籴。而不可能像上述文书所表明的那样,由军仓与百姓直接成交。凡此等等,都可证明当时当地的和籴不具强制性。

二、和籴的价格问题

和籴是否强制,关键在于价格。倘若价格合理,人们自可踊跃交籴。反之,就非强制莫能办。

开元天宝时期有关诏敕,一般都规定于丰年加时价三两钱或三五钱收籴。从敦煌的实际情况看,未见有压价收籴的记载,但唐中央政权所规定优价政策亦非全部付之实行。唐开元廿三年(?)沙洲会计历残卷的记述足资为证。兹将该会计历有关和籴部分转录于下:

P. 3841(背)唐开元廿三年(?)沙洲会计历残卷:

(前略)

壹佰玖匹玖尺玖寸杂州小练和籴库应在。前典刘庆欠。

右检上件练,得刘庆牒称:去开十九年秋季,州仓上税钱价粟充和籴。其直合入正库收附。当为和籴估未到,即依旧估给直。其直

---

① 新疆 TAM509 号墓出土,见《文物》1975 年第 7 期,第 22 页。

正库收附。其年秋季帐讫后新估到州,准旧估计月(?)征钱捌文,计当上件小练。至贰拾年冬季,正库物到,然后破上件练,还和籴库充估上钱直。其估上钱,支度使姚判官勾日勒遣收入见在,即收附大练入和籴库开廿年春季帐讫。正库所破小练,至廿年冬季始破,遂即更不收附。至廿一年,支度于判官勾日,见不收小练,复缘先附大练,遂被剥征。先已判上支度使,使司令勾覆使详覆。具已牒上讫,未报。

(后略)

从上件会计历可以看出,当时沙州于正库、州仓之外还专门设有和籴库。和籴库的本钱由正库拨充,和籴粮则存于州仓。正库、和籴库之间,要求帐目清楚。开元十九年秋,正库物未到,和籴经手人刘庆挪移州仓上税钱充和籴,正库预先记上这笔开支。时和籴估未到,即按旧估收籴,正库亦按旧估记上这笔开支。是年秋季帐后,新和籴估到州,每斗(?)比旧估多8文。为此,正库应多付109匹9.9尺杂州小练给和籴库。但至开元二十年冬季,正库始有上件小练,且于这一年的春季,经支度使姚判官批示,正库已拨一批大练给和籴库充按旧估籴粟之费,并已入和籴库春季帐讫。正库应补给和籴库的109匹9.9小练,到这一年的冬季才拿出来,因和籴库已于春季结帐,所以未及收纳。至开元二十一年支度使于判官勾检之日,才发现和籴库只收大练未收小练,勒令刘庆填陪,刘庆详述事情经过,提出申诉。

从上述事实可以看出,和籴估确实比时价高,但州仓并不总是按和籴估收籴,开元十九年秋季沙州州仓即按低于新估八文的旧估收籴一批粮食。新估到州后,正库还是要按新估拨出和籴匹段。但因州仓收籴和籴时未载交籴者所属的县别乡里,实际上已不可能给交籴者补付此项差额。因此,这笔差额最终只能作为"利润"记入和籴库。

上述这种情况军仓也有,甚至更加突出。且看唐天宝四载河西豆卢军和籴会计牒(A件):①

(前缺)

① P.3348背号文书,见池田温:《中国古代籍帐研究》,东京大学东洋文化研究所1979年版,第463~464页。原件"斗"皆作"㪷"。

1. 壹万肆佰伍拾伍硕肆斗壹胜捌合粟。

2. ^{斗估廿七文。}计贰仟捌佰贰拾贰贯玖佰陆拾贰文八分。

3. 壹万肆拾肆硕陆胜柒合斛斗准和籴估

4. 折填充交籴匹段本。其斛斗收附军仓三

·········缝印"豆卢军"之印··················

5. 载夏季载支粮帐讫。

6. 肆佰伍拾陆硕捌斗伍胜柒合小麦。

7. 壹佰肆拾柒硕肆斗青麦。

8. 壹佰硕肆斗豌豆。

9. 玖仟叁佰叁拾玖硕肆斗壹胜粟。

10. 壹仟壹佰壹拾陆硕捌合粟填本外

11. 利润。其粟收附同前季利润帐

12. 讫。

13. 伍仟柒佰玖拾壹硕贰斗肆胜肆合斛斗,

14. 三载冬季交籴纳。准估计当

15. 钱壹仟伍佰柒拾伍贯玖佰五文。

16. 伍仟肆佰伍硕捌斗叁胜柒合粟^{斗估廿}_{七 文}

··

17. 计壹仟肆佰伍拾玖贯伍佰柒拾陆文。

18. 壹拾柒硕壹斗床^{斗估廿七文}。计肆贯

19. 陆佰壹拾柒文。

20. 贰佰陆拾贰硕伍斗青麦^{斗估卅文}。

21. 计柒拾捌贯柒佰伍拾文。

22. 柒拾陆项柴合小麦^{斗估卅二文}。计贰拾

23. 肆贯叁佰贰拾叁文伍分。

24. 贰拾玖硕捌斗豌豆^{斗估廿九文}。计捌贯

25. 陆佰肆拾贰文。

26. 肆阡捌佰捌拾陆硕叁斗伍胜伍合麦

27. 粟床豆等准和籴估折填充

28. 交籴匹段本。其斛斗收附军

29. 仓同前载冬季载支粮帐讫。

·········缝押印，下同·········

30.　　壹拾柒硕壹斗床

31.　　　贰佰陆拾贰硕伍斗青麦

32.　　　柒拾陆硕柒台　小麦

33.　　　贰拾玖硕捌斗　豌豆

34.　　　肆阡伍佰硕玖斗肆胜捌合粟。

35.　　玖伯肆硕捌斗捌升玖合粟，填本外

36.　　　利润。其粟收附同前季利润帐讫。

37. 柒阡伍伯陆拾陆硕肆斗肆胜肆合

38.　　　斛斗，四载春季交籴纳。准估

39.　　　计当钱贰阡陆拾贰贯叁佰

40.　　壹拾柒文贰分。

·········缝背押印·········

41. 陆阡柒佰玖拾玖硕玖斗贰胜捌合粟斗

42.　　估七文。计壹阡捌佰叁拾伍贯玖佰捌拾文伍分。

43. 贰伯叁拾硕陆斗青麦斗估卅文计

44.　　陆拾玖贯壹伯捌拾文。

45. 贰伯肆拾壹硕捌斗贰胜陆合小麦

46.　　斗估卅二文。计柒拾柒贯叁伯捌拾肆文叁分。

47. 贰伯柒拾陆硕壹斗贰胜床斗估廿七文。

48.　　计柒拾肆贯伍伯伍拾贰文肆分。

49. 壹拾捌硕豌豆，斗估廿九文。计伍贯

50.　　贰伯贰拾文。

··

51. 陆阡叁伯捌拾肆硕贰斗壹胜叁合

52.　　斛斗，准和籴估折填充交籴

　　　　（匹段本。其斛斗收附郡仓）

（后缺）

此件前欠，依该帐式推算，残卷第一行之前当有以下内容：

　　壹万壹阡壹伯陆拾硕柒胜伍合

斛斗,三载夏季交籴纳,准估

计当钱叁阡肆拾贰贯肆伯

玖拾叁文。

肆伯伍拾陆硕捌斗伍胜柒合小麦_{斗估卅二文。}

计壹伯肆拾陆贯壹伯玖拾肆文贰分。

壹伯肆拾柒硕肆斗青麦_{斗估卅文。}

计肆拾肆贯贰伯贰拾文。

壹伯硕肆斗豌豆_{斗估廿九文。}

计贰拾玖贯壹伯壹拾陆文。

若四载春季仍以粟充"填本外利润",则残卷第 52 行之后又当有以下内容:

匹段本,其斛斗收附军仓

同前载春季支粮帐讫。

贰伯叁拾硕陆斗青麦。

贰佰肆拾壹硕捌斗贰胜陆合小麦。

贰伯柒拾陆硕壹斗贰胜㮣。

壹拾捌硕豌豆。

伍阡陆伯壹拾柒硕陆斗陆胜柒合粟。

壹阡壹伯捌拾贰硕贰斗陆胜壹合粟,填本

外利润。其粟收附同前季利润帐讫。

上引天宝四载河西豆卢军和籴会计牒(A 件)残卷比较完整地反映了自天宝三载夏季至天宝四载春季一年时间里豆卢军军仓收籴粮食的情况。以天宝三载冬季帐为例:天宝三载夏季帐后,按粟㮣斗别 27 文、青麦斗 30 文、小麦斗 32 文、豌豆斗 29 文的估价,计籴粮 5791.244 硕(合 1575.905 贯,明细帐见录文第 16~25 行)。① 因和籴价比上述估价分别高 5 文(此可通过计算而得),按和籴价计算,1575.905 贯只能买 3996.355 硕粮食(明细帐见录文第 30~34 行)。因此 4886.355 硕即记入天宝三载冬季载(年)军仓支粮帐。多买的 904.889 硕粟就收入利润帐。

---

① 关于河西豆卢军和籴会计帐的计算,颇得学友朱睿根同志的启发,谨表感谢。

床 171 斗×32 文/斗＝5472 文

粟 2625 斗×35 文/斗＝91875 文

小麦 760.07 斗×37 文/斗＝28122.59 文

豌豆 298 斗×34 文/斗＝10132 文

粟 45009.48 斗×32 文/斗＝144030.3 文

4886.355 硕　　合计值 1575904.89 文

按以上方法统计,天宝三载夏季的和籴估比实际的收籴估每斗分别高 3 文,天宝四载春的和籴估比实际的收籴估每斗分别高 5 文。这个差额,实际上并未补给先已交籴者。① 唯其如此,这份文书在用语方面十分严格,只有按和籴估收纳者,才能叫"和籴",否则就只称为"交籴"。前引天宝六载十一月至十二月中旬河西豆卢军军仓收纳籴粟麦牒只讲"交籴"而不讲"和籴",其原因正在于此。

总括上述,我们认为,开元天宝时期的和籴估确比时价为高②(通常每斗高三五文),这与有关和籴诏敕的规定大体相符。但在具体实施时,州、军仓常不按和籴估收籴。实际收籴的价格通常低于和籴估,但又不低于时价(换言之,即同于时价或略高于时价),所以行客、百姓还能踊跃交籴。

---

① 《李文公集》卷 15《故河南府司录参军卢君墓志铭》记:卢士琼"尝摄职同州,当征官税钱,时民竞出粟易钱以归,官斗至十八九。君白刺史,言状,请倍估纳粟,下以泽民,上可以与官取利。……刺史行之,民用得饶。未一月,果被有司牒,和收官粟,斗给六十。后刺史到,欲尽人其羡于官。君既去职,犹止之曰:圣泽本以利民,民户知之,不可以独享。刺史乃悬榜晓民,使请余价,因以绢布高给之,民亦欢受,州获羡钱六百万"。由此可见安史乱后仍有交籴估价倍于时价,和籴价又倍于交籴价的事例。同州此次和籴与交籴的差价,一部分补给农民,一部分作为羡钱留州。

② 下引天宝四载河西豆卢军和籴会计牒(B件)第 48～57 行为豆卢军副使李景玉天宝四载春夏两季禄粟 120 硕按当年和籴价折成匹段,亦证和籴估实比时价高,而充和籴用的匹段估价亦较合理。否则,身为副使的李景玉不可能情愿将禄粟折成匹段。

三、唐代前期和籴的规模和作用

唐开元天宝时期，和籴的规模相当大。《册府元龟》卷 502《邦计部·平籴》载，开元二十五年敕户部郎中郑昉等于都畿和籴粟三四百万石。这还只限于都畿一带，就全国而论，和籴总数也许会达到五六百万石。开元二十五年是丰收年，和籴量当比常年多。如果是常年，大体只能和籴百万石上下（见《新唐书》卷 53《食货志》）。即使是年收籴三五百万石，在全国粮食总产量中，也只占极少数。与国家的租税（地税以及租庸调之"租"）相比，也只占很小的比重。但若具体到沙州一地，情况就大不一样了。

《元和郡县图志》卷 40 载：

> 沙州，敦煌。中府。开元户六千四百六十六。乡十三。

开天时期沙州垦田数不详。笔者曾对现存大历以前敦煌户籍（手实）残卷中各户已受田数进行统计，平均每户已受田约 47 亩。永业口分田之外的私田，估计每户平均约有 20 亩。若以此为基础进行估算，可假定当时沙州垦田 43 万亩。地税以每亩 2 升计，大约可得地税 8000 硕。天宝十三载，全国约有 962 万户，其中课口约 766 万。依此比例估算，开元中沙州约有课丁 5200 人，每丁租 2 石，约可得租 10000 石。租与地税两项相加，约 18000 硕。

下引唐天宝四载河西豆卢军和籴会计牒（B 件），[①]可以统计出当年豆卢军籴粮总数。现将该件文书移录于下：

1. "□□。廿日。"

2. 合当军天宝四载和籴准旨支贰万段，出 武

3. 成郡。准估折请得**絁**绢练绵等惣壹万

4. 肆阡陆伯柒拾捌屯匹参丈伍尺肆寸壹拾铢。

---

① 参见拙作：《从敦煌户籍资料看均田制下私田的存在》，《厦门大学学报》1982 年第 4 期。

5.　　　　伍阡陆伯匹大生绢

6.　　　　伍伯伍拾匹河南府**绝**。

7.　　　　贰佰柒拾匹缦绯。

8.　　　　贰佰柒拾匹缦绿。

9.　　　　壹阡玖佰贰拾柒屯壹拾铢大绵。

10.　　　壹阡柒佰匹陕郡**绝**。

11.　　　肆阡叁佰陆拾壹匹叁丈伍尺肆寸大 练。

··········缝背押印··········

12.　柒阡壹拾柒屯匹壹拾铢。行纲敦煌郡

13.　　　参军武少鸾天宝三载十

14.　　　月十二日充旨支四载和

15.　　　籴壹万段数。其物并给百

16.　　　姓等和籴直,破用并尽。

17.　　伍阡陆伯匹大生绢_{匹估四百六十文},计

18.　　　贰阡陆伯肆贯文。

19.　　伍佰伍拾匹河南府**绝**_{匹估六百廿文}。

20.　　　计叁佰肆拾壹贯文。

21.　　贰佰柒拾匹缦绯_{匹估五百五十文}。

22.　　　计壹佰肆拾捌贯伍佰文。

23.　　贰佰柒拾匹缦绿_{匹估四百六十文}。

··········缝背押印··········

24.　　　计壹佰贰拾肆贯贰佰文。

25.　　叁佰贰拾柒屯壹拾铢大绵_{屯估一百五十文。}

26.　　　计肆拾玖贯伍拾文。

27.　以前匹段准估都计当钱叁阡贰佰陆

28.　拾陆贯柒佰伍拾玖文。计籴得斛斗

29.　壹万壹佰壹拾伍硕陆斗玖胜壹合,

30.　其斛斗收附去载冬季军仓载支

31.　粮帐,经支度勾并牒上金部、比部

32.　度支讫。

33.　　玖阡贰佰肆拾柒硕柒胜肆合粟_{斗估卅二文。}

34. 　　　计贰阡玖伍佰拾玖贯陆拾肆文肆分。

35. 　　肆佰壹拾柒硕叁斗伍胜叁合小麦

36. _{斗估卅七文。}计壹佰伍拾肆贯肆佰

·········· 缝背押印 ··········

37. 　　　贰拾文陆分。

38. 　壹佰叁拾玖硕贰斗陆胜肆合床_{斗估卅二文。}

39. 　　计钱肆拾肆贯伍佰陆拾伍文贰分。

40. 　肆拾玖硕伍斗豌豆_{斗估卅四文。}计钱 壹

41. 　　　拾陆贯捌佰叁拾文。

42. 　贰佰陆拾贰硕伍斗青麦_{斗估卅五文。}

43. 　　计钱玖拾壹贯捌佰柒拾伍文。

44. 柒阡陆佰陆拾壹屯匹参丈伍尺肆寸匹段，

45. 　　　行纲别将张处廉三月十八日于武威

·········· 缝背押印 ··········

46. 　　郡领到充旨支四载和

47. 　　籴壹万段数。春季新附，其

48. 　　匹(段)给百姓和(籴)斛斗，并准金部

49. 　　格给副使禄直，破用并尽。

50. 壹阡柒佰匹陕郡**绝**。

51. 壹阡陆佰屯大绵。

52. 　肆阡叁佰陆拾壹匹叁丈伍尺肆寸大 练 。

53. 捌拾叁匹壹丈玖尺壹寸大练，准格

54. 　　给副使李景玉天宝四载春

55. 　　夏两季禄粟壹佰贰拾硕

56. 　直_{斗估卅二文。}计叁拾捌贯肆佰

57. 文。折给上件练_{匹估四百六十文。}不籴斛斗。

·········· 缝背押印 ··········

58. 柒阡伍佰柒拾捌屯匹壹丈陆尺叁寸 匹

59. 　　段给百姓等和籴斛斗直。

60. 　　肆阡贰佰柒拾捌匹壹丈陆尺叁寸大练

440

61. _{匹估四百六十文。}计壹阡玖佰陆拾捌贯陆拾捌文 柒 分。

62. 壹阡柒佰匹陕郡熟**绝**_{匹估六百文。}计壹

63. 阡贰拾贯文。

64. 壹阡陆佰屯大绵_{屯估一百五十},计

65. 贰佰肆拾贯文。

66. 以前和籴匹段准估计当钱叁阡

67. 贰佰贰拾捌贯陆拾捌文柒分,计

68. 籴得斛斗惣壹万贰拾柒硕壹

69. 斗捌胜叁合。其斛斗并附军仓

70. 春季载支粮帐讫。

············ 缝背押印 ············

71. 玖阡贰佰陆拾陆硕陆斗叁胜柒合粟,_{斗估卅二文。}

72. 计贰阡玖佰陆拾叁贯肆佰肆文玖分。

73. 贰佰叁拾硕陆斗青麦_{斗估卅五文。}计

74. 捌拾贯柒佰壹拾文。

75. 贰佰柒拾陆硕壹斗贰胜床_{斗估卅二文。}

76. 计捌拾捌贯叁佰伍拾捌文肆分。

77. 贰佰肆拾壹硕捌斗贰胜陆合小麦,_{斗估卅七文。}

78. 计捌拾玖贯肆佰柒拾伍文肆分。

79. 壹拾捌硕豌豆_{斗估卅四文。}计陆贯壹

80. 佰贰拾文。

81. 右检当军天宝四载和籴 □ □

82. 匹段等,具估价 □ □

83. 件检如前,▭▭

(后缺)

　　由上件可知,天宝四载豆卢军共支物2万段(折合大生绢、河南府**绝**、大练等14678屯匹3丈5尺4寸10铢)充和籴。第一次由敦煌参军武少鸾支10000段(折合7017屯匹10铢)准估都计当钱3266贯759文,"和籴"粮10115硕6斗9升1合(明细帐见原件第33~44行)。第二次由行纲别将经手支10000段(折合7661屯匹3丈5尺4寸),扣除支付

豆卢军副使李景玉天宝四载春夏两季禄外,余 7578 屯匹 1 丈 6 尺 3 寸(明细帐见原件第 61~65 行),准估计当钱 3228 贯 68 文 7 分,计"和籴"粮 10027 硕 1 斗 8 升 3 合(明细帐见原件第 71~80 文)。两次合计共"和籴粮 20142 顶 8 斗 7 升 4 合"。而此只是"和籴"数(即按"和籴估"计算者),入"利润帐"者尚不在此列。按天宝四载豆卢军和籴会计牒 A 件所示"交籴纳"数与"准和籴估折填交籴匹段本,其斛斗收附军仓"数之比例推算,豆卢军当年共约收籴粮 23873 硕。A 件文书记天宝三载夏至天宝四载春"交籴纳"粮数,合计当为 24517.8 硕。若此,天宝年间,豆卢军军仓每年约收籴粮 24000 硕左右。(天宝六载河西豆卢军军仓收籴粟麦牒表明,任惢子等 12 户行客、百姓于半个月左右的时间内共"交籴"1268.6 硕。以此推算全年籴粮数亦与 24000 硕相近。)

敦煌郡仓每年收籴粮数,尚未见有比较系统的统计数字。但可根据天宝九载八月二十七日至九月十八日敦煌郡仓纳谷牒(计 16 件)进行推算。据上述牒文,8 月 27 日至 9 月 18 日这 22 天时间里,敦煌郡仓收纳和籴粟床 3260.23 硕。敦煌的农业作物以粟为主,床、麦为辅。八、九月正值秋收之后,百姓纳和籴粮当比其他月份为多。以平均每月籴粮 2000 硕计,全年亦可籴粮 24000 硕上下。郡仓与军仓合计,每年约可籴粮 50000 硕。比开元天宝时期沙州(敦煌郡)每年"租"与地税之和,要多1.5 倍以上。

《旧唐书》卷 38《地理志》记:"豆卢军,在沙州城内,管兵四千三百人,马四百匹。"

每人每年军粮以 7.2 硕计,4300 人每年约需 30960 硕。沙州每年"租"与地税之入远不足供豆卢军。若由内地转输此项军粮,沿途损耗及所费人工畜力,必当加倍。然以州(郡)仓、军仓和籴粮以供豆卢军,则足够有余。《太平广记》卷 485《东城老父传》记,东城老父贾昌向陈鸿祖叙说早年入富见闻云,天宝年间"河(沙)州敦煌道,岁屯田,实边食,余粟转输灵州,漕下黄河,入太原仓,备关中凶年"。沙州屯田每年收率几何,未见史籍记载,但沙州因有大批和籴粮,故除"实边食"外实有可能将"余粟"，转输灵州，直至关中。① 以上事实足以证明，唐代前期的和籴制度对于巩固边防，减省转输运费，确实起了重要作用。

敦煌每年能和籴巨额粮食，当然是当地农业经济发达的结果。反过来，它又促进了当地农业经济的发展，丰年谷贱伤农，是历来常有的现象。有了大规模的和籴，就有可能尽量避免这种现象的发生。若遇自然灾害，政府因和籴而有大量粮食贮备，亦可适时赈贷。下引天宝九载八月敦煌郡仓纳谷牒②就很能说明问题：

P.2803 背：

（前缺）

敦煌县状上

合今载应纳种子粟壹万贰阡贰伯捌拾伍硕玖斗叁胜。

洪池乡　柒伯壹拾陆硕壹斗壹胜陆合玖勺。

玉关乡　壹阡肆拾壹硕肆斗贰胜玖合捌勺。

效谷乡　玖伯玖硕肆斗贰胜捌合捌勺。

洪闰乡　壹阡叁伯肆拾贰硕玖斗伍胜柒合。

悬泉乡　壹阡伍伯壹硕陆斗玖胜陆合。

慈惠乡　壹阡柒硕陆斗柒胜。

从化乡　叁伯陆拾伍硕贰斗壹胜。

敦煌乡　玖伯贰硕捌斗贰合肆勺。

莫高乡　捌伯柒硕伍斗叁胜玖合。

龙勒乡　陆伯贰拾柒硕玖斗柒胜。

神沙乡　玖伯贰拾壹硕玖胜伍合壹勺。

平康乡　壹阡壹伯肆拾柒硕叁斗肆胜伍合。

寿昌乡　玖伯玖拾肆硕陆斗柒胜。

　牒　件　状　如　前，谨　牒。

---

① 补注：《太平广记》卷485引《东城老父传》，资料有误。其"河（沙）州敦煌道"乃"河州抱罕郡"之误。河州在兰州西境，有水路（离水）通兰州，兰州又有水路通灵州。沙州距灵州甚远，且无水路相通，故不可能转运粟米至灵州。

② 池田温：《中国古代籍帐研究》，东京大学东洋文化研究所1979年版，第472页。

天宝九载八月廿七日史杨元晖牒

录事薛"有朋"

宣德郎行尉程"盐械"

"廿七日谦"

这批种子粟显然是原先由政府贷给农民,秋后再由农民纳还郡仓。政府出贷种子粟时是否由和籴粟粮支给,已无从确知。但这批种子粟数额颇大,约占当地一年租与地税收入之 2/3。可以设想,若无平时一年四五万石粮的和籴,单靠租与地税的岁入,既不足以供军,就更谈不上大规模赈贷。敦煌郡仓积粮甚多,必要时可以大规模赈贷种子口粮,这对于当地农业生产的发展,无疑是比较可靠的物质保证。

前已述及,沙州郡仓、军仓相籴规模很大。政府每年约需支出二三万匹绢帛,收籴四五万石粮。而绢帛,在当时既是商品,又起货币的作用,而在和籴活动中又有大批商贸置身其间,这种情况对于当地的商品经济的发展,亦可在一定程度上起促进作用。

要言之,唐代前期的和籴制度对于巩固边防、调节余歉,促进商品流通起了积极作用,应予充分肯定。唐后期的和籴,出现了许多新情况,也有许多弊端。但总的来说,仍是利大于弊。关于唐后期的和籴制度,笔者已另文讨论,这里就不阑入了。

(原载《中国社会经济史研究》1985 年第 1 期)

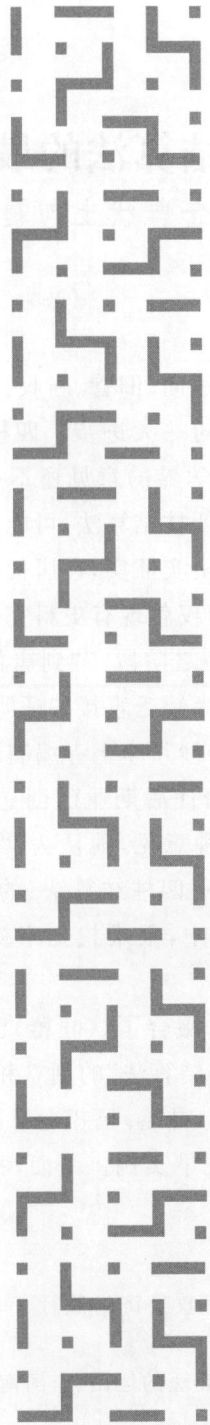

会 计 制 度

现存我国四柱结算法的最早实例

——吐蕃时期沙州仓曹状上勾覆所牒研究

　　由《入减出等余》的三柱结算法向《旧管、新收、支出、结余》四柱结算法发展，这是我国古代会计史上的一大进步。四柱结算法什么时候创立？什么时候得到推广运用？史学界的意见还不一致。郭道扬同志认为："唐朝天宝年间，闻名中外的《四柱结算法》可能已处于行将诞生的前夜。""虽然，我们目前尚无确凿的史实证实，在唐代中期的官厅会计核算中已有了'四柱结算法'的运用，但仅就现有史料完全可以说，'四柱结算法'早在我国唐朝中期已处于萌芽之阶段。""到唐代后期，关于'四柱结算法'创立及运用情况，虽然目前尚缺乏直接的证明材料，但从后唐同光三年(925 年)及长兴二年(931 年)沙州净土寺编制的年终会计结算帐单中，已可以看出'四柱结算法'在唐代后期业已创立，并在一定范围内得到运用。"①李伟国同志不同意这种意见，他认为："唐代中期仍盛行《入－出＝余》的三柱式结算法。……《四柱结算法》的真正被广泛采用，则是宋朝的事情。……在现存史科中，很难找到宋初实际运用四柱法的例子。"②

　　笔者根据郭道扬同志的提示，缀合了《(吐蕃)巳年七月沙州仓曹状上勾覆所牒》，发现我国古代"四柱结算法"的创立和实际应用，比李伟国同志和郭道扬同志所论都要早。《(吐蕃)巳年七月沙州仓曹状上勾覆所牒》就是现存我国四柱结算法的最早实例。下面，我们将介绍这一会计

---

① 　郭道扬：《中国会计史稿》，中国财政经济出版社 1982 年版，第 315～320、351～360 页。

② 　李伟国：《宋朝财计部门对四柱结算法的运用》，《河南师大学报》1984 年第 1期。

文书,并对有关问题进行必要的考证和说明。

一、文书的缀合

池田温《中国古代籍帐研究》第 507～511 页录出吐蕃时期沙州仓曹文书共六件:[①]

二四一 A　吐蕃巳年(789 年)沙州仓曹会计牒

二四一 B　吐蕃巳年(789 年)七月沙州仓曹杨恒谦等牒

二四一 C　吐蕃午年(790 年)三月沙州仓曹杨恒谦等牒

二四一 D　吐蕃午年?(790 年)沙州仓曹状上勾覆所牒

二四一 E　吐蕃(巳年?)(789 年)沙州仓曹会计牒

二四一 F　吐蕃(巳年?)(789 年?)沙州仓曹会计牒

笔者未能亲睹文书原件或缩微胶卷,但据文书内容与会计簿记格式,可以断定池田温所录的二四一 D、二四一 E、二四一 F 属同一件;二四一 A、二四一 B 又属另一件,且与上件密切相关,二四一 C 为首尾完整的吐蕃午年三月沙州仓曹杨恒谦等关于辰年十二月巳前给宴设厨造酒斛斗的牒文。现将缀合后的两件文书移录于下:

二四一 D:P.2763 背(四)

1. 仓　　　　　　状上勾覆所　　　　　　"拾参日去□"

　　　　　　　　　　　　　　　　　　　　"计同□""壹"

2. 合巳年正月一日巳后至六月卅日以前,管新旧斛斗钱惣玖仟参伯参拾硕贯口

　　　"参""玖"

3.　斗伍胜壹合捌勺柒伯参拾文,

　　　　　　　　　　　"同"

4.　　　　　　　肆仟柒伯伍拾陆硕伍斗捌胜麦,

---

① 补注:此几件会计文书又见唐耕耦、陆宏基编:《敦煌社会经济文献真迹释录》第 1 辑,书目文献出版社 1986 年版,第 486～493 页。

"同"

5.　　　　　　壹伯壹拾陆硕陆㪷柒胜　大麦，
　　　　　　　"同""玖""陆"　　"七合"

6.　　　　　　贰伯肆拾捌硕　柒㪷　陆胜　粟，
　　　　　　　"同"　　　　〳　　　　〳

7.　　　　　　捌拾肆硕壹㪷肆胜荜豆，
　　　　　　　"同"

8.　　　　　　柒拾贰硕参㪷伍胜　豌豆，
　　　　　　　"同"　　　　　　"同"

9.　　　　　　壹㪷捌胜胡枣，　贰㪷玖胜　荞麦，
　　　　　　　"同"

10.　　　　　　壹伯肆拾肆硕肆㪷参胜　黄麻，
　　　　　　　"同"　　　　　　"同"

11.　　　　　　壹硕柒㪷黑豆,壹伯玖拾陆硕陆㪷贰胜伍
　　　　　　　合红蓝，
　　　　　　　"同"

12.　　　　　　贰拾硕陆㪷玖胜　麻子，
　　　　　　　"同"　　　　　　"同"

13.　　　　　　捌拾硕贰㪷捌胜白面,肆拾硕伍㪷伍胜　籹，
　　　　　　　"同"　　　　　　"同"

14.　　　　　　贰拾陆硕贰㪷柒胜油,参硕参㪷麦 饭 ，

⋯⋯⋯⋯⋯⋯⋯⋯⋯⋯⋯⋯⋯⋯⋯⋯⋯⋯⋯⋯⋯⋯

二四一　E.P.2654 背

　　　　　　　"同"　　　　　　"同"

15(1).　　　　　壹伯参拾硕捌㪷贰胜米,肆拾玖硕肆㪷床,
　　　　　　　"同"

16(2).　　　　　壹拾捌硕柒㪷陆胜肆合伍勺麸,
　　　　　　　"同"　　　　　"同"

17(3).　　　　　贰拾玖硕壹㪷豆觅,贰硕伍㪷贰胜参合伍
　　　　　　　勺麦，

　　　　　　　　"同"　　　　"同"

18(4).　　　　　伍硕参斗白皮饮，参硕燋麦，
　　　　　　　　"同"

19(5).　　　　　参硕伍斗陆胜柒合陆勺戠，
　　　　　　　　"同"

20(6).　　　　　壹仟柒拾捌硕肆斗肆胜肆合贰勺草子，
　　　　　　　　"同"　　　　　"同"

21(7).　　　　　壹仟贰拾玖硕壹斗参胜杂面，壹拾捌硕柒
　　　　　斗捌硕胜柒合豆面，
　　　　　　　　"同"

22(8).　　　　　壹仟壹伯陆拾玖贯柒伯参拾文钱，
"会(?)辰年十二月卅日□□同，谦"
　　　　　"贰""柒""参"

23(9).肆仟贰伯玖拾壹硕贯零捌斗伍胜柒合玖勺柒伯参拾文应见
　　在前帐，
　　　　　　　　　　�ళ　　　"同"　　〱　　〱

24(10).　　　　　贰仟贰伯壹拾玖硕伍斗玖胜青小麦，
　　　　　　　　"同"　　　　　　　　　　　"玖""同""肆""陆""伍合"

25(11).　　　　　玖拾柒硕捌斗玖胜大麦，捌拾玖硕伍斗伍
　　　　　胜粟，
　　　　　　　　"同"　　　　　〱　　　　〱　　　　　〱

26(12).　　　柒拾陆硕贰斗陆胜荜豆，
　　　　　　　　"同"

27(13).　　　陆拾参硕贰斗伍胜豌豆，壹斗捌胜胡枣子，
　　　　　　　　"同"　　　　　"同"

28(14).　　　贰斗玖胜荞麦，壹伯肆拾肆硕肆斗参黄麻，
··(缝背署印"谦"，印文不鲜明)
　　　　　　　　"同"　　　　　"同"

29(15).　　　壹硕柒斗黑豆，壹伯玖拾伍硕参斗贰胜伍
　　　　　合红蓝，

449

"同"　　　　　　"同"

30(16).　　　　　　貳拾硕陆斗玖胜麻子,壹硕貳斗捌胜面,
　　　　　　　　　"同"　　　"同"　　　　"同"

31(17).　　　　　　壹硕陆胜䴵,肆硕玖斗柒胜油,参硕参斗
　　　　　　　　　麦饭,
　　　　　　　　　"同"　　　　　　　"同"

32(18).　　　　　　壹伯壹拾陆硕柒斗貳胜米,参胜玖合伍
　　　　　　　　　勺麸,
　　　　　　　　　"同"　　　　"同"

33(19).　　　　　　貳拾玖硕壹斗粔,貳硕伍斗貳胜参合伍勺
　　　　　　　　　参豆□,"同"胜柒

34(20).　　　　　　伍硕参斗白皮粔,貳硕肆斗壹合陆勺麨,
　　　　　　　　　"同"

35(21).　　　　　　肆拾参硕玖斗肆胜肆合参勺草子,参硕爤麦,
　　　　　　　　　"同"

36(22).　　　　　　壹仟壹伯陆拾玖贯柒伯参拾文钱,
　　　　　　　　　"肆"

37(23).壹拾玖硕参斗诸人贷便应在,
　　　　　　　　　⟨　"同"

38(24).　　　　　　壹拾柒硕肆斗麦,貳硕粟,
　　"同"

39(25).貳硕麦,十月廿三日牒贷吐蕃监使软勃訇强,
　　"同"

40(26).捌硕肆斗麦,十一月七日贷监部落使名悉思恭,
　　"同"

41(27).肆硕,十一月廿四月牒贷何庭等二人,各貳硕,
　　　　"同"　　　　　　"同"

42(28).　　　　　　貳硕麦,貳硕粟,
………………………………………………………………(缝背印)

(中　缺　页)

二四一 F:P. 3446 背

....（缝背署印谦）

             "同"   "同"

43(1).   参胜玖合伍勺麸，贰拾玖硕壹斗豆觅，

             "同"   "同"

44(2).   贰硕伍斗贰胜参合伍勺麦觅，伍硕参斗白
皮觅，

             "同"   "同"

45(3).   参硕燋麦，贰硕肆斗壹胜柒合陆勺戯，

             "同"

46(4).   肆拾参硕玖斗肆胜肆合参勺草子，

             "同"

47(5).   壹仟壹伯陆拾玖贯柒伯参拾文钱，

   "计同，谦"

48(6). 伍仟参拾捌硕捌斗肆胜贰合，新加附，

             "同"

49(7).   贰仟伍伯参拾陆硕玖斗玖胜麦，

             "同"   "同"

50(8).   壹拾捌硕柒斗捌胜大麦，玖硕壹斗豆，

             "同"

51(9).   壹伯伍拾玖硕贰斗壹胜粟，

             "同"

52(10).   柒硕捌斗捌胜荜豆，

             "同"   "同"

53(11).   参拾玖硕肆斗玖胜籸，壹拾肆硕壹斗米，

             "同"   "同"

54(12).   壹硕参斗红蓝，肆拾玖硕肆斗床，

             "同"   "同"

55(13).   柒拾玖硕白面，壹仟贰拾玖硕壹斗参胜
杂 面 ，

             "同" "同"   "同"

56(14).　　　　　　　　　　壹硕壹斗伍胜𪍿面,壹拾捌硕柒斗贰胜伍

合 麸 ,

·····························(缝背署印"谦",印文不明显)

"同"　　　　　　"同"

57(15).　　　　　　　　壹仟参拾肆硕伍斗草子,贰拾壹硕参斗油,

"同"　　　　　　　　"□"

58(16).　　　　　　　　壹拾捌硕柒斗捌胜柒合麨面,

"会案同,谦"

59(17).壹仟参拾参硕伍斗草子,毛璘张□羽下打得纳,

"会案历同、谦"

60(18).　　　　　　　　壹仟伍佰参拾参硕伍斗贰胜青麦,正月十

三日瓜州般到纳附,

"会案同"

61(19).　　　　　　　　壹仟肆伯柒拾肆硕柒斗捌胜李清下,

"会历同"

62(20).　　　　　　　　伍拾捌硕柒斗肆胜李庭兴下,

"会历同、谦""卅九石三斗四升,三月十五日,八石三斗,五月十五日,一石一斗,六月十五日,"

63(21).壹硕草子,百姓折欠马毡纳,

"同"　　　　"同""同"

64(22).　　　　　　　　张元晖伍胜,宋朝俊贰斗,宋重俊肆斗,

"同"

65(23).　　　　　　　　贺进朝参斗,

"□□"

66(24).贰伯肆拾硕陆斗贰胜覆剩斛斗附,

〳

"同"　　　　　　"同"

67(25).　　　　　　　　伍拾贰硕肆胜麦,壹拾肆硕陆斗捌胜大麦,

"同"　　　　　　"同"

68(26).　　　　　　　　壹伯肆拾伍硕参斗叁胜粟,玖硕壹斗豆,

"同"　　　　　　"同"

69(27).　　　　　陆硕肆斗参胜荜豆,壹硕参斗肆胜▢▢▢▢▢
　　　　　　　　"同"

70(28).　　　　　壹拾壹硕柒斗▢▢ ▢▢伍胜油,
···(缝背印)
　（后　　　　　　　　缺）
B件
（前　　　　　　　　缺）
·····················［缝背署印"谦"(印文不鲜明)］

二四一 A:P.2763 背(一)
　　　　　　　　"同"　　　　"同"

1.　　　　　伍硕参斗白皮箓,参硕燋麦,
　　　　　　"同"

2.　　　　　贰硕肆斗壹胜柒合陆勺麸,
　　　　　　"同"　　"四升"

3.　　　　　肆拾参硕玖斗肆合参勺草子,
　　　　　　"同"

4.　　　　　壹仟壹伯陆拾玖贯柒伯参拾文钱,
　　　　　　"会案同,谦"

5.　　　　　壹拾玖硕肆斗,诸人贷便应在,
　　　　　　"同"　　　　　"同"

6.　　　　　壹拾柒硕肆斗麦,贰硕粟,
　　　　　　"会案同、谦"

7.　　　　　贰硕麦,十月廿三日牒,贷吐蕃监使软勃
　　　　　　匊强,
　　　　　　"准前同、谦"

8.　　　　　捌硕肆斗麦,十一月七日,贷监部落使名悉
　　　　　　思恭,
　　　　　　"准前同、谦"

9.　　　　　肆硕,十一月廿四日牒,贷何庭等二人各贰硕,
　　　　　　　　"同"　　"同"

10.　　　　　　　　贰硕麦,贰硕粟,

　　　　　　　　　　　　　"准同前、谦"

11.　　　　　　　　壹硕麦十二月一日判,贷曹俊之,
　　　　　　　　　　　　　"准同前、谦"

12. ⋯⋯⋯⋯⋯⋯　壹硕麦,十二月三日牒,贷译语舍人樊明俊,
　　　　　　　　　　　　　"准前同,谦"

13.　　　　　　　　壹硕麦,十二月廿八日牒,贷董英朝,
　　　　　　　　　　　　　"准前同、谦"

14.　　　　　　　　贰硕麦,十二月卅日牒,张齐荣便,
⋯⋯⋯⋯⋯⋯⋯⋯⋯⋯⋯⋯⋯⋯⋯⋯⋯⋯⋯(缝背署印"訓")

　（中缺页）

⋯⋯⋯⋯⋯⋯⋯⋯⋯⋯⋯⋯⋯⋯⋯⋯⋯⋯⋯(缝背署印"谦")

二四一 B:P. 2763 背(二)

　　　　　　　　"同"　　　　　"同"

1.　　　　　　　　伍硕参㪷白皮豌,参硕燋麦,
　　　　　　　　　　"同"　　　　　"一"

2.　　　　　　　　贰硕肆㪷壹胜柒合陆勺戲,
　　　　　　　　　　"同"

3.　　　　　　　　肆拾参硕玖㪷肆胜肆合参勺草子,
　　　　　　　　　　"同"

4.　　　　　　　　壹仟壹伯陆拾玖贯柒伯参拾文钱,

5.　　　　右奉使牒,前件给用文帐事,须勘责差官勾

6.　　　覆牒举者。使判:差白判官勾者。准判:牒所由,

7.　　　者。辰年九月四日巳后至十二月卅日,应给用斛㪷等,

8.　　　勘造讫,具录申勾覆所者,谨录状上。

9.牒件状如前,谨牒。

10.　　　　　　　　巳年七月　日典赵琼璋牒,

11.　　　　　　　　　　仓督氾"它"

12.　　　　　　　　　　仓曹杨"恒谦"

二、文书的年代

前述 B 件沙州仓曹上勾覆所牒,纪年为"巳年",其属吐蕃占领敦煌时期,当无疑问。然此"巳年"究系哪一年,却颇难确定。池田温先生以为应为 789 年。此说恐不确。据 P.3734 号敦煌文书《(吐蕃)丑年(821年)十二月沙州僧龙藏牒》,沙州划分部落始于午年,即 790 年。790 年系吐蕃占领敦煌后第一个"午年",沙州划分部落自然不可能比此更早。B 件文书第 517 行记"壹拾玖硕肆斗诸人贷便应在……贰硕麦,十月廿二日牒贷吐蕃监使软勃匐强。捌硕肆斗麦,十一月七日贷监部落使名悉思恭"。这里已明确提及部落使,足见该件应在 790 年沙州划分部落之后,而不可能在此之前。吐蕃占领沙州后的第二个巳年为 801 年。辰年(据牒,贷粟监部落使事应在辰年)为 800 年,此系沙州划分部落之后的第一个巳年、辰年。据此推断,B 件文书或即成于 801 年。我们不把 B 件文书的年代定在更后,是考虑到呈送 B 件文书的仓曹杨恒谦的年龄。敦煌文书 P.2803 背《唐天宝九载(750 年)八月—九月敦煌郡仓纳谷牒》已见"会历同。谦"、"同。谦"等字样。A、B 两件沙州仓曹上勾覆所牒亦迭见"会案同。谦"、"会案同。谦"、"准前同。谦"等字样。此二名"谦"者应系同一人。若此推测不误,天宝九载之杨恒谦若以 20 岁计,至 801年,亦当 71 岁,若更往后推十二年,则达 83 岁,估计不大可能。

前已提及,B 件文书之残余部分,亦见于 A 件文书。B 件文书记"辰年"即 800 年九月—十二月开支情况。A 件文书记"巳年正月一日以后至六月卅日以前"收支情况。据此,A 件文书中"巳年"亦当为公元 801年,A 件文书尾部不全,因难确知其系当年呈报当年开支帐,抑或第二、第三年后呈报"巳年"开支帐[P.2763 背(三)吐蕃午年三月沙州仓曹杨恒谦等牒即系午年呈报"辰年十二月已前给宴设厨造酒斛斗"帐]。一般说来,当不出 801—803 这几年。

三、缀合的根据

　　P.2763 背（四）第一行为"仓状上勾覆所"，"仓"字顶格，明其为州仓向勾覆所呈送的牒文。文书首部不残，此页前部缝背署字（池田温氏录为"去诸?"），或可推测此件曾与他件粘贴，不敢断。此页第 2～3 行记"合巳年正月一日巳后至六月卅日以前，管新旧斛斗钱惣玖仟叁伯叁拾壹硕贯□叁胜玖合捌勺柒伯叁拾文"，此页第 4 行至第 14 行各项斛斗，加上 P.2654 背第 1 至第 8 行各项斛斗及钱数之总和为 9331 硕贯 5 斗 5 胜 8 合 8 勺 730 文，与 P.2763 背（四）第 2～3 行所记大数相符，升、合尾数相差无几。因此件有涂改痕迹（用朱点抹消，改写于侧），被涂改者又恰好是有关尾数，且升、合之后的（捌勺）又相符，故可断定此两纸相连。

　　P.2654 背第 23 行（笔者记为第 37 行）为"壹拾玖硕肆斗诸人贷便应在"。而第 24 至 27 行（笔者录为第 38～41 行）各项斛斗不足此数，而其他各件又不可能与之相连，故断定其后有缺页［缺页之开头四行，内容应同于 P.2763 背（一）之第 11～14 行］。

　　P.3446 背第 6 行为"伍仟叁拾捌硕捌斗肆胜贰合新加附"，此数加以 P.2654 第 9 行（笔者记为第 23 行）"肆阡贰伯玖拾贰硕贯零柒斗叁胜柒合玖勺柒伯叁拾文应见在前帐"之数，共为 9331 硕贯 5 斗 7 升 9 合 9 勺 730 文，与 P.2763 背（四）第 2～3 行之"合巳年正月一日巳后至六月卅日以前，管新旧斛斗钱惣玖阡叁伯叁拾壹硕贯□斗叁胜玖合捌勺柒伯叁拾文"之数，也是大数相符，尾数相差无几。加之以 P.2783 背（四）第 4～14 行、P.2654 背第 1～8 行（笔者记为第 15～22 行）麦、大麦、荜豆等数又恰好分别等于 P.2654 背第 10～22 行（笔者记为第 24～36 行）、P.3446 背第 7～16 行各同类项之和（大多数的尾数亦不差毫厘），由此可以断定 P.3446 背与 P.2763 背（四）及 P.2654 背实为同一件文书，只是后人利用其反面另做他用时，才被割裂（关于各种敦煌文书之"正面"与"背面"的先后问题，左景权先生于《敦煌吐鲁番文献研究》第 2 辑已有说明。就此件而言，所谓"背面"，本应视为正面，且书写在先）。P.3446 背与 P. 2654 背号文书之间不知缺几行, 故本文标明行码时, P. 3446 号文书仍暂从第 43 行算起。

P. 2763 背(一)第 1~4 行的内容完全同于 P. 2763 背(二)第 1~4 行, 斛䪷升合勺贯文之数亦复相等。P. 2763 背(二)第 7 行指明此件具录申勾覆所的内容为"辰年九月四日已后至十二月卅日, 应给用斛䪷"之数, 而 P. 2763 背(一)第 5~14 行"诸人贷便"之数, 又恰好发生于九月四日以后至十二月三十日。更值得注意的是, 除 P. 2763 背(一)第 11~14 行内容因 A 件中间缺页而未见于 A 件外, P. 2763 背(一)其他各行内容与 P. 2763 背(二)第 1~4 行内容全都见于 A 件。P. 2763 背(二)第 1~4 行辰年仓帐结余数(仅存 4 行 5 项)又同于 A 件"巳年正月一日已后至六月卅日以前总管斛䪷钱数"中之"应见在前帐"的相应部分。由此足见 P. 2763 背(一)与 P. 2763 背(二)两文书应为同一件文书而被后人割裂者。此件文书所统计的内容, 应与 A 件密切相关。

四、四柱结算法的实际应用问题

四柱结算法与三柱结算法的根本区别就在于收入这一项是否明确区分哪些是本期新收, 哪些是上期结余。至于支出与结余两项, 四柱结算法与三柱结算法并无不同。上引吐蕃巳年沙州仓曹状上勾覆处牒 A 件因文书残缺, 只剩下两柱, 而此两柱恰好又是研究四柱结算法最关键的"旧管"与"新收"两项。这就使我们得以了解中唐时期四柱结算法实际应用情况。

吐蕃巳年沙州仓曹状上勾覆所牒的最大特点就是本期(巳年正月一日以后至六月卅日以前)所管"新旧斛䪷钱"数中明确区分"应见在前帐"(即"旧管")与"新加附"两部分。不仅总收入的总额中有此区分, 而且连每项细目都分为这两部分。请看下表(斛䪷钱数之后为缀合的文书行数):

	应见在前帐	新加附	合计
麦(硕)	2219.59 ㉔	2536.99 ㊾	4756.58 ④
大麦(硕)	97.89 ㉕	18.78 ㊿	116.67 ⑤
粟(硕)	90.465 ㉕	159.21 (51)	249.667 ⑥
荜豆(硕)	76.26 ㉖	7.88 (53)	84.14 ⑦
豌豆(硕)	63.25 ㉗	9.1 ㊿	72.35 ⑧
胡枣(硕)	1.8 ㉗		1.8 ⑨
乔麦(硕)	2.9 ㉘	/	2.9 ⑨
黄麻(硕)	144.43 ㉘	/	144.43 ⑩
黑豆(硕)	1.7 ㉙	/	1.7 ⑪
红蓝(硕)	195.325 ㉙	1.3 (54)	196.625 ⑪
麻子(硕)	20.69 ㉚	/	20.69 ⑫
白面(硕)	1.28 ㉚	79 (55)	80.28 ⑬
麨(硕)	1.06 ㉛	39.49 (52)	40.55 ⑬
油(硕)	4.97 ㉛	21.3 (57)	26.27 ⑭
麦饭(硕)	3.3 ㉛	/	3.3 ⑭
米(硕)	116.72 ㉜	14.1 (52)	130.82 ⑮
黀(硕)	/	49.4 (54)	49.4 ⑮
麸(硕)	0.0395 ㉜	18.725 (56)	18.7645 ⑯
豆䜴(硕)	29.1 ㉝	/	29.1 ⑰
麦豉(硕)	2.5235 ㉝	/	2.5235 ⑰
白皮毼(硕)	5.3 ㉞	/	5.3 ⑱
燋麦(硕)	3 ㉟	/	3 ⑱

续表

	应见在前帐	新加附	合计
（硕）	2.4176 ㉞	1.15 (56)	3.5676 ⑲
草子	43.9443 ㉟	1034.5 (57)	1078.4442 ⑳
杂面（硕）	/	1029.13 (55)	1029.13 ㉑
䴭面	/	18.787 (58)	18.787 ㉑
钱（贯）	1169.73 ㊱		1169.73 ㉒
新旧斛㪷钱数	4292.7379 硕贯 730 文 ㉓	5038.842 硕 ㊽	9331.□398 硕贯 730 文②—③

上件文书粟一项，“新旧管”总数经过涂改，池田温氏的录文为“贰伯肆拾玖硕陆㪷陆胜七合”，因“七”与“六”形近，很可能是“六”之误录。若果为贰伯肆拾伯玖硕陆㪷陆胜六合，则与“见在前帐”、“新加附”之数相符，否则，就相差一合。其他各项悉为升合不误。这就证明吐蕃巳年沙州仓曹状上勾覆所牒确实全面采用了四柱结算法，同时也进一步证明我们对文书的缀合准确无误。

这里想谈谈吐蕃巳年沙州仓曹状上勾覆所牒在统计方面的一些特点，以及B件文书与A件文书的关系。

A件文书总的结构是：首先，总括记载巳年上半年所管“新旧斛㪷钱”额总数（第2～3行）；其次，分项记载麦粟等28项“新旧”管数额（第4～22行）；再次，记载“应见在前帐”（即前年结余）总数（第23行）；最后，分项记载麦粟等24项“应见在前帐”数额（第2～36行）。然后又将“应见在前帐”分成两部分：第一部分为“贷便应在”（第37行至42行以后。这部分仅存6行，其余皆缺）；第二部分为实物应见在前帐（这部分前缺，仅存5行）。再往后就是巳年上半年“新加附”总额（第48行）；接着又是分项记载麦豆等16项“新加附”数额（第49～58行）。再往后就是具体记载各项新加附的来历（第59行以下）。如“草子”这一项，新加附总额为1034硕5斗（第57行），其中1033硕5斗由毛璘等手下“打得纳”（第59行）。一硕由“百姓折欠马㲲纳”（第63行），而它又是分别由张元晖、宋朝俊、宋重俊、贺进朝等四户交纳（第 64～65 行。四户合纳 9 斗 5 升，与第 63 行所记相比差 5 升，此或录文有误，或原帐出现小差错）。此件文书支出与结余两部分皆不存。幸上年度会计帐存有结余部分的两个断片。由此两断片及 A 件文书格式，可以推知，结余部分当先有"斛斗钱"总数，然后再分项记载麦粟等项结余情况，而后再将结余部分分为两部分。一部分为"贷便应在"（B 件第 5 行以降。这部分仍然是先具总数，后分项记细数）；一部分为实物应在［B 件 P.2763 前（二）号文书前 4 行即系这一部分。此纸前部当欠 1 页］。由于 P.2763 背（二）号文书（即 B 件文书末尾部分）第 1～4 行各项细数正好与 A 件文书第 33～36 行"应见在前帐"部分相同。由此可以推知 B 件比 A 件早一年，前一年的结余刚好成为下一年的"应见在前帐"。从会计格式这一角度考虑，B 件正好补充了因 A 件文书后半部残损所造成的不足。纵观 A、B 两件文书大致可以窥见当时四柱结算法的全貌。可以看到当时的会计帐目虽然个别部分似嫌繁琐，但从总体上看，还是很严密、很科学的。

郭道扬同志的《中国会计史稿》曾力证"四柱结算法在唐代后期业已创立，并在一定范围内得到运用"，但又苦于找不到直接的证明材料。现在通过吐蕃巳年沙州仓曹状上勾覆所牒的缀合与复原，提供了唐代中期四柱结算法已在官府会计文书实际运用的直接证明材料，这不能不说是一件可喜的收获。由此我们又可推论四柱结算法的创立，应在此前。我们知道，沙州乃属唐朝的西北边地，虽然地当中西交通要冲，但其本身的商品货币关系并不发达。特别是在吐蕃占领时期，商品货币关系更是趋于萎缩。我们可以想象，像四柱结算法这样一种比较先进的会计结算法，不大可能率先出现于吐蕃时期的沙州，而只能是首先出现于经济比较发达的地区，而后再向四周推广。因此，我们有理由认定唐代中期不是四柱结算法的初创时期，而应该是四柱结算法的推广应用时期。郭道扬同志认为："在唐代的官厅会计核算中，进行月结、季结及年终决算，其主流依然是采用'入－出＝余'的三柱式结算法"。我以为这种提法应重新考虑。因为从现存唐代敦煌吐鲁番的会计文书，我们实难得出上述结论。

这里我们不妨对现存敦煌吐鲁番会计文书做一综合考察。笔者所见的现存敦煌吐鲁番会计资料大体有以下几件：（1）开元九年（721 年）

于阗某寺支出簿。① 该件现存 70 行,但只登记该寺支出,而不记收入。月与月之间空两行,似拟用于小结,但都未使用。此件首尾皆缺,因而难以判明如何结算。(2)开元十六年(728 年)轮台县钱帛计会稿。② 此件是否属于总结轮台县一年收支情况的会计文书还难以确定。该件首尾皆残,仅存 20 行,因而难窥其全豹。该件记载开元十六年轮台县下半年部分收入情况,但又提及"六月卅日已前破用回残钱等惣计当钱肆伯柒拾参……"按理此行之后应记六月卅日以前破用回残细数,可惜文书被割裂残缺。从现有情况看,此钱帛计会稿很可能就是采用四柱结算法。(3)唐开元二十三年(735 年)沙州会计历,③此件存 132 行,首尾皆缺。从它的内容看,此件只记收入,不记支出。所以,也难于判明如何结算。(4)天宝四载河西豆卢军和籴会计牒。④ 此件共存 135 行,应该说比较完整。但和籴活动的特点是:和籴本由正库拨给,当年结清。如此件所示,天宝四载河西豆卢军"准旨贰万段"充和籴本,当年"其物并给百姓等和籴直,破用并尽"。既然是当年拨款当年用完,也就不存在结余与"承前帐应在"问题。换言之,这种和籴帐客观上不可能,也不需要采用四柱结算法。(5)天宝年间敦煌郡的两件会计牒,其中一件是有关勾征审核的牒文,另一件是见在财产清册。⑤ 这两件都不牵涉收支结余问题。(6)中和四年(884 年)正月沙州上座比丘尼体园等会计牒。⑥ 此件现存 137 行,其内容包括"所得斛斗,破除及见在"等项。但该件前部缺损,因而无法判断明其为三柱结算法抑或四柱结算法。(7)巳末—辛酉(899—

---

① 池田温:《中国古代籍帐研究》,东京大学东洋文化研究所 1979 年版,第 348~349 页。

② 罗振玉辑:《贞松堂藏西陲秘籍丛残》,第 41 页。

③ 池田温:《中国古代籍帐研究》,东京大学东洋文化研究所 1979 年版,第 370~373 页。

④ 池田温:《中国古代籍帐研究》,东京大学东洋文化研究所 1979 年版,第 463~466 页。

⑤ 池田温:《中国古代籍帐研究》,东京大学东洋文化研究所 1979 年版,第 479~484 页。

⑥ 池田温:《中国古代籍帐研究》,东京大学东洋文化研究所 1979 年版,第 583~586 页。

901 年)归义军衙内破用布、纸历。① 此件前后缺,存 284 行。就该件内容看,该件也只包括支出,而不包括收入。该件注明"余残合见管库内数目,具在别状"。可惜该别状未保留下来,故亦无法判明其为三柱结算法,抑或四柱结算法。(8)五代时期,敦煌寺院的三件会计文书:后唐同光三年(925 年)正月沙州净土寺直岁保护手下诸色入破历计会,②后唐长兴二年(931 年)正月净土寺直岁愿达手下诸色入破历计会,③后唐清泰三年(936 年)六月沙州僧司教授福集等状。④ 此三件会计文书都采用四柱结算法。

通过以上十一例的排比,我们可以看到,现存敦煌吐鲁番出土的中唐以后至五代具有收、支、结余诸项完整内容的会计文书,并未见采用三柱结算法者。相反,采用四柱结算法的,倒有四五例。据此,我们实难得出唐代仍然普遍使用三柱结算法的结论。主张唐代仍盛行三柱结算法的同志,尝引以下二则传世史书记载为证:《玉海》卷 185《食货·会计》载:"元和十三年(818 年)十月,中书门下奏:三司钱物至年终各具所入、所用数,分为两状,以二月闻奏";《唐会要》卷 59 记:"长庆元年(821 年)六月比部奏:……其诸州府,仍请各委录事参军,每年据留州定额钱物数,破使去处及支使外余剩见在钱物,各具色目,分明造帐,依据限申比部。"这前一记载,只讲"所入"、"所用"两状,若加上结余,似乎只有三状。后一记载也只讲收入(每岁留州定额钱物)、支出(破使、支使)、结余(余剩见在钱物)三项,似乎也是三柱结算法。然而,此二例所讲的收入部分,未必只包括当年收入而不含承前帐应在,如前引后唐净土寺的两件会计帐目,这两件会计帐目的结语也只是说"右通前件筭会出现破除——具实"、"右通前件筭会出见破除——访实",好像也只有当年收入、支

---

① 池田温:《中国古代籍帐研究》,东京大学东洋文化研究所 1979 年版,第 605~611 页。

② 池田温:《中国古代籍帐研究》,东京大学东洋文化研究所 1979 年版,第 617~630 页。

③ 池田温:《中国古代籍帐研究》,东京大学东洋文化研究所 1979 年版,第 630~643 页。

④ 池田温:《中国古代籍帐研究》,东京大学东洋文化研究所 1979 年版,第 648~650 页。

出、结余三柱,但实际上都明确无误地使用四柱结算法。后唐清泰三年六月沙州俹司教授福集等状的结语也只是说"右通前件三年中间沿众诸色出唱、人事、吊孝赏设、破除及见在一一诣实",似乎也不包含"承前帐应在"内容,但实际上在收入部分也同样明确包括"前俹回残"专项(虽然数目很小),从而具有四柱结算法的基本特点。上述事例启示我们:不能因为有关会计结算的传世文献资料未曾明确提到"旧管"、"新附"概念,就贸然排除其为四柱结算法的可能性。

综上所述,我们认为,我国古代四柱结算法的创立与推广应用,应比原先估计要早得多。

五、附论:吐蕃时期沙州勾检制度

吐蕃占领沙州后,许多制度仍沿唐代之旧,但又有所变化,勾检制度就是其中之一。关于唐代的勾官制度,王永兴先生和薄小莹、马小红同志分别已有专文论述,[1]这里只谈吐蕃时期沙州一带勾检制度的若干特点。《旧唐书》卷43《职官二·尚书都省》记唐代制度:"凡京师诸司,有符、移、关、牒下诸州者,必由于都省以遣之。凡文案既成,勾司行朱讫,皆书其上端,记年月日,纳诸库。……其天下诸州,则本司推校,以授勾官。勾官审之,连署封印,附计帐使纳于都省。"《旧唐书》卷44《职官三·州县官员》又记:州县"司录、录事参军掌勾稽,省署钞目,监符印"。唐天宝九载八月敦煌郡仓纳谷牒[2]除司仓外长史、司马亦连署,各纸缝背署司仓苏汪之名,而负责检覆并签名的却是某姓名"谦"者,此人或即任录事军事之职。而吐蕃时期沙州仓曹状上勾覆所牒,却是"本司"(仓曹杨恒谦)"推校"并签名之后,即呈勾覆所。亦无州长史、司马等的连

---

① 王永兴:《试论勾官》,《敦煌吐鲁番文献研究论集》第 2 辑,中华书局 1983 年版。薄小莹、马小红:《唐开元廿四年岐州郿县县尉判集研究》,北京大学中国中古史研究中心编著:《敦煌吐鲁番文献研究论集》,中华书局 1982 年版。

② 池田温:《中国古代籍帐研究》,东京大学东洋文化研究所 1979 年版,第 472~477 页。

署。因意吐蕃占领敦煌后，州县官制已发生变化，于州这一级，不设录事参军事之职，而专门设立勾覆所机构以代之。此或可表明吐蕃政权对勾检制度更加重视。就勾覆的时限而言，唐朝制度："诸司、诸使、京都，四时勾会于尚书省，以后季勾前季；诸州，则岁终总勾焉。"①本文所研究的B件文书则是由"午年七月"勾覆"辰年九月四日已后至十二月卅日"，亦即来年勾覆，而且还不是勾覆整年，而只是勾其九至十二月（四个月）。P.2763背（二）吐蕃午年三月沙州仓曹杨恒谦牒，虽说是呈报"辰年十二月已前给宴设厨造酒斛斗数"，实际上也只是包含辰年九月至十二月这四个月。但吐蕃时期沙州也有半年一勾者，如本文所研究的A件文书。看来，吐蕃时期州县勾检的时限，也不同于唐朝规定。因为现存吐蕃时期会计文书太少，所以还很难对吐蕃时期的勾检制度有较全面的了解。

六、几点存留的问题

过去一般认为吐蕃占领敦煌后，沙州原有的河西支度营田使机构并未立即废置。至公元790年，吐蕃于沙州划分部落后，河西支度营田使机构遂被吐蕃机构所取代。但前引B件文件，据介绍即钤有"河西支度营田使印"。前已考定，B件文书当成于公元801年。若此，则公元801年以后仍有河西支度营田使之设。河西支度营田使究竟废于何时，似应再考。

据A件文书，沙州仓曹辖下巳年正月至六月"新加附"的粮草油等计5038.842硕。其中"草子"1034.5硕，油21.3硕。余下的粮食仅有3983.042硕，其中又有1533.52硕青麦系"正月十三日爪州搬到纳附"。则于沙州征集的粮食最多不过2449.522硕。虽然这只是半年之数，数额还是偏低。据此数额似难满足当地军需之用，因意当地除仓曹所辖州仓外还有军仓之设，如唐代天宝年间那样。但这也还只是一种推测，尚无实证材料。

---

① 《新唐书》卷46《百官志》。

［后记：此文原载韩国磐先生主编：《敦煌吐鲁番出土经济文书研究》，厦门大学出版社 1986 年版。后论见《四柱结算法在汉唐的应用》，《中国经济问题》1991 年第 2 期；《麴氏高昌时期应用四柱结算法的实例——延和八年七月至延和九年六月钱物帐》，《吐鲁番出土文书杂识（三题）》，收入《祝贺杨志玖教授八十寿辰中国史研究》，天津古籍出版社 1994 年版。］

天宝四载河西豆卢军和籴会计文书研究

敦煌出土文书中有两件天宝四载河西豆卢军和籴会计文书(P.3348背号文书A、B)。这两件文书很能反映唐天宝年间和籴的规模、性质、作用以及和籴财务结算特点。关于天宝年间和籴的规模、性质、作用,论者已有多篇专论,这里不赘,而将重点放在解读上述两件和籴会计文书上,庶几有助于对唐代和籴制度的研究。

一、B件文书①解读

1."□□。廿日。"

2. 合当军天宝四载和籴准旨支贰万段,出 武

3. 威郡。准估折请得 纯绢练绵等惣壹万

4.　肆阡陆伯柒拾捌屯匹参丈伍尺肆寸壹拾铢。

5.　　　伍阡陆伯匹大生绢。

6.　　　伍伯伍拾匹河南府 纯。

7.　　　贰佰柒拾匹缦绯。

8.　　　贰佰柒拾匹缦绿。

9.　　　壹阡玖佰贰拾柒屯壹拾铢大绵。

10.　　壹阡柒佰匹陕郡 纯。

11.　　肆阡叁佰陆拾壹匹叁丈伍尺肆寸大 练 。

··········缝背押印··········

12.　　柒阡壹拾柒屯匹壹拾铢。行纲敦煌郡

---

① 池田温:《中国古代籍帐研究》,东京大学东洋文化研究所1979年版,第464~466页。原件已涂改掉的文字不录。推补字用( )号。下同。

13.　　　参军武少鸾天宝三载十

14.　　　月十二日充旨支四载和

15.　　　籴壹万段数。其物并给百

16.　　　姓等和籴直,破用并尽。

17.　伍阡陆伯匹大生绢^{匹估四百六十文},计

18.　　　贰阡陆伯肆贯文。

19.　伍佰伍拾匹河南府**纯**^{匹估六百廿文}。

20.　　　计叁佰肆拾壹贯文。

21.　贰佰柒拾匹缦绯^{匹估五百五十文}。

22.　　　计壹佰肆拾捌贯伍佰文。

23.　贰佰柒拾匹缦绿^{匹估四百六十文}。

············缝背押印············

24.　　　计壹佰贰拾肆贯贰佰文。

25.　叁佰贰拾柒屯壹拾铢大绵屯估一百五十文。

26.　　　计肆拾玖贯伍拾文。

27.　以前匹段准估都计当钱叁阡贰佰陆

28.　拾陆贯柒佰伍拾玖文。计籴得斛斗

29.　壹万壹佰壹拾伍硕陆斗玖胜壹合,

30.　其斛斗收附去载冬季军仓载支

31.　粮帐,经支度勾并牒上金部、比部

32.　度支讫。

33.　玖阡贰佰肆拾柒硕柒胜肆合粟^{斗估卅二文}。

34.　　　计贰阡玖伍佰伍佰玖贯陆拾肆文肆分。

35.　肆佰壹拾柒硕叁斗伍胜叁合小麦

36.　^{斗估卅七文}。计壹佰伍拾肆贯肆佰

············缝背押印············

37.　　　贰拾文陆分。

38.　壹佰叁拾玖硕贰斗陆胜肆合**床**^{斗估卅二文}。

39.　　　计钱肆拾肆贯伍佰陆拾伍文贰分。

40.　肆拾玖硕伍斗豌豆^{斗估卅四文}。计钱 壹

41.　　　拾陆贯捌佰叁拾文。

42.　　　貳佰陆拾貳硕伍斗青麦_{斗估卅五文。}

43.　　　　计钱玖拾壹贯捌佰柒拾伍文。

44.柒阡陆佰陆拾壹屯匹参丈伍尺肆寸匹段，

45.　　　　行纲别将张处廉三月十八日于武威

··········缝背押印··········

46.　　　　郡领到充旨支四载和

47.　　　　余壹万段数。春季新附，其

48.　　　　匹（段）给百姓和（余）斛斗，并准金部

49.　　　　格给副使禄直，破用并尽。

50.　　壹阡柒佰匹陕郡**絁**。

51.　　壹阡陆佰屯大绵。

52.　　　肆阡叁佰陆拾壹匹叁丈伍尺肆寸大 练 。

53.捌拾叁匹壹丈玖尺壹寸大练，准格

54.　　　给副使李景玉天宝四载春

55.　　　夏两季禄粟壹佰貳拾硕

56.　　　直_{斗估卅二文。}计叁拾捌贯肆佰

57.　　　文。折给上件练_{匹估四百六十文。}不余斛斗。

··········缝背押印··········

58.柒阡伍佰柒拾捌屯匹壹丈陆尺叁寸 匹

59.　　　段给百姓等和余斛斗直。

60.　　肆阡貳佰柒拾捌匹壹丈陆尺叁寸大练

61.　　　_{匹估四百六十文。}计壹阡玖佰陆拾捌贯陆拾捌文 柒 分 。

62.　　壹阡柒佰匹陕郡熟**絁**_{匹估六百文。}计壹

63.　　　阡貳拾贯文。

64.　　壹阡陆佰屯大绵_{屯估一百五十。}，计

65.　　　貳佰肆拾贯文。

66.以前和余匹段准估计当钱叁阡

67.貳佰貳拾捌贯陆拾捌文柒分，计

68.余得斛斗惣壹万貳拾柒硕壹

69.斗捌胜叁合。其斛斗并附军仓

70.　　春季载支粮帐讫。

　　　·············缝背押印···

71.　　　　　玖阡贰佰陆拾硕陆斗叁胜柒合粟，^{斗估卅二文。}

72.　　　　　　计贰阡玖佰陆拾叁贯肆佰肆文玖分。

73.　　贰佰叁拾硕陆斗青麦^{斗估卅五文。}计

74.　　　　　捌拾贯柒佰壹拾文。

75.　　贰佰柒拾陆硕壹斗贰胜床^{斗估卅二文。}

76.　　　　　计捌拾捌贯叁佰伍拾捌文肆分。

77.　　贰佰肆拾壹硕捌斗贰胜陆合小麦，^{斗估卅七文。}

78.　　　　　计捌拾玖贯肆佰柒拾伍文肆分。

79.　　壹拾捌硕豌豆^{斗估卅四文。}计陆贯壹

80.　　　　　佰贰拾文。

81.　右检当军天宝四载和籴　□　□

82.　匹　段等，具估　价　□　□

83.　件检　如前，[▭▭▭]

（后缺）

　　上件第 2 行为该和籴会计文书正文的第 1 行，记天宝四载豆卢军和籴总支出预算为 20000 段，由武威郡拨付。准估折算为绝、绢、练、绵等 14678 屯（匹）余，文书第 5～11 行为其细数。此项支出预算分两次拨付。第一次于天宝三载（744 年）10 月 12 日由行纲武少鸾领取，计领取 10000 段（其细数为文书第 17～26 行），准估折线 3260759 文，全数用于和籴，计籴得粮 10115.691 硕（文书第 33～43 行为所籴粟、小麦、床、豌豆、青麦细数，及各色粮食和籴估），记入天宝三载冬季军仓支粮帐，经支度机构勾检后上报金部、比部、度支。

　　第二次于天宝四载三月十八日由行纲张处廉领取，也是 10000 段，准估折合绝、大绵、大练 7761 屯匹余（文书第 50～53 行为其细数），其中 63 匹余大练拨充副使李景玉天宝四载春夏两季禄，其余 7578 屯匹余，折钱 3228068.7 文（文书第 58～65 行为其细数），籴粮 10027.183 硕（文书第 71～80 行为其细数及各色粮食和籴估），已记入天宝四载春季军仓支粮帐。

　　上述和籴活动的收入情况可列表于下：

天宝四载豆卢军和籴决算表

帐目	和籴本	和籴斛斗										合计	
		粟 斛斗	粟 折钱	黍 斛斗	黍 折钱	小麦 斛斗	小麦 折钱	青麦 斛斗	青麦 折钱	豌豆 斛斗	豌豆 折钱	和籴斛斗	折钱
三载冬季军仓支粮帐	10000段折 3266759文	9247.074 硕	2959064.4 文	139.264 硕	44565.2文	417.353硕	154420.6 文	262.5硕	91857文	49.5硕	16830文	10115.691 硕	3266755.2 文
四载春季军仓支粮帐	约10000段折 3228068.7文	9260.737 硕	2963404.9 文	276.12硕	88358.4文	241.826硕	89475.4文	230.6硕	80710文	18硕	6120文	10027.183 硕	3228068.7 文
年度合计	约20000段折 6454827.7文①	18507.711 硕	5922469.3 文	415.384硕	132923.6 文	659.179硕	243896文	493.1硕	172585文	67.5硕	22950文	20142.874 硕	6494823

①收支相抵仅相差3.8文,此十万分之一的极微小误差显然是因拆零折算所致,完全可以忽略不计。

二、A件文字^①考释与有关数据的推补

（前缺）

1.　　　　壹万肆佰伍拾伍硕肆斗壹胜捌合粟。

2.　　　　　　<small>斗估廿七文。</small>计贰仟捌佰贰拾贰贯玖佰陆拾贰文八分。

3.　壹万肆拾肆硕陆胜柒合斛斗准和籴估

4.　　　　折填充交籴疋段本。其斛斗收附军仓三

…………缝印"豆卢军"之印…………………………………………

5.　　　　载夏季载支粮帐讫。

6.　　　　肆佰伍拾陆硕捌斗伍胜柒合小麦。

7.　　　　壹佰肆拾柒硕肆斗青麦。

8.　　　　壹佰硕肆斗豌豆。

9.　　　　玖仟叁佰叁拾玖硕肆斗壹胜粟。

10.　壹仟壹佰壹拾陆硕捌合粟填本外

11.　　　　利润。其粟收附同前季利润帐

12.　　　　讫。

13.　伍仟柒佰玖拾壹硕贰斗肆胜肆合斛斗,

14.　　　　三载冬季交籴纳。准估计当

15.　　　　钱壹仟伍佰柒拾伍贯玖佰五文。

16.　伍仟肆佰伍硕捌斗叁胜柒合粟<small>斗估廿七 文</small>

●●●

17.　　　　计壹仟肆佰伍拾玖贯伍佰柒拾陆文。

18.　壹拾柒硕壹斗床<small>斗估廿七文。</small>计肆贯

19.　　　　陆佰壹拾柒文。

---

① 池田温:《中国古代籍帐研究》,东京大学东洋文化研究所 1979 年版,第 463～
464 页。

20. 　　　贰佰陆拾贰硕伍斗青麦_{斗估卅文}。

21. 　　　　　计柒拾捌贯柒佰伍拾文。

22. 柒拾陆项柴合小麦_{斗估卅二文}。计贰拾

23. 　　　　　肆贯叁佰贰拾叁文伍分。

24. 贰拾玖硕捌斗豌豆_{斗估廿九文}。计捌贯

25. 　　　　　陆佰肆拾贰文。

26. 肆阡捌佰捌拾陆硕叁斗伍胜伍合麦

27. 　　　粟床豆等准和籴估折填充

28. 　　　交籴匹段本。其斛斗收附军

29. 　　　仓同前载冬季载支粮帐讫。

············缝押印,下同············

30. 壹拾柒硕壹斗床

31. 　　　贰佰陆拾贰硕伍斗青麦

32. 　　　柒拾陆硕柒台小麦

33. 　　　贰拾玖硕捌斗豌豆

34. 　　　肆阡伍佰硕玖斗肆胜捌合粟。

35. 　玖伯肆硕捌斗捌升玖合粟,填本外

36. 　　　利润。其粟收附同前季利润帐讫。

37. 柒阡伍伯陆拾陆硕肆斗肆胜肆合

38. 　　　斛斗,四载春季交籴纳。准估

39. 　　　计当钱贰阡陆拾贰贯叁佰

40. 　　　壹拾柒文贰分。

············缝背押印············

41. 陆阡柒佰玖拾玖硕玖斗贰胜捌合粟_斗

42. 　　_{估计七文}。计壹阡捌佰叁拾伍贯玖佰捌拾文伍[分]。

43. 贰伯叁拾硕陆斗青麦_{斗估卅文}计

44. 　　　陆拾玖贯壹伯捌拾文。

45. 贰伯肆拾壹硕捌斗贰胜陆合小麦

46. 　　_{斗估卅二文}。计柒拾柒贯叁伯捌拾肆文叁分。

47. 贰伯柒拾陆硕壹斗贰胜床_{斗估廿七文}。

48. 　　　计柒拾肆贯伍伯伍拾贰文肆分。

49. 　　壹拾捌硕豌豆，_{斗估廿九文。}计伍贯

50. 　　　　贰伯贰拾文。

••

51. 　陆阡叁伯捌拾肆硕贰斗壹胜叁合

52. 　　　斛斗，准和籴估折填充交籴

　　　　（匹段本。其斛斗收附郡仓）

（后缺）

A 件前缺，但可仿残卷第 13～25 行格式推补以下数行：

（前缺）

壹万壹阡壹伯陆拾硕柒升伍合斛斗，

　　　三载夏季交籴纳，准估计当

　　　钱叁阡肆拾贯肆伯玖拾叁文。

肆伯伍拾陆硕捌斗伍升柒合小麦_{斗估卅二文}，

　　　计壹伯肆拾陆贯壹伯玖拾肆文贰分，

壹伯肆拾柒硕肆斗青麦_{斗估卅文}，

　　　计伍拾壹贯伍伯玖拾文，

壹伯硕肆斗豌豆_{斗估廿九文}，

　　　计贰拾玖贯壹伯壹拾陆文，

（下接 A 件第一行）

残卷第 13～36 行为天宝三载冬季交籴帐，记天宝三载"交籴纳"粮 5791.244 硕（第 16～25 行为其细数），准交籴"估，计当钱"1575905 文（细数亦在第 16～25 行。交籴估为：床粟，27 文/斗；青麦，30 文/斗；小麦，32 文/斗；豌豆，29 文/斗）。其中 4886.355 硕（第 30～34 行为其细数）"准和籴估，折填充交籴匹段本"，记入天宝三载冬季支粮帐；904.889 硕粟，作为"填本外利润"记入同季利润帐。第 37 行以下为天宝四载春季交籴帐，后残，然亦可仿三载冬季交籴帐格式推补完天宝四载春季交籴帐。

53. 　　　匹段本，其斛斗收附军仓

54. 　　　四载春季载支粮帐讫。

55. 　　　伍阡陆伯壹拾柒硕陆斗陆升柒合粟，

56. 　　　貳伯叁拾陆硕陆斗青麦，

57. 　　　貳伯肆拾壹硕捌斗貳升陆合小麦，

58. 　　　貳伯柒拾陆硕壹斗貳升床，

59. 　　　壹拾捌硕豌豆。

60. 　　　壹阡壹伯捌拾貳硕貳斗陆升壹合粟，填本外

61. 　　　　利润，其粟收附同前季利润帐记。

（后缺）

上述交籴与交籴和籴帐亦可列表于下：

天宝三载至天宝四载春河西豆卢军交籴充和籴帐

项　目		天宝三载夏季帐			天宝三载冬季帐			天宝四载春季帐		
		斛斗（硕）	籴估（文/斗）	折钱（文）	斛斗（硕）	籴估（文/斗）	折钱（文）	斛斗（硕）	籴估（文/斗）	折钱（文）
粟	交籴	10455.418	27	2822962.8	5405.837	27	1459576	6799.928	27	1835980.5
	交籴充和籴	9339.41	☆32	☆29886.11	4500.948	☆32	☆1440303.3	☆5617.667	☆32	☆1797653.4
	利润	1116.008			904.889			☆1181.261		
床	交籴	/	/	/	17.1	27	4617	276.12	27	74552.4
	交籴充和籴	/	/	/	17.1	☆32	☆5472	☆276.12	☆32	☆88358.4
	利润	/	/	/	/	/	/	/	/	/
小麦	交籴	☆456.875	☆32	☆146194.2	76.007	32	24323.5	241.826	32	77384.3
	交籴充和籴	456.875	☆37	☆169037.1	76.007	☆37	28122.6	☆241.826	☆37	☆89475.6
	利润	/	/	/	/	/	/	/	/	/
青麦	交籴	☆147.4	☆30	☆44220	262.5	30	78750	230.6	30	69180
	交籴充和籴	147.4	☆35	☆51590	262.5	☆35	☆91875	☆230.6	☆35	☆80710
	利润	/	/	/	/	/	/	/	/	/

续表

项　　目		天宝三载夏季帐			天宝三载冬季帐			天宝四载春季帐		
		斛斗（硕）	籴估（文/斗）	折钱（文）	斛斗（硕）	籴估（文/斗）	折钱（文）	斛斗（硕）	籴估（文/斗）	折钱（文）
豌豆	交籴	☆100.4	☆29	☆29116	29.8	29	8642	18	29	5220
	交籴充和籴	100.4	☆34	☆34136	29.8	☆34	☆10132	☆18	☆34	6120
	利润	/	/	/	/	/	/	/	/	/
小计	交籴	☆11160.075		☆3042493	5791.244		1575905	7566.474		2062317.2
	交籴充和籴	10044.076		☆3042493	4886.355		☆1575905	6384.213		☆2062317.2
	利润	1116.008			904.889			☆1182.261		

　　备注:上表各格数据不带☆号者皆录自 A 件文书,带☆号者则系据 A 件文书其他数据推补。推补办法见下文。天宝三载冬季帐各色斛斗细数相加应为 1575908.5 文,与 A 件文书所载仅差零头(3.5 文),亦可忽略不计。其他各项小计皆与 A 件文书所记分文不差。

　　从 A 件文书可见,其时河西豆卢军仓和买粮食有两种"估"。其一为和籴估;其二为交籴估。"和籴估"一词见于 A 件文书。"交籴估"一词虽未正式出现于 A 件文书,但 A 件文书既谈到某载某季"交籴纳"若干斛斗,又谈到准"估"计当钱若干贯文,可见其时交籴确有"估"。[①] 只是交籴估三字未连用而已。A 件文书于交籴斛斗项下所注的"斗估"若干文,也就是"交籴"估,而非和籴估。

　　A 件文书虽未标明各色斛斗和籴估的具体数值,但可通过计算而得。天宝三载冬季帐交籴纳粮 5791.244 硕准"(交籴)估"折钱 1575905 文,平均每斗 27.211 文,据文书第 26～28 行,交籴纳的 5791.244 硕中,4886.355 硕应"准和籴估,折填充交籴匹段本"。因该季动用的交籴匹段本折钱也就是 1575905 文,故知此 4886.355 硕籴粮"准和籴估"平均每斗 32.251 文。每斗和籴估高于"交籴"估 5 文。由此可得该季和籴估:粟、床,32 文/斗;小麦,37 文/斗;青麦,35 文/斗;豌豆,34 文/斗。天

---

① 这种"估"可以同于"时估",也可高于时估。

宝三载夏季、天宝四载春季之"和籴估"同此。验之于 B 件文书,其时的和籴估也确如上述。

再谈此件文书所见的"利润"。天宝三载冬季,豆卢军仓用绢帛若干,折钱 1575905 文,按"交籴估"(亦即交籴价)籴得粮 5791.244 硕。既籴之后,又按"和籴估"进行折算,准"和籴估",这笔"籴本"只能籴得粮 4886.355 硕。其所多籴的 904.89 硕,也就成了此度"交籴"的利润。① 由此可知,交籴的利润产生于将"交籴"粮折算为"和籴"粮之时(亦即将"交籴"粮按"和籴"估进行换算之时),它来源于"和籴估"与"交籴估"之差价。换言之,倘若"交籴纳"的斛斗不按"和籴估"进行折算,或者说,"和籴估"恰好等于或者低于"交籴估",那么,交籴也就无所谓"利润"。

论者或以为交籴是高利贷,政府付本取利,行客拿到交籴本就可以利用地区与季节的差价买进卖出,交籴的利润便由此产生。此说的主要根据就是天宝六载十一月、十二月河西豆卢军收纳交籴的一组牒文。今检此组牒文,纳交籴者计 13 人(行客 9 人,百姓 4 人),只有两人提及预付匹段,件录于下:

粟柒拾硕　　小麦叁拾硕

牒:重进今有前件斛斗,请充交籴,谨牒。

天宝六载十二月　日行客常重进牒。

付仓捡纳,元感

示。　十四日

·············(元)···········

粟壹伯硕

牒:庭训今有前件斛斗,请纳充交籴。谨牒。

天宝六载十二月　日兵客曹庭训牒

付仓捡纳,元感

示。　十四日

———————

① 据此,我们又可以参照天宝三载冬季帐"交籴"折充"和籴"的情况,推补天宝三载夏季帐各色斛斗交籴数、交籴斛斗折钱数,推补天宝四载春季帐各色斛斗和籴估、交籴充和余斛斗数以及交籴利润数。推补结果见上表,推补数据仍加"☆"号,以资识别。

·········（元）···

右重进等各请上件交籴斛斗，望请预付匹段。

其斛斗限日填纳。谨连判状如前，请处分。

牒件状如前，谨牒。

　　　　天宝六载十二月　　日行客常重进

　　　　　　　　行客曹庭训等牒

付判准状，元感

示。　十七日

　　十二月十七日典邓儁　受

　　孔目判官"押"付

　　连，晖　　白

　　十八日。①

···

从上件可知，常重进、曹庭训请纳交籴在前，请预付匹段在后。常重进、曹庭训请纳交籴时，主官元感即于十二月十四日判示"付仓检纳"，常、曹两人请纳交籴牒也声称"今有前件斛斗"。也许是因为未能一手纳粮、一手付酬，常、曹两人又牒请"预付匹段"，并保证"其斛斗，限日填纳"，元感接状后又于是月十七判付有关人员处理。至十八日，某姓名晖者便将有关牒文粘贴在一起，表示此事已经办完了结。可见常、曹二行客自拿到"预付匹段"至将麦粟"付仓检纳"只有数日之隔，不存在付本取利问题。

在此前后，其他行客、百姓请纳交籴，都未提出"预付匹段"问题，很可能都是一手纳交籴，一手付绢帛，如同出下引文书所示：

军仓

　　行客任惩子纳交籴粟壹伯捌硕陆斗。空。

　　右奉判令检纳前件人交籴粟，纳讫具

　　上者。谨依检纳讫，具状如前。谨录状 上 。

───────────

① 池田温：《中国古代籍帐研究》，东京大学东洋文化研究所1979年版，第470～471页。

牒件状如前,谨牒。

天宝六载十一月　　日典李惠明牒

典张玄福

....

判官司法参军于重晖

付判,元感示。

监官别将曹阿宾

廿九日。

十一月二十九日典邓儒受

孔目判官"押"付

计料,晖白。

廿九日。

行客任悊子粟壹伯捌硕陆斗_{斗估廿一文} 计钱贰拾贰贯捌 伯

陆文,折给小生绢陆拾肆_{匹估叁伯捌拾文}。

牒件斛斗如前,谨牒。

（后缺）

　　由上件文书可知,任悊子于天宝六载十一月二十九日以前便已"纳讫"交籴斛斗,与此同时或稍后,任悊子才领得小生绢 60 匹,完全看不出有付本取利迹象。

　　要言之,唐代是否存在付本取利的交籴,实属可疑。[①]

三、从 A、B 两件文书看"交籴"与"和籴"的关系

　　从上引两件文书看,交籴与和籴的区别就在于前者按"交籴"估籴买,后者按"和籴估"籴买。因为有此区别,所以在某些籴粮会计帐上就必须写明是"交籴"还是"和籴"。但就籴粮的基本特点而言,两者又是一

------

① 天宝四载河西豆卢军的和籴本也是当季领取,当季购粮,并"破用并尽",也并无付本取利之可能。

致的,都是"官出钱,民出谷,两和商量,然后交易也"。① 因此,在通常情况下,交籴也可以叫作和籴。②

如上引 A 件文书所示,自天宝三载夏季至天宝四载春季,河西豆卢军仓共纳交籴 24518.396 硕,由于其时的交籴是作为和籴计划的一部分,所以河西豆卢军便把它所收纳的交籴粮按和籴估进行折算,一部分"准和籴估,折填充交籴匹段本",收附军仓支粮帐;另一部分(亦即盈余部分)便收附利润帐。河西豆卢军对其所纳的"交籴"粮进行如此分割时,所关心的也只是"交籴→和籴"财务帐目整体上的平衡。以天宝三载冬季帐为例,该季度豆卢军共交籴纳粟 5405.837 硕,**穈** 17.1 硕,小麦 76.007 硕,青麦 262.5 硕,豌豆 29.8 硕。

如果分别按和籴估折充和籴,那么,就应该如下表所示:

交籴项目	数量	折充和籴量	利润
粟	5405.837 硕	4561.175 硕	844.662 硕
小麦	76.007 硕	65.739 硕	10.268 硕
青麦	262.5 硕	225 硕	37.5 硕
穈	17.1 硕	14.428 硕	2.672 硕
豌豆	29.8 硕	25.418 硕	4.382 硕

但从 A 件文书,我们看到的却是交籴**穈**、青麦、小麦、豌豆,全无"利润";而交籴粟的"利润"却多达 904.889 硕,比该项斛斗应有的"利润"多了 60.231 硕。显而易见,A 件文书在折"交籴"为"和籴"时,把所谓的"利润"全部放在交籴粟项下扣除。与此同时,又将交籴纳的**穈**、青麦、小麦、豌豆,都全数算作和籴纳。③ 从财务结算的角度看,这样分割交籴,与逐项分割交籴,实际结果一样。职是之故,河西豆卢军交籴充和籴帐才避繁就简,采用了这一比较简便的分割办法。

现在再来看 B 件文书。B 件文书所要处理的问题与 A 件不同,A 件文书重点放在将"交籴"粮折算为和籴;B 件文书的重点则放在 2 万段

---

① 白居易:《论和籴状》,《全唐文》卷 667。

② 职是之故,传世文献多言"和籴",罕言"交籴"。

③ A 件文书的这种折算方式,也进一步证明了所谓的"利润",并非来自交籴时的付本取利。

和籴本如何使用,是否按规定全部用于和籴,是否已经"并给百姓等和籴直,破用并尽"。

据 B 件文书记载,天宝三载冬、天宝四载春,度支拨付豆卢军的天宝四载和籴本 2 万段,除 83 匹 1 丈 9 尺 1 寸大练"准格"给副使李景玉充禄外,"其物并给百姓等和籴直,破用并尽"。计和籴得粟、𪋤、青麦、小麦、豌豆等 20142.874 硕。这里就提出一个问题:天宝三载冬、天宝四载春"和籴"的这 2 万多硕是否包括 A 件文书所记的天宝三载冬、天宝四载春"交籴纳"的 1.3 万余硕?如果包括,也就是说,天宝四载这一年度,河西豆卢军的和籴本,含交籴本在内,就是 2 万段。和籴粮,含交籴在内,也就是 2 万多石。如不包括,那就意味着,天宝四载这一年度,拨付豆卢军的籴粮本不止 2 万段(而是于 2 万段之外另加 3600 多贯),籴粮 3.3 万多石以上。如果加上天宝三载夏(亦即自天宝三载夏至天宝四载春),籴粮更多达 4.5 万石。

笔者以为,就河西豆卢军军仓的客观需要而言,不必要于每年和籴 2 万余硕之外再"交籴"一两万石。《旧唐书》卷 38《地理志》记:"豆卢军,在沙州城内,管兵四千三百人,马四百匹。"唐制,边兵每人每年给粮标准为 12 石,马料的供给标准是日给粟 5 升,[①]每匹年耗粮 18 石。据此计算,豆卢军每年兵马耗粮约 5.88 万石。沙洲"开元户六千四百六十六",[②]课丁不下 5000 人,每丁租 2 石,可得租 1 万石。沙州垦田数不详,笔者曾对现存大历以前敦煌户籍(手实)残卷中各户已受田数进行统计,平均每户已受田约 47 亩。永业、口分之外的私田,估计各户平均约有 25 亩上下。[③] 以此为基础进行估算,可假定当时沙州垦田约 4600 顷,地税以每亩 2 升计,约可得地税 9000 多硕。丁租、地税两项相加,大约为 2 万硕。据天宝九载八月二十七日至九月十八日敦煌郡仓纳谷牒推算,该载敦煌郡仓约可和籴粮 2.4 万硕上下。[④] 再加河西豆卢军军仓每年"和

---

① 参见《夏侯阳算经》卷中《计给粮》。

② 《元和郡县图志》卷 40。

③ 参见杨际平:《均田制新探》,厦门大学出版社 1991 年版,第 248、198 页。

④ 参见杨际平:《从敦煌文书看唐代前期的和籴制度》,《中国社会经济史研究》1985 年第 1 期。

籴"的 2 万硕,三项相加每年郡仓、军仓可得粮 6 万余硕(屯、营田的收入尚不计在内),供应豆卢军军粮马料与敦煌郡地方官员禄米,已足够有余,似无必要于"和籴"之外再每年"交籴"一两万石。

就天宝四载河西豆卢军有关和籴、交籴的这两件文书本身,我们也可以看到,天宝四载这一年度,河西豆卢军"和籴"的 2 万多硕已包括河西豆卢军同期交籴纳而又"准和籴估价填充交籴匹段本"的那11270.568硕在内。如若不然,记录该年度河西豆卢军"交籴"情况的 A 件文书就不会多此一举,将其"交籴"纳的斛斗按"和籴估"进行折算。

再看我们从 A、B 两件文书摘录的 10 组可比数据:

A件文书:天宝三载冬"交籴"折和籴斛斗	B件文书:天宝三载冬"和籴"斛斗
粟: 4500.948 硕	粟: 9247.704 硕
小麦: 76.007 硕	小麦: 417.353 硕
床: 17.1 硕	床: 13.264 硕
豌豆:29.8 硕	豌豆:49.5 硕
青麦:262.5 硕	青麦:262.5 硕
A件文书:天宝四载春"交籴"折和籴斛斗	B件文书:天宝四载春"和籴"斛斗
粟:5617.667 硕	粟:9260.637 硕
小麦:241.826 硕	小麦:241.826 硕
床: 276.12 硕	床: 276.12 硕
豌豆:18 硕	豌豆:18 硕
青麦:230.6 硕	青麦:230.6 硕

以上 10 组数据中,有 5 组,A、B 两件文书所记雷同(包括零头细数都相同),另外 5 组,B 件文书所记的"和籴"数大,A 件文书所记的"交籴"充和籴数小。这一切自然不会都出自偶然,它表明:(1)唐代,按"交籴"估籴买的"交籴",实际上也是和籴,它是整个国家和籴计划的一部分。按"交籴"估籴买的"交籴",在财务结算时,有时仍称为"交籴",以区别于按"和籴"估籴买的"和籴"。但它仍应按"和籴"估进行折算。既经按和籴估折算后,它就变成"和籴",并列入和籴会计帐,与按"和籴估"籴买的"和籴"就不再有所区别。换言之,上引 A 件文书记

录的天宝三载冬、天宝四载春河西豆卢军"交籴纳"的斛斗,除"利润"外,都已包含在 B 件文书所记的同年同季河西豆卢军和籴会计帐之内。(2)天宝四载河西豆卢军除按"交籴"估籴粮外,又曾以比"交籴"估每斗高 5 文的和籴估籴粮。天宝三载冬季计"和籴"粟 4746.756 硕、小麦 41.346 硕、床 122.164 硕、豌豆 19.7 硕,天宝四载春又"和籴"粟 3642.97 硕,共"和籴"斛斗 8872.936 硕。就这一年度而言,河西豆卢军真正以和籴估籴买的斛斗仅占和籴总数的 44.05%,以"交籴"估籴买的和籴却占 55.95%。尽管如此,这一年度整个的"交籴"与"和籴"活动仍然统称为"和籴"。

再谈天宝三、四载"和籴"、"交籴"的对间和对象。从上述 A、B 两件文书可知,河西豆卢军天宝四载预算计划内的和籴已提前至天宝三载冬、天宝四载春两季完成。这两个季度,都既有按"交籴"估进行的"交籴",又都有按每斗高于"交籴"估 5 文的"和籴"。

"和籴"、"交籴"的差价如此之巨,为什么仍有人舍"和籴"而就"交籴"? 我猜测其时对和籴的对象有所限制。

开元末、天宝初,经济形势很好,国家财政也很充裕,又值连年丰稔,朝廷常于常年的和籴之外,广行和籴以便农。《册府元龟》卷 502《邦计部·平籴》即记:

> (开元)二十五年九月戊子敕曰:适变从宜,有国常典。恤人济物,为政所先。今岁秋苗,远近丰登。时谷既贱,则甚伤农。事资均籴,以利百姓。宜令户部郎中郑昉、殿中侍御史郑章,于都畿据时价外每斗加三两钱和籴粟三四百万石……其关辅委度支郎中兼侍御史王翼准此和籴粟三四百万石……
>
> 二十六年三月丙申敕曰:如闻宁、庆两州小麦甚贱,百姓出粜,又无人籴。衣服之间,或虑难得,宜令所司与本道支使计会,每斗加时价一两钱籴取二万石,变造麦饭贮于朔方军城。
>
> 二十九年九月敕曰:……今岁物已秋成,农郊大稔,岂但京坻之积,有同水火之饶。宜因丰穰,预为收贮,济人救乏,孰先于兹。宜令所司速计料天下诸州仓有不充三年者,宜量取今年税钱,各委所由长官及时每斗加于时价一两钱收籴。
>
> 天宝四载五月诏曰:如闻今载收麦,倍胜常岁,稍至丰贱,即虑伤

农,处置之间,事资通济。宜令河南、河北诸郡长官,取当处常平钱于时价外,豆斗别加三五钱,量事收籴大麦贮掌。其义仓亦宜准此。仍委采访使勾当,便勘覆具数一时录奏。诸道有粮储少处,各随土宜,如堪贮积,亦准此处分。

其时为供军而进行的经常性的和籴,已有《长行旨》与当年旨符安排。上述这一连串的加价和籴,多属于常年计划之外的,临时安排的和籴,其目的主要在于便民利农,条件也相当优惠。可以想见,其时百姓一定相当踊跃出籴。如此优惠条件的和籴,唐后期也曾有过,但因其时吏治败坏,后果不佳。豪商富贾常勾结贪吏,"反操利权,贱取于人,以俟公私之乏困",①因而常常出现"农人贱粜,利归商徒"②情况,陆贽等也常以此为言。唐前期则未见此类议论,因臆其时对加价和籴有所限制,不让商贾从中渔利,从而使行客与当地商贾只能从事同于时价或略高于时价的"交籴",不能按每斗高于时价三五文的和籴估卖粮。但此只是推测之词,尚少实证资料为据。③

四、附论《开元廿二年秋季沙会州计历》有关和籴部分

《开元廿二年秋季沙州会计历》(P.3841 背)是件勾会帐历,其中第116~126 行与州仓和籴有关,现移录于下:④

116. 壹伯玖匹玖尺玖寸杂州小练,和籴库应在,前典邓庆欠。

117.　　　右检上件练,得邓庆牒称:去开十九年秋季,州仓上税钱價
　　　　(贾)粟

118.　　　充和籴,其直合入正库收附。当为和籴估未到,即依旧估给

---

① 陆费:《请减京东水运收脚价于沿边州镇储蓄军粮事宜状》,《全唐文》卷 667。

② 《请贵籴便农奏》,《全唐文》卷 967。

③ 天宝六载河西豆卢军收纳交籴的一组牒文中,9 人为"行客",4 人为"百姓"。此 4 名"百姓"也不排除为坐贾之可能性。

④ 见池田温:《中国古代籍帐研究》,东京大学东洋文化研究所 1979 年版,第370~373 页,抄录时句读略有变动。

119.　　　直。其直正库收附其年秋季帐讫。后新估到州,准旧估

120.　　　计月(斗)征钱捌文,计当上件小练。至贰拾年冬季正库物到,

121.　　　然始破上件练还和籴库,充估上钱直。其估上钱,支

122.　　　度使姚判官勾日,勒道收入见在,即收附大练入和籴

123.　　　库开廿年春季帐讫。正库所破小练,至廿年冬季始破,

124.　　　遂即更不收附。至廿一年,支度干判官勾日,见不收小练,

125.　　　复缘先附大练,遂被剥征。先已判上支度使,使司令勾

126.　　　覆,使详覆。具已牒上讫,未报。

　　研究唐代和籴制度的学者与研究唐代勾检制度的学者都常引用这段文书,但各人的解读与解释差异很大,甚至截然相反。笔者以为此段文字所表述的事实是:开元十九年秋,拨充和籴的匹段与和籴估未到,州仓先期挪用正库税钱,按旧估籴粟充和籴,和籴帐目记入正库帐。同年秋帐后,新和籴估与拨充和籴的大练到州,支度使姚判官勾检后,计划拨充和籴用的大练便已拨付和籴库,并记入开元二十年和籴库春季帐。由于新确定的和籴估比旧估每斗便宜 8 文,①而拨充和籴用的匹段又系按新和籴估确定,这么一来,拨充和籴的匹段(亦即和籴本)便少了如上数目(亦即少了杂州小练 109 匹 9.9 尺)。所缺之数仍应由正库填补,但因发现这一差额是在拨大练充和籴本之后,正库无法于开元二十年春季帐结帐以前,随同拨充和籴本的大练一起拨付和籴库,而是迟至是年冬季才将上件小练拨给和籴库。由于其时和籴库也已结帐,因而这批小练无法入和籴库开元二十一年冬季帐。至开元二十一年,支度于判官勾检时,见拨充和籴本的大练已经入和籴库帐,而上件小练却未入帐,于是遂被剥征,并告到支度使。支度使司又令勾覆,并要求将详情上报。勾覆的结果也已上报,但未得批复。所以此事仍悬挂着,尚未结案。

---

①　笔者于《从敦煌文书看唐代前期的和籴制度》一文,曾释为新和籴估较旧估每斗多 8 文,恐不确,现予更正。论者或以为:因为新估比旧估每斗少 8 文,"因此需正库每斗向百姓征钱还给和籴库"。笔者以为,也无此可能。天宝年间,无论是和籴,还是交籴,纳粮者都不记某乡、某里,实难向纳粮者索还多付之款项。

和籴库前典邓庆叙述的这件事在当时虽是小事一桩,且不构成过犯,但对于我们今天研究唐代和籴制度却颇具史料价值。它表明唐代州县这一级的财务制度也相当严密,各财务机构分工明确,各司其职。就和籴而言,州仓管收贮籴粮,和籴库贮和籴钱物,正库贮地方的各种钱物,各有各的帐。虽然税钱收贮正库,和籴钱物也是经正库拔至和籴库,但这两笔收支各有各的用途,只能借用,不能混合。正库既以户税钱让州司先期和籴,又继拔大练、小练充和籴本。和籴库拿到拔充和籴的大练时,州仓实际上已用税钱籴粮 500 多石。[①] 和籴库还得收下原定拨充和籴的全额大练与追加的 109.2475 匹小练。[②] 至于业已动用的税钱,邓庆牒虽未提及,想必也应由和籴库填还。开元二十一年支度于判官勾检时,追加的 109.2475 匹小练,实际上也已动用。只是因和籴库帐上未记这批小练的帐,支度于判官仍然还要予以“剥征”。由此可见其时财务制度之严密。

从上引文书我们又可以看到,未按和籴估籴粮的事,在当时实属习见。开元十九年秋州仓以税钱和籴,实际上即是“交籴”。“交籴”有两种情况:一种情况是“交籴”估低于随后确定的“和籴估”,在和籴本既定的情况下,这种“交籴”会产生盈余(亦即“利润”),如天宝四载河西豆卢军和籴会计文书所示,“利润”有“利润帐”,不落个人手中;另一种情况是,“交籴”估高于随后确定的“和籴估”,在和籴计划不变情况下,和籴库势必由此产生亏空,如上引邓庆牒所示。交籴时的亏空也不由个人负担,而由追加的和籴本填补。这又表明,由度支确定、逐级下达的和籴计划,在具体执行时,还是有点灵活性。

(原载《中国社会经济史研究》1992 年第 3 期)

---

① 一匹小练以 370 文计,109.2475 匹小练约值 4042 文。交籴和籴每斗差价 8 文,4042 文约可补 505 石粮之差价。

② 新和籴估下达后,和籴库便应按新估和籴。看来,沙州州仓自开元十九年秋季开始的这一年度的和余,“交籴”所占比例甚小。

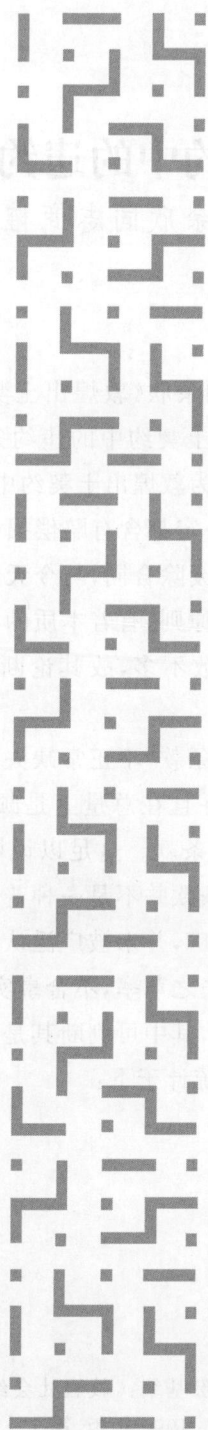

契约研究

也谈敦煌出土契约中的违约责任条款
——兼与余欣同志商榷

《史学月刊》1997 年第 4 期刊余欣《敦煌出土契约中的违约条款初探》文,从经济法学角度对敦煌出土契约中的违约条款问题做了初步考察,提出一些有价值的看法,如认为敦煌出土契约中的违约罚金"是一种以惩罚违约为目的的罚金","不一定都含有赔偿损失作用";认为敦煌契约允许任何一方以交付罚金方式废除合同,与今天经济合同法规定的合同违约受到违约处罚后仍应履行原则,有着本质的区别。但或为条件所限,余欣同志所见的敦煌契约为数不多,故其论断颇有失误,亟须予以辩正。

余欣同志在列举了两件违约条款"不正常缺失"之例后断言"像这类情形在敦煌出土契券并不罕见,并且在总量上是颇为惊人的,尤其是在木简购地契中绝大部分没有违约条款。这足以说明这样一个值得注意的事实:当时在合同上订立违约条款并不是一种普遍的现象。该条款在这一时代和这一地区尚未得到推广,并未被广泛认可为必须共同遵循的惯例"。我以为余欣同志的论断失之草率,不合事实。

笔者检敦煌出土的契约文书,其中可判断其是否具有违约责任条款的计 101 件,①现按类分别列表、统计于下:

---

① 所检敦煌契约文书见唐耕耦、陆宏基编:《敦煌社会经济文献真迹释录》第 2 辑,全国图书馆文献缩微复制中心 1990 年版,第 1～140 页。

（一）租佃土地契

序号	年代	契约性质或名称	违约罚则
1	丑年（829？年）	索海朝租地契	"掣夺家资"
2	咸通二年（861年）	齐像奴等分种土地契	"罚□□□军粮用"
3	天复二年（902年）	樊曹子租地契	"罚□□□人不悔人"
4	天复四年（904年）	令狐法性出租土地契	"罚□□□纳入官"
5	乙亥年（915？年）	索黑奴等租地契	"罚麦两驮"
6	甲午年（934年）	索怀义代管土地契	"罚牡羊一口"
7	广顺三年（953年）	龙章祐等出典土地契	"罚青麦拾驮"
8	乙丑年（965年）	祝骨子等合种土地契	"罚上羊壹口"

（二）卖牛契

序号	年代	契约性质或名称	违约罚则
1	未年（803年）	尼僧明相卖牛契	"罚麦三石"
2	寅年（822年）	令狐宠宠卖牛契	"罚麦五硕"
3	丁巳年（897？年）	唐清奴买牛欠牛价契	"若于时限不还者，看乡元（原）生利"

（三）雇（或典雇）牛、驴、驼契

序号	年代	契约性质或名称	违约罚则
1	乾宁三年（896年）	冯文达典雇驼契（稿）	无。（典雇）
2	癸未年（923？年）	张修造雇驼契	"罚麦一驮"
3	辛卯年（931？年）	董善通等雇驼契	无。（已付雇价）
4	壬辰年（932年）	雇牛契（样书）	罚"一驮"
5	丙午年（946年）	宋某雇驼契（样书）	"依乡元礼（例）生理（利）"
6	不详	程住儿雇驴契	"任掣夺便皮价……"

（四）卖儿、典儿、典身、卖婢契

序号	年代	契约性质或名称	违约罚则
1	丙子年（916 年）	阿吴卖儿契	无。（已付买价）
2	贞明九年（923 年）	曹留住卖▢▢契	"罚麦拾驮"
3	淳化二年（991 年）	韩愿定卖妮子契	"罚大羯羊两口"
4	乙未年（935 年）	赵僧子典儿契	无。（典）
5	癸卯年（943 年）	吴庆顺典身契	"▢▢捌驮"
6	壬午年（982 年）	郭定成典身契	无。（典）

（五）雇工契

序号	年代	契约性质或名称	违约罚则
1	寅年（822 年）	氾英振受雇承造佛堂契	"罚麦叁驮"
2	戊戌年（878 年）	令狐安定雇工契	"罚羊一口"
3	龙德四年（924 年）	雇工契（样书）	"罚上羊一口"
4	戊子年（928？年）	愿长受雇契	仅有"抛工"罚则
5	戊申年（948？年）	李员昌雇工契	"罚麦叁驮"
6	丁巳年（957 年）	贺保定雇工契	"罚青麦伍驮"
7	某年	康富子雇工契（样书）	"罚在临时"
8	乙卯年（955 年）	孟再定雇工契	"罚青麦两驮"
9	甲戌年（974 年）	窦跛蹄雇工契	"罚青麦壹拾驮"
10	不详	某某雇愿千契	"罚青麦壹驮"
11	卯年（811？年）	张和子受雇承造花蒿契	"花蒿请倍，麦壹驮倍两驮"
12	巳年（837？年）	令狐善奴受雇刈麦契	"掣夺家资杂物牛畜等"
13	吐蕃某年	贺胡子受雇刈麦契	"依乡原当时还麦"

（六）借贷粮食契

序号	年代	契约性质或名称	违约罚则
1	天宝十三载(754? 年)	道士杨神岳便粟契	"任掣夺杨岳□□□用充麦直"
2	天宝十三载(754 年)	道士杨某便麦契(稿)	"壹任掣夺常住车牛杂物等,用充麦直"
3	子年(不详)	孙清便粟契	"如违,倍。仍任掣夺家资,用充粟直"
4	未年(803? 年)	张国清便麦契	"如违不还,其麦请陪(倍),仍(任)掣夺"
5	寅年(810? 年)	赵明明便豆契	"如违不还,一任掣夺家资杂物,用充豆直"
6	寅年(不详)	镜兴逸便麦契(稿)	"如违限不还,一任掣夺家资杂物,用充麦直"
7	酉年(817 年)	曹茂晟便豆契	"如违不纳,其豆请倍,一任掣夺家资杂物,用充豆直"
8	酉年(817 年)	张七奴便麦契	"如违限不还,其麦请陪(倍)……一任掣夺家资杂物牛畜等"
9	某年(817 年前后)	寺户严君便麦契	"其麦请倍……掣夺家资杂物,用充麦直"
10	某年(823? 年)	僧神宝便麦契	"如违其限不还,其麦请倍……掣夺家资杂物,用充麦直"
11	某年(823? 年)	寺户索满奴便麦契	"如违时限,其麦请陪,仍任掣夺家资杂物,用充麦直"
12	某年(823? 年)	僧义英便麦契	"如违时限,请陪……牵掣房资什物,用充青麦直"
13	某年(823 年前后)	赵卿卿便麦契	"如违,其麦请陪……掣夺家资杂物,用充麦直,有剩不在论限"

续表

序号	年代	契约性质或名称	违约罚则
14	某年(823年前后)	使奉仙便麦契	"如违,其麦请陪……如身东西,一仰保人代还"
15	某年(823年前后)	僧神寂便麦契	"如违,其麦请陪……牵掣房资什物,用充麦直,有剩不在论限"
16	卯年(823?年)	马其邻便麦契	"如违限不还,其麦请陪……牵掣家资杂物牛畜等,用充佛麦。其有剩,不在论限"
17	卯年(823?年)	翟米老便麦契	"如违限不还,其麦请陪,仍任掣夺家资牛畜,用充麦直"
18	卯年(823?年)	武光儿典车便麦契	"如违限不纳,其车……任寺收将"
19	某年	曹清奴典铛便豆麦契	"如违限不还,其典铛一口没,□□□请陪,仍任掣夺家资杂物,用充物直"
20	巳年	寺户李和和典铛便麦契	"如违限不还,其麦粟请倍,仍任掣夺家资等物,用充麦粟直"
21	丑年	曹先玉便小麦契(稿)	"如违,即任掣夺家资牛畜等,用充麦直"
22	未年(839年)	吴琼岳便粟契	"如违限,陪。一任掣夺家资杂物等,用充粟直"
23	不详	阴海清便麦粟契	"如违限不还,即任掣夺家资杂物,用充麦粟直"
24	大中十二年(858年)	孟憨奴典铧、种金便麦粟契	"如违不还者,掣夺家资杂物用充"
25	癸未年(923?年)	彭顺子典罗裙便麦粟契	无。(典)
26	不详	游意奴便麦契	"即任掣夺家资大畜、用充麦□□"
27	不详	永康寺僧石悉□便粮	

续表

序号	年代	契约性质或名称	违约罚则
28	不详	刘常清便粟	
29	不详	刘常安便粟	
30	不详	张他没赞典驴贷麦粟契	"如若不者,其物典没,其麦粟请陪,仍任掣夺家☐☐☐☐物"
31	不详	李荣一典裙便粟契	无。(典)
32	不详	王太娇典种金便粟契	无。(典)

附注:第27~32为同一纸,类似于帐本,而不同于一般契约。

(七)借贷绢帛等契

序号	年代	契约性质或名称	违约罚则
1	甲午年(874?年)	邓善子贷生绢契	"若违时限不还,于乡元(原)生利"
2	乙未年(875?年)	就弘子贷生绢契	"若一个月不还者,逐月于乡原生里(利)"
3	辛巳年(921年)	郝猎丹贷绢契(抄)	"若于限不还者,便看乡原生利"
4	癸未年(923?年)	王刕敦贷生绢契	
5	癸未年(923?年)	沈延庆贷布契	"于月不还得者,每月于乡元生利","先□者,罚麦伍斗"
6	甲申年(924?年)	曹延延贷生绢契	"若于限不还者,便看乡元生利"
7	己丑年(929年)	陈佛德贷褐契(抄)	"若于时限不还者,便看乡原生利者"
8	己丑年(929年)	何愿德贷褐契	"若不还者,看乡原生利"
9	辛丑年(941年)	押衙罗贤信贷生绢契	

续表

序号	年代	契约性质或名称	违约罚则
10	辛丑年(941年)	贾彦昌贷生绢契	
11	壬寅年(942年)	龙钵略贷生绢契	"掣夺家资用充绢贾"
12	辛亥年(951年)	康幸全贷绢契	"若限满不还者,又须利。忽若推言,掣夺家资"
13	丙辰年(956年)	僧法宝贷绢契	"若于限不还者,☐☐☐生利"
14	戊午年(958年)	兵马使康员进贷生绢契	"若于限不还者,便于乡例生利"
15	辛丑年(961年)	陈银山贷绢契	"切(掣)夺家资,充为绢直"
16	甲子年(964年或904年)	氾怀德兄弟贷生绢契	"如若于时不还者,于看乡元逐月生"
17	辛未年(971年或911年)	押牙梁保德贷斜褐契	("于限不还者,绢利著梁都头还")
18	壬午年(982年)	某人贷生绢契(抄)	"便看乡元生利"
19	乙酉年(925年)	张保全贷生绢契	"若于限不还者,准乡原例生利"

(八)敦煌出土各类契约中存在违约条款情况

契约类型及其件数	有明确的违约条款		无明确违约条款	
	件数	百分比	件数	百分比
买卖、典押、博换土地、宅舍契14件	14件	100%	0	0
租佃土地契8件	8件	100%	0	0
卖牛契3件	3件	100%	0	0
雇牛驴驼契(含典雇)6件	4件	66.7%	2件(其中1件为典雇;1件已付雇价清结)	33.3%
卖儿、卖婢、典儿、典身契6件	3件	50%	3件(其中2件为典契;1件已付买价清结)	50%

续表

契约类型及其件数	有明确的违约条款		无明确违约条款	
	件数	百分比	件数	百分比
雇工契　13件	12件	92%	1件(有抛工罚则)	8%
贷粮契　32件	25件	78%	7件(其中6件为典贷;3件见于账本,非契书原件;1件规定"如违,其麦请陪……如身东西,一仰保人代还")①	21%
贷绢帛契　19件	15件	79%	4件(与贷者身份、贷帛目的有关)	21%
合计　101件	84件	83%	17件	17%

从上表可以看出,敦煌出土的买卖、典卖、博换土地宅舍契、卖牛契、租佃契,都有明确的违约罚则。其他契约,绝大多数也有明确的违约罚则。没有明确违约罚则的,大都事出有因。上表所见的无明确违约罚则的计17件。其中6件为典契(典雇、典卖、典贷),本可无须违约罚则;2件为已付雇价或买价,因已清结,亦本可无须违约罚则;3件见于帐本,他们虽有"恐人无信,立契为验"之类字眼,但没有贷出方姓名,也没有贷入方署名画押,实际上并非契约;2件为违约罚则欠完整者(其一规定有被雇者"抛工"罚则,其一规定如违限不还贷粮,"其麦请陪……如身东西,一仰保人代还")。除此之外,只有4件贷绢帛契为非正常的违约缺省。而此4件的贷绢人都是官衙中人(其中2人注明为押牙,贷绢的目的都是外出"充使"。正是因为贷方地位特殊,才免去"掣夺家资,用充绢值"之类的违约罚则)。

从敦煌出土的各类契约,我们只能得出与余欣文适才相反的结论:

---

① 补注:贷粮契第14例(使奉仙便麦契)规定"如违,其麦请陪……如身东西,一仰保人代还",应该仍算作有明确的违约条款,只是无"掣夺"条而已。若此,贷粮契中,有明确的违约条款者,就有26例,占该类总数的81%,无明确违约条款者则只有6例,占该类总数的19%。在各类契约总数中,有明确违约条款者,就有85例,占总数的84.2%,无明确违约条款者为16例,占总数的15.8%。

当时在各种契约中订立违约条款是一种普遍现象,该条款在唐五代的敦煌地区已经广泛推广。少数几件契约非正常缺失违约条款,只能视为特例,而不具普遍意义。

余欣同志为证明敦煌契约中存在"有理由的缺省"、"非正常缺失"、"无制裁内容的有名无实者"这三种违约条款缺失现象,举了 4 例,并作推论,而其所举之例及推论说明,也都有重大失误。余欣所举第 1 例为开元二十九年(941 年)卖牛契:

开元廿九年元月十日,真容寺于于谌城

交用大练捌匹,买兴胡安忽婆乌**帕**

特牛一头,肆岁。其牛及练即日交相

付了。如后牛有寒盗并仰主保

知当,不忓买人之事。两主对面

画指为记。

练主:

牛主:安忽婆年卅(押)

保人:安失菝? 年卅二

见人:公孙兰

即时清结的买卖而要订立合同,余欣推测是因为其标的物(牛)的价值相当高的缘故。余欣又推测该件契约的牛主(胡人安忽婆)与买主(于湛城真容寺)处于不对等地位,"寺院利用了卖主是一名不识汉字的胡人采用欺诈手段达成了有利于自己的不公正交易",致使"寺院设立免责条款并取得了防止追夺所有权的担保而没有承担任何其他义务"。实际情况却并非如此。我们知道,买卖牛畜应立契乃唐律令的规定。《唐律》卷26《杂律》即规定:"诸买奴婢、马牛骡驴,已过价,不立市券,过三日笞三十;卖者,减一等。"唐令也有买卖奴婢牛畜应立市券的规定。① 实际上,不迟于东晋,就有买卖牛畜立文券的惯例。② 唐律令规定买卖牛畜应立市券,其主要目的在于保证所卖牛畜来源合法。上引卖牛契,牛主保证

---

① 《唐律疏议》卷 26《杂律》即称"买奴婢、马牛骡驴等,依《令》并立市券"。
② 《隋书》卷 24《食货志》即记"晋自过江,凡货卖奴婢马牛田宅,有文契"。

"如后牛有寒盗,①并仰保知[抵]当,不干买人之事"即出于此意。由此可见,买卖牛畜立文券乃律令所要求,与标的额无关。② 在此项交易中,真容寺已付牛价,自然不必再承担其他义务。余欣推测真容寺"采用欺诈手段达成了有利于自己的不公正交易",实未免厚诬之嫌。这里顺便一提:于堪城位于西州(今吐鲁番地区)柳中县东六十里,与敦煌距离逾千里,且敦煌亦并无真容寺,由此可以确定,安忽婆卖牛契并非敦煌出土文书,很可能是吐鲁番文书。

余欣同志所举第 2 例为唐清奴赊买牛契:

> 丁巳年正月十一日,通颀百姓唐清奴为缘家中欠
> 少牛畜,遂于同乡百姓杨忽律元面上买伍
> 岁耕牛一头。断作价直生绢一匹,长叁丈
> 柒尺。其牛及价当日交相分(讫)为定,用
> 为后凭。其绢限至戊午年十月利头填还。若于时^{限不还者,看乡元生利。}
>
> 买牛人唐清奴(押)
> 买牛人男定山(押)
> 知见人宋竹子(押)③

余欣同志认为上引合同附款"显然应属于借贷合同的范畴,而与牛的买卖合同并无必然联系"。因为余欣认为该买卖合同无违约条款,因而将之视为违约条款"非正常缺失"的典型。其实,这是一件赊购牛畜合同。它可以分解为两个合同,一是购牛合同,一是借贷合同。实际上买牛人唐清奴并没向牛主借贷,而其所欠之款实际上就是牛价。换言之,该借贷合同仍由买牛契转化而来,两者之间存在内在的必然联系。④ 既然唐清奴的买牛款已转化为借贷款,那么其购牛款就应被视为已经清结而无须再立违约条款。唐清奴赊购牛契既然具备与一般贷绢帛契相同

---

① "寒盗"(喧盗)即指认该牛畜为己有而被盗。

② 珠宝等商品,价格虽高,买卖时却不要求立契。事实上,敦煌吐鲁番出土文书中亦未见买卖珠宝契书。

③ 件见唐耕耦、陆宏基编:《敦煌社会经济文献真迹释录》第 2 辑,全国图书馆文献缩微复制中心 1990 年版,第 37 页图版。

④ 从形式上看,"其绢限至戊午年十月利头填还,若于时限不还者,著乡元生利"一语也只是附于买牛契间,而不是单立契书或并立契书。

的违约罚款,因而也就谈不上违约罚则"非正常缺失"。

余欣同志所举的第 3 例为:

> 丙午年六月廿四日翟信子及男定君二人,
> 先辛丑年于氾法律面上便麦六石,粟两
> 石。中间其麦粟并总填还多分。今与算
> 会,智定欠麦肆硕,粟六硕,并在信子及男
> 定君身上,至午年秋还本拾硕。恐人无信,
>
> 故立此契,用留后验。
> 欠物人男定君(押)
> 欠物人父翟信子(押)

余欣同志将此件视为"便麦粟契"。其实,此件只是清理积欠的协议,充其量只能视为续契。原便麦粟契订于辛丑年,距订续契的丙午年已有五年之久。清理积欠协议没有违约罚则,绝不等于原契也没有违约罚则。

余欣同志所举的第 4 例为:

> 戊寅年三月十三日,都僧统法律徒众就中院算
> 会,赵老宿、孟老宿二人行像司丁丑斛斗本例,
> 准先例,一一声数如后:
> (中略 4 行)
> 计得麦壹拾叁硕捌斗贰胜半,粟肆拾硕肆
> 斗柒胜半,豆捌硕玖斗肆胜半。其上件斛斗
> 分付二老宿、绍建、愿会、绍净等五人执帐,逐年于先
> 例加柒生利。年支算会,不得欠折。若有欠折,一仰
> 伍人还纳者。
>
> 法律绍建
> 法律洪恕
> 管内都僧统法严

余欣同志将此件视为"戊寅年僧绍进贷粮契",并将其作为违约条款有名无实的典型。其实,这只是某寺行像司戊寅年算会(审计)纪录,与贷粮契毫无共同之处。戊寅年(918 年)三月十三日某寺行像司在管内

都僧统(当地佛教僧团首领)法严与僧侣绍建、洪忍主持下召集众僧对该寺粮帐进行审计。审计后决定将剩粮委托绍建等 5 僧出贷生利。算会记录约定,绍建等 5 僧必须保证所管粮食不欠折(按今天的说法就是要保证保值增值),如有欠折,由他们负责填还。余欣同志对该文书性质判断失误,其所做的推论自然站不住脚。

关于敦煌契约违约条款中的"任掣夺家产",余欣照字面解释为"债务人若无力偿还债务,债权人有权任意从债务人家庭财产中掣夺物品用来抵偿债务"。认为这是一种非法的"契外掣夺",是"明目张胆地违反了唐代律令"。余欣并由此大发感慨说:"唐律实际效力之低可见一斑"。笔者以为,余欣同志对《唐律》有关条款与敦煌契约"掣夺"条款的理解都不准确。

《唐律》卷 26《杂律》规定:"诸负债不告官司,而强掣财物,过本契者,坐赃论。"《唐律》此条的要点有二:(1)公私债负违契不偿,应牵掣者,皆应告官司听断;(2)牵掣财物不得过本契。而其罪与非罪的界限就在于是否"过本契"。在借贷契场合,亦即是否超过契约所规定的本息。敦煌出土契约中的"一任掣夺家资杂物",其"一任"两字乃指家资杂物的品种,而非指数量。此类条款的末尾一般都有"用充□直"字眼。此"用充□直"字眼,指的就是契书规定的借贷本息。本文表(六)所列有"掣夺"条款的 24 例中,有 3 例在此句之后还加上一句"有剩不在论限",[①]这就更加证明了敦煌出土契约中的"一任掣夺"条款,绝非指数量上的任意掣夺。[②] 由此可见,敦煌契约文书中常见的"一任掣夺家资杂物用充□直"条款,并不违反《唐律》有关规定。

余欣同志在分析所谓"违约条款缺失现象"成因时还认定违约条款的缺失似乎与合同的签订时间和地点存在着某种直接的相对应关系,也就是说,"缺失违约条款的合同是集中于某一时间区间内或某些地域内,或某一时间内的某些特定地域内的"。实际情况又绝非如此。上引敦煌

---

① 此 3 件契约之所以加上"有剩不在论限"一句,也只是为了避免估价与找补的诸多麻烦,绝不意味着有此附加条款,就可以"过本契"任意掣夺。

② 从形式上看,"其绢限至戊午年十月利头填还,若于时限不还者,著乡元生利"一语也只是附于买牛契间,而不是单立契书或并立契书。

出土的各类契书,时间跨度都较长(8—10世纪),地域也很分散,看不出违约条款的有无,与具体时间和地域有多大关系。为了进一步论证这一点,我们不妨再以吐鲁番与今新疆其他地区("于阗"、"龟兹"等地)的出土契约为例。笔者检得吐鲁番等地出土契约中可判明是否有违约条款的各类契书计175件,情况一如下表:

契约性质与件数	有违约条款		无违约条款	
	件数	百分比	件数	百分比
买卖、典卖、博换土地宅舍契 15 件	13 件	87%	2 件(皆为阴券)	13%
赁宅舍契 6 件	6 件	100%		
雇工契(含龟兹 1 件)16 件	12 件	75%	4 件(皆已清结)	25%
租佃契 65 件	58 件	89%	7 件(其中 4 件为预付地租,已清结;2 件为换耕田土)	11%
买、赁车马牛骡等契 10 件	4 件	40%	6 件(皆已清结)	60%
买物契 6 件	5 件	83%	1 件(已清结)	17%
贷粮契 20 件(含于阗 1 件)	20 件	100%		
举钱契 24 件(含龟兹 1 件、于阗 3 件)	23 件	96%	1 件(典当)	4%
其他 6 件	6 件	100%		
合计 175 件	154 件	88%	21 件(其中已清结 15 件,典当 1 件,换耕田土 2 件,阴券 2 件)	12%

资料来源:日本东洋文库编:《敦煌吐鲁番文献》Ⅲ《契约》;《吐鲁番出土文书》第 1 册～第 10 册。

上引 175 例中,近 90% 的契约有明确的违约责任条款。无违约责任条款的 21 例中,已清结的占 15 件,换耕田土的 2 件,典当 1 件,阴券 2 件。① 应有违约责任条款而无违约条款者实际上只有 1 件,不及总数 1%。

吐鲁番出土契约以 4—8 世纪为绝大多数,敦煌出土契约则以 8—10 世纪为绝大多数,二者在时空上适可互相补充。从上引敦煌吐鲁番等地 276 件的契约文书看,应有违约条款而无违约条款者属极少数(不到总数的 3%),而此极少数实例的实在,与订立契约的时间、地点并无内在联系。

(原载《中国社会经济史研究》1999 年第 4 期)

---

① 阴券出自虚拟,与现实的契约不可等同视之。

魏晋隋唐券书常见的有关
署券、执券的套话

杨际平　李　卿

【内容提要】 吐鲁番出土的前凉、北凉与高昌国时期的各种契券共95件,除28件因件残不详是否有署券、执券约定外,只有早期的1件(前凉升平十一年卖驼契),与入唐前后的2件(1件为年代不详的买葡萄园券,1件为买物券)未载"民有私要,要行二主,各自署名为信",其余64件都有"民有私要,要行二主(或三主、四主、六主、七主、九主),各自署名为信"的书面约定。说明"民有私要,要行二主,各自署名为信"曾是当时当地契券的固定格式。然视契券尾署,除29件因件残不详外,都只见"倩书"、"时见"、"临坐"署名(多数为"倩书"、"时见"合署,少数为"倩书"、"时见"、"临坐"三者合署或"倩书"、"时见"单署),绝未见立券人署名的情况。这说明,所谓立券人"各自署名为信"只是一种套话,全然不符合实际情况。立券人是否各执一券,也很可疑。由此联想,长沙走马楼出土的三国吴简劝农掾区光牒牒尾的"破莂保据"也是套话,实际上并未"破莂"。同出的嘉禾四年、五年的"吏民田家莂"也是如此,该简片的形制与内容也证明该"吏民田家莂"并非一式两份。

一、前凉、北凉与高昌国时期各种券契
所见的有关署券、执券的套话

吐鲁番出土的券书中常常会出现一些比较固定的格式和语言。以往学者多以此为据进行史学研究,而未加具体分析。实际上,券书中的这些固定的格式与语言往往滞后于事物的发展,成为有名无实的套语。

本文即拟对券书中常见的有关署券、执券的套话做一考察，以引起学界的注意，相信这对于出土文书和中国古代经济史的研究有一定意义。

历史上的魏晋南北朝时期相当于吐鲁番地区前凉、北凉与高昌国时期。下面我们即将《吐鲁番出土文书》中所见的前凉、北凉与高昌国时期的各种券契列表如下：

吐鲁番出土文书所见前凉、北凉、高昌时期契券表

编号	立券时间	性质	立券人	支付情况	行券与署押约定	署押情况	出处(页、册)与备注
1	前凉	不详	不详	已付	件残不详	时人署	3/一
2	升平十一年(367年)	卖驼	买：朱越 卖：王念	已付	无	时人、书券署	5/一
3	前凉	不详	不详	不详	件残不详	时□署	6/一
4	前凉升平十四年(370年)	不详	不详	不详	件残不详	件残不详	7/一
5	北凉玄始十二年(423年)前后	取毯	惠普等	不详	件残不详	件残不详	206/一
6	北凉承平五年(447年)	举锦	借：法安 贷：翟绍远		民有私要，要行二主，各自署名为信	倩书、时见署	181/一
7	北凉承平八年(450年)	买婢	买：翟绍远 卖：石阿奴	已付价	民有私要，要行二主，各自署名为信。券唯一支，在绍远边	倩书署	187/一
8	义熙五年(514年)	举锦	借：弘度 贷：翟绍远		民有私要，要行二主，各自署名为信	倩书署，时见未署	189/一
9	章和十一年(541年)	买田	买：不详 卖：佐佛得	不详	[　　　]为信	倩书、临坐等署	71/三
10	高昌延昌二十二年(582年)	岁出	主：孟忠 作人：康长受	未付	民有私要，各自署名为信	倩书署，时见未署	191/一

503

续表

编号	立券时间	性质	立券人	支付情况	行券与署押约定	署押情况	出处(页、册)与备注
11	延昌二十三年(583年)	租垣四壁	主:智演 佃:不详	不详	件残不详	件残不详	153/五
12	延昌二十四年(584年)	租佃	主:田阿众 佃:智贾	预付贷币	件残不详。*	件残不详	154/五
13	延昌二十六年(586年)	租佃	主:□□崇 佃:不详	不详	[　　　]二主 [　　　　]	件残不详	187/三
14	586年前后	租枣树	主:□伯崇 佃:不详	未付	件残不详	件残不详	189/三
15	586年前后	租佃	主:主簿孟 佃:卫阿文子	不详	件残不详	件残不详	192/三
16	586年前后	租佃	主:不详 佃:卜善祐	不详	[　　　]要,要行二主,各自署[　]。*	倩书、时见署	193/三
17	586年前后	租佃	不详	未付	民私要,要行二主,各自署名□□。*	时见、倩书署	191/三
18	586年前后	租佃	不详	不详	件残不详	倩书、时见署	198/三
19	586年前后	赁舍	主:索寺主 赁:高参等	不详	[　　　]要,要行二主,各自署名为[信]	倩书、时见署	199/三
20	586年前后	租佃葡萄园	不详	不详	三主和同立券……民私要,要行二主,各自署名为信	时见、倩书署	201/三
21	586年前后	租佃	主:不详 佃:12户以上	不详	件残不详	件残不详	202/三
22	586年前后	不详	不详	不详	[　　　]私要,要行二主,各自署名为信	倩书、时见署	186/三

续表

编号	立券时间	性质	立券人	支付情况	行券与署押约定	署押情况	出处(页、册)与备注
23	延昌二十七年(587年)	租树佃	主:主簿佃:张顺和	未付	件残不详	件残不详	357/二
24	延昌二十八年(588年)	租佃	主:范阿六佃:赵显曹	已付贷币	[　　　]行二主,各自署[　　]*	情书、时见署	302/二
25	延昌二十八年(588年)	租佃	主:主簿孟佃:王幼谦	未付	民有私要,要行二主,各自署名为信	情书、时见署	359/二
26	588年前后	不详	不详	不详	件残不详	情书、时见署	304/二
27	延昌二十九年(589年)	租佃	王和等人	未付	件残不详	件残不详	360/二
28	延昌二十九年(589年)	租佃	主:主簿孟佃:董神忠	不详	件残不详	件残不详	361/二
29	589年前后	不详	不详	不详	件残不详	情书、时见署	377/二
30	592年前后	赁舍	不详	不详	民有私要[　　]	情书、时见、临坐署	312/二
31	延昌三十六年(596年)	租佃	主:不详佃:宋某	未付	民有私要,要行二[　　]*	(件残未见)	326/二
32	596年前后	租佃	主:真明佃:时显明	未付	件残不详	情书等署	108/三
33	延昌三十七年(597年)	赁舍	不详	未付	民有私要,□□□□,各自署名为信	情书、时见署	328/二
34	597年前后	租葡萄园	不详	未付	民□□□□□□□□自署名为信*	(件残未见)	336/二

505

续表

编号	立券时间	性质	立券人	支付情况	行券与署押约定	署押情况	出处(页、册)与备注
35	597年前后	租佃果园	主:不详 佃:曹、张	未付	三主和同立券……民有私要,要行二主,各自署名为信	倩书等署	337/二
36	597年前后	举钱	借:赵阿头六 贷:张恭子		民有私要,要行二主,[　　]信	倩书、时见署	339/二
37	597年前后	举钱	不详		[　　]私要,要行二主,各自署名为信	倩书、时见署	340/二
38	597年前后	举钱	借:阳某 贷:不详		[　　]有私要,要行二主,各自署名为信	倩书等署	342/二
39	597年前后	赁舍	恭子、张儿阿	不详	件残不详	(件残未见)	343/二
40	597年前后	不详	不详	不详	[　]行二主,各自署名为信	倩书、时见署	344/二
41	延昌三十八年(598年)前后	举麦	不详	不详	件残未见	时见等署	350/二
42	延昌三十八年(598年)	借贷	贷:范阿□ 借:赵众养等7人		件残不详	件残不详	351/二
43	延昌三十八年(598年)前后	举麦	不详	不详	民有私要,要[　　]	倩书、时见署	352/二
44	600年前后	租树	不详	不详	[　　]二主,各自署名[　]	倩书、时见署	374/二
45	600年前后	租佃	主:主簿	未付	民有私要,要行二主,各自署名为信	倩书、时见署	375/二
46	600年前后	不详	不详	不详	件残不详	件残不详	377/二

续表

编号	立券时间	性质	立券人	支付情况	行券与署押约定	署押情况	出处(页、册)与备注
47	600年前后	不详	不详	未付	民私要,行二主,各自署名为[　]	件残不详	378/二
48	延和元年(602年)	举钱	借:张寺主 贷:左某		民有私要,要行二主,各[　]	时见等署	2/三
49	延和元年(602年)	举麦	借:隗某 贷:不详		[　]私要,要行[　]信	倩书、时见等署	4/三
50	延和元年(602年)	举大麦	借:□□宗 贷:左舍子		民有私要,要[　]名为信	倩书、时见署	5/三
51	602年前后	互贷麦布	良愿相、左舍子		民有私要,要行二主,各自署名为信	倩书、时见署	6/三
52	602年前后	举物	借:[　]胡 贷:左舍子		民□私要,要行二主,各自署名□□	倩书、时见署	7/三
53	延和五年(606年)	举大麦	借:隗簸箕等5人 贷:不详		民有私要,要行六主,各自署名为信	倩书、时见署	14/三 另有附记
54	延和五年(606年)	举大麦	借:严申祐等6人 贷:不详		[　]私要,要行七主,各自署名[　]	倩书、时见署	16/三 另有附记
55	延和五年(606年)	举钱	借:不详 贷:不详		民有私要,要行二主,各自署名	倩书、时见署	18/三 另有附记
56	延和五年(606年)	举钱	借:不详 贷:不详		民有私要,要行二□,各自署名为信	倩书等署	19/三
57	巳年(609?年)	举钱	借:王、刘、张等3人 贷:不详		四主和……民[　]二主,各自署名为□	倩书、时见署	40/三 另有附记

续表

编号	立券时间	性质	立券人	支付情况	行券与署押约定	署押情况	出处(页、册)与备注
58	延和十年(611年)	举麦	借:田相保等8人 贷:赵松柏		九主和同立券……民有私要,要行二主,各自署名为□	倩书、时见署	44/三
59	611年前后	举麦	借:延怀等2人 贷:不详		民有私要,要行二主,各自署名[ ]	倩书、时见署	42/三
60	延和十二年(613年)	雇工	主:不详 受雇:张相儿等3人	未付	民有私要,要行四□,各自署名为信	倩书、时见署	156/四
61	义和三年(616年)	租佃	主:左祐子 佃:张相悫	未付	民有私要,要行二主[ ]为信*	倩书、时见署	175/四 另有附记,券存佃人边
62	义和三年(616年)	租佃	主:无艮 佃:氾马儿	未付	民有私要,要行[ ],自署名为信	倩书、时见署	177/四
63	延和十八年(619年)	租佃	不详	不详	件残不详	件残不详	154/三
64	重光元年(620年)	租佃	不详	未付	[ ]署名为信*	件残不详	156/三
65	延和十九年(620年)	举麦粟	借:寺主智□ 贷:赵丰悦		件残不详	件残不详	215/三
66	621年以前	租佃	不详	未付	民有私[ ]	倩书、时见、临坐署	296/三
67	621年以前	不详	不详	未付	[ ]有私要,要行贰主,各自署名[ ]	倩书、时见、署	298/三
68	重光四年(623年)	租佃	主:法嵩 佃:孟阿养	未付	民有私要[ ]	件残不详	310/三

续表

编号	立券时间	性质	立券人	支付情况	行券与署押约定	署押情况	出处(页、册)与备注
69	重光四年(623年)	租佃	不详	不详	民有[ ]行二主[ ]名为信*	倩书、时见署	55/五
70	延寿元年(624年)	买粪等	买:张寺主卖:严等2人	已付	三主和同立券……民有私要,要行二主,各自署名为信	倩书、时见署	205/三
71	延寿元年(624年)	雇工	雇主:张寺主受雇:不详	未付	□□私要□□□□□□名为信	倩书、时见署	207/三
72	延寿二年(625年)	租树	主:赵明儿佃:田婆吉	未付	民右(有)私要,要行二主,各自署名为信	倩书、时见署	132/五
73	延寿四年(627年)	买作人	买:赵明儿卖:赵怀	已付	民有私要,要行二主,各自署名为信	倩书、时见、临坐署	134/五
74	延寿五年(628年)	买舍	买:赵善众卖:范庆悦等2人	已付	三主和同立券……民有私要,要行二主,各自署名为信	倩书、时见、临坐署	243/三
75	628年前后	租佃	主:法济佃:田婆泰	未付	民有私要,要行二主,各自署名为信	件残不详	245/三
76	延寿六年(629年)	租佃	主:贾某佃:郑海□	未付	件残不详	件残不详	280/三
77	延寿六年(629年)	租佃	主:赵伯怀佃:赵明儿	已付货币	民右(有)私要,要行[ ],各自署名为信*	倩书、时见、临坐署	136/五

509

续表

编号	立券时间	性质	立券人	支付情况	行券与署押约定	署押情况	出处(页、册)与备注
78	延寿八年(631年)	买舍	买:孙阿父师 卖:汜显□	已付	民有私要,要行二主,各自署名为信	倩书、时见署	74/五
79	延寿八年(631年)	雇工	雇主:张喜儿 受雇:不详	未付	[　]各自署名为信	时见等署	281/三
80	延寿九年(632年)	举钱	借:范阿僚 贷:元某	未付	民有私要,要行二主,各自署名为□	倩书、时见、临坐署	56/五
81	延寿十四年(637年)	买园	买:康保谦 卖:雷善祐	未全付	[　]私要,要行二主,各自署名为□	倩书、时见、临坐署	37/四
82	637年前后	雇工	雇主:康保谦 受雇:刘祀海	已付?	件残不详	件残不详	39/四
83	高昌某年	租佃	主:智演 佃:不详	不详	民一(有)[　]二主,各自署名为信	倩书等署	159/五
84	高昌某年	不详	不详	不详	[　]私要,要行二主,各自署名为信	倩书、时见等署	287/四
85	高昌某年	不详	不详	不详	件残不详	倩书、时见、临坐等署	286/四
86	高昌某年	不详	不详	不详	件残不详	倩书、时见、临坐等署	285/四
87	高昌某年	不详	不详	不详	[　]主,各自署名为□	时见、临坐等署	283/四

续表

编号	立券时间	性质	立券人	支付情况	行券与署押约定	署押情况	出处(页、册)与备注
88	高昌某年	租佃	主:赵祐宣 佃:张永究	未付	件残不详	件残不详	337/三
89	高昌某年	举麦	借:赵某 贷:不详	未付	件残不详	件残不详	338/三
90	入唐前后, 午岁	雇工	主:武城诸人 受雇:赵沙弥	未付	民有私要,要行二主,各[　]	件残不详	155/五
91	入唐前后	租佃借贷合券	□污子、麴鼠儿	已互相交付	民有私要,要行二主,各[　]	倩书等署	157/五 券留贷方污子边
92	入唐前后, 壬辰岁	租佃	主:不详 佃:曹质汉、海富2人	未付	[　]名为信	件残不详,有4人"指节为[明]"	240/五
93	入唐前后, 甲辰岁	买舍	买:张阿赵 卖:愿惠	已付	民有私[　]行二主,各自署名为信	倩书、时见署	138/五
94	入唐前后	买葡萄园	不详	不详	未见	时见、临坐押署,并声明"不解书,至(指)[　],倩书署"	254/五
95	入唐前后	买物	不详	不详	未见	有5人押署,身份不详	255/五

注:打＊号者表示有"租输百役,仰田主了;渠破水滴,仰耕田人了"之类规定。

据上表统计,吐鲁番出土的前凉、北凉与高昌国时期(包括入唐前后年代不详的6件)的各种契券共95件,除28件因件残不详是否有署券、执券约定外,只有早期的1件(前凉升平十一年卖驼契),与入唐前后的2件(1件为年代不详的买葡萄园券,1件为买物券)未载"民有私要,要行二主,各自署名为信",其余64件都有"民有私要,要行二主(或三主、四主、六主、七主、九主),各自署名为信"的书面约定。说明"民有私要,要行二主,各自署名为信"曾是当时当地契券的固定格式。然视契券尾署,除29件因件残不详外,都只见"倩书"、"时见"、"临坐"署名(多数为"倩书"、"时见"合署,少数为"倩书"、"时见"、"临坐"三者合署或"倩书"、"时见"单署),绝未见立券人署名的情况。这说明,此时立券人的"各自署名为信"只是一种套话,已经全然不符合实际情况。也许在最初,立契各方都要在契约末尾署名,但以后随着社会实际情况的变化,立契双方在券书上签名已不再必要,仅有倩书或时见签名就足以确保券书中的权利和义务得以有效履行。但"各自署名为信"云云,作为格式化习惯用语仍旧保留下来,继续见于券书。

再看"要行二主"的约定。其时的契券都有"要行二主"(或三主、四主……)的说法,但是否确实为"要行二主",立券人各执一券,也很可疑。如吐鲁番文书75TKM99:6(a)文书[北凉承平八年(450年?)翟绍远买婢券]:①

1. 承平八年岁次己丑九月廿二日,翟绍远从石阿奴
2. 买婢壹人,字绍女,年廿五,交与丘慈锦三张半。
3. 贾(价)则毕,人即付。若后有何(呵)盗仞(认)名,仰本
4. 主了,不了,部(倍)还本贾(价)。二主先和后券,券成
5. 之后,各不得返悔,悔者罚丘慈锦七张,入不
6. 悔者。民有私要,要行二主,各自署名为信。
7. 券唯一支,在绍远边。倩书道护

从这件券书看,虽然在券书内容上明言"二主先和后券"、"要行二主",约定券书双方各持一份,但在券书第7行又明确指出"券唯一支,在绍远边"。很显然,"二主先和后券"、"要行二主"的言语并未被实际执行,而是流于形式。它只是作为惯用套语保留在券书的书写格式中。执券办法的改变也是与实际需要密切相关的。从上例买婢券可以得见"券唯一支,在绍远边"实际上是很合理的。当买主翟绍远与卖主石阿奴订立契约时,买方翟绍远已把买婢钱(丘慈锦三张半)交付卖方,若买来的

---

① 国家文物局古文献研究室等编:《吐鲁番出土文书》录文本,文物出版社1981年版,第1册,第187页。

奴婢日后有"呵盗仞名"情况,都要由卖主解决,或由卖方"部(倍)还本贾(价)"。因为契约订立后的责任义务方全在卖主石阿奴一方,因而只要翟绍远一方收执券书作为必要时追究责任的凭证就足矣,而卖主石阿奴一方是否持券则关系不大。因此,立券双方所立的券书也就不一定是两券。① 这么一来,"要行二主"的规定也成为券书中有名无实的套语。

实际上,从某些券书的行文本身也可发现"要行二主"云云已成为格式化的言语。如有些券中明确记载是三主、四主或九主和同立券,但契券末尾仍然说"要行二主,各自署名为信"。其为有名无实的套话更是显而易见。

二、吐鲁番出土的唐代契券文书所见的一些套话

吐鲁番出土的唐代契券文书所见尾署情况也多与约定不同。据统计,唐代的契券共有 144 件,其中 46 件因件残不详是否有行券署押约定,3 件未载此项约定,其余 95 件都有此项书面约定,其中明确载有"民有私要,要行二主,各自署名为信"占 5 件(时间都在入唐之初,可视为前凉、北凉与高昌国时期传统的延续),②载明"两和立契,画指为信"者 66 件,约占有书面约定者的 70％。可见,"两和立契,画指为信"为唐代契券的固定格式。③ 然视券尾实际署押情况也是与行券署押约定大相径

---

① 义和三年左祐子租佃契,契约中也明文规定"民有私要,要行二主",但又附载"券存佃人边";入唐前后□污子、麴鼠儿租佃借贷合券中也载有"民有私要,要行二主",但实际上"券"也只是留贷方污子边。这说明仅一方保留契券的情况在当时已很普遍。

② 5 件"民有私要,要行二主,各自署名为信"约定的执行情况是:2 件只有"倩书"、"时见"、"临坐"署名,2 件不详是否有主佃或买卖双方署名,只有 1 件(641 年前后的买舍契)有"舍主"押,但载"手不解书,以至(指)节为明"。严格说来,未见一件如约而行的尾署。

③ 吐鲁番地区入唐前后契约格式发生如此变化,很可能是受到内地的影响。也就是说其时内地契约通常规定"两和立契,画指为信"。

庭。上引契券中,双方均署押的仅有 9 件。[①] 这就是说,只有 9 件与券书中"两和立契,画指为信"的书面约定相符,说明"两和立契,画指为信"云云在很大程度上也是惯用套语,实际上并不遵行。与之相反,一方署押,另一方仅署某主或姓或名而不押的情况更为多见(27 件)。究其原因亦在于订立契约时一方业已单方面地履行了"义务",所以,在契约订立之后,只剩下一方应履行"义务",而既已履行义务方没多大必要署押。由此推理,其时的"契有两本,各执一本"的言辞也未必都符合实际。很可能也是契唯有一本,在已履行义务方。

另外,在吐鲁番出土的租佃契约中常有"租输百役,仰田主了;渠破水谪,仰耕田人了"之类的规定,入唐前实际情况如何尚无实证材料可资判断,入唐后则可肯定其为套话,[②]因为唐代作为国税的田租与正役都是据丁征收,而不再据地征收。而且,唐前期的役法亦较规范,已无"百役"之说。

三、长沙走马楼出土的"嘉禾吏民田家莂"等亦非一式两份

上述情况并非吐鲁番地区特有的现象,其他地区应该也有类似现象。长沙走马楼出土的三国吴简中的嘉禾四年、五年的"吏民田家莂"就是如此。该文书是官府保存的吏民交缴租赋的总帐历。该文书既称为"吏民田家莂",似乎必定是一式两份,其实不然。从形制上看,《嘉禾吏民田家莂》各片简牍上端似乎确有用于连接左右券的符号(由"同"字演变来的形状各异的符号),但细审这些符号,实际上并不是用于连接左右券。若是一式两份的简牍券书,用于标示破莂合同的符号(若干横线)或"同"字,就应该写在简牍的骑缝,或横贯两简牍。无论哪种情况,左券的

---

① 此外,只有一方署押的 5 件,一方署押一方署某主或姓或名的 27 件,一方署押、一方不详的 6 件,只有"知见"、"保人"署押的 8 件,有押署而署者不详的 4 件,双方均署某主或姓、名及年龄的 10 件,一方署某主或姓、名及年龄的 6 件,一方署、一方不详的 7 件。

② 参见杨际平:《唐代西州青苗簿与租佃制下的地税》,《新疆社会科学》1989 年 1 期。

右端和右券的左端,都应有明显的连接符号。然视《嘉禾吏民田家莂》图版,很多木牍上端的符号,其横线并未抵边。有的木牍,其上端的符号,左右两边都是竖线,更完全排除了左右连接的可能性。由此可见,《嘉禾吏民田家莂》木牍上端的各种符号虽然是从破莂符号沿用而来,但它并非真正用于破莂。① 从实际看,当佃户向官府缴纳租税时,负责验收的官府仓吏或库吏每次都需要发给佃户一份由官府开出的"完纳凭证"作为票据或收执。官府本身也应留下一份"会计凭证"作为存根。这种"完纳凭证"有可能取一式两份的券书形式。结帐时,官府将其收纳的分散帐目移植到总帐目,即成为我们现在见到的《嘉禾吏民田家莂》。从分散帐目到总帐目,纯粹是官府内部的行政事务,与佃户没有直接关系。官府没有必要在逐次发给佃户完纳凭证之外,再给佃户一份带有总计性质的纳税凭证。如果给了,反而变成重复给收据。

长沙走马楼出土的三国吴简中的各种牒状,也常有"破莂保据"之语,如"广成乡劝农掾区光牒":②

> 广成乡劝农掾区光言:被书条列州吏父兄子弟伙处人名年纪为簿。辄隐核乡界州吏士人,父兄子弟合廿三人。其四人刑踵聋颐病,一人夜病物故,四人真身已逸,其随本主在官,十二人细小,一人限田,一人先出给县吏。隐核人名年纪相应,无有遗脱。若后为他官所觉,光自坐。嘉禾四年八月廿六日,破莂保据。

此牒尾的"破莂保据"很可能也是套话,实际上也不一定真的"破莂"。因为从形制上,我们并未见到该简牍表面有表示左右连接的"合

---

① 参见李卿:《〈长沙走马楼三国吴简·嘉禾吏民田家莂〉性质与内容分析》,《中国经济史研究》2001 年第 1 期。
② 《长沙走马楼二十二号井发掘报告》图版 35,《长沙走马楼三国吴简·嘉禾吏民田家莂》,文物出版社 1999 年版。

同"符号,简牍侧面亦未见用于验合的刻齿;[1]从实际需要上讲,也不一定真要"破莂保据"。

通过对上述出土券书中署券、执券套话的分析,我们发现券书中署券、执券情况常随实际需要而变化,而券书中的一些用语(如有关署券、执券的书面约定)却很固定,实际上已成为格式化了的套话,因而常与实际情况不符。这也是语言文字的发展常滞后于社会生活变化的一种表现。

明确这一点,对于正确解读券书十分重要。如上引走马楼《嘉禾吏民田家莂》,有的学者即据其中之"莂"字,认为它必定是一式两份。由此又很自然地联想到"傅别"之类的经济类券书,进而推论其为官府与佃户订立的租佃契约文书,或兼有完税凭证与租佃契约双重性质。再如有些学者根据租佃契约文书中的主佃双方的署名签押情况(是否署名签押与署名签押的前后或其用语),来确定主佃双方的身份地位。再如一些学者即据唐代西州租佃契中的"租输百役,仰田主了;渠破水滴,仰耕田人了"之类约定,就认为租佃制下的地税一定由田主承担。凡此等等,都是过分相信券书中的套话所致的错误。因此,在出土文书的研究中一定要注意其中的格式化的套话,避免出错。要言之,对于出土文书中的惯用套语要仔细辨析,不能尽信。

---

[1] 敦煌县文化馆:《敦煌酥油土汉代烽燧遗址出土的木简》(《汉简研究文集》,甘肃人民出版社 1984 年版)录平望青堆燧警候符(D38:39 号简);林梅村、李均明《疏勒河流域出土汉简》(文物出版社 1984 年版)录威胡隧卒与玄武隧卒循迹会界符券(737 号简);谢桂华等《居延汉简释文合校》(文物出版社 1987 年版)录居延与金关出入关符信(65·7、65·8、65·9 号简)都是用刻齿验合。刻齿前将已整齐削好、写好的两片简左右叠在一起,然后在其一侧刻齿,并于刻齿写上约定文字。警候符与出入关符虽然仍有"左券"、"右券"之说,但实际上不是左右一剖为二,或表里一剖为二。

附录:吐鲁番出土唐代契券文书所见尾署情况

编号	立券时间	性质	立券人	支付情况	行券、署押约定	实际署押情况	出处(页、册)与备注
1	贞观十四年(640年)	赁舍	租方:氾欢□	不详	契稿未完,不详	不详	4/四
2	贞观十四年(640年)	租佃	主:□宝寺 佃:张某	未付	[ ]私要,要行二[ ]	件残不详	40/四
3	贞观十五年(641年)	租佃	主:小康寺 佃:赵相□	未付	[ ]指为信	件残不详	47/四
4	贞观十五年(641年)前后	租佃	不详	未付	件残不详	件残不详	58/四
5	贞观十五年(641年)前后	租佃	主:不详 佃:权僧奴	未付	件残不详	件残不详	59/四
6	贞观十六年(642年)	租佃	不详	未付	立契,获[ ]*	件残不详	247/五
7	贞观十六年(642年)	租佃	不详	未付	[ ]行二主各自署名□□	临坐等4人押,知见等2人署。因件残不知是否包括主佃双方	248/五
8	贞观十七年(643年)	租佃	主:张欢仁、张园富 佃:赵怀满	未付	件残不详	田主、佃人(耕田人)、倩书、时见皆署押	142/四
9	甲辰年(644年)?	买舍	买:张阿赵 卖:愿惠	已付	民有私□,□行二主,各自署名为信	倩书、时见署	138/五

续表

编号	立券时间	性质	立券人	支付情况	行券、署押约定	实际署押情况	出处(页、册)与备注
10	641 年前后	租佃	主:赵黑子 佃:□□保	不详	不详	田主、佃人、知见皆署押	144/四
11	641 年前后	买舍	买:赵怀满 卖:阿	已付	民有私要,要行 [ ]署名为信	舍主"手不解书,以至(指)节为明;倩书、时见、临坐署	145/四
12	641 年前后	雇工	主:赵某 受雇:范某	未付	件残不详	件残不详	147/四
13	贞观二十二年(648年)	典舍负钱再立契	负钱人:桓德琮 债权人:张元隆、索法惠		两主和同,画指为验	负钱人及其男署押,同坊人 1 人署押,坊正署	271/五 立契于洛州河南县
14	贞观二十二年(648年)	租佃	主:赵 佃:索善奴	未付	[ ]指为信 *	署"田主赵";佃田人署押;知见人 2 人署押	18/五
15	贞观二十三年(649年)	租佃	主:范西隆 佃:傅阿欢	已付货币	两和立券,画指为信 *	田主署押,佃人署名,知见署押	76/五
16	贞观二十三年(649年)	买马	不详	已付	件残不详	件残不详	104/五
17	贞观二十三年(649年)	买马	买:范欢进 卖:王某	已付	[ ]有政法,民[ ],画指为□]	练主署,马主署(押否不详),知见 3 人署押	105/五
18	贞观二十三年(649年)	买马	不详	已付	件残不详	件残不详	107/五
19	贞观或稍后	租佃	主:不详 佃:邓明□	不详	件残不详	件残不详	115/四
20	贞观或稍后	租佃	不详	不详	件残不详	件残不详	116/四

续表

编号	立券时间	性质	立券人	支付情况	行券、署押约定	实际署押情况	出处(页、册)与备注
21	贞观或稍后	租佃	不详	不详	件残不详	件残不详,见某人"□节为明"	117/四
22	贞观或稍后	租佃	主:不详佃:王憧憙	不详	件残不详	件残不详,见3人署押	118/四
23	贞观或稍后	举麦	麦主:不详举麦人:赵□憙	不详	□□和可,画指为信	麦主件残不详,举麦人署,保人4人,2人署押,2人署	119/四
24	贞观或稍后	雇人上烽	雇主:不详受雇:严某	已付	件残不详	件残不详,见知见1人署,另见1人(严秋隆)署	120/四
25	贞观或稍后	租佃	不详	不详	件残不详	件残不详	252/五
26	贞观或稍后	买葡萄园	不详	不详	件残不详	倩书署押。知见、临坐署姓名,并声明:"不解书,至[ ]"	254/五
27	贞观或稍后	买物	不详	不详	件残不详	倩书等6人署押	255/五
28	永徽元年以前	赁舍	舍主:郭海柱赁舍:杜定欢	不详	两和立契,获□为信	舍主署,赁舍人与保人署押,2知见署	273/六
29	永徽元年(650年)	买奴	卖:张怀□买:范欢进	未付	件残不详	件残不详	108/五
30	650年前后	租佃菜园	不详	未付	两和立契,获指为记 *	件残不详	584/六
31	650年前后	举钱	借:杜欢贷:康忽婆	不详	[ ]可立契,画指为信	钱主、知见署押,举钱人署	585/六(此件后缺)

续表

编号	立券时间	性质	立券人	支付情况	行券、署押约定	实际署押情况	出处(页、册)与备注
32	650 年前后	举钱	借:杜定□ 贷:不详	不详	[ ]记	举钱人署,余不详	586/六 (此件前后缺)
33	650 年前后	赁舍	舍主:练伯 赁舍:杜定欢	未付	两和□□,画指为验	舍主署姓,赁舍人、知见等署姓名	588/六
34	650 年前后	赁舍	不详	未付	件残不详	件残不详	589/六
35	650 年前后	雇工放马	雇主:杜定欢 受雇:□善欢	未付	件残不详	件残不详	590/六
36	650 年前后	不详	康辰花 杜定欢	未付	件残不详	件残不详	591/六
37	650 年前后	不详	康辰花等	不详	两和立契,获指为记	知见署,余因件残不详	592/六
38	650 年前后	不详	不详	不详	件残不详	保人、知见、书人署押,余因件残不详	593/六
39	永徽二年(651 年)	租佃	主:赵欢相 佃:孙□仁	未付	两主和可,获指为信 *	田主、佃人署押;知见人2,1人署押,1人署	20/五
40	永徽四年(653 年)	租佃	主:支丑□ 佃:傅阿欢	已付货币	两和立□,获指为□ *	见知见人或署或署押,余因件残不详	80/五
41	永徽四年(653 年)	租佃	主:冯庆□ 佃:傅阿欢	已付货币	二主和同契,官有政法,获指为信 *	田主、佃人署押	81/五
42	永徽六年以前	雇人上烽	雇主:张隆伯 受雇:董悦海	已付	[ ]信	雇主署姓,受雇人与2知见署押	57/五

续表

编号	立券时间	性质	立券人	支付情况	行券、署押约定	实际署押情况	出处(页、册)与备注
43	永徽六年以前	雇人上烽	雇主:张隆伯 受雇:董悦海	已付	未见	雇主、受雇人署押,□书人署	59/五
44	永徽六年以前	雇人上烽	雇主:张隆伯 受雇:□悦子	已付	件残不详	件残不详	61/五
45	永徽六年以前	雇人上烽	雇主:张信受雇:不详	已付	[　　　]信	件残不详	62/五
46	永徽六年(655年)	雇人上烽	雇主:匡某 受雇:易隆仁	已付	两和立契,获指为□	受雇人与知见人署押,雇主不详是否署押	84/五
47	655年前后	租佃	主;董尾柱 佃:孙沙弥子	已付货币	二主和同立契,获指为 信	田主署押,佃人署,知见是否署押不详	85/五
48	657年以前	买舍	买:范阿伯 卖:竺阿卢	已付银钱	[　　　]署名为信	时见、临坐等署	115/五
49	657年以前	租佃	不详	不详	[　　　] 获 指为信	件残,见3人署押,不知为谁	123/五
50	永徽七年(656年)	雇人上烽	雇主:焦养□ 受雇:令狐相□	已付	"两和立获券为信"	受雇人署,知见署押。因件残,钱主位仅留下 "钱"字,署押否,不详	111/五
51	658年以前	租佃	不详	未付	件残不详*	佃人署(不详押否)	157/六
52	658年以前	租佃	主:张悦仁、刘海□ 佃:不详	不详	件残不详	件残不详	158/六

续表

编号	立券时间	性质	立券人	支付情况	行券、署押约定	实际署押情况	出处(页、册)与备注
53	658 年以前	租佃	不详	未付	[⠀⠀⠀⠀]获指为□ *	件残不详	159/六
54	显庆三年(658 年)	雇人上烽	雇主:范欢进 受雇:白悥欢	已付	二主和同立契,获指为信	钱主署押	142/五
55	显庆四年(659 年)	举麦、租佃互换	借:白僧定 贷:王才欢		两和立契,获指为信 *	麦主与 2 知见署名,贷麦人(田主)与另 1 知见署押	370/七
56	659 年前后	租佃	不详	未付	民[⠀⠀⠀⠀]主,各自署名为信 *	见 4 人署押,因件残,不知为谁	170/六
57	659 年前后	租佃	主:范青奴 佃:张驴仁	已付	[⠀⠀⠀⠀]指为信 *	田主、知见、保人署押,佃人署而不押	172/六
58	659 年前后	举钱	借:赵某 贷:张法刀、奴仁		"四主可和,获指为"	钱主、举钱人署	174/六
59	显庆五年(660 年)	举钱	借:张利富 贷:左憧憙		两和立契,画指为信	钱主、知见虚有其位而不署,举钱人、保人署押	404/六
60	龙朔元年(661 年)	租佃菜园	主:吕玉 佃:左憧憙	已付	两和立契,画指为信 *	园主,钱主等署否因件残不详	406/六
61	龙朔元年(661 年)	举练	借:龙惠奴 贷:左憧憙		"人有正法,人从私契。两和立契,获指为信"	练主署姓而已,举练人、2 保人、2 知见皆署押	408/六
62	龙朔元年(661 年)	租佃	主:李□ 佃:孙沙弥子	已付	两主和可立契,获指为□ *	田主署押,他人因件残不详	87/五
63	661 年前后	租佃	主:不详 佃:傅阿欢	不详	件残不详	佃人署,知见 3 人署	88/五

续表

编号	立券时间	性质	立券人	支付情况	行券、署押约定	实际署押情况	出处(页、册)与备注
64	662年前	租佃	不详	不详	件残不详	件残不详	93/五
65	662年前	租佃	主:张阿洛、曹侯□ 佃:张相□、赵申君	已付	两和□契,获□□□*	田主署押,佃人署,知见署押	176/六
66	662年以前	租佃	主:张女足 佃:不详	未付	件残不详	件残不详	178/六
67	662年以前	买奴?	不详	已付	[ ]指为信	件残不详	179/六
68	662年以前	博牛	赵荫子等		两和[ ]各捉壹本	博牛人及保人皆署押	180/六
69	662年以前	雇人送物	一方为张回君,另方不详	不详	件残不详	件残不详	182/六
70	662年以前	雇人送物	雇主:张某 受雇:赵申君	不详	两和立契,[ ]	件残不详	183/六
71	662年前后	租佃	主:□□柱 佃:不详	不详	[ ]立契,[ ]*	件残不详	283/六
72	龙朔三年(663年)	租佃	主:赵阿欢仁 佃:张海隆	未付(分成租)	契有两本,各捉一本。两主同立契,获指为信	田主、舍佃人与2知见皆署押。契券背面留有"合同"文记,此件为左券	117/五
73	龙朔四年(664年)	赁车牛	车主:张贵儿 赁车人:范欢进等6人	不详	两和立契,获指□□	车主署而不押,赁车人皆署(押否不详)	145/五
74	麟德二年(665年)	举练	借:赵丑胡 贷:左懂意		两和立契,获指为验	练主署姓而已,举练人、保人、2知见皆署押	412/六

续表

编号	立券时间	性质	立券人	支付情况	行券、署押约定	实际署押情况	出处(页、册)与备注
75	麟德二年(665年)	举钱	借:张海欢、白怀洛 贷:左憧憙		两和立契,画指为信	钱主署姓而已,举钱人与4保人皆署押	412/六
76	麟德二年(665年)	举钱	借:卜老师 贷:未		两和立契,画指为信	钱主署,举钱人与1保人皆署押,举钱人子(保人)署,知见署	526/七
77	664年或665年	不详	左憧憙等	不详	件残不详	件残,存3知见,1人署名,1人署姓,1人署押	416/六
78	668年前后	雇人上烽	雇主:张玉埍 受雇:解知德	已付	□指为记	钱主署,受雇人、保人、知见署押	164/五
79	乾封元年(666年)	举钱	借:郑海石 贷:左憧憙		"官有政法,人从私契。两和立契,画指为信"	钱主署姓而已,举钱人、2保人、1知见皆署押	417/六
80	乾封元年(666年)	租佃	主:魏相憙 竹苟仁 佃:左憧憙	未付 已付	两和立契,获指为记 *	2田主、佃人2知见皆署押	419/六(两契合一契)
81	乾封元年(666年)	租佃葡萄园	主:王输觉 佃:左憧憙	已付	两和立契,画指为信 *	园主署押,其他人因件残不详	421/六
82	乾封三年(668年)	举钱	借:张善意 贷:左憧憙		两和立契,获指为信	钱主署姓而已,举钱人、2保人、1知见皆署押	422/六
83	总章元年(668年)	买草	买:左憧憙 卖:张潘埍	预付草价	两和立契,获指为信	钱主署姓而已,卖草人与2保人皆署押,1同伴人署名	424/六

续表

编号	立券时间	性质	立券人	支付情况	行券、署押约定	实际署押情况	出处(页、册)与备注
84	总章元年(668年)	租佃	主:不详佃:赵仁	未付	件残不详*	件残不详	444/六
85	总章三年(670年)	租佃菜园	主:左憧憙佃:张善憙	已付钱麦	未见*	钱主署姓而已,园主署押,园主子、女(保人)署,1知见署名,1知见署押	428/六
86	总章三年(670年)	举钱	借:张善憙贷:左憧憙		两和立契,获指为信	钱主署姓而已,举钱人及2知见署押,举钱人子、女(保人)署,另一知见署	430/六
87	总章三年(670年)	举钱	借:白怀洛贷:左憧憙		两和立契,获指为验	钱主署姓而已,举钱人及2知见、1保人署押	432/六
88	咸亨四年(673年)	举钱	借:张尾仁贷:王文欢		两和立契,获指为信	钱主、举钱人、保人、知见皆署押	525/六
89	咸亨四年(673年)	买驼	买:杜某卖:康乌破延	已付	两和立契,获指□验	驼主与1保人署押,买驼人署姓而已,另2保人署名	389/七
90	674年以前	买奴	买:左憧憙卖:张庆住	已付	件残不详	件残不详	410/六
91	咸亨五年(674年)	举钱	不详	不详	件残不详	件残不详	455/六
92	674年前后	租佃	不详		[ ]契,画指为□*	件残不详	456/六
93	674年前后	租佃葡萄园	不详		[ ]契,获指为□*	件残不详	457/六

525

续表

编号	立券时间	性质	立券人	支付情况	行券、署押约定	实际署押情况	出处(页、册)与备注
94	仪凤二年(677年)	举钱	借:不详 贷:竹住海		[ ]契,画指为验	件残不详	529/七
95	仪凤年间	租佃	主:卜老师 佃:竹住海	未付	件残不详*	件残不详	530/七
96	垂拱三年(687年)	租佃	主:史玄政 佃:杨大智	已付	两和立契,画指为信	佃人署姓而已,田主与知见人署押	406/七
97	689年前后	雇人上烽	雇主:严某 受雇:赵松□	已付	[ ]画指 [ ]	件残不详	270/七
98	689年前后	雇人上烽	雇主:阳某 受雇:不详	已付	[ ]画指 [ ]	件残不详	271/七
99	689年前后	雇人上烽	雇主:赵某 受雇:李居	已付	两和立契,获□为□	钱主署姓而已,受雇人署姓名	272/七
100	689年前后	雇人上烽	雇主:侯某 受雇:不详	已付	两和立契,获□为□	件残不详	273/七
101	长安三年(703年)	租佃葡萄园	主:麴善通 佃:严苟仁	未付	件残不详	件残不详	279/七
102	长安三年(703年)	举钱	借:曹保保 贷:史玄政		两和立契,画指为信	钱主署姓而已,举钱人及其母、女署押,2知见署	453/七
103	703年前后	不详	不详	不详	件残不详	懈2人署押,不知为谁	280/七
104	景龙二年(708年)	举钱	借:宋悉感 贷:成义感		件残不详	件残不详	504/七
105	开元六年(718年)	贷粟	借:不详 贷:竹显菊		为人无信,故立此[ ]	署"粟主",贷粟人和身份不详者1人署押	97/八

续表

编号	立券时间	性质	立券人	支付情况	行券、署押约定	实际署押情况	出处(页、册)与备注
106	开元六年(718年)	贷粟	不详		件残不详	件残不详	99/八
107	开元八年(720年)	举青麦	借:惣玄观 贷:麹怀让		恐人无信,故立此契[ ]	署"麦主",贷麦人和身份不详者1人署押,1人件残不详	287/八
108	开元九年?(721年)	借麦	不详		两□和□画指为记	件残不详	103/八
109	开元年间	便钱	借:不详 贷:梁玄忠		[ ]无信,故此契,如身东□□在,一仰保人代还。画指为验	署"钱主",便人署名,保人署押	295/八
110	开元十九年(731年)	买婢	买:唐荣 卖:米禄山	已付	勘责状同,依给买人市券	署"练主",婢主署名,婢和5保人署姓名和年龄	27/九
111	开元二十年(732年)	买婢	买:薛十五娘 卖:田元瑜	已付	勘责既同,依给买人市券	署"练主",婢主署名,婢和5保人署姓名和年龄	29/九
112	开元二十一年(733年)	买马	买:石染典 卖:康思礼	已付	两共和可,画指为记	署"练主",马主和3保人署姓名和年龄	48/九
113	开元二十一年(733年)	买	买:石染典 卖:杨荆琬	已付	□□□□□故立私契为记	件残不详	50/九
114	天宝年间	不详	不详		件残不详	3保人皆署姓名年龄,1保人署名,因件残年龄署否不详	417/八

续表

编号	立券时间	性质	立券人	支付情况	行券、署押约定	实际署押情况	出处(页、册)与备注
115	天宝七年(748年)	换耕田地契	主 佃:杨雅俗、寺院		契有两本,各执一本为记	地主和2保人皆署押	275/十
116	天宝十三年(754年)	租佃	主:不详 佃:杨晏	不详	[ ]两主合[ ]	署"麦主",保人和身份不详者2人署押,1人因件残只署姓	277/十
117	天宝十三年(754年)	租佃	主:竹玄果 佃:杨晏	已付	件残不详	田主署押,租田人因件残署押不详	279/十
118	天宝十三年(754年)	租佃	主:韩伯轮 佃:杨晏	已付	故立契为□	署"麦主",田主件残只署名,见人署名	281/十
119	天宝十三年(754年)	租佃	主:不详 佃:方晖	已付	未见	佃人署名,见人署押	282/十
120	至德二年(757年)	租佃	主:竹玄过 佃:杨晏	已付	为人无(下缺)	署"麦主",因件残田主署名	284/十
121	至德二年(757年)	租佃	主:曹孝绩 佃:杨晏	已付	恐人无信,故立此契为□	因件残田主署名,1人署不详	286/十
122	至德二年(757年)	租佃	主:韩伯轮 佃:不详	已付	件残不详	因件残只署"麦主",地主和地主母署押	287/十
123	至德三年?(758年)	租佃	主佃不详	不详	件残不详	田主和保人署押	289/十
124	乾元二年(759年)或上元二年(761年)	租佃	主:朱进明 佃:曹忠敏	已付	两共平章,获指为记	署"麦主",田主和1保人署姓名和年龄,1保人不详	154/九

续表

编号	立券时间	性质	立券人	支付情况	行券、署押约定	实际署押情况	出处(页、册)与备注
125	上元二年(761年)	买牛	买:法□ 卖:马耆	已付	□□共□面平章,画指为记	扶车人署名和年龄,牛主署押,3保人因件残不详	290/十
126	乾元二年(759年)	卖牛	买:不详 卖:康奴子	已付	恐人无信,故立此契为□	钱主署不详,牛主和3保人署押,1人署名	241/十
127	大历三年(768年)	租佃菜园	主:净信、上坐法慈 佃:法英	后付	契有两本,各执一本。……两家平和,画指为记	2地主署名和年龄	292/十
128	大历四年(769年)	买阴宅地	买:张无价 卖:缺	已付	今以牲牢酒饭,百味香新,共为信契	知见人保人署	7/十
129	大历某年(766—779年)	不详	不详	不详	[　]指为记	件残不详	299/十
130	唐	租佃菜园	主:马寺 佃:孙玄参	后付	两主合同立此契□[　]本,各执一本为记*	署"园主"	301/十
131	唐	租佃	不详	不详	件残不详	件残不详	179/九
132	唐	买牛	买:严海仁 卖:不详	已付	件残不详	件残不详	181/九
133	唐	买卖	不详	不详	两共[　]指为记	件残不详	224/九
134	唐	雇人上烽	雇主:牛定武 受雇:不详	不详	[　]和可立[　]	件残不详	226/九
135	唐	雇人	雇主:牛某 受雇:令狐海憧	已付	[　]获指为信	署"钱主",受雇人署名,知见人署姓,押否不详	227/九

529

续表

编号	立券时间	性质	立券人	支付情况	行券、署押约定	实际署押情况	出处(页、册)与备注
136	唐	雇人上烽	不详	不详	[ ] 和 立契,画 [ ]	件残不详	229/九
137	唐	换耕田地契	主佃:张小承、一方不详		两共平章,恐人无信,故立此契为记。···契有两本,各执一本	地主署名和年龄,1保人署押,1保人未署押,1保人因件残署押不详	303/十
138	唐	租佃	主:马寺佃:赵拂昏	后付	两家平和,画指为记*	田主署名,2保人未署名	305/十
139	唐	租佃	主:□寺佃:邓光□	已付	[ ]章,画指为□	保人署押,因件残地主位仅见"寺"字,佃田人署名和年龄	307/十
140	唐	转租佃	主:马[ ]佃:邓光实	不详	[ ]指为验	未见	309/十
141	唐	租佃	主:杨晏佃:贾崇养	不详	件残不详	件残不详	311/十
142	唐	租佃	不详	不详	件残不详	件残不详	312/十
143	唐	举贷	不详	不详	件残不详	同取人母署押,因件残取人署押情况不详	314/十
144	唐	租佃	不详	不详	恐人无信故立私契为记	件残不详	322/十

注:打＊号者表示有"租输百役,仰田主了;渠破水滴,仰耕田人了"之类规定。

(原载殷宪主编:《北朝史研究:中国魏晋南北朝史国际学术研讨会论文集》,商务印书馆2004年版)

敦煌吐鲁番出土雇工契研究

吐鲁番与敦煌出土文书中,分别有一批雇佣契约,这些雇佣契约对于研究六至十世纪雇佣劳动的性质和特点很有参考价值,爰分别申述于下。

一、吐鲁番出土文书中所见的雇工契约

《吐鲁番出土文书》1~10册共收录雇工契25件(见表1)。其中,第1件至第5件为高昌国时期。第1件与第3件都是雇用牧羊人。但两者又有所不同。前者为"岁作"(从正月到十月卅日),主要是在野外放牧,牧羊人对于羊儿在野外的走失、损伤,应负赔偿责任。反之,对于羊羔的存活、入群,则有奖励。后者则是冬季("从九月十日到腊月十五日")在寺内看羊。因是在寺内看羊,所以牧羊人对羊儿的亡失应负责,对于羊儿的病、死等不负责任。也正因为是在寺内看羊,所以由寺院提供牧羊人的食粮。

第2件为"岁作"的雇工契。正月下旬立契。要经几个月,因件残不详。契书提到若受雇人"共家中大小人行将作"而"亡失作具、犯人苗",受雇者悉不负责;若受雇者身独将作而亡失作具,以及六畜犯人苗等,受雇者要负责赔偿。由此推论,此件是农业雇工。

第5件因残损严重,作业性质不详。从其雇价为"银钱柒文,粮壹斛肆兜(斗)"看,可以确认为短雇。① 其雇价银钱7文分两次交付(预付2

---

① 高昌斛为唐斛的三分之一。唐代成年人的日食标准一般为二升,高昌时期则为六升。高昌斛一斛四斗,尚不足受雇者一个月食粮。

文,另5文待"作满"后付),推想其工期不至于太短,估计当在10日以上。

第4件亦残损,但从"亩作壹次,与钱六文"可知,张憙儿所雇的是农业短工。农业生产雇用短工,在吐鲁番地区并非罕见。《吐鲁番出土文书》(以下简称《文书》)第1册第39页收录的北凉玄始十二年(433年)翟定辞就谈道:"玄始十二年□ 月 廿二日翟定辞:昨廿一日顾(雇)王里安儿、坚强耕㡛到申时,得大绢□匹"。《文书》第3册第225~324页收录的高昌乙酉(565年或625年)、丙戌岁某寺条列月用斛斗帐历也开列有:二月,"粟肆斛贰兜(斗),供雇外□□人,用种麦";三月,"粟捌斛肆兜,雇外作人贰拾人,用西洞□桃中掘构(沟)种□□□";四月,"粟贰斛伍兜贰升(升),用雇外作人陆人,用政□□,并食粮";五月"□□伍斛、㡛壹斛贰兜,用雇外作人拾人,用刘麦,并食粮";六月,"□□,用雇陆人种秋,并食粮";七月,"麦贰斛捌兜、㡛粟肆兜,供雇小儿拾人,用蒿㡛,并食粮";八月,"麦肆斛,用雇人政(整)车,并食粮"。①

第6件至第25件,为唐代雇工契。此20件唐代雇工契中,雇人上烽契占17件。其中雇契完好者,雇期都是15天,雇价都是付银钱。贞观年间的雇价,大体上是每番(15天)银钱4~5文,而后则呈上升趋势。但雇价银钱额的提高,并不表示受雇者劳动力价格的提高,而是反映了银钱购买力的降低。据前引高昌乙酉、丙戌岁某寺条列月用斛斗帐历,四月青黄不接时,每文银钱可籴㡛1.2斛。十二月秋收之后,每文银钱籴粟1.4~1.6斛。即以1.2斛/文计,相当于唐量4斗/文。但至唐高宗时期(650—683年),每文银钱仅能籴得青稞1.3斗左右,②可见银钱

---

① 该帐历丙戌年九月份共五行,上半部皆残;十月份件残(仅存15字)。乙酉年十月份亦残(仅存35字),此数月皆未见雇工记载。乙酉年十一月、十二月与丙戌年一月,帐历较完整,亦未见雇工记载。可以说,该寺除农闲月份外,每个月都雇短。

② 据《文书》第6册310~311页收录的高宗朝《唐和籴青稞帐》:"钱壹文,籴得青科一斗"、"银钱壹文,籴得青科一斗三升"。又据《文书》第7册第441页收录的《武周如意元年(692年)里正收领史玄政长行马价抄》:"银钱贰文,准铜钱陆拾肆文",则每文银钱相当于32文铜钱。10文银钱相当于320文铜钱,大体上相当于一斛小麦价格。

购买力的下降。①

高昌国时期未见雇人上烽契,唐代西州,雇人上烽契则大量出现。此或与当时役法的变化有关。高昌国时期的以钱代役,乃政府收取银钱,如丁正钱。唐代的上烽之役则是现役,政府不收代役钱。应役民丁或躬行践役,或自行雇人代役。唐代西州雇人上烽契常有如下规定:若烽上逋留官罪,一仰受雇人承担,雇主悉不知。这里的所谓"逋",应即指违番不上。"留"指上烽服役,含被滞留延期服役。"官罪",指烽燧不警等失职罪。换言之,受雇人违番不上或上番后失职,皆由受雇人承担罪责。② 这也表明,当时当地的雇人上烽代役,得到官方的认可。

第 18 件为雇人放马。该契件残,但从其雇价推论,亦应是短雇。同墓出土有唐某府官马帐与下镇将康怀义牒,由此推测,杜定欢雇放之马很可能是官马。若此推测不误,那么,杜定欢之雇人放马,性质与雇人上烽代役相似。

第 15、16 两件都是雇人送练。第 15 件虽残甚(仅余 20 多字),但有"余更有调"一语。第 16 件出自同墓,件亦残,然亦有"有逋留官 ▭▭ 赵自当"一语。由此可见,此两件也是雇人代官役,都是短雇。

表 1　《吐鲁番出土文书》所见雇工契简表

本文编号	年代	雇主	受雇人	雇期、雇价与支付方式	其他规定	文书出处
1	高昌午岁(586 年?)	武城诸人	赵沙弥	"从未岁正月到未岁十月卅日",计羊与粟、钱,预付	"羊朋大偿大,朋小偿小"。羊羔入群等有奖励	第 5 册,第 155 页
2	癸酉岁(613年)	不详	佛奴、相儿等	"岁作"。"与雇价银钱贰拾□□"。预付	对亡失作具,犯人苗,雇工病、死等,都有明确规定	第 4 册,第 156 页

---

① 银钱购买力的降低或与当时对银钱的需求量相对减少有关。高昌国时期的赋税有些为收银钱,一部分丁役也取丁正钱形式。唐前期,租庸调与地税皆征实物,只有户税征货币。

② "私罪"(指盗窃、斗殴等与履行公务职责并不直接相关的犯罪行为)自应由当事人承担,故未入契。

续表

本文编号	年代	雇主	受雇人	雇期、雇价与支付方式	其他规定	文书出处
3	延寿元年（624年）	张寺主明真	不详	"九月十日至腊月十五日"。雇价**床**若干斛预付	"壹日与放阳（羊）儿壹分并与**床**贰斗"	第3册，第207页。
4	延寿八年（631年）	张意儿	不详	正月立契，雇期不详。"亩作一次，与钱六文，与□□□斛叁兜，与镬一口。"	件残不详	第3册，第281页。
5	延寿十四年（637年）前后	康保谦	刘祀海	雇价为银钱与粮食，或为部分预付，部分后付。其余不详	件残不详	第4册，第39页。
6	唐贞观十六年（642年）前	不详	交河县严某	雇人上烽，"□钱五文"，预付	件残不详	第4册，第120页。
7	贞观十七年前后	赵某	范某	雇人上烽。雇价或为银钱四文，其余不详	件残不详	第4册，第147页。
8	永徽六年（655年）前	武城乡张隆伯	宁戎乡董悦海	"河头上烽一次一十五日，与雇价钱五文。"预付	件残不详	第5册，第57页。
9	永徽六年（655年）前	武城乡张隆伯	同乡人范住洛	上烽十五日，与钱柒文。预付肆文	件残不详	第9册，第59页。
10	永徽六年（655年）前	武城乡张隆伯	□悦子	"付县上烽壹十五日"，雇价不详，部分预付，部分后付	"若有遏留，仰□悦子承，张隆伯悉不知。"	第5册，第61页。
11	永徽六年（655年）前	不详	同乡人张信	上烽一次十五日，银钱陆文。部分预付，部分后付	件残不详	第5册，第62页。
12	永徽六年（655年）	武城乡匡□□	易隆仁	上烽一次，银钱肆文。预付	"烽上有遏留□□，壹仰易自□□。匡悉不知。"	第5册，第84页。

续表

本文编号	年代	雇主	受雇人	雇期、雇价与支付方式	其他规定	文书出处
13	永徽七年	武城乡?范□□	宁昌乡令狐□	上烽十五日，银钱□文半。预付	"烽上逋留 官 罪，一仰令□不知。"	第5册，第111页。
14	显庆三年（658年）	交河府卫士范欢进	前庭府卫士白意欢	上烽十五日，"银钱柒文"。预付	"若有逋留官罪，一□□□，范悉不知。若更有别使白，计日还钱。"	第5册，第142页。
15	龙朔二年（662年）前	不详	不详	雇人"送练壹道"，银钱部分预付，部分后付	"余更有调，□□□"	第6册，第182页。
16	龙朔二年（662年）前	张某等	赵申君	雇人送练，其余不详	"有逋留 官 □□赵自当，张等□不知。"	第6册，第183页。
17	总章元年（668年）前后	武城乡张玉塸	同乡人解知德	上烽一次十五日，"银钱八文"。预付	"若烽上有逋留罪，壹仰解知德当，张玉塸悉不知。"	第5册，第164页。
18	高宗朝?	崇化乡杜定欢	宁大乡□善欢	雇放马。雇价或为银钱十四文。分期付银钱	件残不详	第6册，第590页。
19	武周时期	高昌县严□□	交河县赵松□	"交河上烽壹次拾伍日"。预付银钱。雇价不详	件残不详	第7册，第270页。
20	武周时期	高昌县阳□□	交 河 县□□	"神山烽上壹次拾伍日"。银钱拾文。预付	件残不详	第7册，第271页。
21	武周时期	赵□□	李马吕居	交河上烽。银钱拾文。预付	"烽上有逋留官罪□□□李自当，赵□知。"	第7册，第272页。
22	武周时期	侯□□	不详	用钱雇人上烽	"若烽 上 □□官罪，一仰□□当，侯悉不知。□□刀箭，侯不知。"	第7册，第273页。

535

续表

本文编号	年代	雇主	受雇人	雇期、雇价与支付方式	其他规定	文书出处
23	不详	牛定武	不详	上烽壹拾伍日。雇价不详。部分预付,部分后付	件残不详	第9册,第226页
24	不详	牛□□	令狐海幢	上烽。预付雇价。雇价不详	"□上所有逋留□丞(承),不关牛□等等。"	第9册,第227页
25	不详	辛□□	不详	或为上烽。雇价不详	"□上有遗留□……忽有送使,仰□□自当,不干辛事。"	第9册,第229页

二、敦煌出土文书所见的雇工契

唐耕耦、陆宏基编《敦煌社会经济文献真迹释录》(以下简称《释录》)第1辑共收录敦煌出土的雇工契、契抄、雇契样书26件。山本达郎与池田温合编的《敦煌吐鲁番社会经济史文献》第3卷《契约》[①](以下简称《文献》3《契约》)共收录敦煌出土的雇工契、契抄、雇契样书(不含雇用牲畜与算羊凭等)36件。两者去其重复与残缺特甚或模糊不清者,共余34件,见表2。其中,可以确定为契书原件的仅6件(表2第1、2、3、16、21、29各件)。雇契样书或类似于雇契样书的计4件(表2第10、14、33、34各件)。其余都是习字契抄。契约样书虽非真正的契约,但它既然是作为范文而流播,自应比一般契书更具代表性。习字契抄虽非契约原件,

---

① *Tun-huang and Turfan Documents Concerning Social and Economic History*, Ⅲ Contracts (A) Introduction & Texts, Co-edited by Tatsuro Yamoto and On Ikeda, The Toyo Bunko 1987.

也不一定都是抄自真正的契书(如表 2 第 28 件的邓憨多雇用耿憨多男,第 26 件的七月立契,很可能都是信手写来),但大体上仍可反映其时雇佣劳动情况。

表 2 第 1～5 件,都是短雇,且都具有以工还贷性质。第 1 件是四月一日立契,预支雇价麦壹番驮,约定当月造楜篱 20 扇还贷。就其以实物还贷而言,又带有预付款定购商品性质,则其所贷壹番驮麦就不完全是雇价,而是包括材料费在内。第 2 件是八月立契,约定当月起首,受雇者应为雇主垒墙 1.4 丈并加细泥一遍,断作雇价麦 8 汉硕,其中 2.1 硕,折还先前欠负。立契时再预付布一匹,折麦 4.2 斛。其余 1.7 硕,待毕功日分付。第 3 件是二月立契,预付刈价麦 1.6 硕,约定七月夏收时刈麦 10 亩以偿。第 4、5 件,立契时间因件残不详,估计也是年初立契,预付练、麦,约定夏收时刈麦若干亩以偿。

其余各件,除件残不详者外,都是岁作。不过,其时敦煌的岁作,比较特别。它虽名为"岁作"(或曰"造作一年"、"造作一周年"),实际上都只是八九个月(从正月至九月末,或二月至九月)。表 2 有 12 件明确记载为从正月到九月底。一件记为八个月(自立契之二月份算起)。一件(样书)记为"从正月至九月末造作",而在"正"字之旁又用小字写一"二"字,意即从正月至九月末,或从二月至九月末,可由立契者临事酌定。敦煌的冬季,天寒地冻,农事活动基本上停止,牲畜也都归栏。雇工 8～9 个月,实际上等于雇全年,却又可少付 3～4 个月的雇价与口粮,且不必给受雇者提供冬装,对雇主自然十分有利。[1]

敦煌"岁作"的雇价,有 13 件记为每月壹驮,麦粟各半。有一件记为"每月五斗"(表 2 第 6 件);有一件记为"从正月至九月末,断雇价麦粟众亭陆硕"(表 2 第 15 件),可折算为每月 6.67 斗;一件记为"每月断物捌斗"(表 2 第 21 件);一件记为"每月断麦粟捌斗柒斗[升]"(表 2 第 29 件);一件记为"一月一石"(表 2 第 30 件)。其他各件,雇价不详。

"驮"的本意乃是以牲畜负物,常作动词用。如《唐六典》卷 3《尚书

---

[1] 表 1 第 1 件(高昌午岁武城诸人雇赵沙弥放羊契)规定雇期为"从未岁正月到未岁十月卅日",当亦取此意。

户部郎中员外郎》记："河南、河北、河东、关内等四道诸州运租庸杂物等脚,每驮一百斤一百里一百文"。这里所谓"驮"就是作动词用,意为牲畜每驮物一百斤,走一百里,应付脚价一百文。这里虽未明确规定每驮即一百斤,但已间接表明,牲畜驮物乃以百斤计。

"驮"字又可转化为量词。唐代吐蕃就盛行以"驮"作为容量的单位。影响所及,归义军时期仍有单纯用"驮"作为量制单位,或"驮"与汉石、汉斗混用现象。笔者曾据 P. 2162 文书推算出一驮等于二十斗。[①] 近见宁可、郝春文先生《敦煌社邑的丧葬互助》一文,[②]肯定了笔者关于一驮等于二十斗的算法,又指出笔者"忽略了驮下的斗是蕃斗而非汉斗"。宁、郝两位先生所论甚是。1983 年前后,笔者所能利用的敦煌数据基本上仅限于池田温先生所编的《中国古代籍帐研究》,因而没能发现蕃斗与汉斗的差别。直到此度拟稿时,才由敦煌岁作雇契的雇价联想到吐蕃斛斗的容量应与唐斛斗不同,然仍未试作推算。宁、郝两位先生根据敦煌雇工契与 P. 1088A 背(吐蕃占领敦煌时期碻课麦粟历)中的"罗麦伍石,课一石二斗五升"、"罗麦一驮,课二斗",推论"一蕃驮约在 0.67 至 0.8 汉硕之间"。[③] 受宁、郝先生启发,笔者细审

---

① 见拙作:《吐蕃时期敦煌计口授田考——兼及其时的税制和户口制度》,(甘肃)《社会科学》1983 年第 3 期。

② 宁可、郝春文:《敦煌社邑的丧葬互助》,《首都师范大学学报》1995 年第 6 期。

③ 宁可、郝春文:《敦煌社邑的丧葬互助》,《首都师范大学学报》1995 年第 6 期。此前法国学者谢和耐(Jacques Gernet)亦曾根据敦煌雇工契推测"一驮似乎相当于八十七升左右"。参见谢和耐著、耿昇译:《中国五—十世纪的寺院经济》,甘肃人民出版社 1987 年版,第 136、164 页。

P.1088(A)、(B)、(C)文书全卷，①发现一驮不是等于八汉斗，而是等于一汉石。② 无独有偶，《释录》第 3 辑 158～168 页收录的 P.1261 文书（吐蕃占领敦煌时期斋衬历）第 53、54 两行也记有："俗寺主斋施粟两驮和入大众（按：'入大众'三字已涂去。以意度之，'和'字亦应在删除之列）。准麦二石，五十一人各支四升，欠一人分。"推算起来，也是一驮准一石。③ 从上引两件文书以及 P.2162 文书，我认为一番驮等于两番石，

---

① 件见唐耕耦、陆宏基编：《敦煌社会经济文献真迹释录》第 2 辑，全国图书馆文献缩微复制中心 1990 年版，第 414～420 页。

② 纵观全卷 100 多例可以得知：1. 罗麦的砧课为 25%，干麦的砧课为 10%，粟的砧课为 20%；2. 罗麦、干麦、粟通常以"石"为单位，或以"驮"为单位，罕及于斗，悉不计升。砧课通常以"石"、"斗"为单位，罕及至"升"。砧课中应得的"五升"，通常都舍去不计（偶尔也有当作一斗者）。全卷"驮"、"石"混用，且可推算者，有以下各行：

　　B（一）片 10 行："干麦一驮、粟五石，课一石一斗"。
　　B（一）片 14 行："粟壹石，干麦一驮，课三斗"。
　　B（一）片 15 行："干麦四驮，课四斗"。
　　B（一）片 8 行："罗麦一石二斗，干麦一驮，课四斗"。
　　以上四例，以一驮折合一石计，无不相符。
　　A（二）片 7 行："罗麦一驮，课二斗"。
　　B（二）片 11 行："罗麦一驮，课二斗"。
　　B（二）片 16 行："罗麦一驮，课三斗"。
　　C（一）片 5 行："罗麦壹驮，干［麦］壹驮，粟壹驮，课五斗"。
　　C（一）片 8 行："罗麦壹驮，课二斗"。
　　C（二）片 8 行："罗麦壹驮，干麦一驮，课三斗"。
　　以上六例，以一驮折合一石计，课麦粟额都只有五升的差误，联系同卷其他各例，皆可认定为舍弃"五升"尾数，或将"五升"计为一斗。B（二）片 15 行"罗麦一石，课二斗"；16 行"罗麦一驮，课三斗"，所不同者，就在于"五升"的取舍不同。C（一）片 11 行"干麦两驮，课三斗"当为"干麦两驮，课二斗"之误。要言之，以上十例皆可证明一驮相当于一汉石。反之，若将一石估计为八汉斗（或更少），除"罗麦一驮课二斗"3 例可以成立外，其余 7 例皆碍难成立。而且也无法解释为什么"罗麦一石，课二斗"。

③ 13 麦的价格通常略高于粟，故二者本不可等量相抵。上引斋傤历，实际上也只是在帐面上将两驮粟权且当作两石麦。每人各支四升云云，也只是帐面上的计数而已。

又大体相当于一汉石。换言之,蕃石蕃斗与汉石汉斗的比例大体上为 2:1。① 敦煌出土的岁作雇工契表明,当时的雇价多数为每月一汉石。

关于"岁作"的供食问题,雇工契皆未做明确规定。以理揆之,应由雇主供食。据表2,可确知为雇用同乡人者只有3例,而可确定为雇用外乡人的,则有16例。可见其时雇用外乡人岁作十分普遍。雇用外乡人"岁作",更是非由雇主供食不可。关于衣着,雇工契多规定:"春衣壹对,汗衫壹领,襦裆壹腰,皮鞋壹两。"偶尔也有比此多一件或少一件的。

表2　敦煌出土文书所见雇工契简表

本文编号	年代	雇主	受雇人	雇期、雇价与支付方式	其他规定	文书出处
1	吐蕃卯年(811年)	永康寺	张和子	以"枊篱贰拾扇"抵预付"枊篱价麦壹蕃驮"	"其枊篱限四月二十五日已前造了"	《释录》2,第80页
2	吐蕃寅年(822年)	慈灯	氾英振	垒佛堂墙并加细泥,"断作麦捌汉硕"。分期交付	"如先悔者,罚麦叁驮,人不悔人"	《释录》2,第54页
3	吐蕃巳年(837年)	龙兴寺?	令狐善奴	"便刈价麦壹硕陆斗,限至秋七月内刈麦壹拾亩"	违期不刈,倍罚	《释录》2,第94页
4	吐蕃某年		贺胡子	预付刈价(丝练),刈麦二十亩	"限七月已前须刈了"。如若不刈,依乡原还麦	《文献》3《契约》,第119页
5	吐蕃某年		王晟子	预付刈价(麦),刈麦三十亩	"限至秋七月已前须刈了"。如若不刈,还麦陆汉硕	《文献》3《契约》,第120页(习字)
6	戊戌年(878年)	洪润乡令狐安定	龙勒乡就聪儿	"造作一年,从正月至九(月)末,断作价直,每月五斗"。分期交付	供给春衣等。"抛工一日,勒物一斗"。打损牛畜农具,"倍(赔)在作人身。"	《释录》2,第55页(习字)

---

① 这里之所以要强调是"大体上",是考虑到番驮与唐石不同源,其准确的比例不一定恰好为2:1。但实际生活中常取近似值,以2:1折算。

续表

本文编号	年代	雇主	受雇人	雇期、雇价与支付方式	其他规定	文书出处
7	甲寅年(894年)	龙勒乡张纳鸡	神沙乡就憨儿	"造作一年。从正月至九月末,断雇价月麦粟一驮"	供给春衣等。其余不详	《释录》2,第56页(习字)
8	乾宁二年(895年)	不详	莫高乡□	件残不详	供给春衣等	《释录》2,第56页(习字)
9	丙子年(916?年)	赤心乡安富通	同乡人宋通子	"造作一周年,从正月至九月末"。其余不详	契抄未完,不详	《文献》3《契约》,第121页(习字)
10	贞明六年(920年)前后	康富子	未具	"雇使一周年。断作雇价每月多少,临事酌度"	"抛直五日已外便算日克勿(剋物)"。损坏农具等由受雇人承担	《释录》2,第66页(样书)
11	庚辰年(920?年)	洪池乡唐丑丑	未具	契抄未完,不详	不得抛掷。其余不详	《文献》3《契约》,第121页
12	壬午年(922?年)	慈惠乡康保住	莫高乡赵紧近儿	"造作壹周年,从正月之九月末,断作每月壹驮"	供给春衣等。"不得抛工壹日"	《释录》2,第71页(习字)
13	癸未年(923?年)	龙勒乡□文德	赤心乡贺康三	"每月来驮(麦驮)"	供给春衣等。不得抛工壹日。损坏农具等,受雇人承担	《文献》3《契约》,第121页(习字)
14	龙德四年(924年)	敦煌乡张厶甲	同乡阴厶乙	"从正(二)月至九月末造作,逐月壹驮"。分期交付	供给春衣等,"抛工一日,克物贰斗"。损坏农具等,受雇人承担	《释录》2,第59页(样书)

续表

本文编号	年代	雇主	受雇人	雇期、雇价与支付方式	其他规定	文书出处
15	甲申年(924年)	敦煌乡苏流奴	效谷乡韩德儿	"雇壮儿造作营种。从正月至九月末,断雇价麦粟众亭陆硕"	契抄未完,不详	《释录》2,第60页(习字)
16	乙酉年(925?年)	乾元寺僧宝香	邓仵子	二月立契,雇八个月,"每月断作雇价麦粟壹驮"。七个月以麦粟地柒亩的地租抵,"余残月取勿(物)"	供给春衣等。损坏农具等,受雇人承担。"忙月抛一日,勒勿(物)五斗;闲月抛一日,勒物壹斗"	《释录》2,第70页
17	丁酉年(925?年)	乾元寺	不详	牧羊,"一年"。其余不详	契抄未完,不详	《文献》3《契约》,第124页(习字)
18	天福四年(939年)	姚文清	同乡人程义深男	"断作雇价每月壹驮,麦粟各半"	供给春衣等。损坏农具等,受雇人承担。"欠作壹日,尅物贰斗"	《释录》2,第62页(习字)
19	己亥年(939年)	通颊乡安定昌	赤心乡曹愿通	契抄未完,不详	契抄未完,不详	《释录》2,第67页(习字)
20	丙午年(946?年)	莫高乡张再通	赤心乡安水葛	"□作九个月,从正月至玖月末"。其余不详	契抄未完,仅存"不得抛摘(掷)"等,其余不详	《文献》3《契约》,第126页(习字)
21	乙卯年(955?年)	莫高乡孟再定	龙勒乡马盈德	"一年造作。断作价直,每月断物捌斗,至九月末造作。"	供给春衣等。失却农具,受雇人失抵当。"忙时抛却二日,勒物一斗。闲时勒物一斗。"	《释录》2,第67页
22	丁巳年(957年)	莫高乡贺保定	赤心乡龙员定男	"造作壹周年,断作雇价,每月壹驮,干湿中亭"	供给春衣等	《释录》2,第65页(习字)
23	辛酉年(961年)	神沙乡李继昌	慈惠乡吴住儿	"造作一年,断作月价,每月麦粟众亭一驮。"分期交付	契抄未完,不详	《释录》2,第57页(习字)

续表

本文编号	年代	雇主	受雇人	雇期、雇价与支付方式	其他规定	文书出处
24	丙寅年（966？年）	慈惠乡张□子	赤心乡索和信	"□作一周年。断作雇价，每月一驮，麦粟各半"	供给春衣等。契抄未完，其余不详	《文献》3《契约》，第128页（习字）
25	甲戌年（974年）	慈惠乡窦跋蹄	龙勒乡邓延受	"造作一周年。从正月至九月末，断作雇价每月壹驮"	供给春衣等。"忙时抛工一日，剋物二斗，闲时抛工一日，剋物一斗"。"畔上抛跌打损"农具，贴在作儿身上；若收到家中，不关作儿之事	《释录》2，第69页
26	壬午年（982年）	平康乡某甲	赤心乡罗长盈	"造作一周年，断作雇价每月麦粟众亭壹驮"	供给春衣等。契抄未完，其余不详	《文献》3《契约》第129页（习字）
27	癸未年（983年）	龙勒乡樊再昇	效谷乡氾再员	"造作营种。从正月至九［月］末为期，每月算价壹驮"	供给春衣等。"忙时抛功壹日剋物贰斗"。契抄未完，其余不详	《释录》2，第58页（习字）
28	丁亥年（987年）	敦煌乡邓憨多	莫高乡耿憨多男	"造［作］一周年，断雇价每月一驮，麦粟各半"	契约未完，不详	《释录》2，第68页（习字）
29	戊子年（988年）	史氾三	平康乡杜愿长	梁户雇工。"断作雇价每月麦粟捌斗柒斗（升？）"	供给汗衫等。"若忙时抛工一日，勒物贰斗。若闲时抛工一日，勒□□"	《释录》2，第60页
30	不详	曹庆庆	田骨子	"一月一石"。其余因件残不详	供给春衣，不得抛工	《释录》2，第75页

续表

本文编号	年代	雇主	受雇人	雇期、雇价与支付方式	其他规定	文书出处
31	不详	不详	□愿千	"从正月至九月末,每月雇价麦粟壹驮"	供给春衣等。"若忙时抛工一日,剋物二斗。"庄上失脱家具等,由作儿承提,将到家内失落,不扞作儿事	《释录》2,第73页
32	不详	不详	不详		"官罚羊□一仰□□祗当。""悔者罚麦伍硕",其余不详	《释录》2,第74页
33	戊申年	敦煌乡李员昌	赤心乡彭章三	"正月至九月末,断作雇价每月麦粟壹驮"	供给"春衣汗衫壹礼,衤曼裆衤长袖衣襕皮鞋壹量共壹对。""忙时抛工一日,剋物二斗,闲时抛工一日,剋物一斗"	《释录》2,第63页(抄写样书)
34	不详	不详	不详	"□□周年,断作雇价每月麦粟壹驮。……从正月至九月末"	供给"春衣壹对,袄袖衣襕襆裆壹要(腰),皮鞋壹两"。"若忙时抛工一日,剋物一斗"	《释录》2,第64页(抄写样书)

三、从吐鲁番、敦煌出土的雇工契
看其时雇佣劳动的性质、特点

本文表 1 所列的 25 件吐鲁番雇工契,从时间上讲,相当于隋至唐前期;表 2 所列的 34 件敦煌雇工契、契抄以及样书,始于吐蕃占领敦煌时期,终于五代宋初。从总体上看,都反映了隋唐五代时期雇佣劳动的性质、特点。

上述 59 例雇工契,按雇期分类可以分为短雇与岁作两类。短雇 28 件,岁作 26 件,其余不详。若以作业性质划分,则可以分为农业雇工(计

19 件）、畜牧业雇工（计 4 件）、手工业雇工（仅 1 件）、雇人代官役（计 20件）及其他五类。由于古代契约文书的保存和出土都带有很大的偶然性，①因而上述比例并不能准确地反映出其时各类雇工的实际比例。但大体仍可肯定，其时当地在农业、畜牧业、工商业三个部门中，农业雇工最乡，畜牧业次之，工商业最少。

其时的农业雇工，对于雇主来说，大多数只是作为辅助劳力。如表1 第 2 件就有"若相儿共家中大小人行将作"之语，表明雇主"家中大小"也参加生产劳动。前引《高昌乙酉、丙戌岁某寺条列月用斛斗帐历》也表明，该寺的主要劳力是 2 个使人（该寺寺僧 6 人、沙弥 1 人也可能参加劳动），农忙雇工只起辅助作用。敦煌出土的雇工契，大多数都写道"为家内阙少人力，遂雇□□"，也表明其时的雇工大都是补充家中劳力之不足。手工业者的雇工（如表 2 第 29 件"梁户史氾三，家中欠少人力，遂于平康乡百姓杜愿弘面上雇弟愿长"），也是如此。畜牧业的情况稍为特殊，若单就牧群而言，雇工或为其主要劳力。但在雇主（私人或寺院）经济的劳动力总构成中，雇工仍处于次要地位。

再看雇主生产的目的。其时一般家庭的生产规模都很小，多数产品只是为了自给，少量剩余产品流入市场，也是为买而卖。就目前所见数据而言，生产规模较大者还是寺院。如前引《高昌乙酉、丙戌岁某寺条列

---

① 中唐以后的敦煌雇工契得以保存下来即属偶然。敦煌出土的雇工契大体上可分为三类：一是契约原件，一是契约范文（书仪），一是契抄。书仪与契抄，大都与寺学有关，前者供寺学生模仿学习，后者其实就是练字与习作。现存的敦煌雇工契，此二者占绝对多数。雇工契作为契约原件保存下来，仅见表2第 14、第 29 两件。其他各件都是因为另面被利用而保存下来。如表 2 第 1件，另面即《佛经疏释》；第 2 件，另面为《佛说大乘稻芊经随听手镜记》；第 3件，另面为星占书；第 10 件，另面为《论语集解》；第 16 件，另面为《佛名经》；第 21 件，另面为"丙戌年三月八日清信弟子比丘僧法会敬写"的诸杂斋文。这几件文书的保存，也都与寺院或寺学有关。敦煌出土文书始于晋元康二年（292 年），而有纪年的雇工契则始于吐蕃卯年（812 年），中间间隔了 500 多年。再如吐鲁番出土文书，高昌国后期，即见有农业雇工数件。入唐以后，雇人代官役的雇契很多，而农业雇工契却反而一无所见。上述这些情况，也应出自偶然。

月用斛斗帐历》所见的高昌某寺,该寺田产颇丰,估计有 400 亩左右。① 该寺只有僧 6 人、沙弥 1 人,粮食应该自食有余。据该寺月用斛斗帐历,该寺也时或出售粮食,但每次出售粮食,不是为了交纳赋税,就是为了购进某种商品。不仅如此,该寺还经常以物易物。敦煌出土的后唐同光三年(925 年)与后唐长兴二年(931 年),沙州净土寺诸色入破历计会②所反映的情况也是如此。净土寺是敦煌十几个大寺之一,寺院经济很发达,经常雇用各种工匠(包括泥匠、木匠、铁匠、铸匠、金银匠、画匠、塑匠、毡胎匠、干毡匠等),又雇有牧羊人放牧。③ 净土寺所雇的各种工匠都是寺院土木修造以及画塑等所需,其所养的羊,也是为了取毛加工自用。要言之,其时一般民户或寺院的各种雇工,其目的主要都是生产使用价值,而不是生产交换价值,④前资本主义雇佣劳动的特点十分明显。

受雇者的家境一般都很贫寒,衣食不充。⑤ 敦煌出土的 5 件以工还贷契就是明显的例证;表 3 第 1 件,张和子"为无种子"而向永康寺预支杨篱价麦;第 2 件,氾英振为僧慈灯砌墙以前,已"先负慈灯麦两硕壹斗";第 3 件,令狐善奴"为粮用"而便刘价麦;第 4 件、第 5 件,贺胡子与王晟子"为负官债,填纳不辨"而便刘价麦。但这些受雇者,又都不是一贫如洗。他们又都有一点生产资料,特别是土地。如上引表 2 第 1 件,张和子"为无种子"而预支杨篱价,就说明他仍有土地,而造杨篱充其量也只是他的副业。表 2 第 3 例规定,令狐善奴如果违约,"一任掣夺家资杂物牛畜等",也说明他仍有牛畜等,而有牛畜,通常也就有耕地。表 2 第 12 件,康保住雇赵紧近儿;第 15 件,苏流奴雇韩德儿的壮儿;第 16

① 该寺具体的田亩数不详,但该寺会于丙戌年二月用麦"贰拾肆斛作田种",以每亩用种 6 升(高昌斗)计,当有耕地 400 亩上下。

② 唐耕耦、陆宏基编:《敦煌社会经济文献真迹释录》第 3 辑,全国图书馆文献缩微复制中心 1990 年版,第 374～389 页。

③ 据甲辰年(944 年)三月二十四日牧羊人贺保定领羊凭(见唐耕耦、陆宏基编:《敦煌社会经济文献真迹释录》第 3 辑,全国图书馆文献缩微复制中心 1990 年版,第 577 页),净土寺交给贺保定放牧的羊就有 120 多只。

④ 本文所列举的手工业者——梁户史氾三的雇工也是如此。史氾三承包寺院油梁,其所进行的生产经营活动也只是来料加工,收取手工费。

⑤ 关于雇佣工人的生活状况等,可参看程喜霖:《试析吐鲁番出土的高昌唐代雇佣契券的性质》,《中国古代史论丛》第 3 辑,福建人民出版社 1982 年版。

件,僧宝香雇邓仵子契有"□承人兄邓清子"押署,且又将"麦地叁亩、粟地肆亩"的一年使用权折作七个月的雇价;第18件,姚文清雇程义深男;第23件,李继昌之雇吴再通男住儿;第25件,窦跛蹄之雇邓讷儿钵男延受;第26件,某人之雇罗不奴男长盈;第28件,邓憨多之雇耿憨多男;第29件,史氾三之雇杜愿弘弟愿长;第31件,某人之雇某某之男愿千,也都表明这些雇佣劳动者有其独立的家庭经济。他们充当雇工,都只是为了补充家计,而不是全都靠出卖劳动力为生。而此,又正是前资本主义雇佣劳动的基本特点之一。

再看雇主与雇工的关系。上述敦煌吐鲁番的雇工契约又表明,这些雇佣劳动者与雇主的关系是一种契约关系。契约雇工的法律身份是良人,其人身并不隶属于雇主。契约雇工与雇主,在身份上并无良贱等级之分。契约雇工不同于典身、佣仆。因为典身、佣仆在一定时间内完全隶属于主人,没有人身自由。典身、佣仆的法律身份虽然仍是良人,但其实际地位,与奴婢、部曲的实际地位往往没有多大区别。契约雇工的实际地位,也不同于契约佃农。契约佃农虽然也被束缚于地主的土地上,但契约佃农的劳动在时间上和空间上却是自由的。雇工一旦与雇主订立雇佣契约,便须勤功造作,如表2第14件雇工契样书就规定:"入作之后,比至月满,便须兢心,勿□二意,时向不离,城内城外,一般获时造作,不得抛涤(掷)工夫。忽(若)忙时,不就田畔,蹭蹬闲行,左南直北,抛工一日,克物贰斗。应有沿身使用农具,兼及畜乘,非理失脱、伤损者,陪在厶甲身上。忽若偷盗他人麦粟牛羊鞍马逃走,一仰厶甲亲眷抵当。或若浇溉之时,不慎睡卧,水落在□处,官中书罚,仰自抵当。亦不得侵损他□田苗针草,须守本分。大例:贼打输身却者,无亲表论说之分。两共对面平章为定,准法不许翻悔。如先悔者,罚上羊壹口,充入不悔人。"多数雇契规定:"忙时抛功壹日,克物贰斗;闲时抛功一日,克物壹斗。"有的则规定:"忙月抛工一日,勒勿(物)五斗,闲月抛一日,勒勿(物)壹斗。"关于病患,表2第16件规定:"如若有病患者,五日将里(理),余日算价下。"而表2第25件则规定"若作儿病者,算日勒价"。这里虽无明显的超经济强制,但人身束缚却仍较严重,与资本主义性质的雇佣劳动明显不同。

总而言之,隋唐五代,奴婢、部曲数量大为减少,在整个社会生产中所占比重大为降低,契约租佃制和契约雇工制得到进一步的发展。这是中国封建社会生产关系的阶段性变化,是历史的进步。但对当时的契约雇工制,我们仍不能估计过高,因为无论从雇主的生产目的,或从雇佣劳动者与土地、与雇主的关系看,它都明显带有前资本主义雇佣劳动的全部特点。

(原载《敦煌吐鲁番学研究》第 2 卷,1997 年)

敦煌文书安环清卖地契的性质和年代

——与余也非先生商榷

《四川大学学报》1981 年第 3 期余也非先生《宋元私田地租制度》一文，引用《敦煌资料》第 1 辑①的安环清卖地契，以论证宋元以后法律肯定了佃农制，否定了佃奴制。我认为余先生对该敦煌文书年代与性质的论述都很不妥当，有必要予以辨正。

为讨论方便，先将安环清卖地契转录于下：

（未年安环清卖地　斯一四七五）

宜秋十里西支地壹段，共柒畦拾亩，^{东道　　西渠}，^{南索晟　北武再再}

未年十月三日上部落姓百安环清为

突田债负，不办输纳，今将前件地

出买（卖）与同部落人武国子。其地亩别

断作斛斗汉斗壹硕陆斗，都计麦壹拾

伍硕，粟壹硕，并汉斗。一卖已后，一任武

国子修营佃耕。如后有人干拉识认

一仰安环清割上地佃种与国子。其地

及麦，当日交相分付，一无悬欠。一卖▭▭

如若先翻悔，罚麦伍硕，入不悔人。

已后若恩赦，安清罚金五两纳入

官。官有政法，人从私契，两共平章，书指为记②。

---

① 补注：中国科学院历史研究资料室编：《敦煌资料》第 1 辑，中华书局 1961 年版。该件录文可参看唐耕耦、陆宏基编：《敦煌社会经济文献真迹释录》第 2 辑，全国图书馆文献缩微复制中心 1990 年版，第 1 页。

② 补注："书指为记"应为"画指为记"的误录。繁体字"書"、"畫"二字形近，易混。

　　地主安环清年廿一

　　母安年五十二(倒书)　师叔正灯(押)

　　见人张良友(倒书)　　　　姊夫安恒子①

　　余先生将此件断为宋乙未年。但原契书仅书"未年",而不书"乙未年"。余先生于"未年"之上加一"乙"字,不知根据何在? 据契书纪年,我以为此件绝非宋代文书。

　　现存宋初敦煌资料的纪年,一般都是年号与甲子并用。《敦煌资料》第1辑第125页"雍熙二年乙酉岁"邓永兴地亩册;第120~130页"至道元年乙未岁"何石住等户地亩册;第314~319页"大宋开宝八年岁次丙子"、"太平兴国柒年壬午岁"、"太平兴国九年甲申岁"、"淳化二年辛卯岁"的各种契约;以及第472页"乾德二年甲子岁"史氾三立嗣契等都是如此。宋初敦煌文书间或也有不用年号而只用甲子纪年者[如伯2484文书(宋)戊辰年十月十八日归义军算会群牧驼马牛羊现行籍],或只用年号而不用甲子纪年者[如斯4489(宋)雍熙二年六月慈惠乡张再通牒稿],②但为数很少。宋代敦煌文书及其他各种文书中绝未见如安环清契专用十二地支纪年者。而敦煌、吐鲁番出土吐蕃时期的各种官私文书,如《敦煌古藏文历史文书》等,都是专用十二地支纪年。这种纪年方法与安环清卖地契正合。

　　安环清卖地契的一些内容也证明此系吐蕃时期(781—850年)的契书。这份契书提到安环清是"上部落百姓",武国子与安环清"同部落"。这一事实很值得注意。我们知道,唐、宋政府管辖敦煌时期,敦煌并无部落之分。只是在唐建中年间吐蕃占领敦煌后,③曾将瓜沙等州居民划分为"部落"。因而吐蕃时期的敦煌文书常提到"部落"。《敦煌资料》第1辑第122~124页"子年"氾履清等户手实;第200页"寅年"令狐宠宠卖牛契;第335页"寅年"僧慈灯雇工契;第353~357页"寅年"镜兴逸便麦

---

① 补注:中国科学院历史研究资料室在编辑《敦煌资料》第1辑时,因经验不足,录文不精,应参看较新的录文版本。这里姑仍其旧,以保持论文原貌。

② 参见池田温:《中国古代籍帐研究》,东京大学东洋文化研究所1979年版,第660~662、664页。

③ 补注:关于敦煌沦陷于吐蕃的时间,学者已有贞元年间新说,可从。

契,"卯年"张和便麦契,"酉年"曹茂晟便豆种契;第 385～394 页张七奴、马其邻、崔米老便麦契等都是既专用十二地支纪年,又提到"部落"的。这绝非巧合。

据敦煌文书,吐蕃占领敦煌后曾在瓜沙一带实行计口授田,每人"一突"即 10 亩。《敦煌资料》第 1 辑第 218 页安如岳等地亩残卷即是当时计口授田的记录。[《敦煌资料》第 1 辑于安如岳户之前第五行漏录"八突"二字;樊英俊户"计(地)卅八",被误录为"计一顷八亩";薛惟谦户下"六亩五畦菜田渠"被误录为"十八亩五畦菜田渠"。]比此件更典型的是池田温《中国古代籍帐研究》第 561～562 页所录斯 9156 号文书。该件现存 18 户,除一户七口七十亩外,其余都是以"突"为地亩单位。每人大约一"突"。当时居民所纳之税称为"突税差科",或简称为"纳突"。安环清卖地契恰好也提到纳"突"问题。此更确证安环清卖地契不是宋代契约,而只能是吐蕃占领瓜沙时期的契约。

在契约的性质与作用方面,余先生认为该契文"所谓'突田债负,不办输纳'是地税归国家。所谓'一任武国子修营佃耕……仰安环清割上地佃种与国子',是地租归地主。这是地租与地税分裂为二的佃农制租佃关系的法律注脚"。究其实,上引契文是卖地契,而非租佃契。余先生在引用该契文时也称之为"卖地契",但不知为什么又把它当作租佃契处理? 此中问题可能出在该契文中之"佃种"二字。余先生显然是把该契文中之"佃"字,理解为租佃。其实,安环清卖地契中的"佃作"一词,只是耕作、田作之意。唐宋时期,这种用法还很普遍。如武周时期的青苗簿(见池田温《中国古代籍帐研究》第 322～334 页录文),于各户各段地亩之下,或注明"自佃",或注明"佃人某某"(后一种场合,"佃人"与户主姓名不同)。这"自佃"者也,也就是自己耕种之意。《通典》卷 2 载:"东晋元帝督课农功……其宿卫要任,皆令赴农,使军各自佃,即以为廪"亦此意。而"佃人某某"者也,其原意也还是某某人耕种。只是因为此青苗簿中之"佃人"与户主并非同一个人,因而才可以把它理解为某某人租种。再如《文献通考》卷 4 的一段记载:

> 五代以来,常视见垦田以定岁租。吏缘为奸,税不均适。由是百姓失业,因多荒莱。上悯之,乃诏禁止。许民辟土。州县无得检括,以见佃为额。

这里的"佃"字,亦无租佃之意。(这里的"租"与"税"亦同义。)

前引安环清卖地契言明,"一卖之后,一任武国子修营佃种";"如后有人干拉识认"由安环清割上地充,"其地及麦,当日交相分付,一无悬欠"。并规定一卖之后,双方不得反悔。从契书的上述内容与格式看,它也只能是卖地契,而非租佃契。

至于契文中的"官有政法,人从私契,两共平章,书指为记"云云,余先生认为这是旨在"确立主佃间的法律上的租佃关系",否则,"租佃关系在法律上就不能成立"。我认为余先生此说亦误。所谓的"官有政法,人从私契",反映了土地私有权与国家主权干预之间的矛盾斗争。计口授田的土地,最初当然具有国有土地的性质。但在我国古代,官田与私田可以互相转化。至安环清立契之时,计口授田的土地已可买卖,这表明这些土地已经私有化。但在当时,这种土地私有权还不完整。从法律上讲,国家仍有可能干涉地权的转移。为此,作为一种预防措施,该卖地契加上了"以后若恩敕,安环清罚金伍两入官"的条款。买主与卖主还私下相约:"官有政法,人从私契。"就是说,日后若遇到国家干涉(甚至被宣布为非法)时,私契仍然有效。一切由卖主负担,保证买主不受任何经济损失。唐宋间其他的一些契书常规定"或有恩敕流行,亦不在论理之限",[1]也是这个意思。由此足见,安环清卖地契所载的"官有政法,人从私契",与余先生所说的在法律上确立主佃之间的租佃关系,完全是风马牛不相及。它体现了土地私有权对国家干预的排斥。

(原载《四川大学学报》1983 年第 4 期)

---

[1] 见中国科学院历史研究资料室编:《敦煌资料》第 1 辑,中华书局 1961 年版,第 310、311、313、315、316、318、322 等页。

元代买卖奴婢手续

——从敦煌研究院藏元延祐三年永昌税使司文书谈起

施萍亭同志于《敦煌研究》1989 年第 2 期刊文介绍敦煌研究院藏元延祐三年(1316 年)永昌税使司文书,①并对其中许多问题进行详考,读后甚有教益。但施萍亭同志认为此件文书的性质不是"官给公据"、也不是"税契",而是"红契",笔者却以为欠妥。元代契约,存世不多,目前仅见福建晋江陈埭丁姓家谱所录元代买卖田宅的契书两组(共 8 件),②安徽省博物馆藏徽州祁门《郑氏誊契簿》所录元代地契 13 件,③中国社会科学院历史研究所藏至大元年(1308 年)徽州路祁门县在城税使司颁契尾 1 件,④敦煌研究院藏延祐三年永昌税使司文书 1 件。其中,有关奴婢买卖的,仅上述延祐三年永昌税使司文书,故尤应重视。该件虽无标题,但若联系东晋以降税契文书的演变,联系元代"典卖田宅人口头匹"税契手续,就不难判明其性质。

一、税契契书的演变

税契始于东晋,《隋书》卷 24《食货志》载:

> 晋自过江,凡货卖奴婢马牛田宅,有文券,率钱一万,输估四百入官,卖者三百,买者一百。无文券者,随物所堪,亦百分收四,名为散估。

---

① 施萍亭:《延祐三年奴婢买卖文书跋》,《敦煌研究》1989 年第 2 期。
② 参见施一揆:《元代地契》,《历史研究》1957 年第 9 期。
③ 参见刘和惠:《元代徽州地契》,《元史及北方民族研究集刊》1984 年第 8 期。
④ 参见周绍泉:《田宅交易中的契尾试探》,《中国史研究》1987 年第 1 期。

历宋齐梁陈,如此以为常。

东晋南朝税契的原件今未见,很可能即如清人赵翼《陔余丛考》卷27《税契》条所言:"市易田宅,既立文券,必投验官府,输纳税钱,给以印凭,谓之税契。"换言之,当时税契的契书很可能只是在私契上加盖公章,而不另立契书。

但至迟从唐朝起,便改为由官府颁发市券。《唐律》卷26《杂律·奴婢牛马不立券》条就规定:

> 诸买奴婢、马牛驼骡驴,已过价,不立市券,过三日笞三十;卖者,减一等。立券之后,有旧病者三日内听悔,无病欺者市如法,违者笞四十。即卖买已讫,而市司不时过券者,一日笞三十,一日加一等,罪止杖一百。

《唐律疏议》于同卷同条之下议曰:"买奴婢、马牛驼骡驴等,依令并立市券。"可见,《唐律》中即有买卖奴婢、马牛驼骡驴(亦即所谓的"口马")应立市券的统一规定。此类市券,于敦煌吐鲁番出土文书中都有发现,虽然只是抄件,但仍可窥见当时此类市券的内容格式,今各录一件于下,以资与当时的私契,以及后世的"契本"、"契尾"进行比较。

敦煌研究藏天宝至德年间(744—758年)行客王修智卖胡奴市券抄件:[①]

1. ▇▇客王修智牒称,今将胡奴多宝载拾叁▇▇▇
2. ▇▇惠温,得大生绢式拾壹匹,请给买人市券者。依▇▇
3. ▇▇安神庆等款,保前件人奴是贱不虚。又胡奴多宝甘心▇▇
4. ▇▇修智其价领足者。行客王修智,出卖胡奴多宝与▇▇
5. ▇▇绢式拾壹匹,勘责状同,据保给券,仍请郡印。▇▇
6. ▇▇　罪。
7. 　　　　　　　　　　　　　　绢主
8. **郡印**　　　　　　　　　　奴主行客王修智载陆拾壹
9. 　　　　　　　　　　　　　　胡奴多宝载壹拾叁

---

① 件藏敦煌研究院,参见施萍亭:《从一件奴婢买卖文书看唐代的阶级压迫》,《文物》1972年第12期。

10．.　　　　　　　　保□□□百姓安神庆载伍拾玖

11．　　　　　　　　保人行客张思禄载肆拾捌

12．　　　　　　　　保人敦煌郡百姓左怀节载伍拾柒

13．　　　　　　　　保人健儿王奉祥载叁拾陆

14．　　　　　　　　保人健儿高千文载叁拾叁

15．　　市令李(?)昂给券　　　　　　史□□□

（后缺）

吐鲁番出土唐开元十九年（731年）二月兴胡米禄山卖婢市券抄件：①

1．开元拾玫年弍月　　日，得兴胡米禄山辞：今将婢失满儿年拾壹，于

2．西州市出卖与京兆府金城县人唐荣，得练肆拾匹。其婢及

3．练即日分付了，请求买人市券者。准状勘责，问口承贱

4．不虚。又责得保人石曹主等伍人款，保不是寒良眩诱

5．等色者。勘责状同，依给买人市券。

6．　　　　　　　　练主

7．**用西州都督府印**　　　婢主兴胡米禄山

8．　　　　　　　　婢失满儿年拾弍

9．　　　　　　　　保人高昌县石曹主年卅六

10．　　　　　　　　保人同县曹娑堪年卅八

11．　　　　　　　　保人同县康薄鼻年五十五

12．（同元）　　　　　保人寄住康萨登年五十九

13．　　　　　　　　保人高昌县罗易没年五十七

14．　　　　　　　　史

15．丞上柱国玄亮　　　券

16．　　　　　　　　史竹无冬

此两件都是抄件，应该用官印之处并未加盖官府之印，只是用墨书

---

① 转引自王仲荦：《试释吐鲁番出土的几件有关过所的唐代文书》，《文物》1975年第7期。

注明"郡印"或"用西州都督府印"。米禄山卖婢市券的抄件是作为唐开元二十一年西州都督府颁给唐益谦、薛光泚过所的附件。王修智卖奴市券抄作何用？已不可考。可能是官署存档的市券副本，也可能另有他用。

　　与现存麹氏高昌、唐、五代的买卖奴婢私契[①]相比较，市券包括了私契的主要内容（买主、卖主、买卖对象、价钱、保人等等），又多了卖主的辞牒（向官府申请颁给买主市券）、官司的勘责（勘责被卖奴婢与保人）、官司的红印以及有关官吏的署名，少了罚责与卖主、保人的画押。

　　唐末五代，买卖奴婢畜乘还须牙保充中间人。税契前，官牙人还得同署文契，税务勘责无误后，"方得与印"。[②]

　　《宋刑统》卷27《杂律》原文照抄《唐律》与《唐律疏议》有关买卖奴婢牛马应立市券的规定，说明宋代买卖奴婢按规定仍应另立市券。但自北宋崇宁三年（1104年）起，典卖田宅牛畜，开始使用"官司印卖"的契书。百姓请买官契，要交"工本费"（实际上还要"量收息钱"），到税契（当时又称"印契"）时还要交契税（当时又称为"牙契税钱"、"牙税钱"）。[③] 宋代有关使用官契的各项规定，一般只提田宅牛畜舟船而不及奴婢。但"奴婢既同资财"，"律比畜产"，[④]照理亦可适用。

---

① 参见国家文物局古文献研究室等编：《吐鲁番出土文书》录文本，文物出版社1981年版，第1册，第187页录北凉承平八年（450？年）翟绍远买婢券；国家文物局古文献研究室等编：《吐鲁番出土文书》录文本，文物出版社1983年版，第5册，第108页录唐永徽元年（650年）西州高昌县范欢进买奴契，第134页录高昌延寿四年（627）赵明儿买作人券；国家文物局古文献研究室等编：《吐鲁番出土文书》录文本，文物出版社1985年，第6册，第179页录唐某人买奴契，第410页录唐龙朔元年（661）左憧憙买奴契；山本达郎、池田温合编《敦煌吐鲁番社会经济史文书》Ⅲ《契约》（*Tun-huang and Tunfan Documents Concerning Social and Economic History.* Ⅲ. *Contracts（A）Introduction & Texts.* 1987年）录文第85页录后梁贞明九年（923）闰四月都头某出卖奴仆契。
② 王溥：《五代会要》卷26《市》。
③ 《宋会要辑稿》卷35《食货·钞旁印贴》。
④ 《宋刑统》卷14《户婚》、《宋刑统》卷6《名例》。《宋刑统》有关奴婢的各项规定，率多沿袭《唐律》与《唐律疏议》。

宋代的官契,到了元代就称为"契本"。宋元的官契(契本),今皆未见。但契本的应用,一直延续至明清。其间虽有变化,但基本内容应有相似之处。目前所见的契本以清雍正年间江苏布政使司印制颁行的有关买置田宅的所谓"契纸"为最早,爰转录于下,以资比较:①

　　　　契　纸

(中略奏请颁行契纸原因、经过以及朝廷批复共二百余字)

　　　　契　　　为因正用,愿将自己名下

凭中　　　绝到　管业,三面议得时值价银

　　　整,立契之日,一并收足,并无重叠典卖、亲邻争执情弊。恐后无凭,立

　　此　契为照。

　　计开　则,坐落　县　　都　图　　字圩第　坵四址

　　每年□完银　　　米

　　承粮□□　系　县　都　图　户名

　　买主□□　系　　县都图地方

　　于雍正　年　月　日上税银　两　钱　厘　毫

　　雍正　年　月　日

　　　　　　　　　　　　　　立契

　　　　　　　　　　　　　　居间

　　　　　　　　　　　　　　凭牙

　　字第　号,发苏州府长洲县

　　　　每张制钱五文,毋得多收滋累。

东晋南朝,税契的税率为4％。此后各朝税契的契税大体上也是在4％上下波动。元代"买卖田宅、人口、头匹"的契本税钱同于一般商税,也是"三十分取一",②税额相当可观。按规定,契本税钱应全部上交:"至年终办到钞数,通行起纳"。朝廷对契本的管理又很严格,至元二十

---

① 《东洋文化研究所所藏中国土地文书目录·解说(上)》,日本东京大学东洋文化研究所1980年版。转引自杨国桢:《明清土地契约文书研究》,人民出版社1988年版,第75、76页。

② 《元典章》卷22《户部·契本·契本税钱》。

年(1283年)以前,各地所用契本概由户部印发,每年颁发一次。至元二十年以后,四川、甘肃、中兴行省以及陕西宣慰使所辖地域,仍由户部印发契本,江南四行省则由朝廷颁发契本铜板与户部契本铜印,就地印刷。但其印数,应如实上报。"印造了毕,据铜板、印信,令掌司郎中封收。"①若严格按此规定执行,不仅经办人员无利可图,各路、府、州、县司也是徒劳而无收益。

为了截留契税,乃至中饱私囊,许多地方契税"多不用元(原)降契本,止办务官契尾"。② 朝廷虽三令五申,但仍是"纵有用契本者,百无一二"。③

有的学者认为,元代税契时,"契尾和契本同时发给纳税人","只有同时具备契本和契尾,还要加盖官府印章,手续才算完备"。④ 笔者以为,契尾对于契本,是取代关系,并不兼用。就其性质而言,契本既然作为证明田宅奴婢驼骡驴买卖合法性的凭证,那它自然就成了纳税的凭证(因为纳税是出给加盖官府红印的契本的必要前提);反之,有了作为缴纳契税的凭证的契尾,自然也就证明了该项交易业已经过官方认可。因此,两者并无并用的必要。元政府之所以禁止以契尾代替契本只是从财政角度来考虑的。它反映了中央与地方在该项财权上的矛盾。

虽然元政府三令五申,禁止"不用上司元降契本,止办务官契尾",但不用契本而用契尾的现象却越来越严重。以至于现在我们可以看到元代的契尾而见不到契本。今发现的契尾有以下三件:

(一)至大元年(1038年)徽州路祁门县契尾:⑤

徽州路总管府祁门县在城税使司

今据谢良臣赍到后项文契,计价

① 《元典章》卷22《户部·契本·就印契本》。宋代官契或委诸路通判印造,或委提举司印给。最初,各地印造数目,中央未能切实掌握,地方官吏借机作弊渔利。乾道七年(1171年)以后,便规定各地印造契纸应以千字文为号,印数上报。税契的收入,最初是全部上供,后来则改为大部分上供(或70%,或85%),小部分留地方。参见《宋会要辑稿·食货三十五》。
② 《元典章》卷22《户部·契本·体察不便(辨)契本》。
③ 《元典章》卷22《户部·契本·契本税钱》。
④ 陈高华:《元代土地典卖的过程和文契》,《中国史研究》1988年第4期。
⑤ 陈高华:《元代土地典卖的过程和文契》,《中国史研究》1988年第4期。

中统钞七十七两，

□□税讫，本司照依

□画验价钞例收税附历讫，所有公据合行出给照验者。

右付　收执，准此。

至大元年十一月日给。

税使司

(二)延祐三年永昌税使司文书：

永昌税使司

今据也的迷石用价钱中统抄(钞)壹拾陆

定(锭)买到□□□驱女一名，唤女女，年一十七岁，

望准官牙人赴务投税。凡合行出给。

右付也的迷石。准此。

延祐三年七月　日给(画押)

司

(三)后至元二年(1336年)晋江县契尾：[①]

皇帝圣旨里泉州路晋江县

今据阿老丁用价钱中统钞六十

锭买到麻合抹花园山地，

除已验价收税外，合行出给者。

至元二年十月初三日给。　　　右付本阿老丁，准此。

以上三件格式相近，性质应相同。此三件皆未明言"契尾"。但其格式与明朝洪武、弘治年间的徽州契尾相同，所以可断定为契纸。爰转录

---

① 转引自施一揆：《元代地契》，《历史研究》1957年第9期。施一揆同志抄录时未依原件格式(晋江陈埭丁姓家谱抄录此件以及其他各件时就未能尽依原件格式)。笔者转录时，试参照延祐三年永昌税使司文书予以分行，目的是便于比较。原件可能是"右付奉本阿老丁准此"为倒数第二行，靠下方，"至元二年十月初三日给"为倒数第一行，靠上方，两行未相接，行距也未必很分明，故转抄时抄为同一行。

徽州契尾二件,以资比较。

(1)洪武二十四年(1391年)徽州祁门县契尾:①

徽州府祁门县税课局,今据西都谢翊先用价宝三贯四百文,买到在城冯

伯润名下山地为业,文契赴局印兑,除已依例收税外,所有文凭须至出给者。

契本未降,右付本人收执,准此。

洪武二十四年七月　日。攒典蔡斗生(押),税课局(押)

(2)弘治年间徽州休宁县契尾:②

直隶徽州府休宁县税课局,为民情事,今据廿三都黄士则用银二两,买

同都胡计祖塘池,见赴局投税印兑契文,依例纳课外,所有契尾须至给者。

右付本人收执,准此。

弘治五年正月十三日。攒典(押),承局(押)。契本未降。

前面提到,清雍正年间江苏布政使司颁行的官版"契纸",为目前所见的年代最早的契"本"。乾隆初,江苏布政使司又恢复颁写契尾文书制度,并刷颁空白契尾:③

契　　尾
抚部院挂藩字　号,发　府　县
(中略奏复契尾原由、朝廷批复等二百余字)

---

① 转引自周绍良:《田宅交易中的契尾试探》,《中国史研究》1987年第1期。未依原件行式。此两件皆注明"契本未降",第二件更明言"所有契尾须至给者",故可断定是契尾。此两件虽非元代文书,但与元代相距未远,从契约学角度看,可与元代契尾相印证。
② 转引自周绍良:《田宅交易中的契尾试探》,《中国史研究》1987年第1期。
③ 《东洋文化研究所所藏中国土地文书目录·解说(上)》,日本东京大学东洋文化研究所1980年版;转引自杨国桢:《明清土地契约文书研究》,人民出版社1988年版,第76页。

```
                州                               州
  计开据 府 县 都 图 甲业户 用价 两买 县
     都 图 甲卖主
  乾隆 年 月 日完税银 两 钱 分 厘讫
        右给业户      准此
  乾隆    日给
  布政使司
```

以元延祐三年（1316 年）的永昌税使司文书与时隔 400 多年后的乾隆初江苏布政使司所颁契尾相比较，我们仍可发现二者是极为相似的。所不同的是，前者未得朝廷认可，后者则系"奉旨"行事。元代契尾无编号，地方可截留契税或中饱私囊。清代契尾有编号，使用契本或使用契尾，在中央与地方的财政分割的问题上已无区别。实际上，早在明正德年间就已出现户部刷颁的契尾。它与契本的不同，仅在内容较简略而已。此时，不论是契本，还是契尾，其收入皆归中央财政。

二、元代税契的手续

东晋南朝的税契手续比较简单，买卖双方立文券，然后呈验官府，输纳税钱，加盖官府印记即可。

唐宋税契之前，也是先由买卖双方订立私契（当时亦称私券），如果是转卖，卖方还要出具公验或原契（后世称之为上手契）。《唐六典》卷 20《京都诸市令》条就明文规定："凡卖买奴婢牛马，用本司本部公验以立券。"立券过程，官府不仅要检验原契，而且还要勘责保人，并将勘责结果写入市券。唐开元二十年（732 年）薛十五娘买婢绿珠市券抄件即称："今保见集，谨连元券如前。……进状勘责状同，问口承贱不虚。又责得保人陈希演等五人款，保上件人婢不是寒良眩诱等色，如后虚妄，主保当罪"。[①] 此种市券，即官府出给买主的公据（或云"公凭"），证明此项交易

---

① 程喜霖：《唐代公验与过所案卷所见的经济资料》，《中国社会经济史研究》
  1986 年第 2 期。

业经官府认可,并已完成税契手续。换言之,市券具有充分的法律效力,在转卖奴婢,或携带奴婢度关津请过所时,只要呈验买奴婢市券即可。

元代买卖驱口时,税契手续比较复杂,略同于买卖田宅税契手续,只是少了"立帐"问亲邻与过割税粮手续。①

《元典章》卷57《刑部·禁诱略》"应卖人口官为给据"条即载:

> 应卖人口,依例于本处官司陈告来历根因,勘会是实,明白给据,方许成交。仍令关津渡口,严禁检索,如有违犯,痛行断罪。其所卖人口,随即为良,厥价入官。

元代官府给驱口卖主的"公据",目前尚未见,但有官府给田宅卖主的"公据"可供参考。件见晋江陈埭丁姓所辑家谱。其中一件公据述及后至元二年晋江县麻合抹出卖田宅根因,并称:"三十七都里正主首刘观志等申:'遵依呼集耆邻陈九等从公勘当,得上项花园山地委系麻合抹承父沙律忽丁□买□□物业,中间别无违碍。'……所有公据合行出给者。"②由此推测,出卖驱口之前,卖主亦须先向官府提出申请,申述驱口来历根由,官司勘责属实后,才给卖主颁发公据。卖主若无官府颁发的公据(或上手朱契),而私自成交,官司就不予承认,也不给履行税契手续。《元典章》就明文规定:"如元无卖契书、官司公据,务司辄行税契者,决四十七;有司不应给据而辄给者,依务司断罪。"③

有了官给驱口卖主的公据(或上手契),卖主即可经牙人与买主议价立文契(不经官牙人而自行议价成交亦可),在赴务投税前,这种□□□□□一种"私契"(后世称之为"白契"),未经政府正式承认,不具□□□□但在民间,这种"私契"实际上比"红契"更通行。由于驱口价□□□十分之一的比率交契税,为数甚巨,故只要不是申请过所等等,□力避免税契。东晋南朝以来,全都如此。

---

① 宋元时期,买卖田宅,明令"立帐"遍问亲邻。亲邻批退后,始可卖予他人。元代"立帐"的抄件见于福建晋江陈埭丁姓于道光年间所辑家谱。施一揆《元代地契》一文已予转录。买卖田宅,先问亲邻,唐五代时即如此,只是当时未明令须立"立帐"文书。

② 施一揆:《元代地契》,《历史研究》1957年第9期。

③ 《元典章》卷57《刑部·禁诱略·略卖良人新例》。

若是赴务投税,务司核实官给卖主公据与买卖双方所订立的文契后,便出给税契公据——契本,并将契本与文契粘连在一起,加盖官印(既盖于契本,又盖于契本与文契的粘连骑缝),交买主收执。至此,税契手续即告完成。但就务司的会计管理手续而言,它还必须将税契的情况登记于"赤历"(实际上是将税契收入入帐),否则,就要被视为作弊行为。

前已论及,当时不用契本,而只在契尾用印的情况很普遍。从至大年间徽州路祁门县使用刷印的契尾的情况看,契尾的使用还逐步走向公开化、规范化。论者或据此认为,自至大元年(1308 年)起,朝廷即批准行用契尾,契尾也就"取得了合法的地位"。① 然而,《元典章》卷 22《契本·契本税钱》条又记:皇庆元年(1312 年)五月,朝廷针对"纵有用契本者,百无一二"情况,重申:"今后须要各处提调……委见任廉干人员尽心关防,明示买主,随即赴务投税,依例扣等合该契本税钱,划时结附赤历,仍严禁权豪势要、牙行、拦头、巡税之徒,毋致似前结揽,如无契本,买主依例追断。"也正是皇庆元年,朝廷又规定,每道契本"收取契本钱至元钞三钱,另项解纳相应都省"。②《续文献通考》卷 24《征榷考·杂征敛》记文宗天历元年(1328 年)"岁课及额外课之数"时即记:"契本课总三十万三千八百道,每道钞一两五钱,腹里及行省总计中统钞九千一百一十四锭。"③由此足见,当时元朝廷在法令规定上仍坚持使用契本,并未承认契尾的合法性,甚至在务官不用契本时,还要罪及买主。但此项规定实际上未被执行。故历任元朝地方官的胡祗遹即称:"诸交关典卖文契,自有公据、问账、正契,然后赴务投税,契本契尾印押,方为完备。"④

综上所述,敦煌研究院藏元廷祐三年永昌税使司文书乃永昌税使司出给驱女买主也的迷石的"契尾"。因其是官司出给的证明文书,所以也

---

① 周绍泉:《田宅交易中的契尾试探》,《中国史研究》1987 年第 1 期。
② 《元典章》卷 22《契本·契本每本至元钞三钱》。
③ 《元典章》卷 22《契本·契本每本至元钞三钱》。
④ 胡祗遹:《紫山大全集》卷 2l《杂著·又小民词讼奸吏因以作弊》。

可以泛称为公凭、公据。① 又因其已完成"赴务投税"手续（亦即完成税契手续），所以也可称为税契、红契。按当时规定，契本或契尾应粘连文契始可印押，所以，从严格意义上讲，契本或契尾，都只是"红契"的一个组成部分。有鉴于此，上述延祐三年永昌税使司文书的准确定名，笔者以为，仍以"永昌税使司契尾"或"永昌税使司颁给驱女买主契尾"为宜。

（原载《敦煌研究》1990 年第 4 期）

---

① 徐元瑞《史学指南·册籍》即云："公凭，谓官给凭验也"。可见，凡是官府出具的各种证明文书都可称为"公凭"、"公据"。施萍亭同志既承认延祐三年永昌税使司文书是永昌税使司"交给买主收藏的官文书"，又否认它是"官给公据"，显然自相矛盾。

社会经济与生活

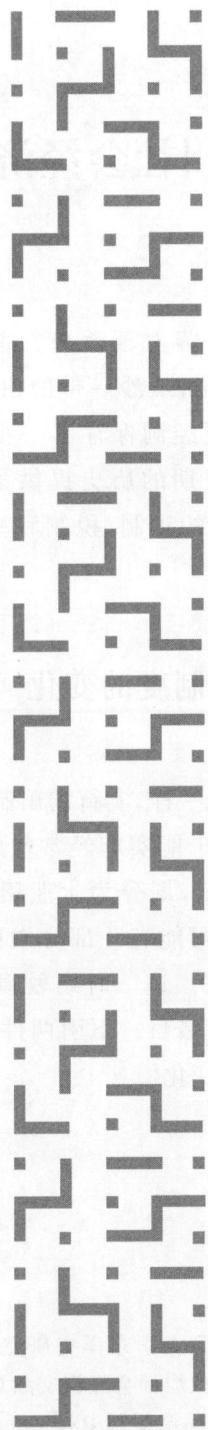

吐蕃时期沙州社会经济研究

　　唐德宗贞元三年(787年)吐蕃占领敦煌。唐宣宗大中二年(848年)张议潮收复沙州。其间数十年,瓜沙一带的田制、税制和社会经济状况,史书未见记载,幸而敦煌藏经洞保存了一批吐蕃时期的官私文书,给我们研究瓜、沙地区这一时期的历史提供了若干线索。本文拟据所见吐蕃时期敦煌资料对当时的田制、税制和社会经济状况做一初步的探索。

一、土地制度的变化

　　唐建中以前,敦煌与全国各地一样,实行均田制度,虽然不是将各户的田土一律收公,重新分配,且又未能实施经常性的土地还授。但在形式上,各户的田土仍按田令的规定,划分为永业田、口分亩、居住园宅。而且,在官荒闲土较多的时候,也可能有一部分农民得到授田。吐蕃占领敦煌后,均田制的形式不复存在。这一时期敦煌的户籍或各种田册,不再有永业、口分、应受、已受这些名目。下引两件敦煌汉文文书[①]最能反映吐蕃占领敦煌后土地制度的变化。

　　S.9156号文书:

---

① 池田温:《中国古代籍帐研究》,东京大学东洋史研究所1979年版,第561～564页。又见唐耕耦、陆宏基编:《敦煌社会经济文献真迹释录》(以下简称《真迹释录》)第2辑,全国图书馆文献缩微复制中心1990年版,第408～411页。

（前缺）

1. 和□□五口 ⬚ ⬚ ⬚ 彳 氵 ⬚

2. 半突三畦 宜秋西支渠二突五畦 计三突。△元琮十二口 宜秋东支渠五突一亩^半

3. 十畦 都乡东支渠一突三亩三畦 孟授渠二亩一畦宜秋西支渠三突半六畦

4. 阶和渠半突四亩三畦 员佛图渠半突六畦计一十二突

5. 武朝副两户九口 都乡渠一突一亩七畦双树渠半突一亩一畦 宜秋西支渠

6. 七突四亩十六畦 计九突一亩。△令狐英彦七口 赵家渠二突

7. 一亩七畦 阶和渠一突半二亩二畦 员佛图渠三突二亩十四畦 计七突。

8. 石元俊三口 宜秋东支渠一突三亩六畦 东灌进一半二亩共张都督妻^突

9. 重籍。△辛兴国九口 凡渠二突五畦 员佛图渠七突卅五畦 计九突。

10. 白光进五口 双渠二突半三亩四畦 都乡二亩一畦 宜秋东支渠二突四畦 计五突。

11. 白光胤二口 双树渠一突四畦 员佛图渠一突四畦 计二突。

12. 陈英奴五口 双树渠一突三亩六畦 员佛图渠三突九畦 阳开一突三□ 计五突三□。

13. 张华奴五口 双树三突半七畦 员佛图渠三亩五畦 宜秋东支渠一突三畦

14. 菜田渠二亩一畦 计五突。△宋大娘五口 阴安渠四突^十九^九十畦 双树一突三□

15. 计五突。△吕兴奴七口 大璅渠三突八畦 宜秋西支渠四突八畦 计^七五突。

16. 史皈汉五口 宜秋东支渠一突半十五畦 涧渠三突半十畦 计五突。

17. 周文卿五口 河北渠半亩 寺底渠二突 员家渠半突 夏交渠一突 二亩三畦 二亩十一畦 四亩三畦 四亩七畦 计五突 二亩。

18. 索子云四 河北一突三亩八畦 神农渠二突十一畦 夏交渠半突二亩四畦 计四突。

19. 苏阿建九口 员佛图渠七突半廿八畦 念同渠一突四亩七畦 双树一亩 计突√九。

20. 张渐进五口 阶和半突一亩一畦 宜秋东支四突四亩十二畦 计五突。

21. 侯文奴四口 员佛图渠地四突廿一畦 △李进益七口 员佛图七十亩十三畦。

22. 翟宜耒四口 夏交渠地四突十一畦。△高茂新四口 夏交渠地四突十四畦。^①

（后缺）

---

① 补注：文书中的数字，有的经过涂改，为排版方便，径录涂改后的数字，下同。

S.4491号文书：

（前缺）

1. ▭▭　　▭▭ 八突
2. ▭▭　　▭▭ 卅亩七畦赵渠　四亩小弟□
3. ▭▭　　▭▭ 亩畦双树渠　五亩畦　延□
4. ▭▭　　▭▭ 渠十七畦赵渠　六亩畦赵渠
5. ▭　▭ 五亩共七畦解渠卅亩十亩洞渠　九十亩共廿七畦
6. ▭　▭ △安如岳六口 卅亩共五畦千渠　十五亩两畦
7. ▭　▭ 计六十五亩。似兴晟七口七十亩。
8. ▭　▭ [六]?亩共十九畦盂授渠　廿五亩五畦洞渠
9. ▭　▭ 亩 六畦河北廿五亩畦　碻北卅亩八畦□□
10. ▭　▭ 白远志四户 卅五亩五畦张桃渠

11. 索如玢七口 卅五亩都乡东渠共十四畦　千□渠廿七亩五畦洞渠　计七十二亩。

卅

12. 樊英俊五口　十八亩四畦洞渠　一亩半三畦莱田渠　廿九亩六畦第一渠　计一顷八亩。

ゝ　ゝ

13. 孔舍光两户十六口　一顷卅五亩共卅一畦洞渠　卅九亩半十七畦盂授渠
14. 阴买奴五口　十三亩十畦盂授渠　卅五亩七畦第一渠　计卅八亩。
15. 孔俊八口　七十三亩共廿四畦洞渠　十三亩共三畦双树　一畦一亩莱田　计八十亩。
16. 唐日英十一口　廿一亩六畦盂授渠　卅六亩三畦洞渠　五十二亩第一渠
17. 薛惟谦两户十一口　卅九亩十二畦河北渠　十（六?）十八亩　五畦莱田渠　六十亩九畦
18. 念同渠计一顷一十五亩。△孔英禄八口　廿七亩七畦神农渠
19. 廿五亩七畦念同　廿八亩三畦千渠　计八十亩。△张顺ゝ五口　十三亩二畦
20. 盂授渠　卅亩廿二畦千渠　计五三亩。张英鸢十三口　九十一亩卅畦
21. 洞渠　卅四亩十一畦大璟渠　五亩一畦念同渠　计一顷卅亩。
22. 唐二娘六口　五十八亩十六畦洞渠。△阮林六口　一十五亩七畦宜秋东支
23. 十五亩四畦阳开渠　卅亩十畦王家渠　计六十亩。△阮瑛七口　卅八亩
24. 十九畦千渠　一十五亩畦夏交渠　五亩四畦盂授渠　计六八亩。
25. 董光顺十口　六十一亩廿五畦辛渠　卅亩十九畦阳开渠　计一顷。

26. 张庭晖四口 廿亩畦孟授 廿亩畦洞渠 计地卅亩。

27. 索日兴四口 七亩两畦孟授 卅亩六畦两冈渠 计地卅七亩。

28. 傅嵩两户八口 六十六亩十三畦千渠 廿一亩四畦洞渠 计八十七亩。

29. 张大娘四口 十七亩七畦洞渠 廿六亩四畦念同渠 计卅三亩。

30. 张俊奴七口 六十三亩十六畦千渠 二亩一畦菜田 十亩四畦宋渠 计七十五亩。

（后缺）

这两份敦煌残卷前后皆缺，仅留中间部分。其确切名称，已不可考，池田温先生拟名为《吐蕃年次未详（九世纪前半？）沙州诸户口数地亩计簿》。

残卷中提到的阴安渠、孟授渠、都乡渠、宜秋渠、千渠、赵渠、阳开渠、念同渠、员佛图渠、神农渠等皆见于唐代敦煌户籍或手实，因可判定上述两件为敦煌田册。

"突"作为土地面积单位来自吐蕃，藏文的读音为"dor"。王尧编著《吐蕃金石录》曾录一件新疆发现的吐蕃时期的木简："……之农田一突。邦伯小王农田一突，仓曹农田一突半。悉赞新垦荒地，在通颊有两突，零星地一突。"

这里的田土单位也是用"突"。"突"的原意是二牛抬杠一天所耕的面积。据 S.9156 号文书可以推算，一突等于十亩。如元琼户，共有土地十二突，分布在六条渠道上，其田亩数可列如下算式：

$$5 突半 1 亩 + 1 突 3 亩 + 2 亩 + 3 突半 + 半突 4 亩 + 半突 = 11 突 10 亩 = 12 突$$

$$1 突 = 10 亩$$

既然"突"是吐蕃人的田亩单位，吐蕃占领敦煌后，于敦煌也改而采用"突"的单位，这是很自然的事情。值得注意的是，S.9156 号与 S.4491 号两件文书，每户家口数与地亩数之比，大体上都是 1：1，即每人约一突，即十亩。S.9156 号文书可计其家口田亩者共廿户。其中十八户恰好是每人一突。其余两户虽与此数不符，但差额不大（陈英奴户五口五突三亩，周文卿户五口五突二亩）。

S.4491 号文书可计其家口地亩者共二十二户。其中六户恰好一人十亩。其余十六户与此数不符，但差额也都不大。孔含光两户十六口，计有地 174.5 亩,此为其差额最大者,但若按户计,每户差额则在十亩之内。其他各户的差额也都不超过十亩。换言之,每户的差额都不超过一个人的份额。

显而易见,这是一种计口授田的制度,与建中以前敦煌的土地制度迥然不同。这种土地制度也是来源于吐蕃。新疆出土的吐蕃时期的藏文文书记载:"兔(卯)年夏,划小罗布王田为五种亩数,按耕田人(每户)人数多少加以分配。依据主权与田作惯例,劳力情况应登记于(户主)名下。有势力者不许多占田地或围圈空地。任何一小块田都要按(每户)人数多少分配。(分定以后)不许荒废田地和破坏田界。此五种亩数的田都树立界标,有违制占用,破坏田界或使田业荒废,将剥夺其田业,没收其庄稼,并按情节轻重治罪。各户耕田人的人数造成总册,交到日城长官处。凡有阴谋叛乱、破坏水利、反抗官府、图谋侵夺等事,一律按本城旧法律治罪。"①

另据敦煌出土的《吐蕃(古藏文)历史文书》,635 年吐蕃曾于本土与原吐谷浑辖区实行田制改革。上引吐蕃藏文文书应与此次田制改革有关。要言之,吐蕃曾于本土及吐谷浑实行计口授田。吐蕃占领敦煌后,就将这套办法推广到新占领区(其授田亩数与某些细节或可因时因地而异)。前引 S.9156 号文书与 S.4491 号文书应即系吐蕃在敦煌实行计口授田的记录。

吐蕃时期敦煌计口授田的具体办法,史籍失载,但从下引 P.T.1078 号藏文文书,②仍可窥其大概:

> 往昔,水渠垓华沟地方,悉董萨部落中之王安成与王贵公兄弟……在……(宁)毗连而居,廓庸与贵公为田地之故,言语不和……意见不一之地,献与论罗热诺布赞,长期以来……后来于龙年夏,瓜州军帐公议之中,论结赞、论桑赞、论……等人,为答复瓜州萨悉之来件,郎论罗热父子,自沙州百姓编军中分出之后,王贵公兄弟向绮立达论赞三摩赞请求:往昔,我归属唐廷时,在水渠垓华沟地方,后于鼠年,沙州人江甲尔需田(未得)……而获开荒地后,一如过去所需,可继续耕种。但宁宗木

---

① 转引自王忠:《新唐书·吐蕃传笺证》,科学出版社 1958 年版,第 37 页。
② 王尧、陈践译注:《敦煌吐蕃文献选》,四川民族出版社 1983 年版,第 44 页。

地……在我等休耕之宽阔平地下方耕种,以此为借口,霸占侵渔……
(他把)这些菜地,献与论罗热诺布赞,朗氏为主(耕种),在周布杨菜地
上,朗作证人而经营,于其上筑房宅,植园林,近二十年,菜地如定死一
样。应按照成议,由于彼得强夺(我地),因此向上申述,我等把判决之
理由及详知内情之证人上报,菜地……等务请交还我们,如此请求。

窦廓庸言……王贵公兄弟之菜地,往昔在唐廷时,地界相连,后与
沙州人江甲尔之开荒地各有五突半一起记入木简。田亩册下面写明共
获田地十一突。贵公兄弟新种五突半,他们实际未曾领受,领受了八
突,本人并无五突半田地属实。由都督……所授田契,已核对,用丈量
突之绳索量后,属我田地为三突(半)……多出七突半。王贵公之田多
出三突七畦。……判决,彼等不听,言语不和,我等千户长,论千户谓:
"我等沙州人开荒地未曾领受属实。"其多余之地,乞立本云:如今论罗
热父子已远离家乡,都督过去……我……务请给我,如此请求。所言属
实与否,敬乞明鉴。

税吏与押衙二人言。税吏论诺热与押衙论诺三摩诺麦驾前,和田
契相符,在水渠垓华沟,从王彬多田里领受一突二畦,窦廓庸……于田
契上未写。知情证人,计算田地长老阴享文,与吉……梁和安才,沙子
升、马京子诸人申誓,所言与上诉相符,后分清……是其祖辈永业与轮
休地。后一个子年,沙州人江甲尔需地那年……授权与兄弟两人,可继
续种这些菜地。但窦廓庸和周布杨父子,抢劫王贵公……种地,没有成
功,献与论罗热诺布赞将近二十年……属实,向大理法司论赞三摩赞申
述后,但判为……有理,王氏之越界余田,王并未正式领受田地,与证人
申言相符……等人,都督论嘘律桑诺思结等人也要求判决。依民所言
判……在南面(之地)给窦(廓庸)和周(布杨)父子,水渠北面所有之田,
判归贵公兄弟,今后不得再有争论口角,各自申言起誓,起誓后,窦廓庸
与周(布杨父子)……税吏按指印,绮立达论赞三摩赞发出用印判文,窦
与王人手一纸……

因上件文书中间数处残缺,故其具体内容还不够明确。但从残卷仍
可得知:(1)吐蕃占领敦煌,并于敦煌划分部落之后,曾于鼠年即子年
(796年?)在敦煌等地丈量田土(用丈量突田的绳索丈量)。丈量后的田
土面积单位即为"突"。(2)丈量田土的主要目的是为了授田。授田情况

记入木简,并登记造籍,而且还由官府颁发田契。(3)所授的田地或系新开的荒地,或为各户"祖辈永业的轮休地"。计口授田时,各户原有的祖业或开荒地,原则上即授给各户继续耕种。如沙州人江甲尔,就曾"获开荒地后,一如过去所需,可继续耕种"。无地或少地者则可从官府方面领受田土,如税吏论诺热等就曾言及,某人"在水渠垓华沟,从王彬多田里领受一突二畦"。

上面所说的计口授田,当然只是对平民百姓而言,身居高位者自不必以每人十亩为限。如阴嘉政,其父祖在唐朝累世居官,吐蕃占领敦煌后,阴嘉政担任"沙州道门亲表部落大使",[①]其弟担任"沙州释门三学都法律大德"。该户在吐蕃治下,"六亲当五秉之饶,一家蠲十一之税。复旧来之井赋,乐已忘亡;利新益之园池,光流竟岁。……瓜田广亩,虚心整履之人;李树长条,促坐移冠之客。更有山庄四所,桑杏万株"。[②] 其田园之规模,相当可观,绝不止每人一突。阴嘉政的田产,既有旧业,又有"新益"。再如曾任部落使与将头的齐周一家。该户究竟占有多少田产,未见记载。但齐周本人在吐蕃丑年(821年)的一份诉状中就谈道:"齐周于官种田处种得𠯢,寅、卯、辰三年,每年得𠯢三车。巳年两支(按:指两支渠)种得麦三车。巳上计𠯢麦一十二车,并入家中共享。"又曾从"亲情知己,借得牛八具,种洞渠地,至毕功。其年收得麦一十七车,齐周自持打"。[③] 因为一具牛(即两头牛)一天可耕地一突,齐周同时借八具牛耕洞渠地,则每天可耕地八十亩。从齐周的诉状看,其洞渠地似非一两日即可毕功。由此推测,齐周一户的田土应不少于二三顷。

现在需要进一步探讨的是,上述计口授田的办法是在瓜、沙地区全面推行呢,还是只在部分居民中实行?我们知道,吐蕃占领敦煌后,曾于午年(790年)将当地居民划分为三个部落(即"千户");[④]而后,部落之数或有增减。见于敦煌汉藏文书的部落名称有思董萨(悉董萨)部落、纥骨

---

① 此或即僧尼部落的异称。

② 《沙州文录》。又见唐耕耦、陆宏基编:《敦煌社会经济文献真迹释录》第5辑,全国图书馆文献缩微复制中心1990年版,第69～77页。

③ 补注:吐蕃丑年(821年)十二月僧龙藏牒,池田温《中国古代籍帐研究》,东京大学东洋文化研究所1979年版,第539页。

④ 补注:吐蕃时期敦煌文献提及的"午年擘三部落",即指此事。

萨(阿骨萨)部落、中元部落、撩笼部落、上部落、下部落、宁宗木部落、行人部落、丝绵部落、僧尼部落等。此或有音译、意译之别。按地域划分之悉董萨部落、阿骨萨部落,从他们占有土地与交纳"突税差科"的情况看,应该都在计口授田之列。职能部落中之行人部落,也可肯定授有土地。S.2103文书(酉年李进评等牒)即曾提及"行人突地"问题(件见后)。丝棉部落亦当授有土地。见下引 P.3613 号文书《申年正月沙州百姓令狐子余牒》:①

1. 孟授索底渠地六亩

2.　右子余上件地先被唐朝换与石英顺。

3.　其地替在南支渠被官割种稻。即合于

4.　丝棉部落得替,望请却还本地。子余

5.　比日已来唯冯此地与人,佃得少

6.　多粮用养活生命。请乞矜矜处分。

7.牒 件 状 如 前 ,谨牒。

8.　　　申年正月　日,百姓令狐子余牒

9.付水官,与营田

10.官同检上。润示。

11.九日。

◦◦◦◦◦◦◦◦◦◦◦润◦◦

孟授渠令狐子余地陆亩

右件地奉 判,付水官与营田官同检上者。

谨依就检其地先被唐清换与石英顺。昨

寻问令狐子 本口分地,分付讫。谨录状上。

牒、件 状 如 前 ,谨牒、石英顺□□

申年正月 日,营田副使阚 □ 牒。

水官令狐斑

准状,润示。

十五日。

───────────

① 补注:池田温:《中国古代籍帐研究》,东京大学东洋文化研究所 1979 年版,第517 页。

从上引牒文看,令狐子余应系丝绵部落百姓。孟授索底渠那六亩土地亦应属丝绵部落,经令狐子余申请,这六亩地最后仍却还令狐子余。由此可见,行人部落与丝绵部落都有突地。僧尼部落亦当如此。P.3410号文书(僧崇恩析产遗嘱①)就提到"□□□□授?无穷地两突,廷康 地 两突,车乘牛驴农具。依当寺文籍随事支给"。然其如何授受,已不复得知。

从现有资料看,吐蕃在敦煌一带实行的计口授田只是一次性措施,以后并未实行土地还授,农民所得的田土旋即转化为私有田产。从上引悉董萨部落王贵公兄弟等人诉状即可看出,计口授田以后不久,就出现霸占侵渔田土的情况,土地纠纷竟至二十年未决。王贵公兄弟与窦廓庸的土地纠纷,最后似由吐蕃当局做出裁决:水渠南面之地"给窦(廓庸)和周(布杨)父子;水渠北面之田,判归贵公兄弟"。如果计口授田之后,各户田土仍经常根据户口的增减而还授,王贵公兄弟与窦廓庸等的土地纠纷就不会延续这么久,吐蕃当局也不应如是判决。

吐蕃时期敦煌文书表明,民户的突田可由子女继承。吐蕃时期沙州善护、遂恩兄弟分书②就规定善护、遂恩除均分该户"南园"、"北园"外,兄分得土地 50.5 亩,弟分得土地 56 亩:

(前略)

7.城外舍,兄西分参口东分参口。院落西头小牛舞(庑)

8.舍合。舍外空地各取壹分。南菌,于李子树已西大

9.郎;已东弟。北菌,渠子已西大郎;已东弟。树各取半。

10.地水渠北地参畦共壹拾壹亩半,大郎分;舍东参畦、

---

① 池田温:《中国古代籍帐研究》,东京大学东洋文化研究所 1979 年版,第 558~560 页。又见唐耕耦、陆宏基编:《敦煌社会经济文献真迹释录》第 2 辑,全国图书馆文献缩微复制中心 1990 年版,第 150~152 页。从崇恩表弟及诸侄的职衔看,该件应属晚唐归义军时期,然其所提及的"突地",应可反映吐蕃时期的情况。

② 池田温:《中国古代籍帐研究》,东京大学东洋文化研究所 1979 年版,第 565 页。又见唐耕耦、陆宏基编:《敦煌社会经济文献真迹释录》第 2 辑,全国图书馆文献缩微复制中心 1990 年版,第 142~143 页。

11. 舍西壹畦、渠北壹畦共拾壹亩,弟分。向西地肆畦共

12. 拾肆亩、大郎分;渠子西共参畦拾陆亩,弟分。

13. □农地,向南仰大地壹畦五亩大郎;又地两畦共五亩,弟。

14. 又向南地壹畦六亩,大郎;又向北仰地六亩,弟。寻渠

15. 玖亩地,弟;西边捌亩地,舍(含坑子)壹,大郎。长地五亩,弟;

16. 舍边地两畦共壹亩,渠北南头寻渠地壹畦肆亩,计五亩,

17. 大郎。北仰大地并畔地壹畦贰亩,寻渠南头长地子壹亩,

18. 弟。比(北)头长地子两畦各壹亩,西边地子弟;东边兄。

(后略)

吐蕃年次未详沙州僧张月光兄弟分书[1]也是如此,除园宅禾场等均分外,张月光分得地 46 亩半,张日兴分得地 47 亩半(未计东涧头、塞庭、员佛图地)。许多地段都是兄弟各半:"孟授□陆渠共拾伍亩内,各取壹半。又东涧头生荒地各□(取)壹半。……塞庭地及员佛图地,两家亭分。"

民户的突田还可以出卖。见吐蕃酉年沙州灌进渠百姓李进评等牒及判词[2]:

1. 城南七里神农河母、两勒泛水,游淤沙坑,空地两段共参突。_{东至碛,西至贺英情,南道口,北至神农河,北马国清}

2. 右南沙灌进渠用水百姓李进评等,为己

3. 前移灌进口,向五石口前,逐便取水。本

4. 无过水渠道,遂冯刘屯子边,卖合行人

5. 地壹突用水。今刘屯子言:是行人突

6. 地,依籍我收。地一任渠,人别运为。进评

7. 等,今见前件沙淤空闲地,拟欲起畔耕

---

① 池田温:《中国古代籍帐研究》,东京大学东洋文化研究所 1979 年版,第 555～557 页。又见唐耕耦、陆宏基编:《敦煌社会经济文献真迹释录》第 2 辑,全国图书馆文献缩微复制中心 1990 年版,第 145～147 页。

② 池田温:《中国古代籍帐研究》,东京大学东洋文化研究所 1979 年版,第 518 页。又见唐耕耦、陆宏基编:《敦煌社会经济文献真迹释录》第 2 辑,全国图书馆文献缩微复制中心 1990 年版,第 374 页。

8. 犁,将填还刘屯子渠道地替。溉灌得一

9. 渠百姓田地不废。庄蔺今拟开耕,恐后无

10. 冯,乞给公验处分。

11. 牒件状如前谨牒。

12. 　　　　百年十二月日,灌进渠百姓李进评等

13. 　　　　　　百姓胡千荣

14. 付营官寻问,实空　　百姓杨老

15. 　　　　　　百姓窦太宁

16. 闲无主,任修理佃种。　百姓张达子

17. 　　　　　　百姓氾法情

18. 弁示。

19. 　　廿三日

李进评等牒表明,请射无主荒地,须得官府同意,并请得公验。而突地的买卖(如李进评等买行人突地)似乎不必经过官府允许。下引未年安环清卖地契①更表明,民户突田的买卖不仅立有私契,而且还约定"官有政法,人从私契",极力排斥政府当局对土地私有权的干预:

1. 宜秋十里西支地壹段共柒畦拾亩,东道、西渠,南索晟,北武再再

2. 未年十月三日上部落百姓安环清为

3. 突田债负,不办输纳,今将前件地

4. 出买(卖)与同部落人武国子。其地亩别

5. 断作斛斗汉斗壹硕陆斗,都计麦壹拾

6. 伍硕,粟壹硕,并汉斗。一卖已后,一任武

7. 国子修营佃种。如后有人干客　识认,

8. 一仰安环清割上地佃种与国子。其地

9. 及麦,当日交相分付,一无悬欠。一卖□

10. 如若先翻悔,罚麦伍硕,入不悔人。

---

① 中国科学院历史研究资料室编:《敦煌资料》第 1 辑,中华书局 1961 年版,第293 页。又见唐耕耦、陆宏基编:《敦煌社会经济文献真迹释录》第 2 辑,全国图书馆文献缩微复制中心 1990 年版,第 1 页。

11. 巳后若恩赦,安清罚金伍两纳入

12. 官,官有政法,人从私契,两共平章,画指为记。

13.   安环清年廿一

14.   安母年五十二,师叔正灯(押)

见人张良友　　姊夫安恒子

安环清卖地契的年代,经陈国灿同志根据同出文书考证,应为815年之乙未年。[1] 若陈国灿同志推测无误,就表明吐蕃占领敦煌时期实行计口授田后,只有二十年左右,就出现土地买卖。从武国子卖地的地价看,这宗土地买卖似乎不是出于单纯的经济上的原因。宋太平兴国七年(982年)住盈、阿鸾卖地契,"断作地价每亩壹拾贰硕",武国子买地的地价仅及此数之13.3%。吐蕃寅年令狐宠宠卖牛契一头牛"断作麦汉斗壹拾玖硕",比安环清十亩地的地价还高。归义军时期敦煌的地租有亩达一硕二斗者(如乙亥年索黑奴等租地契),安环清卖地的地价仅仅略高于一年的地租。这种现象很不正常,颇疑此宗买卖乃假买地之名,行巧取豪夺之实。

值得注意的是,像"将头"之类的地方有权势者,也大肆兼并土地,沙州僧龙藏牒就提到"齐周自开酒店……其年除喫用外,得利刘价七十亩"。

上述事实说明:吐蕃在敦煌一带实行计口授田后,并未按各户家口异动情况重新分配土地。土地买卖及兼并之风便因之而起。这一事实再次证明,汉唐间我国土地私有制的传统已经根深蒂固,在这种情况下,吐蕃统治者可以凭借其政权力量,在敦煌一带推行带有土地国有性质的计口授田制于一时,但不能使其长期维持下去,计口授田不久,这些田土都变成私田。

二、吐蕃时期敦煌的税制

随着突田制的推行,吐蕃又在敦煌一带实行税制改革。吐蕃时期敦

---

① 陈国灿:《敦煌所出诸借契年代考》,《敦煌学辑刊》1984年第1期。

煌的各种赋役负担总称为"突税差科"或"突课差科",故吐蕃酉年正月沙州乐人奉仙等牒称:"奉仙等虽沾乐人,八音未辩。常蒙抚恤,颇受赏荣。突课差科,优矜至甚。"①吐蕃丑年十二月沙州僧龙藏牒亦云:"齐周身充将头,当户突税差科并无。"可见,一般人户皆需负担"突税差科"。当时纳税的名目也比较多,有按户交纳的,也有按地亩交纳的。按地亩交纳的赋税,又称地子。下引 S.5822 号文书《杨庆界寅年地子历》②就是有关征收地子的文字记载。

> 杨庆界寅年地子历
> 青麦肆驮半玖斗　小麦肆拾驮贰斗　粟柒驮伍斗
> 　麻两驮　豆肆驮半伍斗　计伍拾玖驮壹斗。
>
> 曹兴国 _{小贰斗}　徐游岩 _{贰斗}　田福子 _{小半驮贰斗}　杜苞
> _{小陆斗　豆壹斗,粟五斗}　赵骚〻 _{小陆斗}　王光俊 _{小米驮伍斗,青伍斗,粟半驮伍斗}
> 董元忠 _{青贰斗,小半驮贰斗}王孝义 _{小伍斗豆壹斗}
> 吴琼 _{小半驮　豆伍斗}曹进玉
> （后缺）

此文书前三行乃杨庆界经手征收之地子总数,后四行乃各户已交地子的细数。吐蕃时期的税收,常由某几个人代收,然后集中交纳。《沙州文录补》所录《村邻结义账约》即规定:"科税之艰,并须齐赴","所有科税期集所敛物,不依期限齐纳者,罚油壹胜(升),用贮社③"。此即由"社"收集科税之例。P.3446 号文书(吐蕃巳年沙州仓曹会计牒)在"伍阡叁拾捌硕捌斗肆胜贰合新加附"项下亦记:"壹阡叁拾叁硕伍斗草子毛璘、张□羽下打得纳。壹阡伍伯叁拾叁硕伍斗贰胜青麦,正月十三日瓜州般

---

① 补注:池田温:《中国古代籍帐研究》,东京大学东洋文化研究所 1979 年版,第 551 页。

② 转引自北京大学中国古代史研究中心编:《敦煌吐鲁番文献研究论集》,中华书局 1982 年版,第 337 页。该件,"斗"悉写作"肀"。又见唐耕耦、陆宏基编:《敦煌社会经济文献真迹释录》第 2 辑,全国图书馆文献缩微复制中心 1990 年版,第 407 页。

③ 补注:唐耕耦、陆宏基编:《敦煌社会经济文献真迹释录》第 1 辑,书目文献出版社 1986 年版,第 271 页。此条款应订于吐蕃时期,大中以后继续遵行。

到纳附。壹阡肆伯柒拾肆硕柒斗捌胜李清下,伍拾捌硕柒斗肆胜李庭兴下。"这里提到的毛璘、李清、李庭兴等也都是收纳(或转运)粮草的经手人。上引《杨庆界寅年地子历》中各户所纳之数相当悬殊,王光俊户已纳三石五斗,曹兴国、徐游岩两户都只交纳二斗,相差十六七倍。颇疑曹兴国、徐游岩等户之"地子"尚未纳足。且此件不记各户地亩之数,因而无法判断每亩应交地子的数额。

下引 S.2214 背号文书,[①]亦与"地子"有关:

(前缺)

十月二十八日贷便粟四驮入地子数内。

(中空)

付信通郝苟苟粟两石二斗。

(中空)

石判官石安吉地子三驮,贷便半驮。氾仓曹地子一驮,贷便一驮。

高师两驮_{吴判官} 田悉**殅殅**地子一驮,贷便一驮。

(后缺)

此件仍未具各户地亩数,然此件田悉的力户又见于下引 S.5898 号文书[②]:

(前缺)

再盈地肆拾亩	
庆贰拾亩	王文俙
再晟地拾亩	孟安安地拾亩
田进晟地叁拾亩	苏奴子地柒拾亩　高□照
地陆拾叁亩　张文端地贰拾亩	张约地肆拾亩
阴略忠地壹顷肆拾壹亩　石胜怒地柒拾亩	
田悉的力地拾陆亩　已上计	

①　补注:见唐耕耦、陆宏基编:《敦煌社会经济文献真迹释录》第 2 辑,全国图书馆文献缩微复制中心 1990 年版,第 423 页。

②　转引自北京大学中国古代史研究中心编:《敦煌吐鲁番文献研究论集》,中华书局 1982 年版,第 337 页。

（后缺）

此件田亩数可查者计十二户,其中九户的亩数为十的整数倍,显然与吐蕃在敦煌实行的计口授田制有关。据该文书,田悉的力户占地十六亩。而据 S.2214 号文书,田悉的力户已纳地子一驮。据此两件文书,每亩地子额似乎应为一斗二升五合。但这里还要考虑两种情况:(1)此两件文书的年代不一定同年,而各户的田亩数则可能变动;(2)敦煌实行计口授田时,每口应授田十亩,但亦有稍多或稍少于此数者。地子虽系于田土,但因计口授田之故,实际上又与当时的口数联系起来。田悉的力户十六亩土地亦可视为两人之额。征收地子时,为简便计,也可能舍掉零头畸尾,按两突计算。若此,则也可能是每突地征收地子一石。

再看下引 S.2214 号文书:[①]

（前缺）

黄麻官计十一驮半二斗,外支设司一驮

现在凉州行高贤贤　李保藏　刘佛奴　郝**殅殅**　张进通桥□

（中略人名四行）

十月十八日黄麻叁斗　廿二日黄麻两驮　廿三日已前零

黄麻壹驮半廿四日黄麻壹驮　廿六日纳黄麻壹驮

廿七日黄麻壹驮廿八日纳黄麻壹驮　廿九日黄麻半驮

闰十月三日黄麻壹驮　九日黄麻两驮　十一日黄麻肆驮

官计十一驮半　廿四日黄麻贰斗　十一月十六日外支黄

麻壹驮分付长史

薛贤贤五亩　张郎郎八十亩　纳在本户脚下

张□飒卅亩 纳粟一石肆斗五升　郝章仵卅亩 纳麦壹石三斗,粟一石柒斗足

孟什德卅亩 在当户脚下纳了　孟安安卅亩 纳粟壹石六斗 在当户脚下

唐孝敦廿亩 白游弈粟两石　曹三郎廿七亩 王庆侯纳粟一石四斗

索力力廿亩索猪儿种 纳粟一石九斗

---

① 中国科学院历史研究资料室编:《敦煌资料》第 1 辑,中华书局 1961 年版,第 221 页。又见唐耕耦、陆宏基编:《敦煌社会经济文献真迹释录》第 2 辑,全国图书馆文献缩微复制中心 1990 年版,第 421~422 页。

计二顷七十二亩

官地灌进上口张文胜十亩

上口北府阴信君地卅九亩　阴怀志廿五亩_{张法律中}　吴里三六十亩

计一顷卅四亩

东河阴禄儿卅亩　张加晟六十亩　王吉奴六十亩

李白虎卅亩　张文休五十亩　计二顷卅亩

（后缺）

此件文书共存十八户,其中十三户的田亩数为十的整数倍,显然也是计口授田的结果。此件前半部分乃逐日征收与支付黄麻的账目。前引 S. 2214 号文件也提及"黄麻地亩数目",因疑当时曾课种黄麻。S. 2215 号文书后半部分即有关各户田亩数与征粮问题。多数户仅记已纳粟麦数,唯郝章作、孟什德两户分别明确注记"纳……足"、"纳了"。孟什德户未记交纳多少,郝章作户有三十亩(即三突)纳足粟麦三石。依此件算,每突地似应纳地子壹石(同件文书未纳足粟麦之户,其已纳部分也都不超过每突壹石)。

但在不同的年份,"地子"的定额也可能不同。P. T. 1008B、C 号藏文文书中亦有汉文的吐蕃时期敦煌课麦粟历,件见《中国社会经济史研究》1986 年第 3 期,[①]这里转录数行于下:

（前缺）

仓曹五月二日罗麦六石干麦五石,课两石。

粟六石,课一石二斗。八月十二日,罗麦十三石,课三石二斗。粟七石,课一石四斗。

索卖奴,五月十七日,干麦两石,课二斗。粟两石,课四斗。

七月廿七日,罗麦七石,干麦八石,课两石五斗。粟两石五斗,课五斗。

朋子,五月十日,罗麦两石,课五斗。

索再安,五月廿日,干麦一驮,粟五石,课一石一斗。九月二日

---

①　补注:又见唐耕耦、陆宏基编:《敦煌社会经济文献真迹释录》第 2 辑,全国图书馆文献缩微复制中心 1990 年版,第 417 页。

罗麦六石，干麦六石，课两石一斗。

金刚，六月，罗麦两石，干麦三石，课八斗。（粟四）

石，课八斗。

索黑黑，七月十二日，粟一石，干麦一驮，课三斗。八月七日，罗麦十二石，课三石。干麦四驮，课四斗。

二娘，七月廿五日，罗麦七石，干麦五石，课两石三斗，廿久日，粟两石五斗，课五斗。

晟子，七月卅日，罗麦五石五斗，干麦一石，课一石（五斗）。

张（?）辛洪，七月廿九日，罗麦十石，课两石五斗。

张顺子，八月五日。罗麦两石，课五斗。廿五日，罗麦两石，课五斗。

　　（后缺）

　　根据唐耕耦同志的计算，此件干麦一驮等于十斗，罗麦、粟，一斛等于二十斗。粟课征的比例为20％，罗麦为25％，干麦为10％，课粟、麦的升位尾数或舍弃，或进为一斗。这里还可以补充两点：（1）这两件文书不是随收随登记的流水账，而是经过整理的清册，各户的顺序按第一次交纳的日期先后排列；（2）此件文书所反映的情况，从表面上看好像是分成制的赋税，实际上却是按地亩确定的定额赋役。P. T. 1008B、C 号文书共存应课粟、干麦、罗麦 117 项（具体数额不详者不计），其中 98 项为"石"位整数；15 项的尾数为"五斗"；三项的尾数为"二斗"（此三项都是"罗麦一石二斗"）；另有一项为"僧法云……粟一驮二斗"，因该项下残，不易判断所录"粟一驮二斗"是否准确。即使该户登录的数字准确无误，其尾数也是"二斗"。要言之，上述文书 117 项应课粟、罗麦、干麦中，未见"升"位尾数，也未见"一斗"、"三斗"、"四斗"、"六斗"、"七斗"、"八斗"、"九斗"的尾数。而其所课的粟、干麦、罗麦中却既有"升"的尾数（共 7 项），也有"一斗"、"二斗"、"三斗"、"四斗"、"五斗"、"六斗"、"七斗"、"八斗"、"九斗"的尾数（"斗"位尾数共 70 多项）。由此应可判断，所谓"粟□石"、"干麦□石"、"罗麦□石"云云，不是实际产量，而是代表着一定数量的耕地面积。吐蕃时期计口授田制下，每人的实际受田额是十亩左右，因此，各户的田土至少应有十亩。而上述文书所反映的各户地子数额（共 30 户，地子数额不详者不计）中，五石以上者仅 3 户，三石至四石九斗者计 9 户,一石至二石九斗者计 13 户,一石以下者 6 户(三斗者、四斗者 2 户,五斗者 2 户,六斗者 2 户)。由此看来,每突地应课地子似乎又不及一石。因为吐蕃占领敦煌时间很长,每突地应课地子额前后可能有所变动。①

建中以前的唐代文献中就常有"地子"之名,它时或表示义仓、地税,时或表示官田(包括职田、屯田等)出租时所收的地租。上引各件吐蕃时期敦煌文书中所提及的"地子",似乎是沿袭建中以前的地税,唯其数额远比每亩二升为高。

除按亩征纳的地子外,还有按户征纳的突税。新疆发现的吐蕃时期的一支藏文木简即载明:

> 吐谷浑上万夫长,凡属唐所辖者……每户征收五巴里(bre)青稞;万夫长田赋税以六成计征,所征青稞混合堆置一处,一部分(青稞)如用羊驮运不完,可派牛运。②

可见吐蕃有计户收税制度。这种制度亦当推广至沙州。下引《左三将纳丑年(821 年)突田历》③(P.6126 背文书)很可能就是按户纳突的文书。

左三将纳丑年突田历

2. 张逸 常乐一驮半二斗 瓜州一驮 寅 尺一驮。 招 再文下常乐 百尺下青一驮 氾弁三驮馞 常乐一驮

3. 索荣 常乐一驮半二斗 氾弁下青一驮半 小三驮半 又小半驮 瓜州自送一驮

4. 王瀚 常乐一驮半二斗 一千人苏□一驮 瓜州一驮 十二月廿九日社平纳一驮半 李延 驮六斗小五斗 寅八月纳青一驮二斗 小一驮半二斗

5. 宋晖 常乐一驮半二斗 瓜州一驮 百尺青三驮 氾弁下青一驮 小二驮四斗 又青半驮

6. 阴朝 常乐一驮半二斗 瓜州一驮 百尺青二驮 小二驮 索米老马蹹一驮 四百人 麦三斗赵卿纳 一千人斋□作麦一驮 寅八月阴金刚纳小七斗

---

① 补注:此段论述应有误。该件可能不是征赋税的记录,而是碨户收取的粮食加工费。
② 王尧:《吐蕃金石录》,文物出版社 1982 年版,序第 5 页。
③ 池田温:《中国古代籍帐研究》,东京大学东洋文化研究所 1979 年版,第 543 页。又见唐耕耦、陆宏基编:《敦煌社会经济文献真迹释录》第 2 辑,全国图书馆文献缩微复制中心 1990 年版,第 405~406 页。

7. 张进卿　常乐一驮半二斗　小卿纳　不合纳

8. 阴云　常乐一驮半二斗　百尺下青一驮半　小一驮半　瓜州一
驮　十二月廿九日小一驮八斗　寅八月纳青一驮五斗

9. 张迪　常乐一驮半二斗　百尺青三驮　小一驮　瓜州
□一驮　十一月廿九日青一驮　小一驮半三斗

10. 索子京　常乐一驮半二斗　氾弁青二驮　小二驮　瓜州一驮　蚕半驮四斗

11. 氾金　常乐一驮半二斗　百尺青一驮　小二驮　氾弁青一驮　一千人斋一驮　正月八日保
□(青)瓜州一驮并脚贾半驮并仓便麦八驮内取　寅八月氾金纳小半驮五升

12. 张寺加　一千人斋一驮　**不纳**

13. 刘满子　常乐一驮半二斗　百尺侯升小二驮　氾弁青一
驮半　瓜州一驮自送　又侯升蚕坊小一驮

14. 王付德　党顺纳常乐一驮　九斗五升　**不合纳**
々々々々

15. 杜黑子　常乐一驮半二斗　氾弁下青二驮　小四驮　烂麦替半驮六斗　瓜州一驮自送

16. 刘问　常乐一驮半二斗　百尺小三驮　青一驮　瓜州一驮自
送　正月八日君小一驮李顺半　寅八月苏君纳小一驮

17. 张加珎　常乐一驮半二斗　四百人斋油四升三合　麦半驮三斗　百
尺青一驮石藏纳　氾弁又小一驮石藏纳　瓜州一驮　布二驮

18. 李延奴　常乐八驮四升四百尺小一驮索米老下醋一驮
惟孝纳十二月蚕坊小一驮　蚕坊李受青一驮　同日又李受小一驮六
斗　青五斗　并脚贾王瀚下收一驮　麦　寅八月纳小驮半　青一驮一

19. 杜太平　常乐一驮半二斗　四万人油一升三斗麦　百尺下
青一驮　小一驮　又瓜州一驮蚕　王瀚下收并脚贾

20. 雷广　常乐一驮半二斗　百尺下青一驮　小二驮　瓜州一驮　一千人鈞一驮　共进纳寅八月驮
四斗

21. 董清　常乐一驮半二斗　仓便麦八驮收　百尺下小一驮氾弁下青一驮　瓜州一驮并
脚半驮　麦内取一千人麦两驮　布两驮又奴子东河麦鈞三驮半九驮取足□

22. 氾弁　常乐一驮半二斗□(付)瓜州一驮自送　五驮半三斗
半　福田仓纳　一驮安恒纳布　寅八月纳小两驮三斗

23. 令狐小郎　常乐一驮半二斗　瓜州一驮　百尺青二驮　小二驮　氾弁下青一驮　小一驮半二斗

24. 氾清　常乐一驮半二斗　氾弁下青一驮　小三驮　外支二驮半四斗　瓜州一驮

25. 氾超　常乐一驮半二斗　瓜州一驮　氾弁下青一驮　小三驮　又小一驮半　保奴纳

26. 张闰　常乐一驮半二斗　四百人面半驮五斗三升　苏廿两
麦六斗　氾弁下小三驮八斗　青二驮　瓜州一驮自送

27. 索蕃奴　常乐一驮半二斗　百尺青一驮　小一驮　瓜州半驮

28. 武光儿　常乐一驮半二斗　百尺下青两驮　氾弁青
两驮半　小一驮　瓜州一驮　替纳一驮布

29. □□　常乐一驮半二斗　四万人傸二驮　百尺青三驮　氾弁青一驮　小半驮三斗

（后缺）

上件文书的瓜州、常乐、百尺等都是纳突的地点。常乐属瓜州,唐代为县。"青"指的是青稞麦,"小"指小麦。未注"青"、"小"者当为床、粟之属。"千人齐"、"千人苏麦勺"、"千人麦"、"四万人黻"、"四百人面"等都是供佛事用。"布两驮"、"蚕半驮",当是以布匹、蚕茧代替粮食。"驮"作为一种计量单位,唐代也使用,但不普遍(一般用于陆路转运)。吐蕃时期通常用驮作为容量单位。此件"驮"与"半驮"之下有"斗"、有"升"等,而未见"□驮半二斗"、"□驮半三斗"、"□驮半六斗"、"□驮半九斗"等,而未见"□驮□石"者。可见,半驮大于一斗、二斗、八斗、九斗,而又小于一石一斗、一石二斗。所以,半驮为一石,一驮等于二石。[①] 唐耕耦同志曾指出,对于不同的谷物,驮与石、斗的关系有时不尽相同。P.2164(背)号文书不载各户纳突总额,故难确定该件每驮二石的比例是否适合于所有各种谷物。上件文书题为《左三将纳丑年突田历》,而文书中又常补记"寅八月纳青(或小)□驮□斗"者,此或为寅年补交丑年悬欠。该件现存二十八户,其中三名注明"不合纳"或"不纳"。因各户大体上都有"常乐一驮半二斗"、"瓜州一驮",故疑最后一户(户主不详)后残"瓜州一驮"一项。为便于比较,现将左三将丑年纳突数分别统计如下(暂且都以每驮二石计):

表 1 沙州丑年左三将纳突田税统计表

姓名	粟(斗)	小麦(斗)	青麦(斗)	千人斋(斗)	以布代粮(斗)	脚价麦(斗)	麦(斗)	寅年八月纳(斗)	其他	合计(石)
张逸	92								3 驮黻	15.2
索荣	52	80	30							16.2
王瀚	108	5						54	千人苏勺一驮	18.7
宋晖	52	44	90							18.6
阴朝	52	40	40	20				7	马䐑一驮,四百人麦三斗	18.2

---

① 补注:关于"驮"的量值,请看杨际平:《也谈唐宋间敦煌量制"石"、"斗"、"驮"、"称"》,《敦煌学辑刊》2000 年第 2 期。

续表

姓名	粟(斗)	小麦(斗)	青麦(斗)	千人斋(斗)	以布代粮(斗)	脚价麦(斗)	麦(斗)	寅年八月纳(斗)	其他	合计(石)
张进卿	32									(不合纳)
阴云	52	58	30					25		16.5
张迪	52	53	80							18.5
索子京	52	40	40						蚕十四斗	14.6
氾金	52	40	40	20		10		10.5		17.25
张寺加				20						(不纳)
刘满子	52	100	30							18.2
王付德	20									(不合纳)
杜黑子	52	80	40						烂麦替十六斗	18.8
刘问	52	90	20					20		18.2
张加琭	52	20	20		40		13		(四百人斋油四升三合)	14.5
李延奴	8.4	66	25			20		51	腊十斗	18.04
杜太平	52	20	20				3		(四万人油一升)	9.5
雷广	52	40	20					24	千人豹一驮	15.6
董清	52	20	20		40	10			千人麦四石、麦豹七九(便麦十六石)	26.1
氾弁	52				20			43	福田仓纳三驮半三斗半	22.85
令狐小郎	52	72	60							18.4
氾清	106	60	20							18.6
氾超	52	90	20							16.2

续表

姓名	粟（斗）	小麦（斗）	青麦（斗）	千人斋（斗）	以布代粮（斗）	脚价麦（斗）	麦（斗）	寅年八月纳（斗）	其他	合计（石）
张闰	52	68	40				6		四百人面一五斗升（苏二〇两）	18.13
索蕃奴	42	20	20							8.2
武光儿	52	20	90		40					18.2
□□	52（估计）	13	80						四万人儭二馱	18.5（估计）

从上表可以判断,此项"突税"虽与"突田"制(即计口授田制)密切相关,但此项"突税"却并非按田亩征收。前面我们谈到按亩征收的"地子",大体上是每突一石上下。虽然不同年份的地子额可能不尽相同,但波动也不会太大。从前引计口授田簿(S.9156号文书、S.4491号文书)可以看出,各户的口数参差不齐,因而各户的突田数也参差不齐。其中每户四五口者居多,六至八口者次之。三口以下及九口以上也有若干。大体情况见下表第1~3列:

表2

家庭人口数	含上述家口数之户数	上述户数占总户数的比例（%）	各户应纳突课推算数			
			若4口之家应纳18石	若5口之家应纳18石	若6口之家应纳18石	若7口之家应纳18石
1			4.5	3.6	3	2.6
2	1	2	9	7.2	6	5.1
3	2	4	13.5	10.8	9	7.7
4	8	16	18	14.4	12	10.3
5	11	22	22.5	18	15	12.9
6	3	6	27	21.6	18	15.4
7	7	14	31.5	25.2	21	18

续表

家庭人口数	含上述家口数之户数	上述户数占总户数的比例（%）	各户应纳突课推算数			
			若4口之家应纳18石	若5口之家应纳18石	若6口之家应纳18石	若7口之家应纳18石
8	4	8	36	28.8	24	20.6
9	3	6	40.5	32.4	27	23.1
10	1	2	45	36	30	25.7
11	2	4	49.5	39.6	33	28.3
12	1	2	54	43.2	36	30.9
13	1	2	58.5	46.8	39	33.4
14			63	50.4	42	36
15			67.5	54	45	38.6
16	1	2	72	57.6	48	41.1

　　假定上引左三将纳丑年突田历是按口(亦即按地亩)交纳,又假定五突地应纳五石(亦即五石之家应纳五石),那么,据此推算,左三将每户平均十八口左右。这显然不可能。因为左三将丑年每户多数纳突十八石上下,故假定四口之家应纳十八石,则一口之家至十六口之家应纳突数便应如上表第4列。若五口之家或六口、七口之家应纳突十八石,则一口之家至十六口之家应纳突数又当如下表第五、六、七列。但实际上无论以几口之家为基准,所得结果都与表1所示左三将丑年纳突的实际情况迥然不同。就以左三将丑年纳突的数额来说,也远远大于前引几件纳地子帐历。由此,我们应可推测,左三将纳丑年突田历并非按亩计证。

　　如果是按丁纳突,那么,各"将"各户纳突数则可有三四档。通常情况下,一丁之户的户数应略多于二丁之户,二丁之户的户数又当多于三丁之户。此与表1所示左三将纳丑年突税的实际情况也显然不同。因臆当时的纳突亦非按丁征收,而只能是按户征收。即左三将丑年每户一般应纳十八石(即九驮左右,因各户纳粮的地点、粮食的品种各不相同,故其数额稍有差异），①杜太平户与索蕃奴户或因某种原因半输。王付德等三户或因某种原因优免该户"突税差科"。②《（吐蕃）丑年十二月沙州僧龙藏牒》就曾提及："其丑年后，寅年，卯年，大兄纳突，每年廿驮，计卌驮，并取大家物纳。"据该牒文，龙藏（即齐周）之父与龙藏之伯曾合户，龙藏之父曾任"部落使"，应可免突税差科，龙藏之伯身亡后，其堂兄（即牒文中之"大兄"）初附齐周父亲户下（仍免突税差科），后至金牟使上，折出为户，便有差税身役。（此事颇似唐代"括户"。）实际上当时两家的经济尚未分开。到"其丑年后，寅年、卯年，大兄纳突"时，齐周之父亦已身亡，齐周与其堂兄弟（"大兄"及"宣子"）经济上仍未分开。齐周曾任将头，可免突税差科。故寅年、卯年"大兄纳突，每年廿突，计卌驮"或为与宣子兄弟两户之额。若此推测不误，则寅年、卯年每年应纳十驮，比前引左三将丑年每户纳突数大体相当而略多。

吐蕃时期差科的情况，我们知道得更少。吐蕃丑年十二月沙州僧龙藏牒提及"自齐周勾当之时，突田（按：指突税）大家轮纳。其（按：指于齐周实际上合户的堂兄）身役、知更、远使，并不曾料"。由此得知，当时的差科至少包括身役、知更、远使等等。僧龙藏牒还提到："齐周身充将头，当户突税差科并无，官得手力一人，家中种田驱使，计功年别卅驮。从分部落午年至昨亥年，计卅年，计突课九百驮，尽在家中使用。"吐蕃时期的"将"即"百户"，大体上相当于唐制的"里"。唐制里正，可免课役而不免租调。吐蕃时期的"将头"不仅可免突税差科，而且还可"官得手力一人"，可见吐蕃时期的各级官员，待遇比唐朝优厚。部落使位在"将头"之上，其所应得手力必定更多。官得手力越多，也就说明百姓身役负担越重。有些学者将上引僧龙藏牒的这一段话理解为该手力一方面为主人服杂役，一方面分种主人的土地，认为所谓突课亦即田课、地租。笔者以为，齐周的手力乃是"家中种田驱使"，而不是租种齐周家的土地。其所

---

① 因《左三将纳丑年突田历》不必与现存计口授田籍同年、同"将"，故丑年左三将拥有种种家口数的户数也必不同于表2。但其总趋势（如四五口之家居多，六七口之家次之，三口以下及八口以上甚少）应该相近。故表1、表2的情况仍可结合起来考虑。

② 董清、氾弁两户各纳二十余石。董清户下有"又奴子东河麦曲三驮半九斗取足口"项，氾弁户下有"五驮半三斗半福田仓纳"硕，情况不详。

谓"计功年别卅驮",讲的是该手力每年向齐周家提供的劳务,折算起来相当于无偿提供三十驮粮食。因为僧龙藏的牒文是由于大家庭内部财产纠纷所引起,所以有必要将他本人所得手力折算为一种经济收入,以表示他对大家庭的贡献大。从僧龙藏牒文可以看出,当时的手力还是采取服役形式,与唐开元天宝以后,白直、防阁之类色役多纳课代役有所不同。

吐蕃时期敦煌藏文文书还一再提到"王差"。《敦煌吐蕃文献选》新录 P. T. 1098 号文书(悉董萨部落慕恩子受雇契约)就规定:"如恩子无暇完成内府王差或未按时送达(岁赋),或因不在家而产生纠葛,照前述契约。……轮到恩子去支应内府王差,余下岁赋即交与尤达与西顺(去送)。"P. T. 1297 号文书(购马契约)也规定,若卖主"被支王差",由中人出面解决。

敦煌汉文文书中,我们也见到征发丝棉等部落丁夫修城的名册(S. 2228 号文书[①]):

> 六月十一日修城所(别笔)丝棉
>
> 右一　十二日宋日晟　王不额　杨谦谨　郭意奴　索再荣
>
> 右二　十一日雷善儿　马再荣　唐国成　王禾国　令狐猪子
>
> 右三　十一日安佛奴　王金奴　康通信　郝超兴　庞保
>
> 5. 右四　十一日张英子　张晟子　郭荞々　张屦六　康友子
>
> 右五　九日杜惠□　十一日田广儿　杜福子　氾清々　张国朝
>
> 右六　十一日曹保德　索老々　康兴　索石住　张达子
>
> 右七　十一日张加玪　刘蒲子　刘君子　杜进　白清々
>
> 右八　十二日张答哈　张进々　安善奴　张执药　张国奴
>
> 10. 右九　十一日翟胜子　张良胜　李达子　董石奴　赵像奴
>
> 右十　十一日李顺通　米屯々　郑兴光　似兴晟　梁有达
>
> 右已上夫丁并于西面修城,具件　如前,并各五日
>
> 部落十一日李清々　石秀々　郭蒲子　石专々　朱朝子　李再清　王流德　王国子八人。

---

① 　唐耕耦、陆宏基编:《敦煌社会经济文献真迹释录》第 2 辑,全国图书馆文献缩微复制中心 1990 年版,第 403~404 页。

亥年六月十五日军功

∙∙

（前缺）

1.左七　赵安子　张庭俊　翟贾々　阴洛々　张颜子　李六々

各五日欠一人

左八　傅太平　阎加兴　张黑奴　刘再兴　韩朝再　郭和々

欠一人

左九　阴验々　邓王子　姚　弁　索国清　辛不菜　郭再清

任小郎　各五日

4.左十　米和々　索小郎　刘清々　米奴子　安保真　毛养々

氾和々　已上各五日

（后缺）

从上件文书可以看出，亥年六月修城派差，是按"部落"、"将"派遣。丝棉部落共十"将"（右一至右十），每将五人。其他部落每将或为七人、或为八人。被征发者称为"夫丁"，每次役期大体五天。上述这种情况与唐朝政权派遣杂徭的情形大体相近。

民户被派差时，可能还得自备车、牛（或者是征发车牛时，主人随同服役）。《沙州文录补》所录午年十二月宋日晟牒就反映了这种情况：

（前缺）

理且勒发遣无虑

堪牵驾案内，定充

今将车并牛随状呈请处分。

牒　件　状　如　前，谨　牒

午年十二月日百姓宋日晟牒

检验不虚，故本将别定。十八日日评。

此牒文的大意是宋日晟的车、牛被征发已久，现在车、牛出了毛病，不堪牵驾，请求放回。

关于僧尼部落（即寺院）应否服役纳税问题，史学界意见不一。从吐蕃戌年六月沙州诸寺丁仕(壮)车牛役簿①还难肯定寺院应纳突服役。该役簿有数处提及"守囚五日"。其中一处提及"守普光囚五日"。普光乃寺名,守普光寺之囚,还只是属于寺院内部事务。从《沙州文录补》所录归义军时期《僧道献状》可以看出,当时寺院内部确有此类情况。因此,"守囚□日"云云,还不一定是服官役。该役簿还有数处提及某某人"送瓜州节度粳米"。从整个役簿看,所送次数不多、规模不大。时瓜州一带始植稻米,稻米还是比较稀罕之物,因意"送瓜州节度粳米"还是属于送礼性质。除此之外诸如修仓、放羊、舂稻、放馳、扫地、看硙、看园、打钟、看梁、剉草、修佛、扫洒、纸匠、木匠等等,都应当是寺院内部事务。但寺院车牛服官役之事时有发生。上述《沙州诸寺丁仕(壮)车牛役部(簿)》就有如下记载:

> 龙兴寺四乘车。……迎使两日。……龙供橑笼部落使麦草
> 两车箱。十月笼车与悉边、寺昌载桴一车三日。……与
> 悉约藏卿般草两日。
> 大云寺车参乘。……橑龙麦草壹车箱。……与悉歹勃藏草一车
> 两日。

由上件文书推测,当时虽有征用寺院车牛的事例,但规模不大,也不算频繁。要言之,寺院本身应否承担突税差科问题,还有待于进一步收集资料,分析研究。但寺院所属的寺户则肯定应负担突税差科。我们从《吐蕃戌年六月沙州诸寺丁仕(壮)车牛役部(簿)》看到曹进玉(龙兴寺)、张进卿(龙兴寺)、石胜怒(兴善寺),从《吐蕃戌年沙州诸寺寺户妻女放毛簿》②看到光俊妻(灵修寺)等人,而上述这些人又见于有关突税差科的文书[曹进玉、王光俊见于前引《杨庆界寅年地子历》,张进卿见于《左三将纳丑年突田历》,石胜奴见于前引 S.2214 号文书(写为石胜怒)]。可

---

① 池田温:《中国古代籍帐研究》,东京大学东洋文化研究所 1979 年版,第 523 页。又见唐耕耦、陆宏基编:《敦煌社会经济文献真迹释录》第 2 辑,全国图书馆文献缩微复制中心 1990 年版,第 381~392 页。

② 池田温:《中国古代籍帐研究》,东京大学东洋文化研究所 1979 年版,第 536 页。又见唐耕耦、陆宏基编:《敦煌社会经济文献真迹释录》第 2 辑,全国图书馆文献缩微复制中心 1990 年版,第 394~400 页。

见寺户不能免负突税差科。

关于吐蕃时期沙州行人部落的性质,史学界意见也不一致,或以为是工商业者的组织,或以为专司传递消息之职。笔者比较倾向于后一种意见。归义军初期的 P.3730 号文书[①]曾提到行人:

1. 慈惠乡百姓　李进达　　　状　　　　　　　上
2. 右进达宿生薄福、种菓不圆。一众城煌(隍)百姓。与诸人不同□━━━
3. 官庶事无亏。慈父在日,身充行人、征行数年,其载四月,不意━━━
4. 之役城内有合一□并闹㑃等,去年早被 制 骨路闳将━━━━━

(后缺)

这里的行人,似与兵役有关,李进达提及的骨路达亦似吐蕃人名。李进达状虽属归义军时期,但其所反映的有关行人的情况,或与吐蕃时期相似(李进达之父甚至可能即系吐蕃时期的行人)。

吐蕃时期,沙州百姓还有被配充驿户的。下引申年正月张什二施舍疏[②]即是其例:

1. 髮壹两,沙唐(糖)伍两,入大众。
2. 右弟子薄福,离此本乡,小失翁母,处于大蕃,配充驿
3. 户。随缘信业,受诸辛苦,求死不得。乃贪生路,饥食
4. 众生血肉。破斋破戒,恶业无数。今投清净道场,请
5. 为念诵。
6. 　　　　申年正月五日女弟子张什二谨疏

充驿户可能也是行人部落的职责。除力役负担外,还有实物方面的

① 池田温:《中国古代籍帐研究》,东京大学东洋文化研究所 1979 年版,第 554 页。又见唐耕耦、陆宏基编《敦煌社会经济文献真迹释录》第 4 辑,全国图书馆文献缩微复制中心 1990 年版,第 483 页。
② 池田温:《中国古代籍帐研究》,东京大学东洋文化研究所 1979 年版,第 546 页。又见唐耕耦、陆宏基编《敦煌社会经济文献真迹释录》第 3 辑,全国图书馆文献缩微复制中心 1990 年版,第 68 页。

负担。下引 S. 5824 号文书①乃其中一例：

1. 应经坊合请菜蕃汉判官等

2. 先子年巳前，蕃僧五人，长对写经廿五人，

3. 僧五人，一年合准方印，得菜一十七驮，行人部落供。

4. 写经廿五人，一年准方印得菜八十五驮，丝棉部落供。

5. 　　昨奉处分，当头供者具名如后：

6. 行人 大卿　 小卿　 乞结夕　 遁论磨判 罗悉鸡　 张荣奴 张兴子

7. 索广弈　 索文奴 阴兴定 宋六々　 尹齐兴　 蔡殷々　 康进达

8. 冯宰荣　 宋再集　 安国子　 田用々　 王专　 巳上人每日得卅

　　二束

（下略丝棉部落当头供者姓名）

供经坊菜蔬只是行人部落百姓食物负担中的一种。更沉重的负担还是纳突。敦煌文书中就有行人部落百姓为"纳突不办"而借贷的契据：

酉年十一月行人部落百姓张七奴为纳突不办，

于灵图寺僧海清处便佛麦陆硕。其

麦限至秋八月内还足。如违限不还，

其麦请陪。如身东西，一仰保人等代还。

任牵掣家资杂物牛畜等。恐人无信，

故立此契。两共平章，书纸为记。

便麦人张七奴年册

保人男黑奴十三

保人张飓　 飓年十一

见人索海奴

见人

---

① 见唐耕耦、陆宏基编：《敦煌社会经济文献真迹释录》第 2 辑，全国图书馆文献缩微复制中心 1990 年版，第 412 页。

见人①

要言之,吐蕃时期沙州百姓的负担是很沉重的。若以五口之家受田五十亩计,每年约可生产粮食五十驮(一百石)左右,按户征收的突税,每年约九至十驮,按田亩征收的地子,每年又约五石。这两项加起来就占总收获量的四分之一。此外还有麻(可能还有布)、力役之征。苛重的突税差科,常迫使农民陷入高利贷的罗网。P. T. 1101 号藏文文书②反映了这一严酷事实:

> 五十岗头人嘘律息所辖地段之部分百姓逋欠赋税不能及时交纳,乃从尚绮立息府中商恳高息借贷。定于狗年秋,仲秋望日(八月十五)以借一还二计息,还于府库。兹列出逋欠赋税人名登记如下:
>
> 哈流流一驮,王宣宣四驮,张黑狗一驮,王关吉六驮,张兆汉三驮,吴金刚二驮,石北金三驮,康顶尊一驮。以上诸人,如前所述,按时交还,如到时不还,或借故抵赖,加倍偿还。从其家中不管牵走任何牲畜,不必向头人说理;即或从头人手中抢走(牲畜)也不能起诉。中保证人:达桑修登木和那波孔顿,俄木道道、张国成等盖印并加指印和具名
>
> 哈流流具名
>
> 百姓张北汉具名　　石北金按指印。

更有甚者,还有农民因"突田债负,不办输纳"而出卖田土、耕牛。这说明,尽管敦煌百姓于计口授田制下可获得一定数额的田土,但随之而加于他们头上的负担也更加沉重。因此,计口授田制对他们来说,并不是什么福音。

---

① 中国科学院历史研究资料室编:《敦煌资料》第 1 辑,中华书局 1961 年版,第 385 页。文书中的"见人"即系保人。文书中的"保人"实为债务继承人。此件中十三岁与十一岁的"保人"当即张七奴之子。又见唐耕耦、陆宏基编:《敦煌社会经济文献真迹释录》第 2 辑,全国图书馆文献缩微复制中心 1990 年版,第 84 页。

② 王尧、陈践译注:《敦煌吐蕃文献选》,四川民族出版社 1983 年版,第 54 页。

三、吐蕃时期敦煌的农牧业与商业

吐蕃时期的敦煌经济，仍以农业为主。安史乱后，瓜沙一带战事频繁，吐蕃围困沙州多年，其时户口的亡耗、水利的失修、土地的荒芜，都是意料中事。吐蕃占领敦煌后，实行计口授田，这对恢复和发展农业生产，起到一定的作用。每口授田十亩，与他们的耕作能力与生活所需也大体相称。当年沙州的垦田数已不复可知，但其单位面积产量还是比较高的。前引僧龙藏牒称："去丙寅年至昨午年卅年间，伯々私种田卅亩，年别收斛斗卅驮已上，并寄放，合计一千驮。"若此三十亩地质量居中，则平均亩产可达一驮（即二石）。就旱土作物而论，其单位面积产量应可属全国先进水平。僧龙藏牒提到齐周"官得手力一人"、"计功年别卅驮"。这表明当时一个强劳力的耕作能力大致是三十亩。

吐蕃时期，敦煌的畜牧业也很发达。前引僧龙藏牒述及该户畜牧业兴旺发达的情况："先家中无羊。为父是部落使，经东衙筹，赏羊卅口、马一匹。耕牛两头、牸牛一头，绯毯一。齐周自出牧子，放经十年，复群牧成，始雇吐浑牧放。至丑年，羊满三百，小牛驴共卅头以上。"廿来年间，牲口增至十倍。齐周一户官运亨通，情况比较特殊，自然不能以偏概全。但吐蕃时期的敦煌，一般家庭实多兼养牛羊。如沙州僧崇恩析产遗嘱就提到"先清净意师兄法住在日，与牸牛壹，母子翻折为五头，一任受用"。此外还有马匹、牛、驴若干，用于施舍或赏赐。善护、遂恩兄弟分书[1]中也包括"畜乘安（鞍）马"及"牛舞（廉）"等。卯年二月阿骨萨部落马其邻借契、酉年十一月行人部落张七奴借契、卯年四月□□萨部落百姓翟米老借契等在罚则中也都有"如违限不还……任牵掣家资杂物牛畜等，用充□直"之类的规定。畜牧业在寺院经济中的地位也很突出。吐蕃戌年（818年）六月沙州诸寺丁壮车牛役簿中"放羊"、"贴馲群"、"贴马群"、

---

① 池田温：《中国古代籍帐研究》，东京大学东洋文化研究所 1979 年版，第 565 页。又见唐耕耦、陆宏基编：《敦煌社会经济文献真迹释录》第 2 辑，全国图书馆文献缩微复制中心 1990 年版，第 142～144 页。

"阿梨川请(清)羊"、"西桐请(清)羊"之类的记载甚多。吐蕃戌年(?)沙州诸寺寺户妻女名簿中,寺户妻女所服之役,主要也就是"放毛"。这就说明畜牧业是当时寺院经济的重要组成部分。由于畜牧业十分发达,所以,牲畜与谷帛的比价就比较低,从下面将要引用的 P.2857(背)文书看,一头牛的价格大体相当于一匹绢或五石粮。比起内地,无疑要便宜得多。

吐蕃占领敦煌时期,丝绸之路堵塞,中西贸易中断,故此时敦煌的商业活动显然不如建中以前,但也并未绝迹。我们知道,敦煌不产金、银、铜、铁,但吐蕃时期的敦煌,仍多使用金、银、铜、铁器具(僧崇恩折产遗嘱、善护、遂恩兄弟分书,癸酉年二月沙州莲台寺诸家散施历等文书即多提及)。这些金属器具,自应来自外地,沙州是麻乡,虽亦可植桑养蚕(故吐蕃时期有丝棉部落、蚕坊之名,武周时期亦曾有课种桑麻之举),但为数不多,故吐蕃时期的借契、买牛契、买地契等都不以绢帛为借贷对象,亦不以绢帛计价。但吐蕃时期的敦煌,仍多穿着丝绸织品者(见癸酉年二月沙州莲台寺诸家散施历,[①]申年、辰年沙州诸人施舍疏,[②]僧崇恩析产遗嘱,僧龙藏牒,善护遂恩兄弟分书等),这些丝绸织品中或有一部分系吐蕃占领敦煌时期自外地流入。从吐蕃丑年十二月沙州僧龙藏牒我们还可以看出,齐周一家除了经营农业、畜牧业外,还从事商业活动,该牒文间亦提及齐周从外地或本地购物的情况:"先家中种田,不得丰饶。齐周自开酒店,自雇人,并出本**床**粟卅石造酒,其年除喫用外,得利苽价七十亩,柴十车,麦一百卅石。"齐周经营酒店,获利如此丰厚,说明齐周酒店生意十分兴隆。僧龙藏的牒文又称,他经营所得之一百三十石麦中,用三十五石买釜一口,余并家中破用。"齐周差使,向柔远送粮,却回得生铁、熟铁二百斤已来,车钏七隻,尽入家中使用。""齐周差瓜州送果物,并分种田麦。其时用驴一头、布半匹,买得车一乘。又麦十驮、八综

① 池田温:《中国古代籍帐研究》,东京大学东洋文化研究所 1979 年版,第 512~513 页。又见唐耕耦、陆宏基编:《敦煌社会经济文献真迹释录》第 3 辑,全国图书馆文献缩微复制中心 1990 年版,第 71~72 页。
② 池田温:《中国古代籍帐研究》,东京大学东洋文化研究所 1979 年版,第 544~548 页。又见唐耕耦、陆宏基编:《敦煌社会经济文献真迹释录》第 3 辑,全国图书馆文献缩微复制中心 1990 年版,第 59~70 页。

布一匹,买车毂三隻并钏,并入家中。""齐周去酉年,看丝棉磑所得斛斗,除还外课罗底价,买鏊一面,及杂使外,并入大家用。"上引僧龙藏牒仅开列齐周所购车乘,釜鏊之类的物件,而未详列日常消费品,这是因为该牒文的性质属于为解决家庭纠纷(主要是财产分割问题)而提出的申诉材料。车乘、釜鏊之属,价格昂贵且不易消耗,故易作为齐周曾为堂兄弟合户的大家庭多做贡献的证据。日常消费品既零碎,不易开列,且又易于消耗,难以留下凭信,故齐周只是笼统地说:"齐周所是(事)家中修造舍宅,竖立庄园,犁铧锹钁,车乘钏铜,靴鞋家中少小什物等,并是齐周营造。"这里所说的"营造",并非全由自家生产,而应包括购买在内。僧龙藏牒从一个侧面间接反映了当时商业活动的一些情况。齐周一家田产众多,牛羊成群,基本生活资料(特别是农牧产品方面)应可自给有余,但在手工业品方面(尤其是铁器农具、车乘等)尚需仰赖远近市场。一般民户的购买力虽不及齐周等人,但若与市场完全割断联系,似亦很难维持生产、生活。

吐蕃时期敦煌的商品交换关系,总的来说,不算发达。表现之一,就是钱币不通行。现存的吐蕃时期敦煌文书中,未见有使用钱币者。官府征收赋税,也只是征收斛斗、麻、布等实物,而未及钱币。此与建中以前颇为不同。建中以前,纳户税,纳资课,买僧尼度牒等都是用钱。吐蕃巳年沙州仓曹会计账虽然也有"壹阡壹伯陆拾玖贯柒佰叁拾文钱"的记载,但这笔款项实际上只是承前帐应在,而当年(巳年)"新加附"中则只有斛斗而无钱币。因疑这笔款项仍是吐蕃占领敦煌时期所封存,常年没有动用。唐朝中期,多数地区仍是钱帛兼行,绢帛既是商品,也是货币。吐蕃占领敦煌后情况也有所改变。在商品交换中,绢帛已不起一般等价物的作用,而以粮食和布匹作为价值尺度。笔者所见吐蕃时期敦煌的两件卖牛契和一件卖地契都是以粮食计价。移录两份卖牛契于下:

寅年令狐宠宠卖牛契(S.1475号文书):[①]

　　紫挞牛壹头,陆岁,并无印记。

---

① 中国科学院历史研究资料室编:《敦煌资料》第1辑,中华书局1961年版,第290页。又见唐耕耦、陆宏基编:《敦煌社会经济文献真迹释录》第2辑,全国图书馆文献缩微复制中心1990年版,第34页。

寅年正月廿日令狐宠宠为无年粮种子,今将
前件牛出卖与同部落武光晖,断作麦汉
斗壹拾玖硕。其牛及麦,当日交相付了,
并无愚欠。如后牛若有人识认,称是寒盗,
一仰主保知当,不干卖人之事。如立契后在(三)
日内牛有宿□不食水草,一任却还本主。三日已
外,依契为定,不许休悔,如先悔者,罚麦五硕
入不悔人。恐人无信,故立私契,两共平章。
画指为记。其壹拾玖硕麦内,粟三硕。和(下缺)

> 牛主令狐宠宠年廿九
>
> 兄和和年卅四
>
> 保人宗广年五十二
>
> 保人趁日年卅
>
> 保人令狐小郎年卅九

未年尼明相卖牛契(S.5820 号、5826 号文书):①

黑牸牛一头三岁,并无印记。
未年润十月廿五日尼明相为无粮食及
有债负,今将前件牛出卖与张抱玉,准
作汉斗麦壹拾贰硕,粟两硕,其牛及麦,
即日交相分付了。如后有人称是寒道(盗)
认识者,一仰本主买上好牛充替。立契后有人
先悔者,罚麦三石,入不悔人。恐人无信,
故立此契为记。

(署名略)

此两件卖牛契皆以粮食计价,罚则也都是规定罚麦。前引未年安环

---

① 中国科学院历史研究资料室编:《敦煌资料》第 1 辑,中华书局 1961 年版,第
295 页。前五行为 S.5820 号文书,以后各行为 S.5826 号文书。《敦煌资料》
移录时第一行前注明"前缺",第五行后注"中缺"。笔者以为此件虽割裂为
二,但内容完整不缺。又见唐耕耦、陆宏基编:《敦煌社会经济文献真迹释录》
第 2 辑,全国图书馆文献缩微复制中心 1990 年版,第 33 页。

清卖地契罚则稍有不同,规定"一卖口如若先劒悔,罚麦伍硕,入不悔人。已后若恩赦,安清罚金伍两,纳入官"。这里提及罚金问题,乃是极而言之,实际上并无此可能。前引僧龙藏牒所记齐周所购车乘釜鋬等,都是以实物交换(主要是用粮食、兼用布匹、牛驴)。连买度牒,纳聘礼,收妇财,也都是用粮食、布匹、畜产品,而不用钱币,亦多以斛斗计价。

当时雇工也多以斛斗计价。如北图碱字 59 号文书[1](未按原件行式):

> 寅年八月七日,僧慈灯于东河庄造佛堂一所,口无博士,遂共悉东萨部落百姓氾英振口意造前佛堂,断作麦捌口硕。其佛堂外面壹丈肆尺,一仰氾英振垒,并细泥一遍。其佛堂从八月十五日起首,其麦平章,日付布一匹,折麦肆硕贰升(斗)。又折先负慈灯麦两硕壹升(斗),余欠氾英振壹硕柒升(斗),毕功日分付。一定已后,不许休悔。如先悔者,罚麦参驮,入不悔人。恐人无信,故立此契。两共平章,书纸为记。
> 　　博士氾英振年卅二
> 　　见人僧海德

又如 S.6819 号文书:[2]

> 1.卯年四月一日,悉董萨部落百姓张和和为无种子,
> 2.今于永康寺常住处取榀蒿价麦壹番驮,断
> 3.造榀蒿贰拾扇,长玖尺,阔六尺。其榀蒿限四月
> 4.廿五日已前造了。如违其限,榀蒿请倍。麦
> 5.壹驮,倍两驮。恐人无信,故勒此契。卯年四月一日
> 6.张和和手贴。中间或身东西,一仰保人等代还。
> 7.　　　　　　麦主

---

① 中国科学院历史研究资料室编:《敦煌资料》第 1 辑,中华书局 1961 年版,第 335 页。又见唐耕耦、陆宏基编:《敦煌社会经济文献真迹释录》第 2 辑,全国图书馆文献缩微复制中心 1990 年版,第 54 页。

② 中国科学院历史研究资料室编:《敦煌资料》第 1 辑,中华书局 1961 年版,第 355 页。原拟题为《卯年张和和便麦契》,实误。又见唐耕耦、陆宏基编:《敦煌社会经济文献真迹释录》第 2 辑,全国图书馆文献缩微复制中心 1990 年版,第 82 页。

8. 　　　　　　取麦人张和和年卅一

9. 　　　　　　保人弟张贾子年廿五

10. 　　　　　　见人氾老(押)

11. 　　　　　　见人康替(押)

12. 　　　　　　见人齐生(押)

这件文书规定预付麦一驮作为张和和编织杨蒉(芘篱)二十扇的工价。又如丑年金光明寺僧明哲等牒：[①]

金光明寺　　　　　状上

贷便麦拾伍驮、粟伍驮。

右缘当寺虚无,家客贫弊。寺舍破坏,敢不修营,今现施工,

未得成功。粮食罄尽,工直未埴(填)。只欲休废,恐木石难存,只

欲就修,方圆不遂,旨意成立,力不遂心。伏望教授都

头仓贷便前件斛<del>斗</del>,自至秋八月填纳。一则寺舍成立,二

乃斛<del>斗</del>不亏,二图事仪似有稳便,伏望教授商量,请

处分。

牒件状如前,谨牒

年五月日直岁明哲谨牒

都维那惠微

寺主金粟

此牒也明确表明金光明寺贷便麦粟四十石的用处,主要在于支付"工直"。前引沙州僧龙藏牒亦曾言及齐周曾雇工"写八斛釜一口,手工麦十石"。在谈到齐周"官得手力一人,家中种田驱使"时,也是说"计功年别卅驮"。可见,吐蕃时期的敦煌,以粮食计工价甚为普遍。

当时也有用绢帛作为工值者,但很少见。如下引 P. T. 1098 号藏文文书：[②]

……年秋,仲秋(八月)十七日,秋季岁赋贡使轮于田部落玉米当值

① 《沙州文录补》。又见唐耕耦、陆宏基编：《敦煌社会经济文献真迹释录》第 2辑,全国图书馆文献缩微复制中心 1990 年版,第 103 页。

② 王尧、陈践译注：《敦煌吐蕃文献选》,四川民族出版社 1983 年版,第 54 页。

……恰逢玉米不在家，从悉董萨部落雇请慕恩子(代替)，雇金定为青稞、麦子和绢……共十四……先行交付青稞五**魁**，其中青稞……项下，有绢一匹。其余雇金，青稞四**魁**半和小米三**魁**半，待恩子事情办成后付给。……如此商议已妥，认为可行，先付青稞七□，立即付与双方中证保人……

由此契文可知，慕恩子的雇价是十五**魁**粮食。其中预付七**魁**，后付八**魁**。预交七**魁**的青稞中，一**魁**折交小米，一**魁**折交绢一匹。可见当时仍以粮食计工值，绢帛只是作为粮食的折价，而且所占比重很小。

当时，白银也当作货币使用，但也很少见。如 P. T. 1081 号文书(关于吐谷浑莫贺延部落奴隶李央贝事诉讼状)①就提及当时的契书："吐谷浑莫贺延部落绮立当罗索之奴央贝被用五两银子买下，任何时候，不要有是非口角。"P. T. 1297 号文书(购马契约)也是用白银五两购马一匹。这两宗买卖之所以采用银两计价、支付，是因为奴、马价值高，用粮食支付有所不便。

那么，为什么吐蕃时期敦煌的农业、畜牧业仍保持较高的发展水平，而商业却很不景气呢？这当然不是因为吐蕃政权重农轻商，而是由于安史乱后丝绸之路的中断。敦煌地势平坦，多沙碛，但亦不乏肥沃之土。气候旱燥，雨量稀少，但有雪水可供灌溉。故从两汉以来，敦煌的农业就比较发达。又因其土地辽阔，畜牧业亦较易发展。吐蕃占领敦煌后，遵约不迁徙当地居民，且又实行计口授田，故其农牧业可以保持不衰。敦煌地当丝绸之路要冲。安史乱前，丝绸之路畅通，商旅往来不绝，呈现一派繁荣景象。但敦煌本身，资源有限，因受自然条件限制，农业生产也比较单一(主要种植粮食作物，经济作物较少)，使其本地的商品生产受到很大限制(安史乱前，敦煌的商品交换，以和籴最为大宗)。往返于丝绸之路的商旅，也以胡商及内地商人居多。作为货币使用的钱帛，也多半来自内地。据永泰元年—大历元年河西节度使判集，②瓜州曾"采矿铸

----

① 王尧、陈践译注：《敦煌吐蕃文献选》，四川民族出版社 1983 年版，第 49 页。

② 池田温：《中国古代籍帐研究》，东京大学东洋文化研究所 1979 年版，第 493~497 页。又见唐耕耦、陆宏基编《敦煌社会经济文献真迹释录》第 2 辑，全国图书馆文献缩微复制中心 1990 年版，第 620~632 页。

钱置作"，但终因"数年兴作，粮殚力尽，万无一成"而停罢。① 总而言之，敦煌地区的手工业、商业的基础比较薄弱，很大程度上仰赖于丝绸之路上的过境贸易。吐蕃占领敦煌期间，丝绸之路中断，和籴制度亦不复实行。丝绸的来源顿时大减，钱币的来源亦告断绝，敦煌一带的商业活动也就大为减少。

张议潮收复沙州以后，情况有所改变。归义军时期，丝绸之路仍不通畅，但与内地的联系毕竟比过去容易多了。随着大量绢帛渐次流入沙州，绢帛重新成为一种价值尺度。归义军时期买卖宅舍及雇工，一般仍用粮食计价。《敦煌资料》第1辑所录此时期九件雇工契、七件卖舍契，都是以粮食计价。)而买卖儿女、奴婢、车牛、土地以及典租等，则兼用斛斗与绢帛。在借贷方面，寺院出举仍以粮食为主，僧俗个人出举则以绢帛为多。这种情况与吐蕃占领敦煌时期颇为不同。现存归义军时期敦煌文书中仍未见使用钱币，这种情况应从两方面考察：一、唐代中后期出现钱荒，钱币供不应求；二、从历史的角度进行考虑，沙州一带即使在安史乱前也很少使用钱币。安史乱前敦煌地区的和籴以钱币计价，但实际支付的还是绢帛。P.2862文书（唐天宝年代敦煌郡会计帐）虽列有"五谷时价"，但也只是一种官方的规定，实际交易中未必即以钱币支付。要言之，对敦煌地区的商品货币关系不能估计过高。吐蕃占领敦煌后，以及归义军时期，敦煌的商业诚然不如安史乱前，但也不是一落千丈。其时商业的不景气，主要原因是丝绸之路的受阻，而不是吐蕃政权或归义军政权的政策。

四、吐蕃时期敦煌社会结构的某些变化

吐蕃时期敦煌的社会结构，从总体来看没有发生本质的变化。但从局部来说，却发生了若干变化。其时敦煌有两个现象特别引人注目。其

---

① 瓜州铸钱的时间当在安史乱后。当时吐蕃已渐内逼，丝绸之路已经断绝，来自内地的钱帛更加缺乏，瓜州铸钱之举或即因兹而起。

一是寺院势力宠大,僧尼人数众多;①其二是奴婢与各种依附农民数量的增多。

安史乱前,沙州的寺院势力已经盛极一时。吐蕃占领敦煌后,吐蕃贵族更是大力提倡。《敦煌录》记载:

> (沙)州南有莫高窟,去州二十五里。……古寺僧舍绝多,亦有供钟,其谷南北两头有天王堂及神祠壁画。吐蕃赞普部徒其山西壁南北二里,普是镌凿。高大沙窟,塑画佛像。每窟动计费税百万,前设楼阁数层,有大像堂殿,其像长一百六十尺。其小龛无数,悉有虚槛通连巡礼游览之景。②

吐蕃赞普等所造的庄严宏大的佛像象征着佛教势力凌驾一切。吐蕃贵族不仅广凿寺窟,而且还经常慷慨散施。P.2837(背)③文书即载:

> 1. 申年正月十五日,时□□时福田,柴(紫)一匹卅七尺。绢两匹各十五
>
> 麦三硕、折得上牛两头,共计十三石。
>
> 2. 箭。金五两。上锦两张。杂绢两匹,各十五蕱。
>
> 3. ▭▭二月五日,宰相上乞心儿福田,入僧金拾伍两,金花 银
>
> 4. ▭▭拾两银瓶壹。上锦壹张。
>
> 5. ▭日,宰相上装结罗福田,施僧拾伍两金花银盘壹,
>
> 6. 拾两银盘壹。柒两银盘壹。三事准得麦陆拾肆駄,合口报恩寺,未入。
>
> 7. 十月九日,宰相上乞心儿及论勃颊藏福田,捌头牛价折得
>
> 8. 鞠尘绢两匹,绯绢参匹,紫绫壹匹。折绢参匹,每牛一头得绢一匹。

(后缺)

---

① 参见谢重光:《关于唐后期五代间沙州寺院经济的几个问题》,收入韩国磐主编:《敦煌吐鲁番出土经济文书研究》,厦门大学出版社 1986 年版。

② 唐耕耦、陆宏基编:《敦煌社会经济文献真迹释录》第 1 辑,书目文献出版社 1986 年版,第 45~51 页。

③ 池田温:《中国古代籍帐研究》,东京大学东洋文化研究所 1979 年版,第 544~548 页。又见唐耕耦、陆宏基编:《敦煌社会经济文献真迹释录》第 3 辑,全国图书馆文献缩微复制中心 1990 年版,第 64~70 页,记为"伯二五八三号"。

由于敦煌地区佛教势力历来就很雄厚,加之以吐蕃贵族的大力提倡,使敦煌地区几乎家家户户都有为僧为尼者。如《李氏再修功德记》:李某之祖,唐朝为官,其"叔僧妙弁,在蕃以行高才峻远尔瞻依"。① 又如《沙州释门索法律窟铭》记索香"皇祖,左金吾卫,会州黄石府折冲都尉","皇考,顿悟大乘贤者……元和七年岁次甲辰三月十八日(按:元和七年即 812 年,吐蕃占领敦煌时期)终于释门坊之第"。② 索香本身亦任沙州释门都法律。再如《大番故敦煌郡莫高窟阴处士修功德记》:"阴嘉珍之曾祖、祖、父三代任唐官。阴嘉政一家,既有很多人担任吐蕃地方官员,又有很多人为僧为尼。"③又如《吴僧统碑》记"吴僧统之父曾任唐王府司马上柱国,建康军使"。吴僧统则"知释门都法律兼摄引教授十数年"。④ 索氏、李氏、阴氏都是敦煌高门,出家后仍居于僧侣集团的上层,保持原有的社会地位。不仅高门大族争相出家,一般民户也竞相剃度。现存吐蕃子年左二将手实,户口记载完整无缺者计三户,其中注明"出度"者就有七人,可见当时僧尼数量之多。

下面再谈寺户与其他依附农民问题。吐蕃时期敦煌的寺院不仅拥有众多的僧众,而且还拥有众多的寺户。许多学者已经论证建中以前敦煌寺院的常住百姓到吐蕃时期变为一种人身依附关系很强的寺户。这里只做一点补充,即寺户既依附于寺院,又处于政府的直接控制之下。

据《(吐蕃)辰年三月五日算使论悉诺罗接谟勘牌子历》(亦即《辰年三月 日僧尼部落米净□牒》⑤),登记于僧尼部落牌子者只有僧(139

---

① 唐耕耦、陆宏基编:《敦煌社会经济文献真迹释录》第 5 辑,全国图书馆文献缩微复制中心 1990 年版,第 79~85 页。

② 唐耕耦、陆宏基编:《敦煌社会经济文献真迹释录》第 5 辑,全国图书馆文献缩微复制中心 1990 年版,第 95~101 页。

③ 唐耕耦、陆宏基编:《敦煌社会经济文献真迹释录》第 5 辑,全国图书馆文献缩微复制中心 1990 年版,第 221~227 页。

④ 唐耕耦、陆宏基编:《敦煌社会经济文献真迹释录》第 5 辑,全国图书馆文献缩微复制中心 1990 年版,第 91~94 页。

⑤ 池田温:《中国古代籍帐研究》,东京大学东洋文化研究所 1979 年版,第 502 页。又见唐耕耦、陆宏基编:《敦煌社会经济文献真迹释录》第 3 辑,全国图书馆文献缩微复制中心 1990 年版,第 194~204 页。

人)、尼(171 人)而未及寺户。该"勘牌子历"后部补记的"造牌子后"异动情况,也仅及僧尼。这就表明寺户在户口编制与管理方面不属于僧尼部落,而分属于其他部落。寺户在授田与赋役负担方面也同于其他民户。就此而言,寺户的地位应高于魏晋南北朝时期的部曲。

吐蕃占领敦煌前,敦煌虽有一些奴婢,但为数不多。现存大历四年以前唐代敦煌户籍、手实,户口情况比较完整的计 63 户,其中有奴婢者只有 1 户(即大历四年悬泉乡宜禾里索思礼户,共有 4 个奴婢)。而现存吐蕃子年左二将手实,户口记载完整的索宪忠、氾住住、梁定国等三户中,每户都有奴婢,少者 1 人(索宪忠户),多者 5 人(氾住住户,包括被"论悉列将去"的 2 奴 1 婢)。而索宪忠等户似乎还不是官宦之家。现存吐蕃时期奴婢数量比起以往大为增加。

除奴婢之外,其他依附农民为数也不少。从下引吐蕃子年左二将索宪忠等户手实[①]有关户口异动情况的注记中,我们就可以看到这种现象:

1. 左二将　　　　　　　　　状上
2. 　户索宪忠妻阴男远々　男顺々　女犯娘_{出度}
3. 　女金娘_{出嫁与同部落吴通下郑道。}婢目々
4. 　午年擘三部落已后新生口。男姓奴_{出度}女担娘_{嫁与丝绵部落张口}
5. 　_{下张清々}女意娘_{出度}。男再和_{出度}　远々妻_{娶同部落吴通下}^{善石奴妹女曲口}
6. _{女扁娘}。男迁々妻_{娶本将程弟奴女}
7. 右通前件新旧口,并皆依实。如后有人
8. 糺告,括检不同,求受偷人条　教请处分。
9. □　件　如前,谨　状。
　　　子年五月日　百姓索宪忠。
　　(以下余白)

氾履倩、氾往往、梁定国等三户手实,格式略同于索宪忠户,惟氾信

---

①　池田温:《中国古代籍帐研究》,东京大学东洋文化研究所 1979 年版,第 519 页。又见唐耕耦、陆宏基编:《敦煌社会经济文献真迹释录》第 2 辑,全国图书馆文献缩微复制中心 1990 年版,第 377～380 页。

住手实第二行,户主名之上为"午年犟三部落依牌子口",第九行为"右通午年犟三部落口如前……",仅录其嫁娶异动情况于下:

1. 氾履倩户

2. 氾履勗　娶左六将曹荣下李买婢为妻

3. 氾心娘　出嫁左一将徐寺加下吴君奴

4. 氾太娘　出嫁左一将徐寺加下张通子

5. 氾住住户

6. 氾美娘　嫁与同将人索定德酉年新

7. 氾不美　娶左十将索十 五 ? 女大娘

8. 氾住住　娶下部落王海女十二

9. 氾不采　娶同将宋进晖女七娘

10. 氾团团　出嫁与左三画平平

11. 梁定国户

12. 梁金刚　娶同部落曹荣下索进昌女

氾住住本人及其弟妹以及索迁迁的嫁娶对象都是某部落、某将(或同部落、同将)某户户主之子女或其他亲属,其身份地位应为良人。而索远远与索金娘的嫁娶对象则与此不同。索远远所娶者,乃同部落吴通户下之麹扁娘。索金娘所嫁对象亦为同部落吴通户下之邓道。麹扁娘、邓道与吴通不同姓,显然不是吴通的子女或亲属,而是依附于吴通户下者。梁金刚娶同部落曹荣户下索进昌之女,氾履勗娶同部落曹荣户下李买婢,氾太娘嫁同部落徐寺加户下张通子,氾心娘嫁同部落徐寺加下吴君奴,情况亦类于此。邓道、麹扁娘、索进昌、李买婢、张通子等既然不能自立门户,其身份地位自然不同于一般良人。但他们又可与良人通婚,则其身份地位似又高于奴婢。前引索宪忠、氾履倩、氾住住、梁定国等四户,午年分部落后共有十三人嫁娶。其嫁娶对象除一人身份不明(索宪忠女婿、丝绵部落张清清)外,其余十二人中有六人属于前面所说的那种依附农民。由此可见,吐蕃时期不能独立门户的依附农民,数量相当可观。

关于吐蕃时期沙州依附农民的身份地位问题,目前所见资料尚少,这里只是提出问题,希冀引起敦煌学者的注意。

　　［后记：本文原题《吐蕃时期敦煌计口授田考——兼及其时的赋税、户口制度》,刊于(甘肃)《社会科学》1983 年第 2 期。后收入韩国磐主编:《敦煌吐鲁番出土经济文书研究》,厦门大学出版社 1986 年。近两年又接触一些有关吐蕃时期的敦煌的经济文书,发觉原作中有一些错误(如"部落"与"将"的关系等等),又有许多问题还可以深入探讨。故借此机会对原作做大幅度的补充、修改。］

唐末五代宋初敦煌社邑的几个问题

【内容提要】 敦煌社邑类型很多,最常见的有里社、渠社、互助社、佛社等。按阶级组织的社邑尚未见。绝大多数社邑与寺院的联系只是思想上(信仰上)的联系。燃灯社、行像社为燃灯、行像活动付出的人力、财物,应属社众的文化消费范畴。寺院上层与部分僧俗吏民之间诚然存在剥削与被剥削关系,但寺院上层剥削的对象是部分僧俗吏民,而不是"社",剥削的方式是出租田土、碾硙、油梁与放贷活动,而不是燃灯、行像等社邑活动。立社文书中所见的"义聚"是社邑的同义语,不是公共积累。

【关键词】 敦煌社邑　人员构成　活动频率　文化消费　经济关系

有关唐末五代宋初敦煌社邑的问题,前贤已做大量的研究,① 成绩

---

① 那波利贞:《唐代社邑に就きて》,《史林》第 23 卷第 2、3、4 号,1939 年;那波利贞:《佛教信仰に基きて組織せられたる中晚唐五代時代の社邑に就まて》,《史林》第 24 卷第 3、4 号,1938 年;谢和耐:《中国五一十世纪的寺院经济》,《法兰西远东学院丛刊》第 39 卷,1956 年,甘肃人民出版社 1987 年有同名中译本;竺沙雅章:《敦煌出土"社"文書の研究》,《东方学报》第 35 期,1964 年;郭锋:《敦煌的"社"及其活动》,《敦煌学辑刊》1983 年第 1 期;宁可:《述社邑》,《北京师范学院学报》1985 年第 1 期;郝春文:《敦煌私社的"义聚"》,《中国社会经济史研究》1989 年第 4 期;郝春文:《敦煌遗书中的"春秋座局席"考》,《北京师范学院学报》1989 年第 4 期;郝春文:《隋唐五代宋初佛社与寺院的关系》,《敦煌学辑刊》1990 年第 1 期;郝春文:《敦煌的渠人与渠社》,《北京师范学院学报》1990 年第 1 期;宁可、郝春文:《北朝至隋唐五代的女人结社》,《北京师范学院学报》1990 年第 5 期;郝春文:《隋唐五代宋初传统私社与寺院的关系》,《中国史研究》1991 年第 1 期;宁可、郝春文:《敦煌社邑的丧葬互助》,《首都师范大学学报》1995 年第 6 期;杨森:《晚唐五代两件〈女人社〉文书札记》,《敦煌研究》1998 年第 1 期;等等。有关社邑的研究综述见诚逊:《五十年来(1938—1990)敦煌写本社文书研究述评》,《中国史研究动态》1991 年第 8 期。

卓著,社邑的面目也因之渐呈清晰。虽然如此,也仍有许多问题有待进一步研究。本文即拟在前人研究基础上,利用唐耕耦、陆宏基编《敦煌社会经济文献真迹释录》第 1 辑有关社邑部分与宁可、郝春文编《敦煌社邑文书辑校》①等资料,对敦煌社邑的活动,佛社与寺院的经济关系等做些粗略的量化分析,或有助于对其时社邑的认识。

一、社邑的类型与成员构成

敦煌社邑的类型很多,最常见的是里巷社、互助社、佛社、渠社。这里所说的"里巷社"乃泛指基层社区单位(如里、村、坊、巷等等)组织的官社。里巷社是根据官方意图,按地域组织,各户都要参加的社。这种社源远流长,主要活动是举办春秋社祭。② 作为官社的里巷社,除例行的社祭外,有时还负有协助官府劝课农桑,催驱赋役,维持社会治安之责。敦煌出土的《周长安三年(703 年)前后敦煌县牒》③就谈到:承州符,对"耕耘最少"的某些乡的"社官、村正"各决二十;对"营功稍少"的敦煌、平康、龙勒、慈惠、神沙等乡的"社官、村正"各决十下;对洪池乡的"社官、村正"决五下。同出文书还有"悬泉乡,合当乡见社官、村正到","二月十六日,社官村正到"等记载,说明当时里巷社受州县司统辖,负有劝课农桑之责。吐蕃时期至大中年间的敦煌儒风坊西巷社的社条规定:"科税之艰、并须齐赴",

---

① 唐耕耦、陆宏基编:《敦煌社会经济文献真迹释录》第 1 辑,书目文献出版社 1986 年版,以下附表简称《释录》;宁可、郝春文:《敦煌社邑文书辑校》,江苏古籍出版社 1997 年版,以下附表简称《辑校》。

② 《通典》卷 121《开元礼纂类·诸里祭社稷》条下就谈到诸里(村、坊)祭社稷的礼仪。说明当时作为官社的里(村、坊)社的春秋祭社稷仍经常进行。

③ 唐耕耦、陆宏基编:《敦煌社会经济文献真迹释录》第 2 辑,全国图书馆文献缩微复制中心 1990 年版,331 页。

"所有科税,期集所敛物。不依限纳齐者,罚油壹升,用贮社"①。表明其时里巷社还有催驱赋役之责。后周显德五年(958 年)前后的高住儿等社欠柴人名目,②也显示其时巷社还负有替官府催驱柴薪之责。③ 显德五年二月社录事阴保山牒残卷④显示,其时此类巷社还兼负维持治安之责。⑤ 吐蕃时期与大中年间儒风坊西巷社社条显示:里巷社的社众,经过协商一致还可以订立丧葬互助与其他互助的社条,从而使里巷社兼有民间私社的某些功能,或者说兼有民间私社的性质。丁酉年(997 年?)

---

① 唐耕耦、陆宏基编:《敦煌社会经济文献真迹释录》第 1 辑,书目文献出版社 1986 年版,第 271 页;宁可、郝春文:《敦煌社邑文书辑校》,江苏古籍出版社 1997 年版,第 5 页。据竺沙雅章研究,此条款订于吐蕃时期,大中以后继续遵行。

② 唐耕耦、陆宏基编:《敦煌社会经济文献真迹释录》第 2 辑,全国图书馆文献缩微复制中心 1990 年版,第 446 页。

③ 《欠柴人名目》残卷前后俱缺,现存部分记载:"高住儿社八十二人,见纳六十五人,欠十七人",存姓名者 22 人(主要是欠柴者与新近"柴足"者,下同);"索留住巷一百六人,见纳六十人,欠四十六人",存姓名完整者 46 人,另有 3 人姓名残缺不全;"程弘员巷八十九人,见纳六十四人,欠廿五人",存姓名完整者 14 人,另有 6 人姓名残缺不全。《后周显德五年阴保山等牒》存 45 人,其中押衙索留住与令狐保住、令狐保升、石幸通、石富通、令狐富达、令狐富悦、令狐富盈、索友定、杨员子、王员住、安丑胡、张善才、张富通、令狐庆住、令狐富盈(另一令狐富盈)、王顺子等 17 人又见于《欠柴人名目》中之"索留住巷"。《后周显德五年阴保山等牒》中有一"陌美友",《欠柴人名目》图版中此人比较模糊,《释录》录为"泊善友",两人很可能是同一人。《欠柴人名目》"索留住巷"中有一"阴山子,病",此人或即《后周显德五年阴保山等牒》中的"社录事阴保山",但不能确定。值得注意的是,阴保山牒残卷中人绝不见于《欠柴人名目》中之与"索留住巷"相邻的"高住儿社"与"程弘员巷",虽然"高住儿社"、"程弘员巷"留存下来的姓名完整者也达 36 人之多。"高住儿社"与"索留住巷"、"程弘员巷"在此件文书中并列,说明这里所说的"社",也就是巷社。"索留住巷"欠柴 46 人中至少有 17 人见于显德五年社录事阴保山牒残卷,说明"索留住巷"亦即阴保山任社录事之巷社。

④ 唐耕耦、陆宏基编:《敦煌社会经济文献真迹释录》第 4 辑,全国图书馆文献缩微复制中心 1990 年版,第 511 页;宁可、郝春文:《敦煌社邑文书辑校》,江苏古籍出版社 1997 年版,第 43 页。

⑤ 阴保山牒前缺,存 45 人。该牒实行"三人团保",每人都要画押。

五月乘安坊巷社社人吴怀实托兄王七承当社事凭据①也显示：该巷社亦兼具民间私社的性质。因为里巷社常兼有私社的性质，故常被误认为单纯的民间私社。②

渠社作为维修渠堰、分配用水的最基层组织，由各该渠堰用水僧俗吏民按渠堰组成。③ 用水僧俗吏民参加渠社是一种与其用水权利相对应的义务，带有明显的强制性与行政性。④ 唐前期，敦煌渠堰的维修由州县当局主持，"其州县府镇官人公廨田及职田，计营顷亩，共百姓均出人功，同修渠堰"。⑤ 吐蕃占领敦煌后，敦煌行政系统虽发生重大变化，但地方当局主持维修渠堰与分配、监督用水的职能不变。所不同的是，从吐蕃时期起，利用渠社这一形式维修渠堰与分配用水。

和里巷社一样，渠社也可以通过内部协商而兼有丧葬互助与其他互助功能。渠社的这种功能是次要的，派生的。因为渠社的主要功能和组织原则与互助社判然有别，因此它不能归类于互助社。其时"渠人转帖"多用于集众修水利，有时也用于集众参加春座局席，"渠社转帖"则用于集众参加丧葬互助，此或习惯所然，但也显示，渠人组织的社邑，只有一部分兼有私社性质，而不是都兼有私社性质。

互助社与佛社都是僧俗吏民自愿结成的民间私社。互助社，时人

---

① 唐耕耦、陆宏基编：《敦煌社会经济文献真迹释录》第 1 辑，书目文献出版社 1986 年版，第 383 页；宁可、郝春文：《敦煌社邑文书辑校》，江苏古籍出版社 1997 年版，第 746 页。

② 上引吐蕃时期至大中年间的敦煌儒风坊西巷社就常被当作以互助为主要宗旨的，民间自愿组织的民间私社的典型。

③ 里巷社与渠社都是按地域组织的，所不同的是：里巷社是根据居民的居住地进行组织，而渠社则是根据用水田土所在地进行组织。因为居民的居住地与居民田土所在地常不一致，所以里巷社不可能代行渠社职责。在自耕场合，有义务参加渠社的是田主；在租佃场合，有义务参加渠社的仍是田主，但实际承担"渠河口作"义务的，则是佃人。

④ 渠人转帖常有"捉二人后到，罚决杖七下，全不来者，官中处分"等语，若是修桥、修闸，其事由亦常写明，系"官中处分"。凡此等等，皆表明渠社属官社范畴，不是民间私社。

⑤ 《唐开元二十五年(737)水部式残卷》，唐耕耦、陆宏基编：《敦煌社会经济文献真迹释录》第 2 辑，全国图书馆文献缩微复制中心 1990 年版，第 577 页。

或称为兄弟社、亲情社,以联络感情、互济互助为主要宗旨,有的还兼行一些佛事活动(主要是斋会之类活动)。佛社则以修窟、造像、燃灯、行像等为宗旨,有的还兼行丧葬互助等活动。本文表1显示:互助社中,兼行佛事之社与不兼行佛事之社,数量大体相当而略少。在佛社中,兼行互助事项者,与不兼行互助事项者,也大体相当。论者或谓:"在敦煌遗书中发现的唐后期五代宋初的以经济和生活互助活动为主要活动的写本社条中,大部分都对从事佛教活动有所规定",①其说似乎缺乏统计依据。

互助社和佛社的人员构成有三种情况:一种是全由世俗吏民组成;一种是既有世俗吏民,又有僧尼;一种是全由僧尼组成。第一、三种情况都比较少见。第二种情况则很常见。

全由僧尼组成的社邑又有三种情况:一种是将当地整个佛教僧团组织为社。如某年陈僧正、录事为普光寺氾阇梨迁化而发的"时年转帖"②所示:该社录事为陈僧正,社人也都是僧尼,而且是龙兴寺、乾元寺、永安寺(或永康寺)、金光明寺、灵图寺、显德寺、乾明寺、三界寺、净土寺、莲台寺、报恩寺、大云寺、灵修寺、圣光寺、安国寺、大乘寺等17个寺每个寺都有人参加,每个寺都是2～3人,可能是当代表。③ 可见这个"社"包括了整个敦煌佛教僧团。一种是既非整个佛教僧团,但也不只是一个寺。某年某寺上座索贞为"常年春座局席"发出一份"社司转帖",④通知与会者也悉为僧人,其中提及2位上座(索贞与阎上座)、2位寺主(张寺主与善净寺主法净),显然不只是一个寺,但也不至于包括整个佛教僧团。一种

① 郝春文:《隋唐五代宋初传统私社与寺院的关系》,《中国史研究》1991年第2期。
② 唐耕耦、陆宏基编:《敦煌社会经济文献真迹释录》第1辑,书目文献出版社1986年版,第356页。
③ 被通知参加该活动者多为"僧正"、"法律",估计多为各寺之主事者。主事者与会,当有代表之意。
④ 唐耕耦、陆宏基编:《敦煌社会经济文献真迹释录》第1辑,书目文献出版社1986年版,第345页;宁可、郝春文:《敦煌社邑文书辑校》,江苏古籍出版社1997年版,第153页。

是只包括一个寺的僧尼。如某年为"慈光延设"而发的一份"社司转帖"，①通知预会的仅慈恩、善恩、清愿、道济、道荣、坚愿、应深等7人，很可能同出于一寺。

僧尼参加互助社，多数可能是个人行为，亦即出于自身的需要自愿参加，其对社邑的权利，由其自身享受；其对社邑的义务，亦由其自身承担。但也有一些社邑，僧尼的入社很可能是作为寺院的代表，而不是(或者说不全是)个人行为。敦煌出土的某寺庚寅年(930年)九月十一日—辛卯年七月九日诸色斛斗支出簿②就透露这一信息。该件残存20行，其中记录吊赠17项，包括"吊达家夫人大社粟壹斗，小社粟壹斗"、"孔库官社印沙佛粟壹斗"、"都官社吊孝粟壹斗"、"阎都衙社粟壹斗"、"索阿朵子赠粟壹斗"、"吊孝索家娘子粟三斗"等等。此类开支既由寺院支付，就不可能仅仅是个人行为。

其时敦煌的社邑有一部分是按行业、职业组织的，如P.3899号文书(开元十五年沙州敦煌县勾征悬泉府马社钱案卷)③提到的马社，S.4252背(5)号文书(某某付什物历)④提到的舆子社、邀舆社、邀生社，P.4063号文书(官健转帖)⑤提到的官健社，以及完全由僧尼组成的各种社邑，

---

① 唐耕耦、陆宏基编：《敦煌社会经济文献真迹释录》第1辑，书目文献出版社1986年版，第322页；宁可、郝春文：《敦煌社邑文书辑校》，江苏古籍出版社1997年版，第313页。

② 唐耕耦、陆宏基编：《敦煌社会经济文献真迹释录》第3辑，全国图书馆文献缩微复制中心1990年版，第205页；宁可、郝春文：《敦煌社邑文书辑校》，江苏古籍出版社1997年版，第777页。

③ 唐耕耦、陆宏基编：《敦煌社会经济文献真迹释录》第4辑，全国图书馆文献缩微复制中心1990年版，第432页；宁可、郝春文：《敦煌社邑文书辑校》，江苏古籍出版社1997年版，第725页。

④ 唐耕耦、陆宏基编：《敦煌社会经济文献真迹释录》第3辑，全国图书馆文献缩微复制中心1990年版，第51页。

⑤ 唐耕耦、陆宏基编：《敦煌社会经济文献真迹释录》第1辑，书目文献出版社1986年版，第331页；宁可、郝春文：《敦煌社邑文书辑校》，江苏古籍出版社1997年版，第182页。

都属于按行业、职业组织的社。① 论者或认为其时敦煌已出现按阶级结社的现象。② 主要论据有二：其一，从现存唐五代敦煌两件女人社文书的女人题名看，"这两个社都是由下层妇女组成"；其二，上引庚寅年至辛卯年某寺诸色支出簿中"又有'夫人大社、小社'等名称，这种'夫人社'或者就是由沙州地方官吏的夫人们组成"。③ 笔者以为这些理由都是出于对资料的误解，碍难成立。说两件女人社"都是由下层妇女组成"，并无确据，因为我们无法确知参加此两个女人社者的社会经济地位。④ 既然无法确知参加此两个女人社者的社会经济地位，也就无法确知她们属于哪个阶级。至于"达家夫人社"之"达"字，乃是一种姓氏，而不是达家贵人之意。敦煌 S.4649 号文书（庚午二月十日沿寺破历）载："（二月）十六日，粟壹硕贰斗，沽酒看达家娘子坌园用"；⑤P.2629 号文书（归义军衙内

---

① 幽州云居寺石经题记所见的唐五代"小彩行社"、"白米行造石经社"、"绢行社"、"生铁行社"等等，也都是按行业、职业组织的社，参见《房山石经题记汇编》，书目文献出版社 1987 年版，第 83~85 页。

② 宁可、郝春文：《北朝至隋唐五代的女人结社》，《北京师范学院学报》1990 年第 5 期。

③ 宁可、郝春文：《北朝至隋唐五代的女人结社》，《北京师范学院学报》1990 年第 5 期。

④ 那波利贞认为 P.3489 号文书（戊辰年正月旌坊巷女人社社条）所见的女人社由婢女组成（见那波利贞：《唐代社邑に就きて》，《史林》第 23 卷第 2、3、4 号，1939 年）。杨森认为后一女人社由小妻、妾组成（见杨森：《晚唐五代两件"女人社"文书札记》，《敦煌研究》1998 年第 1 期）。其说亦皆碍难成立。那波利贞认为 P.3489 号文书所见的女人社由婢女组成，主要是因为他将"旌坊巷女人社社条"识读为"雇坊巷女人社"，从而认为该社"女人"都是受雇佣者。杨森认为后一女人社由小妻、妾组成，是因为该女人社社条中有这么一条："社内荣凶逐吉……仰社众盖白Ⅱ（担）拽便送，赠例同前一般。其主人看待，不谏（拣）厚薄、轻重，亦无重责"，认为该社条的其"主人"云云，表明入社者身份低微。其实，这里所谓的"主人"，不是主仆之"主"，而是主客之"主"。具体地讲，也就是指丧主家庭。意思是，如遇丧葬事宜，社众盖白担拽便送，不管主家招待厚薄，对丧主家庭"亦无重责"。"主人"此义，社司转帖中所在多见，应不难辨析。

⑤ 唐耕耦、陆宏基编：《敦煌社会经济文献真迹释录》第 3 辑，全国图书馆文献缩微复制中心 1990 年版，第 215 页。

酒破历)载:"(八月)十六日,窟上酒壹瓮,达家垒舍酒壹瓮","(九月)廿四日,达家小娘子发色酒五升","(十月)十二日千渠送达家娘子酒壹瓮";①S.2894(背)文书(十世纪的一份名籍)中也有一人姓"达"名"麹面",②凡此皆可证明所谓"达家夫人"即某达姓夫人。"达家夫人社",即达姓夫人所在的社。③ 我们不应将作为姓氏的"达"字与"夫人"割裂开,又将"夫人"与"社"字组合成一个专有名词——"夫人社",进而推论当时有专由"官吏夫人组成"的社。退一步说,即使当时有专由"官吏夫人组成"的社,也不能证明当时就有按阶级的结社,道理很简单,"官吏"或"官吏的夫人"都不是阶级的概念。

表1 敦煌立社文书所见的社邑类型与预定活动项目表

社邑类型与预定活动	社邑类型						预定活动项目											
	互助社		佛社		巷社		佛事活动								非佛事活动			
	兼佛事活动	不兼佛事活动	兼互助活动	不兼互助活动	兼互助活动	不兼互助活动	修佛堂	修窟	燃灯	新年建福	印沙佛	造于兰盆	三斋	小计	丧葬互助	其他互助	二社	小计
件数与所见立社文书	C、K、L、M	6? F、G、I、J、O、P	3 D、H、N	3 A、B、Q	1 E		1 A	1 B	2 D、Q	2 D、K	1 L	M	4 C、H、L、N	11	14 C、D、F、G、H、I、J、K、L、M、N、O、E、P	4 G、H、L、N	5 C、H、I、L、M	14
所占比例	23.5%	35.3%	17.6%	17.6%	5.9%		5.9%	5.9%	11.8%	11.8%	5.9%	5.9%	23.5%	64.7%	82.4%	23.5%	29.4%	82.4%

备注:以上统计包括实用的立社文书与样书等。样书、抄件有复件者仅收录1件,残损过甚者不录。A:甲辰年(944年)五月窟头修佛堂社再请三官凭约,《释录》第1辑

---

① 唐耕耦、陆宏基编:《敦煌社会经济文献真迹释录》第3辑,全国图书馆文献缩微复制中心1990年版,第275页。

② 唐耕耦、陆宏基编:《敦煌社会经济文献真迹释录》第1辑,书目文献出版社1986年版,第333页。此件中的人名多见于壬申年(972年)社司转帖。

③ 该件文书所见的"孔库官社"、"阎都衙社"、"都官社"等,亦当作如是观。该件文书所说的"大社"、"小社",其确切含义还不清楚,或许与达氏两代人分别立户、分别入社、分别接受吊唁有关。

第 277 页,《辑校》第 16 页。B:庚午年(970 年)正月比丘福惠等修窟立凭,《释录》第 1 辑第 278 页,《辑校》第 29 页。C:大中九年(855 年)九月社长王武等再立社条,《释录》第 1辑第 269 页,《辑校》第 1 页。D:太平兴国七年(982 年)二月立社条,《释录》第 1 辑第279 页,《辑校》第 34 页。E:大中年间(847—860 年)及其前后儒风坊西巷社社条,《释录》第 1 辑第 270 页,《辑校》第 4 页。F:景福三年(894 年)五月某社社条,《释录》第 1 辑第 273 页,《辑校》第 9 页。G:戊辰年(968? 年)正月旌坊巷女人社条,《释录》第 1 辑第 276 页,《辑校》第 27 页。H:某甲等立社条(样书),《释录》第 1 辑第 281 页,《辑校》第42 页。I:某乙等立社条(样书),《释录》第 1 辑第 285 页,《辑校》第 36 页。J:立社条(样书),《释录》第 1 辑第 289 页,《辑校》第 46 页。K:显德六年(959 年)正月女人社再立社条,《释录》第 1 辑第 274 页,《辑校》第 23 页。L:立社条(样书),《释录》第 1 辑第 280页,《辑校》第 49 页。M:上祖社条(样书),《释录》第 1 辑第 284 页,《辑校》第 55 页。N:申年五月三奴子等为补充社条事牒,《释录》第 1 辑第 299 页,《辑校》第 713 页。O:十世纪上半叶某社补充社条,《释录》第 1 辑第 288 页,《辑校》第 19 页。P:940 前后亲情社社条,《辑校》第 12 页。Q:丙申年(938 年)四月廿日博望坊巷女人社社条,山本达郎、池田温等编《敦煌吐鲁番文献(补篇)》,东洋文库 2001 年版(以下简称《补篇》)。

二、社司转帖所见敦煌社邑的主要活动

上节表 1,我们曾根据现存敦煌的立社条文书对社邑的预定活动项目做了统计,因为现存立社条文书件数少,有的还只是补充社条,而不是全部社条,有的社条也未必都付诸实施,因而上述统计还不能反映当时社邑活动的实际情况。为了更确切了解当时社邑活动的实际情况,我们拟用社司转帖的资料对社邑各种活动的频度进行量化的比较分析。我们之所以选用社司转帖而不选用其他社邑文书,一是因为现存各种社邑文书中,社司转帖数量最大,以此进行量化的比较分析,应该比较准确;二是因为社司转帖本身就是社众从事社司实际活动的记录,在各种社邑文书中适用范围最广,最具可比性,其他社邑文书(如社文、斋文、社司状牒等等)就不具这一特点;三是因为社司转帖在通知社众参加社邑活动的同时,多数还具载应携物品,这对了解社众参加社邑活动的经济负担(我们下节将要讨论)也大有好处。

现存社司转帖中事由清楚的计有 173 件,见表 2:

表 2 社司转帖所见社邑活动情况

序号	年代	资料出处	事由(活动日期)	应携物品
1	乾宁三年 (896 年)	《释录》313 页, 《辑校》71 页	李再兴身亡, 丧葬互助	"人各 色 物两匹,饼三十"
2	乾宁年间 (894—897 年)	《辑校》75 页	程平水妻亡, 丧葬互助	"人各色物一匹,饼廿[　　　]柴一束, 粟一斗"
3	不详	《释录》325 页, 《辑校》130 页	索富定身亡, 丧葬互助	"仪酒壹瓮,人各粟一斗,土褐布色物壹匹,柴一束"
4	丁巳 (957 年)	《释录》330 页, 《辑校》89 页	裴富定身亡, 丧葬互助	"人各饼廿,升油柴束"
5	壬申 (972 年)	《释录》334 页, 《辑校》112 页	亲情社裴留奴壹女亡, 丧葬互助	"人各面壹斤,油壹合,粟壹斗,柴一束"
6	壬申 (972 年)	《释录》334 页, 《辑校》112 页	亲情社氾再昌妻亡, 丧葬互助	"人各面壹斤,油壹合,粟壹斗,柴一束,鲜净绫绢色物三丈"
7	壬申 (972 年)	《释录》335 页, 《辑校》106 页	李达?兄弟身亡, 丧葬互助	"[　　]油粟,鲜净褐缲色物三丈"
8	十世纪中叶	《释录》342 页, 《辑校》97 页	贺保新父亡, 丧葬互助	"人各鲜净褐缲色物三丈,柴束饼油"
9	不详	《释录》344 页, 《辑校》67 页	社户王张六身亡, 丧葬互助	"借布人各一匹,领巾三条,祭盘麦各三升半,赠面各三升半"
10	不详	《释录》348 页, 《辑校》131 页	张员住身故, 丧葬互助	"吊酒壹瓮,人各粟一斗"
11	戊午(958 年)	《释录》352 页, 《辑校》92 页	亲情社傅郎母亡, 丧葬互助	"合有吊酒,人各粟壹斗"
12	不详	《释录》352 页, 《辑校》123 页	亲情社张昌进身亡, 丧葬互助	"吊酒壹瓮,人各粟壹斗,褐布色物二丈"
13	乙酉 (925? 年)	《释录》353 页, 《辑校》78 页	亲情社康郎悉妇身故, 丧葬互助	"吊酒壹瓮,人各粟一斗"

续表

序号	年代	资料出处	事由（活动日期）	应携物品
14	925 年前后	《释录》353 页，《辑校》80 页	亲情社张员通妻亡，丧葬互助	"吊酒壹瓮，人各粟一斗"
15	不详	《释录》354 页，《辑校》128 页	亲情社王郎身故，丧葬互助	"吊酒壹瓮，人各粟壹斗"
16	丁卯（967 年）	《释录》354 页，《辑校》102 页	亲情社张憨儿母亡，丧葬互助	"吊酒壹瓮，人各粟壹斗"
17	戊子（988 年）	《释录》355 页	兄弟社安三阿父身亡，丧葬互助	"人各粟壹斗，祭盘准旧例"
18	戊子（988 年）	《释录》355 页，《辑校》117 页	兄弟社安定阿姊师身亡，丧葬互助	"人各粟一斗"
19	不详	《释录》356 页	普光寺氾阇梨迁化，丧葬互助	"盖黄助送"
20	甲辰（944 年）	《释录》359 页，《辑校》83 页	郭保员弟亡，丧葬互助	"人各鲜净色物三丈，麦一斗，粟一斗，饼廿"
21	辛酉（961 年）	《释录》361 页，《辑校》99 页	安丑定身亡，丧葬互助	"人各麦一斗，粟一斗，饼廿，褐布色勿（物）两匹"
22	戊午（958? 年）	《释录》401 页，《辑校》94 页	温押牙阿嫂身故，丧葬互助	"合有吊酒，人各粟一斗"
23	不详	《释录》403 页，《辑校》85 页	索押牙妻身亡，丧葬互助	"人各粟一斗，饼廿□，柴一束，绫绢色物二丈"
24	967 年前后	《辑校》105 页	张吉昌身亡，丧葬互助	"人各饼卅翻"
25	壬申（972 年）	《辑校》109 页	某人新妇身故，丧葬互助	"人各油一合，[　　　]鲜净褐布色物一匹"
26	不详	《辑校》121 页	某人母亡，丧葬互助	"吊酒壹瓮，人各粟一斗"

续表

序号	年代	资料出处	事由(活动日期)	应携物品
27	不详	《辑校》124 页	社人身亡,丧葬互助	"人各鲜[　　]斗,柴一束"
28	不详	《辑校》127 页	社人身亡,丧葬互助	"合有吊酒,人各[　　]"
29	癸亥(903? 年)	《辑校》76 页	亲情社张贤者阿婆身故,丧葬互助	"吊酒一瓮,人各粟一斗"
30	不详	《辑校》88 页	张康三身亡,丧葬互助	"人各绫绢鲜净色物半匹,粟一斗,饼廿"
31	戊午(958 年)	《释录》400 页,《辑校》371 页	渠社孙灰子身故,丧葬互助	"吊酒一瓮,人各粟一斗"
32	958 年前	《释录》401 页,《辑校》369 页	渠社某人身故,丧葬互助	"[　　]吊酒,人各粟一斗"
33	壬午(923? 年)	《释录》409 页,《辑校》366 页	渠社尹阿朵兄身故,丧葬互助	"吊酒一瓮,人各粟壹斗"
34	丙戌	《辑校》115 页	亲情社刘员定妻身故,丧葬互助	"吊酒壹瓮,人各粟一斗"
35	不 详	《补篇》70 页	李兆兆身亡,丧葬互助	件残,存"色物两匹"
36	庚 子 (940? 年)	《补篇》72 页	何子升女身亡,丧葬互助	"各人粟一斗,并三十,布褐色两匹"
37	丙午(946 年)	《补篇》78 页	亲情社石□住男亡,丧葬互助	件残,存"人　各粟□□"
38	壬寅(942 年)	《补篇》96 页	刘宅官女身故,丧葬互助	"吊酒瓮,人各粟一斗"

续表

序号	年代	资料出处	事由（活动日期）	应携物品
39	申年	《补遗》（一）①	索庆庆身亡，丧葬互助	"各着面一斗，粟一斗，色物半匹"
40	□巳年	《补遗》（一）	梁进通身亡，丧葬互助	"人各饼贰拾，柴壹束，红绯色细褐布贰丈伍尺"
41	丁卯	《补遗》（一）	邓南山母亡，丧葬互助	"吊酒一瓮，人各粟壹斗"
42	不详	《补遗》（一）	程富住阿耶身亡，丧葬互助	"人各鲜净色物三丈，饼廿，燔柴壹束"
43	不详	《补遗》（一）	阎羊丝身亡，丧葬互助	"人各麦壹斗，粟壹斗，面壹斤"
44	壬戌（902？年）	《辑校》101页	兄弟社南衙都头荣亲婚事互助	"人各床薄毡褥盘碗酒等"
45	不详	《释录》356页，《辑校》348页	兄弟社某人荣亲婚事互助	"〔　　　〕敷设踏床牙盘褥叠□等"
46	958年前后	《释录》402页，《辑校》374页	渠人孙仓仓垒舍互助	"人各粟一斗，锹镢壹事"
47	申年	《释录》298页，《辑校》310页	武光晖起病夏脚互助	"人各粟二斗"
48	甲戌？	《释录》324页，《辑校》224页	年支春座局席	"人各麦一斗，粟一斗，面斗，油半升"
49	己卯（859？年）	《释录》325页，《辑校》135页	年支春座局席（二月十日帖）	未载

---

① 郝春文：《〈敦煌社邑文书辑校〉补遗》（一）、（二）、（三），《首都师范大学学报》1999年第1期、2000年第2期、2001年第4期。以下简称《补遗》。

续表

序号	年代	资料出处	事由(活动日期)	应携物品
50	不详	《补篇》76 页	年支春座局席	"人各油半升,面壹斤"
51	不详	《补篇》78 页	年支春座局席	未载
52	丁酉 (937 年)	《释录》329 页, 《辑校》148 页	春秋局席(正月二十日)	"人各油面斤麦粟"
53	乙卯	《释录》330 页, 《辑校》177 页	年支春座筵局(四月十九日)	"人各麦粟面准条"
54	丙寅 (966 年)	《释录》331 页, 《辑校》182 页	官健社常年春座局 (四月十七日)	"人各粟壹斗"
55	乙亥 (975 年?)	《释录》336 页, 《辑校》184 页	年支春座局席 (正月十日?)	"人各面一斤,油一合,粟一斗"
56	戊子 (988 年)	《释录》337 页, 《辑校》194 页	年支春座局席 (闰五月十七日)	"人各粟壹斗,面一斤,油半升"
57	丁亥	《释录》339 页, 《辑校》189 页	年春座局席 (正月十二日)	"人各粟壹斗,面壹斤,油一合"
58	丁亥?	《释录》339 页, 《辑校》230 页	年支春座局席	"人各面壹斤,粟壹斗,油壹合"
59	十世纪 20 年代?	《释录》345 页, 《辑校》153 页	年支春座局席 (四月十四日)	"人各面壹斤半,油一合,净粟伍升"
60	不详	《释录》346 页, 《辑校》218 页	年支春座局席	"人各面壹斤,粟壹斗,油半升"
61	不详	《释录》347 页, 《辑校》232 页	常年春座局席	"人各粟壹斗,油半升"
62	九世纪后半	《释录》348 页, 《辑校》144 页	年支春座局席	"人各麦壹斗,粟壹斗,面贰斤,油半升"

续表

序号	年代	资料出处	事由（活动日期）	应携物品
63	不详	《释录》349 页，《辑校》215 页	年支春座局席	"人各面□斤，油半升，粟壹斗"
64	不详	《释录》361 页，《辑校》175 页	年支春座局席	"人各粟一斗，油半升，面一斤"
65	甲申（986 年）	《释录》408 页，《辑校》386 页	渠人常年春座局席（四月十三日）	"人各粟一斗，面肆升，"
66	不详	《释录》410 页，《辑校》220 页	年支春座局席	"人各麦壹斗，粟壹斗，面贰斤，油半升"
67	943 年前后	《释录》316 页，《辑校》167 页	年支春座局席	"人各麦壹斗，粟一斗"
68	十世纪上半叶	《释录》310 页，《辑校》168 页	年支秋座局席（二月二十六日聚会，实为春座）	未载
69	大顺三年（892 年）	《辑校》139 页	年支春座局席	"人各麦[　　　]"
70	920 前后	《辑校》155 页	年支春座局席	"人各面壹斤，油壹合，粟壹斗"
71	936 前后	《辑校》158 页	年支春座局席	"人各面二斤，油半升，粟一斗"
72	不详	《辑校》186 页	年支春座局席	件残不详
73	戊子（988 年）	《辑校》191 页	年支春座局席	"人各粟壹斗，面壹斤"
74	不详	《辑校》203 页	年支春座局席	"人各粟一斗，[　　]"
75	不详	《辑校》206 页	年支春座局席	"人各粟一斗，面一斤，油一合"

续表

序号	年代	资料出处	事由（活动日期）	应携物品
76	不详	《辑校》211 页	年支春座局席（正月二十九日）	"人各面壹贰斤，麦壹斗，粟壹斗，油半升"
77	不详	《辑校》221 页	年支春座局席	"人各粟壹斗，麦壹斗，面壹斤，油半升"
78	不详	《辑校》227 页	年支春座局席	"[ ]，油半胜，粟一斗"
79	不详	《辑校》229 页	年支春座局席	"人各麦斗，粟壹斗，面贰斤，油半升"
80	不详	《辑校》233 页	年支春座局席	"人各粟一斗，面二斤，油一合"
81	不详	《辑校》235 页	年支春座局席	"人各油半斤，面壹斗"
82	不详	《辑校》235 页	年支春座局席	"人各粟一斗"
83	不详	《辑校》237 页	年支春座局席	"人各送麦一斗，粟一斗，面二斤，油一合"
84	不详	《辑校》238 页	年支春座局席	件残不详
85	不详	《释录》339 页，《辑校》240 页	年支春座局席	件残不详
86	不详	《辑校》240 页	年支春座局席	件残不详
87	不详	《辑校》241 页	年支春座局席	件残不详
88	943 年前后	《释录》317 页，《辑校》160 页	年支秋座局席	"人各面贰斤，油一合，粟壹斗"
89	乙亥（855？年）	《释录》319 页，《辑校》132 页	秋座局席（九月十七日）	未载

续表

序号	年代	资料出处	事由(活动日期)	应携物品
90	不详	《释录》320 页，《辑校》198 页	年支秋座筵席（十一月六日）	未载
91	895 年	《辑校》142 页	年支秋座局席	未载
92	九世纪末	《辑校》146 页	常年秋座局席	未载
93	936 年前后	《辑校》156 页	年支秋座局席	"人各粟壹斗，面贰斤，油半升"
94	戊午	《辑校》179 页	年支秋座局席（九月十二日）	"人各麦壹[　　]"
95	癸未	《辑校》187 页	年支秋座局席	"人各麦一斗，粟壹斗，面二斤，油半升"
96	十世纪	《辑校》201 页	年支秋座筵设（十一月八日）	未载
97	不详	《辑校》213 页	年支秋座局席	"人各面贰斤，油半升，粟一斗"
98	不详	《辑校》223 页	年支秋座局席	"[　　]斤，粟一斗，麦[　　]"
99	不详	《辑校》225 页	年支秋座局席	"人各粟一斗，面壹斤，油半升"
100	不详	《辑校》238 页	年支秋座局席	"麦一，粟一，油半升，面贰斤，"
101	不详	《释录》295 页	年支秋座局席	件残，存"□斤，粟一斗，麦□□"
102	不详	《补遗》(一)	年支秋座局席	未载

续表

序号	年代	资料出处	事由(活动日期)	应携物品
103	不详	《补遗》(二)	年支秋座局席	未载
104	十世纪前半	《释录》309 页,《辑校》173 页	常年局席	未载
105	乙巳	《辑校》162 页	常年局席(十二月十三日帖)	"人各麦一斗,粟一斗"
106	光启二年(886 年)	《辑校》137 页	年支座社局席	未载
107	943 年?	《辑校》159 页	常年座社局席	"人各麦壹斗,粟壹斗,面[ ]"
108	不详	《释录》340 页,《辑校》216 页	年支座社局席	"人各粟壹斗,面斤半,油半胜"
109	壬辰(992 年)	《释录》322 页,《辑校》313 页	"局席造出"(四月二十四日)	未载
110	不详	《释录》351 页,《辑校》204 页	"二月坐社"	"人各助麦一斗五升,粟二斗"
111	己丑	《辑校》196 页	"巷社一周""结案局席"	"羊价麦[ ]"
112	894 年?	《辑校》141 页	年支[ ]局席	未载
113	947 年前后	《释录》341 页,《辑校》164 页	社人李住儿筵席(三月十三日)	"人各麦壹斗,粟壹斗"
114	不详	《释录》341 页,	"[ ]席"	"人各面一斤,粟一斗,[ ]"
115	不详	《释录》346 页,《辑校》314 页	"张都头先罚局席造出"	未载

续表

序号	年代	资料出处	事由(活动日期)	应携物品
116	十世纪初	《辑校》311 页	(僧)慈光筵设	"空酒壹斗"
117	戊寅 (978 年)	《释录》440 页, 《辑校》378 页	渠人为水次浇粟事	未见记载
118	甲申 (984 年)	《释录》404 页, 《辑校》382 页	渠人为水次逼近事	锹镢、白刺、杖、橛
119	甲申 (984 年)	《释录》404 页, 《辑校》384 页	渠人为水次逼近事	锹镢、白刺、壁木
120	甲申 (984 年)	《释录》405 页, 《辑校》394 页	渠人为水次逼近事	柽、白刺、橛
121	甲申 (984 年)	《释录》405 页, 《辑校》388 页	渠人为水次逼近事	锹镢、白刺
122	不详	《释录》407 页, 《辑校》396 页	渠人为水次[ ]	锹镢、白刺等
123	壬午	《释录》408 页, 《辑校》380 页	渠人为水次逼近事	锹镢、白刺、柽、橛
124	不详	《释录》409 页, 《辑校》399 页	渠人为水次逼近事	锹镢、白刺、杖、橛
125	十世纪上半	《辑校》367 页	渠人为水次逼近事	锹、白刺、杖、橛
126	甲戌	《辑校》376 页	渠人修渠?	锹、镢、白刺、杖等
127	十世纪后半	《辑校》398 页	渠人为"官中处分" 修闸	锹、镢、杖、橛等
128	甲申 (984 年)	《释录》407 页, 《辑校》392 页	渠人为"官中处分田 新桥"	锹、镢、杖
129	不详	《补篇》79 页	"平道及盖都乡桥"	锹镢、柽

续表

序号	年代	资料出处	事由（活动日期）	应携物品
130	不详	《补篇》79 页	"官中处分"	锹镢、枝等
131	大中十二年（858 年）	《释录》306 页，《辑校》284 页	少事商量	未见记载
132	920?	《释录》323 页，《辑校》289 页	少事商量	未见记载
133	壬午（922 年）	《释录》326 页，《辑校》291 页	少事商量	未见记载
134	924?	《释录》326 页，《辑校》295 页	少事商量	未见记载
135	庚辰（980 年）	《释录》336 页，《辑校》298 页	少事商量	未见记载
136	丁亥（987 年）	《释录》338 页，《辑校》300 页	少事商量	未见记载
137	九世纪后半叶	《释录》340 页，《辑校》287 页	少事商量	未见记载
138	不详	《释录》347 页，《辑校》304 页	少事商量	未见记载
139	不详	《释录》348 页，《辑校》306 页	少事商量	未见记载
140	咸通十年（869 年）	《辑校》285 页	少事商量	未见记载
141	甲申（924 年）	《辑校》293 页	少事商量	未见记载
142	940 年前后	《辑校》296 页	少事商量	未见记载
143	十世纪前半叶	《辑校》297 页	"要种商量"	未见记载

续表

序号	年代	资料出处	事由(活动日期)	应携物品
144	不详	《辑校》302 页	少事商量	未见记载
145	不详	《辑校》305 页	少事商量	未见记载
146	不详	《辑校》306 页	少事商量	未见记载
147	庚寅 (930? 年)	《释录》327 页, 《辑校》249 页	"准例建福一日"(正月四日)	"人各炉饼一双,粟一斗"
148	壬申 (972 年)	《释录》332 页, 《辑校》262 页	常年建福一日(十二月二十三日)	"人各炉饼一双,粟一斗"
149	壬申 (972 年)	《释录》332 页, 《辑校》260 页	常年建福一日(十二月二十二日)	"人各炉饼一双,净粟一斗"
150	壬申 (972 年)	《释录》332 页, 《辑校》269 页	常年建福一日(十二月三十一日)	"人各炉饼壹双,净粟壹斗"
151	壬申 (972 年)	《释录》334 页, 《辑校》267 页	常年建福一日(十二月二十九日)	"人各炉饼壹双,粟壹斗"
152	壬申 (972 年)	《释录》335 页, 《辑校》265 页	常年建福一日(十二月二十四日?)	"人各粟壹斗,炉饼壹双,雕翎箭壹具,画被弓壹张"
153	911 前后	《释录》324 页, 《辑校》248 页	"建福一日"	"人各卢(炉)饼一双,粟一斗"
154	不详	《辑校》273 页	"(年)支见(建)一日"	"人各录(炉)饼一双"
155	十世纪上半叶?	《释录》360 页, 《辑校》254 页	建福	件残,提及香花、佛食等
156	九世纪下半叶	《释录》315 页, 《辑校》246 页	"常年设斋"(正月二十七日)	"人各麦一斗"
157	十世纪中叶	《释录》312 页, 《辑校》256 页	"年支社斋"	"人各麦壹斗,粟壹斗,油半升,面壹斤"

续表

序号	年代	资料出处	事由（活动日期）	应携物品
158	不详	《释录》350页，《辑校》276页	"常年设供"	"人各助麦一斗"
159	不详	《辑校》279页	"常年设斋一日"	件残不详
160	不详	《释录》349页，《辑校》275页	"正月设斋一供"（正月九日帖）	件残，提及油、豆等
161	十世纪后半叶	《辑校》271页	"年支正月斋"（正月十七日）	"人各面一升"
162	不详	《补遗》（二）	"五月斋"	"助麦一斗"
163	不详	《释录》304页，《辑校》243页	"五日（月）斋"（四月一日帖）	"人各助麦一斗"
164	不详	《辑校》280页	"年知（支）九月设斋"	"人各面二斤[　]"
165	乙巳（945年）	《补篇》72页	"年支设斋"（九月）	未载
166	吐蕃时期	《辑校》244页	某人"设供"	未见记载
167	不详	《辑校》280页	某人"设"	未见记载
168	辛未（971年）	《辑校》258页	"社人拽佛"（二月七日）	（其中三人应带马）
169	890前后	《辑校》323页	"常年印（沙佛？）"	未见记载
170	庚戌（950年）	《释录》360页，《辑校》251页	"佛堂头垒园墙"	锹、镢等
171	不详	《释录》347页，《辑校》278页	"年支正月燃灯"（正月二十一日）	"人各油半升"
172	甲申（984年）	《释录》406页，《辑校》390页	渠人转帖为"遂羊价"事	"人各麦二斗一升"
173	不详	《释录》305页，《辑校》307页	限期纳物（十一月二十一日帖）	未见记载

表 3 社司转帖事由分类统计表

项目																								
局席与互助											佛事										修治水渠等	少事商量	其他	总计
局席						互助				小计	建福、三斋等						燃灯	印沙佛	其他	小计				
春座	秋座	常年局席	坐社	其他	小计	丧葬	荣亲	其他	小计		建福	常年建福	正月斋	五月斋	九月斋	小计								
40	16	2	5	6	69	43	2	2	47	116	9	4	2	2	2	19	1	1	4	25	14	16	2	173
23.1%	9.2%	1.2%	2.9%	3.5%	39.9%	24.9%	1.2%	1.2%	27.2%	67.1%	5.2%	2.3%	1.2%	1.2%	1.2%	11%	0.6%	0.6%	2.3%	14.5%	8.1%	9.2%	1.2%	100%

631

从表 2、表 3 得见,时敦煌社邑的实际活动以春秋二社最为频繁,其次是丧葬互助。佛事活动的项目甚多,但活动频率不高,仅及丧葬互助频率或春秋二社频率的 45% 上下。这说明时人很讲究实际,对现世的诉求远较来世迫切。春秋二社是传统社邑的传统活动,除社祭外,还有联络社众感情的作用。春秋二社与丧葬互助的活动频率特高,说明时人既重视经济上、生活上的互助,也重视思想感情上的互助。渠社转帖相对较少,或与渠社出现较晚、存续时间较短有关。

对比表 1 与表 2、表 3,我们发现社邑的实际活动与立社规定不尽相同,有的还相差甚远。如春秋二社局席,立社文书或二者都不提,或二者并提,绝未见单提春社局席的。如果社条关于春秋二社的规定都被认真执行,那么,春秋二社的活动频率应该大体相等。与此相关联,有关春社活动的转帖的数量亦应与秋社转帖大体相当。但实际上,有关秋座局席的转帖仅及春社的 40%。这说明,社条有关春社活动的规定大体上都被执行(尽管时间上常被推迟,有时甚至推迟到四、五月间),而有关秋座局席的规定则多数未被执行。

再如三斋活动,表 1 所统计的立社文书中,提及三斋(一月、五月、九月共三次)的有 4 件,提及新年建福的有 2 件,而提及春秋二社的仅 5 件。依此推算,三斋、建福活动的频率应高于春秋二社(大体上应为 14∶10),然据表 3,三斋、建福的实际活动频率仅及春秋二社的 1/3。就三斋与建福而言,据立社文书推算,三斋的活动频率应为建福的 6 倍,但实际上,建福活动的频率却倍多于三斋活动的总和。①

再如经济上、生活上的互助,立社文书提及荣亲、覔脚或立庄造舍要众共成者有 4 件,占立社文书总数的 24%,其比例与春秋二社、三斋大体相当。但实际上有关荣亲与其他互助的社司转帖却很少见,分别仅及社司转帖总数的 1.2%。这说明立社文书中有关"立庄修舍,要众共成","男女婚姻,人事少多,亦乃莫绝"之类规定只是一种提倡,带有强烈的理

---

① 这说明,立社文书中虽常有"春秋二社旧规,建福、三斋本分"之说,实际上多数社邑并未举办正月斋、五月斋、九月斋。时人重视春座局席与新年建福,其意或在借辞旧迎新之际以联络社众感情,从某种意义上讲,也是一种贺岁活动。

想化色彩,在实际生活中,却很少以社的名义进行此类活动。①

下面再从社众这一角度,对其可能参加社司活动的频度及其负担进行粗略测算。参加春社局席活动,平均每人每次约交麦粟 1.5 斗。秋社与其他各种局席的活动频率约为春座局席的 73%,则平均每个社众为此活动约开支麦粟 1.1 斗。丧葬互助加上其他互助,活动频率与春社活动相比大体上为 1.2∶1。约计之,一年一度此项活动约耗粮 3 斗(酒一瓮耗粮 2 斗,饼 20 折粮 1 斗),②包括三斋、建福活动在内的佛事活动的频率仅及春社活动的 2/3。且亦以每人都一年一度参加此类活动,平均每次活动约耗粮 2.5 斗计之。若此,这三类活动都参加的社众,每人每年约耗粮 8 斗上下,加上油柴等等,折算起来,每人每年为此耗费一般为一石上下。参加活动项目少的社众,负担就更轻一些。因为社邑活动的负担大体上都不超过一般农户的承受能力,所以时人参加社邑活动十分踊跃。③

这里再谈社邑文书所见的"月直"。论者或以为"月直"的主要工作是置办局席,并进而推论:"在敦煌,每月办一次局席的社并不是个别现象。"④实际情况并非如此。敦煌社邑文书中,"月直"凡 6 见:第 1 例,大中年间儒风坊西巷社社条(表 1E 件):"所遭事一遍了者,便须承月直"。此例出自里巷社的社条,该社条很完整,其中并无每月轮办局席之说。因该官社有催驱赋役等责,该社之"月直"或即为此而设。第 2 例,某年十一月再限纳物转帖(表 2 第 154 号),规定社众"并须月直纳物","如月直不存勾当,局席不如法及不办,重科",转帖末尾还指定 3 人"差副月直,屈到被(彼)处,如违,罚";第 3 例,寅年十一月社司令狐建充使违例

---

① 社众之间,以个人或家庭名义进行荣亲与其他互助者,应更常见。
② 丧葬互助场合,一般仅规定纳吊酒与麦粟面等,有的还规定要借"色物"数丈或数匹。此类色物用后要还,说见宁可、郝春文《敦煌社邑的丧葬互助》[《首都师范大学学报(社会科学版)》1995 年第 6 期]文。此外,有的还有吊布数尺,但吊布一般出于自愿,社司对此多数未做统一规定。
③ 现存敦煌社邑文书中,投社状计 7 件,退社状仅 1 件,说明时人投社很踊跃,退社则很罕见。
④ 郝春文:《敦煌遗书中的"春秋局席"考》,《北京师范学院学报》1989 年第 4 期。

牒，①提及："往日已前所差者并当日营造，今被推延，故违众烈（列）"。
这两例属于同一社司的转帖，其"月直"之责就是当差跑腿（包括经办局
席），收纳财物。第 4 例，丙戌年九月十九日亲情社刘员定妻身死转帖
（表第 35 号），社众董郎姓名旁注"月直"；第 5 例，壬申年六月李达史弟
身亡转帖（表 2 第 7 号），社众阴海定姓名旁注"月直"；第 6 例，某年七月
三日亲情社张昌进身亡转帖（表 2 第 12 号），社众左郎姓名旁注"月直"。
此三例皆出自丧葬互助转帖，其"月直"之责不外乎丧葬时统一收纳转交
社众赠物，事后统一归还借物等，与置办局席亦了不相涉。

三、关于"三驮"与所谓"义聚"

"三驮"（"三赠"）是丧葬互助中的一项特殊规定。立"三驮"名目标
程序，宁可、郝春文《敦煌社邑的丧葬互助》一文论之已详，这里只谈立三
驮的性质。我们知道，社邑内部实行丧葬互助的基本原则就是互助。既
是互助，社众间的权利与义务就应大体平衡。因为社众的家庭规模大小
不一，如果社人的每位家属都有获赠权利，那么，单身或一夫一妻家庭与
上有数老、下有众小家庭，在权利、义务方面就难以相对平衡。针对这种
情况，许多实行丧葬互助的社邑对吊赠对象的范围加以限制，有的仅限
于社众本身（如表 1D 件）；有的限于社人本身及其妻、父母（如表 1I 件）；
有的限于社人家内 3 人（如表 1C、E、L、M、O 等件）；有的限于"社内十岁
以上"3 人（如表 1P 件）。这后两种情况即所谓"三驮"或"三赠"。实行
"三驮"办法的社邑，约占实行丧葬互助社邑的半数。"上三驮"、"三赠"
又有两种：一种是事先"举名请赠"，一种是不预先举名，家内有三人受赠
毕，就重新置筵席（或再上驮），重新开始。实行"三驮"、"三赠"办法的社
邑，社人本身亡故，无论立三驮与否，赠物与赠仪都一样：赠物准赠例，
都要送葬。立三驮名目的社人家属亡故，赠物或同于社人本身亡故
例，或略少；仪礼方面，或送葬或不送葬。未立三驮名目的社人家属亡
故，则没有获赠权利。从本质上讲，实行"三驮"办法的丧葬互助，仍属

① 宁可、郝春文：《敦煌社邑文书辑校》，江苏古籍出版社 1997 年版，第 716 页。

互助性质,谈不上是"入社的富户、官僚、军将对贫苦社人的一种变相的剥削"。①

再谈"义聚"问题。上引儒风坊西巷社的第一条开头就是"所置义聚,备凝凶祸,相共助诚(成),益期赈济急难"。论者以为此"义聚"指的是"私社的公工积累"。② 笔者以为所谓"义聚"就是以义相聚之意,不能附会为公共积累。《宋史》卷177《食货志》载:"熙宁元年,知谏院吴充言:今乡役之中,衙前为重。民间规避重役,土地不敢多耕,而避户等;骨肉不敢义聚,而惮人丁",《宋史》卷456《孝友传》载樊景温兄弟,荣恕旻兄弟都曾"兄弟异居积年",后来"复义聚,乡人称雍睦",皆可见已成家的兄弟同居共财,即可称为"义聚"。宗族同居共财,更可称为"义聚"。③由此引申,社会下层的聚义也可称为"义聚"。④ 里巷官社在自愿基础上实行丧葬互助,自然也可称为"义聚"。吐蕃时期敦煌儒风坊西巷社社条开头规定的立社宗旨:"所置义聚,备凝凶祸,相共助诚(成),益期赈济急难",亦即"结义相和,赈济急难,用防凶变"之意,与公共积累初不相涉。⑤

---

① 论者或谓:"一社之内,立三驮名目者死亡时,可享受远较三驮为丰的纳赠及隆重葬仪,而未立三驮名目的社人则只有厚赠助葬的义务而自身无请赠的资格。"其根据就是表1C件。该件后缺,社众本身身亡赠例不详,按惯例应赠麦粟面油等,并送葬。该件规定,"社内三大(驮)者有死亡,赠肆尺祭盘一,布贰丈,借色布两匹半",未言赠麦粟面油及送葬,赠物与仪礼显然不及社人本人身亡例。

② 宁可:《述社邑》,《北京师院学报(社会科学版)》1985年第1期;郝春文:《敦煌私社的"义聚"》,《中国社会经济史研究》1989年第4期。

③ 《宋史》卷456《孝友传》即载:陈旭宗族同居,宋太宗"以远民义聚,复能固廉节,为之叹息"。

④ 《唐摭言·争解元》即载:"江西钟传令公起于义聚"。

⑤ 上引儒风坊西巷社的"所置义聚"云云,虽非公共积累之意,但不等于说当时社邑都没有公共财产(或公共积累)。特别是以修窟、修佛堂等为宗旨的社邑,因其所需财物甚多,所以常在筹备过程贮财生息。

四、社邑与寺院的关系

唐末五代宋初的敦煌,佛教盛行,佛寺很多,佛教成为多数人的信仰。这一时期大量出现的社邑,与佛寺大都有不同程度的联系。绝大多数的社邑与佛寺的联系只是思想上(信仰上)的联系,但也有一些社邑,由于共同举办活动的需要,与寺院保持一定的经济联系。燃灯社、行像社即为此类社邑的典型。论者或认为:"在敦煌地区,大部分以经济和生活互助为主要活动内容的社都不同程度地受到了寺院的控制,分别帮助寺院举行各种佛教活动","这类社和佛社一样,是寺院经济与劳动力的重要来源","它们为地方僧官和寺院提供的物品和劳动力,都被无偿地占有了。所以,从实质上说,佛教僧团与其所控制的兼行佛教活动的社之间存在着一种剥削与被剥削的关系","寺院通过与之有联系的私社几乎控制了敦煌的全体居民","寺院对兼行佛教活动的私社的控制与剥削,大大加重了私社成员特别是贫穷社人的负担"。[①] 笔者以为,凡此等等,都未免言过其实。敦煌以外地区,因缺乏定量的实证资料,不敢妄论。敦煌则幸有许多寺院的入破历在,可以进行比较准确的定性分析与定量分析。

先看每年正月十五燃灯活动中寺院的收支情况。现存敦煌寺院帐历中,完整记及燃灯活动收支情况的,首推长兴二年(931年)正月沙州净土寺诸色入破历算会牒。[②] 该件共747行,首尾完整。现将该寺长兴元年燃灯活动收支情况分列于下(间接用于燃灯活动的开支不计,括号内数字表示所在行,下同):

---

① 郝春文:《隋唐五代宋初传统私社与寺院的关系》,《中国史研究》1991年第2期。

② 唐耕耦、陆宏基编:《敦煌社会经济文献真迹释录》第3辑,全国图书馆文献缩微复制中心1990年版,第369~389页。

表4　长兴元年净土寺燃灯活动收支情况表

净土寺从燃灯社收入	同年净土寺燃灯活动支出
麦3斗,"正月燃灯社入"(43) 粟3斗,"正月燃灯社入"(106)	麦1斗,"卧酒,正月十五日窟上燃灯顿定用"(178) 粟2斗,"正月十五日卧酒,窟上看和尚顿用"(251) 油3升,"正月十五日夜燃灯用"(324) 面2.5斗,"正月十五日上窟燃灯僧食用"(385)

　　以上都是直接用于燃灯活动的开支。长兴元年,净土寺从燃灯社仅收入麦粟6斗,而直接用于燃灯活动的支出却达1.1硕(1升油折麦2斗,①下同),收支相抵,净土寺多付出麦粟5斗。可以说,净土寺与燃灯社共同承担了燃灯活动的费用。

　　再看行像社与寺院的行像活动。现存敦煌寺院帐历中完整记及行像活动收支情况的只有2件,分列于下:

表5　同光二年(924年)净土寺行像活动收支情况表

净土寺行像收入	同年净土寺行像支出
麦3斗,"二月八日沿佛散施入"(42) 粟5斗,"二月八日沿佛散施入"(124) 豆2斗,"二月八日沿佛散施入"(198)	粟1.4硕,"卧酒,二月八日侍佛人及众僧斋时用"(271) 粟6斗,"侍佛人顿递用"(273) 粟3斗,"侍佛人九日就韩苦家解劳用"(274) 粟4斗,"二月七日与行像社沽酒用"(320) 油1升,"二月八日造粥用"(326) 油2.5升,"二月八日斋时看侍佛及众僧等用"(327) 油1升,"与耽(担)佛人用"(328) 面3斗,"二月八日造粥解斋用"(361) 面6.5斗,"八日斋时看侍佛人及众僧食用"(362) 面3斗,"与耽(担)佛人北门造顿用"(363)
小计:1硕	折合5.36硕

---

① 　唐耕耦、陆宏基编:《敦煌社会经济文献真迹释录》第3辑,全国图书馆文献缩
　　微复制中心1990年版,第313页《辰年某寺诸色入破历算会牒》第19～20行
　　即记:"油捌胜折麦壹硕陆斗"。

表 6　长兴元年(930 年)净土寺行像活动收支情况表

净土寺行像活动收入	同年净土寺行像活动支出
麦 3 硕,"二月六日沿行像施入"(45) 粟 6.8 硕,"二月六日沿行像施入"(108) 米 5 升,"行像社入"(130) 豆 2 斗,"二月六日沿行像施入"(138)	粟 2.1 硕,"卧酒,二月八日斋时看行像社人及助佛人、众僧等用"(271) 粟 6 斗,"与擎佛人北门顿酤酒用"(204) 粟 1.2 硕,"二月七日与擎佛觅助佛人用"(205) 油 4 升 1 抄,"二月八日造粥斋时煮饽飳看社人、众僧用"(273) 油 1 升,"与擎大佛人北门顿用"(274) 油半抄,"九日收佛衣日炒腿用"(275) 面 1.2 硕,"二月八日造粥斋时胡饼、饦饼、饽飳看社人及擎小佛子兼众僧等食用"(334) 面 4 斗,"与擎佛人北门顿用"(336) 面 2 斗,"九日收佛衣众僧斋时用"(337) 布 15 尺,"造襆两个,幰行像新旧伞用"(427)
小计:10.55 硕	折合粮食约 6.7 硕,布 15 丈

　　上引两件净土寺入破历显示:净土寺每年从行像活动中收入甚微薄,多者 10 硕上下,少者仅 1~2 硕。直接用于行像的支出,都在 5 硕以上(还不含布折粮食)。其收入,绝大多数来自"沿行像散施入"。来自行像社者很少,[①]或者完全没有。除行像、燃灯活动外,未见行像社、燃灯社为寺院提供劳力、财物的实例,亦未见其他社邑(佛社或互助社、里巷社)为寺院提供劳力、财物的实例。因而,完全说不上是"寺院经济与劳动力的重要来源"。和燃灯活动一样,行像社提供的人力与极其有限的财物,以及僧俗吏民的"沿行像散施入",大体上也是直接用于行像活动,并未进入寺院经济的生产过程,或成为寺院僧尼的日常消费品。因而,我认为燃灯社、行像社为燃灯、行像活动的付出,乃属燃灯社众、行像社

---

①　笔者所见,最多的一次,是甲辰(944 年)后某年净土寺入破历算会稿(唐耕耦、陆宏基编:《敦煌社会经济文献真迹释录》第 3 辑,全国图书馆文献缩微复制中心 1990 年版,第 455~509 页)第 491 行:"麦伍硕,行像社人入",惜该算会稿被反面利用时,剪贴错乱,无法理清各年行像活动的总体收支情况。

众的文化消费(宗教信仰上的消费)范畴,亦即与寺院共同举办燃灯、行像活动,谈不上是为寺院无偿提供财物、劳力。就燃灯、行像活动而言,寺院与燃灯社、行像社之间,并不存在剥削与被剥削关系。寺院上层与部分僧俗吏民之间诚然存在剥削与被剥削关系,但寺院上层剥削的对象是部分僧俗吏民,而不是作为一种集体的"社",剥削的方式是出租田土、碾硙、油梁与放贷等活动,而不是燃灯、行像等社邑活动。

关于敦煌寺院通过私社控制敦煌居民问题,论者又作如下估算:上引长兴二年(931 年)正月沙州净土寺诸色入破历算会牒有"面一硕二斗,二月八日造粥斋时胡饼、饦饼、铧鍮看社人及擎小佛子兼众僧等食用"项,假定一顿饭每人食用 8 合,一硕二斗即约为 150 人的食量。除净土寺僧、沙弥 20 余人外,在净土寺用饭的社人还有 130 人左右。净土寺只是敦煌小寺,其他大寺控制的社人可能更多。假如敦煌每寺所控制的社人在 150 人至 200 人之间,则 17 所寺院指导、控制的社人就有三四千,加上社人家属,总人口就在 15000 人以上,时敦煌人口仅 2 万左右,也就是说,寺院通过与之有联系的私社几乎控制了敦煌的全体居民。

笔者以为,上述推算的各个环节都失之过宽。(1)当时供食标准一般为日食 2 升。敦煌习俗是日二食,早料(上午)一般为面 1 升,午料(下午)多为胡饼 2 枚,也是 1 升,夜断。① 日三食者也有,但较少见。初春二月行像,日二食的可能性很大。粥斋时供胡饼、饦饼、铧鍮,应即早料、午料两顿,亦即包含了全日食。以此计之,面 1.2 硕仅可供 60 人左右。(2)时供食对象不限于净土寺僧人与社人,还包括"擎小佛子"人。"擎小佛子"人几何,不详,估计不下 10 人,②再减去净土寺僧及沙弥 20 多人,则行像社社人不及 30 人。③ (3)敦煌佛教僧团设有行像司、燃灯司,行像活动当即由行像司、燃灯司统一组织。现存敦煌资料仅见净土寺有行像活动,我们虽然不能据此断定当时只有净土一寺有行像活动,但也没

---

① 参见唐耕耦、陆宏基编:《敦煌社会经济文献真迹释录》第 3 辑,全国图书馆文献缩微复制中心 1990 年版,第 278～280 页《庚辰—壬午年间归义军衙内油面破历》、第 281～286 页《年代不详归义军衙内油面破历》。

② 该件支出项目就有一项是"粟壹硕贰斗,二月七日与擎佛觅助佛人用",此壹硕贰斗之粟当为短雇之雇价。以每人每日雇价 1 斗计,壹硕贰斗可雇 12 人。

③ 除行像社外,未见其他社以"社"的名义参加行像活动。

有理由认定当时 17 寺都举行行像活动。① 如果不是 17 寺都举办行像活动,那么,当日在净土寺就食的僧人就不必限于净土寺 20 多位僧、沙弥。若此,参加行像活动的行像社社人就更少。(4)退一步说,即使是敦煌 17 寺都举办行像活动,那么,当时参加行像活动的"社人",也不过 500 人上下。因为参加行像活动的不必一户一人,若以户计,充其量也不会超过四五百户。当然,这不包括观众与沿途散施之民众。② 总而言之,由净土寺长兴元年二月八日的一项供食记录,推论当时敦煌寺院"通过与之有联系的私社几乎控制了敦煌的全体居民",未免失之草率。

[后记:2001 年,笔者撰文《唐末五代宋初敦煌社邑的几个问题》(载《中国史研究》2001 年第 4 期),"在他人搜集、整理的材料的基础上,对一些问题提出了不同的看法和解释"。随后,郝春文先生撰文《〈唐末五代宋初敦煌社邑几个问题〉商榷》(载《中国史研究》2003 年第 1 期),对拙文提出反批评。2005 年第 2 期《中国史研究》同时刊出拙文《唐末五代宋初敦煌社邑几个问题的再商榷》,与郝春文先生的回应《再论唐末五代宋初敦煌社邑的几个问题》,使讨论告一段落。今文即参酌笔者两文而成。]

---

① 据唐耕耦、陆宏基编:《敦煌社会经济文献真迹释录》第 3 辑,全国图书馆文献缩微复制中心 1990 年版,第 328～332 页录安国寺光启二年(886 年)诸色斛斗入破历,该寺当年就没有有关燃灯、行像活动的开支,由此可见该寺当年就没有举办燃灯、行像活动。

② 观看行像活动与沿途散施的僧俗吏民都只是以个人的名义,而不是以"社"的名义出现的。

敦煌出土的放妻书琐议

【内容提要】 敦煌出土的十世纪前后的离婚文书多称为"放妻书"。此"放"字乃放归本宗之意,本身并无贬义。"放妻书"所开列的离婚理由都是夫妻不谐,属"和离"范畴,与"七出"、"义绝"等全然无涉。因此,协议离婚时,语气都很缓和,绝不见"斥"、"逐"、"弃"之类词汇。离婚书的主要用途,一是用于户籍除附,一是供再婚之用。封建礼教乃是汉魏以降历代律令的主要理论依据之一,但礼教毕竟不同于律、令,也不一定都入律、令。律、令的各条款亦不必都是一本于"礼"。就剥夺妇女的婚姻自主权而言,"礼"和"律令"是一致的,而就剥夺寡妇的再嫁权而言,祸首就是"礼",而不是律、令。

【关键词】 敦煌 离婚 民俗 礼教 律令

《敦煌社会经济文献真迹释录》第 2 辑录有 7 件放妻样书,①这些文书反映了十世纪前后敦煌民俗婚姻关系与婚姻离异的某些特点,对于了解唐宋间婚姻与婚姻离异情况,有很大的参考价值。

一、放妻书与放良书不能相提并论

春秋战国以降,史籍平叙解除婚姻关系,或当事人自叙解除婚姻关系的用语,或曰"离婚"(见《宋书》卷 41《后妃·孝武文穆王皇后传》、《旧唐书》卷 18《武宗纪》),或曰"离绝"(见《宋书》卷 85《王景文传》、《三国

---

① 见唐耕耦、陆宏基编:《敦煌社会经济文献真迹释录》第 2 辑,全国图书馆文献缩微复制中心 1990 年版,第 161、175、177、183、195、196、197 页。

志》卷9《曹爽传》引皇甫谧《列女传》），或曰"仳离"（见宋人洪迈《夷坚丙志》卷14《王八郎》）。

如果是朝廷令离异，亦言"离婚"、"离绝"等，见《南史》卷18《赵伦之附伯符传》、《宋书》卷58《谢弘微传》。

如果是男方（包括男方亲属）主动与女方离婚，常曰"出"，见《南齐书》卷39《刘王献传》、《旧唐书》卷62《李大亮附迥秀传》。或曰"去"，见《汉书》卷72《王吉传》、《后汉书》卷29《鲍永传》。或曰"绝"，见《三国志》卷5《武宣下皇后传》注引《魏略》、宋人周密《齐东野语》卷1《放翁钟情前室》。或曰"决"，见《汉书》卷97《外戚·孝景王皇后传》。或曰"遣"，见《后汉书》卷84《列女·姜诗妻传》。或曰"逐"，见《汉书》卷4《陈平传》、《宋史》卷456《孝友·苏庆文传》。或曰"弃"，见《晋书》卷88《孝友·许孜传》、《新唐书》卷23《文艺·孟浩然附崔颢传》。

宋元以后则多称"休"、"休离"，见宋人魏泰《东轩笔录》卷7。如果是女方（含女方亲属）主动要求离婚则曰"求离"、"求离婚"，见《北史》卷8《外戚·冯熙传》、《旧唐书》卷193《列女·刘寂妻夏侯氏传》。或曰"求去"，见《汉书》卷44《淮南王安传》、《汉书》卷64《朱买臣传》。或曰"请决"，见《汉书》卷32《张耳传》。或曰"告绝"，见《晋书》卷97《谢安附谢邈传》。

而敦煌出土的离婚样书皆与此迥异。S.0343（9V—10V）号文书（以下简称A件），首题为"某专甲谨立放妻手书"；S.5578号文书（以下简称B件）与S.6537（1V）号文书（以下简称B′件）皆无题，此两件文书内容略同，应系同源。S.6537（6V）号文书（以下简称C件），首题与尾题皆为"放妻书"；P.3212（11V）号文书（以下简称D件），首题"夫妻相别书"；P.4525（7）号文书（以下简称E件），首题为"放妻书"；P.3730号文书（以下简称F件），首题为"某乡百姓某专甲放妻书一道"，此件与C件仅有几句不同，大多数文字雷同。以上7件文书，除2件无题，1件首题"夫妻相别书"外，其余4件皆题"放妻书"。论者或联系奴婢放良文书，认为"放妻书"反映了夫妻关系上，妻的地位的低贱，我以为此论非是。"放"字有解脱约束或使之脱离含意，本身并无明显贬义。在放奴婢为良场合，因为是免贱为良，表明被放者原先的地位很低贱。而在其他场合，就并非如此。如唐玄宗曾诏令"其天下百姓，有灼然单贫不存济者，缘租庸先立长行,每乡量放十丁"。① 这里所谓的"放"乃是放免赋役。被放免者贫则贫矣,但身份地位并不低贱。又如"放臣",《六臣注文选》卷 13 收祢衡《鹦鹉赋》即有"闻之者悲伤,见之者陨泪。放臣为之屡叹,弃妻为之歔歔"句,同书卷 18 所收马融《长笛赋》也有"放臣、逐子、弃妻、离友,彭、胥、伯奇、衰姜、孝己,攒乎下风……通且忘寝不能自御"句。李周翰注曰:"放臣谓迁于遐荒者。逐子谓逐出之者。弃妻谓夫之弃者。离友,友朋离别者。"彭咸、子胥、衰姜、孝己等人的遭遇诚然可悲、可悯,但其身份地位绝不低贱。"放妻书"之"放",乃放归本宗之意,其中也并无贬义。"放妻书"实际上就是离婚书。之所以言"放妻",是因为在夫系家庭制下,妻子一般是从夫居,因而在离婚场合,通常也就是妻离夫家,②夫放妻归。从妇人从夫居,子女从父姓、承父宗这一角度讲,确实反映了男女之间的不平等。但妇女地位的低下,不等于低贱。总而言之,"放妻"与奴婢放良截然不同,绝不能相提并论。

二、敦煌出土的"放妻书"所反映的婚姻离异情况

以上 7 件放妻书的格式都是分成三个部分:第一部分讲理想的婚姻应该是怎么样;第二部分讲现实的婚姻状况,亦即离婚的原因;第三部分讲离婚后及其善后事宜。

传统礼教认为:"婚姻者,合二姓之好,上以事宗庙,下以继后世",③完全忽视了夫妇间的性爱与感情需求。上述 7 件敦煌文书则与此相反,十分强调夫妻间的性爱与感情。上引 A 件文书,强调夫妻间应"恩深义

---

① 《安养百姓及诸改制诏》,《全唐文》卷 25。
② 丈夫从妻之情况也有,但为数甚少。如上引 E 件文书[P. 4525(7)号]就是夫(富盈)从妻(阿孟)居。因而在离婚时就是妻"对众平论,判分离别,遣夫主富盈"归。按此件文书所反映的婚姻情况,离婚书本应题为放夫书才是。或即因为其时基本上都是从夫居,离婚书绝大多数也是题为《放妻书》,所以阿孟与富盈离婚时就借用现成的《放妻样书》的格式,加上 3 行阿孟与富盈离婚的具体内容,便成为以放妻之名,行放夫之实的离婚书。
③ 《礼记·婚义》。

重"。C件、F件文书强调"伉俪情深,夫妇义重,幽怀合卺之欢,须念同牢之乐。夫妻相对,恰似鸳鸯双飞,并膝花颜共坐。两德之美,恩爱极重。二体一心,生同床枕于寝间,死同棺椁于坟下"。D件文书强调"夫妻语让为先……夫取妻意,妻取夫言。……日日即见快欢";E件文书强调夫妇"恩义深极,贪爱因浓。生前抱白头,死后要同于黄土"。以上都全然未及"合二姓之好,上以事宗庙,下以继后世"事。只有B件(含B′件)文书在强调夫妻感情、家庭和睦、兴旺["一从结契,要尽百年,如水如鱼,同欢终日。……远近似父子之恩,九族邕怡四时而不曾更改。奉上有谦恭之道,抚下无常(党)无偏。家饶不尽之才(财),轴里(妯娌)称长延之喜"]的同时,言及生男育女事("生男满十,并受公卿;生女柔容温和,内外六亲叹美")。而其言生男育女,重点也是放在夫妻情深、家族欢乐,而不是广继嗣等等。由此足见,十世纪前后敦煌民俗对婚姻的追求十分注重男女感情,与传统礼教所强调者不同。而在导致解除婚姻关系方面,主要也是因感情不和而导致婚姻家庭的破裂。各件离婚书都强调夫妻感情业已破裂[如A件强调"二心不同,难归一意";C件、F件强调"今已不同……反目生嫌";E件强调"(夫妻)二情称怨,互角增多,无秦晋之同欢,有参辰之别恨"]。有的还进而指出:由于夫妻感情不和,还影响到整个家庭亲属,甚至导致家业衰败。如D件文书就谈到"眷属污辱,皂门连累",如果不别,就势必是"日日渐见贫穷,便见卖男牵女",B件、B′件更谈到"猫鼠同窠,安能得久。二人意隔,大小不安。更若流连,家业破散。颠铛损脚,至见宿话不残;擎鏊凿瓮,便招困弊之苦。男饥耕种,衣结百穿;女寒绩麻,怨心在内"。因而除了离婚,别无他法。

唐宋律、令关于合法婚姻的离婚有明确规定:

(1)妻有七出之状者,可以由夫家提出离婚。"七出"的范围,唐户令也有明确规定。《唐律疏议》卷14《户婚律》引《户令》曰:"七出者,依《令》:'一无子,二淫泆,三不事舅姑,四口舌,五盗窃,六妒忌,七恶疾"。《宋刑统》卷14《户婚律》略同。

(2)义绝,必须离婚。依《户令》,"殴妻之祖父母、父母,及杀妻外祖父母、伯叔父母兄弟姑姊妹,若夫妻祖父母、父母、外祖父母、伯叔父母兄弟姑姊妹自相杀,及妻殴詈夫之祖父母、父母、外祖父母、伯叔父母兄弟姑姊妹,及与夫之缌麻以上亲若妻母奸,及欲害夫者,皆为义绝"。《唐律疏议》卷14《户婚律》与《宋刑统》卷14规定：“夫妻义合，义绝则离。违而不离，合得一年徒罪。离者，既无‘各’字，得罪止在一人，皆坐不肯离者；若两不愿离，即以造意为首，随从者为从。皆谓官司判为义绝者，方得此坐。”

（3）“夫妻不相安谐”者，可以和离。按《唐律疏议》卷14《户婚律》与《宋刑统》卷14《户婚律》的解释，也只有在“两愿离”时，方可以“和离”。

对照唐宋律令，上引7件离婚书中只有D件一件似乎与“七出之状”中的“不事舅姑”有关，因为该件开首即言“盖闻人生一世，夫妻语让为先。……夫取妻意，妻取夫言。▬▬事奉郎姑叔伯，新妇便得孝名”，按通常规律，接下去的“但书”便应该是“新妇不孝”、“不事舅姑”等等。但该件文书笔锋一转，便说“今则夫妇无良，便作互逆之意，不敬翁嫁（家？），不敬夫主，不事六亲，眷属污辱，阜门连累”。这样也就避开了新妇不孝、不事舅姑的问题，而变成双方都有过失（夫不敬岳父岳母，妇不敬夫主及其亲属），双方应该协议“和离”。

其他各件文书更是强调夫妻不谐，并将造成婚姻、家庭关系紧张的责任分摊夫妻双方（如云“妻则一言十口，夫则反目生嫌”、“夫若举口，妇便生嗔；妇欲发言，夫则拾捧”等等），而绝不单方面指责某一方。因而也都属于“和离”范畴，与“七出”、“义绝”等等全然无涉。

值得一提的是，上述7件离婚样书都强调宿世姻缘，或云“凡为夫妇之因，前世三年结缘，始配今生夫妇。若结缘不合，比是宿世冤家，故来相对”（A件）；或云“夫妇之礼，是宿世之因。累劫共修，今得缘会”（B件、B′件）、“世代修因，见存眷属”（D件）、“三载结缘，则夫妇相和；三年有怨，则来作仇隙”（C件、F件）等等。总而言之，认为现实婚姻中夫妻感情的严重冲突，乃至感情完全破裂，都是“宿世怨家，今相遇会”（E件）所致。既然如此，其出路也就只能是冤家宜解不宜结，好说好散。

或即基于这种认识，各件离婚样书在提到协议离婚时，语气都很缓和，都只有“相离”（A件）、“分离”（B、C、D、F各件）、“离别”（E件）、“相别”（D件）之类字眼，而绝不见“斥逐”、“弃”之类词汇。

离婚之际，对女方或对男女双方又都有最美好的祝愿，如云“愿妻娘子相离之后，重梳蝉鬓，美扫娥媚，巧逞窈窕之姿，选聘高官之主”（A件），或云“相隔之后，更选重官双职之夫，弄影庭前，美逞琴瑟合韵之态。

伏愿娘子千秋万岁"(C件、F件)。或者是"夫觅上对,千世同欢;妇聘亳宋,鸳鸯为伴"(B′件),或者是"夫则任签贤失,同牢延不死之龙,妻则再嫁,良媒合巹契长生"(E件)。即使是最朴素、最平淡的祝愿词,也还是"愿妻再嫁富贵,得高夫厶……一似如鱼德(得)水,壬(任)自波游,马如挴纲(岗)壬(任)山丘"(D件)。

极不和谐,乃至水火不相容的婚姻关系,最后又以极其和谐的方式告终,这似乎有点令人难以置信,但敦煌所出的离婚样书的基调却正是如此。

三、秦汉唐宋间的离婚手续

协议离婚须书写离婚书,已有敦煌出土的7件放妻书为证,已无容置疑。协议离婚时一般都要会集双方亲属商议,如D件文书即言"今对两家六亲眷属,团坐亭腾商量,当便相别分离"。其他各件,除B件因后缺,E件情况特殊外,①也都分别提及"聚会二亲"、"聚会六亲"、"快会及诸亲"等。

离婚书的内容一般都很简单,除声明离婚外,没有别的实质性内容。当代的离婚协议,子女的抚养和财产的分割常属主要内容,但在周秦以降的中国古代,这两项都不成为问题。子女的归属,按惯例都是归男方,女方对此无权争议。②《仪礼·丧服》中就有"出妻之子为母"服期的规定,表明出妻之子一般即随父。《三国志》卷8《公孙度传》注引《晋阳秋》载李敏被公孙度所杀后,"敏子追求敏,出塞,越二十余年不娶。州里徐邈责之曰:'不孝莫大于无后,何可终身不娶乎!'乃娶妻,生子胤而遣妻",也表明出妻之子留在夫家乃必然之事。《后汉书》卷48《应奉传》注

---

① 敦煌出土的7件"放妻书"中,有6件属于样书,仅E件文书1件,属放妻书稿。E件文书虽未明确提及"二亲"或"六亲",但提及"今亲姻村巷等与妻阿孟对众平论,判分离别,遣夫主富盈迄"。此"亲姻"或即包括"二亲"或"六亲"。或者是,富盈已无亲属而入赘于妻家。

② 子女随出母乃特殊情况,如子女与母一同被弃或政治原因等。

引《汝南记》云："华仲妻本是汝南邓元义前妻也。元义父伯考为尚书仆射，元义还乡里，妻留事姑甚谨，姑憎之，幽闭空室，节其食饮，羸露日困，妻终无怨言。后伯考怪而问之。时义子朗年数岁，言母不病，但苦饥耳。伯考流涕曰：'何意亲姑反为此祸！'因遣归家。……其子朗时为郎，母与书皆不答，与衣裳辄烧之。母不以介意，意欲见之，乃至亲家李氏堂上，令人以它词请朗。朗至，见母，再拜涕泣，因起出。母追谓之曰：'我几死，自为汝家所弃，我何罪过，乃如此邪？'因此遂绝。"更可见出妻之子除不为父后者可以（也应该）为生母服期外，实际上与生母断绝一切关系。

关于财产，汉唐律令有明确规定。汉律规定："弃妻，畀所赍。"①亦即离婚时，女方可带回陪嫁物，但不能参加对男方家财的分割。唐户令亦规定"凡弃妻……皆还其所赍见在之财，若将婢有子亦还之"，②基本精神亦与汉律相同，但将应还的陪嫁物具体限定在"见在"范围之内。因此，目前所见的明代以前的"放妻"书（或曰休书）都未具载财产分割情况。③ 但在协议离婚或在"弃妻"场合，也有由男方给若干财物的事例。

---

① 《礼记·杂记下》郑玄注引"律：弃妻畀所赍"。

② 《唐令·户令》已佚，此据日本《令集解》卷1《户令》。日本户令多参考唐令。其弃妻条关于"七出"、"三不去"、"义绝"的定义皆见于《唐律疏议》卷14《户婚律》，所引唐户令，文字亦几无差别（所不同的是：《唐律疏议》引唐户令提到的"伯叔父母兄弟姑姊妹"，日本户令则作"伯叔父姑兄弟姊妹"，少了一个"母"字，次序亦稍有改动）。而《令集解》此条的注释，又有称引《唐令释》者，因而相信日本户令的"弃妻"条乃抄自唐户令。个别文字或有所改动，但基本精神应同于唐令。以下称引唐户令离妻条，皆借用日户令，不另说明。

③ 唐以前的离婚书皆未见。唐宋间的离婚书目前仅见敦煌所出的7件"放妻书"。元明的离婚书（即"休书"）目前亦少见，仁井田陞的巨著《唐宋法律文书研究》曾从元明间的文艺作品中找到两份休书，因与本题有关，转录于下，以备参考。《古今小说》第1卷《蒋兴哥重会珍珠衫》："立休书人蒋德，系襄阳府枣阳县人，从幼凭媒聘定王氏为妻。岂期过门之后，本妇多有过失，正合七出之条。因念夫妻之情，不忍明言，情愿退还本宗，听凭改嫁，并无异言。休书是实。成化二年　月　日手掌为记。"《水浒传》（120回本）第8回："东京八十万禁军教头林冲，为因身犯重罪，断配沧州，去后存亡不保，有妻张氏年少，情愿立此休书，任从改嫁，永无争执。委是自行情愿，即非相逼。恐后无凭，立此文约为照。年　月　日。"

如敦煌出土的《齖䶗书》，①就提到齖䶗新妇与翁婆不和，整天"斗唇阁舌，务在喧争，欺儿踏婿，骂詈高声"。翁婆拿她没办法。一日，又与阿婆争吵，"新妇乃色（索）离书，废我别嫁可憎夫婿（按：可憎，此处作可爱解）。翁婆闻道色（索）离书，忻忻喜喜。且与缘房衣物，更别造一床毡被，乞求趁却，愿更莫逢相值"。这是女方主动请离，男方顺水推舟，除让她带走缘房衣物外，又特地造一床毡被给送。敦煌出土的 B′件放妻样书所说的"所要活业，任意分将"，与 C 件放妻样书所说的"所有物色书之"，亦应属这种性质。

此类给送，数额一般都有限，基本上属于礼节性范畴，与家产分割不是一回事。②

协议离婚有离书。以"七出"名义离婚，也应书写离婚书。据《日本养老户令》推测，唐户令亦规定："凡弃妻……皆夫手书弃之，与尊属近亲同署，若不解书，画指为记。"关于"尊属近亲同署"，日本《令集解》所收的日本注释家的解释（含《唐令释》在内）大都认为是男家与女家亲属共署。我以为双方亲属乃至东邻西邻与见人皆署，应系和离场合。如果是以

---

① 见王重民等编：《敦煌变文集》第 7 卷，人民文学出版社 1957 年版；又见刘复辑：《敦煌掇琐》，新文丰出版公司 1985 年版。该件写本较多，有一件题为《齖䶗新妇文一本》。

② 《旧唐书》卷 132《李澄附元素传》载：元和初，前户部尚书李元素与妻王氏（王方庆孙女）离婚。"给与非厚。妻族上诉，乃诏曰：李元素病中上表，恳切披陈，云妻王氏，礼义殊乖，愿与离绝。初谓素有丑行，不能显言，以其大官之家，所以令自处置。访闻不曾告报妻族，亦无明过可书，盖是中情不和，遂至于此。胁以王命，当日遣归，给送之间，又至单薄。不唯王氏受辱，实亦朝情悉惊。如此理家，合当惩责。宜停官，仍令与王氏钱物，通所奏数满五千贯。"由此亦可见，此类"给与"（或曰"给送"）数额不大。唐宪宗诏令李元素给王氏钱物至五千贯，其中一部分为王氏家庭所奏数，大体上应系陪嫁物之价值。此外部分应系正常"给送"与对李元素的惩罚，所以数额颇巨。

"七出"名义弃妻,就不大可能请女方亲属同署。① 但男方尊属同署应不可少,因其时婚嫁皆由尊长主持,卑幼不得自专。以"七出"名义弃妻,虽不可能请女方亲属同署,但应告报妻族,陈述理由。② 离婚要有离婚手续,要有离婚书,不始于唐宋。《史记》卷八九《张耳列传》载:"张耳者,大梁人也。其少时,及魏公子毋忌为客。张耳尝亡命游外黄。外黄富人女甚美,嫁庸奴,亡其夫,去抵父客。父客素知张耳,乃谓女曰:'必欲求贤夫,从张耳。'女听,乃卒为请决,嫁之张耳。"外黄女从夫家逃亡后,虽然想改嫁,却又不敢擅自改嫁,直至通过父客斡旋,与前夫正式离婚后,才敢改嫁。此事发生在"秦之灭大梁也,张耳家外黄"以前之战国后期。这就表明,至迟从战国起,民庶离婚就要办离婚手续,要有离婚书。只可惜早期的离婚书悉未保存下来。

离婚书的主要用途之一是用于户籍的除附。我国不迟于战国,就有严格的户籍管理制度,"四境之内,丈夫女子皆有名于上,生者著,死者削"。③ 从敦煌出土的西魏大统十三年(547 年)至吐蕃占领敦煌时期(8世纪末至 9 世纪前半期)民户的户籍手实中,我们也可以看到女子因婚

---

① 《后汉书》卷 68《郭太附黄允传》载"黄允字子艾,济阴人也。后司徒袁隗欲为从女求姻,见允而叹曰:得婿如是足矣。允闻而黜遣其妻夏侯氏。妇谓姑曰:今当见弃,方与黄氏长辞,乞一会亲属,以展离诀之情。于是大集宾客三百余人,妇中坐,攘袂数允隐匿秽恶十五事,言毕,登车而去。允以此废于时"。《旧唐书》卷 188《孝友·刘君良传》载:"刘君良,瀛州饶阳人也。累代义居,兄弟虽至四从,皆如同气,尺布斗粟,人无私焉。大业末,天下饥馑,君良妻劝其分析,君良从之。分别后月余,方知其计。中夜,遂揽妻发大呼曰:此即破家贼耳! 召诸昆弟,哭以告之。是夜弃其妻,更与诸兄弟同居处,情契如初。"从此两例看,在弃妻场合,女方被弃之如敝屣,完全无权预议离婚事,女方戚属也都不在场。黄允妻夏侯氏全凭其勇敢机智,才得以在众宾客面前揭露黄允,扬眉吐气而去。夏侯氏得以请其婆大会亲属,表明在出妻场合,男方也有会亲属、村邻宣布出妻之惯例,只是此种场合,出妇通常无权(也未必愿意)参加。

② 《后汉书》卷 28 下《冯衍传》注引之冯衍与妇弟任达武书即属此性质。唐元和中,李元素出妻而不告报妻族,即遭唐宪宗谴责。

③ 《商君书》卷 5《境内》,上海人民出版社 1974 年版。

嫁而除附的实例。① 日本《养老令》中的户令基本上抄自唐户令。日本明法家在解释"凡弃妻……皆夫手书弃之,与尊属近亲同署"时也谈到"手书进官司,以计帐时除弃耳"。② 我国自战国以降,对离婚不办手续,或妇女离夫逃亡,处罚都很重。睡虎地秦墓出土的《法律问答》就谈道:"'弃妻不书,赀二甲'。其弃妻亦当论不当? 赀二甲";"女子甲为人妻,去亡,得及自出,小未盈六尺,当论不当? 已官,当论;未官,不当论"。③ 按此规定:未成年但又经官府登记为人妻而又逃亡者,不论是被捕获或自首,都应判罚。弃妻而不向官府登记,双方也都要被罚。

离婚书主要作用之二就是供再婚之用。我国不迟于春秋战国,男女婚嫁,便要订立婚约。婚约也是一种契约。未曾解除婚约而另娶、另嫁,皆为法律所不许。睡虎地秦墓出土的《法律问答》就规定:"女子甲去夫亡,男子乙亦阑亡,相夫妻,甲弗告请(情),居二岁,生子,乃告请(情),乙即弗弃,而得,论可(何)殹(也)? 当黥城旦春。"可见,逃亡女子未经离婚而再嫁,一旦被抓获,就要黥为城旦春,男方若知情,亦当同罚。到了唐代,《唐律·户婚律》也规定:"诸有妻更娶妻者,徒一年;女家,减一等。若欺妄而娶者,徒一年半;女家不坐。各离之";"妻妾擅自者,徒二年;因而改嫁者,加二等"。④ 由此可见,离婚妇女再嫁必须持有离婚书。⑤ 职

---

① 如西魏大统十三年籍王皮乱户即记有:"息女女亲辛丑生年两拾柒中女出嫁受(寿)昌郡泣陵民安。息女丑婢丙辰生年拾两中女出嫁效谷县斛斯己奴党王奴子。"唐开元四年(716年)敦煌县慈惠乡籍王妙智户下亦记:"户主王妙智年伍拾陆岁,寡,先天二年籍后出嫁,入县内敦煌乡临池里户主张有仁为妻。""女杨王年壹拾捌岁中女开元三年帐后出嫁,入里内户主余善意孙男伏保为妻。"而同籍余善意户亦记:"保妻杨年壹拾捌岁丁妻,开元三年帐后,娶里内户主王妙智女杨王王为妻。"

② 日本《令集解》卷10《户令》注引"穴云"。"古记"的注释与此略同。

③ 睡虎地秦墓竹简整理小组编:《睡虎地秦墓竹简》,文物出版社1978年版,第224、222页。

④ 《唐律疏议》卷14《户婚律》,中华书局1983年版。

⑤ 唐人范摅的《云溪友议》就提到:颜真卿任临川内史时,"邑有杨志坚者,嗜学居贫"。其妻不堪困苦生活,"索书求离",杨志坚无奈,赋诗一首予之,内含允许婚姻之意,"其妻持诗诣州,请公牒以求他适",颜真卿怒其"污辱乡闾,伤败风教",将其笞二十,但仍允许"任自改嫁"。

是之故,我们所见的各种"放妻书"("休书")都包含允许女方再嫁的内容。而史籍所载的那些离婚妇女,绝大多数也确实再嫁。

四、附论:从离婚、离婚再嫁与丧夫改嫁看礼与律令的关系

汉魏以降,中国的法律有一很大的特点,那就是封建礼教与律令相结合,以礼入令、入律,同时又提倡"德主刑辅,礼法并用"。我们可以说,封建礼教乃是汉魏以降历代律令的主要的理论依据之一。但礼教毕竟不同于律令。封建礼教是封建统治阶级一部分思想家提出的一种理想,主要是靠教化的力量来推行,其被社会所接受的程度则因时、因地、因人而异。律、令则是由国家政权所制定,颁行于全国,强制执行。因为有这种区别,礼就不必都入律、令。就某一方面的内容而言,律、令的主旨与传统礼教亦不必相同。如结婚、离婚、妇女再嫁问题,《大戴礼记》卷13《本命》主张:"女有五不取:逆家子不取,乱家子不取,世有刑人不取,世有恶疾不取,丧妇长子不取。逆家子者,为其逆德也;乱家子者,为其乱人伦也;世有刑人者,为其弃于人也;世有恶疾者,为其弃于天也;丧妇长子者,为其无所受命也。妇有七去:不顺父母去,无子去,淫去,妒去,有恶疾去,多言去,窃盗去。不顺父母,为其逆德也;无子,为其绝世也;淫,为其乱族也;妒,为其乱家也;有恶疾,为其不可与共粢盛也;口多言,为其离亲也;盗窃,为其反义也。妇有三不去:有所取无所归不去,与更三年丧不去,前贫贱后富贵不去。"《公羊传·庄公二十七年》何休注与此略同,唯"七去"改曰"七弃"。唐人贾公彦为《仪礼丧服》作疏,又改"七弃"为"七出"。唐代,"七出"、"三不去"入律令。"五不取"则不入律令。《大戴礼记》与《公羊传》何休注等谈"七去"("七弃"、"七出"),逐项陈述应出之理,主导思想是妇犯"七去"者,除非碍于"三不去",都应该"去"。在礼教的宣传工作中,妇虽无过或无大过,而割爱弃妻以取悦父母者,确也经常博得孝子或孝友的美名。而唐令则虽有"七出"条款,但未陈述应出之理由,主导思想显然是犯"七出"者,可出,但不一定非出不可。《唐律》的规定则是:"诸妻无七出及义绝之状,而出之者,徒一年半;虽犯七出,有

三不去，而出之者，杖一百。追还合。若犯恶疾及奸者，不用此律。"侧重点则是制裁不应出而出之者。按《唐律》规定，妻犯"七出"者可出可不出；只有犯义绝者非离不可（否则就要"徒一年"）。关于"离婚"，《唐律》又规定："夫妻不相安谐"者可以和离。按此规定，只要"情不相得"，丈夫可以要求"和离"，妻子也可主动要求"和离"。《唐律》的此项规定也显然有悖于"礼"。①

再如改嫁，传统礼教是不允许妇女改嫁的。《礼记·郊特牲》提出妇女嫁夫，要"壹与之齐，终身不改"。东汉班昭作《女诫》，进而提出"《礼》：夫有再娶之义，妇无二适之文。故曰：夫者，天也。天固不可违，夫固不可离也。"唐人贾公彦为《礼记》作疏，又提出：女子嫁夫，"壹与之齐，终身不改，故夫死不嫁"。② 唐人宋若华的《女论语》也以"古来贤妇，九烈三贞，名标青史，传到而今。后生宜学，亦匪难行。第一守节，第二清贞。……夫妻结发，义重千金，若有不幸，中路先倾，三年重服，守志坚心，保持家业，整顿坟茔，殷勤训后，存没光荣"为结束语。但汉魏以降的律令却未见有禁止离婚再嫁、丧夫再嫁的条文。③ 不仅如此，政府有时还鼓励乃至变相强制寡妇再嫁。如唐贞观二年二月即曾诏令："男年二十，女年十五已上，及妻丧达制之后，媚居服纪已除，并须申以婚媾，令其好合。……其夫年六十，寡妇年五十已上，及妇虽尚少，而有男女，及守志贞洁，并任其情，无劳抑以嫁娶。刺史县令以下官人，若能婚姻及时，鳏寡数少，量准户口增多以进考第。如导劝乖方，失于配偶，准户减少附殿。"④这与封建礼教的宣传更是大相径庭的。可见，律、令的各条规定不一定都是一本于礼，因为它还要考虑社会的现实情况。

因为律、令不禁离婚再嫁、寡妇再嫁，所以历代都有不少妇女离婚后

---

① 《白虎通》卷下《嫁娶篇》主张："夫有恶行，妻不得去，得地无去天之义也。"又说："夫虽有恶，不得去也。"故《礼·郊特牲》曰："一与之齐，终身不改。悖逆人伦、杀妻父母、废纪纲、乱之大者，义绝乃得去也。"可见，封建礼教不允许妻子主动求离，除非是"义绝"。

② 《礼记注疏》卷30《郊特牲》。

③ 隋开皇年间曾禁品官寡妻再嫁，以后或禁或不禁。但即使禁止，亦局限品官范围，而不及民庶。

④ 《唐会要》卷83《嫁娶》。

再嫁或丧夫后再嫁。① 因为封建礼教提倡妇女"三从"("未嫁从父,既嫁从夫,夫死从子")"四德"("妇德、妇言、妇容、妇功")、提倡寡妇守节,所以历代也都有妇女逆来顺受,不敢离婚再嫁,寡妇从一而终、不愿(或不敢)再嫁的事例。相对而言,唐五代以前,封建礼教有关妇女从一而终,夫死不改嫁的说教,还没有为全社会所普遍接受(甚至未为封建士大夫所普遍接受),所以寡妇矢志不嫁者较少。宋元以后,有关婚嫁的封建礼教为越来越多的人所接受(乃至有不少人接受"饿死事小,失节事大"的观点),"礼"的影响力越来越大,从而对妇女及其家庭(夫家、娘家)、家族形成强大的舆论压力,因而,寡妇再嫁就越来越困难。寡妇"守节"者也就越来越多。② 据此,我们是否可以这样说:就剥夺妇女的婚姻自主权而言,"礼"和律、令是一致的;而就剥夺寡妇再嫁权而言,祸首就应该说是"礼",而不是律、令。

(原载《厦门大学学报》1999 年第 4 期)

---

① 具体例证可参看陈鹏:《中国婚姻史稿》,中华书局 1990 年版。

② 两者相较,谁多谁少,因缺乏定量资料而难以遽断。

也谈唐宋间敦煌量制"石"、
"斗"、"驮"、"秤"

【内容提要】 "石"字既可表示容积单位,又可表示权衡单位。先秦至汉唐,"石"作为权衡单位,始终是 1 石＝4 钧＝120 斤,而其作为容积单位,始终是 1 石＝1 斛＝10 斗＝100 升。作为容积单位的"石",与作为权衡单位的"石"绝不能混为一谈。唐前期,无论是敦煌,还是内地,皆未见"驮"作为量制或衡制单位的实例。吐蕃占领敦煌后带来了"驮"这个量制单位,1 驮＝2 蕃石(20 蕃斗)＝1 汉石(10 汉斗)。当时敦煌地区,1 秤＝4 斤。敦煌地区,除调钟律、测晷影、合汤药、制冠冕外,公私通用大升、大两制。

【关键词】 敦煌　石钧　石斗　驮　秤

高启安《唐五代至宋敦煌的量器及量制》一文(刊于《敦煌学辑刊》1999 年第 1 期),对唐宋时期敦煌的量制作了大量研究,为学者利用敦煌文书扫清了许多计量方面的障碍,但该文也有一些缺陷,主要是混淆了权衡单位(重量单位)之"石"与量制单位(容积单位)之"石",在推算驮石关系时又忽略了尾数的"舍"、"入"问题。

一、斛斗与石

敦煌出土的《俗务要名林》(P.2609)记述:"十撮为一勺……十勺为一合……十合为一升,[十升为]一斗,十斗为一斛。……十六两为一斤,卅斤为一均,四均为石。"高启安同志据此认定:"如果按照《俗务要名林》所规定的原则,结合敦煌实际实行的量制,不难得出一石为 120 斤,一斗

为 12 斤,一升为 1.2 斤的结论。"显而易见,高启安同志在此将作为量制
单位的"石"与作为衡制单位的"石"混为一谈。

　　早在先秦、秦汉,"石"就是重量单位。《国语·周语下》即引《夏书》
曰:"关石和钧,王府则有。"中国历史博物馆藏有一件战国时期的铜石
权。其铭文即有"以禾石半石甾平石"语。[①]《说文解字》第七《禾部》:
"秳,百二十斤也。稻一秳为粟二十升,禾黍一秳为粟十六升大半升。从
禾,石声。"[②]云梦睡虎地秦墓出土的《秦律·田律》:"入顷刍稿,以其受
田之数,无垦不垦,顷入刍三石、稿二石。……禾、刍稿彻木、荐,辄上石
数县廷",《秦律·效律》:"衡石不正,十六两以上,赀官啬夫一甲;不盈十
六两到八两,赀一盾。……半石不正,八两以上;钧不正,四两以上;斤不
正,三朱(铢)以上……赀各一盾。"[③]其所说的"石",也都是衡石之石。
《汉书》卷 21《律历志上》:"权者,铢、两、斤、钧、石也,所以称物平施,知
轻重也。……二十四铢为两。十六两为斤。三十斤为钧。四钧为石",
更明确将"石"、"钧"置于衡权系统之下。汉唐间,度量衡制多有变化,但
24 铢为两,16 两为斤,30 斤为钧,4 钧为石的进位关系始终未变。如《晋
书》卷 16《律历志》载:"赵石勒十八年七月造建德殿,得圆石,状如水碓,
铭曰:'律权石,重四钧,同律度量衡。有卒氏造。'续咸议:是王莽时物。"
《隋书》卷 16《律历志》亦记秦汉以来衡权制度:"衡者,平也;权者,重也。
衡所以任权而钧物平轻重也。权者,铢、两、斤、钧、石也,以秤物平施,知
轻重也。……前志曰:'……二十四铢为两。十六两为斤。三十斤为钧。
四钧为石。'"汉唐间的《九章算术》、《五曹算经》、《夏侯阳算经》也都常以
石、钧、斤、两计算重量关系。《九章算术》卷 2 就有这么一些题目:"今有
出钱一万三千九百七十,买丝一石二钧二十八斤三两五铢。欲其贵贱斤
率之,问各几何?""今有出钱一万三千六百七十,买丝一石二钧一十斤。
欲石率之,问石几何?"《五曹算经》卷 5 与《夏侯阳算经》卷中也分别有以

①　国家计量总局主编:《中国古代度量衡图集》,文物出版社 1984 年版,第 105
　　页。
②　《说文解字》,中华书局 1963 年影印本。上述引文中之"升"当为"斗"之误。
③　睡虎地秦墓竹简小组编:《睡虎地秦墓竹简》,文物出版社 1978 年版,第 27～
　　28、113～114 页。

下题目："今有五百六十五户,共责丝八石五斤三两八铢。问户出丝几何? 答曰:一斤十一两八铢";"今有户五百六十五户,[户]别纳丝一斤十一两八铢。问得丝几何? 答曰:八石五斤三两八铢"。至唐代律令才未规定以"钧"、"石"作为法定的重量单位。[①]

先秦、秦汉,"石"同时又是容积单位,亦即量制单位。先秦量制制度不详。汉代规定:"十合为升,十升为斗,十斗为斛。"[②]魏晋隋唐,量制变化很大,但十合为升,十升为斗,十斗为斛的进位关系未改。[③] 汉唐间的几部算经,在量制方面,也都是采用合、升、斗、斛十进位制,而且都不以"石"为"斛"。[④] 说明算经所采用的度量衡单位都比较严格遵守官方规定。但在实际计算时,无论是官方,还是民间,都更多地以"石"(或硕)代替"斛"。如《管子·禁藏篇》:"食民有率,率三十亩而足于卒岁。岁兼美恶,亩取一石,则人有三十石";《汉书》卷24《食货志》引李悝语:"今一夫挟五口,治田百亩,岁收亩一石半,为粟百五十石,除十一之税十五石,余百三十五石。食,人月一石半,五人终岁为粟九十石,余有四十五石",引晁错语:"今农夫五口之家,其服役者不下二人,其能耕者不过百亩,百亩之收不过百石";《新唐书》卷51《食货志》载贞观二年(628年)置义仓诏:"亩税二升,粟、麦、粳、稻,随土地所宜。……商贾无田者,以其户为九等,出粟自五石至于五斗为差",其所用的量制单位,也都是石。西北地区出土汉简言屯收,言廪食,绝大多数也是用"石"、"斗"、"升"。[⑤] 尹湾出土的东海郡集簿记"一岁诸谷入",所用的单位也是"石"、"斗"、

---

① 《唐律疏议》卷26《杂律》引《杂令》仅言:"秤权衡,以秬黍中者,百黍之重为铢,二十四铢为两,三两为大两一两,十六两为斤",而未及"钧"、"石"。
② 《汉书》卷21上《律历志》。
③ 《唐律疏议》卷26《杂律》引《杂令》:"量,以北方秬黍中者,容一千二百为龠,十龠(引者按:当为二龠之误)为合,十合为升,十升为斗,三斗为大斗一斗,十斗为斛",就合、升、斗、斛而言,都仍是十进位,所不同者是多了一层大斗与小斗的折算关系。
④ 参见《算经十书》,辽宁教育出版社1998年版。
⑤ 参见谢桂华、李均明、朱国炤:《居延汉简释文合校》,文物出版社1987年版;林梅村、李均明:《疏勒河流域出土汉简》,文物出版社1984年版;甘肃省文物考古研究所等编:《居延新简》,文物出版社1990年版。

"升"。① 敦煌出土的西魏大统十三年(547年)计帐户籍文书,其户籍部分,以"石"、"斗"、"升"单位计租,而其计帐部分则"斛"、"斗"、"升"与"石"、"斗"、"升"混用。② 一石也就是一斛。

总而言之,十斗为一石的量制,汉唐早已十分固定。敦煌吐鲁番出土文书多以石(或硕)、斗、升计量,实乃积习所然,并不存在废弃"十斗为一斛"规定不用的问题。

高启安取吴承明《中国度量衡史》说:"《汉志》嘉量重二钧,而四钧为石,嘉量之大量为斛,因以二斛为一石,因而又多出'石'之名,此为量法之改制",亦属失察,因为,"石"同时也作为量的单位,不始于汉,秦或先秦即有此类例证;而且,"以二斛为一石"的提法,本身就不确切、不科学。细察《汉志》原文,我们不难发现,它所说的是一斛秬黍重二钧,而不是随便什么物品(如粟、麦、豆、麻、谷、面、盐、水等)都是一斛重二钧,二斛为一石。再则,二斛秬黍重一石之"石",乃属权衡制度范畴,与量制初不相涉。从量制这一角度讲,自先秦至汉唐,也从未出现过"二斛为一石"的量器,或"二斛为一石"的量制单位换算方法。

要言之,汉字"石"字,既可表示为权衡单位,又可表示为量制单位。先秦至汉唐,"石"作为权衡单位,始终是1石=4钧=120斤,而其作为量制单位(实际使用的量制单位,而不是法定的量制单位)则始终是1石=1斛=10斗=100升。出土文献中,作为权衡单位的"石"与作为量制单位的"石"有时还会同时出现。如何判别,就主要看与其搭配使用的单位,以及该物品是否可以用斛斗量。如睡虎地秦墓出土的《秦律·仓律》就有这么一条规定:

> [粟一]石六斗大半斗,舂之为糲(粝)米一石;糲(粝)米一石为凿(糳)米九斗;九[斗]为毁(毇)米八斗。稻禾一石,为粟廿斗,舂为米十斗;十斗粲,毁(毇)米六斗大半斗。麦十斗,为䴵三斗。叔(菽)、荅、麻十五斗为一石。稟毁(毇)粺者,以十斗为石。

其中,第1、2、3个"石"字,为量制单位的"石",1石即1斛。《说文解

① 参见连云港市博物馆等编:《尹湾汉墓简牍》,中华书局1997年版。
② 唐耕耦、陆宏基:《敦煌社会经济文献真迹释录》(以下简称《释录》)第1辑,书目文献出版社1986年版,第112~127页。

字》第七《米部》、《毇部》即云："糲,粟重一秳,为十六斗大半斗,舂为米一斛曰糲,从米,万声";"粺,毇也","毇,米一斛舂为八斗也";"鑿,糲米一斛,舂为九斗曰鑿";其加工比率适为粟16.6:糲米10:鑿米9:毇(粺)米8。这一加工比率,又见于《九章算术》卷2《粟米》。① 而其第4、5、6个"石"字则为重量单位,1石=120斤。《说文解字》第七《禾部》即曰:"秳,百二十斤也。稻一秳为粟二十升(斗),禾黍一秳为粟十六升(斗)大半升(斗)"。② 《九章算术》卷2《粟米》记菽、荅、麻的加工率适为粟(此指未脱谷的菽、荅、麻)50:菽、荅、麻(已脱谷的菽、荅、麻)45。以此计之,1石重的菽、荅、麻(16.6斗),粗加工后适为15斗。毇、粺的加工率为粟(此指未脱壳的谷粒)50:毇、粺24,则1石重的谷(20斗),加工为毇、粺(较精的粟米)后大约就是10斗。③

总之,与衡石配套的是钧、斤、两,而不是斗、升、合,因而根本不存在1斗等于12斤、1升等于1.2斤的提法。

二、驮与斗

高启安认为:"'驮'作为一种计量单位原先就在敦煌使用,吐蕃人统治敦煌后,又带来了他们的'驮'。""敦煌当时的驮有大小、汉蕃之分,犹如敦煌有汉斗、蕃斗一样。""在敦煌汉蕃'斗'、大小'驮'等曾并行过一个时期。"依此说,当时敦煌的"驮"就有4种:蕃大驮、蕃小驮、汉大驮、汉小驮。若再配以蕃汉大小斗,那就有8至16种搭配关系。笔者以为实际情况并没有那么复杂。

驮的本意是以牲畜负物,作动词用。《说文解字》第十《马部》即言

---

① 《九章算术》卷2《粟米》,粺米精于鑿米,二者位置被颠倒。其误,宋杰《〈九章算术〉与汉代社会经济》(首都师范大学出版社1994年版)第14页已做辨正。

② 《秦律·仓律》所说"稻禾一石,为粟廿斗"应指稻禾重1石(120斤),其未脱壳的稻粒("粟")适为20斗。

③ 《说文解字》第七《米部》曰:"鑿,稻重一禾石,为粟二十斗,为米十斗曰毇。"若此,1石重的稻谷,加工为毇、粺,适为10斗。

"驮,负物也。从马,大声。此俗语也。"《宋本玉篇》卷 357《马部》亦言:
"驮,徒贺切,马负貌。"说明其时"驮"还不是量或衡的单位。《唐六典》卷
3《尚书户部郎中》记:"河南、河北、河东、关内等四道诸州运租庸杂物等
脚,每驮一百斤一百里一百文。"这里的"驮"就是作动词用,意指牲畜每
驮物 100 斤,走 100 里,应付脚价 100 文。唐前期,无论是敦煌,还是内
地,皆未见"驮"作为量(或衡)制单位的实例。唐后期,江南一些地方始
见以"驮"作为茶叶重量单位。《元和郡县志》卷 28《江南道·饶州》即
载:浮梁县,"每岁出茶七百万驮,税十五余万贯。"此处的"驮"应即代表
某一确定的重量,只可惜 1 驮等于多少斤已不可考。[①] 唐末五代的内
地,"驮"仍未见作为体积单位使用。

吐蕃占领敦煌后,带来了"驮"这个量制单位。据吐蕃时期《左三将
纳丑年突田历》(P. 2162 号文书)与《杨庆界寅年地子历》(S. 5622 号文
书),时 1 驮等于 20 斗。此"斗"应为蕃斗。笔者曾据敦煌硙课麦粟历[②]
推算,一驮又等于一石。[③] 此"斗"应为汉斗。

高启安同样根据此件文书得出结论:"由于比重的关系,即干麦和粟
一驮可容纳一石,而像罗麦等,则只有八斗。"高启安此论显然有误,致误
的原因在于忽略了尾数的"舍"与"入"。为了证明当时计算硙课时有尾
数或舍或入的习惯,且将该件相关行移录于下(未经"舍"、"入"的应课
数,用括号表示,以资比较):

A(=)8 行 ═══════八月罗麦三石、干麦三石,课一石。(一石五升)

A(=)11 行 □神宝九月罗麦五石、干麦两石,(课)一石四斗。(一石四
斗五升)

A(=)12 行 阴云子九月罗麦五石,(课)一石二斗。(一石二斗五升)

---

① 此处之"驮"不可能是体积单位,因为茶叶很难装实容器,定要装实容器,则易
碎而影响质量。唐天宝九载就是因为面不易装实容器(不压实,量不准,压实
到什么程度,又不易掌握)才规定面以 3 斤 4 两为斗。

② 唐耕耦、陆宏基:《敦煌社会经济文献真迹释录》第 2 辑,全国图书馆文献缩微
复制中心 1990 年版,第 414~420 页。

③ 杨际平:《敦煌吐鲁番出土雇工契研究》,《敦煌吐鲁番研究》第 2 卷,北京大学
出版社 1997 年版,第 221 页。

A(＝)13 行　范白泽九月罗麦五石,(课)一石二斗。(一石二斗五升)

B(一)16 行　□二娘,七月二十五日,罗麦七石、干麦五石,课两石三斗。(两石二斗五升)

B(一)21 行　张超进,八月七日,罗麦七石五斗,课一石九斗。(一石八斗七升五合)

B(＝)6 行　阴金刚,四月罗麦两五斗、干麦两石,课八斗。(八斗二升五合)

B(＝)9 行　张再荣,四月罗麦两石五斗,课六斗。(六斗二升五合)

B(＝)10 行　宋还子,四月罗麦两石五斗,课六斗。(六斗二升五合)

B(＝)15 行　张要要,七月罗麦一石,课二斗。(二斗五升)

C(一)8 行　(五通子)四月罗麦两石五斗、干麦三石,课一石。(九斗二升五合)

C(＝)6 行　(张奴奴)八月二十四罗麦七石五斗、干麦八石,课两石六斗。(两石六斗柒升五合)

C(＝)13 行　□月罗麦两石五斗,课六斗。(六斗二升五合)

时或"舍"或"入",似无固定原则,因而不仅"五升"之尾数可"舍"亦可"入",而且连"二升五合"、"柒升五合"的尾数,也是既可"舍"又可"入"(当然也可以保留尾数)。明乎此,我们就不难理解为什么"罗麦一驮"既可"课二斗"[该砣课麦粟历 A(＝)7 行"五月,罗麦一驮,课二石";C(一)8 行"王通子,三月罗麦一驮,课二斗"],又可"课三斗"[该砣课麦粟历 C(＝)16 行"▆▆▆月罗麦一驮,课三斗。"]①如若不然,按罗麦砣课 25% 计,罗麦一驮就既可为 1.2 石,又可为 0.8 石,这显然令人难以置信。

要言之,据该砣课麦粟历,无论是装干麦、粟还是装罗麦,1 驮都是等于 1 汉石。按常理,容积的大小亦与所装物品的比重无关。

该砣课麦粟历 A(一)断片后有藏文,B(一)断第 4 行至第 8 行间有藏文,第 18 行、19 行间有藏文,C(一)断片第 12 行之后有藏文,因而伯希和将该件编为藏语文献(1088 号)。或即因此,许多学者将其时间断为吐蕃时期。然据图版,汉文砣课麦粟历避开藏文写,个别汉文还叠压

---

① 不知是因为疏忽,还是感到难以自圆其说,高启安在摘引该文书相关行时,漏列了 C(＝)16 行("斗,七月罗麦一驮,课三斗")。

藏文,而不是藏文叠压汉文,切割纸张时,藏文被切割,汉字未被切割。由此判断,藏文书写在前,汉文书写在后。因而,该砲课麦粟历很可能在张议潮收复敦煌之后的归义军时期。换言之,该文书的"石"、"斗"很可能为汉斗。若此推测不误,那么,1驮=2蕃石=1汉(唐)石。

最后谈谈大斗与小斗问题。唐令规定:"凡权衡度量之制:……量,以秬黍中者容一千二百为龠,二龠为合,十合为升,十升为斗,三升为大升,三斗为大斗,十大斗为斛。权衡,以秬黍中者百黍之重为铢,二十四铢为两,三两为大两,十六两为斤。调钟律,测晷影,合汤药及冠冕,制用小升小两,自余公私用大升大两。"[1]可见,除调钟律、测晷影、合汤药、制冠冕等特殊场合外,公私通用大斗、大两制。高启安引吐鲁番出土的《唐苏海愿等家口粮三月帐》的丁男"一日粟三升三合三勺"标准,证明"唐中央政府颁布大斗后仍在民间实行小斗制"。其实,丁男日食粟三升三合三勺,其量制正是大斗。粟原粮加工为粟米的标准加工率为60%(参见各种算书),丁男日食粟(原粮)三升三合三勺,加工后正好为日食粟米二升,与唐代官户、士兵等的供食标准正合。

三、秤与斤

高启安采用郝春文先生说,认为"当时敦煌的一秤约合三斤十二两或三斤半"。郝春文的结论是根据 P.4635 号文书《某年某月七日社家女人便麦历》[2]得出的。该便麦历,借贷利率为50%。该件第13行为"米流流便面贰斗半,至秋壹秤",按50%利率计,1秤就是3斤12两(2斤8两×150%=3斤12两)。郝春文先生的推算方法无疑正确,只是忽略了尾数的"舍"、"入"问题。如果考虑尾数的"舍"、"入"问题,那么,一秤就不是3斤12两,而是4斤。且看原件:

---

[1] 《旧唐书》卷48《食货志》。《唐会要》卷66《太府寺》、《唐六典》卷3《金部郎中员外郎》、《通典》卷6《赋税》所记略同。

[2] 唐耕耦、陆宏基编:《敦煌社会经济文献真迹释录》第2辑,全国图书馆文献缩微复制中心1990年版,第211页。

11. 行齐通子便面肆秤半,至秋柒秤。(应为 6.75 秤)

12. 行□家恩子便面肆斤半,至秋柒斤。(应为 6 斤 12 两)

14. 行张贤住便面柒斤半,至秋拾(壹)斤半。(应为 11 斤 4 两)

　　恩胜便面参斤半,至秋肆斤半。(应为 4 斤 12 两)

15. 行康憨子便面壹斤至半,至秋贰斤半。(应为 2 斤 4 两)

19. 行李家莹便油壹平子半,至秋两平子。(应为 2.25 瓶)

　　因该件所取的单位都是"斤"、"半斤"、"瓶"、"半瓶",而未及"两",所以,"两"的尾数或舍弃,或"入"为"斤"、"半斤"、"瓶"、"半瓶"。米流流便面 2.5 斗,至秋本息应为 3 斤 12 两,依当时惯例,3 斤 12 两就要取 4 斤整数,而 4 斤也就是一秤,所以就径直写为"米流流便面 2.5 斗,至秋壹秤"。

(原载《敦煌学辑刊》2002 年第 2 期)

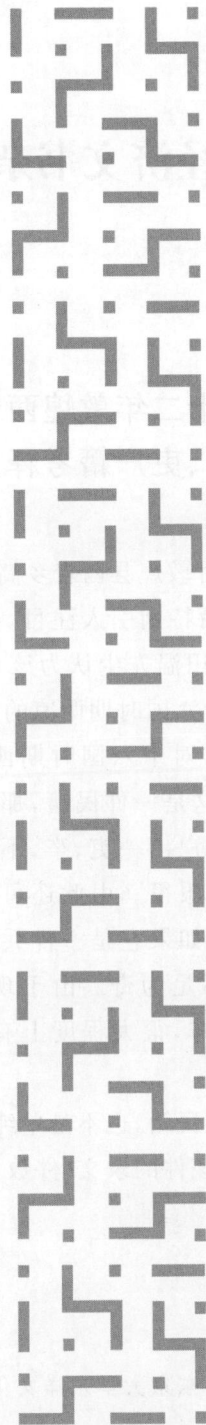

札记

敦煌吐鲁番出土经济文书杂考(三题)

一、西凉建初十二年敦煌西宕乡
高昌里兵、吏户籍考释

西凉建初十二年(416 年)正月敦煌县西宕乡高昌里籍①是迄今为止敦煌发现的最早的户籍残卷,因而特别引人注目。关于该户籍的性质,史学界意见不一。陈垣先生与池田温先生认为该户籍是一般民户的户籍,滨口重国先生则认为该件是十六国时期西凉的兵户籍。

笔者以为,此件性质的判明,对十六国时期西北地区政权历史的研究,有相当重要的意义。如果这是一件民籍,那就表明当时兵、民合籍,民户兵役负担特重,大约每二户出一吏、卒,不仅青壮年应服兵役,甚至连六十岁以上的老年人也要服役。由此还可以进而推论,当时一定是战争频仍,几无宁日。反之,如果它是一件兵户籍,那就表明当时是兵、民分籍。兵户率多为兵,不足为奇。由于现存十六国时期文献记载十分简略,上述推论孰是孰非,很大程度上有赖于对此件文书的探究。

据笔者考察,此籍既非一般的民籍,也不是单纯的兵户籍,而是一种不包括一般民户的兵吏籍。且看该件的录文(件数、户数、行数的编号乃笔者所加):

---

① 见池田温:《中国古代籍帐研究》,东京大学东洋文化研究所 1979 年版,第146~148 页。

A 断片　　　　　（前　缺）

(一)1.　　　　　　　道男弟德年廿一驿子

　　　　　　　　　　（后　缺）

B 断片　　　　　（前　缺）

(二)1.　　　　　　　仙(?)妻赵年十七

　　2.　　　　　　　仙(?)息女年一

　　3.　　　　　　　建初十二年正月籍

(三)4. 敦煌郡敦煌县西宕乡高昌里兵裴晟年六十五

　　5.　　　　　　　息男丑年廿九　　□□□

　　6.　　　　　　　丑男[弟]溱年廿五次　男□

　　7.　　　　　　　溱妻马年廿九　　女口□

　　8.　　　　　　　　　　　凡口四

　　9.　　　　　　　　　居赵羽坞

　　10.　　　　　　　建初十二年正月籍

(四)11. 敦煌郡敦煌县西宕乡高昌里散阴怀年十五

　　12.　　　　　　　母高年六十三　　丁男□

　　13.　　　　　　　　　　　女□□

　　14.　　　　　　　　　　　凡□□

　　15.　　　　　　　　　居赵羽坞

　　16.　　　　　　　建初十二年正月籍

(五)17. 敦煌郡敦煌县西宕乡高昌里兵裴保年六十六

　　18.　　　　　　　妻袁年六十三　　丁男二

　　19.　　　　　　　息男金年卅九?　　次男一

　　20.　　　　　　　金男弟隆年口四　　小男一

　　21.　　　　　　　金妻张年卅六　　女口口

　　22.　　　　　　　隆妻苏年廿二　　凡口七

　　23.　　　　　　　金息男养年二 居赵羽坞

　　24.　　　　　　　　□□□□□□□□

　　　　　　　　（后欠）

665

C 断片　　　　　（前缺）

(六)1. 敦煌郡敦煌县西宕乡高昌里散吕沾年五十六

　　　2.　　　　　妻赵年卅三　　　　　丁男 二

　　　3.　　　　　息男元年十七　　　　小男口

　　　4.　　　　元男弟腾年七本名腊　　女口二

　　　5.　　　　　腾女妹华年二　　　　凡口五

　　　6.　　　　　　　　　　　　　居赵羽 坞

　　　7.　　　　　　　　　建初十二年正月籍

(七)8. 敦煌郡敦煌县西宕乡高昌里兵吕德年卅五

　　　9.　　　　　妻唐年卅一　　　　　丁男二

　　10.　　　　　息男哭年十七　　　　小男二

　　11.　　　　　哭男弟受年十　　　　女口二

　　12.　　　　　受女妹媚年六　　　　凡口六

　　13.　　　　媚男弟兴年二　　　　居赵羽坞

　　14.　　　　　　　　　建初十二年正月籍

(八)15. 敦煌郡敦煌县西宕乡高昌里大府吏随嵩年五十

　　16.　　　　　妻曹年五十　　　　　丁男二

　　17.　　　　　息男寿年廿四　　　　女口三

　　18.　　　　　寿妻赵年廿五　　　　凡口五

　　19.　　　　妇皇年七十四附籍　　居赵羽坞

　　20.　　　　　　　　　建初十二年正月籍

(九)21. 敦煌郡敦煌县西宕乡高昌里散随杨年廿六

　　22.　　　　　母张年五十四　　　　丁男口

　　23.　　　　　　　　　　　　　　　女口一

　　24.　　　　　　　　　　　　　　　凡口二

　　25.　　　　　　　　　　　　　居赵羽坞

　　　　　（后缺）

　　　　　（前缺）

(十)1.　　　　　　　　　　　　　　　女口一

　　　2.　　　　　　　　　　　　　　凡口二

　　　3.　　　　　　　　　　　　　居赵羽坞

666

4. 　　　　　　建初十二年正月籍
5. 敦煌郡敦煌县西宕乡高昌里散唐黄年廿四
6. 　　　　妻吕年廿六　　　　　丁男一
7. 　　　　息女皇年六　　　　　女口二

　　此件的特点之一，就是在各户郡、县、乡、里籍贯之下，户主姓名、年龄的上方，注以"兵"、"散"、"大府吏"等名称。"兵"、"吏"的含义，一目了然。而所谓"散"，就比较费解。滨口重国先生认为，"散乃非番之兵"，因而将此籍定为兵户籍。① 陈垣先生以为："散者，无常职，《周礼》所谓'闲民无常职，转移执事'者也。"② 故将此籍看作一般的民籍。池田温氏先生更进一步论证："本籍关于'兵'、'散'的记事，是记在汉代名籍中爵的位置；另一方面，被视为劳役的驿子，则注在人名、年龄的下方。如果考虑上述情况，与其将'散'看作非番之兵，倒不如将它看作不是兵、且不负担役务者更为妥当。当时虽亦存在'散吏'，但因为散吏有人数的限定，故难将本籍中的'散'视为散吏。"③

　　笔者以为，本籍所见的"散"，并非闲民无常职者，因为倘若本籍所见的"兵"、"吏"是指各户户主本人，那么该籍裴丑、裴湺、裴金、裴隆、吕元、吕嬰、随寿等七丁男都是非兵非吏，故亦当注为"散"。然而，实际上，此七丁男无一注为"散"。可见，"散"者并非闲民无常职者。若谓"散"者为"非番之兵"，那么，此籍番上之兵皆45岁以上，而45岁以下的又悉不番上，这与常理又显然不合。

　　实际上，此籍之所谓"散"，正是散吏的简称。《晋书》卷24《职官志》规定：

　　　　郡国户不满五千者，置职吏五十人，散吏十三人；……县大者置令，小者置长。……户不满三百以下，职吏十八人，散吏四人；三百以上，职吏二十八人，散吏六人；五百以上……郡国及县，农月皆随所领户多少

① 濱口重國：《吳·蜀の兵制と兵戶制—附說建初十二年正月籍》，《秦漢隋唐史の研究（上）》，第447～451頁。文未见，此据池田温文介绍。
② 陈垣：《跋西凉户籍残卷》，《北京师范大学学报》1963年第3期。
③ 池田温：《中国古代籍帐研究》，东京大学东洋文化研究所1979年版，第34～36页。

为差,散吏为劝农。

可见,晋初各郡县,职散吏数额颇多。这里所谓的职吏,应即主簿、都亭长、贼捕掾之属。所谓散吏,当无常职,其职责包括农忙劝农之类。实际上,各郡县吏的数额是可变动的,特别是到十六国时期,各郡县置吏员限额,更不必以晋初定制为准。从身份地位看,散吏的地位应在职吏之下,甚至可以变成一种劳役。

上述这种意义的"散",十六国时期西北地区政权的官方文书和墓志仍时有所见。如哈拉和卓八八号墓出土的 75TKM88:1(a)号文书:[①]

1. 谨 案严归忠传口

2. 令:以散翟□□补西部平水。请奉

3. 令具刺板题授,奏诺纪职(识)奉行。

4.   建初二年岁在庚午九月廿三日功曹书佐左谦奏

5. 杨武长史   来   子

6.   功曹史安

西部平水既需"具刺板题授",其地位不致太低。由此推论,翟某不大可能由无常职的闲民补为西部平水(更不可能由非番之兵补为西部平水),很可能是由散吏升补作为职吏的西部平水。此件与上述敦煌县西宕乡高昌里籍同属西凉官方文书,其"散"字的含义,自应相同。爰及麹氏高昌时期,还有所谓的"散望"与"散望将"。当时杂号将军多如牛毛,"将军"名号贬值,而作为实职的戍卫兵将的低层又有"领兵将"等名称。由此可进而推知,当时的"散望"、"散望将",应只是一种散吏。以上通过对西晋、十六国时期和麹氏高昌官制的考察,应可判明西凉建初十二年敦煌县西宕乡高昌里户籍中用以表明身份地位的"散"字,实乃散吏的简称。

下面再谈上引户籍中的"兵"。"兵"的含义虽然明确易懂,但上引户籍注在某些户主姓名上方的"兵"字,究竟是专指户主本人的身份抑或指

---

① 国家文物局古文献研究室等编:《吐鲁番出土文书》录文本,文物出版社 1981年版,第 1 册,第 179 页。

该户的身份,却颇费斟酌。现存西凉建初十二年敦煌县西宕乡高昌里残卷,共存 11 户,其中 3 户残甚,户主姓名、年龄、身份皆不详,其他八户的记事大体完整。这 8 户中就有 3 户(户主分别为裴保、裴晟、吕德)注为"兵"。论者多认为这里所注的"兵",乃指裴保、裴晟、吕德本身。其实未必如此。倘若裴保、裴晟、吕德三人都是番上之兵,那么,由此产生的一系列疑问就很难解释。首先,从年龄上看,吕德 45 岁,是丁男,而裴保 66 岁,裴晟 65 岁,却是年过花甲的老年人。老年人又要服兵役,这就是一个大问题。再从建初年间西凉的局势看,西凉虽然国土狭小,人力资源不足,但李暠在世时,奉行保境安民政策,与邻国却也不曾爆发大规模武装冲突。① 既然如此,又为什么要征发垂暮老人去当兵呢?

再从丁中制度方面看,照我国古代的传统,服正役(包括兵役)的年龄与法定的丁年大体一致。各封建王朝的丁中制度并非一成不变,如果出于某种需要而不得不扩大服役对象范围时,封建政权完全可以扩大"丁"的年龄界限,从而相应缩小"中"、"老"的范围。但从建初十二年敦煌西宕乡高昌里籍的情况看,西凉时期"丁"的年限是 15 岁至 60 岁左右,并未扩大到 65 岁以上。在户籍上,裴保、裴晟也都只是"次丁",既然是"次丁",按常理就不应服兵役。在我国古代历史上诚然也有过征发未成年男子从军的事,但未见大量征发老男从军的先例。而且,征发未成年男子从军也只是临时性措施,与在户籍上即注为"兵"应有不同。

再看裴保、裴晟两人的家口情况。裴保户"次男一"(裴保 66 岁)、"丁男二"(裴金 39 岁、裴隆 24 岁或 34 岁)。裴晟户也是"次男一"(裴晟

---

① 《资治通鉴》卷 117 记建初十二年,"凉司马索承明上书劝凉公暠伐河西王蒙逊,暠引见,谓之曰:'蒙逊为百姓患,孤岂忘之! 顾势力未能除耳。卿有必禽之策,当为孤陈之;直唱大言,使孤东讨,此与言石虎小竖,宜肆诸市朝者何异!'承明惭惧而退"。同书卷 119 又记:永建元年(420 年)"凉公歆欲乘虚袭张掖;宋繇、张体顺切谏,不听。太后尹氏谓歆曰:'汝新造之国,地狭民希,自守犹惧不足,何暇伐人! 先王临终,殷勤戒汝,深慎用兵,保境宁民,以俟天时。言犹在耳,奈何弃之! 蒙逊善用兵,非汝之敌,数年以来,常有兼并之志。汝国虽小,足为善政,修德养民,静以待之。彼若昏暴,民将归汝;若其休明,汝将事之;岂得轻为举动,侥冀非望! 以吾观之,非但丧师,殆将亡国!'亦不听。宋繇叹曰:'今兹大事去矣!'"由此可以看出李暠的国策。

65 岁)、"丁男二"(裴丑年 29 岁、裴溱 25 岁)。此两户的四丁男都未注为"兵"或从事其他役务。倘若裴保、裴晟两人都是"兵",而此两家的四个丁男又都不是兵,那么,人们不禁会问:为什么当时不用青壮男丁当兵,而要用老人当兵?西凉兵制为何如此特殊?再就裴金、裴隆、裴丑、裴溱等人而言,他们身强力壮为什么不当兵,反而要老父从戎,这与封建礼教传统,又岂非格格不入?

从建初十二年敦煌西宕乡高昌里户籍残卷的登籍形式来看,此残卷中之"兵"、"散"、"吏"等全都是注在户主姓名年龄的上方,而本残卷第一行之"驿子",则注在某姓名德者的姓名年龄的下方。这两种登籍形式的含义应有所不同,前者应该是对"户"而言,后者则是对其本人而言。

从历史上看,两汉以来都是民、吏分籍,三国魏晋以后又出现世代当兵的兵户(或称士家)。据《三国志》卷 33 裴松之注引王隐《蜀记》与卷 48 注引《晋阳秋》,当时吴、蜀都是兵、民、吏分籍,曹魏情况不详,估计亦当如此。十六国政权多沿袭汉魏制度,西凉为汉人建立的政权,更应如此。在"兵"、"民"、"吏"三者之间,"兵"与"吏"比较接近,都是服役于官府,处于政府严密的、直接控制之下,且易于互相转化。《三国志·吴志·华覈传》就专门提到"吏士之家"。建初十二年敦煌西宕乡高昌里户籍的特点就是非兵即吏,非吏即兵,一般的民户则不在它所登记之列。正因为这是兵户与吏户的户籍,所以每一户的户主都注以"兵"或"吏"(包括"散"吏),而各户的成丁息男却无一注为"兵"或"吏"者。某姓名德者的名下之所以充当"驿子",或即因为该户是"兵"户或"吏"户,因为多丁而兼"驿子"之役。"驿子"的职责、身份有别于一般的差役,而与军事系统的关系却很密切。此籍各户皆居"赵羽坞",此"坞"字就带有军事防卫的含义。兵户、吏户集中居住于坞堡,也很自然。

基于上述各种理由,笔者以为此件应取名为兵吏籍。敦煌吐鲁番户籍资料中,兵吏籍仅此一份,因而对于研究十六国时期兵户制度,弥足珍贵。

最后谈谈建初十二年敦煌西宕乡商昌里兵吏籍所反映的人民负担问题。从该兵吏籍残卷看,兵户的三户都是家有兼丁,大府吏的一户也是家有兼丁。充驿子的那一户,虽然户籍不全,但从某姓名德者年仅 21岁这一点推断,其兄(某姓名道)亦当为丁,除此之外,某姓名德者可能还另有弟、兄。总而言之,充驿子这一户也是家有兼丁。而注为"散"的四户中,只有一户家有兼丁(户主吕沾年 56,息男吕元年 17),而且此二丁男中,一个接近老男,一个则刚进入丁男不久。其他三户,都只有单丁(也只有一个男口)。因残卷所存户数不多,故不敢断定此残卷所反映的这种情况是否带有普遍性。如果带有普遍性,那就表明李暠在世时确实行善政,"修德养民",其使民也有节。

二、天宝大历年间敦煌洪润等乡丁口田簿性质试探

1980 年,日本学者土肥义和在英国研究迄未整理的敦煌文书时,于 S.8397、S.9487 号文书背面又发现一份丁口田簿断片,拟名为《唐天宝载间敦煌县受田簿》。经土肥义和缀合,该残件共存五行:

(前缺)

受田廿亩

洪润乡户梁思节载六十四 老 男 上 柱 国

男元谏载卅一上柱国子

受田廿三亩

户梁奉贞弟奉定(?)载廿九白丁

(后缺)

土肥义和将此件与唐代西州神龙三年点籍样以及唐代西州给田文书联系起来,认为"此件主要目的,并非为了明确各户的家口构成与业已保有的全部田土额,而是要按乡别明确各户的应授田口中,该年度准备实际给授(或已经给授)田土者及其受田额"。关于神龙三年点籍样,土肥义和以为曹莫盆、康寿感、安义师、肖望仙等四户并非该年度(707 年)实际进行田土给授者,所以不必对各户受田资格者的姓名、年龄、丁中情况特别加以详述。而曹伏食、安善才等户因为当年实际授田,所以将各该户特定受田资格者的姓名、年龄、丁中情况特别加以详述。土肥义和进而推测,若将唐代西州的给田文书,由县一级进一步按户加以整理,就成了这次在大英图书馆所见到的天宝年间敦煌县受田簿。通过以上分

析,土肥义和认为此残卷所标明的田亩,"乃是敦煌县授给均田农民的土地",换言之,"以均田农民为对象的田土给授,在天宝载间之敦煌,也被实施"。①

根据土肥义和先生的提示,笔者再次细审土肥义和先生缀合的天宝至德年间敦煌县洪闰等乡户别丁口田簿和神龙三年点籍样,以为此两件文书与均田制下的土地还授很难联系起来,土肥义和先生所论颇多疑问。为讨论方便,且将已发表的神龙三年点籍样②转录于下:

（前缺）

　　　　合已受田五亩卅步

　　户主曹伏食年六十七

　　　　　口大小惣八 老男二丁妻一　小女二　中女一

　　　　丁弟尸罗年六十白丁

　　　　中男孙师年廿中男

　　　　合已受田一十二亩卅步

　　户主曹莫盆年卅　　卫士

　　　　　　口大小惣七 丁男

　　　　合已受田一十三亩卅步

　　户主康寿感年七　小男

　　　　　　口大小惣七　小男一丁妻二　小女三　中女一

　　　　合已受田八亩卅步

　　户主康演潘年五十一　　　卫士

　　　　　　口大小惣八 丁男一　丁妻一　小男一丁女一小女二　黄男一　黄女一

　　　　合已受田一十亩卅步

　　户主安义师年卅　卫士

　　　　　　口大小惣八 丁男一　丁妻一丁妻一　小男二丁女一小女二

① 《唐代均田制下における敦煌地方の田土給授について——大英圖書館所藏〈天寶載間敦煌縣受田簿〉を中心に》,《唐代史研究會報告》第Ⅴ集。

② 国家文物局古文献研究室等编:《吐鲁番出土文书》录文本,文物出版社1986年版,第7册,第474~476页。

　　　合已受田一十四亩卅步

　　户主萧望仙年三小男

　　　　口大小惣三　<small>小男一丁寡一　丁女一</small>

　　　合已受田五亩七十步

　　户主安善才年五十　勋官

　　　　口大小惣八　<small>丁男三丁妻二丁女一中男一黄女一</small>

　　丁男难及年卅卫士

　（后缺）

　　现在先讨论神龙三年崇化乡点籍样。此籍的特点是：第一行登记户主姓名年龄、身份；第二行登记该户总口数与老男、丁寡、丁妻、丁女、小男、小女、黄男、黄女的人数（而不具姓名、年龄），然后，另行分别登记该户除户主之外的丁、中姓名、年龄。最后一行，登记该户"合已受田"若干亩，既不具田亩的坐落、四至、各段亩数，也不说是永业田抑或是口分田。

　　明确神龙三年崇化乡点籍样的特点之后，我们不难发现，曹莫盆、康寿感、安义师、肖望仙等四户与曹伏食户、安善才户的区别，恰好在于曹莫盆等四户除户主外别无丁中；曹伏食、安善才等户，除户主外，另有丁中。而在"合已受田"的记事方面，曹莫盆等四户与曹伏食、安善才两户，并无任何实质性的区别。

　　土肥义和认为，曹莫盆、安义师两户是"给田预定额已经得到满足之户"，康寿感、肖望仙两户是小男当户。以上四户的"合已受田"数仍照抄前籍。而曹伏食、安善才两户中之曹尸罗、曹孙师、安难及等人则是当年特定的受田资格者，"给予他们的授田额，已包括在他们的合已受田额之中"。土肥义和所论忽略了两个极为重要的问题。其一，曹伏食户应受田口共三人，[①]为什么包括当年的给田额在内仅合已受田一十二亩卅步，比一丁一寡的安义师户还少？其二，曹伏食户的曹孙师年及 20 岁，曹尸罗年及 60 岁，安善才户之安难及年及 40 岁。曹师僧两年前即已取

────────

① 当户记事比较混乱，年 60 的曹尸罗记为白丁，但在家口总计中，又记为老男。此或因曹尸罗年刚及老之故。曹尸罗若算为丁男，该户则为二丁一老。曹尸罗若算为老男，该户则为一老男当户，外及一老男、一中男。该户于神龙元年、二年，应为一老男当户、一丁、一中。

得受田资格。若谓当年可授田土较少,故未能满足其应受田额,此犹有可言。但为什么安难及自垂拱元年(685年)取得受田资格起,直至神龙二年(706年)还未能满足其所谓"给田预定额"? 曹尸罗为什么从麟德二年(665年)取得受田资格起,四十多年间都未能满足其"给田预定额",为什么于及老之年(亦即应退口分田之年)又突然成为特定的受田资格者? 还有,安难及与曹莫盆、安义师同县同乡又同年取得受田资格,为什么曹莫盆、安义师在此之前已经满足其"给田预定额",而同样身为卫士的安难及却迟迟未能满足给田预定额? 以上这些疑团没有解开之前,诚难苟同土肥义和对神龙三年崇化乡点籍一的分析。

现在再回过头来讨论天宝至德年间洪闰等乡丁口田簿问题。该丁口田簿的记事内容与神龙三年崇化乡点籍样相似。所不同的是该丁口田簿未记各户家口总数与分年龄组的男女家口数。这表明该丁口田簿所注重的,也只是各户的丁中家口。因该丁口田簿仅存五行(记事完整者只有一户),故难进行比较全面深入的研究。土肥义和以为,"如同西州那样,敦煌也有现实的给田基准规定。因梁奉贞本人已满足基准额,故不作为给田对象者处理。因而,他的年龄、身份不必加以记载,只是作为户主加以记述"。换言之,土肥义和认为,梁奉贞不是当年的给田对象,而梁元谏、梁奉定则是当年的给田对象或应给田对象。所谓"受田廿亩"、"受田廿三亩"乃是准备实际给授(或已经给授)田土者的受田额。然而,依土肥义和所论,仍有许多问题无法解释。如关于受田基准额问题。唐代西州"均田制"有没有远比法定标准为低的受田基准额,笔者已另文讨论,[①]这里不谈。就开元天宝时期的敦煌户籍而言,则可肯定当时当地"均田制",并无所谓的"受田基准额"。如开元十年敦煌县悬泉乡籍,据该户籍,郭玄昉户每丁约"受田"10亩;赵玄表、曹仁备两户,每丁约"受田"30亩,相差甚远。再如天宝六载敦煌县龙勒乡都乡里籍,该户

---

① 补注:此指《唐代欠田、退田、给田诸文书非均田说》(原拟刊于《唐史论丛》第1辑,后该刊因印制方面的原因,与厂方产生纠纷,除作者人得一册样书外,卒未正式发行)与《唐代欠田、退田、给田诸文书非均田说补证——兼论唐代西州的两种授田制度》(载韩国磐主编:《敦煌吐鲁番出土经济文书研究》,厦门大学出版社1986年版)。

籍程智意、程大忠等户每丁"受田"80～90 亩，郑恩养、刘智新等户每丁平均"受田"40 多亩，杜怀奉、程思楚等户每丁平均"受田"20 多亩，阴承光户每丁平均"受田"仅 10 多亩。① 这里呈现的是多级阶梯状态，哪有什么"受田基准额"之可言？还有，如果梁思节户的"受田廿亩"是当年新授的田土，为什么不具地段坐落与田亩四至？如果此"廿亩"只是准备给授的田亩，那又为什么不写应授田廿亩，而写"受田廿亩"？

　　再说梁奉定户的登籍形式。与此类似的登籍形式，天宝年间敦煌差科簿屡见不鲜。如 P.3559 号文书慈惠乡差科簿：

　　　　郑蕃客男思诠载卅八　品子_{终服}
　　　　郑加会弟奉璋载廿五上柱□子_{纳资}
　　　　张义质男昌漵载卅五上柱国子_{土镇}
　　　　张怀质男楚钦载卅三白丁_{郡典狱}
　　　　董思勖男温礼载廿九白丁_{侍丁}
　　　　王约子男庭晖载廿五白丁_{终服}
　　　　索思谏男伏生载廿六白丁_{土镇}

　　似此情况，与"受田"是否足额，显然无关。再说，如果梁奉贞是因受田足额而不必详记其年龄、身份，那么，这岂不意味着年已 64 岁的梁思节仍是当年的应受田口？

　　再看梁元谏、梁奉定的年龄。此二丁的年龄分别为 31 岁与 29 岁。如果说当时均田制下的土地还授切实施行，而且也存在一个较法定标准为低的受田基准额，那么，为什么在他们取得受田资格之后 10～12 年还未能满足其所谓"受田基准额"？而在他们取得受田资格之后第 11 与第 13 个年头，又突然成为该乡当年的主要授田对象，而且不授则已，一授就是一二十亩？现存唐代大历以前敦煌户籍残卷中应、已受田情况比较完整者共 61 户，按此 61 户计算，平均每户约"已受田"47 亩，每丁"已受田"约 35 亩。天宝至德年间敦煌洪闰乡丁口田簿残卷中之梁元谏，若按每年二十三亩这个数额授田，只需两年就可以超过当地每丁平均"受田"水平，只要五年，就可达到每丁百亩的法定应受田标准。如果考虑到某

────────────

① 为便于比较，以上各户，老男、寡妻妾的"受田"额以丁为单位进行折算。

些年份可授之田可能较少(这里暂且假定该丁口田簿制作之年可授田特多),而将每年的给田额降为10亩,那么,从梁元谏18岁开始取得受田资格起,到他27岁止,也可授足每丁百亩之数。然而实际情况又并非如此。

根据以上分析,我们认为,天宝至德年间敦煌县洪闰等乡丁口田簿残卷中的"受田廿亩"、"受田廿三亩",不是当年该户新授或准备授给的给田额,而是该户前此业已保有的在籍田土。土肥义和先生冀图以此证明敦煌与内地,均田制下的土地还授切实施行,似有考虑欠周之嫌。

最后,关于天宝至德年间敦煌洪闰等乡丁口田簿与神龙三年高昌崇化乡点籍样文书的性质问题,我们以为此两件文书着重登载的只是丁中而非全部应受田口,因此,与其说此类文书与授田有关,勿如说与租赋役负担方面的考虑有关。

补　记

1985年于乌鲁木齐市召开的中国敦煌吐鲁番学学术讨论会上,笔者对天宝大历年间敦煌洪闰等乡丁口田簿的性质发表了自己的看法。池田温先生表示颇有同感。会下,又蒙惠赠池田温先生近作《唐代敦煌均田制之一考察——围绕天宝后期敦煌县田簿问题》。[①] 池田温先生曾将苏联秋古耶夫斯基介绍的敦煌文书与土肥义和所见文书进行缀合,使此件内容更加丰富。日前,又适逢《吐鲁番出土文书》第7册出版,其中恰好包含《(唐)神龙三年(706)高昌县崇化乡点籍样》残卷的全部录文。这就使笔者有机会对此进行更深入的研究。爰做补记介绍池田温先生的研究成果,并结合谈点笔者的补充意见。关于《神龙三年高昌县崇化乡点籍样》,则另题补充讨论。

池田温先生缀合的文书如下:

(1)ДХ1378(此件背面为昙旷撰《大乘起信论略述》。相当于大正藏第1114页中段第20行至下段第5行):

---

① 《东洋学报》第66卷第1~4号,1985年。

1. 户张女女载五十六　中女
2. 　　受田四十亩
3. 户邓仙岩载廿一　中女
4. 　　受田廿亩
5. 户石玉树载卅九□□
6. 　　受田卅六亩

（中欠约十六七行）

(2)ДX8721(背面同上经文,相当于大正藏1114页上段20行至24行):

1. 　□□□小女
2. 　　受田十二亩

（中欠约六十行）

(3)S.8387＋S.9487(背面同上经文,相当于大正藏1111页中段第25行至下段第6行):

1. 　　受田廿亩
2. 洪闰乡户梁思节载六十四老男上柱国
3. 　男元谏载卅一上柱国子
4. 　　受田廿三亩
5. 户梁奉贞弟奉定? 载廿九白丁

（中欠一行）

(4)ДX3160(背面同上经文,相当于大正藏1114页中段16至21行):

1. 张崇进载廿五白丁
2. 受田一十六亩
3. 户宋难陀载六十二老男
4. □□□元□□□□□

以上四断片书式相同;行间各距2.5～3 cm也相同,笔迹近似;"年"皆记为"载";背面又皆抄写同一件佛经。池田温据此认定以上各断片原为同一件文书。理由充分,应可信。但各断片先后次序及缺行数则未必。因为此件官文书之背面被用以抄写佛经时,也有打乱顺序之可能。

池田温先生以为,其中有不少是单纯的女户,"根据迄今所见的有关唐代田制资料,很难设想会新给仅有中女、小女的女户授田"。另一方面,"若是同一年度给田的话,25岁的白丁张崇进16亩,21岁的中女邓仙岩20亩,如何说明这一出乎一般预想的数字,也是个难题"。池田温由此得出结论:"天宝后期的敦煌,类似于欠田户调查表的受田簿制作与绝户、逃户的退田确实被实施。而与此相适应的、均田制下的有组织的给田迄今仍未见其形迹。"

对此,我们还可以做如下补充论证:如果说张崇进户与邓仙岩户因不属同一乡而不便比较的话,那么,张女女、邓仙岩、石玉树三户则系同乡同年同籍。假如张女女与邓仙岩两户原来已受田都不多,那为什么造籍之年,年届56岁的张女女新授田10亩,而年刚21岁的邓仙岩却新授田20亩?假如张女女户原已受田较多,那为什么直到56岁还在继续授田?如果石玉树于其49岁之年(亦即获得受田资格之第22年)突然一次受田36亩,那为什么前此几十年却受田甚少,甚至全未授田?因为若按每年36亩概率授田,不到三年即可受田足额;如果降低十倍,每年平均只授3.6亩,那么,从石玉树18岁到48岁,即可受田75.6亩,加上49岁当年"所受"的36亩,也就受田过限10亩以上。但从现存唐代敦煌户籍资料,我们所看到的却是普遍性的受田不足。由此益见土肥义和之说诚难成立。

三、神龙三年高昌县崇化乡点籍样性质新探

《吐鲁番出土文书》第7册刊布的神龙三年高昌县崇化乡点籍样残卷共55户153行。比起原先刊布的9户28行多许多倍。由于所存户数、行数较多,使我们有可能对当时的户口田土情况进行更深入的探讨。现将该件各户丁口田土情况列表于下(应受田口与应受田数权按"均田制"规定计算):

序号	户主情况	家口数	应受田口	应受田数	已受田数
1	不详	?	?	?	?
2	大女张慈善年廿一 中女	2	中女当户1	35	"右件户栝附,田宅并未给受"
3	康义集年二 小男	2	小男当户1	35	"右件户栝附,田宅并未给受"
4	魏双尾年六十 老寡	1	寡当户1	35	"右件户栝附,田宅并未给受"
5	大女陈思香年卅 丁寡	3	寡当户1	35	"右件户栝附,田宅并未给受"
6	小女曹阿面子年拾叁 小女	2	小女当户1	35	"右件户栝附,田宅并未给受"
7	大女安胜娘年卅二 丁寡	1	寡当户1	35	"右件新括附,田宅并未给受"
8	黄女安浮呞臺年二 黄女	1	黄女当户1	35	"右件户括附,田宅并未给受"
9	李丑奴年五 小男	1	小男当户1	35	"右件户栝附,田宅并未给受"
10	康禄山年卅九 白丁	9	丁男1,中男1(?)	120	9亩80步
11	康陁延年卅三 白丁	8	丁男1	60	10亩40步
12	唐恩义年九 小男	3	小男当户1,寡2	65	8亩40步
13	何莫潘年八十 职资	11	老男当户1,丁男2(秃子、安宝)	155	25亩40步
14	康阿子年六十二 废疾	9	老男当户1,丁男2(射毗、婆解盆),寡1	170	23亩40步

679

续表

序号	户主情况	家口数	应受田口	应受田数	已受田数
15	康迦卫年五十七 卫士	1	丁男1	60	"右件户逃满十年,田宅并退入还公"
16	安德忠年十三 小男	8	小男当户1,寡1	50	10亩70步
17	大女康外何年六十八 老寡	3	老寡当户1	35	3亩40步
18	大女康那虔年七十二 老寡	4	老寡当户1,寡2	65	7亩40步
19	大女何无贺呬年七十一 老寡	5	老寡当户1	35	5亩40步
20	石浮呬盆年六十六 老男	3	老男当户1	35	10亩40步
21	竹畔德年五十 卫士	9	丁2(丁弟僧奴,年42岁),寡1	135	17亩40步
22	竹熊子年卅一 丁品子	5	丁男1,寡1	75	9亩40步
23	大女康阿丑年七十九 老寡	4	老寡当户1	35	5亩40步
24	石浮呬满年卅 卫士	4	丁1	60	10亩40步
25	大女阴阿孙年卅五 丁寡	1	寡当户1	35	5亩40步
26	曹伏食年六十七 老男	8	老男当户1,老男1(尸罗,60岁),中男1(孙师,20岁)	110	12亩40步
27	曹莫盆年卅 卫士	7	丁男1	60	13亩40步

续表

序号	户主情况	家口数	应受田口	应受田数	已受田数
28	康寿感年七 小男	7	小男当户1,寡2	65	8亩40步
29	康演潘年五十一 卫士	8	丁男1	60	10亩40步
30	安义师年卅 卫士	8	丁男1,寡1	75	14亩40步
31	萧望仙年三 小男	3	小男当户,寡1	50	5亩70步
32	安善才年五十 勋官	8	丁男3(难及,40岁),另一缺	180	不详
33	不详	6	寡当户1	35	5亩40步
34	赵独立年卅三 白丁	5	丁男1	60	9亩40步
35	夏运达年卅八 丁品子	4	丁男1	60	7亩40步
36	大女刘戌年卅 丁女	1	丁女当户1	35	2亩 半 □□
37	不详	不详	不详	不详	5亩40步
38	郑思顺年十一 小男	3	小男当户,1寡	50	5亩40步
39	郭德仁年五十六 白丁	6	丁男1	60	不详
40	白胡仁年卅五 卫士	5	丁男1	60	9亩36步

续表

序号	户主情况	家口数	应受田口	应受田数	已受田数
41	郭桃叶年卌二 丁寡	2	寡当户	35	5 亩 40 步
42	曹玄恪年卌九 职资队正	5	丁男 1	60	10 亩 40 步
43	郭忠敏年拾 小男	5	小男当户 1、三寡	80	9 亩 40 步
44	安师奴年十三 小男	4	小男当户 1	35	不详
45	焦僧住年卌三 卫士	8	丁男 1、中男 1（文师年 19）	120	不详
46	不详	不详	不详	不详	此件只存"合已受田"四字
47	李庆斌年五十五 丁男？	不详	丁男 1，寡 1	75	不详
48	不详 白丁	7	丁男 2（弟□斫，32岁）	135	20 亩 40 步
49	白盲子年廿五 白丁	5	丁男 1，寡 1	75	15 亩 120 步
50	郭君行年卌七 卫士	8	丁男 1	60	11 亩 40 步
51	郑隆护年五十二 卫士	1	丁男 1	60	10 亩半 49 步
52	郑欢进年卌九 卫士	3	丁男 1	60	不详
53	不详	5	不详	不详	10 亩 40 步
54	姓名不详 老寡	3	寡当户 1	35	不详
55	不详	不详	不详	不详	10 亩 60 步

此件具载姓名、年龄者，除户主外共有 10 人（见上表第 13 户、第 14 户、第 21 户、第 26 户、第 32 户、第 45 户、第 48 户）。此 10 人全是丁、中（8 丁男，2 中男）。从丁、中这一角度看，除户主外，此件各户共有丁、中 11 人（此件还有几户丁中数不详），除康禄山户一名中男（年龄不详）外，其余 10 人悉另列单行，具注其姓名、年龄、丁中身份。这更证明曹伏食户的曹尸罗（年 60 岁）、曹孙师（20 岁），安善才户的安难及（40 岁），何莫潘户的何秃子（36 岁）、何安宝（35 岁），康阿子户的康射毗（37 岁）、康婆解盆（50 岁），竹畔德户的竹僧奴（42 岁），焦僧住户的焦文师（19 岁），某户的丁弟□斯（33 岁）等之所以具载姓名、年龄、丁中情况，绝非如土肥义和先生所言，是因为他们为当年的特定的受田资格者。反之，一些户（如夏运达户、竹熊子户）除户主外，不再具注其丁口姓名、年龄，也绝不是因为他们"给田预定额已经得到满足"，而是因为他们除户主外别无丁中。

论者常将唐代西州发现的有关土地还受文书断定为均田制下的土地还受。并进而断言，直至开元天宝年间，均田制下的土地还授仍被切实施行。景龙三年崇化乡点籍样足以证明此说不足信。此件最引人注目处是张慈善等 9 户（此件前缺，实际上应多于 9 户）"田宅并未给受"。此 9 户中，只有安胜娘户注明"新括附"。这表明其他八户已经"括附"有年。如果当时当地均田制下的土地还授被切实施行，那么，"括附"有年之户，自然不应"田宅并未给受"。论者或曰：此九户皆无课口，按授田"先课后不课"原则，在田土不足情况下，不课户可能不授田。其实，唐代田令规定："授田：先课役，后不课役；先无，后少；先贫，后富。"①按田令，此三条原则应是平行的。课户、无田户、贫下户俱在优先之列。张慈善等户既然"田宅并未给受"，按先无后少、先贫后富原则，他们应在优先授田之列。② 如果张慈善等人是均田体制下的农户，据其"田宅并未给受"

---

① 《唐律疏议》卷 13《户婚》。

② 补注：上表"田宅并未给受"之户于神龙三年诚然都不是"课户"，然在此之前，如张慈善、康义集等的父辈尚在之时，老寡魏双尾、丁寡陈思香、丁寡安胜娘未寡之时，他们都曾是课户。为什么那么多年以来他们仍是"田宅并未给受"？

情况,即可断言当时当地均田制下的土地还受很不切实。更何况此件还经常出现同乡同籍更早取得受田资格者所"受"之田反而更少,丁男"受田"少于老男、小男的情况。

　　笔者曾论及唐代西州存在两种授田制度。一种是"均田制",按田令统一规定计算应受田数;一种是官田授田制,[①]按"壹丁合得常田肆亩,部田式亩"(后来可能改为常田四亩,部田六亩)、"老寡人得常田式亩,部田壹亩",次男"应授田五亩"标准计算应授田。此件未计其应受田数,故难确定其为哪一种授田制。此件有 6 户"合已受田一十亩卅步",1 户"合已受田一十亩七十步",颇疑其为官田授田制。如果此件果为官田授田制,那么,此种授田制下的土地还受亦非经常切实施行。据本文附表统计,按此种授田制的应受田标准计算,至少有五户(上表之第 16、20、27、50、51 等户)"受田过限"。再对比上表之第 10 户与第 11 户:康禄山,白丁,年 49,该户一丁一中,"合已受田九亩八十步"。康陁延,白丁,年 33,该户只有一丁,却"合已受田二十亩卅步",迟取得受田资格者,所"受"之田反而更多。又如上表第 34 户与第 35 户。赵独立,白丁,年 43,"合已受田九亩卅步"。夏运达,品子,丁,却只"合已受田七亩卅步"。再如上表第 17 户与第 19 户。两户都是一寡,且年龄相近,已受田却有 3 亩 40 步与 5 亩 40 步之别。同件第 18 户有三寡,已受田却只有 7 亩 40 步。又如上表第 20 户,石浮呬盆,年 66,老男,"合已受田一十亩卅步",所"受"之田比许多丁男都多。上述情况表明:此件各户的"已受田",并非新近授给他们的给田,而是各户业已保有之田。此件所谓"括附",都是并无丁中之户,有的户主甚至只有二三岁,显然不可能是真正的逃户,且不是为避赋役而逃籍。他们很可能是原先附于其他户,地方当局为了某种目的(如增加户数等)而逼令他们单独立户。

　　至于其他各户的登籍,从其突出丁中情况来看,似乎不是为了土地还授,而是出于赋役负担方面的需要。

　　　　　　　　　　　　(原载《中国社会经济史研究》1987 年第 1 期)

---

①　或按该授田制的令制依据——唐朝廷颁布的《巡抚高昌诏》的提法,称之为"官田给百姓"制度。

吐鲁番出土唐代经济文书札记

一、西州都督府勘给过所案卷所见之开元中括户

吐鲁番阿斯塔那 509 号唐墓出土的西州都督府勘给过所案卷①有一段内容与开元中括户有关：

（前略）

101.　　　　蒋化明年廿六

102.化明辩：被问先是何州县人？得共郭林驱驴？仰答。但化明

103.先是京兆府云阳县嵯峨乡人，从凉府与敦元暕驱驮至北
　　庭。括

104.客，乃即附户为金满县百姓。为饥贫，与郭林驱驴伊州纳
　　和籴。

（中略）

108.　　　　　　开元廿一年正月日

109.　　　　付法曹检九思白

110.　　　　　　　　廿九日

此件史料价值很高，甚为研究开元中括户与唐代对待逃户政策变化的学者所重视。但因上件蒋化明辩辞的重点只在于声明自己是金满县百姓（而不是"诸军镇逃走及影名假代等色"），所以对他被括附的细节并

---

① 国家文物局古文献研究室等编：《吐鲁番出土文书》录文本，文物出版社 1990
年版，第 9 册，第 61～62 页。

未详述,因而极易使人产生误解,以为开元中的括户就是令逃户就地附籍。

实际上,开元九年宇文融开始括户之初,朝廷对逃户的政策并非一律就地附籍,而是:(1)"准令式合所在编户,情愿住者,即附入簿籍,差科赋敛,仍与本贯计会停征";(2)"若情愿归贯,及据令式不合附者,首讫,明立案记,不须差遣。先牒本贯知,容至秋收后递还。情愿即还者,听";(3)"限制到日百日内各容自首","过限不首,并即括取,递边远附为百姓。家口随逃者,亦便同送"。[①] 无论是归贯,或是就地附籍,都是准"令、式"行事。这里所说的"令、式",应即是:"乐住之制,居狭乡者听其从宽,居远者听其从近,居轻役之地者听其从重;畿内诸州,不得乐住畿外;京兆、河南府不得住余州;其京城县不得住余县;有军府州不得住无军府州"。[②] 这表明宇文融括户之初,朝廷仍无意改变传统的处置逃户政策。及至括户初见成效后,宇文融才建议:"天下所检责客户,除两州计会归本贯以外,便令所在编附。年限向满,须准居人,更令所在优矜。"[③]唐玄宗随后又制书,除"委使叫司与州县商量,劝作农社,贫富相恤,耕耘以时"外,也只是重申"其归首户,各令新首处与本贯计会年户色役,勿欺隐及其两处征科"。[④] 宇文融所说的"除两州计会归本贯以外,便令所在编附",也就是唐玄宗制书所说的"新首处"与"本贯"两州计会,或归本贯,或就地附籍。很明显,宇文融括户开始以后,政府对于逃户的处理才不再强调既定"令式",而有所通融。其通融办法或即李峤于证圣元年(694 年)所建议的"殷富者令还,贫弱者令住"。[⑤] 其中也包括贫弱者,畿内诸州得移畿外,京兆、河南府得移余州,军府州得移无军府州。

据上引开元二十年至二十一年西州都督府勘给过所案卷,蒋化明原籍京兆府云阳县嵯峨乡。若按"令式"规定,蒋化明不得在畿内其他各州附籍,更不得到畿外附籍。蒋化明得以在北庭金满县附籍,反映了政府

---

① 玄宗:《科禁诸州逃亡制》,《全唐文》卷 22。
② 《唐六典》卷 3《尚书户部》,"京兆"以下 8 字系内田智雄据残宋本补入,他书不见。
③ 宇文融:《定户口疏》,《全唐文》卷 303。
④ 《旧唐书》卷 105《宇文融传》。
⑤ 《唐会要》卷 85《逃户》。

对逃户政策的若干变化。不过,客户的就地附籍还是有条件的。从上引案卷中蒋化明的辩词可以得见蒋化明于本贯并无产业,所以从京兆府流落到凉州、北庭,被括附为金满县百姓后,仍"为饥贫,与郭林驱驮伊州纳和籴"。正是由于蒋化明于本贯并无产业,所以才得以经两州(本贯京兆府与被检括处北庭)计会后就地编附为百姓,否则仍不免要被遣送回原籍。

蒋化明何时被括附为金满县百姓,上引案卷未曾言明。但从上引西州都督府案卷,我们得知:开元二十一年,蒋化明二十六岁。以此推算,开元九年宇文融开始括户时,蒋化明才十四岁。十四岁的小男想必还不至于不远千里"为敦元暕驱驮至北庭",因意蒋化明之被括附为金满县百姓当在宇文融括户后之开元中某一年。这表明:宇文融括户后一段时间,政府对待逃户的政策大体上仍像李峤所建议的那样,"殷富者命还,贫弱者令住"。换言之,宇文融与继宇文融之后的括客之制,基本上仍不出李峤建议的窠臼。

实际上,李峤提出的逃户政策,直至开元中宇文融括户之后,还只是被当作权宜之计,而未成为定制。因为从开元二十三年唐玄宗的《听逃户归首敕》,我们还可以看到,其时对于逃户中"本贯有产业者"规定仍十分明确:"一切令还";而对于其先无产业者,却还只是令地方守宰"具户数闻奏"。① 是否就地附籍,还是未定之数。要言之,宇文融括户之时,乃至其后一段时间,唐朝政府逃户政策的变化还很有限。唐政权完全放弃"畿内诸州,不得乐住畿外;京兆、河南府不得住余州;其京城县不得住余县;有军府州不得住无军府州"的传统政策,应是建中元年(780年)随同实行两税法,"户无土客,以见居为簿"之时。

二、试析唐代西州计亩出束文书

唐代传世文献时常提及"税草",《新唐书》卷51《食货志》即记:"贞

---

① 《全唐文》卷35《听逃户归首敕》:"天下逃户,所在特听归首,容至今年十二月三十日内首尽。其本贯有产业者,一切令还。若先无者,具户数闻奏,当别有处分。"

687

观中,初税草以给诸闲,而驿马有牧田。"唐前期,税草如何征收,史书却未见记载。阿斯塔那 509 号唐墓出土一件开元二十五年(737 年)前的高昌县出草帐,①从中或可窥见税草的征敛原则。现移录于下:

1. 阚文惄肆束半　张达子肆束半　张多鼠柒束　赵永安肆束半

2. 赵洛贞叁束半　范龙才壹束　张通仁肆束半　赵文忠拾束半

3. 鞠孝忠柒束　刘和德拾肆束　成礼嘉柒束　□□□柒束

4. 龙兴观柒束　大宝寺叁束半　崇宝寺拾肆束

5. 龙兴寺贰拾肆束半　遵戒寺贰拾壹束　□□□柒束

6. 证圣寺贰拾壹束　开觉寺叁拾伍束　索善端叁束
　　索善欢柒束

7. 康守相贰亩柒束　大女□□小贰亩柒束　张元感壹亩半肆束半

8. 氾和敏贰亩柒束　樊申陆贰亩柒束　马葱元壹亩半

9. 孙元敬贰亩柒束　□□寺贰拾捌束　□元寺贰拾贰

10. 普昭寺柒束　　□□□拾捌束　静虑寺柒束

11. 静虑寺叁束半　崇圣寺柒束　普昭寺肆束

12. 尉大忠柒束　严君君柒束　张奉举拾束

13. 和埴均拾束半　鞠希乔贰拾壹束　和埴均柒束

14. 何智藏拾束　张伏子柒束　史德师叁束半

15. 朱玄爽伍束　张信达柒束　苏才义拾伍束

16. 辛定德肆束　半康玄智叁束半　王玄□拾束半

17. 张玄素柒束　彭爽柒束　范名鼠壹束

18. 杨埴⻊肆束半　袁达子叁束半　杨思君叁束半

19. 崇圣寺拾肆亩肆拾玖束

---

① 国家文物局古文献研究室等编:《吐鲁番出土文书》录文本,文物出版社 1990 年版,第 9 册,第 23～25 页。原件第 4 行有黑笔勾划,第 10 行的"拾捌束"写好后圈去,第 19 行写于此件背面,为正面帐的续写。据同墓的《开元廿五年张君墓志》,可确定此件早于开元二十五年,但又迟于神龙元年(705 年)敕改"天下大唐中兴寺、观"为"龙兴寺、观"之时。

此件共存 58 户次（另有 1 户未记草束数）。其中 1 户为女户，1 户为道观，10 户（13 户次）为寺院。唐前期租庸调制下，女户与僧道皆不课。由此可见，此件文书的税草并非计丁征收，不是作为丁租的附加。

此件文书，各户出草数很不整齐，且多寡悬殊。可见此时的"税草"亦非计户征敛。

此件兼计纳草数与田亩数者共 6 户。其中 4 户都是 2 亩 7 束，平均每亩 3.5 束，1 户 14 亩 49 束，也是每亩 3.5 束。只有一户是 1.5 亩 4.5 束，平均每亩为 3 束。其他 52 户次，都未记田亩数，但计其出草数，却有 34 户次为 3.5 束或 3.5 束的整数倍。因臆此件所反映的税草原则是计亩征敛，每亩 3.5 束。唐代西州的田亩率多畸零，此件则取半亩、一亩成数。有些户的出草数与 3.5 束的整数倍稍有出入，很可能即与各户田亩数的零头有关。

唐代西州，耕种职田也要纳草。同墓出土的高昌县送阙职草状[1]即记：

1. 高昌县状上
2. 　阙职草壹阡小束
3. 　　　右□□今送上件草往交河，其草已征得，分付所由□
（下略）

同墓出土的开元二十二年杨景璿牒[2]亦记：

（前缺）
　　——镇押官行赤亭镇将杨嘉麟职田地七十六亩，_{亩别粟六斗，计册五石六斗，草一百五十二围。}
（后略）

由此件可知，西州其时职田每亩租粟六斗，草二围。每亩纳草额远超过 3.5 束。上引出草帐有许多寺观纳草记载，我们很难设想有那么多的寺观租种职田或公廨田。因臆上引出草帐的计亩出束，不是作为职田

---

[1] 国家文物局古文献研究室等编：《吐鲁番出土文书》录文本，文物出版社 1990 年版，第 9 册，第 118 页。

[2] 国家文物局古文献研究室等编：《吐鲁番出土文书》录文本，文物出版社 1990 年版，第 9 册，第 101 页。

地子的附加,而是作为地税的附加。敦煌出土的开元二十四年九月岐州
郿县牒判集也有两段谈及"开元廿三年地税及草等",①也表明纳草与纳
地税关系密切。

贞观中初税草的目的是"给诸闲"。但闲厩并非各州县都有。刍稿
不便调运,各地对刍的需求又多寡不同,故税草的征敛很可能因时因地
而异,不一定都是每亩 3.5 束。新、旧《唐书·食货志》、《通典》、《唐六
典》、《唐会要》等史书皆不记唐代税草办法与税额,很可能就是因为税草
一直无定法。

关于上件出草帐还有一个疑点,即该帐仅有 59 户次,前后不残,如
果是一里之出草帐,则一里之内不可能有那么多座寺观。如果是一乡一
县之帐,则又不止数十户。该件又屡见一户两输。因何如此,尚不得
其解。

三、唐代西州换耕契性质考辨

吐鲁番出土的契约文书中有两件换耕契。契约内容如下:
73TAM506:04/2 号文书:②

1. ═══渠口分常 田 一 段 肆 亩 东西南北

2. ═══平城南地一段 叁 □ 东西南北

3. □□七载十二月十三 日,杨俗寄住

4. 南平,要前件寺地营种,今将郡

5. 城樊渠口分地彼此逐□□种。缘

6. 田地税及有杂科税,仰□□□

7. 各自知当。如已后不愿佃地者,

---

① P.2979 号文书,见池田温:《中国古代籍帐研究》,东京大学东洋文化研究所
1979 年版,第 374 页。

② 国家文物局古文献研究室等编:《吐鲁番出土文书》录文本,文物出版社 1991
年版,第 10 册,第 275～276 页。

8. 彼此收本地。契有两本,各执一

9. 本为记。

10.　　　地主杨雅俗载廿四(押)

11.　　　保人兄处俗载 廿□ (押)

12.　　　保人高澄载廿一(押)

73TAM506:04/16 号文书:^①

1. □□承匡渠西奇口分常田五亩^{东王令璋　南□□}_{西官田　北苏祀奴}

2. ＝＝年十一月廿四日,□逐隐便,将上件地

3. ＝＝酒泉城口分栃渠常田一段五

4. ＝＝各十年 佃□ ,如以后两家

5. ＝＝种,各自收本地。如营田以后,

6. ＝＝役各自祇承,不得遮护。两

7. 共平章,恐人无信,故立此契为记。

8. 数内一亩地子,张处直　　地主张小承年卅二

9. 边收麦两斛一斗　　　　保　人弟＝＝

10. 契有两本, 各 执一本。　保　人张处直(押)

11.　　　　　　　　　保　人

(后残)

73TAM506:04/2 号文书纪年不全,仅剩"七载十二月十二日"字样。此件契书记田主杨雅俗、保人杨处俗的年龄也是用"载"不用"年"。由于自天宝三年正月初一"改年为载",迄至德三载二月初五"改至德三载为乾元元年",^②仅历两个年号,且至德又只有两年多,由此可以判定73TAM506:04/2 号文书为天宝七载(748 年)契书。

73TAM506:04/16 号文书用"年"不用"载",只能是天宝三载以前或乾元元年(758 年)以后之契。因两件文书乃出自同墓,其年代亦当

――――――――――

① 国家文物局古文献研究室等编:《吐鲁番出土文书》录文本,文物出版社 1991年版,第 10 册,第 303～304 页。本件背面有"合同"二字左半。

② 《旧唐书》卷 9《玄宗纪》、卷 10《肃宗纪》。

相近。

论者或以为此两件契书为租佃关系中的"互佃型"的租佃契约,①笔者以为此两契只是单纯的交换土地使用权的换耕契,与租佃关系无涉。

如果是租佃契,就必然要规定地租形态、租额、交租时限、罚则。如果是实物地租,还要规定租物成色。天宝三载前(或乾元元年后)张小承与对方换耕的田土,面积虽然相等,但田土的丰约程度以及其他条件(如水利灌溉条件,路途远近等等)未必完全相同,倘若双方各自出租,其租额也未必相等。天宝七载,杨雅俗与对方换耕的田土,一为樊渠常田四亩,一为南平城南地三亩,田土面积就不等,即使是交互租佃,也还有地租差额问题。但此件契书绝未见地租与地租差额的记载。张小承与对方订立的契约文书,正文也未及地租或地租差额。靠近契约末尾插入的两行("数内一亩地子,张处直边收麦两斛一斗")虽与地租有关,但张处直在此契中乃处于保人地位,故可断定张处直并非酒泉枌渠常田一段五亩的田主,不是契约关系的一方,而是张小承匡渠常田壹亩的原佃人。张小承与对方订立契约时,张小承与张处直原定的租佃期限未满,故在张小承与换耕对方签订的契约中注明其地仍由张处直佃种,交地子(地租)二斛一斗给换耕者。显而易见,张小承与张处直的主佃关系本与张小承与对方换耕无涉。只是因为张小承与对方订立契约时,张小承与张处直原定的租佃期限未满,所以才在契书上注上一笔。或许也是因为这个缘故,张处直才成为张小承换耕契约的保人之一。

还有一点值得注意,这就是上引两件契书虽然都书明"契有两本,各执一本为记",实际上却又都是"地主"书契给对方收执。契书中,立契双方都互称"地主",其中并无"佃人"位置。② 此种格式也显然不同于一般的租佃契约。

我们知道,封建社会的租佃关系有其确定的内涵,它通常表明拥有土地所有权的一方无偿占有佃户的剩余劳动。上引两件契书都只是单

---

① 补注:参见吴震:《吐鲁番出土的两件唐人互佃契》,《新疆社会科学》1987年第2期。

② 杨雅俗、张小承手中所持的对方书契,我们虽然未能得见,但有理由推测,其格式应同于杨雅俗、张小承所书契。

纯的换耕契,都不具有租佃含义,因而不宜阑入租佃关系范畴。

　　这里顺便谈谈上引两件文书的定名问题。上引两件文书都出现"佃"字。"佃"字本有耕种之意。因而称上引两件契约为"互佃契"或"互佃田土契",自无不可。但"佃"字又有租佃之意。如果径称之为"互佃契",则易造成概念上的混淆,因而不如径直称之为"换耕契"为宜。

（原载《中国社会经济史研究》1994 年第 1 期）

吐鲁番出土文书杂识(三题)

一、试释北凉文书的"部隤"

吐鲁番出土的北凉文书中常见"部隤"与"隤"字样。谨将有关文书转录于下:

(1)北凉玄始十二年(423年)兵曹牒〔75TKM96:18,23〕:①

(前略)

5.〔＿＿＿＿〕称:卒□属以强补隤,一身不〔＿＿＿＿〕

(中略)

12.大坞隤左得等四人诉辞称:为曹所差,知守坞两道,

13.今经一月,不得休下,求为更检。信如所诉,请如事

14.敕:当上幢日,差四骑付张横,守道□□。

15.兵曹橼张龙、史张□白。牒事在右,事诺注簿。

(下略)

(2)北凉玄始十一年(422年)马受条呈为出酒事〔75TKM91:18(a)〕:②

1.十一月四日,□酒三斗,赐屠儿〔＿＿＿＿〕

---

① 国家文物局古文献研究室等编:《吐鲁番出土文书》录文本,文物出版社1981年版,第1册,第64页,行别序号为引者所加,下同。

② 国家文物局古文献研究室等编:《吐鲁番出土文书》录文本,文物出版社1981年版,第1册,第120页。

2. 使。次出酒□斛,付孙善,供帐内 ⬚

3. 赎骑、箱□等。次出酒五斗,付 ⬚

4. 五斗,供□□。合用酒柒斛 ⬚

5. 玄始十一年十一月五日酒□马受条呈

(后缺)

(3)建□某年兵曹下高昌、横截、田地三县符为发骑守海事(75TKM91:26):①

1. □□一人自乘所 ⬚ 自乘□□,

2. 赎杜福、帛午、任□三人乘所配马。田□

3. 三骑,通身合七骑,次往海守十日,以休领。

(后略)

(4)兵曹张预班示为谪所部赎事〔75TKM91:37(a)〕:②

(前缺)

谪所部赎克明 ⬚

□班示

五月廿六日 兵曹 张预班

(后缺)

(5)某幢上书为部赎王贵兴等长遄事〔75TKM91:35〕:③

(前缺)

幢言:谨案部赎王贵兴、杨惠

二人由来长遄,今急速无时,无

(后缺)

① 国家文物局古文献研究室等编:《吐鲁番出土文书》录文本,文物出版社 1981 年版,第 1 册,第 131 页。

② 国家文物局古文献研究室等编:《吐鲁番出土文书》录文本,文物出版社 1981 年版,第 1 册,第 145 页。

③ 国家文物局古文献研究室等编:《吐鲁番出土文书》录文本,文物出版社 1981 年版,第 1 册,第 150 页。

(6)高昌县上书为某事[75TKM91:36(a)]：①

高宁县言：谨案华豹部隤明当

（后缺）

此外，还有一件北凉义和年间兵曹的残文书，②应亦与"部隤"有关：

1. 兵曹掾□预、史左法□□□□
2. 解称：部□□双等五人由来长□，不逐部伍
3. 求分处。□□慢乏兵事，宜□□□，各罚髡
4. 鞭二百，□□余者。仰本幢□□□□曹
5. 行刑罚。事诺奉行。

（后略）

"部隤"一词，北凉以前未见，北凉以后亦未见。《说文解字》卷 14 《𨸏部》释"隤"云："隤，下队也，从𨸏，贵声，杜回切。"《宋本玉篇》卷 31 《𨸏部》释"隤"亦云："隤，徒回切，坏，队下也，或作頹塠。"③可见，"隤"字的本义是坠下、坠落。④ 以"隤"字的本义解释上引各件文书，都显然不通。因臆北凉文书中的"部隤"、"隤"乃假借字。上引 7 件文书中除第 2 件为"酒[吏?]条呈"外，其他各件大体上都可确定为兵曹文书，都与军事组织或军事活动有关。上引"酒[吏?]马受条呈"提及得酒对象：隤骑、箱直。⑤ 箱直应即类似于上番宿卫。"隤"既与"骑"连用，且又与箱直并列，也表明它与军事有关。

---

① 国家文物局古文献研究室等编：《吐鲁番出土文书》录文本，文物出版社 1981 年版，第 1 册，第 165 页。

② 国家文物局古文献研究室等编：《吐鲁番出土文书》录文本，文物出版社 1981 年版，第 1 册，第 136 页。

③ 《宋本玉篇》卷 2《土部》释"塠"云："塠，徒雷切，落也，坏也，与隤同。"

④ 补注：《汉书》卷 29《沟洫志》即言坠淇园之竹以塞河决口为"隤林竹兮揵石菑"。颜师古释《汉书》卷 51《邹阳传》"危于絫卵"曰："絫卵者，言其将隤而破碎也。"

⑤ 上玄始十一年马受条呈，"箱"之下缺一字，因同墓出土文书中有一条《真兴七年十一月十二日箱直杨本生辞》，因而判定上引马受条呈"箱"之下应为"直"字。

我们还注意到，上引第 1 件文书恰又提到"上幢"，第 5 件文书又提到"幢言：谨案部隧王贵兴、杨惠二人由来长逋"；第 7 件文书更提及兵曹令"本幢"对"慢乏兵事"的"部隧"行髡鞭之罚。由此应可推测："部隧"处于"幢"这一级军事组织的统辖之下。

但汉魏以来的军事编制有部、曲、队、什、伍等等，而并无"隧"或"部隧"这一级。前已提及，"隧"字的本义为"隊"（墜）。查《说文解字》卷 14《阜部》解"隊"云："隊，从高隊也，从𨸏，㒸声，徒对切"。《宋本玉篇》卷 31《阜部》更云："隊，池类切，从高隊也，失也；又，徒对切，部也，百人也。"可见，"隊"与"隧"的音、义皆相近。"隧"、"隊"的本义虽是坠落，但"隊"字又可转义作部伍用。因而推测北凉文书中的"隧"乃"隊"字的假借，作部伍之"隊"用。

"隧"可以指队（最基层的军事编制单位），又可指队兵。犹如"幢"，既可表示军事单位，又可指幢主官。① 上引第一件文书提及的"大坞隧"，第六件文件提到的"华豹部隧"，也就是以"大坞"、"华豹"为名的"队"。所谓"以强补隧"，也就是以某姓名强者补为队兵。北凉"幢"与"部隧"的规模都不大。吐鲁番哈拉和卓 91 号墓出土的一件文书称："右八幢知中部屯。次屯之日，幢共校将一人撰（选）兵十五人夜往守水。残校将一人，将残兵、值苟（狗）还守。"②由此可见，幢设幢主官一人，校将二人，③幢兵大约数十名。"幢"之下的"部隧"，人数自应更少。

---

① 吐鲁番出土文书中有一件尾署"义和三年五月廿一日幢赵震言"（见国家文物局古文献研究室等编：《吐鲁番出土文书》录文本，文物出版社 1981 年版，第 1 册，第 122 页），此赵震应即幢主官。又有一件文书提及"左艾幢入募"（见国家文物局古文献研究室等编：《吐鲁番出土文书》录文本，文物出版社 1981 年版，第 1 册，第 203 页），此"左艾幢"似乎亦以幢主官为名。

② 国家文物局古文献研究室等编：《吐鲁番出土文书》录文本，文物出版社 1981 年版，第 1 册，第 138 页。

③ 同墓出土的《兵曹行罚幢校文书》提及"幢杖五十，将校杖七十"，这也表明校将并非幢主官。前注提及的赵震似乎也是先历校将（见国家文物局古文献研究室等编：《吐鲁番出土文书》录文本，文物出版社 1981 年版，第 1 册，第 134 页），而后为幢主官。

二、麹氏高昌时期应用四柱结算法的实例
——延和八年七月至延和九年六月钱物帐

四柱结算法是古代会计中比较先进的一种结算法,它的特点是将本期新收与上期结余在会计帐中分别开列专柱,从而使会计帐由"入"、"出"、"余"三柱演变为"旧管"(或"承前帐应在")、"新收"、"支出"、"结余"四柱,使前后两个会计季度(或年度)的帐目互相衔接。我国很早就采用这种比较先进的会计结算法,为国际会计史学界所瞩目。

我国传世文献最早明确并提"元管、新收、已支、见在"四柱者,为元人马端临《文献通考》卷 32《食货考·国用一》引"止斋陈氏(宋,陈傅良)曰"。而其实际运用则远早于此。

郭道扬的《中国会计史稿》曾据后唐同光三年(925 年)与长兴二年(931 年)沙州净土寺诸色入破历计会,认定"'四柱结算法'在唐代后期业已创立,并在一定范围内得到运用",并推测唐中期官厅会计核算中已有"四柱结算法"的运用。[①] 笔者受其启发,曾缀合一件吐蕃巳年(801年)或稍后的沙州仓曹状上勾覆所牒,确认其时官厅文书已采用四柱结算法,且已相当纯熟。[②] 后来又从居延汉简录文中发现王莽天凤元年(公元 14 年)采用四柱结算法的茭钱出入簿。[③]

既然居延汉简与敦煌出土文书都有使用四柱结算法的实例,那么,吐鲁番出土文书中是否也有此实例呢? 回答也是肯定的。《吐鲁番出土

---

① 郭道扬:《中国会计史稿》上册,中国财政经济出版社 1982 年版,第 352、320 页。

② 杨际平:《现存我国四柱结算法的最早实例——吐蕃时期沙州仓曹状上勾覆所牒研究》,收入韩国磐主编:《敦煌吐鲁番出土经济文书研究》,厦门大学出版社 1986 年版。关于"最早实例"的提法,笔者已在 1991 年刊发的《四柱结算法在汉唐的应用》做了修正。

③ 杨际平:《四柱结算法在汉唐的应用》,《中国经济问题》1991 年第 2 期。补注:后论见《评〈汉唐籍帐制度研究〉》,《中国史研究》2011 年第 4 期。

文书》第 4 册收录的高昌延和八年(609 年)七月至延和九年六月钱物帐①就是应用四柱结算法的实例。只是因为该件残缺较多,用语又很特殊,须稍做诠释,才能辨识。现将原例移录于下,并试予诠释。

1. ┃＿＿＿＿＿＿＿┃午岁六月廿九日,得臧□□

2. □ 陆 拾捌文┏＿＿＿＿＿┓钱 究拾肆文半。次得前剂□

3. 逋钱柒迁柒┏＿＿＿＿┓中半,麦伍斛捌昇,苟嵩 壹

4. 兜,床粟贰斛究┏＿＿＿＿┓

5. 并合额得臧钱壹 万 ┏＿＿＿＿┓文半,中半,麦伍斛贰兜捌

6. 昇,床粟贰斛究兜,苟┏＿＿＿┓次 依案,从己巳岁七月一日

7. 至庚午岁六月廿九 日 ┏＿＿＿┓伍佰肆文半,麦陆兜半。

8. 次依案除钱贰迁究拾伍 文 □□半,麦壹兜,粟贰兜半,

9. 在藏。政钱贰拾伍文半,中半,以案在藏。案除对额,在民

10. 逋 钱柒迁陆佰柒拾陆文半,中半。麦肆斛伍兜

11. □昇 床 粟贰斛陆兜半,苟嵩壹兜。

藏钱　上件第 1 行,“臧”字之后,当缺“钱”字。“臧钱”一词仅见于麴氏高昌时期文书。论者或以为是一种商胡之税,或以为是其他苛捐杂税。笔者曾以为“臧”即“藏”,亦即内藏,“臧钱”不是一种税目,而是属于财政的分配管理范畴。② 近见卢向前文《论麴氏高昌臧钱》,以为“臧钱”不同于“藏钱”,“臧钱即赃钱,属官府对贪污受贿、鼠窃狗盗、窝赃销赃等等惩罚以罪而收取赎金之名色,为法律范畴之用语”。③ 其说很有见地。但此件之“臧钱”,我以为仍即“藏钱”,而不是罚罪的赎金。因为这笔“臧钱”数目很大,很难视为赎罪的赎金。赎罪的赎金一般不能通欠,而此件

---

① 国家文物局古文献研究室等编:《吐鲁番出土文书》录文本,文物出版社 1983 年版,第 4 册,第 151~152 页。

② 参见杨际平:《麴氏高昌赋役制度管见》,《中国社会经济史研究》1989 年第 2 期。

③ 卢向前:《论麴氏高昌臧钱》,《北京大学学报》1991 年第 5 期。

文书中的"臧钱"却可长年逋欠，①因疑此件文书所说的"臧钱"乃应入内藏掌管之钱（包括应入内藏而逋欠未纳者）。②

前剂　高昌时期赋役文书屡见"剂"字，入唐后则未见。"剂"字本有分份、分别、份限之义。③ 今日药物中的剂型、剂量、一剂、两剂等等，仍含此意。麹氏高昌文书中，"剂"字常与月份连读，如三月剂某钱物、八月剂某钱物等。实际上就是某月份所发税单、所定税额之意。所不同的是，今日所讲的月份，仅指当月，而当时所讲的某月剂，则不限于当月，它可以是三四个月，也可以是半年。④ 因为此件会计帐新定"臧钱"额起自己巳岁七月一日至庚午岁六月二十九日，则其"前剂"亦即戊辰岁（608年）七月一日至己巳岁（609年）六月底。或如今日所说的前一财政年度。

在藏　"在藏"相对于逋欠而言，亦即"已收"之意。

"依案除"钱物乃根据另案从此件会计帐中除却某项钱物之意。

政钱　"政钱"应即丁正钱，是待役之丁（"正"）的一种代役钱。⑤

澄清以上几个概念之后，我们便不难发现，此乃麹氏高昌某一机构以逋臧钱为中心内容的、采用四柱结算法结算的会计帐。第1行至第2行"究（玖）拾肆文半"为本期应得钱数（除了"臧钱"，可能还包括少许"政

---

① 如果是盗窃民财，平价退赔，也应即时退还民户，不可能构成政府的财政收入。

② 《吐鲁番出土文书》第4册补遗（文物出版社1983年版）第22页所录高昌某年高厕等斛斗帐，于高厕名下记录了几笔斛斗数，而后又记"取藏钱四十文"，并旁注"了"字。该件之所谓"藏钱"也不可能是赃钱，而是钱（内藏之钱）粮交易。

③ 陶弘景《别录》称："分剂之法，古与今异"；《宋书》卷63《沈演之附沈勃传》记太宗泰始中诏："沈勃……比奢淫过度，妓女数十，声酣放纵，无复剂限。"亦皆取此意。

④ 关于"剂"字的解释，可参看关尾史郎《吐鲁番出土高昌国税制关系文书的基础研究（二）》（《新潟大学人文科学研究》第75辑，1989年）；杨际平《麹氏高昌赋役制度管见》（《中国社会经济史研究》1989年第2期）；陈仲安《试释高昌国文书中之"剂"字》（唐长孺主编：《敦煌吐鲁番文书初探二编》，武汉大学出版社1990年版）。

⑤ 说见杨际平：《麹氏高昌赋役制度管见》，《中国社会经济史研究》1989年第2期。

钱");第 2 行"次得前剂"起至第 4 行为前期逋欠;第 5 行"并合额得臧钱"起至第 6 行"苟蒿壹兜"①止为前两项之合计;第 6 行"次依案除"起至第 9 行"以案在藏"止,为本期已征或开豁项目;第 9 行"案除对额"起至该件未了,为本期末逋欠(就下一财政年度而言,亦即"前剂"逋欠)。虽然四柱的具体数据因文书破损而残缺不全,但"四柱"数据的内在联系仍依稀可见,见下表:

前期逋欠 + 本期应得	钱 臧钱 □钱	77??.5 文 ??68? 文 94.5 文	麦 5.08 斛 ?	苟蒿 0.1 斛	𥂕粟 2.9 斛
="并合额得"。 "并合额得"—"依案除"及"在藏"	臧钱 □钱 □钱 政钱	□1????.5 文 ?504.5 文 2095.5 文 25.5 文	麦 5.28 斛 麦 0.65 斛 麦 0.1	苟蒿 0.1 斛	𥂕粟 2.9 斛 粟 0.25 斛
="在民逋"	钱	7676.5 文	麦 4.5? 斛	苟蒿 0.1 斛	𥂕粟 2.65 斛

　　吐鲁番出土的这件文书与居延汉简所见的天凤元年某候官茭钱出入簿,和敦煌所见吐蕃时期沙州仓曹状上勾覆所牒,虽然都采用四柱结算法,但又各有特点。居延所见的天凤元年某候官茭钱出入簿为简牍文书,年代最早(公元 14 年),也最为简单,所包括的内容仅为茭钱一项,而且数目也不大。敦煌所见的吐蕃时期沙州仓曹状上勾覆所牒为纸质文书,年代较晚(801 年或稍后),项目很多(计有麦、大麦、粟、麸、钱等 27项),也很复杂(仅残卷就有 5 页 70 行)。吐鲁番出土的此件文书亦系纸质,年代与敦煌所见各件大体相近而略早,内容亦较敦煌所见各件同类文书简单,但它却有一个显著的特点,这就是以虚悬之数为核心进行四柱结算:

　　　　前期逋欠＋本期应收－本期已收(或开豁)＝本期逋欠

　　与典型的四柱结算公式(承前帐应在＋本期新收－本期已支＝"见在")适才相反。虚悬之数能用四柱结算法表示,可见其时对四柱结算法

---

①　"苟蒿壹兜"项中的"蒿壹兜"三字乃据第 3 行"苟蒿壹兜"与第 11 行"苟蒿壹兜"推补。因本期应得仅有钱数而无斛斗,故知"前剂"所逋之苟蒿应与"并合额得"数同。

的应用已相当普遍、相当娴熟。汉唐间以虚悬之数为核心的采用四柱结算法的实例,过去尚未见。此件的发现恰好填补了这一空白,弥足珍贵。

三、从《吐鲁番出土文书》第 8 册所录户籍
手实看唐代西州的田制、税制

关于唐代"均田制"下土地还授的实施情况,史学界历来多有争议,从三十年代一直争论到九十年代。当前争论的焦点,主要集中在唐代西州欠田、退田、给田文书的定性上。一种意见认为,唐代西州存在两种授田制度:一种是"均田制",按《田令》规定计算应、已受田:一丁应受田 60 亩,老男应受口分田 20 亩,寡妻妾应受口分田 15 亩,老男、妻妾者等当户者,应受田 35 亩。"均田"农民的田土,主要是将各户原有田土按田令规定的标准划分为永业田和口分田。"均田制"下经常性的土地还授实际上未见实行。① 另一种是官田授田制,一丁合得常田肆亩、部田贰亩(或"三易部田"六亩),老、寡合得常田贰亩、部田壹亩(或"三易部田"叁亩)。田土的来源,主要是原佃官田与内迁户遗留下来的田土。这种授田制下的土地还授曾经实行,但并不十分彻底。

另一种意见则认为:唐代西州欠田、退田、给田文书属均田制范围,唐代西州均田制执行的一丁常田四亩、部田(三易部田)六亩基准,而田令规定的应受田数则专为籍帐登录时使用,二者并不矛盾。持此论者还进而认为:欠田、退田、给田这一系列有关班田收授的文书,不但在西州,即使在一般内地,也是每年由乡里作成,切实实行班田收授。

笔者曾据《中国古代籍帐研究》与《吐鲁番出土文书》1 至 7 册所收录的唐代西州户籍、手实论证唐代西州欠田、退田、给田诸文书在应授田

---

① 其实际情况大体上即如《历史教学》1962 年第 4 期杨志玖先生《论均田制的实施及其相关问题》一文所指出的那样:"在均田令实行之初,对于私人的土地的处理办法是,把其中的一部分,根据当时人口比例(所谓'恒从见口')划出些桑田来,再从其余数中划出些露田和倍田来。虽然有这些划分,但由于它本来是私有地,故可永远保有,无须归还。这样,私人的土地可以保留着,而均田的法令在表面上也可以'贯彻'了。"

标准、应授田对象、土地还授手续、各乡授田户的田土分布等最基本的几个方面,既不符合唐代有关均田制的田令规定,又与唐代西州、沙州"均田"农民户籍资料所反映的情况迥异;论证唐代西州"均田"农户中也确有突破一丁合得常田四亩、部田六亩标准者。①《吐鲁番出土文书》第 8 册的资料当时未及利用。实际上,该册收录的户籍手实中不符合一丁合得常田四亩、三易部田六亩(以下简称"四·六"制),老寡人得常田二亩、三易部田三亩(以下简称"二·三"制)的例证也很多。

该册所录户籍手实中可以判断应、已受田情况的文书共有 8 件。可简要辨析于下:

(1)唐开元前高昌县手实(69TAM119:3 号文书)。②

该件前缺,应、已受田部分存两行:

━━━━━项伍拾陆亩

一项卅步 ━━━━

据比推算,该户应为 2 丁 1 老 1 寡,应受田 156 亩,已受田 55 亩 200 步,未受田 100 亩 40 步。已受田数远远超过"四·六"制、"二·三"制基准。然据该户田籍,共已受田 6 段(含"一段七十步居住园宅"),其中 5 段合计 13 亩 70 步,第 1 段亩数不详,估计不可能为 42 亩 140 步,③因疑该户应受田数有误,或当为 1 项 15 亩。若此假设成立,则该户当为 1 丁 2 老男 1 寡,已受田 15 亩 70 步,按田令标准计算,受田不足,按"四·六"、"二·三"基准计,受田也不足。

(2)开元前西州残户籍(75TKM102:20,19 号文书)。④

该件前残后缺,"应受田贰顷壹 ━━━━",至少应有 3 丁 1 老男,已受田数不详,仅知已受常田二段共 5 亩,按"四·六"制计算,常田必不足。部田足额否,因件残无法确知。

---

① 参见杨际平:《均田制新探》第三章第四节,厦门大学出版社 1991 年版。

② 国家文物局古文献研究室等编:《吐鲁番出土文书》录文本,文物出版社 1987 年版,第 8 册,第 2~3 页。

③ 唐代西州每块地的亩积一般都很小,一段地超过 10 亩者极为罕见。

④ 国家文物局古文献研究室等编:《吐鲁番出土文书》录文本,文物出版社 1987 年版,第 8 册,第 5~7 页。

(3)开元前交河县籍[73TAM232∶3(a)号文书]。①

该件仅存 1 户,家口不详,常、部田数亦不详,仅知该户"应受田壹顷贰拾壹亩,廿亩七十步已受,一顷一百七十步未受"。推算该户应有 2 丁,已受田总数符合一丁十亩基准,但因该户常、部田数不详,仍无法判断该户是否完全符合"四·六"制。

(4)开元前高昌县梁仲德等户田亩簿(72TAM189∶14 号文书)。②

该件不记各户家口,也不记应、已受田数。较完整者仅有 1 户(职资),计其田亩,仅有常田 2 段 2 亩半,潢田 3 段 5 亩半。按"四·六"制基准,受田仍不足。③

(5)开元二年(714 年)帐后柳中县康安住等户籍[72TAM184∶12/6(a)等号文书]。④

该件应、已受田数较为完整者计有 3 户。⑤男敬忠户 1 丁 1 寡,"应受田柒拾陆亩",符合田令规定。已受田 28 亩 60 步(含"肆拾步居住园宅"),未受田 47 亩半 60 步。已受田亩数成倍超过"二·三"、"四·六"基准。另一户主不详户,应受田亦为 76 亩,未受 57 亩 60 步。依此推算,该户亦为 1 丁 1 寡,已受田 18 亩 180 步以上,也明显超过"二·三"、"四·六"基准。还有一户(安乐城人曹奉一)"应受田陆拾壹亩,肆拾步已受,▬▬▬步居住园宅"。很明显,该户的"肆拾步已受"即系 40 步居住园宅。因而,该户实际上是合应受田 61 亩并未受。

(6)开元七年(719 年)帐后西州籍(73TAM192∶3 号文书)。⑥

---

① 国家文物局古文献研究室等编:《吐鲁番出土文书》录文本,文物出版社 1987 年版,第 8 册,第 10 页。

② 国家文物局古文献研究室等编:《吐鲁番出土文书》录文本,文物出版社 1987 年版,第 8 册,第 240~245 页。

③ 该户田土悉在城东二十里与城东四十里柳中县,因何如此,不详。

④ 国家文物局古文献研究室等编:《吐鲁番出土文书》录文本,文物出版社 1987 年版,第 8 册,第 280~285 页。

⑤ 该残卷第 1 页与第 2 页似乎不能拼接,故无法确定该残卷第 1 户仅有常田 2 亩。该残卷第 1 页与第 2 页似乎不能拼接,故无法确定该残卷第 1 户仅有常田 2 亩。

⑥ 国家文物局古文献研究室等编:《吐鲁番出土文书》录文本,文物出版社 1987 年版,第 8 册,第 308~309 页。

　　该件可推算田亩数者仅 2 户。其中 1 户家口不详，田籍残存 4 行，第 1 行为"叁拾壹亩 ▭▭"。因唐代西州"均田制"下应受田的最低数额为 35 亩（不含居住园宅），故知此"叁拾壹亩"必不是应受田数。又因该户已受田（含居住园宅）只有三段，因而也不可能是已受田。姑认为此 31 亩为未受田数，则该户至少已受常田近 4 亩。即以一寡当户计，该户也必定超过一寡合受常田 2 亩标准。① 同籍另一户老寡当户，已受田 5 亩。已受田总数符合"二・三"制基准。但因该户常、部田亩数不详，所以仍无法判断是否符合"二・三"制。

　　（7）开元四年（716 年）高昌县安西乡安乐里籍［64TAM27∶36（a）等号文书］。②

　　该籍可推算田亩数者计 2 户。其中 1 户 1 丁（户主郑氏），"应受田陆拾壹亩，壹拾贰亩肆拾步已受，肆拾捌亩贰佰步未受"，其已受田数明显突破"四・六"制基准。另一户"应受田柒拾陆亩，壹拾亩肆拾步已受，陆拾伍亩贰佰步未受"。估计应为一丁一寡，按"二・三"制、"四・六"制计，已受田不足。

　　（8）开元十九年（731 年）柳中县高宁乡籍（72TAM228∶15 等号文书）。③

　　该件田亩数齐全者亦仅 2 户。其中 1 户（女修思户）"应受田壹顷陆亩"，很可能是一丁三寡，已受田 15 亩 70 步。应受田数符合田令规定。若按"二・三"制、"四・六"制计算，常、部田都不足。另 1 户（女修福户），"应受田叁拾陆亩"，可能是寡当户。已受田 4 段 3 亩半 60 步：

壹段半亩柒拾步永业陶（蔔）城南壹里（四至略，下同）

壹段贰亩永业常田　　城南壹里

壹段半亩柒拾步永业陶　城南壹里

壹段肆拾步居住园宅

---

① 该户若含有丁男，从该户 31 亩未受看，其已受田必定远远超过"四、六"制标准。

② 国家文物局古文献研究室等编：《吐鲁番出土文书》录文本，文物出版社 1987 年版，第 8 册，第 314～318 页。

③ 国家文物局古文献研究室等编：《吐鲁番出土文书》录文本，文物出版社 1987 年版，第 8 册，第 403～407 页。

唐代西州田籍的规律是常田在前,部田在后,而题为"萄"、"菜"的田亩,一般又都是常田。依此推算,该户应、已受田虽合田令规定,但其已受常田又明显不合"二·三"制基准。

综观以上 8 件文书,益信唐代西州确实存在适用范围互不相同的两种授田制。"二·三"、"四·六"标准仅符合于官田授田制,而不符合"均田制"。以唐代西州欠田、退田、给田文书为依据,推论唐代西州,乃至全国,都切实实行均田制下的土地还受,完全不合逻辑。

这里再顺便谈谈"均田制"下未受地者是否应课问题。《隋书·食货志》记隋朝租调制云:"丁男一床,租粟三石。……单丁及仆隶各半之。未受地者皆不课。"论者或据此认定,国家向农民征收租调,必须以授田为前提,全无田者不必纳租调。笔者以为,《隋书·食货志》所说的"未受地者皆不课",联系其上下文,应理解为丁男、单丁、仆隶之外的非应受田口皆不课。笔者还曾引敦煌出土的高宗初年判集与唐隆元年敕,推论"均田制"下全无田的白丁仍应课。惜当时尚未见全无地者仍应课的手实或户籍实例。今检《吐鲁番出土文书》第 8 册记录开元二年帐后柳中县籍,发现全无地者确实仍应课。文书部分内容如下:

(前缺)

　　　　　　　计缘▭▭▭

安乐城人曹奉一□

　　　　　　　　　计租六斗

应受田陆拾壹田　　　　　　肆拾步　　已受

▭▭▭步居住园宅

(后缺)

曹奉一"应受田陆拾壹亩",显然是丁男。该户除居住园宅外,实际上是应受田 60 亩并未受。曹奉一户籍明确记载"计租陆斗",同于其他丁男(唐建中以前,西州的租调额为一丁"计租陆斗,缘贰丈")。"租"既同于其他丁男,"缘"也不可能稍异。这就从唐开元初户籍资料确证了应受地而未受地之丁男确实应课。

(原载南开大学历史系编:《祝贺杨志玖教授八十寿辰中国史论集》,天津古籍出版社 1994 年版)

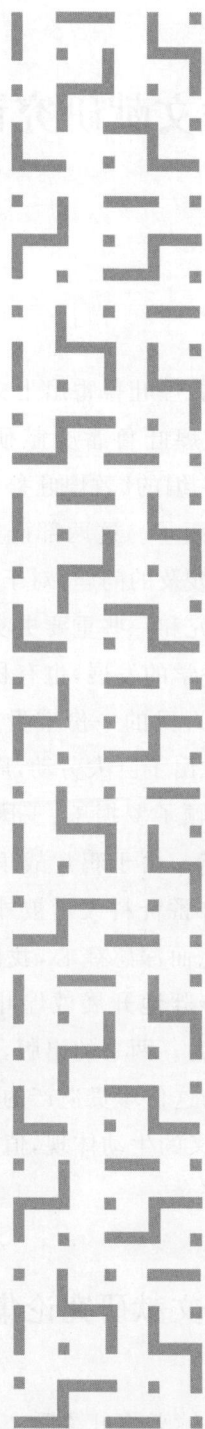

书评

两本敦煌吐鲁番文献研究论集评介

杨际平　郑学檬

　　正当我国学者日益重视研究敦煌吐鲁番出土文献的时候,北京大学中国中古史研究中心编著的《敦煌吐鲁番文献研究论集》(中华书局1982年)和武汉大学唐长孺教授主编的《敦煌吐鲁番文书初探》(武汉大学出版社1983年)先后和读者见面了。这两部研究专集是我国敦煌吐鲁番文献研究的新成果。两书所涉及的问题,对于加深我国中古时代经济制度、民族关系、军事制度的研究和一些重要史实的辩证,都有很大帮助;对于我国新兴学科敦煌吐鲁番学的发展,也有积极的推动作用。

　　敦煌吐鲁番出土文献是中国人民的一份宝贵文化遗产。对于它的研究和整理,我国前辈学者曾经付出了巨大劳动,周一良先生为《敦煌吐鲁番文献研究论集》写的序言,回顾了罗振玉、王国维、陈寅恪、刘复、向达、王重民等先生在这方面的贡献。由于鸦片战争以后,中国沦为半封建半殖民地的地位,致使敦煌吐鲁番资料大量被外国侵略者所盗走,两地文物备受破坏,中国学者曾为此而深感痛心,我国学术界在中国共产党和人民政府支持下,有计划有步骤地开展敦煌吐鲁番文献研究,为发扬祖国的优秀文化传统而有所作为。两书的出版,说明我国学术界正在奋发图强,决心把属于中国人民的这份珍贵遗产的整理和研究工作搞上去。这种可贵的努力也是爱国主义的生动体现,值得我们学习。以下就这两部论集各篇所述,做一简要评介。

一、《敦煌吐鲁番文献研究论集》评介

　　北京大学中古史研究中心编的《敦煌吐鲁番文献研究论集》,计收文

章十七篇。周一良的《敦煌写本书仪考(之一)》对魏晋至宋元月仪、书仪的撰述和流传(包括在日本)情况做了详细的介绍,并结合斯 3449 号敦煌文书对牓子、参贺门状等文书形式的功用、程式风习、时代演变、用纸规格、书信封皮形制等等,详加论列。同时从敦煌写本书仪的内容,分析当时社会政治经济的情况。功力深厚,内容详赡,于中青年辈,尤其有益。王重民遗稿《敦煌写本跋文(四篇)》,对六朝写本《文选》残卷、《唐人选唐诗》残卷的考校,对敦煌写本《辩才宗教》的评述,足资治文学史与宗教史者参考。

左景权所撰《燉煌文书学(汉文篇)发凡》,是其在巴黎整理、研究敦煌文书三十年的经验之谈。文中提及的应注意事项,于初治敦煌文书者,多所启发。

王永兴于 1957 年曾对伯 3559、2657、3018、2083 号文书进行考释,认定这些文书系天宝十载敦煌县差科簿,并对唐代色役差科中的许多问题进行深入研究,甚多创见,颇得国内外史学界好评。这次他又根据原件照片重新移录文书全文,并以《唐天宝敦煌差科簿研究——兼论唐代色役制和其他问题》为题,对勋官、卫官的荫子制度,色役制的种类、性质、特点、前后变化,土镇兵役沉重对家庭婚姻关系的影响等问题做进一步探讨。文中提出色役制的特点是身份性分番上役;不服役者纳资或纳课。从南北朝到天宝年间,色役制度变化的实质是人身隶属和人身奴役制的变化,是从身份性到非身份性的变化,这种变化和从半奴隶性的手工工匠制到短番匠以及和雇匠制的变化等重大社会变化同时发生。这些变化的总和构成了中国封建社会史上阶段性的转变。论据充足,很有说服力。此文论述的方面很广,其中也有可商榷之处,如天宝敦煌户籍记有许多卫士(都是课口见不输)而不记土镇兵,这似可表明土镇兵仍是白丁,一般不出乡(因而不免租庸调)。如果此说成立,那么,王先生关于"由于服土镇兵役者很多,服役时间又长,这就造成乡里户籍中青壮男子很少和青壮女子很多现象","相应地就有很多三十岁四十岁甚至终老不嫁之女(中女)"的推测,就可再考虑了。

张广达《吐蕃飞鸟使与吐蕃驿传制度——兼论敦煌行人部落》一文,根据迄未正式发表的敦煌藏文文书介绍了吐蕃驿传制度的组织系统和各项具体规定。认为正是有这种发达的驿传制度,才使吐蕃的政令得以畅行无阻。关于吐蕃时期敦煌行人部落,张先生认为它不是吐蕃攻陷沙州之后编组工商行会而成的部落。我们以为此说应可成立。

九世纪中期继吐蕃统治之后重新立国的于阗国之国号、年号及王家世系,由于史籍失载难得其详,许多问题尚未解决。张广达、荣新江合写的《关于唐末宋初于阗国的国号、年号及其王家世系问题》一文在前人研究的基础上,根据敦煌文书和莫高窟供养人题记等历史资料,考定金国、大宝国、金玉国三个国号的前后次序,证明李圣天执位后一段时间仍用金国国号。继同庆年号之后,李圣天还使用了天兴、天寿两个年号,天寿年号始于963年。论据充足,对于阗国史的研究颇有贡献。

安家瑶《唐永泰元年(765)—大历元年(766)河西巡抚使判集研究》一文考证河西节度使杨志烈被害之时间、地点、经过,认为杨志烈被害前同时兼管伊西北庭的军政事务。伯2942号文书中提到的“尚书”、“副帅”,即是杨志烈,判牒集的主人是巡抚河西使,可补旧史之阙。安文认为当时的巡抚河西使不能直接处理谋害杨志烈之伊西北庭留后周逸,只能写成牒文上报朝廷,恐不确。伯2942号文书第190~216行乃巡抚河西使给伊、西、庭的牒,而非给朝廷的表。牒文已明令周逸“当日停务,勿遁东西”,表明讨叛伊、西、庭亦属巡抚河西使职权范围。

马世长的三篇文章深入研究了敦煌县博物馆藏58号卷子之地志残卷和星图、占云气图,认定敦博58号文书虽载各州县公廨本钱数,但它不是公廨本钱簿,而是地志残卷。该地志残卷主要根据开元、天宝两个年代的底本重新编排、辑录。其勘本年代不早于至德年间,抄写于归义军时期。星图与占云气书的抄写年代亦在五代。关于地志残卷所载各州县公廨本钱数,马世长同志认为这是诸州县实际设置之数,其年代大抵在开元后期。言之成理,很有参考价值。这三篇论文胪列资料甚丰,但关于唐代公廨本钱置、废情况的52条资料,真正涉及公廨本钱置废情况者为数不多,公廨本钱置废变化的线索仍欠清晰。

郑俊文《敦煌吐鲁番发现唐写本律及律疏残卷研究》一文参照今传各版本《唐律》与《唐律疏议》,对敦煌吐鲁番发现的13件唐律与律疏残卷详加校注,并进行对比研究,对各残卷的收藏经过、底本年代,都有所论列。作者认为《唐律》在垂拱以后有过重大改动,改动后的新律条比旧律条更重视保护被放为良的部曲的社会地位;律疏于永徽四年撰定后亦曾有过修改。这些意见都很值得重视。河字 17 号律疏卷第二名例篇末附开元二十五年六月二十七日"刊定"人姓名,可知当时曾"刊定"过律疏。郑文以"撰定"代"刊定"似欠精审。

关于勾征制度,国内还很少有人论及。薄小莹、马小红《唐开元廿四年岐州郿县县尉判集研究》一文对该判集详加校注,并结合其他文献资料对唐代勾官系统,勾征的内容、手续及其作用,进行比较深入的研究。作者认为勾征制虽有对农民加重剥削的一面,但亦有约束各级官吏的作用。我们以为这样评价是比较恰当的。该判集第 10 行"合剥"一词注为"理应征收",恐不确。此处之"剥"应为"除"之意。判集第 88 行"新剥勾征使",亦应是新除勾征使之意。节度使、采访使等是否属勾官系统,亦当再考。

卢向前《伯希和三七一号背面传马坊文书研究》一文对 7 件传马坊文书的内在关系详加考证。在此基础上对唐代前期传马坊的管理系统、传送方法、程限、覆乘制度进行深入的研究。又从一人一马(或一人一驴)领送推论这些传马、传驴具有私家性质,很有见地。文书第 100~106 行县尉判文句读似应为:"……计师真等所犯合笞叁拾,并将身咨注;其不违程者,记;其张才智频追不到,牒坊……检阅讫记咨。"文书 11 行为"前官杨迪牒,为夏惠等马送使还请定肤等",牒文内容未见,因意此件后残。该文书中之"马坊",疑即"传马坊"之省文。"行马子"似即长行马之马子,无"暂时充当服役管马"之意。

本论集还发表了四篇校释敦煌文书的文章:郑必俊《敦煌写本常何墓碑校释》,陈英英《敦煌写本讽谏今上破鲜于叔明、令狐恒等请试僧尼不许交易书考释》,邓小楠《为肃州刺史刘巨璧答南蕃书〈伯二五五五〉校释》,蔡治淮《敦煌写本唐僖宗中和五年三月车驾还京师大赦诏校释》。这些文章虽名考释、校释,实际上对所涉及的问题都进行了专门性的研究,颇有参考价值。关于常何在玄武门事变中的作用问题,论者颇多,见仁见智,说法不一,郑文认为常何在玄武门事变中起了"特殊作用",可成一家之言。陈文考定上表讽谏之无名和尚即《宋高僧传》卷 17 所载洛阳同德寺俗姓高之释无名,邓文考定窦吴为肃州刺史刘巨璧答南蕃书写于宝应元年春正月,蔡文考定乾符初至光启二年田令孜始终担任左神策中尉,而非右军中尉,都很可取。

上述校释文章,一般来说都比较精审,但其间亦或有所失。常何随李密降唐后"授清义府骠骑将军上柱国雷泽公",郑文以为此乃"唐高祖为了嘉奖常何,把他由从二品勋爵晋升为唐王朝的从一品武将",此说实误。唐代既有从一品的骠骑大将军(散官,后设),又有府兵军府的骠骑将军。常何所任显然是后者,品位仅在正四品上至正五品上之间。陈文考证李叔明等人上书与释无名上表都是在大历十四年五、六月间,恐难成立。释无名上表言及:"其令狐峘……掌伦言不能直谏,摄礼部曲取人情。"令狐峘于大历十四年九月始由中书舍人迁礼部侍郎,建中元年二月贬为郴州司马。据此可知释无名上表时间当在大历十四年九月以后。释无名上表之首句,伯 3608 及 4620 文书皆为"龙集已来,九帝唐兴"。陈文臆"来"为"未"之误,以为"龙集已未"即"岁在已未"之意,恐非是。"已"通"以",而不同于"己"。"龙集已来,九帝唐兴"乃皇唐开基以来,已历九帝之意,原卷未必误。蔡文校释伯 2696 号文书第 45 行"足得却安生蘗,各保家乡",意"蘗"为"业"之误,恐未必。"生蘗"应即"生聚",见越王勾践"十年生聚,十年教训"句。

二、《敦煌吐鲁番文书初探》评介

《敦煌吐鲁番文书初探》共汇集了武汉大学历史系魏晋南北朝隋唐史研究室同志写的十七篇论文,其中属于研究麴氏高昌王朝时期历史的论文三篇,属于研究唐代西州历史的论文十四篇,各篇论文均以文书资料为根据,联系有关史籍记载,运用辩证唯物主义和历史唯物主义理论,对所涉及课题进行深入的探讨,在许多问题上,发前人所未发,有创见,有启发。

属于研究麴氏高昌王朝历史的三篇文章,集中探讨官制、赋役、"作人"三个问题。陈仲安的《麴氏高昌时期门下诸部考源》一文,使我们对麴氏高昌官制,有了新的认识。首先,作者从分析吐鲁番出土的麴氏王朝官府残奏的署名格式入手,证明麴氏王朝在文书制度上遵从中原王朝。其次,作者根据出土的造寺碑、墓表、墓志以及文书的研究,指出麴氏王朝作为一个边陲割据政权,接受中原王朝授予的官名爵号,本身没有在中枢设立尚书、门下、中书的完整体制,即不具有中央政权形式。复次,作者考证了麹氏王朝的中枢要职门下校郎、通事令史、中兵校郎的职责和以高昌令尹、绾曹郎中为首的各部职责及它们的渊源。作者指出:"高昌中枢官制,远承汉、魏、晋,近继诸凉,而实际脱胎于高昌郡之地方行政组织。""因此形成为我国历史上别具一格之封建政权形式。"这给我们了解麹氏王朝的政治制度提供了方便,该文长于高昌王朝中枢官制历史渊源探讨,而对于高昌新的门下诸部组织形式的具体演变过程,限于资料,未能详究。

卢开万的《试论麹氏高昌时期的赋役制度》一文是迄今为止论述麹氏王朝赋役制度的最系统的文章。作者将"计田输银钱"的"计田"含义,解释为主要是依据土质、水源诸条件而确定土地等级,据等级不同征税。同时,作者又据出土文书将麹氏王朝田租区分为俗租和僧租两类。作者还指出田租除输银钱外,还有输纳谷物的;至于"调的征收却很特殊,有迹象表明似是据地而征"。该文主要论点言之有据,值得参考,但是高昌王朝时民户负担,事实上还要复杂,比如供帐问题,该文未予涉及。又如商人役、羁人役的解释也语焉不详,未做出准确结论。

朱雷的《论麹氏高昌时期的"作人"》一文,对出土文书记载的"作人"这种人等的身份进行细致考证。作者认为"'作人'一词在麹氏高昌时期实际上含着三种性质迥异的身份"。一种是作为高昌政权的各种服役者;一种是寺院中的雇佣劳动者;一种是类似部曲或宋齐"十夫客"的封建隶属者,他们被当成财产,可以继承买卖,有些私有经济。文中重点研究了第三种性质的"作人"的特点、隶属关系、经济地位诸问题。魏晋南北朝时期阶级关系很复杂,需要花力气弄清楚。因此作者的研究有助于这一问题研究的深入。关于宋、齐"十夫客"问题,就文中所举两例而言,都是良民自买为"客",他们可以自赎,不是长期隶属于主人,既不同于"客皆注家籍"的佃客,也恐与高昌"作人"不能相比,因为至少未见他们被主人买卖。所以,"作人"类似"部曲"而不能与"十夫客"类比。

属于唐史方面的论文十四篇,涉及内容比较广泛。试分类予以评介。关于田制的研究有唐长孺的《唐贞观十四年手实中的受田制和丁中问题》、《唐西州诸乡户口帐试释》和陈国灿的《对唐西州都督府勘检天山县主簿高元祯职田案卷的考察》等三篇。均田制问题是北朝隋唐经济史研究中的一个重大课题,国内外学者已发表的专著专论颇多,意见也不一致。比如受田问题,就有不同说法。唐先生的文章认为,吐鲁番出土的贞观十四年手实中,以李石住户推算,其"合受田数"不合乎唐令规定,而"与齐、隋受田规定吻合"。之所以出现这种情况是因为麴氏高昌已实行均田制,北魏以来行之于内地的受田规定早为高昌政权所采取,在贞观十四年人户申报手实时来不及依唐令申报而是仍从当地旧制计算合受田数。但是,作者慎重指出这一解释只是可能的,主要困难是目前还是难断言高昌实行过均田。与此相应的是贞观手实中的中男下限为十岁或十一岁,也是重申旧制而不合唐令。贞观十四年后,高昌地区的受田和丁中都一律改从唐令了,所以作者认为"受田制大致即在贞观时改革"了,并以《唐残手实》为例作了论证。丁中旧制延续到永徽二年,但不久也改从唐制。该文的论证加深了人们对均田制在边疆地区推行的印象。《唐西州诸乡户口帐试释》一文,根据 17 件吐鲁番出土的唐西州诸乡户口残帐,分析了涉及唐代籍帐制度、阶级关系诸问题。有些见解很深刻。户口帐的研究,也对研究均田制的诸项规定有帮助。陈国灿重点研究天山县主簿高元祯职田案前后经过及有关问题。他通过缀合流散各地的有关文书及对全案的分析,指出"贞观十四年(640)唐军攻克高昌后,在西州也推行了均田制,均田制主要在于确保农民对封建国家赋役的承担义务,因此,对于土地的还授规定十分严格。"高元祯被告发侵占逃死、户绝田一案,从一个角度证明均田制在西州得到实施。因此陈文有助于对均田制度实施情况的了解。但文中引用案卷,有些句读还可商榷,如案卷原文第 10 段似应作如下句读"行旅之徒,亦应具悉。当城渠长,必是细谙。知城勋官,灼然可委。……"

有关唐代经济史的论文还有下列各篇:陈国灿的《唐代的民间借贷——吐鲁番敦煌等地所出唐代借贷契券初探》、《从吐鲁番出土的"质库帐"看唐代质库制度》,卢开万的《唐高宗永徽年间西州高昌县百姓按户等贮粮的实质》,朱雷的《敦煌所出〈唐沙州某市时价簿口马行时沽〉考》,孙晓林的《唐西州高昌县的水渠及其使用、管理》等。唐代民间借贷业务是比较发达的,国内外学者也注意到这个问题的研究,陈国灿根据吐鲁番新出土的近 30 件私人借贷,提出唐代的民间借贷可分为生息举取,物、力偿付借贷,质押借贷和无息借贷等四种类型。由于作者尽量选择了一些典型而又较完整的借贷契来分析论证,所以使唐代私人借贷的许多具体规定得以清楚,这是该文突出的优点。例如,作者认为官府规定的借贷月利率为 4%,后提高到"每月取利不得过六分"。而出土的借契的月息普遍超过 6%,不少达 10%。举钱月息 10% 的居多,年利率120%。至于举粮、贷绢利率又有所不同。但是该文对无息借贷一项未加深入分析。无息借贷与高利贷目的相悖,应有其具体情况,似需进一步分析方可。关于"质库帐"的研究结论,也有助我们进一步理解文献上的有关记载。关于质库的经营过程及制度,国内外学者曾有论述,陈文根据新出土的文书研究了唐代质库的特点,指出唐代质库制度似正处于由认人交付发展到"认票不认人"的过渡阶段;质库制度在唐代的兴盛、发展,与唐代商品经济比较活跃密切相关。

卢开万关于高宗永淳年间西州按户贮粮问题的研究,揭出了史籍没有明确记载的西州百姓必须按户贮粮的事实。作者认为这种按户贮粮不是民户自行贮存粮食,而是一种"贮纳",即一种课纳,带有一定强制性。就其目的与性质而言,西州百姓按户贮粮是适应巩固封建统治的需要的。贮纳本身则是一种属于民间原始社仓向国家正式义仓的过渡形式。朱雷通过沙州某市"时价簿口马行时沽"的考证,提出"口马行"的口即唐律所云"贱口"(奴婢),马系指畜产。"口马行"就是贩卖奴婢及马匹之类畜产的组织。孙晓林的文章研究了高昌县的水利渠网在利用、管理方面的问题,文后附有《西州高昌城周围灌溉渠系示意图》。该文对说明唐高昌地区农业生产何以比较发达,极有帮助,很值得一读。

该书对唐代军事制度方面的研究也给予必要的重视。程喜霖的《从吐鲁番出土文书中所见的唐代烽燧制度之一》根据新出吐鲁番文书,研究唐代烽燧制度,颇有学术价值。在唐代,西北边防问题是王朝政治军事上一件大事。为了巩固边防,唐王朝在西北实行府兵、包括土镇兵屯田,建立完备的烽燧制度等等。作者根据吐鲁番出土的烽铺文书,对烽铺的建制、上烽制度、伊西庭三州的烽铺设置诸问题做了具体考证,并指出其渊源与特点。鲁才全的《唐代前期西州宁戎驿及其有关问题——吐鲁番所出馆驿文书研究之一》选择吐鲁番出土的两件西州宁戎驿文书进行剖析,对于我们了解唐代西州馆驿的设置、驿丁征发、驿长职责诸问题均有帮助,说明馆驿制度化也是唐朝巩固西北边防的重要措施之一。

　　唐长孺的《唐西州差兵文书跋》专就一件唐代差兵文书进行深入分析,将唐代征发兵士制度的变化结合文书记载加以说明。例如差兵文书载明差兵对象包括白丁、杂任,与原来兵募只限于白丁不同,表明官府考虑到户殷丁多户往往以充当杂任办法规避徭役这一严重事实,通过扩大兵募范围,杜绝借杂任之名,以求影庇避役之风。文书的记载表明,"三卫"仍受到高度重视,唐初世袭性的将门子弟仍被认为是理所当然的军队骨干。

　　杨德炳的《关于唐代对患病兵士的处理与程粮等问题的初步探索》,是一篇关于唐代兵士生活待遇的专论,弥补了这方面研究的不足。

　　该书内容还包括对唐代西州政局和民族关系的研究。黄惠贤的《从西州高昌县征镇名籍看垂拱年间"西域"政局之变化》、《〈唐西州高昌上安西都护府牒稿为录上讯问曹禄山诉李绍谨两造辩辞事〉释》两文即属于这一专题。《"西域"政局之变化》一文研究了垂拱元年、二年军事形势的变化和兵役的加重问题。作者认为咸亨、长寿间西域政局第一个重大变化是第二次设立安西四镇(碎叶、龟兹、于阗、疏勒),其中碎叶为新置,且一度为安西都护驻地。此种措施意图在镇抚西突厥十姓部落。第二个重大变化是以金山都护镇抚碎叶以东、天山北路。但是垂拱开始,东突厥强大、吐蕃更盛,遂至形势逆转。唐王朝因此有新的对策。《两造辩辞事释》一文据曹禄山诉李绍谨事件,剖析西域胡汉借贷、贸易、民事审讯诸问题。文中亦涉及西域政局变化。总之,两文对我们了解高宗武后时期西域错综复杂的政治、军事情况极有裨益,值得一读。但是前文偏重正史史料引证。某些章节的论述,与文书本身的研究未免脱节,为其不足之处。关于高昌县上安西都护府牒稿的解释考证颇为详尽,但亦有个别疑窦留给读者。如文中猜测李绍谨在弓月城向曹炎延借了二百匹绢后,"必然就地出售以易其他货物南下(龟兹)取利"。而照牒文理解,曹炎延与李绍谨约定同由弓月城向龟兹,届时李向曹偿还借绢本利。只是在弓月城时,曹炎延因与人打架被捉,李绍谨一人去龟兹,事过即赖账。据此,曹炎延原也是打算去龟兹的,他作为"兴生胡",为什么不可以自己从弓月易货南下取利,而要借绢与李绍谨易货南下取利呢?其原因何在?尚难明白。

　　总之,两书在敦煌吐鲁番文书资料的排比、分析、考证上颇具功力,是这方面研究的新成果,虽然有着这样那样疑点与偏颇,仅是大醇而小疵。两书的问世必将推动敦煌吐鲁番文书研究向纵深发展,引出质量更高的论著。本文浅见属我们初读两书之后的一些感想,很不成熟,请作者和同行们指正。

（原载《中国社会经济史研究》1984 年第 1 期）

敦煌吐鲁番学研究的又一硕果

——《敦煌吐鲁番文书初探二编》评介

八十年代以来,我国敦煌吐鲁番学研究进展迅速,佳作纷呈,硕果累累。《敦煌吐鲁番文书初探二编》就是武汉大学历史系魏晋南北朝隋唐史研究室继《敦煌吐鲁番文书初探》之后贡献给学界的又一硕果。《初探二编》所收 17 篇论文,涉及户籍制度、田制、税制、兵制、馆驿制度、劳动者身份地位、西州交通路线等许多领域,对于我们学习和研究魏晋南北朝隋唐历史,进一步开展敦煌吐鲁番出土文书的整理和研究,都有很大的帮助。现将该论集各篇所论,做一简要介绍。

《初探二编》有关户籍制度的共有 4 篇。朱雷同志的《敦煌两种写本〈燕子赋〉中所见唐代浮逃户处置的变化及其他》一文,将对河西民间文学《燕子赋》的研究与唐代处置逃户政策的研究结合起来,认为《燕子赋》经过两度创作,因而有甲乙两种写本。甲种写本作于武周圣历元年“括客”之后;乙种写本成于玄宗开元年“括客”以后。两种写本的题材、写作手法、基本线索虽然相同,但对其中若干重要情节的描写却有明显变化。这种变化正反映了唐代处理浮逃户政策的变化,反映了人们观念的某些变化。武则天于圣历年间采纳李峤的建议进行括户,其间虽然已有一些变通做法,但基调仍是遣回原籍。所以,甲种写本中浮逃户燕子受到在籍户雀儿恐吓时,竟无言以对。而在乙种写本,因为玄宗年间宇文融主持括户,只要浮逃户重新编附入籍,而不再强调关辅之民必须迁回原籍,所以燕子受雀儿恐吓时,敢于大胆论理,自报本是京兆贯属,“此乃是吾庄”,还说“纵使无籍贯,终是不关君。我得永年福(复),到处即安身”。

朱雷同志《唐代“点籍样”制度初探》一文认为,“点籍”制度是唐代传统的、制度化的管理户籍办法之外的一种临时性的检籍措施。它可能始于武周圣历年间。“点”即简点、检点,乃检查、核对之意。“样”,即式样、模样、标准。"点籍样"文书即是对"户籍"进行"简点"后所作的定簿。《高昌县崇化乡神龙三年（707 年）点籍样》文书的特点是特别重视户主及户内丁（中）男的记载（详记其名、年、身份），而对未承担赋役及按制受田的女口，以及男口中的老、小、黄，则仅在总口数内作脚注（分类记其口数）。土肥义和和池田温发现的敦煌县洪闰等乡天宝年间残卷，[①]主要方面同于神龙三年点籍样，所以也应是点籍样文书。编制点籍样的直接目的在于核查户籍，尤其在于丁、中男口。但其结果，势必有利于诸种赋税徭役的征收及土地授予。朱雷同志对《燕子赋》的精心分析，生动形象地揭示了武则天与玄宗括户政策的变化，很有说服力。"点籍样"文书，传世文献从未记载，在众多的吐鲁番出土文书中也仅见此一件，朱雷同志的论考，使我们对唐代户口户籍制度的认识，在原有基础上又增添了新的内容。

陈国灿同志常独具匠心，缀合散在各处的吐鲁番出土文书。此度，其《武周时期的勘田检籍活动》一文又缀合了 1972 年吐鲁番阿斯塔那 225 号墓出土的有关田亩户口关系的三片六件文书，与大谷探险队携往日本的大谷 2834、2835、2836、2839 四片八件文书，认为上述文书原出同一案卷，原为正面的七件文书，亦即大谷 2834a、72TAM230.47a、72TAM225.23a、大谷 2839a、72TAM225.16b、大谷 2835b、大谷 2836 背等号文书为甲组文书，多数成于圣历二年（698）三月或稍早。其背面的乙组文书，成于长安三年（703 年）、四年。甲组文书除第五件外，均为土地勘检簿或牒，勘检的对象既包括一般均田农民的受田，也包括勋荫田、职分田等。乙组文书除第八、第十两件外，皆与逃户问题和户籍勘检有关。它表明，敦煌县在武周圣历年间进行过全面的勘田，在长安年间又进行了全面的检籍。文章认为，勘田、检籍的目的，"表面看来，是封建国家在维护均田制，用国家的权力在与私家地主经济争夺田地和劳动，实际上是在保证封建国家的赋税收入和兵役力役来源"。

陈国灿同志另文——《吐鲁番旧出武周勘检田籍簿考释》重新考释

---

① 土肥义和称之为《天宝载间敦煌县受田簿》，池田温称之为天宝后期敦煌县田簿，笔者《敦煌吐鲁番出土经济文书杂考（三题）》（载《中国社会经济史研究》1984 年第 1 期）称之为敦煌县洪润等乡丁口田簿。

了三十年代我国考古学家黄文弼先生于吐鲁番哈拉和卓所得一组八件残文书,认为此组文书是武周时期的勘检田籍簿草。勘检田籍簿中标明的"旧主",大约都是永淳元年(682 年)以前的田地主人。① 所谓"田籍同",即指各户从"旧主"田中得到的田亩,经核查与户籍上所记一致。所谓"有田无籍",即指占用旧主土地的诸户,未在本人户籍上登录所占田亩、地段。"有田无籍"项下人名、亩数之后的"入×××"小字注文,有的学者曾认为"或许是指检括时的实际耕作者","大概都表示这些田地租给了佃人"。陈国灿则认为,这里的"入"某某,应作重新授人、归入某人名下解。如果是土地漏籍而又授田不足者,因为要解决的问题只是补籍,所以在他们名下,就不存在"入"他人的内容。所谓"有籍无田",指的是该段田亩在当户户籍上原来有载,经勘检,由于某种原因,已将田土转到他人名下。对原当户说来,已经无田,但仍有籍。"无田无籍"指这类田土既未上任何户的户籍,勘检时又无主人。该项下所列人名仅是现有的佃种人。这是一部分须新授人,又尚未授人的田亩。作者认为,勘田簿中的四类六(五?)种情况,"反映了唐代均田制下土地还授中的诸运动形态,也是封建官府对田亩进行大勘检的记录",勘田簿籍"以旧主田为主线,将田簿关系分为四类的四分法统计,这是唐代均田制下长期勘检田籍工作总结出来的一套办法,它反映了圣历年间田籍勘检工作的细致和深入"。陈国灿同志的考释很深入,也很有新意,给人以启发。

此论集有关田制、税制的论文共 2 篇。麴氏高昌有关赋税征收与物资征调的文书中屡见"剂"字,如"某岁某月剂剌薪壹车,某某人"、"某岁某月剂远行马钱几文,某某人"、"某岁某月剂丁正钱陆文,某某人"等,其他场合,或其他时期的税制文书则罕见此字。因"剂"字含意难明,故利用此类文书的学者或"月"、"剂"连读,或加逗号断开;或留"剂"而略"月";或于"某月"与剂之间插入人名、地名等。陈仲安先生《试释高昌王国文书中之"剂"字——麴朝税制管窥》一文考察了四十多件含有剂字(或虽缺"剂"字,但参证其他文书可断定应有"剂"字)的文书,认为"'剂'是高昌王朝赋税征收及物资调发中的专用名词,适用于临时征收的杂税及杂征调。它不是一种税目,而是关于某种税的征调单,每年可能不止

---

① 笔者曾误认为此文书中的旧主"应该都是内迁户",今蒙考辨订正,谨致谢意。

发出一次,每次也不固定在某月,故以发出之年月命名而称为'某岁某月剂',以区别于其他年月所发出之文件"。作者还认为,《高昌义和二年参军庆岳等条列高昌马鞍荐帐》①与《延昌三十四年调薪文书》②"均可视为'剂'的原型"。官府向百姓摊派杂税或杂征调的征调单之所以称为"剂","可能是从一帖药称为一剂的意义上借用而来"。作者在探讨"剂"字含意的同时还探讨了远行马饯、丁正钱等的性质、特点。陈先生的考证精细、严密,不仅弄清"某年某月剂"的含意,解决了此类文书的句读,而且寻得"剂"的原型,为继续利用此类文书扫清障碍。③

卢开万《对唐代西州均田制若干问题的管见》一文认为:"唐代西州地区所推行的均田制度,在授田数额上,在编制户籍时均按唐朝中央政府颁布的均田令各项规定制作的。西州是狭乡,在具体执行授田时又具西州自己的地方特色。唐代西州普遍实行土地还受制度为人们所共认,而西州欠田、退田和给田文书的性质,当是均田制度范畴之内。至于唐代西州的欠田户虽然绝大多数属八、九等户,但并不排除有七等户以上的欠田户;在西州欠田户中,同样不排除有中男单独授田的历史事实。"在唐代均田制实施状况的研究中,唐代西州欠田、给田、退田文书的性质是个亟须论证的关键问题。卢文所论已开始接触这一关键问题,循此前进,定可将均田制的讨论引向深入。

---

① 见国家文物局古文献研究室等编:《吐鲁番出土文书》录文本,文物出版社1983年版,第4册,第173~174页。由此文书可知,左涉泳等22人次所纳的22具马鞍荐合为"壹剂"。

② 见国家文物局古文献研究室等编:《吐鲁番出土文书》录文本,文物出版社1981年版,第3册,第32~34页。该件条列各户应纳调薪数。

③ 日本学者关尾史郎的《吐鲁番出土的高昌国税制关系文书的基础研究》(《新潟大学人文科学研究》第74、75辑,1989年)与杨际平《麴氏高昌赋役制度管见》(《中国社会经济史研究》1989年第2期),不约而同也探讨了此类文书中"剂"字的含意。也都认为"剂"除作量词用外,应与"某月"连读。"某月剂"大体上乃某月份之意。此说不敢必,或可供参考。此两文皆作于陈先生之后,但事先皆未得见陈先生文(《初探二编》编成于1987年,出版于1990年)。这里顺便补充一条资料,南朝时也有"剂限"一词,事见《宋书》卷68《沈演之附沈勃传》录太宗诏:"(沈勃)奢淫过度,妓女数十,声酣放纵,无复剂限"。此"剂限"似应即"份限"之意。

《初探二编》有关唐五代军事制度的论文共 5 篇。唐长孺先生《吐鲁番文书中所见的西州府兵》一文考察了西州（即吐鲁番地区）折冲府的建立、拣点卫士的准则和卫士的征镇防戍的配役情况，认为唐贞观十四年（640 年）平高昌后不久西州即建立前庭、岸头（两军府），蒲昌、天山两府设置在后，折冲府的基层军官自校尉以至队副均按惯例由当地人充当。西州设府兵，武装当地土人，表明唐政府对西州人民的充分信任，对各族人民一视同仁。文章还指出，唐高宗时期拣点府兵大体上按律令规定，尽先拣点富室强丁。武周时兵役繁重，府兵或死或逃，补充新兵的数量非常巨大，拣点准则遭到破坏，大量的贫弱单丁被点充卫士。卫士的任务是宿卫和征镇防戍。西州为西陲重镇，征镇防戍之役非常繁重，作为西州主要军事力量的折冲府似乎不可能抽调部分成员远赴长安宿卫。唐初征行，家有兼丁者大致不同时差行。垂拱年间的西陲战事中唐军损失惨重，为了补充队伍，不论军人、白丁，不管丁中，滥行征发，"父兄子弟不并遣"的规定完全破坏。直到武周时，诸府卫士番上诸镇戍的制度一直按时遵行，防人于十月一日上番，番期一年。防人负有防御（烽子、望子、捉道等）、营田以及充当仗身、门子等任务。除府、史外，都是短番（大致为十五日）。在州的非防人卫士也普遍轮番，每年轮番一次以至多次。府兵不是职业兵，法令认为卫士的本业仍是务农。实际上只有在上番宿卫和差点征镇防戍时才是真正的兵。开元二年在西州设置了天山军。自此以后，折冲府在军事上日益处于无足轻重的地位。开元天宝间府兵逃死者不补，府兵制度终于彻底破坏。

唐先生的《唐先天二年（713 年）西州军事文书跋》一文考察了先天二年（亦即开元元年）前后北庭、西州一带的军事形势，西州的地方军组织，以及奴和部曲的征发等问题。认为先天二年前后，西州存在一种未见史籍记载的按乡编队的地方军。这支地方军是以当乡百姓与奴、部曲一起组成的，按战时征行规制分为战队与辎重队，但其任务只是保卫地方，并非远征。兵士虽隶兵籍，平时各在本乡务农，只是战时征集。这种地方军组织可能是西州特有的，但与后来内地诸州设置的团结兵或团练兵有类似之处。奴、部曲充兵后，与其主人的隶属关系不变。征发及于奴和部曲，且占相当比例，表明武周以后军事行动频繁，百姓大量逃亡，在白丁中征发兵募的常规做法已不能应付当时的军事形势，也难以适应当时的社会经济变化的形势。唐先生笺注过《新唐书·兵志》,精于辨误、发凡,令人叹服。上述两文又对西州府兵制度的某些重要方面做了迄今为止最为深入的研究,极具特色。

府兵制下府兵的装备,兵志或兵书多有记载,但不具体,间或还有遗漏。孙继民同志《吐鲁番文书所见唐代府兵装备》一文根据吐鲁番出土文书,结合兵志、兵书,条列了府兵的各种装备(马匹、器仗、资装等),并对军府马匹的牧养、马料供应,府兵自备资装器仗的置办方式进行深入探究。不少内容弥补了兵志、兵书记载之缺,有助于加深对府兵制的认识。如作者指出,府兵自备的武器与自备资装中的兵幕等,实际上是府兵出资而后向官库统一领取,或由府兵出资,军府统一置办;又指出,贞观后期(或高宗时期)至开元前期有一种十驮马,几乎与六驮马制并行。作者又根据出土文书确定了史籍缺载的大池、三畤、育善三个折冲府。

孙继民的《跋〈唐垂拱四年(公元六八八年)队佐张玄泰牒为通当队队陪事〉》,研究了垂拱年间安息道行军时的河西形势与其时战斗队形的特点。指出出土文书 73TAM222:1a 号文书①中的所谓"队陪"是"队部"的误写或通假,与战斗队形及人员构成有关。作者认为,在临战体制的行军系统中,队是最基本的战斗组织和战术单位,火只是队内的基层生活管理组织,而非战斗单位。队设队头一人,副队头一人,执旗一人,左右傔旗二人。《队陪牒》所见的副执旗,在战斗队形中居于执旗之后,是执旗的备用人选。队佐是在队头、副队头领导下主管文书起草等文案事务,在战斗队形中以普通一兵身份出现。《队陪牒》仅列 26 人,缺编几乎一半。除了长途行军减员和士兵逃亡等原因外,最主要的原因可能是莫贺延碛一战造成的战斗减员。

陈国灿的《唐五代瓜沙归义军军镇的演变》一文,着重探讨瓜、沙六镇的建制、渊源,六镇的名称、位置,增为八镇的时间、背景及布局,镇的职能及其与县的关系等。文章认为,盛唐时的瓜、沙二州就已设有西关、龙勒、紫亭、悬泉、雍归、新乡等六镇。六镇的布局,大多在瓜、沙二州的南境,主要在于镇戍南山,以冀免受吐谷浑、吐蕃的北上侵扰。归义军初

---

① 件见国家文物局古文献研究室等编:《吐鲁番出土文书》录文本,文物出版社1986 年版,第 7 册,第 135～136 页。

期,瓜、沙六镇的布局已调整为新城、悬泉、雍归、紫亭、寿昌、玉门。西面的军镇减少,东面的军镇增多。此乃吐蕃衰微、甘州回鹘威胁加大所致。至曹元忠执政时,恢复新乡镇,增设会稽镇,又增至八镇。军镇与县的关系是平行的军与政的关系,县是地方行政系统,隶属于州,六镇或八镇属军事系统机构,直隶于归义军军衙。归义军政权能孤据河西近二百年,固然有多方面的主客观原因,然而,对军镇的积极经营、合理布局,对军防的高度重视,以及军镇应变体制的强化,都曾起过重大的作用。该文考证甚为精密,多有创见。作者还根据自己的考证,绘制了一幅归义军军镇分布图。

关于馆驿制度的论文有两篇。孙晓林的《试探唐代前期西州长行坊制度》一文在前人研究基础上,运用大量的新出土的吐鲁番文书,系统论述了西州郡、县长行坊的设置,各坊的规模及其管理办法,粮草、经费的来源,马子、驴子、知䭾官、槽头等的身份,长行坊的服务对象等。认为唐灭高昌建西州后,沿用并发展了远行马制度,在县、州(都督府)、都护府三级地方行政机构都分别设有长行坊,长行马主要用于"迎送使命",或担负与邻州之间的运行,或担负本州府界为起点、终点的运行,或担负馆间的运行。西州长行坊虽是州(郡)坊,但由都督府兵曹主管,属于军事机构,坊中使用的一般都是属于军事编制的人员。长行坊等官办交通机构的活动维持了中央与地方政权间最有效益的联系,密切了中央与边地少数族的关系,从而为巩固唐封建王朝的统一发挥了积极的作用。关于唐代官办交通机构的情况,正史很少提及,孙文的研究,适起补正史之缺的作用。

鲁才全的《唐代前期西州的驿马驿田驿墙诸问题》一文系统考察了唐前期西州驿馆、驿马、驿田的配置情况及其管理系统与管理措施。认为唐代管理驿马有一套完整的组织系统。在中央,由尚书省的兵部的驾部掌管,州由兵曹司兵参军负责,县由县尉负责,作为基层组织的驿则由驿长负责。从出土文书看,唐代有关驿制的各项规定,在西州都得到贯彻执行,有关兴造的律令也同样得到认真贯彻执行,体现出唐朝中央对地方的有效控制和管理。作者还考定《新唐书·百官志》载"凡驿马,给地四顷"乃"四十亩"之误。驿田不一定全部"莳以苜蓿",也可以种粮食充驿马粮料。

724

考察劳动者身份地位的文章有两篇。程喜霖的《唐代过所文书中所见的作人与雇主》一文,结合过所文书研究唐代的雇佣关系。认为唐代雇佣关系比起前朝已有较大发展。农奴型的作人已经消失,或依唐律令改称为部曲。唐代西州文书所见的作人已是雇工的专称。作人有两类:一类是逃亡农民,依托强豪,以求荫庇,他们是非法的;一类是著籍的贫苦农民,多数并未完全脱离农业。这类雇工是合法的,官府允许他们在本土或到外地客作。过所文书所见的作人都是在籍编户,勘给过所的目的之一也就是防止农民脱籍与兵士逃亡。作者统计,现存过所文书中共有雇主 15 人,其中商贾占 9 人。而此 9 名商贾中,“兴胡”又占了 7 名,说明兴胡“是唐代前期丝绸之路上进行东西贸易的主力军,他们与汉族商人彼此合作,在商品流通中起了颇大作用”。

冻国栋《吐鲁番出土文书所见唐代前期的工匠》一文根据唐前期的西州工匠名籍和工匠应征服役情况,探讨唐前期工匠的征发形式和配役方法。认为唐代工匠制度与高昌乃至北凉时期有别,工匠的身份较之前代也有明显提高,但其征发办法在某些方面却有着渊源关系。唐代民间工匠虽然不同于注籍于少府的官府匠人,但也有别于一般民户,他们名隶匠籍,受官府严格控制。官府依据匠籍征发工匠。工匠被征发时应自带口粮、作具。被征发之工匠或从事本行业劳作,或与其他民丁一道配发州县的诸官厅从事一般性劳役。唐代西州匠人中有不少是昭武九姓胡人,他们和汉匠一样受政府控制,征发上役。西州民间手工业工匠为数甚多,他们是西州手工业商品的生产者。西州工匠中的一部分也会伴随西域商人进入中亚一带,成为中亚地区手工业技术的重要传播者。杜环《经行记》提到的在大食国的那些中国工匠恐非恒逻斯之战被俘的高仙芝部随军工匠,而是来自西州或河东、京兆地区的手工业者。冻国栋此论颇为新颖,也很有说服力。

研究唐前期仗身制变化及其实际情况的,则有黄惠贤先生的《唐代前期仗身制的考察》一文。作者认为,唐初不仅折冲府官有仗身,其他武职官员也配有仗身。麟德二年(665 年)令及其后的总趋势是:一方面,配注仗身的官员面在扩大,从折冲府官员、武职官员扩大到文官五品以上职事官;另一方面,从武职每类官吏按品级给仗身的情况得知,给仗身的最高额减少(最多也不过四人),正职与副职之间的差额缩小(只有一人之差）。文职五品以上职事官的仗身从掌闲、幕士中配给。掌闲、幕士都属于色役。从幕士、掌闲中配调服十五日役的仗身,只不过是把仗身这种服役内容,包括到幕士、掌闲这类色役中去,并不影响他们的番期和身份。折冲府官员的仗身由本府卫士中配给,都护镇戍官员的仗身,从防人卫士中调配,宿卫官的仗身从番上卫士中调配。他们被派遣充任仗身,均为临时差遣,并不构成另一役种。仗身的不役纳课并非起于光宅元年（684年）,至迟在高宗龙朔三年（663年）就已在西州地区实行。仗身的全部改为纳课,当不早于开元二年（714年）,此时距停废仗身之制仅七八年。黄先生的考证订正了传世文献诸多记载的缺漏,很有参考价值。

研究西州交通路线的,则有程喜霖同志的《唐〈西州图经〉残卷道路考》。作者根据出土文书与唐人诗词对西州十一条交通道路的位置、走向、特点进行详密考证,认为赤亭、新开二道通往伊州,赤亭道就是著名的伊西路(伊西北路);银山道通南疆;花谷、移摩、萨捍、突波、乌骨五道分别由蒲昌、高昌通庭州;他地道经交河至庭州;白水涧道经交河至轮台;大海道由柳中通敦煌。作者还根据自己的考证,绘制了一幅示意图,让读者一目了然。

以上各篇是利用敦煌吐鲁番出土文书结合传世文献研究各该时期的重要史事,或以出土文书印证史书所记的典章制度,明其实施情况;或补充史书记载,订正其脱漏讹误,解决仅靠史书资料所难以解决的问题,因而都颇具学术价值。在文书整理方面,或拼接残卷,或判断年代,或探究相关文书的关系,也都做了许多艰难的工作。这些工作不仅给广大读者带来方便,也进一步提高了出土文书的资料价值。

由于该论集所涉问题甚广,出土文书在客观上又有其局限性(如文书的残破,同类文书犹嫌不足等)。因而,也还有一些问题尚可进一步研究。如谓武周时期勘田检籍,勋荫田不列作物种类,只列方位段亩四至,是因为勋荫田不纳租课;敦煌当地妇女找军镇官或超期服役士兵成婚,目的之一是为了免赋税租调;宇文融括户时规定:"天下所检责客户,除两州计会归本贯以外,便所在编附",此两州即指雍、洛二州;唐代工匠常兄弟同时并征或举家就役等等,都可再探讨。又如阿斯塔那376号墓出土的唐欠田簿,有的记"户内"(或"户头")欠常田若干亩、欠部田若干亩,有的则无"户内"、"户头"字样,为何有此区别,亦可再深究。

在文书的断代与研究方面,也有一些问题尚可斟酌。如论集第 242 页引大谷文书 3030 号,中有"五人填员外折冲康延",康延此人又见于 65TAM42∶75 号文书(论集第 250 页已转引),同出文书皆无武周新字。因此,论者便将大谷 3030 号文书的下限定在载初元年(689 年)采用武周新字以前。但若载初元年以前的康延,年龄不超过 40 岁,那还不能排除大谷 3030 号文书作成于神龙元年(705 年,此年起不用武周新字)之后的可能性。

又如,《武周大足元年(701 年)西州某县男智力等户残籍》记:

█████□□□年帐后括附

█████圣历二年帐后点入

█████□□二年帐后点入

因唐代敦煌户籍资料中,新点入军的卫士也常在户籍上如加注"某年帐后,奉某年某月某日格点入"。故上述大足元年残籍上被"点入"的二人,也不能排除被点入军的可能。

还有十驮马问题。论集第 110～114 页录吐鲁番文书有以下数行:①

3.　　合当府行兵总七十六人

4.　　　刘住下廿五人,当马二匹五分_{三分给}_{二分给}█████

5.　　　氾尼下行兵一十八人,当马一匹八分_{四分给盂}_{二分给}█████

6.　　　余二分给成固　　　玄德

7.　█████七人行_{当马二匹七分。计送二}_{三分合于诸团抽付}　█████

8.　█████六人行_{当马□……送}_{四分□……团给付}

(后略)

论者录而存疑,未释其意。笔者以为此"二匹五分"、"一匹八分"、二

---

① 见国家文物局古文献研究室等编:《吐鲁番出土文书》录文本,文物出版社 1986 年版,第 7 册,第 289 页。未能尽按原行式,武周新字亦悉改为现行简体字。

匹七分"即今 $2\frac{5}{10}$ 匹、$1\frac{8}{10}$ 匹、$2\frac{7}{10}$ 匹之意。亦即十人合买一匹,不足一匹的分数部分或与他组凑成一匹(此即文书中的"几分"给某团)或从他组"抽付"不足部分,凑成一匹。若此推测不误,则此件第七行即应为"廿七"人,当马二匹七分,"计送二匹▭",第 8 行仅"六"人,"当马六分",所缺"四分"由它团"给付"。由此我们又猜想,所谓"十驮马",或即行兵十人共备一匹马之意,而不是十人共备十匹马。

以上几点都是细枝末节,只是试从另一角度提出问题、考虑问题而已,无论是邪非邪,都无伤大雅。总而言之,《初探二编》所收各文都是作者精心研究的佳作,都很有见地,充分体现了作者的学识与功力。

(原载《中国社会经济史研究》1991 年第 3 期)

一部再整理研究斯坦因汉文
文献的高水平著作
——《斯坦因所获吐鲁番文书研究》评介

郭　锋　杨际平

自 20 世纪初叶法国学者沙畹、马伯乐等人开始,学术界对斯坦因多次考古探险所获我国新疆、甘肃等地出土的汉晋隋唐简纸文献的整理研究和刊布工作一直在进行。八十年代以来,在继续整理未刊文献使之得以刊布的同时,学界又开始了对已由沙畹、马伯乐等学者整理刊布的斯坦因汉文文献的再整理研究和再释录。最近出版的武汉大学陈国灿教授《斯坦因所获吐鲁番文书研究》(武汉大学出版社 1995 年版)一书,对马伯乐整理过的斯坦因第三次探险所获汉文文书尤其是吐鲁番文书,运用近年我国学者整理吐鲁番文书的方法和经验,重新核对、纠正马伯乐释录文讹误,同时补刊马伯乐未予整理的部分文书,是一部显示近年来我国学者再整理研究斯坦因所获新疆、甘肃出土汉文文献水平的高水平著作。

斯坦因所获吐鲁番等地出土文书,包括墓志、随葬衣物疏、户籍、田簿、租佃契、雇工契、借贷契、官府钱物入破历、寺院钱物入破历,以及有关仓贮、屯田、馆驿、军戍、马坊管理的文书等等,内容十分广泛,多数与社会经济有关,是研究十六国至唐朝社会经济的重要资料。

马伯乐是斯坦因第三次探险所获吐鲁番等地出土汉文文献的最早的整理者。他的整理研究对学术界了解和利用这批斯获文书贡献很大,1953 年英国大英博物馆出版他的遗著《斯坦因中亚探险所获汉文文书》一书后,在近半个世纪的时间里,学界对斯坦因三探所获汉文文书的利用,主要就是用他这本书的释录文。但由于方法的不同,文字的隔阂,马伯乐整理出来的斯获文书尤其是吐鲁番文书,存在着不少问题,因而并未完全准确地反映文书原貌。首先是他忽略了文书的出土标号与出土地之间的关系，及其对恢复文书出土原貌的重要价值，采用了按内容性质分别归类的方法，致使所整理的文书与原出土地之间的关系被打乱，失去出土原貌，诸文书之间的关系也变得不明。其后果之一，是影响了对一批无年代文书的断代和研究利用。同时，一些原为同件、本可拼合的文书断片，也因此而不能顺利拼合。其次，他的释录整理研究虽然用力十余年，也多精当之处，但可能是由于初次接触整理手写体文书原件的缘故——通常人们在初次接触整理某批文书资料时，注意力往往放在弄清全部所见文书的数量、内容及认为重要文书的判定上，而在诸件文书的移录上往往抄录一遍即过，无暇再去花很多的时间反复核对，遇到模糊难认的手写字体，不是空阙不录就是臆断——在录文上失于慎细，存在着不少讹录、漏失之处。此外，他也并未对斯坦因三探所获文书全部予以刊布。

学界对马伯乐整理出来的斯获文书中存在的问题已有察觉，但迄陈国灿教授本书以前，零星的考订核对补正工作做过一些，系统全面的再整理研究，则尚未见。

本书以近六百页的篇幅，对斯坦因三探所获汉文文书尤其是吐鲁番文书做了详尽的再整理研究。

全书分为三个部分。第一部分"对斯坦因所获吐鲁番文书的研究"，检讨斯坦因 1914 年 12 月至 1915 年 2 月获取文书经过，整理分析文书编号与墓葬归原关系，客观评价马伯乐释录文的不没之功与错误之处，指出再加整理研究的必要性。并对若干文书分 6 个专题进行研究。《高昌国负麦、粟帐的年代与问题》专题通过对斯编一号墓区（即张氏家族墓园）诸墓年代的考察，和一号墓区二号墓出土的高昌国负麦、粟帐与新出延昌二十七年至义和三年吐鲁番文书同名氏职衔变化的研究，推测该件的年代应为重光至延寿初，关于欠负的性质，陈国灿教授认为有向官府举贷而未还的欠负、有对官府租调的欠负、有对征税官吏所管征的项目的欠负，以及由欠官转化为欠民等四种情况，且多为累年积欠。

《对高昌某寺月用麦、粟、钱、酒帐内容的分析》专题考察了延寿年间高昌某寺的规模与经济状况，认为该帐出现的作人就是常住寺院的依附劳作人，大小客儿则是雇佣的外作人，对寺院不具依附性。

《唐西州诸曹符帖目年代及相关问题》专题,考定该件年代应为开元十六年。关于文书与墓葬的关系,陈国灿教授认为该件并非原出阿斯塔那一号墓区四号墓,而是被盗墓者带入该墓。

《唐西州的屯田与助屯输丁》专题研究了唐代西州的屯田管理系统与作用。认为"唐西州的白水、柳中、天山三大屯田,在支持北、东、西三交通干线上起着决定性的作用。"关于西州屯田的经营方式,陈国灿教授认为上述三大屯一直采取官有官营方式,开元天宝年间,屯田上的劳作者通常由军府输丁助屯来解决,开元天宝以后,由府兵提供屯丁越来越困难,便只好改为科征平民百姓助屯。除三大屯外,高昌县宁戎乡一带与天山县都有废屯,采用官有民佃方式运作。

《唐天宝二年氾忠敏侵占仓物案》专题考察了唐地方官仓的管理制度与唐律有关监临自盗条款的执行情况。认为唐代州县仓的出纳制度很严格,须由仓督、仓史等多人共同签署方可收支,仓史氾忠敏监临自盗侵吞了 50 石䊋料,但交河郡司却采取大事化小办法,将侵吞仓物仅仅视为"欠䊋"。

《唐建中七年(786 年)西州蒲昌县配造秋布花问题》专题联系同类出土文书研究了唐西州染织布料劳作的配役情况。认为建中七年西州蒲昌县关于检造秋布花牒文中所说的"造布花",实际上是一种对布作染花加工的劳作,它与库车出土的唐建中五年孔目司帖中所说配织春装布,均属地方性的差科,很可能就是学术界所说的"色役"。

以上专题研究,共同的特点是:利用前人未曾利用或尚少利用的文书,研究诸如仓储、屯田、赋役之类的重要问题,丰富了敦煌吐鲁番学研究和隋唐史研究的内容;充分发挥作者谙熟出土文书的优势,从某一两件斯获吐鲁番文书入手,广泛联系新出的同类文书或相关文书,互相比较,互相补充,从而大大提高了出土文书的史料价值。如建中七年蒲昌县为"检造秋布花"给僧法超的牒文,全文仅 7 行,且中间多有残损,仅靠这一件文书,甚至很难弄清什么叫"布花",但联系新出吐鲁番文书《唐缣布帐》与建中五年孔目司为"配织建中五年春装布"给某布匠的"帖",问题就很清楚了,原来这是一种染织劳役。因为这种劳作者有春秋之分,由此又可推论,其时西州虽孤悬西域,处于吐蕃包围之下,但仍推行了两税制,并且在内地无援的情况下,仍能依法准例生产自救,守土戍边。如果不是对此三件文书进行综合研究,是绝对不可能从中得出如此众多且又重要的信息的。又如《唐西州的屯田与屯田输丁》专题,仅靠斯编阿斯塔那一区四号墓提及"助屯"的两件文书共十来个字,也不易探明屯田劳力差派与屯田收率的管理与使用情况,为此,作者征引了十几件相关文书,终于理清唐代西州屯田与"废屯"的运作方式。不仅如此,由于这些文书或直接或间接涉及镇、戍、烽、州、县、军府,这就必然引出一些需要进一步深入探讨的新问题,如军屯劳力的差派上与军屯产品的贮藏、支配上,军、镇、戍、烽等军事系统与州县等行政系统,以及既不直接隶属于军镇又不直接隶属于州县的军府系统,如何协调?府兵除平时训练与轮番宿卫(或参加防戍)外,军府能否差派府兵助屯?如果可以,那么,这是算作军中之役呢,还是算作平民百姓的丁夫之役?如此等等。

第二部分"录文整理",是全书重点所在。在这一部分里,作者以多年整理研究吐鲁番文书的经验,根据所发现的文书编号与出土墓葬的关系,以墓葬和出土地点为单位,对马伯乐整理的斯获文书全部重加归类整理,并做原文再释录。马伯乐录文之讹误,以及马伯乐未刊布的文书,也随处纠正、补出。全书共按墓葬单位整理归原吐鲁番 34 座墓所出文书 97 件,诸遗址散出文书 69 件,及斯坦因三探在营盘、麻扎塔格、巴拉瓦斯特、丹丹乌里克和安得悦等新疆其他地区所获文书 56 件。其中有50 余件,是当年马伯乐未及刊布者。这批文书,尤其是吐鲁番所出文书,自出土以来,散乱编排在马伯乐录文本里近半个世纪,至此第一次以科学性较强的方式呈现在学界面前,得以复原出土原貌。

第三部分是附录三种。其中最重要的是斯获文书墓葬关系分布复原平面图。有此图,不仅斯坦因当年所掘墓葬在吐鲁番阿斯塔那墓群中的位置关系昭然若揭,而且,斯获墓葬文书与新中国成立后国内十余次整理发掘的吐鲁番墓葬文书之间的关系,乃至与日本大谷探险队所获吐鲁番墓葬文书之间的关系,也可在一定程度上予以判断。

以墓葬为单位整理释录斯获文书,复原文书出土原貌,是本书最显著的特点。出土文书整理工作,如作者所言:"历来有两种办法,一种是按内容、性质归类,依时间先后加以排列,而将一些类别不明确者列乎其后。另一种方法是将出土文书与出土遗址、墓葬联系在一起,以墓葬或出土地点为单位作出整理。"我国的吐鲁番文书整理实践证明,后一种办法"以墓葬为单位整理时,对每件文书给予拟题及说明,有年代文书按年代先后排列,无年代者排列其后,残片能拼接者并入大件,不能拼接者,据文书出土号归组列出,"是一种最能反映文书原貌的科学整理方法"。新疆、甘肃出土文献资料,分为 19 世纪未、20 世纪初英、法、德、俄、芬兰、瑞典及日本探险家所得和新中国成立前后我国考古工作者多次考古发掘所得两大部分。西方诸国所得文书,已整理者大多用沙畹、马伯乐式的方法,按时间和内容性质加以整理,都存在着由于优先拣选整理、集中编排有年代或较完整文书,造成文书原貌不明、大批无年代破碎文书与同出有年代文书分离,因而无法整理和有效利用的问题。西方诸国所藏新疆、甘肃出土文献的整理刊布工作进展缓慢且有大量文书未及整理刊布的原因很多,整理方法不当致使文书原有关系被拆乱,也许是一个重要的原因。近年来学界在再整理西方所获新疆、甘肃出土汉文文献时,受最初整理者所用方法的影响,差不多也都是按其原有思路进行工作,当整理到大批无年代破碎未刊文书时,往往感到不好归类整理。虽然也有人如林梅村等在再整理斯坦因二、三探所获楼兰尼雅简纸文书时,采取了详细考订文书出土地位置,文书编号与出土地关系,同出土单位所出文书数量,再附出沙畹、马伯乐所做文书整理编号与原出土编号详细对照表的办法,但如今,陈国灿教授的再整理方法,换了角度,采用我国整理吐鲁番文书时以墓葬为单位归类的方法,这对再整理研究西方所获新疆、甘肃出土文献,可以说是方法上的一个突破。这样做,不仅使文书原貌得以复原,整理编排更为科学,而且使大量无年代破碎文书的处理,变得易于操作,从而有利于完整刊布一地所出文书的全部内容。此书开的这个头,也许是今后学界的文书再整理研究工作应该走的路子。所以,我们说该书对斯获文书尤其是吐鲁番文书的再整理研究,是对学界再整理研究西方所藏新疆、甘肃出土文献工作的一大贡献。

对文书原文的解读释录准确,质量高,澄清了马伯乐录文的讹误,使学界今后对斯获文书的使用有了一个可靠的新本,是本书的又一特点及贡献。

前面说过,马伯乐整理的斯获文书,因是初步释录,且由于文字的隔阂,存在着许多错误,从而影响着学界的文书研究和利用。文书录文工作看似简单,实则最难,最需功力。没有长期专门的亲历经验,不是博识多学,文书学、史学积累有素,当面对手迹潦草的文书及大量出现于文书中的俗字、习语、别体字时,往往会疑惑不解,无法认定。笔者曾在伦敦大英图书馆东方部接触过斯获文书原件,做过一些释读工作,对此深有体会。陈国灿教授治隋唐史的同时,从事吐鲁番出土文书整理研究已近二十年,经验颇丰富,文书辨识、拼合功夫更得学界高度评价,经他释录的出土文书,均具极高的准确性和可靠性。本书释录刊布的斯获文书总数近二百三十余件,其中一百八十余件曾经马伯乐释录,其余均为未曾刊布者。对比一下马伯乐的释录文,看一下本书的纠讹辨误,即可看出陈国灿教授释录的斯获文书,要准确得多,更能反映文书原貌。下面随手检出几个例子。如斯 Yut08 号文书残片,末行有一句话,马伯乐录文释为"书中□□",两字未识出,已识二字意义不明。此句话,陈国灿教授从原件照片释读,指出当作"建中七年",显然得其实,又斯 AstⅦ·02·018 文书,第一行,马伯乐录文"▭▭▭文帐天授元年八月一日见在仓粮",陈录文释为"▭▭▭文帐,又检天八正月一日见在仓粮",两相比较,陈录准确。又,此行文书的释录涉及年代,若按马录,是"天授元年",而经陈录释读可知,"天授元年"实际是"又检天八(天宝八年)"的误录臆断。文书释录于文书研究利用的重要性,在此充分显示出来。又如斯 AstⅢ 4 号文书《唐柳谷镇状上州牒文》,其中一句,马录释为"渐发白酸来",陈录的释读是"渐发向酸枣",酸枣为戍名,在唐西州向北庭道上,马录显然未解其义而生讹,致使文义全拧。其他如吐鲁番文书中常出现的一些俗字,如"仸"、"示"、"宂"、"笇"等,马氏因缺乏经验而分别释作"信"、"示"、"两"、"卞",造成内容失实,陈录则正释为"佛"、"桑"、"肉"、"算"。凡此种种,皆显示出陈国灿教授的释录文,更准确可信。另外,笔者粗略统计了一个数字,本书纠正并加以重新释录的马伯乐录文讹误,仅吐鲁番所出文书这一部分就达 593 处之多,还不包括营盘、麻札塔格、丹丹乌里克等地所出文书。这样一个数字,一方面使我们对马伯乐录文中有如此多的问题感到惊讶,一方面也使我们对陈国灿教授的释录功力有更深感受。同时还使我们认识到,再整理研究斯获文书及其他诸国藏新疆、甘肃出土文献确实很有必要。

本书的另一特点和贡献是在文书拼合方面,除敦煌文书以外,大多数新疆、甘肃出土汉文文书都是残破不全的,完整者极少。有些残片,则原是同一文书的不同断片。在此场合,拼合文书就显得十分重要,一次成功的拼合,往往会引出全新的研究和认识。陈国灿教授素以文书拼合见长,在本书里,他又成功地进行了多件文书断片的拼合工作,复原并揭示了这些文书应有的价值。例子很多,如本书第一部分做了专题研究的《唐建中七年西州蒲昌县检造秋布花牒文》,原为四个断片(斯 Yut06、08、09、012),马伯乐录文做四件文书处理,学界多年来也没有注意到诸断片之间有关系。陈国灿教授从内容、书法及接缝关系上,看出四片实属一件,据接缝关系做了拼合。原来支离破碎各自难以读通的四断片,经拼合,复原成为一件反映唐安史之乱以后西域地区政治经济活动情状的很有价值的文书。又如斯 Ast2.053 号断片和 054 号断片,经考查拼合为一件文书《唐付青麦收领帐》;斯 Ast ix.3.06、012 两个断片,拼合为一件文书《高昌延寿五年王伯瑜随葬衣物疏》;斯 Ast 3 08、09/1、07、09/2 四个断片,分别拼合为二个大片,并复原为一件文书《高昌某寺月用麦粟钱酒帐》;等等,皆是成功拼合之例。诸断片经过拼合,应用价值得以更好地显现。

随着目前各国所藏新疆、甘肃出土文献再整理研究工作的逐渐扩展,文书拼合的重要性将越来越突出,陈国灿教授对斯获文书的拼合工作,推动学界在此方向上又迈进了一步。

除斯获吐鲁番文书外,本书对所收入的其他新疆诸地所出文书,包括未刊文书,也有精当的释录和拼合,纠正了旧录不少错误,兹不一一举述。

总之,本书对斯坦因所获新疆、甘肃出土汉文文书尤其是吐鲁番文书的重新整理研究,采用了新的方法,首次理清了文书与原出土墓葬、出土地的关系,并通过以墓葬及出土地为单位归原文书,首次揭示出斯获吐鲁番文书原貌;释录文多方面纠正马伯乐原录文的讹误,使学界利用斯获文书有了更为准确可靠的本子;专题研究从不同侧面深化了学界对斯获文书价值的认识,丰富了敦煌吐鲁番学研究、隋唐史研究的内容。全书角度新,考辨精当,功力深厚,具有重要学术价值,是当前学界对斯获文书再整理研究方面的一部高水平之作。它的出版标志着我国对西方所获新疆、甘肃出土文献的再整理研究工作达到了新的水平,进入了新的阶段,并必将进一步推动学界的敦煌吐鲁番学研究和隋唐史研究。

最后想说两点：其一，本书的句读、定名与专题研究也还有一些地方需要再斟酌。如《天宝二年交河郡勘检仓史氾忠敏侵占仓物案卷》，第3断片第4行，原句读"□□忠敏偷牒仓付历与新人入破数本色碏被氾敏独自办将入己⋯⋯"此处所谓"新人"，似应即指新仓督，若此说不误，则此句的句读似应改为"□□忠敏偷牒仓付历与新人，入破数本色碏被氾敏独自办将入己⋯⋯"又如斯编一区二号墓出土的10件文书，似应属同一性质，在专题研究时，作者亦曾统称之为高昌国负麦、粟帐，但在对各件文书定名时，则过分拘泥于各断片残存的文字，因而有"高昌某人计田、舍、奴负官私麦、叠花帐"、"高昌某人计田负人麦帐"、"高昌某人负官私麦粟帐"等8种定名。而且，如出土文书所示，各该文书所记的田土、屋舍、奴婢数额，只是作为欠负者的财产基础而被登录，与其欠负额并无确定的比例关系，因而在文书的定名时，加上"计田"（或"计田舍"、"计田舍奴婢"）等词，实不必要，且易引起误解。又如建中七年蒲昌县为检造秋布花牒中提及的"检造秋布花口僧法超"，作者认为"唐代对身份低下者，称之为口，即'贱口'"。实际上，只有在特定情况下，"贱口"才简称为"口"（如"口马行"之"口"字，即指奴婢），而在通常情况，"口"乃相对于"户"而言（如户口、丁口等等），其中似不含低贱之意。再如《对高昌某寺月用麦、粟、钱、酒帐内容的分析》一文，作者以为"净人"又名"使人"，使人在源起时只在"防护住处"，恐亦有误。因为，替寺院"防护住处"者，不属"为僧作净"范畴，所以称为"守园民"，而不称为净人。以上诸点多属枝节问题，无伤大雅。检酌于此以备参考。

其二，斯坦因三探所获文书，除本书所收者外，还有罗布泊地区、敦煌烽燧沿线及居延黑城子等三地所出文书。大概限于主题及篇幅，本书对这三部分文书未予收入，虽然在全部整理研究过程中，作者也已对这三部分文书有过细致检讨与研究。亟望看到陈国灿教授对这部分文书的再整理研究成果，使这部分斯获文书也有新的释录文。

（原载《中国社会经济史研究》1996年第1期）

书评:刘进宝《唐宋之际归义军经济史研究》

刘进宝先生从其发表归义军经济史研究的第一篇论文《从敦煌文书谈晚唐五代的"地子"》(《历史研究》1996年第3期)到现在已近12个年头。这10来年,史学界关于归义军经济史,特别是土地、赋役制度问题有过比较热烈的讨论。而我这10来年,主要精力用于完成几项课题,先是承担了《中国经济通史·隋唐五代卷》的撰写任务,继而是参加陈明光主持的国家社科基金项目"唐宋制度变迁与地方政府职能",随后又承担了《中国财政通史·秦汉卷》的撰写任务,这几项工作虽然都未离经济史范畴,但却离开了敦煌学,所以对此期间关于归义军时期土地、赋役制度的讨论,我仅限于一般了解,而未做研究。因此,当《敦煌吐鲁番研究》编委会要我给《唐宋之际归义军经济史研究》写书评时,我先是不敢承接,后来才勉强接受。

但我勉为其难写成的这篇文章,还不算是书评,因为《唐宋之际归义军经济史研究》已有权威机构——全国哲学社会科学规划领导小组办公室做出的权威评价:"国家社科基金研究项目优秀成果代表国家社科研究的最高水平。"似乎已无须我再做评价。我这篇小文主要是谈谈我学习《唐宋之际归义军经济史研究》的一些感想,同时也提出一些参考意见。为利于今后的研究,以后者为重点。

一、《唐宋之际归义军经济史研究》一书的优点

刘进宝《唐宋之际归义军经济史研究》一书优点很多。举其要者,有以下几点:

(一)充分利用了敦煌出土文书资料。我们知道,传世文献资料缺乏

是唐宋以前区域经济史研究面临的共同问题,西北边区就更是如此。晚唐五代宋初,有关西北边地政治、军事、文化活动的传世文献资料还有一些,有关社会经济状况的资料除屈指可数的有关朝贡的几条外,几乎完全没有。仅靠这几条资料是根本无法研究归义军经济史的。幸而敦煌出土有这一时期的一批官私文书可资利用。这些敦煌文书都是未经史家加工取舍的第一手的实证资料,具有很高的史料价值,这是敦煌区域经济史研究的独特优势。作者正是利用这一独特优势,才得以进行对归义军经济史的研究。

(二)作者视野广阔,不是就敦煌研究敦煌,而是将对归义军经济史的研究置于晚唐五代宋初历史的大变动这一大背景下进行研究。诚如作者在《引言》中所说:"敦煌归义军政权(848—1036 年)正处于晚唐五代宋初这一历史的大变动时期。在这一阶段,中原王朝战乱频仍,改朝换代频繁,藩镇割据,社会动荡,而归义军作为一个特殊的藩镇,统治敦煌长达 180 多年,其间除了极短暂的'西汉金山国'以外,它一直保持着和中原王朝或疏或密的联系,因此,对归义军历史的研究,不仅仅是对这个孤据河西一隅,处于多个少数民族环绕中心之特殊藩镇的研究,而且有助于我们认识晚唐五代宋初的历史。""通过对归义军经济史的探讨,有助于我们更全面地认识和研究唐后期五代的经济史,使我们对唐宋之际经济的传承与演变有一更加清晰的认识。"事实也是如此,作者对归义军时期土地、赋役制度的研究都非常注意它与同期中原地区土地、赋役制度变化的联系。这就使他的研究明显有别于一般的地方史研究,而更具学术价值。

(三)作者很注意吸收前人的研究成果,但又勇于创新,提出了许多新的看法。如唐代河西是否已经种植棉花问题。众所周知,魏晋南北朝时期,新疆吐鲁番地区已有白叠子(即棉花)的种植,《梁书》卷 54《高昌传》即记:其地"多草木,草实如茧,茧中丝如细纑,名为白叠子,国人多取织以为布,布甚软白,交市用焉"。此后,棉花是否已经传入河西,并经河西传入中原,是治经济史学者非常关心的问题。鉴于中唐以后的敦煌资料常见"緤"的记载,有的学者即据此认为棉花经中亚传入新疆,再经河西传入中原;晚唐五代敦煌地区棉布使用非常普遍,这些棉布、棉花均产自敦煌。刘进宝先生则提出不同看法。认为:传世文献与出土文书都能找到吐鲁番种植棉花的资料,而于敦煌,传世文献却找不到种植棉花的资料,敦煌文书虽有"緤"字,但不能证明它就是棉布,敦煌文书中也未见种植棉花的资料;新疆地区的棉花种植已被大量的考古发掘所证实,而敦煌地区的考古发掘中却没有有关种植棉花的直接证据;敦煌考古发掘虽发现一些棉布,但不能证明它产于敦煌,而敦煌出土的众多佛幡中,却并无一件为棉织品。刘进宝先生还进而从文字学角度进行论证,认为"緤"字原作疊,而"疊"、"氎"又可混用。当"氎"逐渐取代"疊"后,又出现氎、緤混用的情况,氎既可指棉布,也可以指毛布。敦煌文书 S.0617《俗务要名林》就说"氎:细毛布,徒协反"。从敦煌文书中緤、毲互用,"捌综毲壹匹,长贰仟伍尺"、"细毲叁匹各长贰丈柒尺"等看,緤为毛布,不是棉布。刘进宝先生还根据新疆地区,尤其是吐鲁番墓葬发掘中,出土丝、麻织品很多,而棉布很少这一事实,结合有关文献记载,认为"从魏晋南北朝时期开始,印度的棉花种植技术已传播到新疆地区,但不可讳言,除了吐鲁番外,新疆其他地区棉花的种植是极其有限的,棉布的使用也很少,当时主要还是以丝、麻织品为主"。"就是吐鲁番地区,主要使用的还是丝麻织品,并非棉织品。"并进而提出:"不能对古代新疆地区棉花的种植估计过高。"刘进宝先生的上述考证,每一步骤都有丰富的实证资料作根据,逻辑严密,应该可信,这就澄清了中国古代棉花种植与传播历史中一个长期被误解的问题,对隋唐五代经济史和社会生活史的研究很有帮助。

又如《壬申年官布籍》的准确定年,池田温先生先是将它定为 912 年或 972 年,未做肯定。唐耕耦先生也将定它为 972 年或 912 年。池田温先生后又将它定为 912 年,但加上问号,仍未敢肯定。冷鹏飞先生将它定年为 912 年,理由是 972 年为宋开宝五年,时曹元忠已用开宝年号,"不可能明知年号而不署仅以干支纪年"。912 年为西汉金山国时期,"张氏西汉金山国官方纪年方法就是用干支纪年"。刘进宝通过检索大量的敦煌文献,证明曹元忠时期用干支纪年之例甚多,而西汉金山国时期也不全是用干支纪年,也有用天复年号纪年的(天复八年、九年、十年实际上是后梁开平二年、三年、四年)。然后又通过对许多人名的排比,断定《壬申年官布籍》的确切年代是 972 年。《壬申年官布籍》的年代确定了,其他官布籍的年代(或相对年代)也就同时得以确定。这也是对敦煌学研究的一大贡献。

（四）既注重将对归义军土地赋役制度的研究置于晚唐五代宋初历史的大变动这一大背景下探求二者的关联，又很注重敦煌地方的特点。如关于归义军时期"营田"问题的论述。刘进宝先生以大量的敦煌资料论证："敦煌归义军政权虽然是一个特殊的藩镇，但在大政方针上仍遵循着中原王朝的制度，其营田使也基本上由归义军节度使例兼。但由于唐后期五代宋初敦煌的特殊情况，其营田使所主掌的并非边境屯田，而主要是境内的土地分配、授予、请射、对换等。"营田使下的都营田，"由地方长官兼任"，"都营田主管着境内的土地耕垦、赋税征收和水利灌溉等事务"。"再下还有具体的主事者——营田。这样就形成了一套完整的管理系统：支度营田使或管内营田使（一般由归义军节度使兼）→都营田或营田使（一般由州县长官兼）→营田。一切与土地经营有关的事务，如分配、对换、请射、调整及赋税的征免等，都取决于这一职官系统。其一般程序则是由都营田分管、营田办理，最后报支度营田使批准。"所述都很有见地，突显了归义军时期敦煌"营田"的地区特点。

（五）既注重定性分析，又很注重定量分析。定性分析与定量分析相结合，这是经济史研究应有之义。但由于古代的带有统计意义的经济资料十分缺乏，所以定量分析往往十分困难。刘进宝此著在定量分析方面做了很大的努力，如关于"地子"一节，就设一目谈地子的税率，结论是"归义军政权早期，其地子率是麦粟合计每亩一斗"。关于"官布"，也设一目谈官布的征纳方式和税率，结论是敦煌的麻布一匹为 40 尺，官布一匹为 25 尺。"若 250 亩地纳官布一匹，一亩地为 0.1 尺，若 300 亩地纳布一匹，则一亩地为 0.08 尺，这已是很低的税率了。"关于税柴草，刘进宝先生先是对"税草"、"税柴"所用的量词（围、束、分）详加考释，认为在唐五代的纳草量词中，一围等于十束，一束等于十分，一束周长约为三尺上下。围有大小两种概念，大概念的围即一围等于十束，小概念的围与束相同，即一围等于一束。S.3728 号文书显示，当用车来计量时，柽一车为 77 束，刺一车为 55 束。作为税草量词之一的"分"，既不是税草的征纳单位，也不是柴草常用的计量单位。它只是作为"束"的"畸零分数"，在向民户按亩征收柴草或随贯加征柴草时的一种帐面上的计量单位，以利积少成多。继而又探讨归义军时期敦煌税草的税率，认为唐五代各地税草没有统一的税率，各地"百姓田地每亩税草约三至七分，即0.3～0.7束……中间相差两倍有余。这应该与不同时代、不同地点和不同的历史背景有关。……唐代草的征收率约为 1/30 到 1/40"。所论很有道理，也很有价值。在《归义军政权的税率与赋税制的特点》一节，刘进宝先生又专立《归义军政权的税率》一目，计算归义军时期各种税收的税率，得出结论是："其地子（斛斗）的征收率在 1/15～1/19 之间。除了地子外，税草的征收率约是亩产量的 1/30；官布每亩征收 0.08～0.1匹。以上三项合计，也还不到亩产的 1/10……户税、商税等所占比例很小很小，甚至可以忽略不计。"并认为："'十一之税'是归义军政权赋税征收的最高限额。归义军政权实行'十一之税'的赋税政策，与北宋的情况非常相似。"所论不必尽是，①但他尽可能地进行量化分析的努力还是非常值得肯定的。

二、该书不足之处

刘进宝《唐宋之际归义军经济史研究》一书也有一些不足之处：

（一）一些概念含混不清。如税率与税额，原是截然不同的两个概念。税率说的是征税比例，如汉代的田租时为"十税一"，时为"什五税一"，时为"三十税一"等即是；税额说的是征税定额，如唐前期的每丁"租二石"，"调绢二丈"，"地税亩二升"等即是。但在刘进宝此著中，"税率"与"税额"两个概念却经常混用。如说："前述 S.2214 号文书所载，归义军政权初期的地子率是每亩一斗，而据 S.8655 号文书所载，其地子额是亩税麦粟麻共计 8 升。""由于两税法时期的田亩税在全国没有统一的税额，那么，作为田亩税重要内容的'地子'也不可能有统一的税率"，都是在同一句话中，互换使用税额、税率两个概念。

再如唐宋社会变动的时间点，刘进宝先生也是经常换用"晚唐五代

---

① 虽然我们统计的结果是归义军时期的各种赋税大体上不超过民户收入的 1/10，但不能因此认为归义军时期有"十一之税"这一赋税征收的"最高限额"，更不能说归义军政权实行的是"十一之税"的赋税政策。

宋初"与"唐宋之际"两种提法。我以为后者不妥,应以"中晚唐五代宋"或更笼统的"唐宋时期"为是。实际上,唐宋时期的各种社会变化并不同步,各种社会变化的转折点很少适在"唐宋之际"。如赋役制度变化的转折点就是在安史之乱后的建中元年(780 年),而非"唐宋之际",由安史之乱与赋役制度改革所导致的"均田制"的名实俱亡,也不是发生在唐宋之际。

(二)一些提法不准确。如第三章第二节谈归义军时期的音声人及其赋役蠲免。其中谈及归义军时期音声人上番执役情况,皆有据。但说"音声在上番执役时,由官府提供其衣粮",则不准确。从所引文书看,音声人上番执役时,由官府廪食,是毫无疑问的。但其时官府使用音声人,都是临时召集的,不是连续几个月的上番,所以不大可能由官府廪衣。

刘先生据归义军时期音声人占地较少(仅 20 亩),同期中原地区则有富家子弟挂名充当乐人的情况推论:归义军时期,"其音声的地位并没有随中原地区的音声的地位提高而提高,仍然保持着较低的身份"。此说也不准确。我以为,所谓的是身份地位,主要是就法律地位而言。义宁以前,太常音声人与工户、乐户俱为杂户,"俱是配隶之色,不属州县,唯属太常",入唐以后,太常音声人"得于州县附贯",基本上已同于编户齐民。[①] 就这一点而言,唐前期与唐后期、五代并无多大区别,敦煌地区与中原地区亦无多大区别。至于唐后期,中原地区富家子弟挂名充当乐人,这是特殊情况,并非常规,不宜据此认定其时音声的身份地位。归义军时期敦煌地区虽不能肯定也有这种情况,但也不能排除存在这种情况的可能性。退一步说,敦煌即使没有这种情况,也不足以说明归义军时

---

① 《新唐书》卷 46《百官志·吏部·司勋郎中》载:"太常音声人,得五品以上勋,非征讨功不除簿";《新唐书》卷 48《百官志·太常寺·太乐署》又载:"音声人纳资者岁钱二千";《唐律疏议》卷 14《户婚律》规定:"太常音声人,依令'婚同百姓'";《唐律疏议》卷 18《贼盗律》规定:"杀人应死,会赦免罪,而死家有期以上亲者,移乡千里外为户。其有特赦免死者,亦依会赦例移乡。工、乐及官户、奴,并谓不属县贯。其杂户、太常音声人,有县贯,仍各于本司上下,不从州县赋役者。此等杀人,会赦虽合移乡,'各从本色',谓移乡避仇,并从本色驱使。"说明唐前期的太常音声人与乐户不同,除应"从本色驱使"外,已是"婚同百姓",已可授勋官,已可纳资代番上,与编户齐民无甚区别。

期敦煌乐人的"身份地位"就低于中原地区。

再如"酒户",刘先生认为"归义军时期的酒户,在为官府承提酿造任务时,可免除其他赋役",这无疑是正确的。但将归义军时期的酒户与中原地区榷酒制下的"酒户"相类比,则显然不妥。归义军时期的酒户为官营酿酒业的劳动者:官出酒本,定额纳酒(无偿)。榷酒制下的酒户,为独立经营的小生产者:按规定缴纳专卖税——榷酒税之后,可以自主酿酒、营销。榷酒制下的酒户与官营酿酒业的酒户,除都是以酿酒为业外,并无共同性。

再如家庭口数问题。刘先生在第 86~87 页谈到,沙州一般以五口之家居多,但有些家庭的规模较大,如令狐进达户共 34 人,阴屯屯户 21 人,刘再荣户 28 人,"由此可见,一些'大户'人家,为了其家族规模及利益,尤其保持其势家大族的权势,常常合户而居"。这里就忽略了户籍登记制度的前后变化。实际上,五口之家居多,为归义军时期的常态。令狐进达等户家口数特多,是大中年间张议潮以其行政权力强制推行"合户"政策的产物,[①]乃一时之制。而且,令狐进达户的"合户"只是形式上的,实际上是合籍而不共财,是否同居也很难说。从令狐进达手实的格式可知,令狐进达虽说是一户 34 人,实际上却由 7 个家庭组成(令狐进达、弟令狐嘉兴、弟令狐恒璨、弟令狐福集、弟令狐福成、兄令狐兴晟、侄令狐清清)。从该手实,奴婢不是集中登记在末尾,而是分属弟令狐恒璨、弟令狐福集、兄令狐兴晟、侄令狐清清诸家庭就可看出这一点。

再如税柴问题。刘先生认为归义军时期"税柴是据地征纳的,并具有'役'的性质"。实际情况应该是,归义军时期的"税柴",既有据地征纳的(如 P. 3214《唐天复七年(907 年)高加盈出租土地充折欠契》等文书所示),也有据人丁征纳的(如 Дх. 2149 号《欠柴人名目》等文书所示)。

再如归义军时期赋税的征纳机构问题。刘先生认为:"归义军时期,税草的征收、管理机构是草场司";"税柴的征收、管理机构是柴场司"。

---

① 作者在第 23 页引用的《唐大顺元年(890 年)正月沙州百姓索咄儿等请地状》就提到,"从太保合户已来,早经四十余年"。可见 850 年前后,张议潮曾实行"合户"政策。而令狐进达等申报户口牒(手实)的纪年适为大中四年(850年)。

言下之意是：草场司和柴场司是其时的征税机构，可以直接向百姓派征税草、税柴。① 实际上，草场司与柴场司只是税草、税柴的收纳、储藏、管理机构，不是税草、税柴的征派机构。归义军时期，各种赋税的征派机构是县司、乡司。

再如土地过户的法律标志问题。刘先生认为"归义军时期，民户土地所有权的变动，并非在每次的请射、卖买、对换时及时变动，而是待政府有计划地进行土地调整时才能进行所有权的更换，其更换、变动在法律上得以实现的标志性文件就是'户状'"。我以为，"户状"虽是土地过户的法律标志，但不是唯一的法律标志。更换户状之前的过割赋税，②亦可视为政府对土地所有权变更的法律承认。实际上，在宋代的司法实践中，红契与纳税凭证都可作为土地所有权变更的法律凭证。③

（三）有的提法自相矛盾。如第 12 页说"归义军初期的土地分配，并没有触动旧有的土地占有关系"，这与他在第 8 页所说的归义军政权建立初期，由于刚刚推翻吐蕃统治，旧的生产关系"被摧毁"就有矛盾。因为封建社会，最主要的生产关系就是土地所有制。归义军初期的土地政策既未触动旧有的土地占有关系，也就谈不上摧毁旧的生产关系。

又如，第 29 页说"到了唐后期，国家的注意力转移到据地而税，即谁拥有土地就由谁纳税"，第 37 页又说"谁种地，就由谁承担赋税"。后者与作者反复论证的"土地租佃中由地主承担赋税"之说也显然自相矛盾。

---

① 刘先生在解读 P.3155 背《唐光化三年（900 年）神沙乡令狐贤威状》时就说："一般情况下，每年七八月秋收之时，就应缴纳地税，由于令狐贤威的 13 亩耕地被河水漂没，应该免除这 13 亩耕地的地税，但有关部门并未从户状上勾划掉令狐进威的这 13 亩土地，因此，负责征收地子、草、柴等的机构，如仓司、草场司、柴场司等，也就要求令狐进贤缴纳这 13 亩耕地上的地税。"

② 宋代土地买卖之后的官方税契与过割赋税是同时进行的。归义军时期是否要税契，因缺乏实证资料，难下断语，但土地买卖之后必须立即报官、过割赋税则是肯定的。《唐大中六年（852）僧张月光博地契》有"入官措案为定"之语。同期的敦煌土地买卖契约虽未见"入官措案为定"字样，但土地买卖之后，肯定也要"入官措案"（即报官），过割赋税。而后才有可能在下一次造籍之时，在新的户籍中得到体现。

③ 郑克《折狱龟鉴》卷 6《覈奸·刘沆问邻》中就有以纳税凭证作为土地所有权变动证明的实例。

(四)对若干史料的解读似有误解。如 P.2595 背《乙未年前后赤心乡百姓令狐宜宜等状》称:"右宜宜等总是单身,差着烽子。应着忙时,不与贴户。数谘乡官,至与虚户。总是势家,取近不敢,屈苦至甚。免济单贫,伏请处分。"①刘进宝先生解读为:"令狐宜宜、氾贤集等,虽是'单身',却被'差着烽子'。由于烽燧都在边境地区,离家较远,故当他们在远处承担烽子,'应着忙时,不与贴户',即无法照顾家庭。具体说,就是令狐宜宜等都是'单身',即家庭成员只有他们一人,再无别人。若被派去充当'烽子',就无法从事农业生产。因此,虽户籍尚存,实际则成了'虚户'。这种将'单身'派往远处承担'烽子',无法从事家庭劳动的做法是不符合有关政策规定的,故他们上状要求'免济单贫'"。

我以为这里所说的"贴户"指的是"贴助之户"。② 家无兼丁者,被差着烽子,同乡里未被派差之户,应出劳力或钱物补贴被差着烽子者。令狐宜宜等"数谘乡官",请求"贴户",结果所得到的贴户"总是势家",实际上有名无实(此即所谓"至与虚户")。为此,令狐宜宜等再次为"贴户"问题提出申请。以此看来,"单身"充"烽子"并不违法,问题在于如何在农忙时解决"贴户"问题。这里顺便提及,类似的做法很早就有,东汉《建初二年(公元 77 年)正月十五日侍廷里父老僤》③就是一例:东汉侍廷里 25户,合资买田 82 亩,收租以给次当为里父老者的补偿。宋代的义役田亦是此意。

再如 P.3556《后周显德六年(959)十二月押衙曹保昇牒》,雷绍锋将其视为归义军征收商税(过境税)的证据。刘进宝认为"与其说这是一件商税的材料,不如说这是有关申请免除'债务'的文书,因为文书所述的要求主要是'债务深广,无计还纳'"。笔者以为,曹保昇申请的是让曹定

<hr>

① 我对句读稍做变动。

② "贴助"为唐五代习用之语,《五代会要》卷 26《馆驿》即载:"周广顺二年十二月勅:诸道所差知馆驿人,不得于州县别差人户贴助,致扰贫民"。敦煌文书中也有防丁要求贴助资装之例(见唐耕耦、陆宏基编:《敦煌社会经济文献真迹释录》第 2 辑,全国图书馆文献缩微复制中心 1990 年版,第 622 页)。

③ 见黄士斌:《河南偃师县发现汉代买田约束石券》,《文物》1982 年第 12 期。录文依张金光:《有关东汉侍廷里父老僤的几个问题》,《史学月刊》2003 年第 10期,第 17~25 页。

德去甘州,取回故兄骸骨,并取回曹保昇所"唱贷"的"诸人鞍马物色",其中应含有申请免除"行李税敛"之意。其实,曹保昇所"唱贷"的"诸人鞍马物色"纯属私人债务,也不可能由曹元忠予以放免。

刘先生在第 141 页引《景福二年(893 年)纳草抄录》,以说明归义军时期税草的征收与管理情况。究其实,该件乃寺院僧团会计账(收草的总账),与政府征收税草无涉。

(五)某些提法证据尚嫌不足。如唐令规定,官牧"群别置牧长一人","每群牧子二人"。亦即一个标准的牧群需要有 3 人放牧。这 3 人中有主、次之分。1 人为牧长,责任较大,地位也较高(与牧子相比较而言)。刘进宝先生据归义军时期的 P.4525《官布籍》(972 年)中张憨儿记为牧子,而在 S.2484《戊辰岁(968 年)十月十八日归义军算会群牧驼马牛羊见行籍》中,张憨儿却记为"知驼官",由此推论说:"归义军政权则没有这样的划分……牧子与牧长没有根本的区别,当某人为归义军政权放牧时,既可以是一般的放牧者——牧子,也可以是某一牧群的负责人——牧长。这又反映了归义军政权的特殊性,即与唐王朝的律令制度既有相同之处,也有不同之处。"我以为此说论据不足。归义军时期,因牧群多比标准牧群小,所以不一定每一个牧群都另配 2 个牧子,但规模较标准牧群大的牧群,估计还会配上一二名牧子。牧子与牧长在权责或其他待遇上应该还是有区别。至于张憨儿为什么在 S.2484《戊辰岁(968 年)十月十八日归义军算会群牧驼马牛羊见行籍》中为"知驼官",而在 P.4525《官布籍》(972 年)中又记为牧子,我以为此或与两件敦煌文书的性质有关。在《官布籍》,事涉是否免赋役问题。因为牧子免赋役,所以知驼官、知马官等都可概称为牧子。[①] 而 S.2484《戊辰岁(968 年)十月十八日归义军算会群牧驼马牛羊见行籍》为算会群牧驼马牛羊见行籍,知驼官、知马官等为主要责任人,自然不便笼统地称为"牧子"。换言之,在《官布籍》场合,牧长与牧子没有根本区别,在算会群牧驼马牛羊见行籍场合,牧长就不同于牧子。不能因为知驼官在特定场合亦可称为牧子,就说归义军时期牧长就是牧子,归义军的群牧制度与唐王朝的律令

---

① 就牧长与牧子都是官群牧的劳动者而言,牧长与牧子的确没有根本的区别。知驼官等虽然冠有"官"字,实际上还是"民",而不是真正意义上的"官"。

制度有不同之处。

三、需要进一步研究的问题

刘先生此著涉及的问题很多,也提出了许多新的见解,给人以启发。但有些提法似乎还不能遽下结论,还要继续深究。举其要者,也有以下几点。

(一)有关有偿请田问题。作者在第 48～51 页引《后周显德五年(958 年)押衙安员进等牒》等 3 件文书论证安员进等人的请地是有偿的,所言有据。但刘先生据此推论,整个归义军时期,"请地不仅要得到官府的批准,而且不是无偿的,而是有偿的",则还有疑问。

我们知道,晚唐五代宋为鼓励民户垦荒,请射荒地(包括逃户田)。如唐代宗广德二年(764 年)与大历元年(766 年)诏敕即规定:"浮客情愿编附请射逃人物业……如二年以上,种植家业成者,虽本主到不在却还限",逃户若复业,"委本州县取逃、死户田宅,量丁口充给"。后周显德二年(955 年)规定"应自前及以后有逃户庄田,许人请射承佃,供纳租税。如三周年内本户来归业者,其桑土不以荒熟,并庄田交还一半;五周年内归业者,三分交还一分。应已上承佃户,如是自出力别盖造到屋舍,及栽种到树木园圃,并不在交还之限;如五周年外归业者,庄田除本户坟茔外,不在交付,如有荒废桑土,承佃户无力佃莳,祇仰交割与归业人户佃莳"。① 宋太祖乾德四年(966 年)闰八月诏"所在长吏告谕百姓,有能广植桑枣开垦荒田者,并只纳旧租,永不通检"。② 太宗至道元年(995 年)六月诏:"应诸道州府军监管内旷土,并许民请佃,便为永业,仍免三年租调,三年外输税十之三。"③仁宗天圣(1023—1031 年)以后,继续采取鼓励逃户归业与鼓励无地、少地农民请射逃户田业的政策。《宋史》卷 173《食货志》即载:"帝(按指仁宗)闻天下废田尚多,民罕土著,或弃田流徙

---

① 《五代会要》卷 25《逃户》。
② 《宋会要辑稿》食货 63 之 161。
③ 《宋会要辑稿》食货 1 之 17。

为闲民。天圣初,诏民流积十年者,其田听人耕,三年而后收赋,减旧额之半;后又诏流民能自复者,赋亦如之。既而又与流民限,百日复业,蠲赋役,五年减旧赋十之八;期尽不至,听他人得耕。至是(按:指皇祐中),每下赦令,辄以招辑流亡、募人耕垦为言。民被灾而流者,又优其蠲复,缓其期招之。"上引诸诏令提及的请田,除按规定缴纳租税外,都不必纳价(地价)。

如果归义军时期的请田都要纳地价,则明显与此大背景不符。为何如此,应做进一步研究。首先要确定的是,"于官纳价"请地是否具有普遍性。刘先生所引的 3 件"于官纳价"的文书中,有 2 件是买宅地,只有 1 件是安员进"于官纳价请受佃种"耕地。仅此一件文书显然不足以论定整个归义军时期,"请地不仅要得到官府的批准,而且不是无偿的,而是有偿的"。再则就是考虑"于官纳价"的实际含意。买宅基地的"于官纳价"付的是"地价",①请射官荒地的"于官纳价",是否另有其他含义(如付的是租价等)。同时还要考虑安员进所请荒地是否有特殊属性(如系绝户田、没官田等)。②《后周显德五年(958 年)押衙安员进等牒》背景不够清晰,所以还不能对以上诸问题下结论。

(二)有关晚唐五代宋土地私有化的程度问题。刘先生根据其所引数件归义军时期的土地买卖契约都有"或有恩敕流行,亦不在论理之限"约定这一事实,推论"晚唐五代归义军时期,土地买卖已排除了交易双方之外的各种干预,不再受国家的制约,也不需要官府审核和裁决。买卖双方完全可以根据个人自由意志买卖土地,确认私契的决定作用,'官有政法,人从私契'已为社会所公认。私契的公开和合法,正是土地私有化的反映"。实际情况是否如此,值得再详考。

我们知道,宋代以后,土地买卖还会受到家族宗族势力的干预。宋

---

① 刘先生所引的 3 件文书中,有 2 件是买宅地,官府卖空闲宅地或绝户宅地,不难理解。

② 安员进欲拟"于官纳价佃种"的耕土,如果是绝户地或没官田,也不难理解。因为北宋不迟于大中祥符八年(1015 年),政府便开始出卖部分官田。最早出卖的官田就是部分绝户田。《宋会要辑稿》食货 63 之 171 即载祥符八年(1015 年)敕:"户绝田并不均与近亲,卖钱入官;肥沃者不卖,除二税外召人承佃,出纳租课。"

代法令即明确规定了典卖田宅的问"亲邻"制度。《宋刑统》卷13《户婚律》"典卖指当论竞物业"条即载："应典卖、倚当物业，先问房亲，房亲不要，次问四邻，四邻不要，他人并得交易。房亲着价不尽，亦任就得价高处交易。如业主、牙人等欺罔邻亲，契帖内虚抬价钱，及邻亲妄有遮吝者，并据所欺钱数，与情状轻重，酌量科断。"

政府对土地买卖也有许多限制性规定。如规定"诸官人、百姓，并不得将田宅舍施及卖易与寺观。违者，钱物及田宅并没官"。① 此条规定唐前期即有。《唐令·田令》的第31条即规定："诸官人、百姓，并不得将田宅舍施及卖易与寺观。违者，钱物及田宅并没官"。② 宋元以后，一直有此规定，并在一定程度上付诸实施。③ 宋代又规定不得由出举而买田。《续资治通鉴长编》卷86即载，真宗大中祥符九年（1016年）四月二十七日"知永兴军寇准言：所部豪民多贷钱贫民，重取其息，岁偿不逮，即平入田产。望降诏旨许人纠告，严加科责。上曰：秦雍去冬物价翔踊，此诏若下，必诉讼纷起，且贫民饥乏，孰肯贷假乎？其谕準俟丰岁行之"。宋真宗虽未批准寇准建议，但不久即付诸实施。《续资治通鉴长编》卷91即载：天禧二年（1018年）"四月庚辰，上谓大臣曰：'始闻河北荐饥，贫民倩豪家息钱，未偿者，即印券契取其桑土，宜禁止之'。"《宋会要辑稿》食货一之二四又载：天圣"六年（1028年）九月河北转运使杨崏言：真定民杜简等状称，近年水旱蝗灾，被豪富之家将生利斛斗倚质桑土。事下法司，请应委实灾伤倚质者，令放债主立便交拨桑土与业主佃莳，其所取钱斛，候丰熟日交还，如拖欠不还本钱，官中催理利息，任自私断。自今后更不得准前因举取倚质桑土，贵抑兼并，永绝词讼。从之"。表明其时执行禁止由出举而典、买他人田业的规定，还比较认真。

宋代还规定：典卖土地契约订立后，应携带各自的砧基簿到官府交契税，过割物力税负，加盖公章。加盖了官府印章的契约称为"红契"，未

---

① 有关《天圣令》的发现经过，可参看戴建国：《天一阁藏明抄本〈官品令〉考》，载《历史研究》1999年第3期。

② 有关《唐令·田令》的复原依据与排序，参看戴建国：《唐〈开元二十五年令·田令〉研究》，载《历史研究》2000年第2期。

③ 参见杨际平：《宋朝政府对寺观的土地、赋役政策》，《李埏教授九十华诞纪念文集》，云南大学出版社2003年版。

加盖官府印章的契书称"白契"。官府不承认"白契"的法律效力,也不允许典卖土地后,不印契,不过割物力、税负。①

这些都说明其时土地买卖,还不可能完全排除交易双方之外的各种干预,买卖土地还远未达到可以完全根据个人的自由意志的程度。

那么,又如何理解中晚唐以后土地买卖的私契多有"或有恩敕流行,亦不在论理之限"的话语呢?我想可否这样理解:国家对民间土地买卖的行政干预与民间的反干预是对立统一关系。民间土地买卖私契对国家行政干预的极力排斥,正反映了其时国家对民间土地买卖的干预还比较强烈。干预与反干预两种势力、两种倾向长期并存。

(三)关于请射"不办承料"田土问题。归义军时期的敦煌文书中有两件无地、少地农民请射他人"不办承料"田土的《请地状》——P. 2222背(1)《唐咸通六年(865年)正月张祗三请地状》与S. 3877背《戊戌年令狐安定请地状》和一件请求官府确认其请射绝户田产权的《状词》——P. 2222背(2)《唐咸通六年(865年)前后僧智灯状》。绝户田入官后被请射,历代多见。"不办承料"地为什么被请射,却不易解释。何谓"不办承料"?多数学者认为,所谓"不办承料",指的是无力承担赋役。刘进宝先生认为,上述敦煌文书说的"不办承料",即类似于吐鲁番出土文书《唐广德四年(766年)正月西州高昌县周思温还田凭》、②《唐□□二年曹忠敏租田契》、③《唐邓光实转租田亩契》中所说的"不办营种"或"营种不办"。我以为:"承料"一词,传世文献未见,可能是敦煌的方言。我以为:从字面上讲,把"不办承料"解释为"不办营种"可以成立。但也有疑问:业主无力耕种的土地为什么不是像过去那样让业主自己处置,或出租或出

---

① 《宋会要辑稿》食货35之8载:南宋绍兴十三年(1143)十月规定:"民间典卖田宅,赍执白契因事到官,不问出限,并不收使,据数投纳入官。"《建炎以来系年要录》卷175,绍兴二十六年(1156年)十二月条载:绍兴二十六年(1156年)以前规定:典买田宅,"六十日报契",绍兴二十六年十二月以后改为限百八十日报契,"违限即将田宅没官"。

② 从该文书的内容看似以拟名为《唐广德四年(766年)正月西州某人领田凭》为宜。

③ 从该文书的内容看似以拟名为《唐□□二年知田朱进明转租田土文书》为宜。

卖,而是没官,①让他人请射?② 如果业主无力耕种的田土就要被没官、允许他人请射,那就意味着其时的土地产权关系远比过去更不明晰,土地私有化程度不仅不比唐前期深化,而且还弱化了许多。若果如此,此前学界关于中晚唐以后土地产权关系趋于明晰,土地私有权不断深化的提法就得重新检讨。

如果将"不办承料"解释为无力承担赋役,从字面上看也解释得通,③但也还是有些疑问。因为各种原因而无法缴纳赋税(亦即逋欠租赋)的情况历代多有。地方政府的对策通常是不断追讨逋欠,甚者则以暴力手段(如投入监狱等)追讨,很少看见地方政府动辄籍没欠租赋户田产的情况。④ 因臆张祗三请射僧词荣"不办承料"地与令狐安定请射女户阴什伍"不辞(办)承料"地另有特殊原因。《唐咸通六年(865年)正月张祗三请地状》称:"僧词荣等北富(府)鲍壁渠上口地六十亩。右祗三等,司空准敕矜判入乡管,未请地水。其上件地主词荣口云其地不办承料,伏望将军仁明监(鉴)照,矜赐上件地,乞垂处分。"从张祗三等曾被"判入乡管"看,张祗三等原先应该和僧词荣一样也是僧侣。从"上件地主词荣口云其地不办承料"看,僧词荣等是有意将"北富(府)鲍壁渠上口地六十亩"的土地所有权转让给张祗三等。《张祗三请地状》的用意只是

---

① 《唐咸通六年(865年)正月张祗三请地状》与《戊戌年令狐安定请地状》虽都未出现"没官"字眼,但田土官有是政府允许民户请射的前提。原在民的田土(包括逃户田、绝户田等)都必须先经过没官这一步骤,才有可能允许民户请射。

② 历代政府所关心的就是赋税,有田不种,只要赋税不缺,政府也没有理由将其没官。即使是旷土甚多之处,如后晋高祖天福七年(942年)二月敕:"邓、唐、随、郢诸州管界多有旷土,宜令逐处晓谕人户一任开垦佃莳,仍自开耕后与免五年差徭;兼仰指挥,其荒闲田土本主,如是无力耕佃,即不得虚自占吝,仍且与招携到人户,分析以闻"(《册府元龟》卷70《帝王部・务农》)所示,也只是要求"无力耕佃"的"荒闲田土本主","且与招携到人户",并不改变其土地所有权。

③ 《唐咸通六年(865年)前后僧张智灯状》称:"右智灯叔侄等,先蒙尚书恩造,令将鲍壁渠地回入玉关乡赵黑子绝户地,永为口分,承料役次。"这里的"役次"亦即"役差"。"役次"既为"役差",那么,"承料役次"就应是承担赋税役。

④ 即使是籍没并货卖欠租赋户的田产,也只能是籍没欠租赋户的部分田产,以资足抵债(逋租欠赋)为度。

取得官府的同意,给予判凭,承认这一土地所有权转让行为。《令狐安定请地状》称:"右安定一户,弟兄二人,总受田拾伍亩。非常田少窄窘。今又同乡女户阴什伍地壹拾伍亩,先共安定同渠合宅,连畔耕种,其地主今缘年来不辞(办)承料,乏(恐)后别人搅扰,安定今欲请射此地。伏望司空照察贫下,乞公凭,伏请处分。"女户阴什伍"先共安定同渠合宅",说明这两户曾同居共籍或同居不共籍,颇疑阴什伍的夫家就是令狐氏,两家存在密切的家族关系。令狐安定请射女户阴什伍地,不是乘人之危断人生计,巧取他人田宅,而是再次实现合户,以令狐安定为户主。如果上述推测符合事实,那么,这两件《请地状》提及的被请射对象的其地"不办承料"云云,都只是一种说辞而已。并不表明其时实际存在允许或鼓励请射无力营种或无力承担赋役者土地的政策。

(四)关于归义军时期"户税"、"地税"与"地子"等的关系问题。关于这一问题,学界已有很多讨论。如姜伯勤、谢和耐、鲍晓娜认为:两税法时期,"地子"即"地税"。雷绍锋、陈国灿认为:归义军时期,"地税"即"户税"。根据户等高下征收。刘进宝认为:"地税是大概念,地子是小概念","地税包括地子、官布、柴、草等"。争论的焦点集中在两个问题:其一,归义军时期,"户税"是否即是"地税";其二,地税是否包括地子、官布、柴、草等。关于第一个问题,我基本赞成刘先生的意见。因为 P.2814 背《归义军曹氏时期悬泉镇百姓某乙等乞请缓收税债状稿》提到:"厶乙先王税,每户著地□两硕五斗",不论其中所缺的是"子"字或"税"字,都表明其时有户税,每户的定额是两硕伍斗。此处之所谓"户税",显然是据户征收而不是据地征收。但有关"户税"的记载,归义军时期似仅此一见,不能据此判定,整个归义军时期都有按户(或按户等)征收的"户税"。

关于后者,笔者以为刘先生与雷、陈二位先生的分歧,与他们对"地税"的定义不同有关。刘先生主要根据 P.3214《唐天复七年(907 年)高加盈出租土地充折欠契》中"其地内所著官布、地子、柴、草等"一语,认定"地税包括地子、官布、柴、草等"。显然,刘先生是把"地内所著"之税(亦即所有的"田亩之税"),都统称为"地税"。刘先生如此定义,自无不可。但我认为,刘先生的这一定义乃"自定义",与当时习称之"地税"不是同一概念。如晚唐五代有据地征收的"青苗钱",但时人并不将"青苗钱"视为"地税"的一部分。再如"税草",时人虽然有时也将其视为"地税"或

"两税"的一部分,如《唐会要》卷83《租税上》引贞元四年(788年)正月一日敕即称:"应合给用钱物斛斗及草者。宜便于两税内比诸州府例剋留,免其重叠请受,余送纳度支。其河南府亦宜准此。"但在更多的场合,"税草"又被视为"两税"之外的一种税,如《册府元龟》卷491《邦计部·蠲复》载:"(元和)九年(814年)二月诏:应京畿百姓所欠元和八年秋税斛斗、青苗钱、税草等在百姓腹内者并宜放免。……(元和十一年制)其京畿百姓所有积欠元和九年、十年两税及青苗并折籴折纳斛斗及税草等除在官典所由腹内者并宜放";《全唐文》卷85《唐懿宗即位赦文》:"其大中七年已前百姓积欠两税斛斗及青苗、榷酒、并税草、职田糠䴬稾棘等,征收不得,空繁簿书,亦并放免";《唐大诏令集》卷72唐僖宗《乾符二年南郊赦》:"其咸通十一年以前,百姓积欠两税斛斗及青苗、榷酒钱,并税草、职田糠䴬稾棘等,征收不得,空繁簿书……亦并放免";《册府元龟》卷492《邦计部·蠲复》载:乾祐二年(949年)"应三京邺都诸道州府所征乾祐元年夏秋苗税及纽征白米秆草,据今年二月一日已前已纳外,见系欠数并宜特放"。以上诸例,"税草"与"两税"都是并列关系,因而都显示:税草在两税之外。税草既在两税之外,自然也就不属于"地税"或"户税"范畴。①

因此我想,要弄清归义军时期"户税"、"地税"与"地子"等的关系,首先要弄清当时这几个概念的确切含义,然后再挖掘相关资料进行深入研究。②

(五)应该研究吐蕃占领敦煌后的土地、赋税制度对归义军时期土

---

① 最后一例似乎显示,税草乃"纽征"于两税斛斗。

② 学者经常引用的几条既提及归义军时期"地税",又提及"地子"的资料都是见于其时百姓的辞状,"地税"与"地子"的关系都不很明晰,都可以有不同的解读。如P. 3155背《唐光化三年(900年)神沙乡令狐贤威状》的"昨蒙仆射阿郎给免地税,伏乞与后给免所著地子、布、草、役夫等",既可理解为令狐贤威在南沙灌进渠的13亩父祖地"年年被大河水漂,寸畔不残"后,已蒙"仆射阿郎给免地税",进而要求扩大蠲免范围,"给免所著地子、布、草、役夫等";也可以理解为,已蒙仆射阿郎给免当年地税,进而要求永远放免该地所著地税。如果采用前一种解释,那就表明,该地"所著地子、布、草、役夫等"的范围大于"地税";如果采用后一种解释,那又意味着,该地"所著地子、布、草、役夫等"的范围即是"地税"所涵盖的范围。

地、赋税制度的影响。我们知道,就敦煌而言,在"唐前期"与"归义军时期"之间还隔着 60 年左右的吐蕃时期。吐蕃占领敦煌后曾一度实行"计口授田"制度,在赋役制度方面则有所谓的"突税差科"。[①] 吐蕃在敦煌实行的这些制度对归义军时期的土地、赋役制度有什么影响,值得研究。

(六)关于唐前期的所谓的"均田制时期"国家土地所有制是否占主导地位,北宋中叶以后地主土地所有制是否占主导地位,归义军时期的土地制度是否可以归结为"请田制",这些问题,学者仁者见仁,智者见智,意见分歧都还很大,今后都可继续深入探讨。

(后记:原载《敦煌吐鲁番研究》第 11 辑,上海古籍出版社 2009 年。节目标题是新加的。)

---

① 参见杨际平:《吐蕃时期敦煌计口授田考》,(甘肃)《社会科学》1983 年 2 期;姜伯勤:《突地考》,《敦煌学辑刊》1984 年第 1 期;韩国磐主编:《敦煌吐鲁番出土经济文书研究》,厦门大学出版社 1986 年版。

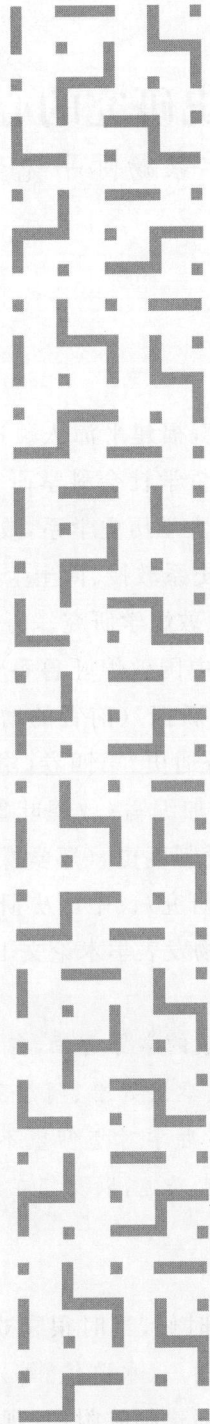

附 录

中国社会经济史研究的心路历程
——中国经济史学家杨际平先生访谈录

毛 蕾

　　杨际平,男,1938 年 9 月出生,福建平潭人。1956—1961 年就读于北京大学历史学系。先后在湖南哲学社会科学研究所、湖南零陵三中、零陵一中工作。1978 年考入厦门大学历史学系,攻读硕士学位,1981 年毕业留校任教。现为厦门大学历史系教授、博士生导师。主要从事秦汉隋唐两宋时期的社会经济史研究、敦煌学研究。历任中国经济史学会理事、中国魏晋南北朝史学会理事、中国敦煌吐鲁番学会理事。出版专著《均田制新探》、《北朝隋唐均田制新探》(前者的增订本)、《中国财政通史》(秦汉卷),主持编著《中国经济通史》第四卷(隋唐五代卷)、《五—十世纪敦煌的家庭与家族关系》,参加编写《敦煌吐鲁番出土经济文书研究》(韩国磐先生主编)、《中国赋役制度史》(郑学檬主编)、《简明中国经济通史》(郑学檬主编)。在《历史研究》、《中国史研究》、《中国经济史研究》、《中国社会经济史研究》等刊物发表学术论文 100 多篇。

　　■杨先生,您好,您是我们尊敬的学界前辈,在中国古代社会经济史领域有突出的成就,研究成果跨域秦汉魏晋、隋唐五代乃至于两宋等历史阶段,著述丰富,影响深远,许多后学对您仰望不已。这次访谈,能否请您先谈谈您是怎样对历史学产生兴趣,以及您在北京大学历史系和厦门大学历史系的学习和教学经历。

　　●对历史的兴趣可能源自小时候,当时很喜欢看旧小说和连环画(如《七侠五义》、《隋唐演义》、《说岳》、《水浒传》等),还萌生过长大后写历史题材的电影剧本的想法。在福建师院附中(现为福建师大附中)读高中阶段,当时不分文科理科,我的兴趣很广泛,各科成绩也都比较均衡。对历史课并没有表现出特别的兴趣,只是有一次参加历史课的课外活动,写过一篇习作《李密与瓦岗军》。虽然用的都是第二手第三手资料,但毕竟是一次大胆尝试,不知道这算不算冥冥中我与隋唐史的缘分。

1956年,高三临毕业时,我才决定报考文科,并有幸考入北京大学历史系,1961年毕业。第一年的学习比较正规,除了课程,还听过许多学术讲座(范文澜、李约瑟、杜波伊斯、吴晗等),并参观过许多博物馆,总之,第一学年基础知识学得很扎实,也很丰富多彩。但好景不长,从第一学年末开始,各种各样的运动纷纷扰扰,正常的教学秩序被打乱,课堂教学时断时续。大二分专业,我报的是世界史专业亚非史专门化。临毕业时,各专业都还有一些课没上完,又匆忙补了一些课。没写学年论文、毕业论文就草草毕业。所以说,我在北大的学习是不完整的。至今还对此深感遗憾。

尽管如此,北大一贯的学术上独立思考和自由民主空气的熏陶,学风严谨的名师的言传身教,仍使我终身受益。北大历来有各种学派"兼容并包"的传统,大家都勇于发表自己学术观点。课堂讨论异常活跃,学生与老师有不同意见的情况很常见。老师也极力鼓励学生独立思考。回想起我这几十年的学术经历,北大这种开放、严谨和鼓励百家争鸣的学术精神是对我影响最大的。

大学毕业后,我被分配到湖南哲学社会科学研究所哲学研究室工作。我对哲学史研究不感兴趣,一心想回本专业工作,正好赶上精简机构,也很可能跟我在政治学习场合一再把"政治"问题当学术问题讨论,发表与所领导不同的意见有关。如坚持认为彭德怀本来就是人民内部矛盾,不是敌我矛盾,认为人民公社化时,合作社的优越性还没发挥完等等。我当时实际上是本着学术上百家争鸣的心态讨论这些问题,但与主流不符。于是我离开了原单位,从1963年3月到1978年,我就先后在湖南零陵三中、零陵一中工作。在零陵中学15年期间,我当过校阅览室管理员,教过外语、语文、物理,因为历史科不缺教员,我当时并没有教过历史。

业余时间,我就中国古代史的一些问题写过几篇论文。第一篇论文《试谈〈说唐〉的主题和倾向性》刊在《光明日报》1966年2月6日《文学遗产》上。该文认为《说唐》歌颂的人物都是唐代的开国君臣",“不是一部农民起义的颂歌,不是反封建的作品"(这篇文章与我高中时那篇《李密与瓦岗军》的习作有点关联)。然后就是在“文革"期间完成的几篇学术性文章。一篇是《释“戮力本业耕织,致粟帛多者复其身"》,刊在《历史研究》1977年第1期。一篇是《私田制即封建制说质疑》,刊在《福建师大学报》1978年第1期。还有两篇当时都未能发表。一篇是《有关中国古代史分期几个问题的探讨》,就奴隶制与封建制的经济基础、奴隶制向封建制转化的途径等问题提出与郭沫若先生不同的看法,认为井田制不等于奴隶制,私田制不等于封建制,不能在诸侯公室与卿大夫私门之间划分阶级;中外历史上根本不存在地主阶级向奴隶主阶级暴力革命夺权的事例。另一篇是《“高宗临朝不决事"说质疑》,主要是论证唐高宗在世时,决策权一直在唐高宗手中,武则天所处理的只是后宫事与武后外家事。"文革"中,前一篇文章曾寄给北大周一良老师,征求意见。周一良先生把它推荐给《历史研究》,但终无下文。后一篇论文最初是纯考证的(当时还不了解江青自比武则天的背景),后来才加上一节批判“四人帮"的内容。这两篇文章在我考上厦大研究生后才分别发表于《厦门大学学报》1980年第4期与1979年第2期。

　　1978年恢复招收硕士研究生,最初限35岁以下,后延至38岁,再延至40岁,而且可以不必经过本单位同意。我有幸以不惑之年考上厦大历史系中国古代史的研究生。既实现了我希望回到福建原籍的愿望,又能从事历史研究,可谓一举两得。当年,福建只有厦大招收历史专业的研究生。导师只有两位:韩国磐先生招收魏晋南北朝隋唐五代史研究生,傅家麟先生招收明清史研究生。因为我读高中时的习作是《李密与瓦岗军》,在湖南零陵中学任职期间又写了与隋唐史有关的论文,所以就报考了韩先生的隋唐五代史。

　　1978年招收的研究生不多,大家都很珍惜这一机会。社会经济史是厦大历史系的强项,韩国磐先生、傅家麟先生等都以社会经济史的研究见长,在这样的氛围里,厦大历史系最初几届中国古代史专业的研究生,硕士论文的选题不约而同都是社会经济史,我自然也不例外。一次偶然机会我在图书馆看到《敦煌资料》第1辑,便深深地被它所吸引,直觉告诉我,这是研究北朝隋唐经济史、研究北朝隋唐均田制实施状况的绝好资料,从此我便一头扎进去,利用敦煌吐鲁番文书研究汉唐经济史便成为我的主要研究方向之一。韩国磐先生对此也十分认可,我的硕士论文便定为《略论均田制的几个问题》,此后三十年,结合出土文书研究均田制实施状况始终是我的主要研究课题,并由此逐渐扩展到汉唐经济史研究。

■您在从事中学教学的 15 年间,研究环境和研究条件应该都十分有限,但您完成的这几篇学术论文质量都比较高,而且已经显现出您不盲从权威、坚持自己学术观点的研究特点。您的研究成果主要都是在中国古代经济史领域,已经发表 100 多篇学术论文和多部学术论著。您应该是从在厦大读研究生的时候开始形成了自己的研究方向吧? 能否请您先介绍一下您所做的具体研究内容和研究重点。

●我在湖南零陵中学教书的时候没办法系统读书,只是业余从事一些史学研究工作,所以研究范围不固定,谈不上研究重点与研究方向。1978 年进厦大读研后,便以中国古代经济史为主要研究方向。最初以北魏隋唐均田制为重点,然后逐渐延伸到汉唐土地制度,再延伸至赋役制度、户口管理制度、财政管理制度、农业、阶级阶层关系(如奴婢问题、雇佣关系等)、社会生活(如家庭宗族关系、婚姻制度、社邑活动)等,研究的时限以魏晋南北朝隋唐为主,有时也延伸到秦汉、两宋(仅限于土地制度)。所利用的出土文书也由敦煌吐鲁番出土文书扩展至秦汉三国简牍。总的来说,研究范围相对集中,彼此间有一定联系。

■您在研究方法和路径上,主要是侧重于利用敦煌吐鲁番出土文书、秦简、汉魏简牍等出土资料,与传世文献相结合相印证。请您具体谈一谈在这方面的研究心得。出土文献对于史学研究的重要意义? 在利用出土文献和传世文献时应如何平衡?

●我以为就社会经济史的研究而言,传世文献和出土文献是两条腿走路的关系,出土文献与传世文献有很强的互补性,可以相得益彰。比如,传世文献中有关政治史的资料相对较多,有关社会史、经济史的资料则很少,而且不大具体。出土文书则相反,有关政治史的资料相对较少,而有关社会史、经济史的资料就很多,并且很具体;再比如,传世文献有关州郡以上层级和社会上层的资料多,反映乡里基层与社会下层的资料少,出土文书则相反,基本上都是反映乡里基层与社会下层的资料,反映州郡以上层级(特别是中央政权)和社会上层的资料绝少;还有,传世文献(特别是正史),关于典章制度的记载较多,关于这些制度的实施状况的资料很少。出土文书又恰好相反。这些方面传世文献和出土文献都正好形成了互相补充的关系。

出土文书还有一个重要的特点,就是它是原始的实证资料。与传世文献不同,出土文献除了一些墓志和碑刻,都是无意中留传下来的,比如敦煌吐鲁番资料、里耶秦简、走马楼三国吴简,都是当时废弃的官、私文书,这类出土文献记录了当时社会经济生活的原始状态,从资料的可靠性方面来讲,出土资料往往是权威的第一手资料。但出土文书往往残缺不全,背景不明,如果对传世文献(特别是其中的典章制度)不熟悉,就很难宏观把握,准确应用,充分发挥其史料价值。所以,也不能孤立地研究出土文书。必须与传世文献相结合,这样资料就比较齐备、完整了。

我举一个例子吧。以前对秦汉时期、魏晋时期,奴婢是否登记入户籍是有争议的。有些学者据《唐律疏议》"奴婢贱人,律比畜产",认为奴婢既是作为主人的财产,视同牲口,就不会登到户口册上。但里耶秦简、走马楼三国吴简都确切证明了当时财产不入籍,而奴婢是入籍的,登记在老百姓的家口之后。所以关于这个问题的讨论,如果没有实证资料的佐证,就很难取得共识。

再比如秦汉乡里与邮亭的关系问题。史书在这方面记载都很简略,并且有很多矛盾。学者在这个问题上也有分歧。一种意见认为:县辖乡,乡辖亭,亭辖里。亭"是统辖里的一级政权"。一种意见认为亭长不主民事,乡不辖亭,亭不辖里。这两种意见长期争讼,达不成共识。直到东海郡尹湾汉简的出土,才一举解决了这一问题。因为《东海郡集簿》中,"乡"与"里"单独一行,上承县、邑、侯国。"亭"与"邮"也单独一行,独立于"乡"、"里"之外。显示"乡"、"里"与"亭"、"邮"属于不同的系统。

再如汉代田租征收办法。史书记载秦汉时期直到东汉建武六年以前的田租,或什税一,或什伍税一,或三十税一,都是分成税率。但真正实行分成税率,政府官员要亲临监收、监晒、监扬场、监秤量过程,如果一里三五十户,一户用二三天,算下来就得二三个月,早就误了农时。为赶农时,就得大量增加政府吏员,同时实行监督,这就会大大提高征税成本。因为分成税缺乏可操作性,所以学者多数认为,其时的田租实际上还是定额租税。但定额租税之说又显然与传世文献的记载相矛盾。

云梦龙岗六号秦末墓葬出土了一批云梦官辑录的与禁苑事务有关的法律文书残册,谈及"程田"、"程租"、"轻租"、"重租"、"故轻故重"、"希(稀)其程率;或稼/"等等。居延汉简也有一简称:"垦田簿署岁上中下,度得谷,口率,其有灾害者,署顷亩□率□/"(《合校》113.6,139.24)。这或许表明,所谓"程租"就是通过估产来确定每块地的田租。由于该简册残损过甚,所以我们还不能断言秦汉田租就是采取估产分成的办法,但该简册无疑为解开秦汉田租征收办法之谜,提供了一种新的思路。

再如会计账目中的四柱结算法问题。传世文献最早明确言及四柱结算法的,始于马端临《文献通考》卷23引宋人陈傅良语。学者即据此认为"四柱结算法"的广泛采用始于宋,而盛于明。其实,唐五代敦煌官历会计文书与寺院会计文书就已广泛运用四柱结算法,而且十分熟练。吐鲁番文书还显示,高昌国时期的官厅会计文书已采用四柱结算法,其特点是以悬欠的虚数为中心进行运算。汉简还显示:早在西汉末,就已出现四柱结算法。

再如契约租佃制问题。汉唐传世文献对租佃制偶有记载,如《汉书·食货志》引董仲舒语:"或耕豪民之田,见税什五";陆贽《翰苑集》卷22《均节赋税恤百姓第六条论兼并之家私敛重于公税》语:"今京畿之内,每田一亩,官税五升,而私家收租殆有亩至一石者,是二十倍于官税也。降及中等,租犹半之,是十倍于官税也。"而对契约租佃则只字未提,因此人们普遍认为契约租佃制到了宋朝才开始发展。敦煌吐鲁番出土的麹氏高昌与唐代西州、沙州的大量租佃契令人大开眼界。原来,不迟于南北朝时期,契约租佃关系就已相当普遍。

从这些例证都可以看出,出土文书对于社会经济史研究,对于我们了解当时基层社会的生产、生活状况是何等的重要。至于说在研究过程中,传世文献与出土文献二者如何平衡,那得依所论的内容而异,不能一概而论。

■您关于出土文书和传世文献两条腿走路的说法,与您强调要关注律令条文的实施情况正好是相呼应的。我记得您曾说过,对研究社会经济史的人来讲,研究律令、制度条文是非常重要的,但更重要的是律令法规与实际执行情况之间的区别。也就是说,对于制度条文的使用不能想当然。能否请您简单谈谈这个问题。

●古代的各种法令,其实施情况差别极大,可以说是因制度、因时、因地、因人而异。所以研究各种法令规定,必须研究其实施状况。而出土文书正好可以在这方面给我们提供一些实证,所以非常有价值。

我举个例子,比如唐前期的和籴,通常规定丰年每斗加时价三两钱(或三五钱)收籴,不得抑敛。敦煌出土的武周长安三年(703年)敦煌县隶董文彻牒、天宝年间敦煌郡仓和籴牒、河西豆卢军和籴牒、河西豆卢军会计帐等都显示,其时敦煌的和籴确是加时价三五钱收籴,农民与商人踊跃交籴;郡仓帐簿只有流水帐,并不统计各乡、各里、各户交籴数额,显示其时敦煌的和籴不具强制性,完全是自愿的。这表明,唐前期政府有关和籴的规定基本上被执行。

再举一个法令规定执行时被大打折扣的例子。唐平高昌后,为了安抚当地吏民,贞观十六年(642年)唐太宗曾颁发《巡抚高昌诏》,规定:"彼州所有官田,并分给旧官人首望及百姓等。"事实上,唐西州当局也确曾将部分官田,按有别于《唐令·田令》的一丁常田四亩,三易部田六亩的标准分给原佃官田的佃农,超过标准部分继续交租:上价常田亩纳大麦9斗,中价常田亩纳大麦7.5斗,中价部田亩纳小麦7.5斗,下价部田亩纳大麦5斗。与此同时,还将内迁户的田土,亦按此标准分给百姓。但西州当局并未遵诏将"所有"官田分给西州百姓,而只是将官田的一部分(更准确地说是一小部分)分给西州百姓。据《通典》卷174《州郡典》载:当时西州"垦田九百顷"。但我们在吐鲁番出土文书看到,至开元年间,西州不仅还有"天山屯营田五十顷"、"柳中屯营田卅顷"、其他镇戍营田十余顷的材料,甚至还有大量"废屯"(其"今年废屯税子粟麦四千石",估计其数不下50顷)的描述。屯田与废屯加起来,约占当时总垦田数的16.6%。说明当时拿来给百姓的不是"彼州所有官田",而只是其中的一小部分。《巡抚高昌诏》具体实施时,被打了很大的折扣。

再举一个法令规定未被执行的例子。《唐六典》卷 3《尚书户部》载："凡王公已下,每年户别据已受田及借荒等,具所种苗顷亩造青苗簿,诸州以七月已前申尚书省,至征收时亩别纳粟二升以为义仓。(原注:宽乡据见营田,狭乡据籍征。)"唐宣宗《两税外不许更征诏》亦规定:"青苗两税,本系田土。地既属人,税合随去。"可见,无论是唐前期,还是唐后期,地税都应由田主承担。吐鲁番出土的租佃契,大多数也载明"租输百役,仰田主了"。据此,租佃制下地税由田主承担似乎已无庸置疑。但我们从吐鲁番出土文书中却发现两件百姓辞牒。一件是麟德三年(666 年)至神龙二年(706 年)前后的阿魏辞。辞称:"县司:阿魏上件去春为无手力营种,租与宁大乡人张感通佃种。昨征地子麦,还征阿魏,不征感通。……望请附感佃名,除阿魏名。"一件是载初元年(689 年)史玄政牒。辞称:"玄政今年春始佃上件人分地二亩半。去年地乃是索拾拾力佃食。地子现在拾力腹内。隆贞去年身死,地亦无人受领。昨被地正成忠追征,遣替纳逋悬,又不追寻拾力。……望请追征去年佃人代纳。"联系唐代西州青苗簿,田主自耕场合,注田主乡别,租佃场合,不记田主乡别,而登记佃人乡别,由此判断,当时租佃制场合,地税实际上由佃人承担。唐代关于"据地取税"的规定,至少说在吐鲁番地区未被执行。

简单地举了几个例子,就是想说明,古代政府的各种法令规定,其实施状况可能大不相同,因此不能想当然地将法令规定当作社会现实。

■关于均田制度您有深入的研究,出版了专著《北朝隋唐的均田制度》,请您谈一谈这方面的研究和体会。

●我可以谈三个方面的体会。

第一点体会是要完整、准确地了解北朝隋唐地令(田令)的相关规定。北朝隋唐地令(田令)是当时经济制度方面的重要法令,研究北朝隋唐"均田制"的性质、内容、特点、作用,首先要完整、准确地了解唐代田令,在此基础上才有可能探究它的实施状况。

我们过去对唐《田令》的了解是不完整、不准确的。新复原的《唐令·田令》共 56 条。其中 44 条,即第 1~44 条,与官民授田以及职田、公廨田等有关,今人习称之为均田令,共 3500 多字;另外 12 条,亦即第

45～56条,今人习称之为屯田令。新旧《唐书》、《资治通鉴》、《唐会要》、《唐六典》、《通典》等史籍都记载了唐田令的一些条文,但它们都不是原原本本地照录唐田令的令文,而是掺入了作者的理解,择要介绍,因而多有错漏。《资治通鉴》卷190"武德七年四月"条记唐田令最为简略,仅31字。《通典》卷2《田制》记唐开元二十五年田令最详,但也只有1600多字。许多至关重要的条款(如土地还授之际先行户内调整的条款)被遗漏了。

因为传世文献记载的重大的缺漏,过去我们未能完整准确地了解《唐令·田令》也就不足为奇了。学界过去关于唐代均田制实施状况的不少分歧意见很大程度上也就源于此。新近复原的《唐令·田令》使我们对《唐令·田令》有了完整、准确的认识,纠正了人们对唐《田令》、对唐代均田制的许多片面认识,解决了均田制研究中许多长期有争议的问题。

第二点体会是要全面掌握相关的传世文献资料与出土文献资料,不能选择性地举几条似乎于己有利的某些资料就下断语,而回避己不利的资料。过去有的学者只选取吐鲁番出土文书中的欠田文书、退田文书、给田文书,以及有"还公"、"死退"、"剩退"字样其他文书,就断言"均田制"下的土地还授被切实实行。这种研究方法是完全不可取的。后来陆续发现的吐鲁番出土文书证明:上述这些文书所反映的都是有别于"均田制"的,根据贞观十六年《巡抚高昌诏》而实施的"官田给百姓"制度,与"均田制"无关。

第三点体会是要对"均田制"的各个侧面(如:如何对民户、官吏、寺观进行初授田? 民户、寺观的田土,如何进行土地还授? "均田制"下是否有"私田"存在? 唐代律令是否允许"私田"存在? "均田制"与"租庸调制"有什么关系? "均田制"是否在一定程度上起到抑制土地兼并作用?等等)应分别进行深入研究,不能以偏概全。

■我对您发表在《历史研究》的一篇关于秦汉农业是精耕细作抑或粗放经营的文章印象深刻,您对学术界长期以来惯常的观点进行辨析和修正,具有很大的突破性。文章中您对新中国成立后相关考古学刊所有有关秦汉农业考古的资料一一耙梳,列表统计,做了非常细致的准备工作,花费了大量功夫。您能介绍一下当时如何发现这个问题,以及研究这个问题的思路和过程吗?

●关于秦汉农业的问题,事实上是一组文章构成的,包括《试论秦汉铁农具的推广程度》(《中国社会经济史研究》2001 年第 2 期)、《秦汉农业:精耕细作抑或粗放耕作》(《历史研究》2001 年第 4 期)。

写这组文章是源于对汉唐亩产的讨论。有学者认为从春秋战国起,中国就已精耕细作,到秦汉时亩产非常高,可以达到 264 斤。我对此十分怀疑,因为 20 世纪 70 年代,我在湖南零陵(永州)下乡时了解到当地地多人少的地方,即便是水稻亩产也仅一百来斤。后来我读研时曾经到西安和敦煌参观,据当地老农讲,解放前关中地区、敦煌地区土地比较好的地方,亩产也才一百多斤。所以我觉得关于秦汉时期农业的实际状况究竟如何值得认真研究,不能人为地拔高我国的古代文明。

鉴于春秋战国精耕细作说有一定的代表性,于是我就着手搜集资料论证秦汉时期我国农业仍较粗放,先进的农业技术(包括牛耕)尚未普及,一般亩产不及百斤。写成初稿后,我突然想到,双方似乎都是用举例式的方法来证实自己的观点,对方选取秦汉精耕细作的一些资料以证其说,我则举一些相反的资料进行驳论,这样讨论下去,恐怕谁也说服不了谁。于是我便转换思路,把解放后所有考古类刊物中有关秦汉起土农具的文章一篇一篇看下来,然后进行分类统计,制成表格,用统计数据说话。统计结果是考古报道的秦汉起土农具共 1350 件,其中有关犁的仅 146 件(其中≥101 件为犁的配件——犁冠。此外还有一些年代不明确的采集品或断代缺乏科学依据的犁)。其他为锸 241 件,镢 492 件,铲 282 件,锄 189 件。犁与犁的配件仅占全部起土农具的 10.8%(如果扣除其中年代不明确的采集品或断代缺乏科学依据的犁具,其比例还不及起土农具总数的 10%)。锸约占全部起土农具的 17.9%。镢约占全部起土农具的 36.4%。铲约占全部起土农具的 20.9%。锄约占全部起土农具的 14%。镢、铲、锸、锄合计约占全部起土农具 90%。如果排除年代不明确的采集品或断代缺乏科学依据的犁具,镢、铲、锸、锄所占比例将更高。出土文书《东阳田器志》记载橿、鉏、杭等田器约 500 件,其中并未提及犁。秦汉出土的持农具俑超过百件,其中犁俑仅 3 件,且都是东汉时物。其余都是锸、锄、铲之属。通过以上量化分析,不难得出结论,秦汉时代还是铁器锸锄耕时代,不是牛耕时代。

我用全面的随机统计数据说明:秦汉时期我国尚未进入牛耕时代,秦至东汉前期、中期,我国基本上仍处于锸、犁并用而以锸为主时期,亦即由"耜耕"向犁耕过渡时期。东汉后期或魏晋南北朝,北方中原地区始进入牛耕时代。至魏晋南北朝时期,铁犁牛耕才确立其主导地位。由于秦汉时期耕作还较粗放,所以一般亩产仍很低,折今制每亩大约只有 40 多斤。我认为这个数字是比较符合当时的实际情况的。

■把新中国成立后所有考古类刊物的相关信息搜集整理然后进行分析,整个过程您花费了多长时间?这篇文章充分展示了您注重量化分析,用统计数字和表格说明问题的研究风格,功力很深,也很有说服力。请您再谈一谈关于量化分析这方面的研究心得。

●当时为了统计相关数据,文章初稿写成后,我又花了一年多的时间。虽然多费了很多时间,但其效果无疑比举例式的论证好得多。

量化分析对于社会经济史研究是十分重要的。唯物辩证法告诉我们:任何事物都有一定的质,也都有一定的量。量变过程中可以包含部分的质变,量变达到一定程度就会引起事物的质变。社会经济史研究自然少不了定性分析与定量分析。

我在"文革"期间写作《"高宗临朝不决事"说质疑》一文的时候,其实就已经使用了量化分析的方法,我把当时正史中所记载的高宗在位时期处理的政务搜集了一下,大约有近 300 件,其中只有 20 多件有武则天参加,而且大多是关涉外家和后宫的事务。任命宰相、将领等重要事务,都是唐高宗亲自处理的。单就这个数据来说,就已经很能说明问题了。

我还可以再举几个例子。

比如西汉吕后《二年律令·户律》规定:没有爵位,也没有过犯的成年男子(即公卒、士伍、庶人),应"受"田 1 顷、宅 1 区。被罚作司寇、隐官者,也应"受"田 0.5 顷,宅 0.5 区。有爵位的受田宅数随爵位递增,从一等爵公士的 1.5 顷 1.5 宅,至关内侯的 95 顷、95 宅。据文献记载当时经常普赐爵位,据累计,至吕后二年(公元前 186 年)年届 40 岁的成年男子,一般都可达到第五等爵,年届 32 岁的成年男子,一般可达四等爵。年届 28 岁的成年男子,一般可达到三等爵。年届 24 岁的成年男子,一般可达到二等爵。年届 21 岁的成年男子,一般可达到一等爵。又据统计:与《二年律令》同出的《奏谳书》案例 22 例,案件关系人 38 人,其中 12 人爵位情况不明,其余 26 人,平均爵位为 5.8 级。如果扣除其中 3 人(皆 18 等爵大庶长)平均爵位亦达 4.2 级。即以此约计,当时如果实行普遍授田制,平均每户即应授田 4 顷以上,应授宅 4 宅以上。但是很明显的是,当时政府哪有这么多的田、宅可授? 即使有大量的荒地可供耕垦与建宅,政府也无此财力。如果以开垦一亩荒地需 30 个劳动日,一个全劳力每年 300 个劳动日计,1 个劳力开垦 3~4 顷地就要用 30~40 年时间。劳力或可无偿征发,食粮总得政府禀给吧。可见以上述标准实行授田宅,完全没有可行性,也远远超出一般农户的耕作能力。如果只是限田宅,因所定限额太高,对一般民众也无实际意义。豪强大族能否限得住,很难说。经此量化分析,我们就可得出结论,吕后《二年律令》关于授田宅的制度设计完全缺乏可行性。

量化分析还可以对一些史料的可信度进行检验。《汉书》卷 24《食货志》说秦始皇"收泰半之赋",也就是说三分取二。但同书同卷同段又引董仲舒话"至秦则不然,用商鞅之法,改帝王之制,除井田,民得卖买,富者田连仟伯,贫者亡立锥之地。……或耕豪民之田,见税什五"。就是说,豪强地主向农民收租的租额是亩产之一半,而它向政府交纳的赋税是亩产的 2/3。这岂不意味着豪强地主不仅毫无所得,而且还要倒贴亩产之 16.66%。显然不合常理。可见所谓秦朝收"泰半之赋"之说,只是汉代人出于对秦朝敌忾的一种极其夸张的说法,并不符历史事实。同样,董仲舒谈及的秦朝"力役三十倍于古;田租口赋、盐铁之利二十倍于古"等等,也都是不具统计意义的夸张之说,不足为据。

又如《新唐书》卷 53《食货志》载:开元二十一年,裴耀卿改革漕运前,漕运成本很高,"民间传言用斗钱运斗米,其糜耗如此"。据学者测算:漕运费用:最低每斗 70~80 文,一般每斗 200~300 文,特别高者每斗 1262 文(以损耗 70%~80%计)。我们知道铜的比重为 8.9,一斗钱约 1.3 万文,扣除铜钱中间的方孔、间隙,一斗装万钱应无问题。可见时民间传言的斗钱运斗米是非常夸张的说法,不可信以为真。

　　这里附带一提，史书记载南朝货币之滥，常说其时"钱货乱败，一千钱长不盈三寸，大小称此，谓之'鹅眼钱'，劣于此者谓之'綖环钱'。贯之以缕，入水不沉，随手破碎，市井不复料数，十万钱不盈一掬"。仔细思考一下就知道"1000 钱长不满 3 寸"这个说法不可信。因为在南朝，1 尺约为 24.7 厘米，则 1000 钱不及 7.41 厘米，也就是说大约 135 钱只有 1 厘米长，13.5 钱长 1 毫米。即便以今天的工艺，一般工厂也很难铸造出这么小的钱。至于说铜钱薄到入水不沉，这也绝不可能（物体沉不沉，取决于比重，与物体形状及厚薄无关）。不能信以为真。

　　量化分析对于社会史的研究也很有用。如平均寿命的测定；一村一里，核心家庭居多，还是数世同居的大家庭居多；同姓聚居的居多，还是异姓杂居的居多，等等，都可以通过对实证资料（户籍资料）量化分析得出。我曾用敦煌户籍资料统计，自西魏大统十三年（547 年）至大历四年（769 年）死亡口 63 人，平均寿命约 27.5 岁。其中，天宝六载（749 年）以前相对和平时期 25 人，平均寿命约 31.9 岁。乾元三年（760 年）至大历三年（768 年）战乱时期，38 人，平均寿命仅约 24.6 岁。这一数据虽然出乎很多人的意料，但应比较接近历史实际。

　　量化分析还可以包括对研究对象的某一方面的时间分布、空间分布进行分析。即不仅及于"数"，而且及于"形"。此类分析有时也很有用。如唐前期的府兵制，传世文献中有许多关于府兵非常年在军的资料，但也有"初分军府，计户充兵，才足周年，遂使二十一入募，六十出军"（唐睿宗诏）、"役莫重于军府，一为卫士，六十乃免"（唐玄宗诏）的说法，好像是府兵一辈子都在军。我曾利用敦煌户籍资料对府兵的生儿育女情况进行排列，发现府兵子女数量不比常人少，生育年龄也与常人无异（如府兵曹思礼生儿育女时的年龄是 26、36、38、40、42、44 岁；府兵程智意是 27、28、32、34、35、42、46、47、48 岁；府兵卑思亮是 28、30、32、36、37、40、41、49、52 岁）。证明府兵平时确实只是后备军，在家务农、娶妻生子同于一般百姓。所谓"二十一入募，六十出军"，指的是 21 岁入军籍，60 岁出军籍。

　　再比如考察唐代西州两种田制下"受田户"的田土分布情况，我们就会发现，两者的田土虽都很细碎，但前者每户的田土都相对集中，一般不出本乡里。后者每户的田土常相距甚远，常有此乡田土给其他乡人，其他乡的田土又给此乡人现象,有的人田土甚至跨越交河、柳中、高昌三县。为什么会这样,就很值得研究。

■您分析问题的时候逻辑结构很严密,层层递进,整个分析过程就好像解数学题一样,是一步一步推导出的结论,非常严谨。另外,您的文章也时常会涉及数学、物理、化学等多方面的知识,感觉您具有良好的自然科学的知识背景。请您介绍一下您是如何获得这些方面的能力,又是如何与具体的研究相结合的。

●我的自然科学知识主要就是中学时代学的,得益于当时的文理不分科。虽然我的数理化知识很有限(当时的高中水平),但对于从事中国古代历史研究,尤其是社会经济史的研究,还是非常有用的。我读研究生期间写的第一篇关于社会经济史的论文《试考唐代吐鲁番地区"部田"的历史渊源》(发表在 1982 年第 1 期的《中国社会经济史研究》),就把资料里有关的每一块常田、部田的地理分布都记录下来,进行排列,就好像是把每一块田都复原到地图上一样,这样便有可能发现其中的规律。这个就是应用了中学数理等科学到的要注意事物的空中排列关系。这篇文章当时日本学者非常重视,曾被池田温指定为其研究生必读的文章。我想他主要看重的也是我这篇文章的研究方法。

■从您的叙述和您的文章中,我发现,其实中学的数理化知识对于社会科学的研究还是非常重要的。这还是涉及一个知识结构和知识储备的问题。

●很多学文科的人往往认为中学所学的数理化知识没什么用,这显然是个误区。我觉得不是没有用,而是没有学好,没有用好。当然在研究社会经济史的具体问题时,还需要有针对性的多吸收相关学科的知识。

我举一个例子。秦朝的时候曾经修了郑国渠,《史记》卷 29《河渠书》:秦王政元年(公元前 246 年)于关中"凿泾水,自中山西邸瓠口为渠,并北山东注洛三百余里。……渠就,用注填阏之水,溉泽卤之地四万余顷,收皆亩一钟,于是关中为沃野,无凶年。秦以富强,卒并诸侯,因命曰郑国渠"。后来西汉修了白渠,可以灌溉四千五百顷。到了唐代,好的时候可以灌溉一万顷,差的时候是六千多顷。有学者就认为唐朝不重视水利,没有修新的水利工程,旧的水利工程也没充分利用。杨虎城先生当年在西安主持兴修水利,也曾为汉代泾水可以灌溉四万多顷,而现在为什么只能灌溉一万顷而不惑不解。

其实,如果你了解一点自然科学知识,就比较容易理解。秦与西汉所说的四万多顷,指的是发大水时候的淤灌,与春旱、伏旱时的灌溉庄稼,不是一个概念。查关中水文资料,泾水流域的年降水量为 500 毫米上下,其中约 50% 的降水集中在 7、8、9 三个月,此时淤灌或可达四万顷(汉亩),泾水流域春旱、伏旱时,正值农作物最需灌溉时期,又恰值泾水较小流量时期,可灌溉面积自然较小。近代水文资料也表明,2—5 月泾水的径流量多在 $25m^3/s$ 上下,6 月的径流量一般也不超过 $40m^3/s$。现今的泾惠渠渠首设计引水流量为 $25m^3/s$。目前关中地区灌溉的一般标准为一个流量灌溉二万亩旱地。照此测算,如果单纯引用泾水灌溉(当年的郑白渠就是引泾水灌溉),大约可灌溉五千顷(折合汉亩约为 7200 顷)。考虑到秦汉时期的气温略高于现在,降水量也可能略多于现在,而郑国渠也可能接纳其他小河来水,其常年的总灌溉面积的上限也就是万顷(汉亩)上下。西汉修成白渠时,因为郑、白两渠都是引泾水,受泾水流量的限制,白渠修成后,郑白渠的总灌溉面积并没有增加,只是泾水资源的分配与用水方式发生了变化。唐永徽年间郑、白渠灌溉一万多顷(唐亩,多为稻田),基本上已经是它可能达到的最大效益。大历年间,因为碾磨用水等用掉了一些水,能灌溉六千多顷,也已很不错。可见,所谓唐代不重视水利事业,旧的水利工程也没充分利用,完全不符历史事实。

我再举个炼铁的例子。我们知道,我国早在商朝已有铁器,西亚用铁甚至比中国还要早得多。但那时农业生产力并未出现飞跃发展。为什么?因为最初利用的铁,还是天然的铁,是天上掉下的陨铁。陨铁非常硬,但极其稀罕。陨铁的发现与利用,虽有助于人们对铁的认识,但对社会生产却没有什么用,它不能形成社会生产力,更不可能取代木石工具。

冶金学知识告诉我们:生铁的含碳量>2%,熔点为 1146℃,熟铁含碳量<0.5％,熔点为 1500℃。生铁的韧性差,硬度高;熟铁刚好反过来,韧性好,硬度差。因为熔点的关系,冶炼生铁比冶炼熟铁容易。但实际上,更早使用的是熟铁,但这种熟铁是块炼铁。因为不是在铁矿石熔化状态下冶炼出来的,是用低温(大约 1000℃就行)固体还原法炼出来的,所以杂质非常多,要反复加热、锻打,挤出杂质才能用。但仍很软,所以又叫作海绵铁,不适于制造起土农具,且非常费工费料。公元前 14 世纪,埃及、两河流域、爱琴海地区开始冶炼的就是这种铁。熟铁的利用,中国也比埃及、两河流域、爱琴海地区晚。熟铁硬度差,对社会生产仍然没有什么用,仍不能形成社会生产力。

真正能做成农具(锄、锸、镰等)、手工工具(刀、斧等)的是生铁。中国熟铁和陨铁的利用虽都比较晚,就唯独生铁的冶炼比别的国家都早(比欧洲国家早了一千九百多年,欧洲国家到 14 世纪才开始冶炼生铁)。为什么我国的生铁在春秋战国时期就能够炼出来呢?因为我国的青铜器技术非常成熟。炼青铜器的温度再加高一点,生铁就炼出来了。春秋战国时期冶炼生铁,有两种办法:一种是用坩埚炼铁,一炉可装坩埚几十个至二三百个,每个坩埚可装 15 斤左右,炼铁效率之高,远非块炼铁所能比。近代太行山一带,仍用坩埚炼铁。另一种是用高炉炼铁,炉非常大,中国很早就用排囊鼓风,高炉可以持续炼铁,炼铁的效率更高。到东汉的时候还用水鼓风,炼铁效率更高。生铁硬度强,柔性差,容易碎,适于铸,不适于锻。战国时期,中国又创造铸铁(生铁)柔化技术(将生铁加热到 900℃,保持三五天,再让它慢慢冷却,这种热处理方法叫退火脱碳),经过退火脱碳后的生铁亦称韧性铸铁、展性铸铁,可以铸造。春秋战国时期,我国又有了固体渗碳炼钢,它以块炼的熟铁为原料,加上渗碳剂和催化剂(含磷)等炼成,传说中的干将、莫邪铸剑故事,说的就是固体渗碳钢。到了西汉末年,又发明了炒钢(熔化生铁,使之脱碳成钢)。有了以上各种炼铁、炼钢技术,就使铁的产量大增,并批量生产出各种农具与手工工具,进而取代木石工具,形成社会生产力。弄清楚这些知识点,我们就能理解,为什么我国很早就有铁器,可是直到春秋战国时期和秦汉时期,我国的社会生产力才大发展。当时为了弄清这个问题,我反复看了几遍杨宽先生著《中国古代冶铁技术发展史》,又看了一些相关论文。

■对于古代史的研究来说,资料的甄别考订和多角度深入挖掘资料背后的信息,是一项很重要的功课。您的论著在资料的考订和利用方面做得非常细致,令人印象深刻。您说过对历史资料要"精耕细作",能请您谈一谈这个问题吗?

●历史是一门实证的科学,社会经济史更是如此。历史资料是我们研究工作的基础,也是我们立论的依据。对历史资料要"精耕细作",包括三层含义:①要选用经过审核的,可靠的资料。比如,关于西汉武帝时的屯田,有两条差别很大的资料。一条是《史记》卷100《匈奴传》(《汉书》卷94上《匈奴传》所记略同),说汉武帝元狩四年(公元前119年)大败匈奴后,"匈奴远遁,而幕南无王庭。汉度河自朔方以西至令居,往往通渠置田,官吏卒五六万人,稍蚕食,地接匈奴以北"。另一条出自《史记》卷30《平准书》(《汉书》卷24《食货志》所记略同),也是讲汉武帝打败匈奴之后:"其明年(按指元鼎六年,公元前111年),初置张掖、酒泉郡,而上郡、朔方、西河、河西开田官,斥塞卒六十万人戍田之。"这两条资料时间相近,屯田规模相差十倍,两者必有一误。汉武帝打匈奴的时候,派兵最多的时候是十来万,不可能打败了匈奴以后还在西北边境屯兵六十万。汉政府当时也没有财力支持这么大规模的屯田。可见后一条资料是错的。有些人写文章就不看这个,一方面说汉武帝开始实行屯田,规模还不大,并引《史记·平准书》说当时屯田六十万人,另一方面又说到了汉宣帝、汉昭帝的时候,屯田规模才有所扩大,屯田十万人左右。因选用了未经审核的资料,才导致前后矛盾。

②引用相关资料,一定要看其背景情况,看上下文,注意何人、何时、何地、何事、怎么样、为什么这几个环节(前辈史家称之为五个"W":Who、When、Where、What、How、Why)。不能信手拿来就用。

这里举一例。西汉末成、哀之时,鲍宣曾说:今"群小日进,国家空虚,用度不足"。鲍宣又有七亡、七死之说。总之,老百姓生活非常苦,情况非常之差。而《汉书·食货志》则讲西汉末年的财政非常好:"宫室苑囿府库之臧已侈,百姓訾富虽不及文景,然天下户口最盛矣。平帝崩,王莽居摄,遂篡位。王莽因汉承平之业,匈奴称藩,百蛮宾服,舟车所通,尽为臣妾,府库百官之富,天下晏然。莽一朝有之,其心意未满,狭小汉家制度,以为疏阔……"同样讲西汉末年财政情况,一个说非常好,一个说非常差,该信谁?联系其背景就很清楚。鲍宣要皇帝节约,所以讲现在财政极其困难,不要乱花钱。后一条资料意在批判王莽,为了突出王莽之坏,就把西汉末财政讲得非常之好。

关于东汉初年的财政状况,也是如此,既有说当时"帑藏殷积"的,也有说"中州内郡,公私屈竭"的。大体上也都是出于不同的目的而极而言之,都难免言过其实。

③要深入发掘资料所隐含的信息。一条资料往往包含多种信息,有的信息很容易觉察,有的信息则要深入发掘。举个例子:敦煌出土的唐睿宗唐隆元年七月十九日敕规定:"逃人田宅,不得辄容买卖,其地任依乡原价租充课役,有剩官收;若逃人三年内归者,还其剩物。其无田宅,逃经三年以上不还者,不得更令邻保代出租课。"仅 60 字。它比较直观地反映了当时的逃户政策、租佃制的发展情况和"均田制"实施状况。如果深入发掘,发现它还说明了其时租庸调制与均田制的脱节,"其无田宅者"的丁男仍要交租庸调。这也就否定了"均田制"下,其无地者不必交租庸调的说法。

再举一例,《旧唐书》卷 98《李元纮传》载:"时初废京司职田,议者请于关辅置屯,以实仓廪。(宰相)元纮建议曰:'军国不同,中外异制。若人闲无役,地弃不垦,发闲人以耕弃地,省馈运以实军粮,于是乎有屯田,其为益多矣。今百官所退职田,散在诸县,不可聚也;百姓所有私田,皆力自耕垦,不可取也。若置屯田,即须公私相换,征发丁夫,征役则业废于家,免庸则赋阙于国。内地置屯,古所未有,得不补失,或恐未可。'其议遂止。"这条资料除直观反映了其时职田制度的演变和置屯原则外,还深刻反映了当时朝廷的土地产权观点,反映了国家对百姓田地的土地私有权的承认。说明秦汉以后,土地私有观点早已深入人心。西汉成帝"置私田于民间",东汉灵帝"还河间买田宅",也可做如此分析。

总之,对现有的历史资料你要从多角度研究它,尽可能发掘其可能隐藏在深层次的信息。前辈史家特别鼓励从"常见书"中发掘资料就是这个意思。这对我们搞隋唐以前历史的尤其重要,隋唐以前历史资料本来就少,因此每一条资料都非常珍贵,非"精耕细作"不可。

■就社会经济史的研究而言,您认为在研究方法上,还应注意哪些问题?

●我想至少还有两点要注意:一是概念的准确性,一是比较研究中的可比性。

《晋书》卷26《食货志》记西晋平吴之后,"又制户调之式:……其官品第一至于第九,各以贵贱占田,品第一者占五十顷……第九品十顷。而又各以品之高卑荫其亲属,多者及九族,少者三世。……又得荫人以为衣食客及佃客"。许多学者乃至教科书把它说成士族地主有占田免役荫客的特权。《晋书·食货志》讲得很清楚,说的是品官,不是士族地主。魏晋南北朝时期,高官固多士族地主,但出身于庶族者也不乏其人。就享受占田荫客的权利而言,士族地主和庶族地主是一样的。用士族的概念代替品官,显然不科学。列宁曾说过:无可争辩的真理,"只要再多走一小步,看来像是朝同一方向多走了一小步,真理就会变成错误"。虽然其时高官多是士族,但庶族知识分子当上高官的也不乏其人。而且,士族地主(特别是低级士族)中的每个男性成年人也不一定都有官做。士族地主破落了,也是什么都没有。总之,魏晋南北朝时期,品官与士族是不同的概念,绝对不可以混淆,绝对不可以偏概全。

又如:西欧中世纪和日本都有庄园制,西欧的庄园制与日本的庄园有许多不同的特点,但又有明显共同点。概括地说,至少有两个共同点:一是完整性,它是基本的、独立的生产与经营单位。它作为统计的单位,可以确切计量。一是稳定性,庄园主世代领有庄园,直接生产者世代附着于庄园,庄园主与庄园的直接劳动生产者有较强的人身依附关系。隋唐五代中国传世文献与出土文书也常有"庄"、"园"、"庄园"的提法。论者或据之认为,中国隋唐五代时期也有庄园制。其实,隋唐五代传世文献与出土文献所说的"庄园",除了都是田土的同义语外,找不出别的共同性。其时,佃农的些许田土可以称为庄园,自耕农半自耕农三五十亩的田土,也可以称为庄园。总之,一切田土都可称为庄园。可见,隋唐五代传世文献、出土文献所说的"庄"、"园"、"庄园"与欧洲、日本的庄园是完全不同的概念。因为隋唐五代文献所见的"庄园"与欧洲、日本的庄园毫无共同之处,所以也有学者不称之为庄园经济,而改称之为田庄经济。

但何谓田庄经济？它是怎么来的？它有什么特点？这些"特点"是怎么概括出来的，是否具有普遍性？它与一般的封建大地产有什么区别？都没说清楚，让人一头雾水。这就是既没有弄清概念，又没有注意中西所谓庄园不具备可比性而形成的。

社会经济史研究中常需将不同时期或不同地域做比较研究。比较研究时必须注意可比性，共性对共性、特例对特例，还要尽可能用同类型的资料进行比较研究。如唐代华北地区与西北地区租佃制的比较研究，隋唐五代与两宋地租形态的比较研究，就很需要用同类型资料进行比较研究。唐代敦煌吐鲁番出土了许多租佃契，地租形态以定额租居多，吐鲁番出土的租佃契中货币租还占相当比例。同期华北地区缺乏此类实证资料。两宋时期此类资料也不多，文人表述的多数还是"田之所入，己得其半，耕者得其半"、"募人耕田，十取其五"、"田主之收十六七"之类说法。而学田记、义田记、寺田记等实证资料所记的绝大多数都是实物定额租。以文人所述与隋唐五代敦煌吐鲁番租佃契所见资料进行比较，与以两宋学田记、义田记、寺田记等实证资料与隋唐五代敦煌吐鲁番租佃契所见资料进行对比，结论自然大不相同。这些都是需要在研究过程中认真考量的。可比性越严谨，结论自然越有说服力。

■我们注意到，您的研究成果中有相当一部分是商榷性论文，不但与著名学者商榷，也多与年轻一辈商榷。这些论文扎实深入，并且态度平和，以理服人，对学术研究有很大的推进。但是，学界对您的这样一种做法，或有异议。您能大致谈谈您写作商榷性论文的过程吗？也请您谈谈商榷性论文的价值和意义，以及在讨论过程中应注意哪些问题？

●科学研究讲究创新。开辟崭新领域，做出成绩，是创新。在前人研究基础上继续前进，或补充论证前人的观点、深化前人的研究结论，或纠正前人不准确乃至错误的结论，也都是创新。汉唐经济史研究的起点高，前人的研究成果很多，要开辟一个新领域，研究前人未曾研究过的课题，不太容易。多数只能是在前人研究基础上展开，或予以补充，或对其不完善或不正确处提出不同意见。后者其实就是商榷。商榷的方法有多种。有的学者喜欢不公开的商榷，无商榷之名而有商榷之实。我则比较偏好直截了当地就学术界有争议的问题提出自己的见解,希望由此引起对该问题的深入讨论。其实,只要不是重复劳动,只要能在前人研究的基础上,将研究引向深入,以上各种做法都值得肯定。我想,这也是一种史无定法吧!

至于说是与著名学者商榷,或者是与年轻学者商榷,我并不太在意。我想:我所商榷的(或者说我所针对的)其实只是某种观点或某些观点,而不是某人。既然如此,只要自信自己所论言之成理,持之有故,就不会因为商榷对象是著名学者而畏缩,也不会因商榷对象是年轻学者而不当回事。

我认为写商榷文章要注意几个问题:第一,要准确理解对方的观点与主要论据,不能歪曲对方观点。否则就是无的放矢。第二,要有充分的把握。写商榷文章通常是先发现对方某一观点与自己已知的事实不符,从而产生怀疑。然后再进一步收集资料,详加论证。这后一步骤十分重要。第三,要做到就事论事,不及其他,谦虚谨慎,充分尊重对方。与人相处,要以人之长比自己之短。写商榷文章则相反,实际上是以己之长比对方之短。清醒地意识到这一点,就不会一叶障目,见不到对方的长处,也不会因自己之一孔之见而沾沾自喜,忘乎所以。做到这一点,就不会因学术争鸣而影响私人关系。(前些年从周绍良、白化文编的《敦煌变文论文录》看到,自上世纪二三十年代以来,周绍良、向达、孙楷第、傅芸子、周一良、关德栋等学者就敦煌俗文学中说唱故事类作品的归类、"变文"一词的由来等展开反复讨论,他们私交多数很好。这种学术争论不影响私交的良好风气很值得提倡。)第四,学术面前人人平等。既允许自己质疑他人的某些观点,自然也应当欢迎他人质疑自己的观点。确实是自己搞错了,就大胆承认。如果认为对方的反驳意见仍然不能成立,就应该继续与其讨论。我认为这应该算是一种求真的科学精神。我记得我还推荐过几篇跟我观点不一致的文章到《中国社会经济史研究》刊物发表,类似这样的学术争论,如果有益于深化对问题的讨论,何乐而不为呢?

■您在退休之后仍笔耕不辍,并在《历史研究》等权威刊物发表了一系列相当有分量的研究论文。而且您很注意锻炼身体,每年坚持游泳,您每天的时间是如何分配的？近期还有什么研究计划？

●我没什么特殊嗜好，除了看报、看电视（主要看体育新闻，海峡两岸新闻等）、体育锻炼外，基本上都还是看书、查资料、写文章。这几年最主要的工作是主持两《唐书》今注。

■最后，请您简单谈谈您认为年轻一辈学者治学和您的区别，以及您对年轻一辈的期望吧。

●我希望年轻一代史学工作者多读书，加强基本功训练，使基础更扎实。过去一边读书一边做卡片，十分辛苦。现在电脑检索系统很多，检索资料十分方便，输入一个关键词，几条、几十条，甚至几百条相关资料一下子就出来，甚至无须动笔。科技的进步，给我们的学习与研究工作带来了极大的方便，为我们节省了很多的时间。但是科研手段的长足进步有利也有弊。其弊就是同时也养成了以检索文献代替读书的惰性。其实，电子检索系统也有其明显的局限性：与关键词不同的同义词无法检索出来；检索出来的资料，其背景情况未必都得以显现。因此，电子检索系统不能代替读书。对于史学工作者来说，多读一些纸质书才是积累知识、加强基本功训练的主要途径。

（原载《历史教学问题》2014 年第 2 期）

杨际平论著目录

专著：

1.《北朝隋唐均田制新探》,岳麓书社 2003 年 10 月修订版。(初版为《均田制新探》,厦门大学出版社 1991 年 8 月版,1994 年获福建省第二届人文社会科学优秀成果二等奖。)

2.《秦汉财政史》(叶振鹏主编,陈明光、陈锋副主编《中国财政通史》之第二卷),湖南人民出版社,2013 年 6 月版。

合著：

1.《敦煌吐鲁番出土经济文书研究》,韩国磐主编,本人负责撰写其中第 2、4、5、8、12 专题,厦门大学出版社 1986 年版。1994 年获首届全国普通高校人文社会科学优秀成果二等奖。

2.《中国赋役制度史》,郑学檬主编,本人负责撰写其中第四、第五章,厦门大学出版社 1994 年 8 月出版。上海人民出版社 2000 年 9 月再版。1998 年获第二届全国普通高校人文社会科学优秀成果二等奖。

3.《五—十世纪敦煌的家庭与家族关系》,杨际平、郭锋、张和平著,本人负责统稿并撰写第二、三章,并与郭锋共同拟定第六章。岳麓书社 1997 年 10 月出版。2000 年获福建省第四届人文社会科学优秀成果二等奖。

4.赵德馨主编《中国经济通史》第四卷《隋唐五代卷》,杨际平、郑学檬、陈明光、陈衍德著,本人负责统稿并撰写第一章第二、三、四节,第四、五、七、八、九、十、十一、十五章。湖南人民出版社 2002 年 12 月出版。2003 年获福建省第五届人文社会科学优秀成果一等奖。

5.《简明中国经济通史》,郑学檬主编,本人负责撰写第一、二、三章,并与王万盈共同负责第四章。人民出版社 2005 年 3 月出版。

论文：[①]

1.《论陈玉成在太平天国后期的作用》（苏述、杨际平），《史学月刊》1965 年第 7 期。【未收】

2.《试谈〈说唐〉的主题和倾向性》，《光明日报》1966 年 2 月 6 日，"文学遗产"第 542 期。【二(577)】

3.《论隋王朝的政治路线及其兴亡》（杨际平、苏述），《天津师院学报》1975 年第 2 期。【未收】

4.《释"戮力本业，耕织致粟帛多者复其身"》，《历史研究》1977 年第 1 期。【一(1)】

5.《"法家爱人民"的谎言掩盖不了严酷的历史真实》，《中山大学学报》1977 年第 6 期。【未收】

6.《私田制即封建制说质疑》，《福建师大学报》1978 年第 1 期。【一(8)】

7.《"高宗临朝不决事"说质疑》，《厦门大学学报》1979 年第 2 期。【二(586)】

8.《从封建社会的确立看历史发展的动力》，《光明日报》1980 年 1 月 15 日，"史学"第 160 期。【一(36)】

9.《有关中国古代史分期的几个问题的探讨》，《厦门大学学报》1980 年第 4 期。【一(15)】

10.《再释"戮力本业，耕织致粟帛多者复其身"——与晁福林同志商榷》，《北方论丛》1980 年第 6 期。【一(4)】

11.《试考唐代吐鲁番地区"部田"的历史渊源》，《中国社会经济史研究》1982 年第 1 期。【与《再谈麴氏高昌与唐代西州"部田"的历史渊源》归并，收入三(171)】

12.《略论北朝均田制的实施状况》，《中国古代史论丛》1982 年第 1 辑，福建人民出版社 1982 年版。【未收】

---

① 【　】内"未收"代表未收入本论文集。一、二、三分别代表收入本论文集第一、二、三卷，括号中的阿拉伯数字代表起始页码。

13.《从唐代敦煌户籍资料看均田制下私田的存在——兼与日本学者西嶋定生教授商榷》,《厦门大学学报》1982年第4期。【未收】

14.《吐蕃时期敦煌计口授田考》,(甘肃)《社会科学》1983年第2期。【三(566)】

15.《从敦煌户籍看唐代均田制下土地还授的实施问题》,《中国社会经济史研究》1983年第3期。【未收】

16.《北朝隋唐均田制下奴婢、官吏的"授田"与限田》,《厦门大学学报》1983年第4期。【未收】

17.《敦煌文书安环清卖地契的年代与性质》,《四川大学学报》1983年第4期。【三(549)】

18.《两本敦煌吐鲁番文献研究论集评介》(杨际平、郑学檬),《中国社会经济史研究》1984年第1期。【三(708)】

19.《和籴制度溯源》,《中国社会经济史研究》1984年第3期。【一(185)】

20.《"西汉民爵、吏爵界限森严不可逾越"说质疑》,《河南师大学报》1984年第4期。【一(389)】

21.《从敦煌文书看唐代前期的和籴制度》,《中国社会经济史研究》1985年第1期。【三(424)】

22.《唐代户等与田产》,《历史研究》1985年第3期。1989年获福建省首届人文社会科学优秀成果三等奖。【二(93)】

23.《再论汉无民爵、吏爵之分——答朱绍侯同志》,《厦门大学学报》1985年第4期。【一(393)】

24.《关于西魏大统十三年敦煌计帐户籍文书的几个问题》,中国魏晋南北朝史学会主编:《魏晋南北朝史研究》,四川省社会科学院出版社1986年版。【未收】

25.《试论唐代后期的和籴制度》,中国唐史学会主编:《唐史学会论文集》,陕西人民出版社1986年版。【收入二(181)】

26.《吐蕃子年左二将户状与所谓的"擘三部落"》,《敦煌学辑刊》1986年第2期。【三(106)】

27.《张弓〈唐朝仓廪制度初探〉读后》(杨际平、陈明光),《中国社会经济史研究》1986年第2期。【二(518)】

28.《隋唐均田租庸调制下的逃户问题——兼谈宇文融括户》,《中国社会经济史研究》1986 年第 4 期。【二(163)】

29.《敦煌吐鲁番出土经济文书杂考三题》(一、《西凉建初十二年敦煌西宕乡高昌里兵、吏籍考释》;二、《天宝大历年间敦煌洪润等乡丁口田簿性质试探》;三、《(唐)神龙三年高昌县崇化乡点籍样性质新探》),《中国社会经济史研究》1987 年 1 期。【三(664)】

30.《麹氏高昌土地制度试探》,《新疆社会科学》1987 年第 3、4 期连载。【三(144)】

31.《唐末宋初敦煌土地制度研究》,《敦煌学辑刊》1988 年第 1 期。【三(234)】

32.《上海藏本敦煌所出河西支度营田使文书研究——兼论唐屯、营田的几种经营方式》,《中国社会经济史研究》1988 年第 2 期。【二(30)】

33.《再谈麹氏高昌与唐代西州“部田”的历史渊源》,《中国史研究》1988 年第 1 期。【与《试考唐代吐鲁番地区“部田”的历史渊源》归并,收入三(171)】

34.《唐代西州欠田、退田、给田诸文书非均田说》,原拟刊《唐史论丛》第 1 辑,1988 年,因故实际上未发行。【三(196)】

35.《隋唐宰相制度的几个问题》,《浙江学刊》1988 年第 3 期。【二(523)】

36.《西魏麻田还受说质疑》,《中国史研究》1988 年 4 期。【未收】

37.《唐代西州青苗簿与租佃制下的地税》,《新疆社会科学》1989 年第 1 期。【三(411)】

38.《列宁格勒所藏天宝年间敦煌田簿研究》,《敦煌学辑刊》1989 年 1 期。【三(86)】

39.《麹氏高昌赋役制度管见》,《中国社会经济史研究》1989 年第 2 期。【三(376)】

40.《析汉文帝五年“除盗铸钱令”》,《文史》第 32 辑,1989 年。【一(171)】

41.《关于北朝隋唐均田制立法的几个问题》,《厦门大学学报》1989 年第 3 期。【未收】

42.《中国传统文化与隋唐职官制度》,《东南文化》1989 年第 3 期。

【二(534)】

43.《试论唐代"泾原兵变"的性质——与彭铁翔同志商榷》(陈衍德、杨际平),《历史教学问题》1989 年第 3 期。【二(595)】

44.《论唐代均田制下永业田的不必还授》,《中国社会经济史研究》1990 年第 2 期。【未收】

45.《试论宋代官田的地租形态》,《中国经济史研究》1990 年第 3 期。【二(463)】

46.《宋代官田出租订立租佃契约说质疑》,《陕西师大学报》1990 年第 4 期。【二(455)】

47.《元代买卖奴婢手续——从敦煌研究院藏元延祐三年永昌税使司文书谈起》,《敦煌研究》1990 年第 4 期。【三(553)】

48.《唐田令与"均田令"、"已受田"与"见营田"的关系》,《历史教学问题》1990 年第 5 期。【未收】

49.《北魏太和前后若干史事考辨》,《北朝研究》1991 年第 1 期。【一(284)】

50.《四柱结算法在汉唐的应用》,《中国经济问题》1991 年第 2 期。【一(225)】

51.《史论四题》(一、奴隶社会向封建社会的转化问题;二、农民阶级并非封建专制主义统治的阶级基础;三、对加强皇权与加强中央集权措施的评价问题;四、如何看待历史上的独立政权与民族问题),《厦门大学学报》1991 年第 2 期。【一(380)】

52.《唐律未曾明定分租制为法定形式》,《重庆师院学报》1991 年第 2 期。【二(90)】

53.《敦煌吐鲁番学研究的又一硕果——〈敦煌吐鲁番文书初探二编〉评介》,《中国社会经济史研究》1991 年第 3 期。【三(718)】

54.《西汉屯田的几个问题》,《中国社会经济史研究》1991 年 4 期。【一(173)】

55.《也谈〈龙湖集〉真伪》,《福建学刊》1992 年第 1 期。【二(618)】

56.《宋代民田出租的地租形态研究》,《中国经济史研究》1992 年第 1 期。【二(489)】

57.《天宝四载河西豆卢军和籴会计文书研究》,《中国社会经济史研

究》1992 年第 3 期。【三（466）】

58.《隋文帝罢郡裁冗释疑》,《北朝研究》1992 年第 3 期。【二（544）】

59.《吐鲁番文书与"均田制"研究》,《文史和识》1992 年第 8 期。【三（20）】

60.《东晋南朝赋役制度的几个问题》,《中国社会经济史研究》1993 年第 2 期。【一（265）】

61.《试论北魏太和后期的改革》,《北朝研究》1993 年第 4 期。【一（429）】

62.《陈政、陈元光史事考辨》,《陈元光国际研讨会论文集》,厦门大学出版社 1993 年版。【二（606）】

63.《论北魏太和八年的班禄酬廉》,《厦门大学学报》1994 年第 1 期。【一（304）】

64.《吐鲁番出土唐代经济文书札记》（一、《西州都督府勘给过所案卷所见之开元中括户》;二、《试析唐代西州计亩出束文书》;三、《唐代西州换耕契性质考辨》）,《中国社会经济史研究》1994 年第 1 期。【三（685）】

65.《唐前期的杂徭与色役》,《历史研究》1994 年第 2 期。1998 年获福建省第三届人文社会科学优秀成果三等奖。【二（108）】

66.《吐鲁番出土文书杂识（三题）》（一、《试释北凉文书的"部隰"》;二、《麴氏高昌时期应用四柱结算法的实例——延和八年七月至延和九年六月钱物帐》;三、《从〈吐鲁番出土文书〉第 8 册所录户籍手实看唐代西州的田制、税制》）,《祝贺杨志玖教授八十寿辰中国史研究》,天津古籍出版社 1994 年版。【三（694）】

67.《从〈颖川陈氏开漳族谱〉看陈元光的籍贯家世——兼谈如何利用族谱研究地方史》,《福建史志》1995 年第 1 期。【二（626）】

68.《唐朝的限奴措施述论》,《中国社会经济史研究》1995 年第 4 期。【二（229）】

69.《一部再整理研究斯坦因汉文文献的高水平著作——〈斯坦因所获吐鲁番文书研究〉评介》（郭锋、杨际平）,《中国社会经济史研究》1996 年第 1 期。【三（729）】

70.《唐代尺步、亩制与亩产小议》,《中国社会经济史研究》1996 年

第 2 期。【二(68)】

71.《敦煌吐鲁番出土文书与魏晋南北朝隋唐经济史研究》,《中国经济史研究》1996 年第 2 期。【三(2)】

72.《唐代奴婢、部曲与僮仆、净人、家人》,《中国史研究》1996 年第 3 期。【二(245)】

73.《敦煌籍帐研究:平均寿命与家庭结构、家族规模》,《段文杰敦煌研究五十年纪念文集》,世界图书出版公司 1996 年版。【三(115)】

74.《麴氏高昌田赋制度再探》,《魏晋南北朝史研究》,(湖北人民出版社 1996 年 10 月出版)。【三(397)】

75.《一部研究典当制度的佳作——刘秋根〈中国典当制度史〉评介》(杨际平、吉成名),《中国社会经济史研究》1997 年第 1 期。【一(360)】

76.《从封建庄园的最一般特征看魏晋南北朝时期的"园"、"墅"、"别业"》,《北朝研究》1997 年第 1 期。【一(313)】

77.《唐代的奴婢与社会生产》,收入《唐代的历史与社会》,武汉大学出版社 1997 年版。【二(275)】

78.《敦煌吐鲁番出土雇工契研究》,《敦煌吐鲁番学研究》第 2 卷,1997 年。【三(531)】

79.《也谈唐代西州土地的管理方式——再论唐代西州的两种授田制度》,《中国社会经济史研究》1997 年第 4 期。【未收】

80.《谢重光与客家文化研究》,《教育评论》1997 年第 4 期。【未收】

81.《从东海郡集簿看汉代的亩制、亩产与汉魏田租额》,《中国经济史研究》1998 年第 2 期。2000 年获福建省第四届人文社会科学优秀成果三等奖。【一(54)】

82.《唐朝水利政策及其成就》,《中国古代社会研究——庆祝韩国磐先生 80 华诞纪念论文集》,厦门大学出版社 1998 年版。【二(56)】

83.《唐田令的"户内永业田课植桑五十根以上"——兼谈唐宋间桑园的植桑密度》,《中国农史》1998 年第 3 期。【二(1)】

84.《炀帝其人与隋朝的二世而亡》,《湘潭师院学报》1998 年第 3 期。【二(562)】

85.《再论唐代敦煌户籍中的田亩四至"自田"》,《中国社会经济史研究》1998 年第 3 期。【未收】

86.《汉代内郡的吏员构成与乡、亭、里关系——尹湾汉简研究》,《厦门大学学报》1998年第4期。【一(409)】

87.《唐五代"屯田"与"营田"的关系辨析》,《汕头大学学报》1999年第3期。【二(45)】

88.《敦煌出土的放妻书琐议》,《厦门大学学报》1999年第4期。【三(641)】

89.《也谈敦煌出土契约中的违约责任条款——兼与余欣同志商榷》,《中国社会经济史研究》1999年第4期。【三(488)】

90.《再谈汉代的亩制、亩产——与吴慧先生商榷》,《中国社会经济史研究》2000年第2期。【一(67)】

91.《创新与重复劳动的界线》,《光明日报》2000年9月1日"历史周刊"。【未收】

92.《也谈唐宋间敦煌量制"石"、"斗"、"驮"、"秤"》,《敦煌学辑刊》2000年第2期。【三(654)】

93.《试论秦汉铁农具的推广程度》,《中国社会经济史研究》2001年第2期。【一(81)】

94.《秦汉农业:精耕细作抑或粗放耕作》,《历史研究》2001年第4期。获2003年福建省第五届人文社会科学优秀成果三等奖。【一(99)】

95.《论唐末五代宋初敦煌地权的集中与分散》,《敦煌学与中国史研究论集》,甘肃人民出版社2001年版。【二(309)】

96.《唐末五代宋初敦煌社邑的几个问题》,《中国史研究》2001年第4期。【与《唐末五代宋初敦煌社邑几个问题的再商榷》归并,收入三(609)】

97.《唐宋时期良贱制度的变化》,《中国社会历史评论》中古社会变迁专辑,南开大学出版社2002年。【二(262)】

98.《敦煌出土文书与社会经济史研究》,敦煌研究院编:《2000年敦煌学国际学术讨论会文集》(历史文化卷),甘肃民族出版社2003年版。【三(8)】

99.《唐田令的完整复原与今后的均田制研究》,《中国史研究》2002年第2期。【二(11)】

100.《李显甫集诸开李鱼川史事考辨——兼论魏收所谓的太和十年

前"唯立宗主督护"》(杨际平、李卿),《厦门大学学报》2003 年第 3 期。
【一(343)】

101.《宋朝政府对寺观的土地、赋役政策》,《李埏教授九十华诞纪念文集》,云南大学出版社 2003 年版。【二(292)】

102.《汉魏晋南北朝的家族、宗族与所谓的"庄园制"关系辨析》(李卿、杨际平),《中国社会经济史研究》2003 年第 4 期。【一(330)】

103.《魏晋隋唐券书常见的有关署券、执券的套话》(杨际平、李卿),《北朝史研究——中国魏晋南北朝史国际学术研讨会论文集》,商务印书馆 2004 年版。【三(502)】

104.《汉代的上计制度》,《厦大史学》第 1 辑,厦门大学出版社 2005 年版。【一(149)】

105.《唐宋土地制度的承继与变化》,《文史哲》2005 年第 1 期。【二(287)】

106.《唐末五代宋初敦煌社邑几个问题的再商榷》,《中国史研究》2005 年第 2 期。【与《唐末五代宋初敦煌社邑的几个问题》归并,收入三(609)】

107. 胡沧泽《中国监察制度史纲》评介,《福建师大学报》2005 年第 2 期。【未收】

108.《中晚唐五代北宋地权的集中与分散》,《中国社会经济史研究》2005 年第 3 期。【二(309)】

109.《东汉和帝、安帝时期政局与财政状况探析》,《黎虎教授古稀纪念中国古代史论丛》,世界知识出版社 2006 年。【一(209)】

110.《析长沙走马楼三国吴简所见的"调"——兼谈户调制的起源》,《历史研究》2006 年第 2 期。获 2007 年福建省第七届人文社会科学优秀成果三等奖。【一(230)】

111.《宋代"田制不立"、"不抑兼并"说驳议》,《中国社会经济史研究》2006 年第 2 期。【二(341)】

112.《秦汉户籍管理制度研究》,《中华文史论丛》2007 年第 1 辑。【一(119)】

113.《如淳"更三品"说驳议》(耿虎、杨际平),《厦门大学学报》2007 年第 3 期。【一(189)】

114.《唐开漳圣王陈元光自粤入闽说》,《老教授论坛》第 7 辑,厦门大学出版社 2009 年。【二(636)】

115.《对敦煌学研究的回顾与展望》,《社会科学战线》2009 年第 9 期。【三(15)】

116. 书评:刘进宝《唐宋之际归义军经济史研究》,《敦煌吐鲁番研究》第 11 卷,上海古籍出版社 2008 年。【三(737)】

117.《凤凰山十号汉墓据"算"派役文书研究》,《历史研究》2009 年第 6 期。2011 年获福建省第九届人文社会科学优秀成果二等奖,2013 年获第六届高等学校科学研究优秀成果奖(人文社会科学)三等奖。【三(340)】

118.《汉唐间郭姓的分布与郭子仪子、孙辈入闽说驳议》,《老教授论坛》第 8 辑,厦门大学出版社 2010 年。【二(658)】

119.《宋代"田制不立"、"不抑兼并"说再商榷——兼答薛政超同志》,《中国农史》2010 年第 2 期。【二(375)】

120.《宋代地方政府在官田运营方面的职能变化》,《厦大史学》第 3 辑,厦门大学出版社 2010 年版。【二(397)】

121.《唐前期江南折租造布的财政意义——兼论所谓唐中央财政制度之渐次南朝化》,《历史研究》2011 年第 2 期。2016 年获福建省第十一届人文社会科学优秀成果二等奖。【二(195)】

122.《〈新获吐鲁番出土文献〉所见的唐西州课田簿》,《永久的思念——李埏教授逝世周年纪念文集》,云南大学出版社 2011 年版。【三(49)】

123.《评〈汉唐籍帐制度研究〉》,《中国史研究》2011 年第 4 期。【一(365)】

124.《麹氏高昌与唐代西州、沙州租佃制研究》(修改稿),《相聚休休亭:傅衣凌教授诞辰 100 周年纪念文集》,厦门大学出版社 2011 年版。【三(258)】

125.《研究社会经济史应注意的几个问题》,《清华历史讲堂三编》,三联书店 2011 年版。【一(39)】

126.《应该重视宋人对闽人皆称固始人的评析——兼论陈政、陈元光自粤入闽说》,《中原与闽台渊源关系研究三十年(1981—2011)》,九州

出版社 2012 年版。【二(636)】

127.《谈北凉时期高昌郡的计赀出献丝、计口出丝与计赀配养马》,《西北师大学报》2014 年第 2 期。【三(360)】

128.《中国社会经济史研究的心路历程——中国著名经济史学家杨际平先生访谈录》(杨际平、毛蕾),《历史教学问题》2014 年第 2 期。【三(756)】

129.论唐代手实、户籍、计帐三者的关系,《中国经济史研究》2014 年第 3 期。【二(124)】

130.《陈元光光州固始说证伪——以相关陈氏族谱世系造假为据》(杨际平、谢重光),《厦门大学学报》2015 年第 3 期。【未及收】

131.《宋代地方政权在维护私有土地产权方面的职能变化》,原未刊。【二(432)】

后　记

　　1953 年我从福建省平潭县初级中学毕业。如今的平潭是远近闻名的综合试验区,当年的平潭却十分落后。全县没有一条公路,没有一所高中,初中也只有一所。因为本县没有高中,初中毕业后,我们就得到邻县福清,或者到省会福州考高中。

　　记得当年中考,我们几十个男女初中毕业生就在一位福清籍老师的带领下,从平潭城关坐帆船到福清海口,然后再步行六十里,到坑田(中途在福清县与长乐县交界的某山村过夜),再坐船到福州。然后分散,各自找学校报考。我有幸与几位同学考上了福建师院附中(现名福建师大附中),高中毕业后又有幸考上北京大学历史系。

　　1961 年北大毕业后,我先是被分配到湖南省哲学社会科学研究所工作,1963 年初又下放到湖南零陵(即永州)中学工作。在湖南零陵三中、零陵一中工作期间,我开始了业余的历史研究工作,发表了几篇论文。"文革"结束后的 1978 年,我以不惑之年考上了厦门大学韩国磐先生的研究生,一举实现考回福建、考回本专业的两大目标。1981 年毕业留校至今。

　　中国社会经济史研究是厦门大学历史系的强项。我的导师韩国磐先生更是专长于经济史研究。我考研时报的专业虽是中国古代史,毕业论文却自然而然地选了经济史的题目——《略论唐代均田制的几个问题》。从此,社会经济史研究便成了我迄今为止的主要研究方向。偶尔也写些社会史、政治史、地方史的文章,也是用做经济史的思路去做的。

　　本论文集收录我的论文(包括自己参加相关问题讨论的一些书评)计 113 篇。已融入拙著《北朝隋唐均田制新探》的论文,除《唐代西州欠田、退田、给田诸文书非均田说》、《〈唐令·田令〉的完整复原与今后均田制的研究》两篇外,都不再收入此论集。还有少数几篇早年写的论文,受当时政治环境的影响,没有多大学术价值,亦未收入论集。

因为大部分论文为社会经济史研究,故本论文集迳取名为《杨际平中国社会经济史论集》。其他领域的论文(包括史论、政治史、谱牒研究等)则作为附录。本论文集分为三卷。第一卷为《先秦秦汉魏晋南北朝卷》,第二卷为《唐宋卷》,第三卷为《出土文书研究卷》。将来若有续集,就编为第四卷。论文集的如上划分,主要是考虑各卷篇幅的大体相当,实际上,第一、二卷的论文有许多也利用了出土文书。

所收论文,原稿明显脱漏衍误的文字迳直更正,不出注。原注释欠详者,迳按现行规范予以适当补充。为保存论文的原貌,对论文内容所做的补充、更正,一律以"补注"形式予以说明。

论文集的出版了却了我的一桩心愿。

感谢恩师韩国磐先生引领我走进中国社会经济史研究领域,为我在这一领域的研究取得一定成绩奠定了坚实的基础。

感谢郑学檬教授在我从事中国社会经济史研究领域之初,就吸收我参加他主持的《简明福建经济通史》、《中国赋役制度史》等著作的编写工作,使我在社会经济史研究方面逐步走上轨道。此度又抽空为本论文集写序。

感谢鲁西奇教授将本论文集纳入"人群·国家·社会"研究书系,使我散在各处的论文得以结集出版。

感谢李伯重、谢重光、谢元鲁、陈明光、陈衍德、宁志新、胡沧泽、郭锋、黄纯艳、毛蕾、徐东升、靳小龙等诸同门友人长期的关心、支持和鼓励。

感谢我的妻子林淑娟,自结婚以来,她就承担了所有的家务,使我能够全身心地投入我所喜爱的研究工作,并乐在其中。

感谢责任编辑韩轲轲为本书的刊印做了大量校对与统一规范工作。本论集所收论文的写作年代,有的距今已半个多世纪,与当今论文的技术规范要求自然有差距,许多论文都是由扫描文档经过文字识别转换而来的,有许多异形字、异体字乃至错字,韩轲轲都不厌其烦,一一做了更正与规范工作。

杨际平

2015 年 4 月 17 日